J438.
za.2.

_____ 11609

VOYAGE
DU
JEUNE ANACHARSIS
EN GRÈCE.

II.

PARIS, IMPRIMÉ PAR BÉTHUNE ET PLON.

VOYAGE

DU JEUNE

ANACHARSIS

EN GRÈCE

VERS LE MILIEU DU IV° SIÈCLE AVANT L'ÈRE VULGAIRE

PAR

J.-J. BARTHÉLEMY.

TOME SECOND.

PARIS.
DIDIER, LIBRAIRE-ÉDITEUR,
35, QUAI DES AUGUSTINS.

1843.

VOYAGE
DU JEUNE ANACHARSIS
EN GRÈCE.

CHAPITRE XLIII.
Idées générales sur la législation de Lycurgue.

J'étais depuis quelques jours à Sparte : personne ne s'étonnait de m'y voir; la loi qui en rendait autrefois l'accès difficile aux étrangers n'était plus observée avec la même rigueur. Je fus introduit auprès des deux princes qui occupaient le trône : c'étaient Cléomène, petit-fils de ce roi Cléombrote qui périt à la bataille de Leuctres, et Archidamus, fils d'Agésilas. L'un et l'autre avaient de l'esprit : le premier aimait la paix, le second ne respirait que la guerre, et jouissait d'un grand crédit. Je connus cet Antalcidas qui, environ trente ans auparavant, avait ménagé un traité entre la Grèce et la Perse. Mais de tous les Spartiates, Damonax, chez qui j'étais logé, me parut le plus communicatif et le plus éclairé. Il avait fréquenté les nations étrangères, et n'en connaissait pas moins la sienne.

Un jour que je l'accablais de questions, il me dit : Juger de nos lois par nos mœurs actuelles, c'est juger de la beauté d'un édifice par un amas de ruines. Eh bien, répondis-je, plaçons-nous au temps où ces lois étaient en vigueur; croyez-vous qu'on en puisse saisir l'enchaînement et l'esprit? Croyez-vous qu'il soit facile de justifier les règlements extraordinaires et bizarres qu'elles contiennent? Respectez, me dît-il, l'ouvrage d'un génie dont les vues, toujours neuves et profondes, ne paraissent exagérées que parce que celles des autres législateurs sont timides ou bornées : ils se sont contentés d'assortir leurs lois aux caractères des peuples; Lycurgue, par les siennes, donna un nouveau caractère à sa nation : ils se sont éloignés de la nature en croyant s'en rapprocher; plus il parut s'en écarter, plus il s'est rencontré avec elle.

Un corps sain, une âme libre, voilà tout ce que la nature destine à l'homme solitaire pour le rendre heureux; voilà les avantages qui, suivant Lycurgue, doivent servir de fondement à notre bonheur. Vous concevez déjà pourquoi il nous est défendu de marier nos filles dans un âge prématuré; pourquoi elles ne sont point élevées à l'ombre de leurs toits rustiques, mais sous les regards brûlants du soleil, dans la poussière du gymnase, dans les exercices de la lutte, de la course, du javelot et du disque : comme elles doivent donner des citoyens robustes à l'état, il faut qu'elles se forment une constitution assez forte pour la communiquer à leurs enfants.

Vous concevez encore pourquoi les enfants subissent un jugement solennel dès leur naissance, et sont condamnés à périr lorsqu'ils paraissent mal conformés. Que feraient-ils pour l'état, que feraient-ils de la vie, s'ils n'avaient qu'une existence douloureuse?

Depuis notre plus tendre enfance, une suite non interrompue de travaux et de combats donne à nos corps l'agilité, la souplesse et la force. Un régime sévère prévient ou dissipe les maladies dont ils sont susceptibles. Ici les besoins factices sont ignorés, et les lois ont eu soin de pourvoir aux besoins réels. La faim, la soif, les souffrances, la mort, nous regardons tous ces objets de terreur avec une indifférence que la philosophie cherche vainement à imiter. Les sectes les plus austères n'ont pas traité la douleur avec plus de mépris que les enfants de Sparte.

Mais ces hommes auxquels Lycurgue veut restituer les biens de la nature n'en jouiront peut-être pas long-temps : ils vont se rapprocher; ils auront des passions, et l'édifice de leur bonheur s'écroulera dans un instant. C'est ici le triomphe du génie : Lycurgue sait qu'une passion violente tient les autres à ses ordres; il leur donnera l'amour de la patrie avec son énergie, sa plénitude, ses transports, son délire même. Cet amour sera si ardent et si impérieux, qu'en lui seul il réunira tous les intérêts et tous les mouvements de notre cœur. Alors il ne restera plus dans l'état qu'une volonté, et, par conséquent, qu'un esprit : en effet, quand on n'a qu'un sentiment, on n'a qu'une idée.

Dans le reste de la Grèce, les enfants d'un homme libre sont confiés aux soins d'un homme qui ne l'est pas, ou qui ne mérite pas de l'être; mais des esclaves ou des mercenaires ne sont pas faits pour élever des Spartiates; c'est la patrie elle-même qui remplit cette fonction importante. Elle nous laisse, pendant les premières années, entre les mains de nos parents; dès que nous sommes capables d'intelligence, elle fait valoir hautement les droits qu'elle a sur nous. Jusqu'à ce moment, son nom sacré n'avait été prononcé en notre présence qu'avec les plus fortes démonstrations d'amour et de respect; maintenant ses regards nous cherchent et nous suivent partout. C'est de sa main que nous recevons la nourriture et les vêtements; c'est de sa part que les magistrats, les vieillards, tous les citoyens assistent à nos jeux, s'inquiètent de nos fautes, tâchent à démêler quelque germe de vertu dans nos paroles ou dans nos actions, nous apprennent enfin, par leur tendre sollicitude, que l'état n'a rien de si précieux que nous, et qu'aujourd'hui ses enfants, nous devons être dans la suite sa consolation et sa gloire.

Comment ces attentions qui tombent de si haut ne feraient-elles pas sur nos âmes des impressions fortes et durables? Comment ne pas adorer une constitution qui, attachant à nos intérêts la souveraine bonté jointe à la suprême puissance, nous donne de si bonne heure une si grande idée de nous-mêmes?

De ce vif intérêt que la patrie prend à nous, de ce tendre amour que nous commençons à prendre pour elle, résultent naturellement de son côté une sévérité extrême, du nôtre une soumission aveugle. Lycurgue, néanmoins, peu content de s'en rapporter à l'ordre naturel des choses, nous a fait une obligation de nos sentiments. Nulle part les lois ne sont si impérieuses et si bien observées, les magistrats moins indulgents et plus respectés. Cette heureuse harmonie, absolument nécessaire pour retenir dans la dépendance des hommes élevés dans le mépris de la mort, est le fruit de cette éducation qui n'est autre chose que l'apprentissage de l'obéissance, et, si j'ose le dire, que la tactique de toutes les vertus. C'est là qu'on apprend que, hors de l'ordre, il n'y a ni courage, ni honneur, ni liberté, et qu'on ne peut se tenir dans l'ordre si l'on ne s'est pas rendu maître de sa volonté. C'est là que les leçons, les exemples, les sacrifices pénibles, les pratiques minutieuses, tout concourt à nous procurer cet empire, aussi difficile à conserver qu'à obtenir.

Un des principaux magistrats nous tient continuellement assemblés sous ses yeux; s'il est forcé de s'absenter pour un moment, tout citoyen peut prendre sa place et se mettre à notre tête, tant il est essentiel de frapper notre imagination par la crainte de l'autorité!

Les devoirs croissent avec les années; la nature des instructions se mesure aux progrès de la raison, et les passions naissantes sont ou comprimées par la multiplicité des exercices, ou habilement dirigées vers les objets utiles à l'état. Dans le temps même où elles commencent à déployer leur fureur, nous ne paraissons en public qu'en silence, la pudeur sur le front, les yeux baissés et les mains cachées sous le manteau, dans l'attitude et avec la gravité des prêtres égyptiens, et comme des initiés qu'on destine au ministère de la vertu.

L'amour de la patrie doit introduire l'esprit d'union parmi les citoyens; le désir de lui plaire, l'esprit d'émulation. Ici l'union ne sera point troublée par les orages qui la détruisent ailleurs : Lycurgue nous a garantis de presque toutes les sources de la jalousie, parce qu'il a rendu presque tout égal et commun entre les Spartiates.

Nous sommes tous les jours appelés à des repas publics où règnent la décence et la frugalité. Par là sont bannis des maisons des particuliers le besoin, l'excès, et les vices qui naissent de l'un et de l'autre.

Il m'est permis, quand les circonstances l'exigent, d'user des esclaves, des voitures, des chevaux, et de tout ce qui appartient à un autre citoyen; et cette espèce de communauté de biens est si générale, qu'elle s'étend en quelque façon sur nos femmes et nos enfants. De là, si des nœuds infructueux unissent un vieillard à une jeune femme, l'obligation prescrite au premier de choisir un jeune homme distingué par sa figure et par les qualités de l'esprit, de l'introduire dans son lit, et d'adopter les fruits de ce nouvel hymen : de là, si un célibataire veut se survivre en d'autres lui-même, la permission qu'on lui accorde d'emprunter la femme de son ami, et d'en avoir des enfants que le mari confond avec les siens, quoiqu'ils ne partagent pas sa succession. D'un autre côté, si mon fils osait se plaindre à moi d'avoir été châtié par un particulier, je le jugerais coupable, parce qu'il aurait été puni; et je le châtierais de nouveau, parce qu'il se serait révolté contre l'autorité paternelle, partagée entre tous les citoyens.

En nous dépouillant des propriétés, qui produisent tant de divisions parmi les hommes, Lycurgue n'en a été que plus attentif à favoriser l'émulation; elle était devenue nécessaire pour prévenir les dégoûts d'une union trop parfaite, pour remplir le vide que l'exemption des soins domestiques laissait dans nos âmes, pour nous animer pendant la guerre, pendant la paix, à tout moment et à tout âge.

Ce goût de préférence et de supériorité, qui s'annonce de si bonne heure dans la jeunesse, est regardé comme le germe d'une utile rivalité. Trois officiers nommés par les magistrats choisissent trois cents jeunes gens distingués par leur mérite, en forment un ordre séparé, et annoncent au public le motif de leur choix. A l'instant même, ceux qui sont exclus se liguent contre une promotion qui semble faire leur honte. Il se forme alors dans l'état deux corps, dont tous les membres, occupés à se surveiller, dénoncent aux magistrats les fautes de leurs adversaires, se livrent publiquement des combats d'honnêteté et de vertu, et se surpassent eux-mêmes, les uns pour s'élever au rang de l'honneur, les autres pour s'y soutenir. C'est par un motif semblable qu'il leur est permis de s'attaquer et d'essayer leurs forces presque à chaque rencontre. Mais ces démêlés n'ont rien de funeste ; dès qu'on y distingue quelque trace de fureur, le moindre citoyen peut d'un mot les suspendre ; et si par hasard sa voix n'est pas écoutée, il traîne les combattants devant un tribunal qui, dans cette occasion, punit la colère comme une désobéissance aux lois.

Les règlements de Lycurgue nous préparent à une sorte d'indifférence pour les biens dont l'acquisition coûte plus de chagrin que la possession ne procure de plaisirs. Nos monnaies ne sont que de cuivre ; leur volume et leur pesanteur trahiraient l'avare qui voudrait les cacher aux yeux de ses esclaves. Nous regardons l'or et l'argent comme les poisons les plus à craindre pour un état. Si un particulier en recélait dans sa maison, il n'échapperait ni aux perquisitions continuelles des officiers publics, ni à la sévérité des lois. Nous ne connaissons ni les arts, ni le commerce, ni tous ces autres moyens de multiplier les besoins et les malheurs d'un peuple. Que ferions-nous, après tout, des richesses ? D'autres législateurs ont tâché d'en augmenter la circulation, et les philosophes d'en modérer l'usage : Lycurgue nous les a rendues inutiles. Nous avons des cabanes, des vêtements et du pain ; nous avons du fer et des bras pour le service de la patrie et de nos amis ; nous avons des âmes libres, vigoureuses, incapables de supporter la tyrannie des hommes et celle de nos passions : voilà nos trésors.

Nous regardons l'amour excessif de la gloire comme une faiblesse, et celui de la célébrité comme un crime. Nous n'avons aucun historien, aucun orateur, aucun panégyriste, aucun de ces monuments qui n'attestent que la vanité d'une nation. Les peuples que nous avons vaincus apprendront nos victoires à la postérité ; nous apprendrons à nos enfants à être aussi braves, aussi vertueux que leurs pères. L'exemple de Léonidas, sans cesse présent à leur mémoire, les tourmentera jour et nuit. Vous n'avez qu'à les interroger ; la plupart vous réciteront par cœur le nom des trois cents Spartiates qui périrent avec lui aux Thermopyles.

Nous ne saurions appeler grandeur cette indépendance des lois qu'affectent ailleurs les principaux citoyens. La licence assurée de l'impunité est une bassesse qui rend méprisables et le particulier qui en est coupable et l'état qui la tolère. Nous croyons valoir autant que les autres hommes, dans quelque pays et dans quelque rang qu'ils soient, fût-ce le grand roi de Perse lui-même; cependant, dès que nos lois parlent, toute notre fierté s'abaisse, et le plus puissant de nos citoyens court à la voix du magistrat avec a même soumission que le plus faible.

Nous ne craignons que nos lois, parce que, Lycurgue les ayant fait approuver par l'oracle de Delphes, nous les avons reçues comme les volontés des dieux mêmes; parce que, Lycurgue les ayant proportionnées à nos vrais besoins, elles sont le fondement de notre bonheur.

D'après cette première esquisse, vous concevez aisément que Lycurgue ne doit pas être regardé comme un simple législateur, mais comme un philosophe profond et un réformateur éclairé; que sa législation est tout à la fois un système de morale et de politique; que ses lois influent sans cesse sur nos mœurs et sur nos sentiments; et que, tandis que les autres législateurs se sont bornés à empêcher le mal, il nous a contraints d'opérer le bien et d'être vertueux.

Il a le premier connu la force et la faiblesse de l'homme; il les a tellement conciliées avec les devoirs et les besoins du citoyen, que les intérêts des particuliers sont toujours confondus parmi nous avec ceux de la république. Ne soyons donc plus surpris qu'un des plus petits états de la Grèce en soit devenu le plus puissant : tout est ici mis en valeur; il n'y a pas un degré de force qui ne soit dirigé vers le bien général, pas un acte de vertu qui soit perdu pour la patrie.

Le système de Lycurgue doit produire des hommes justes et paisibles; mais, il est affreux de le dire, s'ils ne sont exilés dans quelque île éloignée et inabordable, ils seront asservis par les vices ou par les armes des nations voisines. Le législateur tâcha de prévenir ce double danger : il ne permit aux étrangers d'entrer dans la Laconie qu'en certains jours, aux habitants d'en sortir que pour des causes importantes. La nature des lieux favorisait l'exécution de la loi : entourés de mers et de montagnes, nous n'avons que quelques défilés à garder pour arrêter la corruption de nos frontières. L'interdiction du commerce et de la navigation fut une suite de ce règlement, et de cette défense résulta l'avantage inestimable de n'avoir que très-peu de lois; car on a remarqué qu'il en faut la moitié moins à une ville qui n'a point de commerce.

Il était encore plus difficile de nous subjuguer que de nous corrompre. Depuis le lever du soleil jusqu'à son coucher, depuis nos premières années jusqu'aux dernières, nous sommes toujours sous les armes, toujours dans l'attente de l'ennemi, observant même une discipline plus exacte que si nous étions en présence. Tournez vos regards de tous côtés, vous vous croirez moins dans une ville que dans un camp. Vos oreilles ne seront frappées que des cris de victoire et du récit des grandes actions; vos yeux ne verront que des marches, des évolutions, des attaques et des batailles. Ces apprêts redoutables non-seulement nous délassent du repos, mais encore font notre sûreté, en répandant au loin la terreur et le respect du nom lacédémonien.

C'est à cet esprit militaire que tiennent plusieurs de nos lois. Jeunes encore, nous allons à la chasse tous les matins; dans la suite, toutes les fois que nos devoirs nous laissent des intervalles de loisir, Lycurgue nous a recommandé cet exercice, comme l'image du péril et de la victoire.

Pendant que les jeunes gens s'y livrent avec ardeur, il leur est permis de se répandre dans la campagne, et d'enlever tout ce qui est à leur bienséance. Ils ont la même permission dans la ville; innocents et dignes d'éloges s'ils ne sont pas convaincus de larcin, blâmés et punis s'ils le sont. Cette loi, qui paraît empruntée des Égyptiens, a soulevé les censeurs contre Lycurgue. Il semble en effet qu'elle devrait inspirer aux jeunes gens le goût du désordre et du brigandage: mais elle ne produit en eux que plus d'adresse et d'activité; dans les autres citoyens, plus de vigilance; dans tous, plus d'habitude à prévoir les desseins de l'ennemi, à lui tendre des piéges, à se garantir des siens.

Rappelons-nous, avant que de finir, les principes d'où nous sommes partis. Un corps sain et robuste, une âme exempte de chagrins et de besoins, tel est le bonheur que la nature destine à l'homme isolé; l'union et l'émulation entre les citoyens, celui où doivent aspirer les hommes qui vivent en commun. Si les lois de Lycurgue ont rempli les vues de la nature et des sociétés, nous jouissons de la plus belle des constitutions. Mais vous allez l'examiner en détail, et vous me direz si elle doit en effet nous inspirer de l'orgueil.

Je demandai alors à Damonax comment une pareille constitution pouvait subsister: car, lui dis-je, dès qu'elle est également fondée sur les lois et sur les mœurs, il faut que vous infligiez les mêmes peines à la violation des unes et des autres. Des citoyens qui manqueraient à l'honneur, les punissez-vous de mort comme si c'étaient des scélérats?

Nous faisons mieux, me répondit-il : nous les laissons vivre, et nous les rendons malheureux. Dans les états corrompus, un homme qui se déshonore est partout blâmé et partout accueilli ; chez nous l'opprobre le suit et le tourmente partout. Nous le punissons en détail, dans lui-même et dans ce qu'il a de plus cher. Sa femme, condamnée aux pleurs, ne peut se montrer en public. S'il ose y paraître lui-même, il faut que la négligence de son extérieur rappelle sa honte, qu'il s'écarte avec respect du citoyen qu'il trouve sur son chemin, et que, pendant nos jeux, il se relègue dans une place qui le livre aux regards et au mépris du public. Mille morts ne sont pas comparables à ce supplice.

J'ai une autre difficulté, lui dis-je ; je crains qu'en affaiblissant si fort vos passions, en vous ôtant tous ces objets d'ambition et d'intérêt qui agitent les autres peuples, Lycurgue n'ait laissé un vide immense dans vos âmes. Que leur reste-t-il en effet ? L'enthousiasme de la valeur, me dit-il, l'amour de la patrie porté jusqu'au fanatisme, le sentiment de notre liberté, l'orgueil délicieux que nous inspirent nos vertus, et l'estime d'un peuple de citoyens souverainement estimables ; pensez-vous qu'avec des mouvements si rapides notre âme puisse manquer de ressorts et s'appesantir ?

Je ne sais, répliquai-je, si tout un peuple est capable de sentiments si sublimes, et s'il est fait pour se soutenir dans cette grande élévation. Il me répondit : Quand on veut former le caractère d'une nation, il faut commencer par les principaux citoyens. Quand une fois ils sont ébranlés et portés aux grandes choses, ils entraînent avec eux cette multitude grossière qui se mène plutôt par les exemples que par les principes. Un soldat qui fait une lâcheté à la suite d'un général timide ferait des prodiges s'il suivait un héros.

Mais, repris-je encore, en bannissant le luxe et les arts, ne vous êtes-vous pas privés des douceurs qu'ils procurent? On aura toujours de la peine à se persuader que le meilleur moyen de parvenir au bonheur soit de proscrire les plaisirs. Enfin, pour juger de la bonté de vos lois, il faudrait savoir si, avec toutes vos vertus, vous êtes aussi heureux que les autres Grecs. Nous croyons l'être beaucoup plus, me répondit-il, et cette persuasion me suffit pour l'être en effet.

Damonax, en finissant, me pria de ne pas oublier que, suivant nos conventions, notre entretien n'avait roulé que sur l'esprit des lois de Lycurgue et sur les mœurs des anciens Spartiates.

CHAPITRE XLIV.
Vie de Lycurgue.

J'ai dit, dans l'introduction de cet ouvrage, que les descendants d'Hercule, bannis autrefois du Péloponnèse, y rentrèrent quatre-vingts ans après la prise de Troie. Témène, Cresphonte et Aristodème, tous trois fils d'Aristomaque, amenèrent une armée de Doriens qui les rendit maîtres de cette partie de la Grèce. L'Argolide échut en partage à Témène, et la Messénie à Cresphonte. Le troisième des frères étant mort dans ces circonstances, Eurystène et Proclès ses fils possédèrent la Laconie. De ces deux princes viennent les deux maisons qui, depuis environ neuf siècles, règnent conjointement à Lacédémone.

Cet empire naissant fut souvent ébranlé par des factions intestines ou par des entreprises éclatantes. Il était menacé d'une ruine prochaine, lorsque l'un des rois, nommé Polydecte, mourut sans enfants. Lycurgue son frère lui succéda. On ignorait dans ce moment la grossesse de la reine.

Dès qu'il en fut instruit, il déclara que, si elle donnait un héritier au trône, il serait le premier à le reconnaître; et, pour garant de sa parole, il n'administra le royaume qu'en qualité de tuteur du jeune prince.

Cependant la reine lui fit dire que, s'il consentait à l'épouser, elle n'hésiterait pas à faire périr son enfant. Pour détourner l'exécution de cet horrible projet, il la flatta par de vaines espérances. Elle accoucha d'un fils; il le prit entre ses bras, et, le montrant aux magistrats de Sparte : Voilà, leur dit-il, le roi qui vous est né.

La joie qu'il témoigna d'un événement qui le privait de la couronne, jointe à la sagesse de son administration, lui attira le respect et l'amour de la plupart des citoyens; mais ses vertus alarmaient les principaux de l'état : ils étaient secondés par la reine, qui, cherchant à venger son injure, soulevait contre lui ses parents et ses amis. On disait qu'il était dangereux de confier les jours du jeune prince à la vigilance d'un homme qui n'avait d'autre intérêt que d'en abréger le cours. Ces bruits, faibles dans leur naissance, éclatèrent enfin avec tant de force, qu'il fut obligé, pour les détruire, de s'éloigner de sa patrie.

En Crète, les lois du sage Minos fixèrent long-temps son attention. Il admira l'harmonie qu'elles entretenaient dans l'état et chez les particuliers. Parmi les personnes éclairées qui l'aidèrent de leurs lumières, il s'unit étroitement avec un poète nommé Thalès,

1.

qu'il jugea digne de seconder les grands desseins qu'il roulait dans sa tête. Thalès, docile à ses conseils, alla s'établir à Lacédémone, et fit entendre des chants qui invitaient et préparaient les esprits à l'obéissance et à la concorde.

Pour mieux juger des effets que produit la différence des gouvernements et des mœurs, Lycurgue visita les côtes de l'Asie. Il n'y vit que des lois et des âmes sans vigueur. Les Crétois, avec un régime simple et sévère, étaient heureux : les Ioniens, qui prétendaient l'être, gémissaient en esclaves sous le joug des plaisirs et de la licence. Une découverte précieuse le dédommagea du spectacle dégoûtant qui s'offrait à ses yeux. Les poésies d'Homère tombèrent entre ses mains : il vit avec surprise les plus belles maximes de la morale et de la politique embellies par les charmes de la fiction, et il résolut d'en enrichir la Grèce.

Tandis qu'il continuait à parcourir les régions éloignées, étudiant partout le génie et l'ouvrage des législateurs, recueillant les semences du bonheur qu'ils avaient répandues en différentes contrées, Lacédémone, fatiguée de ses divisions, envoya plus d'une fois à sa suite des députés qui le pressaient de venir au secours de l'état. Lui seul pouvait en diriger les rênes, tour à tour flottantes dans les mains des rois et dans celles de la multitude. Il résista long-temps, et céda enfin aux vœux empressés des Lacédémoniens.

De retour à Sparte, il s'aperçut bientôt qu'il ne s'agissait pas de réparer l'édifice des lois, mais de le détruire, et d'en élever un autre sur de nouvelles proportions : il prévit tous les obstacles, et n'en fut pas effrayé. Il avait pour lui le respect qu'on accordait à sa naissance et à ses vertus; il avait son génie, ses lumières, ce courage imposant qui force les volontés, et cet esprit de conciliation qui les attire; il avait enfin l'aveu du ciel, qu'à l'exemple des autres législateurs il eut toujours l'attention de se ménager. L'oracle de Delphes lui répondit : Les dieux agréent ton hommage, et, sous leurs auspices, tu formeras la plus excellente des constitutions politiques. Lycurgue ne cessa depuis d'entretenir des intelligences avec la pythie, qui imprima successivement à ses lois le sceau de l'autorité divine.

Avant que de commencer ses opérations, il les soumit à l'examen de ses amis et des citoyens les plus distingués. Il en choisit trente, qui devaient l'accompagner tout armés aux assemblées générales. Ce cortége ne suffisait pas toujours pour empêcher le tumulte dans une émeute excitée à l'occasion d'une loi nouvelle, les riches se soulevèrent avec tant de fureur, qu'il résolut de se réfugier dans un temple voisin ; mais, atteint dans sa retraite d'un coup violent qui, dit-on, le priva d'un œil, il se contenta de montrer à ceux qui le poursuivaient son visage couvert de sang. A cette vue, la plupart, saisis de honte, l'accompagnèrent chez lui avec toutes les marques du respect et de la douleur, détestant le crime, et remettant le coupable entre ses mains pour en disposer à son gré. C'était un jeune homme impétueux et bouillant. Lycurgue, sans l'accabler de reproches, sans proférer la moindre plainte, le retint dans sa maison, et, ayant fait retirer ses amis et ses domestiques, lui ordonna de le servir et de panser sa blessure. Le jeune homme obéit en silence, et, témoin à chaque instant de la bonté, de la patience et des grandes qualités de Lycurgue, il changea sa haine en amour, et, d'après un si beau modèle, réprima la violence de son caractère.

La nouvelle constitution fut enfin approuvée par tous les ordres de l'état ; les parties en étaient si bien combinées, qu'aux premiers essais on jugea qu'elle n'avait pas besoin de nouveaux ressorts. Cependant, malgré son excellence, il n'était pas encore rassuré sur sa durée. Il me reste, dit-il au peuple assemblé, à vous exposer l'article le plus important de notre législation ; mais je veux auparavant consulter l'oracle de Delphes. Promettez que, jusqu'à mon retour, vous ne toucherez pas aux lois établies. Ils le promirent. Faites-en le serment.

Les rois, les sénateurs, tous les citoyens prirent les dieux à témoin de leur parole. Cet engagement devait être irrévocable ; car son dessein était de ne plus revoir sa patrie.

Il se rendit aussitôt à Delphes, et demanda si les nouvelles lois suffisaient pour assurer le bonheur des Spartiates. La pythie ayant répondu que Sparte serait la plus florissante des villes tant qu'elle se ferait un devoir de les observer, Lycurgue envoya cet oracle à Lacédémone, et se condamna lui-même à l'exil. Il mourut loin de la nation dont il avait fait le bonheur.

On a dit qu'elle n'avait pas rendu assez d'honneurs à sa mémoire, sans doute parce qu'elle ne pouvait lui en rendre trop. Elle lui consacra un temple, où, tous les ans, il reçoit l'hommage d'un sacrifice. Ses amis et ses parents formèrent une société qui s'est perpétuée jusqu'à nous, et qui se réunit de temps en temps pour rappeler le souvenir de ses vertus. Un jour que l'assemblée se tenait dans le temple, Euclidas adressa le discours suivant au génie tutélaire de ce lieu :

« Nous vous célébrons sans savoir quel nom vous donner · la pythie doutait si vous n'étiez pas un dieu plutôt qu'un mortel ;

dans cette incertitude, elle vous nomma l'ami des dieux parce que vous étiez l'ami des hommes.

» Votre grande âme serait indignée si nous osions vous faire un mérite de n'avoir pas acheté la royauté par un crime ; elle serait peu flattée si nous ajoutions que vous avez exposé votre vie et immolé votre repos pour faire le bien : on ne doit louer que les sacrifices qui coûtent des efforts.

» La plupart des législateurs s'étaient égarés en suivant des routes frayées ; vous comprîtes que, pour faire le bonheur d'une nation, il fallait la mener par des voies extraordinaires. Nous vous louons d'avoir, dans un temps d'ignorance, mieux connu le cœur humain que les philosophes ne le connaissent dans ce siècle éclairé.

» Nous vous remercions d'avoir mis un frein à l'autorité des rois, à l'insolence du peuple, aux prétentions des riches, à nos passions et à nos vertus.

» Nous vous remercions d'avoir placé au-dessus de nos têtes un souverain qui voit tout, qui peut tout, et que rien ne peut corrompre. Vous mîtes la loi sur le trône, et nos magistrats à ses genoux, tandis qu'ailleurs on met un homme sur le trône et la loi sous ses pieds. La loi est comme un palmier qui nourrit également de son fruit tous ceux qui se reposent sous son ombre ; le despote, comme un arbre planté sur une montagne, et auprès duquel on ne voit que des vautours et des serpents.

» Nous vous remercions de ne nous avoir laissé qu'un petit nombre d'idées justes et saines, et d'avoir empêché que nous eussions plus de désirs que de besoins.

» Nous vous remercions d'avoir assez bien présumé de nous pour penser que nous n'aurions d'autre courage à demander aux dieux que celui de supporter l'injustice lorsqu'il le faut.

» Quand vous vîtes vos lois, éclatantes de grandeur et de beautés, marcher, pour ainsi dire, toutes seules sans se heurter ni se disjoindre, on dit que vous éprouvâtes une joie pure, semblable à celle de l'Être suprême lorsqu'il vit l'univers, à peine sorti de ses mains, exécuter ses mouvements avec tant d'harmonie et de régularité.

» Votre passage sur la terre ne fut marqué que par des bienfaits. Heureux si, en nous les rappelant sans cesse, nous pouvions laisser à nos neveux ce dépôt tel que nos pères l'ont reçu. »

CHAPITRE XLV.

Du gouvernement de Lacédémone.

Depuis l'établissement des sociétés, les souverains essayaient partout d'augmenter leur prérogative; les peuples, de l'affaiblir. Les troubles qui résultaient de ces prétentions diverses se faisaient plus sentir à Sparte que partout ailleurs : d'un côté, deux rois, souvent divisés d'intérêt, et toujours soutenus d'un grand nombre de partisans ; de l'autre, un peuple de guerriers indociles, qui, ne sachant ni commander ni obéir, précipitaient tour à tour le gouvernement dans les excès de la tyrannie et de la démocratie.

Lycurgue avait trop de lumières pour abandonner l'administration des affaires générales aux caprices de la multitude, ou pour la laisser entre les mains des deux maisons régnantes. Il cherchait un moyen de tempérer la force par la sagesse; il crut le trouver en Crète. Là, un conseil suprême modérait la puissance du souverain. Il en établit un à peu près semblable à Sparte : vingt-huit vieillards d'une expérience consommée furent choisis pour partager avec les rois la plénitude du pouvoir. Il fut réglé que les grands intérêts de l'état seraient discutés dans ce sénat auguste, que les deux rois auraient le droit d'y présider, que la décision passerait à la pluralité des voix; qu'elle serait ensuite communiquée à l'assemblée générale de la nation, qui pourrait l'approuver ou la rejeter, sans avoir la permission d'y faire le moindre changement.

Soit que cette clause ne fût pas assez clairement exprimée dans la loi, soit que la discussion des décrets inspirât naturellement le désir d'y faire quelques changements, le peuple s'arrogeait insensiblement le droit de les altérer par des additions ou par des suppressions. Cet abus fut pour jamais réprimé par les soins de Polydore et de Théopompe, qui régnaient environ cent trente ans après Lycurgue ; ils firent ajouter par la pythie de Delphes un nouvel article à l'oracle qui avait réglé la distribution des pouvoirs.

Le sénat avait jusqu'alors maintenu l'équilibre entre les rois et le peuple ; mais, les places des sénateurs étant à vie ainsi que celles des rois, il était à craindre que, dans la suite, les uns et les autres ne s'unissent étroitement, et ne trouvassent plus d'opposition à leurs volontés. On fit passer une partie de leurs fonctions entre les mains de cinq magistrats nommés éphores ou inspecteurs, et destinés à défendre le peuple en cas d'oppression : ce fut le roi

Théopompe qui, avec l'agrément de la nation, établit ce nouveau corps intermédiaire [1].

Si l'on en croit les philosophes, ce prince, en limitant son autorité, la rendit plus solide et plus durable ; si l'on juge d'après l'événement, en prévenant un danger qui n'existait pas encore, il en préparait un qui devait tôt ou tard exister. On voyait dans la constitution de Lycurgue l'heureux mélange de la royauté, de l'aristocratie et de la démocratie. Théopompe y joignit une oligarchie qui de nos jours est devenue tyrannique. Jetons maintenant un coup d'œil rapide sur les différentes parties de ce gouvernement, telles qu'elles sont aujourd'hui, et non comme elles étaient autrefois, car elles ont presque toutes éprouvé des changements.

[1] La plupart des auteurs rapportent cet établissement à Théopompe, qui régnait environ un siècle après Lycurgue. Telle est l'opinion d'Aristote, de Plutarque, de Cicéron, de Valère Maxime, de Dion Chrysostome. On peut joindre à cette liste Xénophon, qui semble attribuer l'origine de cette magistrature aux principaux citoyens de Lacédémone, et Eusèbe, qui, dans sa Chronique, la place au temps où régnait Théopompe.
Deux autres témoignages méritent d'autant plus d'attention qu'on y distingue des dates assez précises. Suivant Plutarque, le roi Cléomène III disait à l'assemblée générale de la nation : « Lycurgue s'était contenté d'associer aux deux rois un corps de sénateurs. Pendant long-temps la république ne connut pas d'autre magistrature. La guerre de Messénie (du temps de Théopompe) se prolongeant de plus en plus, les rois se crurent obligés de confier le soin de rendre la justice à des éphores, qui ne furent d'abord que leurs ministres. Mais, dans la suite, les successeurs de ces magistrats usurpèrent l'autorité ; et ce fut un d'entre eux, nommé Astéropus, qui les rendit indépendants. »
Platon fait mention de trois causes qui ont empêché à Lacédémone la royauté de dégénérer en despotisme. Voici les deux dernières : « Un homme animé d'un esprit divin (c'est Lycurgue) limita la puissance des rois par celle du sénat. Ensuite un autre sauveur balança heureusement l'autorité des rois et des sénateurs par celle des éphores. » Ce sauveur dont parle ici Platon ne peut être que Théopompe.
D'un autre côté Hérodote, Platon et un ancien auteur nommé Satyrus, regardent Lycurgue comme l'instituteur des éphores.
Je réponds que, suivant Héraclide de Pont, qui vivait peu de temps après Platon, quelques écrivains attribuaient à Lycurgue tous les règlements relatifs au gouvernement de Lacédémone. Les deux passages de Platon que j'ai cités nous en offrent un exemple sensible. Dans sa huitième lettre, il avance en général que Lycurgue établit et les sénateurs et les éphores ; tandis que, dans son traité des Lois, où il a détaillé le fait, il donne à ces deux corps de magistrats deux origines différentes.
L'autorité de Satyrus ne m'arrêterait pas en cette occasion si elle n'était fortifiée par celle d'Hérodote. Je ne dirai pas, avec Marsham, que le mot *éphores* s'est glissé dans le texte de ce dernier auteur ; mais je dirai que son témoignage peut se concilier avec ceux des autres écrivains.
Il paraît que l'éphorat était une magistrature depuis long-temps connue de plusieurs peuples du Péloponnèse, et entre autres des Messéniens : elle devait l'être des anciens habitants de la Laconie, puisque les éphores, à l'occasion des nouvelles lois de Lycurgue, soulevèrent le peuple contre lui. De plus, Lycurgue avait, en quelque façon, modelé la constitution de Sparte sur celle de Crète ; or les Crétois avaient des magistrats principaux qui s'appelaient *cosmes*, et qu'Aristote compare aux éphores de Lacédémone. Enfin la plupart des auteurs que j'ai cités d'abord ne parlent pas de l'éphorat comme d'une magistrature nouvellement instituée par Théopompe, mais comme d'un frein que ce prince mit à la puissance des rois. Il est donc très-vraisemblable que Lycurgue laissa quelques fonctions aux éphores déjà établis avant lui, et que Théopompe leur accorda des prérogatives qui firent ensuite pencher le gouvernement vers l'oligarchie.

Les deux rois doivent être de la race d'Hercule, et ne peuvent épouser une femme étrangère. Les éphores veillent sur la conduite des reines, de peur qu'elles ne donnent à l'état des enfants qui ne seraient pas de cette maison auguste. Si elles étaient convaincues ou fortement soupçonnées d'infidélité, leurs fils seraient relégués dans la classe des particuliers.

Dans chacune des deux branches régnantes, la couronne doit passer à l'aîné des fils, et, à leur défaut, au frère du roi. Si l'aîné meurt avant son père, elle appartient à son puîné; mais s'il laisse un enfant, cet enfant est préféré à ses oncles. Au défaut de proches héritiers dans une famille, on appelle au trône les parents éloignés, et jamais ceux de l'autre maison.

Les différends sur la succession sont discutés et terminés dans l'assemblée générale. Lorsqu'un roi n'a point d'enfants d'une première femme, il doit la répudier. Anaxandride avait épousé la fille de sa sœur; il l'aimait tendrement; quelques années après les éphores le citèrent à leur tribunal, et lui dirent : Il est de notre devoir de ne pas laisser éteindre les maisons royales. Renvoyez votre épouse, et choisissez-en une qui donne un héritier au trône. Sur le refus du prince, après en avoir délibéré avec les sénateurs, ils lui tinrent ce discours : Suivez notre avis, et ne forcez pas les Spartiates à prendre un parti violent. Sans rompre des liens trop chers à votre cœur, contractez-en de nouveaux qui relèvent nos espérances. Rien n'était si contraire aux lois de Sparte; néanmoins Anaxandride obéit : il épousa une seconde femme dont il eut un fils; mais il aima toujours la première, qui, quelque temps après, accoucha du célèbre Léonidas.

L'héritier présomptif n'est point élevé avec les autres enfants de l'état; on a craint que trop de familiarité ne les prémunît contre le respect qu'ils lui devront un jour. Cependant son éducation n'en est pas moins soignée; on lui donne une juste idée de sa dignité, une plus juste encore de ses devoirs. Un Spartiate disait autrefois à Cléomène : Un roi doit être affable. Sans doute, répondit ce prince, pourvu qu'il ne s'expose pas au mépris. Un autre roi de Lacédémone dit à ses parents qui exigeaient de lui une injustice : En m'apprenant que les lois obligent plus le souverain que les autres citoyens, vous m'avez appris à vous désobéir en cette occasion.

Lycurgue a lié les mains aux rois; mais il leur a laissé des honneurs et des prérogatives dont ils jouissent comme chefs de la religion, de l'administration et des armées. Outre certains sacerdoces qu'ils exercent par eux-mêmes, ils règlent tout ce qui concerne le culte public, et paraissent à la tête des cérémonies religieuses. Pour les mettre à portée d'adresser des vœux au ciel, soit pour eux, soit pour la république, l'état leur donne, le premier et le septième jour de chaque mois, une victime avec une certaine quantité de vin et de farine d'orge. L'un et l'autre a le droit d'attacher à sa personne deux magistrats ou augures qui ne le quittent point, et qu'on nomme pythiens. Le souverain les envoie au besoin consulter la pythie, et conserve en dépôt les oracles qu'ils rapportent. Ce privilége est peut-être un des plus importants de la royauté ; il met celui qui en est revêtu dans un commerce secret avec les prêtres de Delphes, auteurs de ces oracles qui souvent décident du sort d'un empire.

Comme chef de l'état il peut, en montant sur le trône, annuler les dettes qu'un citoyen a contractées, soit avec son prédécesseur, soit avec la république [1]. Le peuple lui adjuge pour lui-même certaines portions d'héritages, dont il peut disposer pendant sa vie en faveur de ses parents.

Les deux rois, comme présidents du sénat, y proposent le sujet de la délibération. L'un et l'autre donne son suffrage, et, en cas d'absence, le fait remettre par un sénateur de ses parents. Ce suffrage en vaut deux. L'avis, dans les causes portées à l'assemblée générale, passe à la pluralité des voix. Lorsque les deux rois proposent de concert un projet manifestement utile à la république, il n'est permis à personne de s'y opposer. La liberté publique n'a rien à craindre d'un pareil accord : outre la secrète jalousie qui règne entre les deux maisons, il est rare que leurs chefs aient le même degré de lumière pour connaître les vrais intérêts de l'état, le même degré de courage pour les défendre. Les causes qui regardent l'entretien des chemins, les formalités de l'adoption, le choix du parent qui doit épouser une héritière orpheline, tout cela est soumis à leur décision.

Les rois ne doivent pas s'absenter pendant la paix, ni tous les deux à la fois pendant la guerre, à moins qu'on ne mette deux armées sur pied. Ils les commandent de droit, et Lycurgue a voulu qu'ils y parussent avec l'éclat et le pouvoir qui attirent le respect et l'obéissance.

Le jour du départ le roi offre un sacrifice à Jupiter. Un jeune homme prend sur l'autel un tison enflammé, et le porte, à la tête des troupes, jusqu'aux frontières de l'empire, où l'on fait un nouveau sacrifice.

L'état fournit à l'entretien du général et de sa maison; com-

[1] Cet usage subsistait aussi en Perse. (Hérod. lib. vi, cap. 59.)

posée, outre sa garde ordinaire, des deux pythiens ou augures dont j'ai parlé plus haut, des polémarques ou officiers principaux, qu'il est à portée de consulter à tous moments ; de trois ministres subalternes, chargés de subvenir à ses besoins. Ainsi, délivré de tout soin domestique, il ne s'occupe que des opérations de la campagne. C'est à lui qu'il appartient de les diriger, de signer des trêves avec l'ennemi, d'entendre et de congédier les ambassadeurs des puissances étrangères. Les deux éphores qui l'accompagnent n'ont d'autre fonction que de maintenir les mœurs, et ne se mêlent que des affaires qu'il veut bien leur communiquer.

Dans ces derniers temps, on a soupçonné quelquefois le général d'avoir conspiré contre la liberté de sa patrie, ou d'en avoir trahi les intérêts, soit en se laissant corrompre par des présents, soit en se livrant à de mauvais conseils. On décerne contre ces délits, suivant les circonstances, ou de très-fortes amendes, ou l'exil, ou même la perte de la couronne et de la vie. Parmi les princes qui furent accusés, l'un fut obligé de s'éloigner et de se réfugier dans un temple ; un autre demanda grâce à l'assemblée, qui lui accorda son pardon, mais à condition qu'il se conduirait à l'avenir par l'avis de dix Spartiates qui le suivraient à l'armée, et qu'elle nommerait. La confiance entre le souverain et les autres magistrats se ralentissant de jour en jour, bientôt il ne sera entouré, dans ses expéditions, que d'espions et de délateurs choisis parmi ses ennemis.

Pendant la paix les rois ne sont que les premiers citoyens d'une ville libre. Comme citoyens, ils se montrent en public sans suite et sans faste ; comme premiers citoyens, on leur cède la première place, et tout le monde se lève en leur présence, à l'exception des éphores siégeant à leur tribunal. Quand ils ne peuvent pas assister aux repas publics, on leur envoie une mesure de vin et de farine ; quand ils s'en dispensent sans nécessité, elle leur est refusée.

Dans ces repas, ainsi que dans ceux qu'il leur est permis de prendre chez les particuliers, ils reçoivent une double portion qu'ils partagent avec leurs amis. Ces détails ne sauraient être indifférents : les distinctions ne sont partout que des signes de convention assortis aux temps et aux lieux ; celles qu'on accorde aux rois de Lacédémone n'imposent pas moins au peuple que l'armée nombreuse qui compose la garde du roi de Perse.

La royauté a toujours subsisté à Lacédémone, 1° parce qu'étant partagée entre deux maisons, l'ambition de l'une serait bientôt réprimée par la jalousie de l'autre, ainsi que par le zèle des magistrats ; 2° parce que, les rois n'ayant jamais essayé d'augmenter leur prérogative, elle n'a jamais causé d'ombrage au peuple. Cette modération excite son amour pendant toute leur vie, ses regrets après leur mort. Dès qu'un des rois a rendu les derniers soupirs, des femmes parcourent les rues et annoncent le malheur public en frappant sur des vases d'airain. On couvre le marché de paille, et l'on défend d'y rien exposer en vente pendant trois jours. On fait partir des hommes à cheval pour répandre la nouvelle dans la province, et avertir ceux des hommes libres et des esclaves qui doivent accompagner les funérailles. Ils y assistent par milliers; on les voit se meurtrir le front, et s'écrier au milieu de leurs longues lamentations que, de tous les princes qui ont existé, il n'y en eut jamais de meilleur. Cependant ces malheureux regardent comme un tyran celui dont ils sont obligés de déplorer la perte. Les Spartiates ne l'ignorent pas; mais forcés, par une loi de Lycurgue, d'étouffer en cette occasion leurs larmes et leurs plaintes, ils ont voulu que la douleur simulée de leurs esclaves et de leurs sujets peignît en quelque façon la douleur véritable qui les pénètre.

Quand le roi meurt dans une expédition militaire, on expose son image sur un lit de parade, et il n'est permis, pendant dix jours, ni de convoquer l'assemblée générale, ni d'ouvrir les tribunaux de justice. Quand le corps, que l'on a pris soin de conserver dans le miel ou dans la cire, est arrivé, on l'inhume, avec les cérémonies accoutumées, dans un quartier de la ville où sont les tombeaux des rois.

Le sénat, composé des deux rois et de vingt-huit gérontes ou vieillards, est le conseil suprême où se traitent en première instance la guerre, la paix, les alliances, les hautes et importantes affaires de l'état.

Obtenir une place dans cet auguste tribunal, c'est monter au trône de l'honneur. On ne l'accorde qu'à celui qui, depuis son enfance, s'est distingué par une prudence éclairée et par des vertus éminentes : il n'y parvient qu'à l'âge de soixante ans; il la possède jusqu'à sa mort. On ne craint point l'affaiblissement de sa raison : par le genre de vie qu'on mène à Sparte, l'esprit et le corps y vieillissent moins qu'ailleurs.

Quand un sénateur a terminé sa carrière, plusieurs concurrents se présentent pour lui succéder. Ils doivent manifester clairement leur désir. Lycurgue a donc voulu favoriser l'ambition? Oui, celle qui, pour prix des services rendus à la patrie, demande avec ardeur de lui en rendre encore.

L'élection se fait dans la place publique, où le peuple est assemblé avec les rois, les sénateurs et les différentes classes des magis-

CHAPITRE XLV.

trats. Chaque prétendant paraît dans l'ordre assigné par le sort. Il parcourt l'enceinte les yeux baissés, en silence, et honoré de cris d'approbation plus ou moins nombreux, plus ou moins fréquents. Ces bruits sont recueillis par des hommes qui, cachés dans une maison voisine, d'où ils ne peuvent rien voir, se contentent d'observer quelle est la nature des applaudissements qu'ils entendent, et qui, à la fin de la cérémonie, viennent déclarer qu'à telle reprise le vœu du public s'est manifesté d'une manière plus vive et plus soutenue.

Après ce combat, où la vertu ne succombe que sous la vertu, commence une espèce de marche triomphale : le vainqueur est conduit dans tous les quartiers de la ville, la tête ceinte d'une couronne, suivi d'un cortége de jeunes garçons et de jeunes femmes qui célèbrent ses vertus et sa victoire ; il se rend aux temples, où il offre son encens ; aux maisons de ses parents, où des gâteaux et des fruits sont étalés sur une table : « Agréez, lui dit-on, ces présents dont l'état vous honore par nos mains. » Le soir, toutes les femmes qui lui tiennent par les liens du sang s'assemblent à la porte de la salle où il vient de prendre son repas ; il fait approcher celle qu'il estime le plus, et lui présente l'une des deux portions qu'on lui avait servie : « C'est à vous, lui dit-il, que je remets le prix d'honneur que je viens de recevoir. » Toutes les autres applaudissent au choix et la ramènent chez elle avec les distinctions les plus flatteuses.

Dès ce moment, le nouveau sénateur est obligé de consacrer le reste de ses jours aux fonctions de son ministère. Les unes regardent l'état, et nous les avons indiquées plus haut ; les autres concernent certaines causes particulières dont le jugement est réservé au sénat. C'est de ce tribunal que dépend non-seulement la vie des citoyens, mais encore leur fortune : je veux dire leur honneur ; car le vrai Spartiate ne connaît pas d'autre bien.

Plusieurs jours sont employés à l'examen des délits qui entraînent la peine de mort, parce que l'erreur, en cette occasion, ne peut se réparer. On ne condamne pas l'accusé sur de simples présomptions ; mais, quoique absous une première fois, il est poursuivi avec plus de rigueur si, dans la suite, on acquiert de nouvelles preuves contre lui.

Le sénat a le droit d'infliger l'espèce de flétrissure qui prive le citoyen d'une partie de ses priviléges ; et de là vient qu'à la présence d'un sénateur le respect qu'inspire l'homme vertueux se mêle avec la frayeur salutaire qu'inspire le juge.

Quand un roi est accusé d'avoir violé les lois ou trahi les intérêts de l'état, le tribunal qui doit l'absoudre ou le condamner est composé de vingt-huit sénateurs, des cinq éphores et du roi de l'autre maison. Il peut appeler du jugement à l'assemblée générale du peuple.

Les éphores ou inspecteurs, ainsi nommés parce qu'ils étendent leurs soins sur toutes les parties de l'administration, sont au nombre de cinq. Dans la crainte qu'ils n'abusent de leur autorité, on les renouvelle tous les ans. Ils entrent en place au commencement de l'année, fixé à la nouvelle lune qui suit l'équinoxe de l'automne. Le premier d'entre eux donne son nom à cette année : ainsi, pour rappeler la date d'un événement, il suffit de dire qu'il s'est passé sous tel éphore.

Le peuple a le droit de les élire et d'élever à cette dignité des citoyens de tous les états : dès qu'ils en sont revêtus, il les regarde comme ses défenseurs; c'est à ce titre qu'il n'a cessé d'augmenter leurs prérogatives.

J'ai insinué plus haut que Lycurgue n'avait pas fait entrer cette magistrature dans le plan de sa constitution; il paraît seulement qu'environ un siècle et demi après les rois de Lacédémone se dépouillèrent en sa faveur de plusieurs droits essentiels, et que son pouvoir s'accrut ensuite par les soins d'un nommé Astéropus, chef de ce tribunal. Successivement enrichie des dépouilles du sénat et de la royauté, elle réunit aujourd'hui les droits les plus éminents, tels que l'administration de la justice, le maintien des mœurs et des lois, l'inspection sur les autres magistrats, l'exécution des décrets de l'assemblée générale.

Le tribunal des éphores se tient dans la place publique; ils s'y rendent tous les jours pour prononcer sur certaines accusations, et terminer les différends des particuliers. Cette fonction importante n'était autrefois exercée que par les rois. Lors de la première guerre de Messénie, obligés de s'absenter souvent, ils la confièrent aux éphores; mais ils ont toujours conservé le droit d'assister aux jugements et de donner leurs suffrages.

Comme les Lacédémoniens n'ont qu'un petit nombre de lois et que tous les jours il se glisse dans la république des vices inconnus auparavant, les juges sont souvent obligés de se guider par les lumières naturelles; et comme, dans ces derniers temps, on a placé parmi eux des gens peu éclairés, on a souvent lieu de douter de l'équité de leurs décisions.

Les éphores prennent un soin extrême de l'éducation de la jeunesse. Ils s'assurent tous les jours par eux-mêmes si les enfants de l'état ne sont pas élevés avec trop de délicatesse ; ils leur choisissent des chefs qui doivent exciter leur émulation, et paraissent à leur tête dans une fête militaire et religieuse qu'on célèbre en l'honneur de Minerve.

D'autres magistrats veillent sur la conduite des femmes, les éphores sur celle de tous les citoyens. Tout ce qui peut, même de loin, donner atteinte à l'ordre public et aux usages reçus, est sujet à leur censure. On les a vus souvent poursuivre des hommes qui négligeaient leurs devoirs ou qui se laissaient facilement insulter : ils reprochaient aux uns d'oublier les égards qu'ils devaient aux lois, aux autres ceux qu'ils se devaient à eux-mêmes.

Plus d'une fois ils ont réprimé l'abus que faisaient de leurs talents des étrangers qu'ils avaient admis à leurs jeux publics. Un orateur offrait de parler un jour entier sur toutes sortes de sujets ; ils le chassèrent de la ville. Archiloque subit autrefois le même sort pour avoir hasardé dans ses écrits une maxime de lâcheté ; et, presque de nos jours, le musicien Timothée ayant ravi les Spartiates par la beauté de ses chants, un éphore s'approcha de lui tenant un couteau dans sa main, et lui dit : « Nous vous avons condamné à retrancher quatre cordes de votre lyre; de quel côté voulez-vous que je les coupe? »

On peut juger, par ces exemples, de la sévérité avec laquelle ce tribunal punissait autrefois les fautes qui blessaient directement les lois et les mœurs. Aujourd'hui même que tout commence à se corrompre, il n'est pas moins redoutable quoique moins respecté ; et ceux des particuliers qui ont perdu leurs anciens principes n'oublient rien pour se soustraire aux regards de ces censeurs, d'autant plus sévères pour les autres qu'ils sont quelquefois plus indulgents pour eux-mêmes.

Contraindre la plupart des magistrats à rendre compte de leur administration, suspendre de leurs fonctions ceux d'entre eux qui violent les lois, les traîner en prison, les déférer au tribunal supérieur et les exposer, par des poursuites vives, à perdre la vie, tous ces droits sont réservés aux éphores. Ils les exercent en partie contre les rois, qu'ils tiennent dans leur dépendance par un moyen extraordinaire et bizarre. Tous les neuf ans, ils choisissent une nuit où l'air est calme et serein ; assis en rase campagne, ils examinent avec attention le mouvement des astres : voient-ils une exhalaison enflammée traverser les airs, c'est une étoile qui change de place : les rois ont offensé les dieux. On les traduit en justice, on les dépose, et ils ne recouvrent l'autorité qu'après avoir été absous par l'oracle de Delphes.

Le souverain fortement soupçonné d'un crime contre l'état peut, à la vérité, refuser de comparaître devant les éphores aux deux premières sommations, mais il doit obéir à la troisième ; du reste, ils peuvent s'assurer de sa personne et le traduire en justice. Quand la faute est moins grave, ils prennent sur eux d'infliger la peine. En dernier lieu ils condamnèrent à l'amende le roi Agésilas, parce qu'il envoyait un présent à chaque sénateur qui entrait en place.

La puissance exécutrice est tout entière entre leurs mains. Ils convoquent l'assemblée générale, ils recueillent les suffrages. On peut juger du pouvoir dont ils sont revêtus en comparant les décrets qui en émanent avec les sentences qu'ils prononcent dans leur tribunal particulier. Ici, le jugement est précédé de cette formule : « Il a paru aux rois et aux éphores ; » là, de celle-ci: « Il a paru aux éphores et à l'assemblée. »

C'est à eux que s'adressent les ambassadeurs des nations ennemies ou alliées. Chargés du soin de lever des troupes et de les faire partir, ils expédient au général les ordres qu'il doit suivre, le font accompagner de deux d'entre eux pour épier sa conduite, l'interrompent quelquefois au milieu de ses conquêtes et le rappellent, suivant que l'exige leur intérêt personnel ou celui de l'état.

Tant de prérogatives leur attirent une considération qu'ils justifient par les honneurs qu'ils décernent aux belles actions, par leur attachement aux anciennes maximes, par la fermeté avec laquelle ils ont, dans ces derniers temps, dissipé des complots qui menaçaient la tranquillité publique.

Ils ont, pendant une longue suite d'années, combattu contre l'autorité des sénateurs et des rois, et n'ont cessé d'être leurs ennemis que lorsqu'ils sont devenus leurs protecteurs. Ces tentatives, ces usurpations auraient ailleurs fait couler des torrents de sang : par quel hasard n'ont-elles produit à Sparte que des fermentations légères ? C'est que les éphores promettaient au peuple la liberté, tandis que leurs rivaux, aussi pauvres que le peuple, ne pouvaient lui promettre des richesses ; c'est que l'esprit d'union, introduit par les lois de Lycurgue, avait tellement prévalu sur les considérations particulières, que les anciens magistrats, jaloux de donner de grands exemples d'obéissance, ont toujours cru devoir sacrifier leurs droits aux prétentions des éphores.

Par une suite de cet esprit, le peuple n'a cessé de respecter ces rois et ces sénateurs qu'il a dépouillés de leur pouvoir. Une cérémonie imposante, qui se renouvelle tous les mois, lui rappelle ses devoirs. Les rois en leur nom, les éphores au nom du peuple, font un serment solennel, les premiers, de gouverner suivant les lois ; les seconds, de défendre l'autorité royale tant qu'elle ne violera pas les lois.

Les Spartiates ont des intérêts qui leur sont particuliers ; ils en ont qui leur sont communs avec les habitants des différentes villes de la Laconie : de là deux espèces d'assemblées, auxquelles assistent toujours les rois, le sénat et les diverses classes de magistrats. Lorsqu'il faut régler la succession au trône, élire ou déposer des magistrats, prononcer sur des délits publics, statuer sur les grands objets de la religion ou de la législation, l'assemblée n'est composée que de Spartiates, et se nomme petite assemblée.

Elle se tient pour l'ordinaire tous les mois à la pleine lune ; par extraordinaire, lorsque les circonstances l'exigent, la délibération doit être précédée par un décret du sénat, à moins que le partage des voix n'ait empêché cette compagnie de rien conclure. Dans ce cas, les éphores portent l'affaire à l'assemblée.

Chacun des assistants a le droit d'opiner, pourvu qu'il ait passé sa trentième année ; avant cet âge, il ne lui est pas permis de parler en public. On exige encore qu'il soit irréprochable dans ses mœurs ; et l'on se souvient de cet homme qui avait séduit le peuple par son éloquence : son avis était excellent ; mais, comme il sortait d'une bouche impure, on vit un sénateur s'élever, s'indigner hautement contre la facilité de l'assemblée, et faire aussitôt proposer le même avis par un homme vertueux. Qu'il ne soit pas dit, ajouta-t-il, que les Lacédémoniens se laissent mener par les conseils d'un infâme orateur.

On convoque l'assemblée générale lorsqu'il s'agit de guerre, de paix et d'alliance ; elle est alors composée des députés des villes de la Laconie ; on y joint souvent ceux des peuples alliés et des nations qui viennent implorer l'assistance de Lacédémone. Là se discutent leurs prétentions et leurs plaintes mutuelles, les infractions faites aux traités de la part des autres peuples, les voies de conciliation, les projets de campagne, les contributions à fournir. Les rois et les sénateurs portent souvent la parole ; leur autorité est d'un grand poids, celle des éphores d'un plus grand encore. Quand la matière est suffisamment éclaircie, l'un des éphores demande l'avis de l'assemblée ; aussitôt mille voix s'élèvent, ou pour l'affirmative, ou pour la négative. Lorsqu'après plusieurs essais il est impossible de distinguer la majorité, le même magistrat s'en assure en comptant ceux des deux partis qu'il a fait passer, ceux-ci d'un côté, ceux-là de l'autre.

CHAPITRE XLVI.

Des lois de Lacédémone.

La nature est presque toujours en opposition avec les lois, parce qu'elle travaille au bonheur de chaque individu sans relation avec les autres, et que les lois ne statuent que sur les rapports qui les unissent; parce qu'elle diversifie à l'infini nos caractères et nos penchants, tandis que l'objet des lois est de les ramener, autant qu'il est possible, à l'unité. Il faut donc que le législateur, chargé de détruire, ou du moins de concilier ces contrariétés, regarde la morale comme le ressort le plus puissant et la partie la plus essentielle de sa politique; qu'il s'empare de l'ouvrage de la nature presque au moment qu'elle vient de le mettre au jour; qu'il ose en retoucher la forme et les proportions; que, sans en effacer les traits originaux, il les adoucisse; et qu'enfin l'homme indépendant ne soit plus, en sortant de ses mains, qu'un citoyen libre.

Que des hommes éclairés soient parvenus autrefois à réunir les sauvages épars dans les forêts, que tous les jours de sages instituteurs modèlent en quelque façon à leur gré le caractère des enfants confiés à leurs soins, on le conçoit sans peine; mais quelle puissance de génie n'a-t-il pas fallu pour refondre une nation déjà formée! Et quel courage pour oser lui dire : Je vais restreindre vos besoins à l'étroit nécessaire, et exiger de vos passions des sacrifices les plus amers : vous ne connaîtrez plus les attraits de la volupté; vous échangerez les douceurs de la vie contre des exercices pénibles et douloureux; je dépouillerai les uns de leurs biens pour les distribuer aux autres, et la tête du pauvre s'élèvera aussi haut que celle du riche; vous renoncerez à vos idées, à vos goûts, à vos habitudes, à vos prétentions, quelquefois même à ces sentiments si tendres et si précieux que la nature a gravés au fond de vos cœurs.

Voilà néanmoins ce qu'exécuta Lycurgue, par des règlements qui diffèrent si essentiellement de ceux des autres peuples, qu'en arrivant à Lacédémone un voyageur se croit transporté sous un nouveau ciel. Leur singularité l'invite à les méditer; et bientôt il est frappé de cette profondeur de vues et de cette élévation de sentiments qui éclatent dans l'ouvrage de Lycurgue.

Il fit choisir les magistrats, non par la voie du sort, mais par celle des suffrages. Il dépouilla les richesses de leur considération, et l'amour de sa jalousie. S'il accorda quelques distinctions, le gouvernement, plein de son esprit, ne les prodigua jamais, et les gens vertueux n'osèrent les solliciter : l'honneur devint la plus belle des récompenses et l'opprobre le plus cruel des supplices. La peine de mort fut quelquefois infligée ; mais un rigoureux examen devait la précéder, parce que rien n'est si précieux que la vie d'un citoyen. L'exécution se fit dans la prison, pendant la nuit, de peur que la fermeté du coupable n'attendrît les assistants. Il fut décidé qu'un lacet terminerait ses jours, car il parut inutile de multiplier les tourments.

J'indiquerai dans la suite la plupart des règlements de Lycurgue ; je vais parler ici du partage des terres. La proposition qu'il en fit souleva les esprits ; mais, après les plus vives contestations, le district de Sparte fut divisé en neuf mille portions de terre [1], le

[1] Plutarque cite trois opinions sur ce partage. Suivant la première, Lycurgue divisa tous les biens de la Laconie en trente-neuf mille portions, dont neuf mille furent accordées aux habitants de Sparte. Suivant la seconde, il ne donna aux Spartiates que six mille portions, auxquelles le roi Polydore, qui termina quelque temps après la première guerre de Messénie, en ajouta trois mille autres. Suivant la troisième opinion, de ces neuf mille portions, les Spartiates en avaient reçu la moitié de Lycurgue, et l'autre moitié de Polydore.

J'ai embrassé la première opinion, parce que Plutarque, qui était à portée de consulter beaucoup d'ouvrages que nous avons perdus, semble l'avoir préférée. Cependant je ne rejette point les autres. Il paraît, en effet, que du temps de Polydore il arriva quelque accroissement aux lots échus aux Spartiates. Un fragment des poésies de Tyrtée nous apprend que le peuple de Sparte demandait alors un nouveau partage des terres. On raconte aussi que Polydore dit, en partant pour la Messénie, qu'il allait dans un pays qui n'avait pas encore été partagé. Enfin la conquête de la Messénie dut introduire parmi les Spartiates une augmentation de fortune.

Tout ceci entraînerait de longues discussions ; je passe à deux inadvertances qui paraissent avoir échappé à deux hommes qui ont honoré leur siècle et leur nation, Aristote et Montesquieu.

Aristote dit que le législateur de Lacédémone avait très-bien fait lorsqu'il avait défendu aux Spartiates de vendre leurs portions ; mais qu'il n'aurait pas dû leur permettre de les donner pendant leur vie, ni de les léguer par leur testament à qui ils voulaient. Je ne crois pas que Lycurgue ait jamais accordé cette permission. Ce fut l'éphore Epitadès qui, pour frustrer son fils de sa succession, fit passer le décret qui a donné lieu à la critique d'Aristote, critique d'autant plus inconcevable que ce philosophe écrivait très-peu de temps après Epitadès.

Solon avait permis d'épouser sa sœur consanguine, et non sa sœur utérine. M. de Montesquieu a très-bien prouvé que Solon avait voulu, par cette loi, empêcher que les deux époux ne réunissent sur leur tête deux hérédités ; ce qui pourrait arriver si un frère et une sœur de même mère se mariaient ensemble, puisque l'un pourrait recueillir la succession du premier mari de sa mère, et l'autre celle du second mari. M. de Montesquieu observe que la loi était conforme à l'esprit des républiques grecques ; et il l'oppose au passage de Philon qui dit que Lycurgue avait permis le mariage des enfants utérins, c'est-à-dire celui que contracteraient un fils et une fille d'une même mère et de deux pères différents. Pour résoudre la difficulté, M. de Montesquieu répond que, suivant Strabon, lorsqu'à Lacédémone une sœur épousait son frère, elle lui apportait en dot la moitié de la portion qui revenait à ce frère. Mais Strabon, en cet endroit, parle, d'après l'historien Ephore, des lois de Crète, et non de celles de Lacédémone ; et quoiqu'il reconnaisse avec cet historien que ces dernières sont en partie tirées de celles de Minos, il ne s'ensuit pas que Lycurgue eût adopté celle dont il s'agit maintenant. Je dis plus, c'est

reste de la Laconie en trente mille. Chaque portion, assignée à un chef de famille, devait produire, outre une certaine quantité de vin et d'huile, soixante-dix mesures d'orge pour le chef et douze pour son épouse.

Après cette opération, Lycurgue crut devoir s'absenter pour laisser aux esprits le temps de se reposer. A son retour, il trouva les campagnes de la Laconie couvertes de tas de gerbes, tous de même grosseur et placés à des distances à peu près égales. Il crut voir un grand domaine dont les productions venaient d'être partagées entre des frères; ils crurent voir un père qui, dans la distribution de ses dons, ne montre pas plus de tendresse pour l'un de ses enfants que pour les autres.

Mais comment subsistera cette égalité de fortunes? Avant Lycurgue, le législateur de Crète n'osa pas l'établir, puisqu'il permit les acquisitions. Après Lycurgue, Phaléas à Chalcédoine, Philolaüs à Thèbes, Platon, d'autres législateurs, d'autres philosophes ont proposé des voies insuffisantes pour résoudre le problème. Il était donné à Lycurgue de tenter les choses les plus extraordinaires et de concilier les plus opposées. En effet, par une de ses lois, il règle le nombre des hérédités sur celui des citoyens; et par une autre loi, en accordant des exemptions à ceux qui ont trois enfants, et de plus grandes à ceux qui en ont quatre, il risque de détruire la proportion qu'il veut établir, et de rétablir la distinction des riches et des pauvres qu'il se propose de détruire.

Pendant que j'étais à Sparte, l'ordre des fortunes des particu-

qu'il ne pouvait pas, dans son système, décerner pour dot à la sœur la moitié des biens du frère, puisqu'il avait défendu les dots.

En supposant même que la loi citée par Strabon fût reçue à Lacédémone, je ne crois pas qu'on doive l'appliquer au passage de Philon. Cet auteur dit qu'à Lacédémone il était permis d'épouser sa sœur utérine, et non sa sœur consanguine. M. de Montesquieu l'interprète ainsi : « Pour empêcher que le bien de la famille de la sœur ne passât dans celle du frère, on donnait en dot à la sœur la moitié du bien du frère. »

Cette explication suppose deux choses : 1° qu'il fallait nécessairement constituer une dot à la fille, et cela est contraire aux lois de Lacédémone ; 2° que cette sœur renonçait à la succession de son père pour partager celle que son frère avait reçue du sien. Je réponds que, si la sœur était fille unique, elle devait hériter du bien de son père, et ne pouvait pas y renoncer; si elle avait un frère du même lit, c'était à lui d'hériter, et, en la mariant avec son frère d'un autre lit, on ne risquait pas d'accumuler deux héritages.

Si la loi rapportée par Philon était fondée sur le partage des biens, on ne serait point embarrassé de l'expliquer en partie : par exemple, une mère qui avait eu d'un premier mari une fille unique, et d'un second plusieurs enfants mâles, pouvait sans doute marier cette fille avec l'un des puînés du second lit, parce que ce puîné n'avait point de portion. Dans ce sens, un Spartiate pouvait épouser sa sœur utérine. Si c'est là ce qu'a voulu dire Philon, je n'ai pas de peine à l'entendre; mais quand il ajoute qu'on ne pouvait épouser sa sœur consanguine, je ne l'entends plus, parce que je ne vois aucune raison, tirée du partage des biens, qui dût prohiber ces sortes de mariages.

liers avait été dérangé par un décret de l'éphore Épitadès, qui voulait se venger de son fils ; et, comme je négligeai de m'instruire de leur ancien état, je ne pourrai développer à cet égard les vues du législateur qu'en remontant à ses principes.

Suivant les lois de Lycurgue, un chef de famille ne pouvait ni acheter ni vendre une portion de terrain ; il ne pouvait ni la donner pendant sa vie ni la léguer par son testament à qui il voulait ; il ne lui était pas même permis de la partager : l'aîné de ses enfants recueillait la succession, comme dans la maison royale l'aîné succède de droit à la couronne. Quel était le sort des autres enfants ? Les lois, qui avaient assuré leur subsistance pendant la vie du père, les auraient-elles abandonnés après sa mort ?

1º Il paraît qu'ils pouvaient hériter des esclaves, des épargnes et des meubles de toute espèce. La vente de ces effets suffisait sans doute pour leurs vêtements, car le drap qu'ils employaient était à si bas prix que les plus pauvres se trouvaient en état de se le procurer. 2º Chaque citoyen était en droit de participer aux repas publics, et fournissait pour son contingent une certaine quantité de farine d'orge, qu'on peut évaluer à environ douze médimnes ; or, le Spartiate possesseur d'une portion d'héritage en retirait par an soixante-dix médimnes, et sa femme douze. L'excédant du mari suffisait donc pour l'entretien de cinq enfants ; et comme Lycurgue n'a pas dû supposer que chaque père de famille en eût un si grand nombre, on peut croire que l'aîné devait pourvoir aux besoins, non-seulement de ses enfants, mais encore de ses frères. 3º Il est à présumer que les puînés pouvaient seuls épouser les filles qui, au défaut de mâles, héritaient d'une possession territoriale. Sans cette précaution, les hérédités se seraient accumulées sur une même tête. 4º Après l'examen qui suivait leur naissance, les magistrats leur accordaient des portions de terre devenues vacantes par l'extinction de quelques familles. 5º Dans ces derniers temps, des guerres fréquentes en détruisaient un grand nombre ; dans les siècles antérieurs, ils allaient au loin fonder des colonies. 6º Les filles ne coûtaient rien à établir ; il était défendu de leur constituer une dot. 7º L'esprit d'union et de désintéressement rendant en quelque façon toutes choses communes entre les citoyens, les uns n'avaient souvent au-dessus des autres que l'avantage de prévenir ou de seconder leurs désirs.

Tant que cet esprit s'est maintenu, la constitution résistait aux secousses qui commençaient à l'agiter. Mais qui la soutiendra désormais, depuis que, par le décret des éphores dont j'ai parlé, il est permis à chaque citoyen de doter ses filles et de disposer à son gré de sa portion? Les hérédités passant tous les jours en différentes mains, l'équilibre des fortunes est rompu ainsi que celui de l'égalité.

Je reviens aux dispositions de Lycurgue. Les biens-fonds, aussi libres que les hommes, ne devaient point être grevés d'impositions. L'état n'avait point de trésor ; en certaines occasions les citoyens contribuaient suivant leurs facultés, en d'autres ils recouraient à des moyens qui prouvaient leur excessive pauvreté. Les députés de Samos vinrent une fois demander à emprunter une somme d'argent; l'assemblée générale, n'ayant pas d'autre ressource, indiqua un jeûne universel, tant pour les hommes libres que pour les esclaves et pour les animaux domestiques. L'épargne qui en résulta fut remise aux députés.

Tout pliait devant le génie de Lycurgue ; le goût de la propriété commençait à disparaître ; des passions violentes ne troublaient plus l'ordre public. Mais ce calme serait un malheur de plus si le législateur n'en assurait pas la durée. Les lois toutes seules ne pourraient opérer ce grand effet; si on s'accoutume à mépriser les moins importantes, on négligera bientôt celles qui le sont davantage ; si elles sont trop nombreuses, si elles gardent le silence en plusieurs occasions, si d'autres fois elles parlent avec l'obscurité des oracles, s'il est permis à chaque juge d'en fixer le sens, à chaque citoyen de s'en plaindre ; si, jusque dans les plus petits détails, elles ajoutent à la contrainte de notre liberté le ton avilissant de la menace, vainement seraient-elles gravées sur le marbre, elles ne le seront jamais dans les cœurs.

Attentif au pouvoir irrésistible des impressions que l'homme reçoit dans son enfance et pendant toute sa vie, Lycurgue s'était dès long-temps affermi dans le choix d'un système que l'expérience avait justifié en Crète. Élevez tous les enfants en commun, dans une même discipline, d'après des principes invariables, sous les yeux des magistrats et de tout le public, ils apprendront leurs devoirs en les pratiquant; ils les chériront ensuite, parce qu'ils les auront pratiqués, et ne cesseront de les respecter, parce qu'ils les verront toujours pratiqués par tout le monde. Les usages, en se perpétuant, recevront une force invincible de leur ancienneté et de leur universalité ; une suite non interrompue d'exemples donnés et reçus fera que chaque citoyen, devenu le législateur de son voisin, sera pour lui une règle vivante : on aura le mérite de l'obéissance en cédant à la force de l'habitude, et l'on croira agir librement parce qu'on agira sans effort.

Il suffira donc à l'instituteur de la nation de dresser pour chaque partie de l'administration un petit nombre de lois qui dispenseront d'en désirer un plus grand nombre et qui contribueront à maintenir l'empire des rites, beaucoup plus puissant que celui des lois mêmes. Il défendra de les mettre par écrit, de peur qu'elles ne rétrécissent le domaine des vertus, et qu'en croyant faire tout ce qu'on doit on ne s'abstienne de faire tout ce qu'on peut. Mais il ne les cachera point ; elles seront transmises de bouche en bouche, citées dans toutes les occasions et connues de tous les citoyens, témoins et juges des actions de chaque particulier. Il ne sera pas permis aux jeunes gens de les blâmer, même de les soumettre à leur examen ; puisqu'ils les ont reçues comme des ordres du ciel, et que l'autorité des lois n'est fondée que sur l'extrême vénération qu'elles inspirent. Il ne faudra pas non plus louer les lois et les usages des nations étrangères ; parce que, si l'on n'est pas persuadé qu'on vit sous la meilleure des législations, on en désirera bientôt une autre.

Ne soyons plus étonnés maintenant que l'obéissance soit pour les Spartiates la première des vertus, et que ces hommes fiers ne viennent jamais, le texte des lois à la main, demander compte aux magistrats des sentences émanées de leur tribunal.

Ne soyons pas surpris non plus que Lycurgue ait regardé l'éducation comme l'affaire la plus importante du législateur, et que, pour subjuguer l'esprit et le cœur des Spartiates, il les ait soumis de bonne heure aux épreuves dont je vais rendre compte.

CHAPITRE XLVII.

De l'éducation et du mariage des Spartiates.

Les lois de Lacédémone veillent avec un soin extrême à l'éducation des enfants. Elles ordonnent qu'elle soit publique et commune aux pauvres et aux riches. Elles préviennent le moment de leur naissance : quand une femme a déclaré sa grossesse, on suspend dans son appartement des portraits où brillent la jeunesse et la beauté, tels que ceux d'Apollon, de Narcisse, d'Hyacinthe, de Castor, de Pollux, etc., afin que son imagination, sans cesse frappée de ces objets, en transmette quelques traces à l'enfant qu'elle porte dans son sein.

A peine a-t-il reçu le jour qu'on le présente à l'assemblée des plus anciens de la tribu à laquelle sa famille appartient. La nourrice est appelée ; au lieu de le laver avec de l'eau, elle emploie des lotions de vin, qui occasionnent, à ce qu'on prétend, des accidents funestes dans les tempéraments faibles. D'après cette épreuve, suivie d'un examen rigoureux, la sentence de l'enfant est prononcée. S'il n'est expédient ni pour lui ni pour la république qu'il jouisse plus long-temps de la vie, on le fait jeter dans un gouffre, auprès du mont Taygète; s'il paraît sain et bien constitué, on le choisit, au nom de la patrie, pour être quelque jour un de ses défenseurs.

Ramené à la maison, il est posé sur un bouclier, et l'on place auprès de cette espèce de berceau une lance, afin que ses premiers regards se familiarisent avec cette arme.

On ne serre point ses membres délicats avec des liens qui en suspendraient les mouvements; on n'arrête point ses pleurs s'ils ont besoin de couler; mais on ne les excite jamais par des menaces ou par des coups. Il s'accoutume par degrés à la solitude, aux ténèbres, à la plus grande indifférence sur le choix des aliments. Point d'impressions de terreur, point de contraintes inutiles ni de reproches injustes; livré sans réserve à ses jeux innocents, il jouit pleinement des douceurs de la vie, et son bonheur hâte le développement de ses forces et de ses qualités.

Il est parvenu à l'âge de sept ans sans connaître la crainte servile; c'est à cette époque que finit communément l'éducation domestique. On demande au père s'il veut que son enfant soit élevé suivant les lois; s'il le refuse, il est lui-même privé du droit des citoyens; s'il y consent, l'enfant aura désormais pour surveillants, non-seulement les auteurs de ses jours, mais encore les lois, les magistrats et tous les citoyens, autorisés à l'interroger, à lui donner des avis et à le châtier sans crainte de passer pour sévères; car ils seraient punis eux-mêmes si, témoins de ses fautes, ils avaient la faiblesse de l'épargner. On place à la tête des enfants un des hommes les plus respectables de la république; il les distribue en différentes classes, à chacune desquelles préside un jeune chef, distingué par sa sagesse et son courage. Ils doivent se soumettre sans murmurer aux ordres qu'ils en reçoivent, aux châtiments qu'il leur impose, et qui leur sont infligés par des jeunes gens armés de fouets, et parvenus à l'âge de puberté.

La règle devient de jour en jour plus sévère. On les dépouille de leurs cheveux; ils marchent sans bas et sans souliers : pour les accoutumer à la rigueur des saisons, on les fait quelquefois combattre tout nus.

A l'âge de douze ans ils quittent la tunique, et ne se couvrent plus que d'un simple manteau qui doit durer toute une année. On ne leur permet que rarement l'usage des bains et des parfums. Chaque troupe couche ensemble sur des sommités de roseaux qui croissent dans l'Eurotas, et qu'ils arrachent sans le secours du fer.

C'est alors qu'ils commencent à contracter ces liaisons particulières peu connues des nations étrangères, plus pures à Lacédémone que dans les autres villes de la Grèce. Il est permis à chacun d'eux de recevoir les attentions assidues d'un honnête jeune homme, attiré auprès de lui par les attraits de la beauté, par les charmes plus puissants des vertus dont elle paraît être l'emblème. Ainsi la jeunesse de Sparte est comme divisée en deux classes, l'une composée de ceux qui aiment, l'autre de ceux qui sont aimés. Les premiers, destinés à servir de modèles aux seconds, portent jusqu'à l'enthousiasme un sentiment qui entretient la plus noble émulation, et qui, avec les transports de l'amour, n'est au fond que la tendresse passionnée d'un père pour son fils, l'amitié ardente d'un frère pour son frère. Lorsque, à la vue du même objet, plusieurs éprouvent l'inspiration divine (c'est le nom que l'on donne au penchant qui les entraîne), loin de se livrer à la jalousie, ils n'en sont que plus unis entre eux, que plus intéressés aux progrès de celui qu'ils aiment ; car toute leur ambition est de le rendre aussi estimable aux yeux des autres qu'il l'est à leurs propres yeux. Un des plus honnêtes citoyens fut condamné à l'amende pour ne s'être jamais attaché à un jeune homme ; un autre, parce que son jeune ami avait, dans un combat, poussé un cri de faiblesse.

Ces associations, qui ont souvent produit de grandes choses, sont communes aux deux sexes, et durent quelquefois toute la vie. Elles étaient depuis long-temps établies en Crète. Lycurgue en connut le prix, et en prévint les dangers. Outre que la moindre tache imprimée sur une union qui doit être sainte, qui l'est presque toujours, couvrirait pour jamais d'infamie le coupable, et serait même, suivant les circonstances, punie de mort, les élèves ne peuvent se dérober un seul moment aux regards des personnes âgées, qui se font un devoir d'assister à leurs exercices, et d'y maintenir la décence, aux regards du président général de l'éducation, à ceux de l'irène ou chef particulier qui commande chaque division.

Cet irène est un jeune homme de vingt ans, qui reçoit pour prix de son courage et de sa prudence l'honneur d'en donner des leçons à ceux que l'on confie à ses soins. Il est à leur tête quand ils se livrent des combats, quand ils passent l'Eurotas à la nage, quand ils vont à la chasse, quand ils se forment à la lutte, à la course, aux différents exercices du gymnase. De retour chez lui, ils prennent une nourriture saine et frugale : ils la préparent eux-mêmes ; les plus forts apportent le bois, les plus faibles des herbages et d'autres aliments qu'ils ont dérobés en se glissant furtivement dans les jardins et dans les salles des repas publics. Sont-ils découverts, tantôt on leur donne le fouet, tantôt on joint à ce châtiment la défense d'approcher de la table; quelquefois on les traîne auprès d'un autel dont ils font le tour en chantant des vers contre eux-mêmes.

Le souper fini, le jeune chef ordonne aux uns de chanter, propose aux autres des questions d'après lesquelles on peut juger de leur esprit ou de leur sentiment. « Quel est le plus honnête homme de la ville? Que pensez-vous d'une telle action? » La réponse doit être précise et motivée. Ceux qui parlent sans avoir pensé reçoivent de légers châtiments en présence des magistrats et des vieillards, témoins de ces entretiens, et quelquefois mécontents de la sévérité du jeune chef. Mais, dans la crainte d'affaiblir son crédit, ils attendent qu'il soit seul pour le punir lui-même de son indulgence ou de sa sévérité.

On ne donne aux élèves qu'une légère teinture des lettres; mais on leur apprend à s'exprimer purement, à figurer dans les chœurs de danse et de musique, à perpétuer dans leurs vers le souvenir de ceux qui sont morts pour la patrie, et la honte de ceux qui l'ont trahie. Dans ces poésies, les grandes idées sont rendues avec simplicité, les sentiments élevés avec chaleur.

Tous les jours les éphores se rendent chez eux; de temps en temps ils vont chez les éphores, qui examinent si leur éducation est bien soignée, s'il ne s'est pas glissé quelque délicatesse dans leurs lits ou leurs vêtements, s'ils ne sont pas trop disposés à grossir. Ce dernier article est essentiel : on a vu quelquefois à Sparte des magistrats citer au tribunal de la nation et menacer de l'exil des citoyens dont l'excessif embonpoint semblait être une preuve de mollesse. Un visage efféminé ferait rougir un Spartiate; il faut que le corps, dans ses accroissements, prenne de la souplesse et de la force, en conservant toujours de justes proportions.

C'est l'objet qu'on se propose en soumettant les jeunes Spartiates à des travaux qui remplissent presque tous les moments de leur journée. Ils en passent une grande partie dans le gymnase, où l'on ne trouve point, comme dans les autres villes, de ces maîtres qui apprennent à leurs disciples l'art de supplanter adroitement un adversaire : ici la ruse souillerait le courage, et l'honneur doit accompagner la défaite ainsi que la victoire. C'est pour cela que, dans certains exercices, il n'est pas permis au Spartiate qui succombe de lever la main, parce que ce serait reconnaître un vainqueur.

J'ai souvent assisté aux combats que se livrent dans le Plataniste les jeunes gens parvenus à leur dix-huitième année. Ils en font les apprêts dans leur collége, situé au bourg de Thérapné : divisés en deux corps, dont l'un se pare du nom d'Hercule, et l'autre de celui de Lycurgue, ils immolent ensemble pendant la nuit un petit chien sur l'autel de Mars. On a pensé que le plus courageux des animaux domestiques devait être la victime la plus agréable au plus courageux des dieux. Après le sacrifice chaque troupe amène un sanglier apprivoisé, l'excite contre l'autre par ses cris, et, s'il est vainqueur, en tire un augure favorable.

Le lendemain, sur le midi, les jeunes guerriers s'avancent en ordre, et par des chemins différents indiqués par le sort, vers le champ de bataille. Au signal donné, ils fondent les uns sur les autres, se poussent et se repoussent tour à tour. Bientôt leur ardeur augmente par degrés; on les voit se battre à coups de pied et de poing, s'entre-déchirer avec les dents et les ongles, continuer un combat désavantageux malgré des blessures douloureuses, s'exposer à périr plutôt que de céder, quelquefois même augmenter de fierté en diminuant de force. L'un d'entre eux, près de jeter son antagoniste à terre, s'écria tout à coup : « Tu me mords comme une femme. Non, répondit l'autre, mais comme un lion. » L'action se passe sous les yeux de cinq magistrats, qui peuvent d'un mot en modérer la fureur, en présence d'une foule de témoins, qui tour à tour prodiguent et des éloges aux vainqueurs, et des sarcasmes aux vaincus. Elle se termine lorsque ceux d'un parti sont forcés de traverser à la nage les eaux de l'Eurotas, ou celles du canal qui, conjointement avec ce fleuve, sert d'enceinte au Plataniste.

J'ai vu d'autres combats où le plus grand courage est aux prises avec les plus vives douleurs. Dans une fête célébrée tous les ans en l'honneur de Diane surnommée Orthia, on place auprès de l'autel de jeunes Spartiates à peine sortis de l'enfance, et choisis dans tous les ordres de l'état; on les frappe à grands coups de fouet jusqu'à ce que le sang commence à couler. La prêtresse est présente : elle tient dans ses mains une statue de bois très-petite et très-légère; c'est celle de Diane. Si les exécuteurs paraissent sensibles à la pitié, la prêtresse s'écrie qu'elle ne peut plus soutenir le poids de la statue. Les coups redoublent alors, l'intérêt général devient plus pressant. On entend les cris forcenés des parents qui exhortent ces victimes innocentes à ne laisser échapper aucune plainte : elles-mêmes provoquent et défient la douleur. La présence de tant de témoins occupés à contrôler leurs moindres mouvements, et l'espoir de la victoire décernée à celui qui souffre avec le plus de constance, les endurcissent de telle manière qu'ils n'opposent à ces horribles tourments qu'un front serein et une joie révoltante.

Surpris de leur fermeté, je dis à Damonax, qui m'accompagnait : Il faut convenir que vos lois sont fidèlement observées. Dites plutôt, répondit-il, indignement outragées. La cérémonie que vous venez de voir fut instituée autrefois en l'honneur d'une divinité barbare, dont on prétend qu'Oreste avait apporté la statue et le culte de la Tauride à Lacédémone. L'oracle avait ordonné de lui sacrifier des hommes : Lycurgue abolit cette horrible coutume ; mais pour procurer un dédommagement à la superstition, il voulut que les jeunes Spartiates condamnés pour leurs fautes à la peine du fouet la subissent à l'autel de la déesse.

Il fallait s'en tenir aux termes et à l'esprit de la loi, elle n'ordonnait qu'une punition légère ; mais nos éloges insensés excitent, soit ici, soit au Plataniste, une détestable émulation parmi ces jeunes gens. Leurs tortures sont pour nous un objet de curiosité, pour eux un sujet de triomphe. Nos pères ne connaissaient que l'héroïsme utile à la patrie, et leurs vertus n'étaient ni au-dessous ni au-dessus de leurs devoirs ; depuis que la vanité s'est emparée des nôtres, elle en grossit tellement les traits qu'ils ne sont plus reconnaissables. Ce changement, opéré depuis la guerre du Péloponnèse, est un symptôme frappant de la décadence de nos mœurs. L'exagération du mal ne produit que le mépris ; celle du bien surprend l'estime ; on croit alors que l'éclat d'une action extraordinaire dispense des obligations les plus sacrées. Si cet abus continue, nos jeunes gens finiront par n'avoir qu'un courage d'ostentation ; ils braveront la mort à l'autel de Diane, et fuiront à l'aspect de l'ennemi.

Rappelez-vous cet enfant qui, ayant l'autre jour caché dans son sein un petit renard, se laissa déchirer les entrailles plutôt que d'avouer son larcin : son obstination parut si nouvelle, que ses camarades le blâmèrent hautement. Mais, dis-je alors, elle n'était que la suite de vos institutions ; car il répondit qu'il valait mieux périr dans les tourments que de vivre dans l'opprobre. Ils ont donc raison, ces philosophes qui soutiennent que vos exercices impriment dans l'âme des jeunes guerriers une espèce de férocité.

Ils nous attaquent, reprit Damonax, au moment que nous sommes par terre. Lycurgue avait prévenu le débordement de nos vertus par des digues qui ont subsisté pendant quatre siècles, et dont il reste encore des traces. N'a-t-on pas vu dernièrement un Spartiate puni, après des exploits signalés, pour avoir combattu sans bouclier ! Mais, à mesure que nos mœurs s'altèrent, le faux honneur ne connaît plus de frein, et se communique insensiblement à tous les ordres de l'état. Autrefois les femmes de Sparte, plus sages et plus décentes qu'elles ne le sont aujourd'hui, en apprenant la mort de leurs fils tués sur le champ de bataille, se contentaient de surmonter la nature ; maintenant elles se font un mérite de l'insulter, et, de peur de paraître faibles, elles ne craignent pas de se montrer atroces. Telle fut la réponse de Damonax. Je reviens à l'éducation des Spartiates.

Dans plusieurs villes de la Grèce, les enfants parvenus à leur dix-huitième année ne sont plus sous l'œil vigilant des instituteurs. Lycurgue connaissait trop le cœur humain pour l'abandonner à lui-même dans ces moments critiques d'où dépend presque toujours la destinée d'un citoyen, et souvent celle d'un état. Il oppose au développement des passions une nouvelle suite d'exercices et de travaux. Les chefs exigent de leurs disciples plus de modestie, de soumission, de tempérance et de ferveur. C'est un spectacle singulier de voir cette brillante jeunesse, à qui l'orgueil du courage et de la beauté devrait inspirer tant de prétentions, n'oser pour ainsi dire, ni ouvrir la bouche, ni lever les yeux, marcher à pas lents, et avec la décence d'une fille timide qui porte les offrandes sacrées.

Cependant, si cette régularité n'est pas animée par un puissant intérêt, la pudeur régnera sur leurs fronts et le vice dans leurs cœurs. Lycurgue leur suscite alors un corps d'espions et de rivaux qui les surveillent sans cesse. Rien de si propre que cette méthode pour épurer les vertus. Placez à côté d'un jeune homme un modèle du même âge que lui ; il le hait s'il ne peut l'atteindre, il le méprise s'il en triomphe sans peine. Opposez au contraire un corps à un autre : comme il est facile de balancer leurs forces et de varier leur composition, l'honneur de la victoire et la honte de la défaite ne peuvent ni trop enorgueillir ni trop humilier les particuliers ; il s'établit entre eux une rivalité accompagnée d'estime ; leurs parents, leurs amis s'empressent de la partager, et de simples exercices deviennent des spectacles intéressants pour tous les citoyens.

Les jeunes Spartiates quittent souvent leurs jeux pour se livrer à des mouvements plus rapides. On leur ordonne de se répandre dans la province les armes à la main, pieds nus, exposés aux intempéries des saisons, sans esclaves pour les servir, sans couverture pour les garantir du froid pendant la nuit. Tantôt ils étudient le pays et les moyens de le préserver des incursions de l'ennemi, tantôt ils courent après les sangliers et différentes bêtes fauves. D'autres fois, pour essayer les diverses manœuvres de l'art militaire, ils se tiennent en embuscade pendant le jour, et la nuit suivante ils attaquent et font succomber sous leurs coups les Hilotes qui, prévenus du danger, ont eu l'imprudence de sortir et de se trouver sur leur chemin [1].

[1] Cette espèce de ruse de guerre s'appelait *cryptie*.—Je parle ici de la cryptie, que l'on rend communément par le mot *embuscade*, et que l'on a presque toujours confondue avec la chasse aux Hilotes.

Suivant Héraclide de Pont, qui vivait peu de temps après le voyage du jeune Anacharsis en Grèce, et Plutarque, qui n'a vécu que quelques siècles après, on ordonnait de temps en temps aux jeunes gens de se répandre dans la campagne, armés de poignards; de se cacher pendant le jour en des lieux couverts, d'en sortir la nuit pour égorger les Hilotes qu'ils trouveraient sur leur chemin.

Joignons à ces deux témoignages celui d'Aristote, qui, dans un passage conservé par Plutarque, nous apprend qu'en entrant en place les éphores déclaraient la guerre aux Hilotes, afin qu'on pût les tuer impunément. Rien ne prouve que ce décret fût autorisé par les lois de Lycurgue, et tout nous persuade qu'il était accompagné de correctifs, car la république n'a jamais pu déclarer une guerre offensive et continue à des hommes qui seuls cultivaient et affermaient les terres, qui servaient dans les armées et sur les flottes, qui souvent étaient mis au nombre des citoyens. L'ordonnance des éphores ne pouvait donc avoir d'autre but que de soustraire à la justice le Spartiate qui aurait eu le malheur de tuer un Hilote. De ce qu'un homme a sur un autre le droit de vie et de mort, il ne s'ensuit pas qu'il en use toujours.

Examinons maintenant: 1° quel était l'objet de la cryptie; 2° si les lois de Lycurgue ont établi la chasse aux Hilotes.

1° Platon veut que, dans un état bien gouverné, les jeunes gens sortant de l'enfance parcourent pendant deux ans le pays, les armes à la main, bravant les rigueurs de l'hiver et de l'été, menant une vie dure, et soumis à une exacte discipline. Quelque nom, ajoute-t-il, qu'on donne à ces jeunes gens, soit *cryptes*, soit agronomes ou inspecteurs des champs, ils apprendront à connaître le pays et à le garder. Comme la cryptie n'était pratiquée que chez les Spartiates, il est visible que Platon en a détaillé ici les fonctions, et le passage suivant ne laisse aucun doute à cet égard; il est tiré du même traité que le précédent. Un Lacédémonien que Platon introduit dans son dialogue s'exprime en ces termes : « Nous avons un exercice nommé *cryptie*, qui est d'un merveilleux usage pour nous familiariser avec la douleur : nous sommes obligés de marcher l'hiver nu-pieds, de dormir sans couverture, de nous servir nous-mêmes sans le secours de nos esclaves, et de courir de côté et d'autre dans la campagne, soit de nuit, soit de jour. »

La correspondance de ces deux passages est sensible; ils expliquent très-nettement l'objet de la cryptie, et l'on doit observer qu'il n'y est pas dit un mot de la chasse aux Hilotes. Il n'en est pas parlé non plus dans les ouvrages qui nous restent d'Aristote, ni dans ceux de Thucydide, de Xénophon, d'Isocrate et de plusieurs écrivains du même siècle, quoiqu'on y fasse souvent mention des révoltes et des désertions des Hilotes, et qu'on y censure en plus d'un endroit et les lois de Lycurgue et les usages des Lacédémoniens. J'insiste d'autant plus sur cette preuve négative, que quelques-uns de ces auteurs étaient d'Athènes, et vivaient dans une république qui traitait les esclaves avec la plus grande humanité. Je crois pouvoir conclure de ces réflexions que, jusqu'au temps environ où Platon écrivait son traité des lois, la cryptie n'était pas destinée à verser le sang des Hilotes.

C'était une expédition dans laquelle les jeunes gens s'accoutumaient aux opérations militaires, battaient la campagne, se tenaient en embuscade les armes à la main, comme s'ils étaient en présence de l'ennemi, et, sortant de leur retraite pendant la nuit, repoussaient ceux des Hilotes qu'ils trouvaient sur leur chemin. Je pense que, peu de temps après la mort de Platon, les lois ayant perdu de leur force, des jeunes gens mirent à mort des Hilotes qui leur opposaient trop de résistance, et donnèrent peut-être lieu au décret des éphores que j'ai cité plus haut. L'abus augmentant de jour en jour, on confondit dans la suite la cryptie avec la chasse des Hilotes.

2° Passons à la seconde question. Cette chasse fut-elle ordonnée par Lycurgue? Héraclide de Pont se contente de dire qu'on l'attribuait à ce législateur. Ce n'est

CHAPITRE XLVII.

Les filles de Sparte ne sont point élevées comme celles d'Athènes : on ne leur prescrit point de se tenir renfermées, de filer la laine, de s'abstenir de vin et d'une nourriture trop forte ; mais on leur apprend à danser, à chanter, à lutter entre elles, à courir légèrement sur le sable, à lancer avec force le palet et le javelot, à faire tous leurs exercices sans voile et à demi nues, en présence des rois, des magistrats et de tous les citoyens, sans en excepter même les jeunes garçons, qu'elles excitent à la gloire, soit par leurs exemples, soit par des éloges flatteurs, ou par des ironies piquantes.

C'est dans ces jeux que deux cœurs destinés à s'unir un jour commencent à se pénétrer des sentiments qui doivent assurer leur bonheur [1] ; mais les transports d'un amour naissant ne sont jamais couronnés par un hymen prématuré [2]. Partout où l'on permet à des

qu'un soupçon recueilli par cet auteur postérieur à Platon. Le passage suivant ne mérite pas plus d'attention. Selon Plutarque, Aristote rapportait à Lycurgue l'établissement de la cryptie ; et comme l'historien, suivant l'erreur de son temps, confond en cet endroit la cryptie avec la chasse aux Hilotes, on pourrait croire qu'Aristote les confondait aussi ; mais ce ne serait qu'une présomption. Nous ignorons si Aristote, dans le passage dont il s'agit, expliquait les fonctions des cryptes, et il paraît que Plutarque ne l'a cité que pour le réfuter ; car il dit, quelques lignes après, que l'origine de la cryptie, telle qu'il la concevait lui-même, devait être fort postérieure aux lois de Lycurgue. Plutarque n'est pas toujours exact dans les détails des faits, et je pourrais prouver, à cette occasion, que sa mémoire l'a plus d'une fois égaré. Voilà toutes les autorités auxquelles j'avais à répondre.

En distinguant avec attention les temps, tout se concilie aisément. Suivant Aristote, la cryptie fut instituée par Lycurgue. Platon en explique l'objet, et la croit très-utile. Lorsque les mœurs de Sparte s'altérèrent, la jeunesse de Sparte abusa de cet exercice pour se livrer à des cruautés horribles. Je suis si éloigné de les justifier, que je soupçonne d'exagération le récit qu'on nous en a fait. Qui nous a dit que les Hilotes n'avaient aucun moyen de s'en garantir ? 1° Le temps de la cryptie était peut-être fixé ; 2° il était difficile que les jeunes gens se répandissent sans être aperçus dans un pays couvert d'Hilotes, intéressés à les surveiller ; 3° il ne l'était pas moins que les particuliers de Sparte, qui tiraient leur subsistance du produit de leurs terres, n'avertissent pas les Hilotes, leurs fermiers, du danger qui les menaçait. Dans tous ces cas, les Hilotes n'avaient qu'à laisser les jeunes gens faire leur tournée, et se tenir pendant la nuit renfermés chez eux.

J'ai cru devoir justifier dans cette note la manière dont j'ai expliqué la cryptie dans le corps de mon ouvrage. J'ai pensé aussi qu'il n'était nullement nécessaire de faire les hommes plus méchants qu'ils ne le sont, et d'avancer sans preuve qu'un législateur sage avait ordonné des cruautés.

[1] Les auteurs varient sur les usages des peuples de la Grèce, parce que, suivant la différence des temps, ces usages ont varié. Il paraît qu'à Sparte les mariages se réglaient sur le choix des époux, ou sur celui de leurs parents. Je citerai l'exemple de Lysander, qui, avant de mourir, avait fiancé ses deux filles à deux citoyens de Lacédémone. Je citerai encore une loi qui permettait de poursuivre en justice celui qui avait fait un mariage peu convenable. D'un autre côté, un auteur ancien, nommé Hermippus, rapportait qu'à Lacédémone on enfermait dans un lieu obscur les filles à marier, et que chaque jeune homme y prenait au hasard celle qu'il devait épouser. On pourrait supposer, par voie de conciliation, que Lycurgue avait en effet établi la loi dont parlait Hermippus, et qu'on s'en était écarté dans la suite. Platon l'avait en quelque manière adoptée dans sa République.

[2] Les Grecs avaient connu de bonne heure le danger des mariages prématurés. Hésiode veut que l'âge du garçon ne soit pas trop au-dessous de trente ans. Quant à celui des filles, quoique le texte ne soit pas clair, il paraît le fixer à quinze ans.

enfants de perpétuer les familles, l'espèce humaine se rapetisse et dégénère d'une manière sensible. Elle s'est soutenue à Lacédémone, parce que l'on ne s'y marie que lorsque le corps a pris son accroissement, et que la raison peut éclairer le choix.

Aux qualités de l'âme les deux époux doivent joindre une beauté mâle, une taille avantageuse, une santé brillante. Lycurgue, et d'après lui des philosophes éclairés, ont trouvé étrange qu'on se donnât tant de soin pour perfectionner les races des animaux domestiques, tandis qu'on néglige absolument celle des hommes. Ses vues furent remplies, et d'heureux assortiments semblèrent ajouter à la nature de l'homme un nouveau degré de force et de majesté. En effet, rien de si beau, rien de si pur que le sang des Spartiates.

Je supprime le détail des cérémonies du mariage; mais je dois parler d'un usage remarquable par sa singularité. Lorsque l'instant de la conclusion est arrivé, l'époux, après un léger repas qu'il a pris dans la salle publique, se rend, au commencement de la nuit, à la maison de ses nouveaux parents; il enlève furtivement son épouse, la mène chez lui, et bientôt après vient au gymnase rejoindre ses camarades, avec lesquels il continue d'habiter comme auparavant. Les jours suivants il fréquente à l'ordinaire la maison paternelle; mais il ne peut accorder à sa passion que des instants dérobés à la vigilance de ceux qui l'entourent : ce serait une honte pour lui si on le voyait sortir de l'appartement de sa femme. Il vit quelquefois des années entières dans ce commerce, où le mystère ajoute tant de charmes aux surprises et aux larcins. Lycurgue savait que des désirs trop tôt et trop souvent satisfaits se terminent par l'indifférence ou par le dégoût; il eut soin de les entretenir, afin que les époux eussent le temps de s'accoutumer à leurs défauts, et que l'amour, dépouillé insensiblement de ses illusions, parvînt à sa perfection en se changeant en amitié. De là l'heureuse harmonie qui règne dans ces familles, où les chefs, déposant leur fierté à la voix l'un de l'autre, semblent tous les jours s'unir par un nouveau choix, et présentent sans cesse le spectacle touchant de l'extrême courage joint à l'extrême douceur.

De très-fortes raisons peuvent autoriser un Spartiate à ne pas se marier; mais, dans sa vieillesse, il ne doit pas s'attendre aux

Platon, dans sa République, exige que les hommes ne se marient qu'à trente ans, et les femmes à vingt. Suivant Aristote, les hommes doivent avoir environ trente-sept ans, les femmes à peu près dix-huit. Je pense qu'à Sparte c'était trente ans pour les hommes, et vingt pour les femmes. Deux raisons appuient cette conjecture. 1° C'est l'âge que prescrit Platon, qui a copié beaucoup de lois de Lycurgue; 2° les Spartiates n'avaient droit d'opiner dans l'assemblée générale qu'à l'âge de trente ans; ce qui semble supposer qu'avant ce terme ils ne pouvaient pas être regardés comme chefs de famille.

mêmes égards que les autres citoyens. On cite l'exemple de Dercyllidas, qui avait commandé les armées avec tant de gloire. Il vint à l'assemblée, un jeune homme lui dit : Je ne me lève pas devant toi, parce que tu ne laisseras point d'enfants qui puissent un jour se lever devant moi. Les célibataires sont exposés à d'autres humiliations; ils n'assistent point aux combats que se livrent les filles à demi nues; il dépend du magistrat de les contraindre à faire pendant les rigueurs de l'hiver le tour de la place, dépouillés de leurs habits, et chantant contre eux-mêmes des chansons où ils reconnaissent que leur désobéissance aux lois mérite le châtiment qu'ils éprouvent.

CHAPITRE XLVIII.
Des mœurs et des usages des Spartiates.

Ce chapitre n'est qu'une suite du précédent, car l'éducation des Spartiates continue, pour ainsi dire, pendant toute leur vie.

Dès l'âge de vingt ans, ils laissent croître leurs cheveux et leur barbe : les cheveux ajoutent à la beauté, et conviennent à l'homme libre de même qu'au guerrier. On essaie l'obéissance dans les choses les plus indifférentes : lorsque les éphores entrent en place, ils font proclamer à son de trompe un décret qui ordonne de raser la lèvre supérieure, ainsi que de se soumettre aux lois. Ici tout est instruction : un Spartiate, interrogé pourquoi il entretenait une si longue barbe : Depuis que le temps l'a blanchie, répondit-il, elle m'avertit à tout moment de ne pas déshonorer ma vieillesse.

Les Spartiates, en bannissant de leurs habits toute espèce de parure, ont donné un exemple admiré et nullement imité des autres nations. Chez eux les rois, les magistrats, les citoyens de la dernière classe, n'ont rien qui les distingue à l'extérieur; ils portent tous une tunique très-courte, et tissue d'une laine très-grossière; ils jettent par-dessus un manteau ou une grosse cape. Leurs pieds sont garnis de sandales ou d'autres espèces de chaussures, dont la plus commune est de couleur rouge. Deux héros de Lacédémone, Castor et Pollux, sont représentés avec des bonnets qui, joints l'un à l'autre par leur partie inférieure, ressembleraient pour la forme à cet œuf dont on prétend qu'ils tirent leur origine. Prenez un de ces bonnets, et vous aurez celui dont les Spartiates se servent encore aujourd'hui. Quelques-uns le serrent étroitement avec des courroies autour des oreilles; d'autres commencent à remplacer cette coiffure par celle des courtisanes de la Grèce. « Les Lacédémoniens ne sont plus invincibles, disait de mon temps le poète

Antiphane ; les réseaux qui retiennent leurs cheveux sont teints en pourpre. »

Ils furent les premiers, après les Crétois, à se dépouiller entièrement de leurs habits dans les exercices du gymnase. Cet usage s'introduisit ensuite dans les jeux olympiques, et a cessé d'être indécent depuis qu'il est devenu commun.

Ils paraissent en public avec de gros bâtons recourbés à leur extrémité supérieure ; mais il leur est défendu de les porter à l'assemblée générale, parce que les affaires de l'état doivent se terminer par la force de la raison et non par celle des armes.

Les maisons sont petites et construites sans art : on ne doit travailler les portes qu'avec la scie, les planchers qu'avec la cognée : des troncs d'arbre à peine dépouillés de leurs écorces servent de poutres. Les moubles, quoique plus élégants, participent à la même simplicité ; ils ne sont jamais confusément entassés. Les Spartiates ont sous la main tout ce dont ils ont besoin, parce qu'ils se font un devoir de mettre chaque chose à sa place. Ces petites attentions entretiennent chez eux l'amour de l'ordre et de la discipline.

Leur régime est austère. Un étranger qui les avait vus étendus autour d'une table et sur le champ de bataille, trouvait plus aisé de supporter une telle mort qu'une telle vie. Cependant Lycurgue n'a retranché de leurs repas que le superflu, et s'ils sont frugals c'est plutôt par vertu que par nécessité. Ils ont de la viande de boucherie ; le mont Taygète leur fournit une chasse abondante ; leurs plaines, des lièvres, des perdrix et d'autres espèces de gibier ; la mer et l'Eurotas, du poisson. Leur fromage de Gythium est estimé [1]. Ils ont de plus différentes sortes de légumes, de fruits, de pains et de gâteaux.

Il est vrai que leurs cuisiniers ne sont destinés qu'à préparer la grosse viande, et qu'ils doivent s'interdire les ragoûts, à l'exception du brouet noir. C'est une sauce dont j'ai oublié la composition [2], et dans laquelle les Spartiates trempent leur pain : ils la préfèrent aux mets les plus exquis. Ce fut sur sa réputation que Denys, tyran de Syracuse, voulut en enrichir sa table. Il fit venir un cuisinier de Lacédémone, et lui ordonna de ne rien épargner. Le brouet fut servi ; le roi en goûta et le rejeta avec indignation. « Seigneur, lui dit l'esclave, il y manque un assaisonnement essen-

---

[1] Ce fromage est encore estimé dans le pays. (Voyez *Lacédémone ancienne*, t. I, p. 63.)

[2] Meursius (*Miscell. lacon.* lib. 1, cap. 8) conjecture que le brouet noir se faisait avec du jus exprimé d'une pièce de porc, auquel on ajoutait du vinaigre et du sel. Il paraît, en effet, que les cuisiniers ne pouvaient employer d'autre assaisonnement que le sel et le vinaigre. (Plut. *De sanit. tuend.* t. II, p. 128.)

CHAPITRE XLVIII.

tiel. — Et quoi donc? répondit le prince. — Un exercice violent avant le repas, » répliqua l'esclave.

La Laconie produit plusieurs espèces de vins. Celui qu'on recueille aux Cinq-Collines, à sept stades de Sparte, exhale une odeur aussi douce que celle des fleurs. Celui qu'ils font cuire doit bouillir jusqu'à ce que le feu en ait consumé la cinquième partie. Ils le conservent pendant quatre ans avant de le boire. Dans leurs repas, la coupe ne passe pas de main en main comme chez les autres peuples; mais chacun épuise la sienne, remplie aussitôt par l'esclave qui les sert à table. Ils ont la permission de boire tant qu'ils en ont besoin; ils en usent avec plaisir et n'en abusent jamais. Le spectacle dégoûtant d'un esclave qu'on enivre et qu'on jette quelquefois sous leurs yeux lorsqu'ils sont encore enfants, leur inspire une profonde aversion pour l'ivresse, et leur âme est trop fière pour consentir jamais à se dégrader. Tel est l'esprit de la réponse d'un Spartiate à quelqu'un qui lui demandait pourquoi il se modérait dans l'usage du vin : « C'est, dit-il, pour n'avoir jamais besoin de la raison d'autrui. » Outre cette boisson, ils apaisent souvent leur soif avec du petit-lait [1].

Ils ont différentes espèces de repas publics. Les plus fréquents sont les philities [2]. Rois, magistrats, simples citoyens, tous s'assemblent pour prendre leurs repas dans des salles où sont dressées quantité de tables, le plus souvent de quinze couverts chacune. Les convives d'une table ne se mêlent point avec ceux d'une autre, et forment une société d'amis dans laquelle on ne peut être reçu que du consentement de tous ceux qui la composent. Ils sont durement couchés sur des lits de bois de chêne, le coude appuyé sur une pierre ou sur un morceau de bois. On leur donne du brouet noir, ensuite de la chair de porc bouillie, dont les portions sont égales, servies séparément à chaque convive, quelquefois si petites qu'elles pèsent à peine un quart de mine [3]. Ils ont du vin, des gâteaux ou du pain d'orge en abondance. D'autres fois on ajoute pour supplément à la portion ordinaire, du poisson et différentes espèces de gibier. Ceux qui offrent des sacrifices ou qui vont à la chasse peuvent, à leur retour, manger chez eux; mais ils doivent envoyer à leurs commensaux une partie du gibier ou de la victime. Auprès de chaque couvert on place un morceau de mie de pain pour s'essuyer les doigts.

---

[1] Cette boisson est encore en usage dans le pays. (Voyez *Lacédémone ancienne*, t. I, p. 64.)

[2] Ces repas sont appelés par quelques auteurs *phidities*, par plusieurs autres *philities*, qui paraît être leur vrai nom, et qui désigne des associations d'amis. (Voyez Meurs. *Miscell. lacon.* lib. I, cap. 9.)

[3] Environ trois onces et demie.

Pendant le repas, la conversation roule souvent sur des traits de morale ou sur des exemples de vertu. Une belle action est citée comme une nouvelle digne d'occuper les Spartiates. Les vieillards prennent communément la parole : ils parlent avec précision et sont écoutés avec respect.

A la décence se joint la gaieté. Lycurgue en fit un précepte aux convives ; et c'est dans cette vue qu'il ordonna d'exposer à leur vue une statue consacrée au dieu du rire. Mais les propos qui réveillent la joie ne doivent avoir rien d'offensant, et le trait malin, si par hasard il échappe à l'un des assistants, ne doit point se communiquer au dehors. Le plus ancien, en montrant la porte à ceux qui entrent, les avertit que rien de ce qu'ils vont entendre ne doit sortir par là.

Les différentes classes des élèves assistent aux repas sans y participer ; les plus jeunes pour enlever adroitement des tables quelque portion qu'ils partagent avec leurs amis, les autres pour y prendre des leçons de sagesse et de plaisanterie.

Soit que les repas publics aient été établis dans une ville à l'imitation de ceux qu'on prenait dans un camp, soit qu'ils tirent leur origine d'une autre cause, il est certain qu'ils produisent dans un petit état des effets merveilleux pour le maintien des lois : pendant la paix, l'union, la tempérance, l'égalité ; pendant la guerre, un nouveau motif de voler au secours d'un citoyen avec lequel on est en communauté de sacrifices ou de libations. Minos les avait ordonnés dans ses états ; Lycurgue adopta cet usage, avec quelques différences remarquables. En Crète la dépense se prélève sur les revenus de la république ; à Lacédémone, sur ceux des particuliers, obligés de fournir par mois une certaine quantité d'orge, de vin, de fromage, de figues et même d'argent. Par cette contribution forcée, les plus pauvres risquent d'être exclus des repas en commun, et c'est un défaut qu'Aristote reprochait aux lois de Lycurgue. D'un autre côté Platon blâmait Minos et Lycurgue de n'avoir pas soumis les femmes à la vie commune. Je m'abstiens de décider entre de si grands politiques et de si grands législateurs.

Parmi les Spartiates, les uns ne savent ni lire ni écrire ; d'autres savent à peine compter : nulle idée parmi eux de la géométrie, de l'astronomie et des autres sciences ; les plus instruits font leurs délices des poésies d'Homère, de Terpandre et de Tyrtée, parce qu'elles élèvent l'âme. Leur théâtre n'est destiné qu'à leurs exercices ; ils n'y représentent ni tragédies ni comédies, s'étant fait une loi de ne point admettre chez eux l'usage de ces drames. Quelques-uns, en très-petit nombre, ont cultivé avec succès la poésie lyrique. Alcman, qui vivait il y a trois siècles environ, s'y est distingué ; son style a de la douceur, quoiqu'il eût à combattre le dur dialecte dorien, qu'on parle à Lacédémone ; mais il était animé d'un sentiment qui adoucit tout : il avait consacré toute sa vie à l'amour, et il chanta l'amour toute sa vie.

Ils aiment la musique qui donne l'enthousiasme de la vertu : sans cultiver cet art ils sont en état de juger de son influence sur les mœurs, et rejettent les innovations qui pourraient altérer sa simplicité.

On peut juger, par les traits suivants, de leur aversion pour la rhétorique. Un jeune Spartiate s'était exercé loin de sa patrie dans l'art oratoire ; il y revint, et les éphores le firent punir pour avoir conçu le dessein de tromper ses compatriotes. Pendant la guerre du Péloponnèse un autre Spartiate fut envoyé vers le satrape Tissapherne pour l'engager à préférer l'alliance de Lacédémone à celle d'Athènes. Il s'exprima en peu de mots, et, comme il vit les ambassadeurs athéniens déployer tout le faste de l'éloquence, il tira deux lignes qui aboutissaient au même point, l'une droite, l'autre tortueuse, et les montrant au satrape il lui dit : Choisis. Deux siècles auparavant les habitants d'une île de la mer Égée, pressés par la famine, s'adressèrent aux Lacédémoniens leurs alliés, qui répondirent à l'ambassadeur : Nous n'avons pas compris la fin de votre harangue, et nous en avons oublié le commencement. On en choisit un second, en lui recommandant d'être bien concis. Il vint, et commença par montrer aux Lacédémoniens un de ces sacs où l'on tient la farine. Le sac était vide. L'assemblée résolut aussitôt d'approvisionner l'île ; mais elle avertit le député de n'être plus si prolixe une autre fois. En effet, il leur avait dit qu'il fallait remplir le sac.

Ils méprisent l'art de la parole ; ils en estiment le talent. Quelques-uns l'ont reçu de la nature et l'ont manifesté, soit dans les assemblées de leur nation et des autres peuples, soit dans les oraisons funèbres qu'on prononce tous les ans en l'honneur de Pausanias et de Léonidas. Ce général, qui pendant la guerre du Péloponnèse soutint en Macédoine l'honneur de sa patrie, Brasidas, passait pour éloquent aux yeux même de ces Athéniens qui mettent tant de prix à l'éloquence.

Celle des Lacédémoniens va toujours au but, et y parvient par les voies les plus simples. Des sophistes étrangers ont quelquefois obtenu la permission d'entrer dans leur ville et de parler en leur présence ; accueillis s'ils annoncent des vérités utiles, on cesse de les écouter s'ils ne cherchent qu'à éblouir. Un de ces sophistes nous proposait un jour d'entendre l'éloge d'Hercule. « D'Hercule ! s'écria aussitôt Antalcidas ; eh ! qui s'avise de le blâmer ? »

Ils ne rougissent pas d'ignorer les sciences qu'ils regardent comme superflues ; et l'un d'eux répondit à un Athénien qui leur en faisait des reproches : Nous sommes en effet les seuls à qui vous n'ayez pas pu enseigner vos vices. N'appliquant leur esprit qu'à des connaissances absolument nécessaires, leurs idées n'en sont que plus justes et plus propres à s'assortir et à se placer ; car les idées fausses sont comme ces pièces irrégulières qui ne peuvent entrer dans la construction d'un édifice.

Ainsi, quoique ce peuple soit moins instruit que les autres, il est beaucoup plus éclairé. On dit que c'est de lui que Thalès, Pittacus et les autres sages de la Grèce empruntèrent l'art de renfermer les maximes de la morale en de courtes formules. Ce que j'en ai vu m'a souvent étonné. Je croyais m'entretenir avec des gens ignorants et grossiers ; mais bientôt il sortait de leurs bouches des réponses pleines d'un grand sens et perçantes comme des traits. Accoutumés de bonne heure à s'exprimer avec autant d'énergie que de précision, ils se taisent s'ils n'ont pas quelque chose d'intéressant à dire ; s'ils en ont trop, ils font des excuses. Ils sont avertis par un instinct de grandeur que le style diffus ne convient qu'à l'esclave qui prie : en effet, comme la prière, il semble se traîner aux pieds et se replier autour de celui qu'on veut persuader. Le style concis, au contraire, est imposant et fier : il convient au maître qui commande ; il s'assortit au caractère des Spartiates, qui l'emploient fréquemment dans leurs entretiens et dans leurs lettres. Des reparties aussi promptes que l'éclair laissent après elles tantôt une lumière vive, tantôt la haute opinion qu'ils ont d'eux-mêmes et de leur patrie.

On louait la bonté du jeune roi Charilaüs. « Comment serait-il bon, répondit l'autre roi, puisqu'il l'est même pour les méchants ? » Dans une ville de la Grèce, le héraut chargé de la vente des esclaves dit tout haut : « Je vends un Lacédémonien. — Dis plutôt un prisonnier, » s'écria celui-ci en lui mettant la main sur la bouche. Les généraux du roi de Perse demandaient aux députés de Lacédémone en quelle qualité ils comptaient suivre la négociation. « Si elle échoue, répondirent-ils, comme particuliers ; si elle réussit, comme ambassadeurs. »

On remarque la même précision dans les lettres qu'écrivent les magistrats, dans celles qu'ils reçoivent des généraux. Les éphores, craignant que la garnison de Décélie ne se laissât surprendre ou n'interrompît ses exercices accoutumés, ne lui écrivirent que ces mots : « Ne vous promenez point. » La défaite la plus désastreuse, la victoire la plus éclatante, sont annoncées avec la même simplicité. Lors de la guerre du Péloponnèse, leur flotte, qui était sous les ordres de Mindare, ayant été battue par celle des Athéniens, commandée par Alcibiade, un officier écrivit aux éphores : « La bataille est perdue; Mindare est mort; point de vivres ni de ressources. » Peu de temps après, ils reçurent de Lysander, général de leur armée, une lettre conçue en ces termes : « Athènes est prise. » Telle fut la relation de la conquête la plus glorieuse et la plus utile pour Lacédémone.

Qu'on n'imagine pas, d'après ces exemples, que les Spartiates, condamnés à une raison trop sévère, n'osent dérider leur front. Ils ont cette disposition à la gaieté que procurent la liberté de l'esprit et la conscience de la santé. Leur joie se communique rapidement, parce qu'elle est vive et naturelle; elle est entretenue par des plaisanteries qui, n'ayant rien de bas ni d'offensant, diffèrent essentiellement de la bouffonnerie et de la satire. Ils apprennent de bonne heure l'art de les recevoir et de les rendre. Elles cessent dès que celui qui en est l'objet demande qu'on l'épargne.

C'est avec de pareils traits qu'ils repoussent quelquefois les prétentions ou l'humeur. J'étais un jour avec le roi Archidamus. Périander, son médecin, lui présenta des vers qu'il venait d'achever. Le prince les lut et lui dit avec amitié : « Eh ! pourquoi de si bon médecin vous faites-vous si mauvais poète ? » Quelques années après, un vieillard, se plaignant au roi Agis de quelques infractions faites à la loi, s'écriait que tout était perdu : « Cela est si vrai, répondit Agis en souriant, que, dans mon enfance, je l'entendais dire à mon père, qui, dans son enfance, l'avait entendu dire au sien. »

Les arts lucratifs, et surtout ceux du luxe, sont sévèrement interdits aux Spartiates. Il leur est défendu d'altérer par des odeurs la nature de l'huile; et par des couleurs, excepté celle de pourpre, la blancheur de la laine. Ainsi, point de parfumeurs et presque point de teinturiers parmi eux. Ils ne devraient connaître ni l'or ni l'argent, ni par conséquent ceux qui mettent ces métaux en œuvre. A l'armée ils peuvent exercer quelques professions utiles, comme celles de héraut, de trompette, de cuisinier, à condition que le fils suivra la profession de son père, comme cela se pratique en Égypte.

Ils ont une telle idée de la liberté, qu'ils ne peuvent la concilier avec le travail des mains. Un d'entre eux, à son retour d'Athènes, me disait : Je viens d'une ville où rien n'est déshonnête. Par là il désignait et ceux qui procuraient des courtisanes à prix d'argent, et ceux qui se livraient à de petits trafics. Un autre, se trouvant dans la même ville, apprit qu'un particulier venait d'être condamné à l'amende pour cause d'oisiveté : il voulut voir, comme une chose extraordinaire, un citoyen puni dans une république pour s'être affranchi de toute espèce de servitude.

Sa surprise était fondée sur ce que les lois de son pays tendent surtout à délivrer les âmes des intérêts factices et des soins domestiques. Ceux qui ont des terres sont obligés de les affermer à des Hilotes ; ceux entre qui s'élèvent des différends, de les terminer à l'amiable ; car il leur est défendu de consacrer les moments précieux de leur vie à la poursuite d'un procès, ainsi qu'aux opérations du commerce et aux autres moyens qu'on emploie communément pour augmenter sa fortune ou se distraire de son existence.

Cependant ils ne connaissent pas l'ennui, parce qu'ils ne sont jamais seuls, jamais en repos. La nage, la lutte, la course, la paume, les autres exercices du gymnase et les évolutions militaires remplissent une partie de leur journée ; ensuite ils se font un devoir et un amusement d'assister aux jeux et aux combats des jeunes élèves ; de là ils vont aux Leschès : ce sont des salles distribuées dans les différents quartiers de la ville, où les hommes de tout âge ont coutume de s'assembler. Ils sont très-sensibles aux charmes de la conversation : elle ne roule presque jamais sur les intérêts et les projets des nations ; mais ils écoutent, sans se lasser, les leçons des personnes âgées ; ils entendent volontiers raconter l'origine des hommes, des héros et des villes. La gravité de ces entretiens est tempérée par des saillies fréquentes.

Ces assemblées, ainsi que les repas et les exercices publics, sont toujours honorées de la présence des vieillards. Je me sers de cette expression, parce que la vieillesse, dévouée ailleurs au mépris, élève un Spartiate au faîte de l'honneur. Les autres citoyens, et surtout les jeunes gens, ont pour lui les égards qu'ils exigeront à leur tour pour eux-mêmes. La loi les oblige de lui céder le pas à chaque rencontre, de se lever quand il paraît, de se taire quand il parle. On l'écoute avec déférence dans les assemblées de la nation et dans les salles du gymnase : ainsi les citoyens qui ont servi leur patrie, loin de lui devenir étrangers à la fin de leur carrière, sont respectés, les uns comme les dépositaires de l'expérience, les autres comme ces monuments dont on se fait une religion de conserver les débris.

Si l'on considère maintenant que les Spartiates consacrent une partie de leur temps à la chasse et aux assemblées générales, qu'ils célèbrent un grand nombre de fêtes, dont l'éclat est rehaussé par le concours de la danse et de la musique, et qu'enfin les plaisirs communs à toute une nation sont toujours plus vifs que ceux d'un particulier, loin de plaindre leur destinée, on verra qu'elle leur ménage une succession non interrompue de moments agréables et de spectacles intéressants. Deux de ces spectacles avaient excité l'admiration de Pindare : C'est là, disait-il, que l'on trouve le courage bouillant des jeunes guerriers toujours adouci par la sagesse consommée des vieillards, et les triomphes brillants des Muses toujours suivis des transports de l'allégresse publique.

Leurs tombeaux sans ornements, ainsi que leurs maisons, n'annoncent aucune distinction entre les citoyens ; il est permis de les placer dans la ville, et même auprès des temples. Les pleurs et les sanglots n'accompagnent ni les funérailles ni les dernières heures du mourant : car les Spartiates ne sont pas plus étonnés de se voir mourir qu'ils ne l'avaient été de se trouver en vie : persuadés que c'est à la mort de fixer le terme de leurs jours, ils se soumettent aux ordres de la nature avec la même résignation qu'aux besoins de l'état.

Les femmes sont grandes, fortes, brillantes de santé, presque toutes fort belles; mais ce sont des beautés sévères et imposantes. Elles auraient pu fournir à Phidias un grand nombre de modèles pour sa Minerve, à peine quelques-uns à Praxitèle pour sa Vénus.

Leur habillement consiste dans une tunique ou espèce de chemise courte, et dans une robe qui descend jusqu'aux talons. Les filles, obligées de consacrer tous les moments de la journée à la lutte, à la course, au saut, à d'autres exercices pénibles, n'ont pour l'ordinaire qu'un vêtement léger et sans manches, qui s'attache aux épaules avec des agrafes, et que leur ceinture tient relevé au-dessus des genoux : sa partie inférieure est ouverte de chaque côté, de sorte que la moitié du corps reste à découvert. Je suis très-éloigné de justifier cet usage : mais j'en vais rapporter les motifs et les effets d'après la réponse de quelques Spartiates à qui j'avais témoigné ma surprise.

Lycurgue ne pouvait soumettre les filles aux mêmes exercices que les hommes sans écarter tout ce qui pouvait contrarier leurs mouvements. Il avait sans doute observé que l'homme ne s'est couvert qu'après s'être corrompu ; que ses vêtements se sont multipliés à proportion de ses vices ; que les beautés qui le séduisent perdent souvent leurs attraits à force de se montrer, et qu'enfin les regards ne souillent que les âmes déjà souillées. Guidé par ces réflexions, il entreprit d'établir par ses lois un tel accord de vertus entre les deux sexes, que la témérité de l'un serait réprimée, et la faiblesse de l'autre soutenue. Ainsi, peu content de décerner la peine de mort à celui qui déshonorerait une fille, il accoutuma la jeunesse de Sparte à ne rougir que du mal. La pudeur, dépouillée d'une partie de ses voiles, fut respectée de part et d'autre, et les femmes de Lacédémone se distinguèrent par la pureté de leurs mœurs. J'ajoute que Lycurgue a trouvé des partisans parmi les philosophes : Platon veut que, dans sa république, les femmes de tout âge s'exercent dans le gymnase, n'ayant que leurs vertus pour vêtements.

Une Spartiate paraît en public à visage découvert jusqu'à ce qu'elle soit mariée : après son mariage, comme elle ne doit plaire qu'à son époux, elle sort voilée ; et, comme elle ne doit être connue que de lui seul, il ne convient pas aux autres de parler d'elle avec éloge. Mais ce voile sombre et ce silence respectueux ne sont que des hommages rendus à la décence. Nulle part les femmes ne sont moins surveillées et moins contraintes ; nulle part elles n'ont moins abusé de leur liberté. L'idée de manquer à leur époux leur eût paru autrefois aussi étrange que celle d'étaler la moindre recherche dans leur parure : quoiqu'elles n'aient plus aujourd'hui la même sagesse ni la même modestie, elles sont beaucoup plus attachées à leurs devoirs que les autres femmes de la Grèce.

Elles ont aussi un caractère plus vigoureux, et l'emploient avec succès pour assujettir leurs époux, qui les consultent volontiers, tant sur leurs affaires que sur celles de la nation. On a remarqué que les peuples guerriers sont enclins à l'amour ; l'union de Mars et Vénus semble attester cette vérité, et l'exemple des Lacédémoniens sert à la confirmer. Une étrangère disait un jour à la femme du roi Léonidas : « Vous êtes les seules qui preniez de l'ascendant sur les hommes. — Sans doute, répondit-elle, parce que nous sommes les seules qui mettions des hommes au monde. »

Ces âmes fortes donnèrent, il y a quelques années, un exemple qui surprit toute la Grèce. A l'aspect de l'armée d'Épaminondas, elles remplirent la ville de confusion et de terreur. Leur caractère commence-t-il à s'altérer comme leurs vertus? Y a-t-il une fatalité pour le courage? Un instant de faiblesse pourrait-il balancer tant de traits de grandeur et d'élévation qui les ont distinguées dans tous les temps, et qui leur échappent tous les jours?

Elles ont une haute idée de l'honneur et de la liberté ; elles la poussent quelquefois si loin, qu'on ne sait alors quel nom donner au sentiment qui les anime. Une d'entre elles écrivait à son fils qui s'était sauvé de la bataille : « Il court de mauvais bruits sur votre compte; faites-les cesser, ou cessez de vivre. » En pareille circonstance, une Athénienne mandait au sien : « Je vous sais bon gré de vous être conservé pour moi. » Ceux mêmes qui voudraient excuser la seconde ne pourraient s'empêcher d'admirer la première. Ils seraient également frappés de la réponse d'Argiléonis, mère du célèbre Brasidas. Des Thraces, en lui apprenant la mort glorieuse de son fils, ajoutaient que jamais Lacédémone n'avait produit un si grand général. « Étrangers, leur dit-elle, mon fils était un brave homme; mais apprenez que Sparte possède plusieurs citoyens qui valent mieux que lui. »

Ici la nature est soumise sans être étouffée ; et c'est en cela que réside le vrai courage. Aussi les éphores décernèrent-ils des honneurs signalés à cette femme. Mais qui pourrait entendre sans frissonner une mère à qui l'on disait : « Votre fils vient d'être tué sans avoir quitté son rang, » et qui répondit aussitôt : « Qu'on l'enterre et qu'on mette son frère à sa place. » Et cette autre qui attendait au faubourg la nouvelle du combat? Le courrier arrive : elle l'interroge. « Vos cinq enfants ont péri. — Ce n'est pas cela que je te demande; ma patrie n'a-t-elle rien à craindre? — Elle triomphe. — Eh bien ! je me résigne avec plaisir à ma perte. » Qui pourrait encore voir sans terreur ces femmes qui donnent la mort à leurs fils convaincus de lâcheté? et celles qui, accourues au champ de bataille, se font montrer le cadavre d'un fils unique, parcourent d'un œil inquiet les blessures qu'il a reçues, comptent celles qui peuvent honorer ou déshonorer son trépas, et, après cet horrible calcul, marchent avec orgueil à la tête du convoi, ou se confinent chez elles pour y cacher leurs larmes et leur honte[1]?

Ces excès, ou plutôt ces forfaits de l'honneur, outre-passent si fort la portée de la grandeur qui convient à l'homme, qu'ils n'ont jamais été partagés par les Spartiates les plus abandonnés au fanatisme de la gloire. En voici la raison : chez eux, l'amour de la patrie est une vertu qui fait des choses sublimes; dans leurs épouses, une passion qui tente des choses extraordinaires. La beauté, la parure, la naissance, les agréments de l'esprit, n'étant pas assez estimés à Sparte pour établir des distinctions entre les femmes, elles furent obligées de fonder leur supériorité sur le nombre et sur la valeur de leurs enfants. Pendant qu'ils vivent, elles jouissent des espérances qu'ils donnent; après leur mort, elles héritent de la célébrité qu'ils ont acquise. C'est cette fatale succes-

---

[1] Ce dernier fait et d'autres à peu près semblables paraissent être postérieurs au temps où les lois de Lycurgue étaient rigoureusement observées. Ce ne fut qu'après leur décadence qu'un faux héroïsme s'empara des femmes et des enfants de Sparte.

sion qui les rend féroces, et qui fait que leur dévouement à la patrie est quelquefois accompagné de toutes les fureurs de l'ambition et de la vanité.

A cette élévation d'âme qu'elles montrent encore par intervalles, succéderont bientôt, sans la détruire entièrement, des sentiments ignobles; et leur vie ne sera plus qu'un mélange de petitesse et de grandeur, de barbarie et de volupté. Déjà plusieurs d'entre elles se laissent entraîner par l'éclat de l'or, par l'attrait des plaisirs. Les Athéniens, qui blâmaient hautement la liberté qu'on laissait aux femmes de Sparte, triomphent en voyant cette liberté dégénérer en licence. Les philosophes mêmes reprochent à Lycurgue de ne s'être occupé que de l'éducation des hommes.

Nous examinerons cette accusation dans un autre chapitre, et nous remonterons en même temps aux causes de la décadence survenue aux mœurs des Spartiates[1]. Car, il faut l'avouer, ils ne sont plus ce qu'ils étaient il y a un siècle. Les uns s'enorgueillissent impunément de leurs richesses, d'autres courent après des emplois que leurs pères se contentaient de mériter. Il n'y a pas long-temps qu'on a découvert une courtisane aux environs de Sparte; et, ce qui n'est pas moins dangereux, nous avons vu la sœur du roi Agésilas, Cynisca, envoyer à Olympie un char attelé de quatre chevaux pour y disputer le prix de la course, des poètes célébrer son triomphe, et l'état élever un monument en son honneur.

Néanmoins, dans leur dégradation, ils conservent encore des restes de leur ancienne grandeur. Vous ne les verrez point recourir aux dissimulations, aux bassesses, à tous ces petits moyens qui avilissent les âmes, ils sont avides sans avarice, ambitieux sans intrigues. Les plus puissants ont assez de pudeur pour dérober aux yeux la licence de leur conduite; ce sont des transfuges qui craignent les lois qu'ils ont violées, et regrettent les vertus qu'ils ont perdues.

J'ai vu en même temps des Spartiates dont la magnanimité invitait à s'élever jusqu'à eux. Ils se tenaient à leur hauteur sans effort, sans ostentation, sans être attirés vers la terre par l'éclat des dignités ou par l'espoir des récompenses. N'exigez aucune bassesse de leur part; ils ne craignent ni l'indigence ni la mort. Dans mon dernier voyage à Lacédémone, je m'entretenais avec Talécrus, qui était fort pauvre, et Damindas, qui jouissait d'une fortune aisée. Il survint un de ces hommes que Philippe, roi de Macédoine, soudoyait pour lui acheter des partisans. Il dit au premier : « Quel

[1] Voyez le chapitre LI de cet ouvrage.

bien avez-vous ? — Le nécessaire, » répondit Talécrus en lui tournant le dos. Il menaça le second du courroux de Philippe. « Homme lâche, répondit Damindas, eh ! que peut ton maître contre des hommes qui méprisent la mort ? »

En contemplant à loisir ce mélange de vices naissants et de vertus antiques, je me croyais dans une forêt que la flamme avait ravagée : j'y voyais des arbres réduits en cendres, d'autres à moitié consumés, et d'autres qui, n'ayant reçu aucune atteinte, portaient fièrement leur tête dans les cieux.

CHAPITRE XLIX.
De la religion et des fêtes des Spartiates.

Les objets du culte public n'inspirent, à Lacédémone, qu'un profond respect, qu'un silence absolu. On ne s'y permet, à leur égard, ni discussions ni doutes : adorer les dieux, honorer les héros, voilà l'unique dogme des Spartiates.

Parmi les héros auxquels ils ont élevé des temples, des autels ou des statues, on distingue Hercule, Castor, Pollux, Achille, Ulysse, Lycurgue, etc. Ce qui doit surprendre ceux qui ne connaissent pas les différentes traditions des peuples, c'est de voir Hélène partager avec Ménélas des honneurs presque divins, et la statue de Clytemnestre placée auprès de celle d'Agamemnon.

Les Spartiates sont fort crédules. Un d'entre eux crut voir pendant la nuit un spectre errant autour d'un tombeau ; il le poursuivit la lance levée, et lui criait : Tu as beau faire, tu mourras une seconde fois. Ce ne sont pas les prêtres qui entretiennent la superstition, ce sont les éphores ; ils passent quelquefois la nuit dans le temple de Pasiphaé, et le lendemain ils donnent leurs songes comme des réalités.

Lycurgue, qui ne pouvait dominer sur les opinions religieuses, supprima les abus qu'elles avaient produits. Partout ailleurs on doit se présenter aux dieux avec des victimes sans tache, quelquefois avec l'appareil de la magnificence ; à Sparte, avec des offrandes de peu de valeur, et la modestie qui convient à des suppliants. Ailleurs on importune les dieux par des prières indiscrètes et longues ; à Sparte, on ne leur demande que la grâce de faire de belles actions, après en avoir fait de bonnes ; et cette formule est terminée par ces mots, dont les âmes fières sentiront la profondeur : « Donnez-nous la force de supporter l'injustice. » L'aspect des morts n'y blesse point les regards comme chez les nations voisines. Le deuil n'y dure que onze jours : si la douleur est vraie, on ne doit pas en borner le temps; si elle est fausse, il ne faut pas en prolonger l'imposture.

Il suit de là que si le culte des Lacédémoniens est, comme celui des autres Grecs, souillé d'erreurs et de préjugés dans la théorie, il est du moins plein de raison et de lumières dans la pratique.

Les Athéniens ont cru fixer la Victoire chez eux en la représentant sans ailes; par la même raison, les Spartiates ont représenté quelquefois Mars et Vénus chargés de chaînes. Cette nation guerrière a donné des armes à Vénus, et mis une lance entre les mains de tous les dieux et de toutes les déesses. Elle a placé la statue de la Mort à côté de celle du Sommeil, pour s'accoutumer à les regarder du même œil. Elle a consacré un temple aux Muses, parce qu'elle marche aux combats aux sons mélodieux de la flûte et de la lyre; un autre, à Neptune qui ébranle la terre, parce qu'elle habite un pays sujet à de fréquentes secousses; un autre, à la Crainte, parce qu'il est des craintes salutaires, telles que celle des lois.

Un grand nombre de fêtes remplissent ses loisirs. J'ai vu, dans la plupart, trois chœurs marcher en ordre et faire retentir les airs de leurs chants; celui des vieillards prononcer ces mots :

> Nous avons été jadis
> Jeunes, vaillants et hardis;

celui des hommes faits répondre :

> Nous le sommes maintenant
> A l'épreuve à tout venant :

et celui des enfants poursuivre :

> Et nous un jour le serons,
> Qui bien vous surpasserons [1].

J'ai vu dans les fêtes de Bacchus des femmes, au nombre de onze, se disputer le prix de la course. J'ai suivi les filles de Sparte, lorsqu'au milieu des transports de la joie publique, placées sur des chars, elles se rendaient au bourg de Thérapné pour présenter leurs offrandes au tombeau de Ménélas et d'Hélène.

Pendant les fêtes d'Apollon surnommé Carnéen, qui reviennent tous les ans vers la fin de l'été, et qui durent neuf jours, j'assistai au combat que se livrent les joueurs de cithare; je vis dresser autour de la ville neuf cabanes ou feuillées en forme de tentes. Chaque jour de nouveaux convives, au nombre de quatre-vingt-un, neuf pour chaque tente, y venaient prendre leurs repas; des officiers tirés au sort entretenaient l'ordre, et tout s'exécutait à la voix du héraut public. C'était l'image du camp, mais on n'en était

[1] Traduction d'Amyot.

pas plus disposé à la guerre : car rien ne doit interrompre ces fêtes; et, quelque pressant que soit le danger, on attend qu'elles soient terminées pour mettre l'armée en campagne.

Le même respect retient les Lacédémoniens chez eux pendant les fêtes d'Hyacinthe, célébrées au printemps, surtout par les habitants d'Amyclœ. On disait qu'Hyacinthe, fils d'un roi de Lacédémone, fut tendrement aimé d'Apollon; que Zéphire, jaloux de sa beauté, dirigea le palet qui lui ravit le jour; et qu'Apollon, qui l'avait lancé, ne trouva d'autre soulagement à sa douleur que de métamorphoser le jeune prince en une fleur qui porte son nom. On institua des jeux qui se renouvellent tous les ans. Le premier et le troisième jour ne présentent que l'image de la tristesse et du deuil; le second est un jour d'allégresse, Lacédémone s'abandonne à l'ivresse de la joie; c'est un jour de liberté, les esclaves mangent à la même table que leurs maîtres.

De tous côtés on voit des chœurs de jeunes garçons revêtus d'une simple tunique, les uns jouant de la lyre, ou célébrant Hyacinthe par de vieux cantiques accompagnés de la flûte; d'autres exécutant des danses; d'autres à cheval, faisant briller leur adresse dans le lieu destiné aux spectacles.

Bientôt la pompe ou procession solennelle s'avance vers Amyclæ, conduite par un chef qui, sous le nom de légat, doit offrir au temple d'Apollon les vœux de la nation : dès qu'elle est arrivée, on achève les apprêts d'un pompeux sacrifice, et l'on commence par répandre, en forme de libation, du vin et du lait dans l'intérieur de l'autel qui sert de base à la statue. Cet autel est le tombeau d'Hyacinthe. Tout autour sont rangés vingt ou vingt-cinq jeunes garçons et autant de jeunes filles, qui font entendre des concerts ravissants en présence de plusieurs magistrats de Lacédémone [1]; car dans cette ville, ainsi que dans toute la Grèce, les cérémonies religieuses intéressent le gouvernement; les rois et leurs enfants se font un devoir d'y figurer.

On a vu dans ces derniers temps Agésilas, après des victoires

[1] Parmi les inscriptions que M. l'abbé Fourmont avait découvertes en Laconie, il en est deux qui sont du septième, et peut-être même de la fin du huitième siècle avant J.-C. Au nom du légat ou du chef d'une députation solennelle, ΠΡΕΣΒΕΥΣ, elles joignent les noms de plusieurs magistrats, et ceux des jeunes garçons et des jeunes filles qui avaient figuré dans les chœurs, et qui, sur l'un de ces monuments, sont nommés *hyalcades*. Cette expression, suivant Hésychius, désignait, parmi les Spartiates, des chœurs d'enfants. J'ai pensé qu'il était question ici de la pompe des Hyacinthes.

Il faut observer que, parmi les jeunes filles qui composaient un des chœurs, on trouve le nom de Lycorias, fille de Deuxidamus ou Zeuxidamus, roi de Lacédémone, qui vivait vers l'an 700 avant J.-C.

éclatantes, se placer dans le rang qui lui avait été assigné par le maître du chœur, et, confondu avec les simples citoyens, entonner avec eux l'hymne d'Apollon aux fêtes d'Hyacinthe.

La discipline des Spartiates est telle, que leurs plaisirs sont toujours accompagnés d'une certaine décence ; dans les fêtes mêmes de Bacchus, soit à la ville, soit à la campagne, personne n'ose s'écarter de la loi qui défend l'usage immodéré du vin.

CHAPITRE L.
Du service militaire chez les Spartiates.

Les Spartiates sont obligés de servir depuis l'âge de vingt ans jusqu'à celui de soixante : au delà de ce terme on les dispense de prendre les armes, à moins que l'ennemi n'entre dans la Laconie.

Quand il s'agit de lever des troupes, les éphores, par la voix du héraut, ordonnent aux citoyens âgés depuis vingt ans jusqu'à l'âge porté dans la proclamation, de se présenter pour servir dans l'infanterie pesamment armée, ou dans la cavalerie ; la même injonction est faite aux ouvriers destinés à suivre l'armée.

Comme les citoyens sont divisés en cinq tribus, on a partagé l'infanterie pesante en cinq régiments, qui sont pour l'ordinaire commandés par autant de polémarques : chaque régiment est composé de quatre bataillons, de huit pentécosties, et de seize énomoties ou compagnies [1].

---

[1] Il est très-difficile, et peut-être impossible, de donner une juste idée de cette composition. Comme elle variait souvent, les auteurs anciens, sans entrer dans des détails, se sont contentés de rapporter des faits, et, dans la suite, on a pris des faits particuliers pour les règles générales.

Les Spartiates étaient distribués en plusieurs classes nommées MOPAI ou MOIPAI, c'est-à-dire parties ou divisions.

Quelles étaient les subdivisions de chaque classe ? le *lochos*, la *pentecostys*, l'*enomotie*. Dans le texte de cet ouvrage, j'ai cru pouvoir comparer la *mora* au *régiment*, le *lochos* au *bataillon*, l'*enomotie* à la *compagnie*, sans prétendre que ces rapports fussent exacts ; dans cette note, je conserverai les noms grecs, au risque de les mettre au singulier quand ils devraient être au pluriel.

Les subdivisions dont je viens de parler sont clairement exposées par Xénophon, qui vivait au temps où je place le voyage du jeune Anacharsis. « Chaque *mora*, dit-il, a pour officier un polémarque, quatre chefs de *lochos*, huit chefs de *pentecostys*, seize chefs d'*enomoties*. » Ainsi chaque *mora* contient quatre *lochos*, chaque *lochos* deux *pentecostys*, chaque *pentecostys* deux *enomoties*. Il faut observer que Xénophon nous présente ici une règle générale, règle confirmée par ce passage de Thucydide : « Le roi donne l'ordre aux *polémarques*, ceux-ci le donnent aux *lochages*, ces derniers aux *pentecontatères*, ceux-là aux *enomotarques*, qui le font passer à leurs *enomoties*. »

Quelquefois, au lieu de faire marcher les *mora*, on en détachait quelques *lochos*. Dans la première bataille de Mantinée, gagnée par les Lacédémoniens, l'an 418 avant J.-C., leur armée, sous les ordres du roi Agis, était partagée en sept *lochos*. Chaque *lochos*, dit Thucydide, comprenait quatre *pentecostys*, et chaque *pentecostys* quatre *enomoties*. Ici la composition du *lochos* diffère de celle que lui attri-

En certaines occasions, au lieu de faire marcher tout le régiment, on détache quelques bataillons ; et alors, en doublant ou quadruplant leurs compagnies, on porte chaque bataillon à deux cent cinquante-six hommes, ou même à cinq cent douze. Je cite ici des

bue Xénophon ; mais les circonstances n'étaient pas les mêmes. Xénophon parlait en général de la formation de la *mora*, lorsque toutes les parties en étaient réunies ; Thucydide, d'un cas particulier, et des *lochos* séparés de leur *mora*.

Combien y avait-il de *mora?* les uns en admettent six, les autres cinq. Voici les preuves qu'on peut employer en faveur de la première opinion ; j'y joindrai celles qui sont favorables à la seconde.

1° Dans trois inscriptions rapportées par M. l'abbé Fourmont de la Messénie et de la Laconie, on avait gravé les noms des rois de Lacédémone, deux des sénateurs, des éphores, des officiers militaires et des différents corps de magistrats. On y voit six chefs de *mora*. Ces inscriptions, qui remontent au huitième siècle avant J.-C., n'étant postérieures à Lycurgue que d'environ 130 ans, on est fondé à croire que le législateur de Sparte en avait divisé tous les citoyens en six *mora*. Mais on se trouve arrêté par une assez grande difficulté. Avant les six chefs de *mora*, les inscriptions placent les six chefs de *lochos*. Ainsi non-seulement les premiers, c'est-à-dire les chefs de *mora*, étaient subordonnés à ceux des *lochos* ; mais les uns et les autres étaient égaux en nombre, et telle n'était pas la composition qui subsistait du temps de Thucydide et de Xénophon.

2° Ce dernier historien observe que Lycurgue divisa la cavalerie et l'infanterie pesante en six *mora*. Ce passage est conforme aux inscriptions précédentes.

3° Xénophon dit encore que le roi Cléombrote fut envoyé en Phocide avec quatre *mora*; s'il n'y en avait que cinq, il n'en restait qu'une à Lacédémone. Quelque temps après se donna la bataille de Leuctres. Les troupes de Cléombrote furent battues. Xénophon remarque qu'on fit de nouvelles levées, et qu'on les tira surtout des deux *mora* qui étaient restées à Sparte. Il y en avait donc six en tout.

Voyons maintenant les raisons d'après lesquelles on pourrait en admettre une de moins. 1° Aristote, cité par Harpocration, n'en comptait que cinq, s'il faut s'en rapporter à l'édition de Maussac, qui porte πεντε. Il est vrai que ce mot ne se trouve pas dans l'édition de Gronovius, et que, dans quelques manuscrits d'Harpocration, il est remplacé par une lettre numérale qui désigne six. Mais cette lettre a tant de ressemblance avec celle qui désigne le nombre cinq, qu'il était facile de prendre l'une pour l'autre. Deux passages d'Hésychius prouvent que quelques copistes d'Harpocration ont fait cette méprise. Dans le premier, il est dit que, suivant Aristote, le *lochos* s'appelait *mora* parmi les Lacédémoniens ; et dans le second que, suivant Aristote, les Lacédémoniens avaient cinq *lochos*, où le mot est tout au long πεντε. Donc, suivant Hésychius, Aristote ne donnait aux Lacédémoniens que cinq *mora*.

2° Diodore de Sicile raconte qu'Agésilas était à la tête de dix-huit mille hommes, dont faisaient partie *les cinq mora*, ou simplement *cinq mora de Lacédémone*. Reste à savoir si, en cet endroit, il faut admettre ou supprimer l'article. Rhodoman, dans son édition, rapporte ainsi le passage : ων ησαν οι Λακεδαιμονιοι (ου Λακεδαιμονιων) πεντε μοιραι. M. Béjot a bien voulu, à ma prière, consulter les manuscrits de la Bibliothèque du roi. Des douze qu'elle possède, cinq seulement contiennent le passage en question, et présentent l'article οι avec le nom des Lacédémoniens au nominatif ou au génitif. Ils sont donc conformes à l'édition de Rhodoman, et, par un changement aussi léger qu'indispensable, ils donnent cette leçon déjà proposée par Meursius : αι Λακεδαιμονιων πεντε μοιραι, *les cinq mora de Lacédémone*. Ce passage ainsi rétabli se concilie parfaitement avec celui d'Aristote.

3° J'ai dit, dans le texte de mon ouvrage, que les Spartiates étaient divisés en cinq tribus. Il est naturel de penser qu'ils étaient enrôlés en autant de corps de milices qui tiraient leur dénomination de ces tribus. En effet, Hérodote dit positi-

exemples et non des règles; car le nombre d'hommes par énomotie n'est pas toujours le même; et le général, pour dérober la connaissance de ses forces à l'ennemi, varie souvent la composition de son armée. Outre les cinq régiments, il existe un corps de six cents

vement qu'à la bataille de Platée il y avait un corps de Pitanates, et nous avons vu que les Pitanates formaient une des tribus de Lacédémone.

Cependant, comme ce ne sont ici que des probabilités, et que le témoignage de Xénophon est précis, nous dirons avec Meursius que l'historien grec a compté parmi les *mora* le corps des *Scirites*, ainsi nommés de la Sciritide, petite province située sur les confins de l'Arcadie et de la Laconie. Elle avait été long-temps soumise aux Spartiates; elle leur fut ensuite enlevée par Epaminondas, qui l'unit à l'Arcadie. De là vient que, parmi les écrivains postérieurs, les uns ont regardé les Scirites comme une milice lacédémonienne, les autres comme un corps de troupes arcadiennes.

Pendant qu'ils obéissaient aux Spartiates, ils les suivaient dans presque toutes leurs expéditions, quelquefois au nombre de six cents. Dans une bataille, ils étaient placés à l'aile gauche, et ne se mêlaient point avec les autres *mora*. Quelquefois on les tenait en réserve pour soutenir successivement les divisions qui commençaient à plier. Pendant la nuit, ils gardaient le camp, et leur vigilance empêchait les soldats de s'éloigner de la phalange. C'était Lycurgue lui-même qui les avait chargés de ce soin. Cette milice existait donc du temps de ce législateur : il avait donc établi six corps de troupes, savoir, cinq *mora* proprement dites, dans lesquelles entraient les Spartiates; et ensuite la cohorte des Scirites, qui, n'étant pas composée de Spartiates, différait essentiellement des *mora* proprement dites, mais qui néanmoins pouvait être qualifiée de ce nom, puisqu'elle faisait partie de la constitution militaire établie par Lycurgue.

S'il est vrai que les Scirites combattaient à cheval, comme Xénophon le fait entendre, on ne sera plus surpris que le même historien ait avancé que Lycurgue institua six *mora*, tant pour la cavalerie que pour l'infanterie pesante. Alors nous dirons qu'il y avait cinq *mora* d'oplites spartiates, et une sixième composée de cavaliers scirites.

D'après les notions précédentes, il est visible que, si des anciens ont paru quelquefois confondre la *mora* avec le *lochos*, ce ne peut être que par inadvertance, ou par un abus de mots, en prenant la partie pour le tout. Le savant Meursius, qui ne veut pas distinguer ces deux corps, n'a pour lui que quelques faibles témoignages, auxquels on peut opposer des faits incontestables. Si, comme le prétend Meursius, il n'y avait que cinq *mora*, il ne devait y avoir que cinq *lochos*. Cependant nous venons de voir que le roi Agis avait sept *lochos* dans son armée; et l'on peut ajouter qu'en une autre occasion le roi Archidamus était à la tête de douze *lochos*.

Si chaque *mora* prenait le nom de sa tribu, il est naturel de penser que les quatre *lochos* de chaque *mora* avaient des noms particuliers; et nous savons par Hésychius que les Lacédémoniens donnaient à l'un de leurs *lochos* le nom d'*edalos*. De là nous conjecturons que les Crotanes, qui, suivant Pausanias, faisaient partie des Pitanates, n'étaient autre chose qu'un des *lochos* qui formaient la *mora* de cette tribu : de là peut-être aussi la critique que Thucydide a faite d'une expression d'Hérodote. Ce dernier ayant dit qu'à la bataille de Platée Amopharète commandait le *lochos* des Pitanates, Thucydide observe qu'il n'y a jamais eu à Lacédémone de corps de milice qui fût ainsi nommé, parce que, suivant les apparences, on disait la *mora*, et non le *lochos* des Pitanates.

De combien de soldats la *mora* était-elle composée? De cinq cents hommes, suivant Ephore et Diodore de Sicile; de sept cents, suivant Callisthène; de neuf cents, suivant Polybe; de trois cents, de cinq cents, de sept cents, suivant d'autres.

Il m'a paru qu'il fallait moins attribuer cette diversité d'opinions aux changements qu'avait éprouvés la *mora* en différents siècles qu'aux circonstances qui engageaient à mettre sur pied plus ou moins de troupes. Tous les Spartiates étaient inscrits dans les *mora*. S'agissait-il d'une expédition, les éphores faisaient annoncer par un héraut que les citoyens depuis l'âge de puberté, c'est-à-dire depuis l'âge de vingt ans jusqu'à tel âge, se présenteraient pour servir. En voici un exem-

hommes d'élite, qu'on appelle Scirites, et qui ont quelquefois décidé de la victoire.

Les principales armes du fantassin sont la pique et le bouclier : je ne compte pas l'épée, qui n'est qu'une espèce de poignard qu'il porte à sa ceinture. C'est sur la pique qu'il fonde ses espérances ; il ne la quitte presque point tant qu'il est à l'armée. Un étranger disait à l'ambitieux Agésilas : « Où fixez-vous donc les bornes de la Laconie ? — Au bout de nos piques, » répondit-il.

Ils couvrent leurs corps d'un bouclier d'airain, de forme ovale, échancré des deux côtés, et quelquefois d'un seul, terminé en pointe aux deux extrémités et chargé des lettres initiales du nom de Lacédémone. A cette marque, on reconnaît la nation ; mais il en faut une autre pour reconnaître chaque soldat, obligé, sous peine d'infamie, de rapporter son bouclier : il fait graver dans le champ le symbole qu'il s'est approprié. Un d'entre eux s'était exposé aux plaisanteries de ses amis en choisissant pour emblème une mouche de grandeur naturelle. « J'approcherai si fort de l'ennemi, leur dit-il, qu'il distinguera cette marque. »

Le soldat est revêtu d'une casaque rouge. On a préféré cette couleur, afin que l'ennemi ne s'aperçoive pas du sang qu'il a fait couler.

ple frappant. A la bataille de Leuctres, le roi Cléombrote avait quatre *mora*, commandées par autant de polémarques, et composées de citoyens âgés depuis vingt jusqu'à trente-cinq ans. Après la perte d'une bataille, les éphores ordonnèrent de nouvelles levées. On fit marcher tous ceux des mêmes *mora* qui étaient âgés depuis trente-cinq jusqu'à quarante ans ; et l'on choisit dans les deux *mora* qui étaient restées à Lacédémone tous les citoyens âgés de vingt à quarante ans. Il suit de là que ces portions de *mora* qui faisaient la campagne n'étaient souvent que des détachements plus ou moins nombreux du corps entier.

Nous n'avons ni l'ouvrage d'Ephore, qui donnait à la *mora* cinq cents hommes ; ni celui de Callisthène, qui lui en donnait sept cents ; ni l'endroit de Polybe où il la portait jusqu'à neuf cents ; mais nous ne craignons pas d'avancer que leurs calculs n'avaient pour objet que des cas particuliers, et que Diodore de Sicile ne s'est pas expliqué avec assez d'exactitude lorsqu'il a dit absolument que chaque *mora* était composée de cinq cents hommes.

Nous ne sommes pas mieux instruits du nombre des soldats qu'on faisait entrer dans les subdivisions de la *mora*. Thucydide observe que, par les soins que prenaient les Lacédémoniens de cacher leurs opérations, on ignora le nombre des troupes qu'ils avaient à la première bataille de Mantinée, mais qu'on pouvait néanmoins s'en faire une idée d'après le calcul suivant : le roi Agis était à la tête de sept *lochos* ; chaque *lochos* renfermait quatre *pentecostys* ; chaque *pentecostys* quatre *enomoties* ; chaque *enomotie* fut rangée sur quatre de front et en général sur huit de profondeur.

De ce passage le scoliaste conclut que, dans cette occasion, l'*enomotie* fut de trente-deux hommes, la *pentecostys* de cent vingt-huit, le *lochos* de cinq cent douze. Nous en concluons, à notre tour, que si le *lochos* avait toujours été sur le même pied, l'historien se serait contenté d'annoncer que les Lacédémoniens avaient sept *lochos*, sans être obligé de recourir à la voie du calcul.

Les *enomoties* n'étaient pas non plus fixées d'une manière stable. A la bataille dont je viens de parler, elles étaient en général de trente-deux hommes chacune : elles étaient de trente-six à celle de Leuctres ; et Suidas les réduit à vingt-cinq.

Le roi marche à la tête de l'armée, précédé du corps des Scirites ainsi que des cavaliers envoyés à la découverte. Il offre fréquemment des sacrifices, auxquels assistent les chefs des troupes lacédémoniennes et ceux des alliés. Souvent il change de camp, soit pour protéger les terres de ces derniers, soit pour nuire à celles des ennemis.

Tous les jours, les soldats se livrent aux exercices du gymnase. La lice est tracée aux environs du camp. Après les exercices du matin, ils se tiennent assis par terre jusqu'au dîner; après ceux du soir, ils soupent, chantent des hymnes en l'honneur des dieux et se couchent sur leurs armes. Divers amusements remplissent les intervalles de la journée; car ils sont alors astreints à moins de travaux qu'avant leur départ, et l'on dirait que la guerre est pour eux le temps du repos.

Le jour du combat, le roi, à l'imitation d'Hercule, immole une chèvre pendant que les joueurs de flûte font entendre l'air de Castor. Il entonne ensuite l'hymne du combat; tous les soldats, le front orné de couronnes, le répètent de concert. Après ce moment si terrible et si beau, ils arrangent leurs cheveux et leurs vêtements, nettoient leurs armes, pressent leurs officiers de les conduire au champ de l'honneur, s'animent eux-mêmes par des traits de gaieté, et marchent en ordre au son des flûtes qui excitent et modèrent leur courage. Le roi se place dans le premier rang, entouré de cent jeunes guerriers qui doivent, sous peine d'infamie, exposer leurs jours pour sauver les siens, et de quelques athlètes qui ont remporté le prix aux jeux publics de la Grèce, et qui regardent ce poste comme la plus glorieuse des distinctions.

Je ne dis rien des savantes manœuvres qu'exécutent les Spartiates avant et pendant le combat: leur tactique paraît d'abord compliquée; mais la moindre attention suffit pour se convaincre qu'elle a tout prévu, tout facilité, et que les institutions militaires de Lycurgue sont préférables à celles des autres nations.

Pour tout homme c'est une honte de prendre la fuite; pour les Spartiates, d'en avoir seulement l'idée. Cependant leur courage, quoique impétueux et bouillant, n'est pas une fureur aveugle: un d'entre eux, au plus fort de la mêlée, entend-il le signal de la retraite tandis qu'il tient le fer levé sur un soldat abattu à ses pieds, il s'arrête aussitôt et dit que son premier devoir est d'obéir à son général.

Cette espèce d'hommes n'est pas faite pour porter des chaînes; la loi leur crie sans cesse: Plutôt périr que d'être esclaves. Bias, qui commandait un corps de troupes, s'étant laissé surprendre par

Iphicrate, ses soldats lui dirent : « Quel parti prendre? — Vous, répondit-il, de vous retirer ; moi, de combattre et de mourir. »

Ils aiment mieux garder leurs rangs que de tuer quelques hommes de plus. Il leur est défendu non-seulement de poursuivre l'ennemi, mais encore de le dépouiller sans en avoir reçu l'ordre ; car ils doivent être plus attentifs à la victoire qu'au butin. Trois cents Spartiates veillent à l'observation de cette loi.

Si le général, dans un premier combat, a perdu quelques soldats, il doit en livrer un second pour les retirer.

Quand un soldat a quitté son rang, on l'oblige de rester pendant quelque temps debout, appuyé sur son bouclier, à la vue de toute l'armée.

Les exemples de lâcheté, si rares autrefois, livrent le coupable aux horreurs de l'infamie ; il ne peut aspirer à aucun emploi : s'il est marié, aucune famille ne veut s'allier à la sienne ; s'il ne l'est pas, il ne peut s'allier à une autre ; il semble que cette tache souillerait toute sa postérité.

Ceux qui périssent dans le combat sont enterrés, ainsi que les autres citoyens, avec un vêtement rouge et un rameau d'olivier, symbole des vertus guerrières parmi les Spartiates. S'ils se sont distingués, leurs tombeaux sont décorés de leurs noms, et quelquefois de la figure d'un lion ; mais si un soldat a reçu la mort en tournant le dos à l'ennemi, il est privé de la sépulture.

Aux succès de la bravoure on préfère ceux que ménage la prudence. On ne suspend point aux temples les dépouilles de l'ennemi. Des offrandes enlevées à des lâches, disait le roi Cléomène, ne doivent pas être exposées aux regards des dieux ni à ceux de notre jeunesse. Autrefois la victoire n'excitait ni joie ni surprise ; de nos jours, un avantage remporté par Archidamus, fils d'Agésilas, produisit des transports si vifs parmi les Spartiates, qu'il ne resta plus aucun doute sur leur décadence.

On ne fait entrer dans la cavalerie que des hommes sans expérience, qui n'ont pas assez de vigueur ou de zèle. C'est le citoyen riche qui fournit les armes et entretient le cheval. Si ce corps a remporté quelques avantages, il les a dus aux cavaliers étrangers que Lacédémone prenait à sa solde. En général, les Spartiates aiment mieux servir dans l'infanterie : persuadés que le vrai courage se suffit à lui-même, ils veulent combattre corps à corps. J'étais auprès du roi Archidamus quand on lui présenta le modèle d'une machine à lancer des traits nouvellement inventée en Sicile ; après l'avoir examinée avec attention : « C'en est fait, dit-il, de la valeur. »

La Laconie pourrait entretenir trente mille hommes d'infanterie pesante et quinze cents hommes de cavalerie; mais, soit que la population n'ait pas été assez favorisée, soit que l'état n'ait point ambitionné de mettre de grandes armées sur pied, Sparte, qui a souvent marché en corps de nation contre les peuples voisins, n'a jamais employé dans les expéditions lointaines qu'un petit nombre de troupes nationales. Elle avait, il est vrai, quarante-cinq mille hommes à la bataille de Platée; mais on n'y comptait que cinq mille Spartiates et autant de Lacédémoniens: le reste était composé d'Hilotes. On ne vit à la bataille de Leuctres que sept cents Spartiates.

Ce ne fut donc pas à ses propres forces qu'elle dut sa supériorité; et si, au commencement de la guerre du Péloponnèse, elle fit marcher soixante mille hommes contre les Athéniens, c'est que les peuples de cette presqu'île, unis la plupart depuis plusieurs siècles avec elle, avaient joint leurs troupes aux siennes. Dans ces derniers temps, ses armées étaient composées de quelques Spartiates et d'un corps de néodames ou affranchis, auxquels on joignait, suivant les circonstances, des soldats de Laconie et un plus grand nombre d'autres fournis par les villes alliées.

Après la bataille de Leuctres, Épaminondas ayant rendu la liberté à la Messénie, que les Spartiates tenaient asservie depuis long-temps, leur ôta les moyens de se recruter dans cette province; et, plusieurs peuples du Péloponnèse les ayant abandonnés, leur puissance, autrefois si redoutable, est tombée dans un état de faiblesse dont elle ne se relèvera jamais.

CHAPITRE LI.

Défense des lois de Lycurgue; cause de leur décadence.

J'ai dit plus haut [1] que Philotas était parti pour Athènes le lendemain de notre arrivée à Lacédémone. Il ne revenait point, j'en étais inquiet; je ne concevais pas comment il pouvait supporter pendant si long-temps une séparation si cruelle. Avant de l'aller rejoindre, je voulus avoir un second entretien avec Damonax. Dans le premier, il avait considéré les lois de Lycurgue à l'époque de leur vigueur: je les voyais tous les jours céder avec si peu de résistance à des innovations dangereuses, que je commençais à douter de leur ancienne influence; je saisis la première occasion de m'en expliquer avec Damonax.

[1] Voyez le chapitre XLI.

Un soir, la conversation nous ramenant insensiblement à Lycurgue, j'affectai moins de considération pour ce grand homme. Il semble, lui dis-je, que plusieurs de vos lois vous sont venues des Perses et des Égyptiens. Il me repondit : L'architecte qui construisit le labyrinthe d'Égypte ne mérite pas moins d'éloges pour en avoir décoré l'entrée avec ce beau marbre de Paros qu'on fit venir de si loin. Pour juger du génie de Lycurgue, c'est l'ensemble de sa législation qu'il faut considérer. Et c'est cet ensemble, repris-je, qu'on voudrait vous ravir. Les Athéniens et les Crétois soutiennent que leurs constitutions, quoique différentes entre elles, ont servi de modèles à la vôtre.

Le témoignage des premiers, reprit Damonax, est toujours entaché d'une partialité puérile : ils ne pensent à nous que pour penser à eux. L'opinion des Crétois est mieux fondée : Lycurgue adopta plusieurs des lois de Minos; il en rejeta d'autres : celles qu'il choisit, il les modifia d'une telle manière, et les assortit si bien à son plan qu'on peut dire qu'il découvrit ce qu'avait déjà découvert Minos, et peut-être d'autres avant lui. Comparez les deux gouvernements; vous y verrez tantôt les idées d'un grand homme perfectionnées par un plus grand homme encore, tantôt des différences si sensibles que vous aurez de la peine à comprendre comment on a pu les confondre. Je vous dois un exemple de cette opposition de vues. Les lois de Minos tolèrent l'inégalité des fortunes, les nôtres la proscrivent; et de là devait résulter une diversité essentielle dans les constitutions et les mœurs des deux peuples. Cependant, lui dis-je, l'or et l'argent ont forcé parmi vous les barrières que leur opposaient des lois insuffisantes, et vous n'êtes plus heureux, comme autrefois, par les privations, et riches, pour ainsi dire, de votre indigence.

Damonax allait répondre, lorsque nous entendîmes dans la rue crier à plusieurs reprises : Ouvrez! ouvrez! car il n'est pas permis à Lacédémone de frapper à la porte. C'était lui, c'était Philotas. Je courais me jeter dans ses bras; il était déjà dans les miens. Je le présentai de nouveau à Damonax, qui, le moment d'après, se retira par discrétion. Philotas s'informa de son caractère. Je lui répondis : Il est bon, facile; il a la politesse du cœur, bien supérieure à celle des manières : ses mœurs sont simples et ses sentiments honnêtes. Philotas en conclut que Damonax était aussi ignorant que le commun des Spartiates. J'ajoutai : Il se passionne pour les lois de Lycurgue. Philotas trouva qu'il saluait d'une manière plus gauche que lors de notre première entrevue.

Mon ami était si prévenu en faveur de sa nation qu'il méprisait les autres peuples et haïssait souverainement les Lacédémoniens. Il avait recueilli contre ces derniers tous les ridicules dont on les accable sur le théâtre d'Athènes, toutes les injures que leur prodiguent les orateurs d'Athènes, toutes les injustices que leur attribuent les historiens d'Athènes, tous les vices que les philosophes d'Athènes reprochent aux lois de Lycurgue : couvert de ces armes, il attaquait sans cesse les partisans de Sparte. J'avais souvent essayé de le corriger de ce travers, et je ne pouvais souffrir que mon ami eût un défaut.

Il était revenu par l'Argolide ; de là jusqu'à Lacédémone le chemin est si rude, si scabreux, qu'excédé de fatigue il me dit avant de se coucher : Sans doute que, suivant votre louable coutume, vous me ferez grimper sur quelque rocher pour admirer à loisir les environs de cette superbe ville? car on ne manque pas ici de montagnes pour procurer ce plaisir aux voyageurs. Demain, répondis-je, nous irons au Ménélaïon, éminence située au delà de l'Eurotas; Damonax aura la complaisance de nous y conduire.

Le jour suivant, nous passâmes le Babyx : c'est le nom que l'on donne au pont de l'Eurotas. Bientôt s'offrirent à nous les débris de plusieurs maisons construites autrefois sur la rive gauche du fleuve, et détruites dans les dernières guerres par les troupes d'Épaminondas. Mon ami saisit cette occasion pour faire le plus grand éloge du plus grand ennemi des Lacédémoniens; et comme Damonax gardait le silence, il en eut pitié.

En avançant, nous aperçûmes trois ou quatre Lacédémoniens couverts de manteaux chamarrés de différentes couleurs, et le visage rasé seulement d'un côté. Quelle farce jouent ces gens-là? demanda Philotas. Ce sont, répondit Damonax, des trembleurs, ainsi nommés pour avoir pris la fuite dans ce combat où nous repoussâmes les troupes d'Épaminondas. Leur extérieur sert à les faire reconnaître, et les humilie si fort qu'ils ne fréquentent que les lieux solitaires : vous voyez qu'ils évitent notre présence.

Après avoir, du haut de la colline, parcouru des yeux et ces belles campagnes qui se prolongent vers le midi, et ces monts sourcilleux qui bornent la Laconie au couchant, nous nous assîmes en face de la ville de Sparte. J'avais à ma droite Damonax, à ma gauche Philotas, qui daignait à peine fixer ses regards sur ces amas de chaumières irrégulièrement rapprochées. Tel est cependant, lui dis-je, l'humble asile de cette nation où l'on apprend de si bonne heure l'art de commander et l'art plus difficile d'obéir. Philotas me serrait la main et me faisait signe de me taire. J'ajoutai : D'une nation qui ne fut jamais enorgueillie par les succès, ni abattue par les revers. Philotas me disait à l'oreille : Au nom des dieux, ne me forcez pas à parler; vous avez déjà vu que cet homme n'est pas en état de me répondre. Je continuai : Qui a toujours eu l'ascendant sur les autres; qui défit les Perses, battit souvent les généraux d'Athènes, et finit par s'emparer de leur capitale; qui n'est ni frivole, ni inconséquente, ni gouvernée par des orateurs corrompus; qui, dans toute la Grèce..... Est souverainement détestée pour sa tyrannie et méprisée pour ses vices! s'écria Philotas. Et tout de suite, rougissant de honte : Pardonnez, dit-il à Damonax, ce mouvement de colère à un jeune homme qui adore sa patrie, et qui ne souffrira jamais qu'on l'insulte. Je respecte ce sentiment, répondit le Spartiate : Lycurgue en a fait le mobile de nos actions. O mon fils! celui qui aime sa patrie obéit aux lois, et dès lors ses devoirs sont remplis. La vôtre mérite votre attachement; et je blâmerais Anacharsis d'avoir poussé si loin la plaisanterie, s'il ne nous avait fourni l'occasion de nous guérir l'un ou l'autre de nos préjugés. La lice vient de s'ouvrir; vous y paraîtrez avec les avantages que vous devez à votre éducation; je ne m'y présenterai qu'avec l'amour de la vérité.

Cependant Philotas me disait tout bas : Ce Spartiate a du bon sens; épargnez-moi la douleur de l'affliger; détournez, s'il est possible, la conversation. Damonax! dis-je alors, Philotas a fait un portrait des Spartiates d'après les écrivains d'Athènes; priez-le de vous le montrer. La fureur de mon ami allait fondre sur moi; Damonax la prévint de cette manière : Vous avez outragé ma patrie, je dois la défendre : vous êtes coupable si vous n'avez parlé que d'après vous; je vous excuse si ce n'est que d'après quelques Athéniens; car je ne présume pas qu'ils aient tous conçu une si mauvaise idée de nous. Gardez-vous de le penser, répondit vivement Philotas; vous avez parmi eux des partisans qui vous regardent comme des demi-dieux, et qui cherchent à copier vos manières; mais, je dois l'avouer, nos sages s'expliquent librement sur vos lois et sur vos mœurs. — Ces personnes sont vraisemblablement instruites? — Comment, instruites! ce sont les plus beaux génies de la Grèce, Platon, Isocrate, Aristocrate et tant d'autres. Damonax dissimula sa surprise; et Philotas, après bien des excuses, reprit la parole :

Lycurgue ne connut pas l'ordre des vertus. Il assigna le premier rang à la valeur; de là cette foule de maux que les Lacédémoniens ont éprouvés et qu'ils ont fait éprouver aux autres.

A peine fut-il mort qu'ils essayèrent leur ambition sur les peuples voisins : ce fait est attesté par un historien que vous ne connaissez pas et qui s'appelle Hérodote. Dévorés du désir de dominer, leur impuissance les a souvent obligés de recourir à des bassesses humiliantes, à des injustices atroces : ils furent les premiers à corrompre les généraux ennemis, les premiers à mendier la protection des Perses, de ces barbares à qui, par la paix d'Antalcidas, ils ont dernièrement vendu la liberté des Grecs de l'Asie.

Dissimulés dans leurs démarches, sans foi dans leurs traités, ils remplacent dans les combats la valeur par des stratagèmes. Les succès d'une nation leur causent des déplaisirs amers ; ils lui suscitent des ennemis ; ils excitent ou fomentent les divisions qui la déchirent. Dans le siècle dernier, ils proposèrent de détruire Athènes qui avait sauvé la Grèce, et allumèrent la guerre de Péloponnèse qui détruisit Athènes.

En vain Lycurgue s'efforça de les préserver du poison des richesses, Lacédémone en recèle une immense quantité dans son sein ; mais elles ne sont entre les mains que de quelques particuliers qui ne peuvent s'en rassasier. Eux seuls parviennent aux emplois refusés au mérite qui gémit dans l'indigence. Leurs épouses, dont Lycurgue négligea l'éducation, ainsi que des autres Lacédémoniennes ; leurs épouses, qui les gouvernent en les trahissant, partagent leur avidité, et, par la dissolution de leur vie, augmentent la corruption générale.

Les Lacédémoniens ont une vertu sombre, austère et fondée uniquement sur la crainte. Leur éducation les rend si cruels qu'ils voient sans regret couler le sang de leurs enfants, et sans remords celui de leurs esclaves.

Ces accusations sont bien graves, dit Philotas en finissant, et je ne sais comment vous pourriez y répondre. Par le mot de ce lion, dit le Spartiate, qui, à l'aspect d'un groupe où un animal de son espèce cédait aux efforts d'un homme, se contenta d'observer que les lions n'avaient point de sculpteurs. Philotas, surpris, me disait tout bas : Est-ce qu'il aurait lu les fables d'Ésope ? Je n'en sais rien, lui dis-je ; il tient peut-être ce conte de quelque Athénien. Damonax continua : Croyez qu'on ne s'occupe pas plus ici de ce qui se dit dans la place d'Athènes que de ce qui se passe au delà des Colonnes d'Hercule. Quoi ! reprit Philotas, vous laisserez votre nom rouler honteusement de ville en ville et de génération en génération ? Les hommes étrangers à notre pays et à notre siècle, répondit Damonax, n'oseront jamais nous condamner sur la foi d'une nation toujours rivale et souvent ennemie. Qui sait même si nous n'aurons pas des défenseurs ? — Juste ciel ! et qu'opposeraient-ils au tableau que je viens de vous présenter? — Un tableau plus fidèle et tracé par des mains également habiles. Le voici.

Ce n'est qu'à Lacédémone et en Crète qu'existe un véritable gouvernement; on ne trouve ailleurs qu'un assemblage de citoyens dont les uns sont maîtres et les autres esclaves. A Lacédémone, point d'autres distinctions entre le roi et le particulier, le riche et le pauvre, que celles qui furent réglées par un législateur inspiré des dieux mêmes. C'est un dieu encore qui guidait Lycurgue lorsqu'il tempéra par un sénat la trop grande autorité des rois.

Ce gouvernement, où les pouvoirs sont si bien contre-balancés et dont la sagesse est généralement reconnue, a subsisté pendant quatre siècles sans éprouver un grand changement essentiel, sans exciter la moindre division parmi les citoyens. Jamais, dans ces temps heureux, la république ne fit rien dont elle eût à rougir; jamais, dans aucun état, on ne vit une si grande soumission aux lois, tant de désintéressement, de frugalité, de douceur et de magnanimité, de valeur et de modestie. Ce fut alors que, malgré les instances de nos alliés, nous refusâmes de détruire cette Athènes qui depuis.... A ces mots Philotas s'écria : Vous n'avez sans doute consulté que les écrivains de Lacédémone? — Nous n'en avons point, répondit Damonax. — Ils s'étaient donc vendus à Lacédémone. — Nous n'en achetons jamais. Voulez-vous connaître mes garants? les plus beaux génies de la Grèce, Platon, Thucydide, Isocrate, Xénophon, Aristote et tant d'autres. J'eus des liaisons étroites avec quelques-uns d'entre eux dans les fréquents voyages que je fis autrefois à Athènes par ordre de nos magistrats ; je dois à leurs entretiens et à leurs ouvrages ces faibles connaissances qui vous étonnent dans un Spartiate.

Damonax ne voyait que de la surprise dans le maintien de Philotas; j'y voyais de plus la crainte d'être accusé d'ignorance ou de mauvaise foi : on ne pouvait cependant lui reprocher que de la prévention et de la légèreté. Je demandai à Damonax pourquoi les écrivains d'Athènes s'étaient permis tant de variations et de licences en parlant de sa nation. Je pourrais vous répondre, dit-il, qu'ils cédèrent tour à tour à la force de la vérité et à celle de la haine nationale. Mais ne craignez rien, Philotas, je ménagerai votre délicatesse.

Pendant la guerre, vos orateurs, vos poètes, afin d'animer la populace contre nous, font comme ces peintres qui, pour se venger de leurs ennemis, les représentent sous un aspect hideux. Vos philosophes et vos historiens, plus sages, nous ont distribué le blâme et la louange, parce que, suivant la différence des temps, nous avons mérité l'un et l'autre. Ils ont fait comme ces artistes habiles qui peignent successivement leurs héros dans une situation paisible, dans un accès de fureur, avec les attraits de la jeunesse, avec les rides et les difformités de la vieillesse. Nous venons, vous et moi, de placer ces différents tableaux devant nos yeux : vous en avez emprunté les traits qui pouvaient enlaidir le vôtre; j'aurais saisi tous ceux qui pouvaient embellir le mien si vous m'aviez permis d'achever, et nous n'aurions tous deux présenté que des copies infidèles. Il faut donc revenir sur nos pas, et fixer nos idées sur des faits incontestables.

J'ai deux assauts à soutenir, puisque vos coups se sont également dirigés sur nos mœurs et sur notre gouvernement. Nos mœurs n'avaient reçu aucune atteinte pendant quatre siècles; vos écrivains l'ont reconnu. Elles commencèrent à s'altérer pendant la guerre du Péloponnèse; nous en convenons. Blâmez nos vices actuels, mais respectez nos anciennes vertus.

De deux points que j'avais à défendre, j'ai composé pour le premier; je ne saurais céder à l'égard du second, et je soutiendrai toujours que, parmi les gouvernements connus, il n'en est pas de plus beau que celui de Lacédémone. Platon, il est vrai, quoique convaincu de son excellence, a cru y découvrir quelques défauts, et j'apprends qu'Aristote se propose d'en relever un plus grand nombre.

Si ces défauts ne blessent pas essentiellement la constitution, je dirai à Platon : Vous m'avez appris qu'en formant l'univers le premier des êtres opéra sur une matière préexistante qui lui opposait une résistance quelquefois invincible, et qu'il ne fit que le bien dont la nature éternelle des choses était susceptible; j'ose dire à mon tour : Lycurgue travaillait sur une matière rebelle, et qui participait de l'imperfection attachée à l'essence des choses; c'est l'homme, dont il fit tout ce qu'il était possible d'en faire.

Si les défauts reprochés à ses lois doivent nécessairement en entraîner la ruine, je rappellerai à Platon ce qui est avoué de tous les écrivains d'Athènes, ce qu'en dernier lieu il écrivait lui-même à Denys, roi de Syracuse : La loi seule règne à Lacédémone, et le même gouvernement s'y maintient avec éclat depuis plusieurs siècles. Or, comment concevoir une constitution qui, avec des vices destructeurs et inhérents à sa nature, serait toujours inébranlable, toujours inaccessible aux factions qui ont désolé si souvent les autres villes de la Grèce?

Cette union est d'autant plus étrange, dis-je alors, que chez vous la moitié des citoyens est asservie aux lois, et l'autre ne l'est pas. C'est du moins ce qu'ont avancé les philosophes d'Athènes ; ils disent que votre législation ne s'étend point jusqu'aux femmes, qui, ayant pris un empire absolu sur leurs époux, accélèrent de jour en jour les progrès de la corruption.

Damonax me répondit : Apprenez à ces philosophes que nos filles sont élevées dans la même discipline, avec la même rigueur que nos fils ; qu'elles s'habituent comme eux aux mêmes exercices ; qu'elles ne doivent porter pour dot à leurs maris qu'un grand fonds de vertus ; que, devenues mères, elles sont chargées de la longue éducation de leurs enfants, d'abord avec leurs époux, ensuite avec les magistrats ; que des censeurs ont toujours les yeux ouverts sur leur conduite ; que les soins des esclaves et du ménage roulent entièrement sur elles ; que Lycurgue eut l'attention de leur interdire toute espèce de parure ; qu'il n'y a pas cinquante ans encore qu'on était persuadé à Sparte qu'un riche vêtement suffisait pour flétrir leur beauté, et qu'avant cette époque la pureté de leurs mœurs était généralement reconnue ; enfin demandez s'il est possible que, dans un état, la classe des hommes soit vertueuse sans que celle des femmes le soit aussi.

Vos filles, repris-je, s'habituent dès leur enfance à des exercices pénibles, et c'est ce que Platon approuve : elles y renoncent après leur mariage, et c'est ce qu'il condamne. En effet, dans un gouvernement tel que le vôtre, il faudrait que les femmes, à l'exemple de celles des Sauromates, fussent toujours en état d'attaquer ou de repousser l'ennemi. Nous n'élevons si durement nos filles, me répondit-il, que pour leur former un tempérament robuste ; nous n'exigeons de nos femmes que les vertus paisibles de leur sexe. Pourquoi leur donner des armes ? nos bras suffisent pour les défendre.

Ici Philotas rompit le silence, et, d'un ton plus modeste, il dit à Damonax : Puisque vos lois n'ont que la guerre pour objet, ne serait-il pas essentiel de multiplier parmi vous le nombre des combattants ? La guerre pour objet ! s'écria le Spartiate ; je reconnais le langage de vos écrivains ; ils prêtent au plus sage, au plus humain des législateurs le projet le plus cruel et le plus insensé : le plus cruel, s'il a voulu perpétuer dans la Grèce une milice altérée du sang des nations et de la soif des conquêtes ; le plus insensé, puisque, pour l'exécuter, il n'aurait proposé que des moyens absolument contraires à ses vues. Parcourez notre code militaire ; ses dispositions, prises dans leur sens littéral, ne tendent qu'à nous remplir de sentiments généreux, qu'à réprimer notre ambition. Nous sommes assez malheureux pour les négliger ; mais elles ne nous instruisent pas moins des intentions de Lycurgue.

Par quels moyens, en effet, pourrait s'agrandir une nation dont on enchaîne à chaque pas la valeur ; qui, du côté de la mer, privée par ses lois de matelots et de vaisseaux, n'a pas la liberté d'étendre ses domaines, et, du côté de la terre, celle d'assiéger les places dont les frontières de ses voisins sont couvertes ; à qui l'on défend de poursuivre l'ennemi dans sa fuite et de s'enrichir de ses dépouilles ; qui, ne pouvant faire souvent la guerre au même peuple, est obligée de préférer les voies de la négociation à celle des armes ; qui, ne devant pas se mettre en marche avant la pleine lune ni combattre en certaines fêtes, risque quelquefois de voir échouer ses projets, et qui, par son extrême pauvreté, ne saurait, dans aucun temps, former de grandes entreprises ? Lycurgue n'a pas voulu établir parmi nous une pépinière de conquérants, mais des guerriers tranquilles, qui ne respiraient que la paix si l'on respectait leur repos, que la guerre si on avait l'audace de le troubler.

Il semble néanmoins, reprit Philotas, que, par la nature des choses, un peuple de guerriers dégénère tôt ou tard en un peuple de conquérants ; et l'on voit par la suite des faits que vous avez éprouvé ce changement sans vous en apercevoir. On vous accuse, en effet, d'avoir conçu de bonne heure et de n'avoir jamais perdu de vue le dessein d'asservir les Arcadiens et les Argiens. Je ne parle pas de vos guerres avec les Messéniens, parce que vous croyez pouvoir les justifier [1].

Je vous l'ai déjà dit, reprit Damonax, nous n'avons point d'annales ; des traditions confuses nous apprennent qu'anciennement nous eûmes plus d'une fois des intérêts à démêler avec les nations voisines. Fûmes-nous les agresseurs? Vous l'ignorez, je l'ignore aussi ; mais je sais que, dans ces siècles éloignés, un de nos rois ayant défait les Argiens, nos alliés lui conseillèrent de s'emparer de leur ville. L'occasion était favorable, la conquête aisée. Ce serait une injustice, répondit-il ; nous avons fait la guerre pour assurer nos frontières, et non pour usurper un empire sur lequel nous n'avons aucune espèce de droit.

Voulez-vous connaître l'esprit de notre institution? rappelez-vous des faits plus récents, et comparez notre conduite à celle des Athéniens. Les Grecs avaient triomphé des Perses, mais la guerre n'était pas finie ; elle se continuait avec succès sous la conduite de Pausanias, qui abusa de son pouvoir. Nous le révoquâmes, et, convaincus de ses malversations, nous condamnâmes à mort le vainqueur de Platée. Cependant les alliés, offensés de sa hauteur, avaient remis aux Athéniens le commandement général des ar-

[1] Voyez le chapitre XLI de cet ouvrage.

mées. C'était nous dépouiller d'un droit dont nous avions joui jusqu'alors, et qui nous plaçait à la tête des nations de la Grèce. Nos guerriers, bouillonnant de colère, voulaient absolument le retenir par la force des armes ; mais un vieillard leur ayant représenté que ces guerres éloignées n'étaient propres qu'à corrompre nos mœurs, ils décidèrent sur-le-champ qu'il valait mieux renoncer à nos prérogatives qu'à nos vertus. Est-ce là le caractère des conquérants ?

Athènes, devenue de notre aveu la première puissance de la Grèce, multipliait de jour en jour ses conquêtes : rien ne résistait à ses forces et ne suffisait à son ambition ; ses flottes, ses armées attaquaient impunément les peuples amis et ennemis. Les plaintes de la Grèce opprimée parvinrent jusqu'à nous : des circonstances critiques nous empêchèrent d'abord de les écouter, et, quand nous fûmes plus tranquilles, notre indolence ne nous le permit pas. Le torrent commençait à se déborder sur nos anciens alliés du Péloponnèse ; ils se disposaient à nous abandonner, et peut-être même à le diriger sur nos têtes si nous refusions plus long-temps de l'arrêter dans son cours.

Mon récit n'est pas suspect ; je ne parle que d'après l'historien le plus exact de la Grèce, d'après un Athénien éclairé, impartial et témoin des faits. Lisez dans l'ouvrage de Thucydide le discours de l'ambassadeur de Corinthe et celui du roi de Lacédémone ; voyez tout ce que nous fîmes alors pour conserver la paix, et jugez vous-même si c'est à notre ambition et à notre jalousie qu'il faut attribuer la guerre du Péloponnèse, comme on nous le reprochera peut-être un jour sur la foi de quelques écrivains prévenus.

Un peuple n'est pas ambitieux quand, par caractère et par principes, il est d'une lenteur inconcevable à former des projets et à les suivre, quand il n'ose rien hasarder et qu'il faut le contraindre à prendre les armes. Non, nous n'étions pas jaloux ; nous serions trop humiliés de l'être ; mais nous fûmes indignés de voir prêtes à plier sous le joug d'une ville ces belles contrées que nous avions soustraites à celui des Perses.

Dans cette longue et malheureuse guerre, les deux partis firent des fautes grossières et commirent des cruautés horribles. Plus d'une fois les Athéniens durent s'apercevoir que, par notre lenteur à profiter de nos avantages, nous n'étions pas les plus dangereux de leurs ennemis. Plus d'une fois encore ils durent s'étonner de notre empressement à terminer des malheurs qui se prolongeaient au delà de notre attente. A chaque campagne, à chaque expédition, nous regrettions plus vivement le repos qu'on nous avait ravi. Presque toujours les derniers à prendre les armes, les premiers à les quitter; vainqueurs nous offrions la paix, vaincus nous la demandions.

Telles furent en général nos dispositions; heureux si les divisions qui commençaient à se former à Sparte et les égards que nous devions à nos alliés nous avaient toujours permis de nous y conformer! Mais elles se manifestèrent sensiblement à la prise d'Athènes; les Corinthiens, les Thébains, et d'autres peuples encore, proposèrent de la renverser de fond en comble. Nous rejetâmes cet avis; et, en effet, ce n'étaient ni ses maisons ni ses temples qu'il fallait ensevelir dans les entrailles de la terre, mais les trésors qu'elle renfermait dans son sein, mais ces dépouilles précieuses et ces sommes immenses que Lysander, général de notre flotte, avait recueillies dans le cours de ses expéditions, et qu'il introduisit successivement dans notre ville [1]. Je m'en souviens, j'étais jeune encore; les plus sages d'entre nous frémirent à l'aspect de l'ennemi. Réveillé par leurs cris, le tribunal des éphores proposa d'éloigner pour jamais ces richesses, source féconde des divisions et des désordres dont nous étions menacés. Le parti de Lysander prévalut : il fut décidé que l'or et l'argent seraient convertis en monnaie pour les besoins de la république et non pour ceux des particuliers. Résolution insensée et funeste. Dès que le gouvernement attachait de la valeur à ces métaux, on devait s'attendre que les particuliers leur donneraient bientôt un prix infini.

Ils vous séduirent sans peine, dis-je alors, parce que, suivant la remarque de Platon, vos lois vous avaient aguerris contre la douleur et nullement contre la volupté. Quand le poison est dans l'état, répondit Damonax, la philosophie doit nous en garantir; quand il n'y est pas, le législateur doit se borner à l'écarter : car le meilleur moyen de se soustraire à certains dangers est de ne les pas connaître. Mais, repris-je, puisque l'assemblée accepta le présent funeste que lui apportait Lysander, il ne fut donc pas le premier auteur des changements que vos mœurs ont éprouvés?

Le mal venait de plus loin, répondit-il. La guerre des Perses

---

[1] Diodore de Sicile rapporte qu'après la prise de Sestos, ville d'Hellespont, Lysander fit transporter à Lacédémone, par Gylippe, beaucoup de dépouilles, et une somme de quinze cents talents, c'est-à-dire huit millions cent mille livres. Après la prise d'Athènes, Lysander, de retour à Lacédémone, remit aux magistrats, entre autres objets précieux, quatre cent quatre-vingts talents qui lui restaient de sommes fournies par le jeune Cyrus. S'il faut distinguer ces diverses sommes, il s'ensuivra que Lysander avait apporté de son expédition, en argent comptant, dix-neuf cent quatre-vingts talents, c'est-à-dire dix millions six cent quatre-vingt-douze mille livres.

nous jeta au milieu de ce monde dont Lycurgue avait voulu nous séparer. Pendant un demi-siècle, au mépris de nos anciennes maximes, nous conduisîmes nos armées en des pays éloignés ; nous y formions des liaisons étroites avec leurs habitants. Nos mœurs, sans cesse mêlées avec celles des nations étrangères, s'altéraient comme des eaux pures qui traversent un marais infect et contagieux. Nos généraux, vaincus par les présents de ceux dont ils auraient dû triompher par les armes, flétrissaient de jour en jour leur gloire et la nôtre. Nous les punissions à leur retour ; mais, par le rang et le mérite des coupables, il arriva que le crime inspira moins d'horreur, et que la loi n'inspira plus que la crainte. Plus d'une fois Périclès avait acheté le silence de quelques-uns de nos magistrats, assez accrédités pour fermer nos yeux sur les entreprises des Athéniens.

Après cette guerre, qui nous couvrit de gloire et nous communiqua le germe des vices, nous vîmes sans effroi, disons mieux, nous partageâmes les passions violentes de deux puissants génies que notre malheureuse destinée fit paraître au milieu de nous. Lysander et Agésilas entreprirent d'élever Sparte au comble de la puissance, pour dominer, l'un au-dessus d'elle, et l'autre avec elle.

Les Athéniens battus plus d'une fois sur mer, une guerre de vingt-sept ans terminée dans une heure, Athènes prise, plusieurs villes délivrées d'un joug odieux, d'autres recevant de nos mains des magistrats qui finissaient par les opprimer, la Grèce en silence, et forcée de reconnaître la prééminence de Sparte ; tels sont les principaux traits qui caractérisent le brillant ministère de Lysander.

Sa politique ne connut que deux principes : la force et la perfidie. A l'occasion de quelques différends survenus entre nous et les Argiens au sujet des limites, ces derniers rapportèrent leurs titres. « Voici ma réponse, » dit Lysander en mettant la main sur son épée. Il avait pour maxime favorite qu'on doit tromper les enfants avec les osselets, et les hommes avec des parjures.

De là ses vexations et ses injustices quand il n'avait rien à craindre, ses ruses et ses dissimulations quand il n'osait agir à force ouverte : de là encore cette facilité avec laquelle il se pliait aux circonstances. A la cour des satrapes de l'Asie, il supportait sans murmurer le poids de leur grandeur ; un moment après, il distribuait à des Grecs les mépris qu'il venait d'essuyer de la part des Perses.

Quand il eut obtenu l'empire des mers, il détruisit partout la démocratie; c'était l'usage de Sparte [1]; il le suivit avec obstination, pour placer à la tête de chaque ville des hommes qui n'avaient d'autre mérite qu'un entier abandon à ses volontés. Ces révolutions ne s'opéraient qu'avec des torrents de larmes et de sang. Rien ne lui coûtait pour enrichir ses créatures, pour écraser ses ennemis : c'est le nom qu'il donnait à ceux qui défendaient les intérêts du peuple. Ses haines étaient implacables, ses vengeances terribles; et quand l'âge eut aigri son humeur atrabilaire, la moindre résistance le rendait féroce. Dans une occasion il fit égorger huit cents habitants de Milet qui, sur la foi de ses serments, avaient eu l'imprudence de sortir de leurs retraites.

Sparte supportait en silence de si grandes atrocités. Il s'était fait beaucoup de partisans au milieu de nous pour la sévérité de ses mœurs, son obéissance aux magistrats et l'éclat de ses victoires. Lorsque, par ses excessives libéralités et la terreur de son nom, il en eut acquis un plus grand nombre encore parmi les nations étrangères, il fut regardé comme l'arbitre souverain de la Grèce.

Cependant, quoiqu'il fût de la maison des Héraclides, il se trouvait trop éloigné du trône pour s'en rapprocher; il y fit monter Agésilas, qu'il aimait tendrement, et dont les droits à la couronne pouvaient être contestés. Comme il se flattait de régner sous le nom de ce jeune prince, il lui inspira le désir de la gloire, et l'enivra de l'espérance de détruire le vaste empire des Perses. On vit bientôt arriver les députés de plusieurs villes qu'il avait sollicitées en secret : elles demandaient Agésilas pour commander l'armée qu'elles levaient contre les Barbares. Ce prince partit aussitôt avec un conseil de trente Spartiates, présidé par Lysander.

Ils arrivent en Asie : tous ces petits despotes que Lysander a placés dans les villes voisines, tyrans mille fois plus cruels que ceux des grands empires, parce que la cruauté croît à raison de la faiblesse, ne connaissent que leur protecteur, rampent servilement à sa porte, et ne rendent au souverain que de faibles hommages de bienséance. Agésilas, jaloux de son autorité, s'aperçut bientôt qu'occupant le premier rang il ne jouait que le second rôle. Il donna froidement des dégoûts à son ami, qui revint à Sparte, ne respirant que la vengeance. Il résolut alors d'exécuter un projet qu'il avait conçu autrefois, et dont il avait tracé le plan dans un mémoire trouvé après sa mort parmi ses papiers.

La maison d'Hercule est divisée en plusieurs branches. Deux

---

[1] Rien ne fait peut-être plus d'honneur à Sparte que cet usage. Par l'abus excessif que le peuple faisait partout de son autorité, les divisions régnaient dans chaque ville, et les guerres se multipliaient dans la Grèce.

seules ont des droits à la couronne. Lysander voulait les étendre sur les autres branches, et même sur tous les Spartiates. L'honneur de régner sur des hommes libres serait devenu le prix de la vertu, et Lysander, par son crédit, aurait pu se revêtir un jour du pouvoir suprême. Comme une pareille révolution ne pouvait s'opérer à force ouverte, il eut recours à l'imposture.

Le bruit courut qu'au royaume de Pont, une femme étant accouchée d'un fils dont Apollon était le père, les principaux de la nation le faisaient élever sous le nom de Silène. Ces vagues rumeurs fournirent à Lysander l'idée d'une intrigue qui dura plusieurs années, et qu'il conduisit, sans y paraître, par des agents subalternes. Les uns rappelaient par intervalles la naissance miraculeuse de l'enfant ; d'autres annonçaient que des prêtres de Delphes conservaient de vieux oracles auxquels il ne leur était pas permis de toucher, et qu'ils devaient remettre un jour au fils du dieu dont ils desservaient les autels.

On approchait du dénouement de cette étrange pièce. Silène avait paru dans la Grèce : il était convenu qu'il se rendrait à Delphes ; que des prêtres dont on s'était assuré examineraient, en présence de quantité de témoins, le titre de son origine ; que, forcés de le reconnaître pour fils d'Apollon, ils déposeraient dans ses mains les anciennes prophéties ; qu'il les lirait au milieu de cette nombreuse assemblée, et que, par l'un de ces oracles, il serait dit que les Spartiates ne devaient désormais élire pour leurs rois que les plus vertueux des citoyens.

Au moment de l'exécution, un des principaux acteurs, effrayé des suites de l'entreprise, n'osa l'achever, et Lysander, au désespoir, se fit donner le commandement de quelques troupes qu'on envoyait en Béotie. Il périt dans un combat. Nous décernâmes des honneurs à sa mémoire ; nous aurions dû la flétrir. Il contribua plus que personne à nous dépouiller de notre modération et de notre pauvreté.

Son système d'agrandissement fut suivi avec plus de méthode par Agésilas. Je ne vous parlerai point de ses exploits en Grèce, en Asie, en Égypte. Il fut plus dangereux que Lysander, parce qu'avec les mêmes talents il eut plus de vertus, et qu'avec la même ambition il fut toujours exempt de présomption et de vanité. Il ne souffrit jamais qu'on lui élevât une statue. Lysander consacra lui-même la sienne au temple de Delphes ; il permit qu'on lui dressât des autels et qu'on lui offrît des sacrifices ; il prodiguait des récompenses aux poètes qui lui prodiguaient des éloges, et en avait toujours un à sa suite pour épier et célébrer ses moindres succès.

L'un et l'autre enrichirent leurs créatures, vécurent dans une extrême pauvreté, et furent toujours inaccessibles aux plaisirs.

L'un et l'autre, pour obtenir le commandement des armées, flattèrent honteusement les éphores, et achevèrent de faire passer l'autorité entre leurs mains. Lysander, après la prise d'Athènes, leur mandait : « J'ai dit aux Athéniens que vous étiez les maîtres de la guerre et de la paix. » Agésilas se levait de son trône dès qu'ils paraissaient.

Tous deux, assurés de leur protection, nous remplirent d'un esprit de vertige, et, par une continuité d'injustices et de violences, soulevèrent contre nous cet Épaminondas qui, après la bataille de Leuctres et le rétablissement des Messéniens, nous réduisit à l'état déplorable où nous sommes aujourd'hui. Nous avons vu notre puissance s'écrouler avec nos vertus. Ils ne sont plus, ces temps où les peuples qui voulaient recouvrer leur liberté demandaient à Lacédémone un seul de ses guerriers pour briser leurs fers.

Cependant rendez un dernier hommage à nos lois. Ailleurs la corruption aurait commencé par amollir nos âmes ; parmi nous elle a fait éclater des passions grandes et fortes, l'ambition, la vengeance, la jalousie du pouvoir et la fureur de la célébrité. Il semble que les vices n'approchent de nous qu'avec circonspection. La soif de l'or ne s'est pas encore fait sentir dans tous les états, et les attraits de la volupté n'ont, jusqu'à présent, infecté qu'un petit nombre de particuliers.

Plus d'une fois nous avons vu les magistrats et les généraux maintenir avec vigueur notre ancienne discipline, et de simples citoyens montrer des vertus dignes des plus beaux siècles.

Semblables à ces peuples qui, situés sur les frontières de deux empires, ont fait un mélange des langues et des mœurs de l'un et de l'autre, les Spartiates sont, pour ainsi dire, sur les frontières des vertus et des vices ; mais nous ne tiendrons pas long-temps dans ce poste dangereux : chaque instant nous avertit qu'une force invincible nous entraîne au fond de l'abîme. Moi-même je suis effrayé de l'exemple que je vous donne aujourd'hui. Que dirait Lycurgue s'il voyait un de ses élèves discourir, discuter, disputer, employer des formes oratoires? Ah! j'ai trop vécu avec les Athéniens ; je ne suis plus qu'un Spartiate dégradé.

CHAPITRE LII.

Voyage d'Arcadie.

Quelques jours après cet entretien, nous quittâmes Damonax avec des regrets qu'il daigna partager, et nous prîmes le chemin de l'Arcadie.

Nous trouvâmes d'abord le temple d'Achille, qu'on n'ouvre jamais, et auprès duquel viennent offrir des sacrifices les jeunes gens qui doivent se livrer dans le Plataniste les combats dont j'ai parlé; plus loin, sept colonnes qui furent, dit-on, élevées autrefois en l'honneur des sept planètes; plus loin, la ville de Pellana, et ensuite celle de Belmina, située sur les confins de la Laconie et de l'Arcadie : Belmina, place forte dont la possession a souvent excité des querelles entre les deux nations, et dont le territoire est arrosé par l'Eurotas et par quantité de sources qui descendent des montagnes voisines, est à la tête d'un défilé que l'on traverse pour se rendre à Mégalopolis, éloignée de Belmina de quatre-vingt-dix stades [1], de Lacédémone d'environ trois cent quarante [2]. Pendant toute la journée nous eûmes le plaisir de voir couler à nos côtés tantôt des torrents impétueux et bruyants, tantôt les eaux paisibles de l'Eurotas, du Thinus et de l'Alphée. L'Arcadie occupe le centre du Péloponnèse. Élevée au-dessus des régions qui l'entourent, elle est hérissée de montagnes, quelques-unes d'une hauteur prodigieuse, presque toutes peuplées de bêtes fauves et couvertes de forêts. Les campagnes sont fréquemment entrecoupées de rivières et de ruisseaux. En certains endroits, leurs eaux trop abondantes, ne trouvant point d'issue dans la plaine, se précipitent tout à coup dans des gouffres profonds, coulent pendant quelque temps dans l'obscurité, et, après bien des efforts, s'élancent et reparaissent sur la terre.

On a fait de grands travaux pour les diriger; on n'en a pas fait assez. A côté de campagnes fertiles, nous en avons vu que des inondations fréquentes condamnaient à une perpétuelle stérilité. Les premières fournissent du blé et d'autres grains en abondance, elles suffisent pour l'entretien de nombreux troupeaux; les pâturages y sont excellents, surtout pour les ânes et pour les chevaux, dont les races sont très-estimées.

Outre quantité de plantes utiles à la médecine, ce pays produit presque tous les arbres connus. Les habitants, qui en font une

---

[1] Trois lieues et mille cinq toises. — [2] Près de treize lieues.

étude suivie, assignent à la plupart des noms particuliers ; mais il est aisé d'y distinguer le pin, le sapin, le cyprès, le thuya, l'andrachné, le peuplier, une sorte de cèdre dont le fruit ne mûrit que dans la troisième année. J'en omets beaucoup d'autres qui sont également communs, ainsi que les arbres qui font l'ornement des jardins. Nous vîmes dans une vallée des sapins d'une grosseur et d'une hauteur extraordinaires : on nous dit qu'ils devaient leur accroissement à leur heureuse position ; ils ne sont exposés ni aux fureurs des vents, ni aux feux du soleil. Dans un bois auprès de Mantinée, on nous fit remarquer trois sortes de chênes : celui qui est à larges feuilles, le phagus, et un troisième dont l'écorce est si légère qu'elle surnage sur l'eau ; les pêcheurs s'en servent pour soutenir leurs filets, et les pilotes pour indiquer l'endroit où ils ont jeté leurs ancres.

Les Arcadiens se regardent comme les enfants de la terre, parce qu'ils ont toujours habité le même pays, et qu'ils n'ont jamais subi un joug étranger. On prétend qu'établis d'abord sur les montagnes, ils apprirent par degrés à se construire des cabanes, à se vêtir de la peau des sangliers, à préférer aux herbes sauvages et souvent nuisibles les glands du phagus, dont ils faisaient encore usage dans les derniers siècles. Ce qui paraît certain, c'est qu'après avoir connu le besoin de se rapprocher ils ne connaissaient pas encore les charmes de l'union. Leur climat froid et rigoureux donne au corps de la vigueur, à l'âme de l'âpreté. Pour adoucir ces caractères farouches, des sages d'un génie supérieur, résolus de les éclairer par des sensations nouvelles, leur inspirèrent le goût de la poésie, du chant, de la danse et des fêtes. Jamais les lumières de la raison n'opérèrent dans les mœurs une révolution si prompte et si générale. Les effets qu'elle produisit se sont perpétués jusqu'à nos jours, parce que les Arcadiens n'ont jamais cessé de cultiver les arts qui l'avaient procurée à leurs aïeux.

Invités journellement à chanter pendant le repas, ce serait une honte pour eux d'ignorer ou de négliger la musique, qu'ils sont obligés d'apprendre dès leur enfance et pendant leur jeunesse. Dans les fêtes, dans les armées, les flûtes règlent leurs pas et leurs évolutions. Les magistrats, persuadés que ces arts enchanteurs peuvent seuls garantir la nation de l'influence du climat, rassemblent tous les ans les jeunes élèves, et leur font exécuter des danses pour être en état de juger de leurs progrès. L'exemple des Cynéthéens justifie ces précautions : cette petite peuplade, confinée au nord de l'Arcadie, au milieu des montagnes, sous un ciel d'airain, a toujours refusé de se prêter à la séduction ; elle est devenue si féroce et si cruelle qu'on ne prononce son nom qu'avec frayeur.

Les Arcadiens sont humains, bienfaisants, attachés aux lois de l'hospitalité, patients dans les travaux, obstinés dans leurs entreprises, au mépris des obstacles et des dangers. Ils ont souvent combattu avec succès, toujours avec gloire. Dans les intervalles du repos, ils se mettent à la solde des puissances étrangères, sans choix et sans préférence, de manière qu'on les a vus quelquefois suivre des partis opposés et porter les armes les uns contre les autres. Malgré cet esprit mercenaire, ils sont extrêmement jaloux de la liberté. Après la bataille de Chéronée, gagnée par Philippe, roi de Macédoine, ils refusèrent au vainqueur le titre de généralissime des armées de la Grèce.

Soumis anciennement à des rois, ils se divisèrent dans la suite en plusieurs républiques, qui toutes ont le droit d'envoyer leurs députés à la diète générale. Mantinée et Tégée sont à la tête de cette confédération, qui serait trop redoutable si elle réunissait ses forces; car le pays est très peuplé, et l'on y compte jusqu'à trois cent mille esclaves; mais la jalousie du pouvoir entretient sans cesse la division dans les grands et dans les petits états. De nos jours, les factions s'étaient si fort multipliées, qu'on mit sous les yeux de la nation assemblée le plan d'une nouvelle association qui, entre autres règlements, confiait à un corps de dix mille hommes le pouvoir de statuer sur la guerre et sur la paix. Ce projet, suspendu par les nouveaux troubles qu'il fit éclore, fut repris avec plus de vigueur après la bataille de Leuctres. Épaminondas, qui, pour contenir les Spartiates de tous côtés, venait de rappeler les anciens habitants de la Messénie, proposa aux Arcadiens de détruire les petites villes qui restaient sans défense, et d'en transporter les habitants dans une place forte qu'on élèverait sur les frontières de la Laconie. Il leur fournit mille hommes pour favoriser l'entreprise, et l'on jeta aussitôt les fondements de Mégalopolis. Ce fut environ quinze ans avant notre arrivée en Grèce.

Nous fûmes étonnés de la grandeur de son enceinte et de la hauteur de ses murailles flanquées de tours. Elle donnait déjà de l'ombrage à Lacédémone. Je m'en étais aperçu dans un de mes entretiens avec le roi Archidamus. Quelques années après, il attaqua cette colonie naissante, et finit par signer un traité avec elle.

Les soins de la législation l'occupèrent d'abord; dans cette vue, il invita Platon à lui donner un code de lois. Le philosophe fut touché d'une distinction aussi flatteuse; mais ayant appris, et par les députés de la ville, et par un de ses disciples qu'il envoya sur les lieux, que les habitants n'admettraient jamais l'égalité des biens, il prit le parti de se refuser à leur empressement.

Une petite rivière nommée Hélisson sépare la ville en deux parties; dans l'une et dans l'autre on avait construit, on construisait encore des maisons et des édifices publics. Celle du nord était décorée d'une place renfermée dans une balustrade de pierres, entourée d'édifices sacrés et de portiques.

On venait d'y élever, en face du temple de Jupiter, une superbe statue d'Apollon en bronze, haute de douze pieds. C'était un présent des Phigaliens, qui concouraient avec plaisir à l'embellissement de la nouvelle ville. De simples particuliers témoignaient le même zèle : l'un des portiques portait le nom d'Aristandre, qui l'avait fait bâtir à ses frais.

Dans la partie du midi, nous vîmes un vaste édifice où se tient l'assemblée des dix mille députés chargés de veiller aux grands intérêts de la nation; et l'on nous montra, dans un temple d'Esculape, des os d'une grandeur extraordinaire et qu'on disait être ceux d'un géant.

La ville se peuplait de statues : nous y connûmes deux artistes athéniens, Céphisodote et Xénophon, qui exécutaient un groupe représentant Jupiter assis sur un trône, la ville de Mégalopolis à sa droite, et Diane conservatrice à sa gauche. On avait tiré le marbre des carrières du mont Pentélique, situé auprès d'Athènes.

J'aurais d'autres singularités à rapporter; mais, dans la relation de mes voyages, j'ai évité de parler de quantité de temples, d'autels, de statues et de tombeaux que nous offraient à chaque pas les villes, les bourgs, les lieux même les plus solitaires. J'ai cru devoir aussi omettre la plupart des prodiges et des fables absurdes dont on nous faisait de longs récits : un voyageur condamné à les entendre doit en épargner le supplice à ses lecteurs. Qu'il ne cherche pas à concilier les diverses traditions sur l'histoire des dieux et des premiers héros; ses travaux ne serviraient qu'à augmenter la confusion d'un chaos impénétrable à la lumière. Qu'il observe, en général, que chez quelques peuples les objets du culte public sont connus sous d'autres noms, les sacrifices qu'on leur offre accompagnés d'autres rites, leurs statues caractérisées par d'autres attributs.

Mais il doit s'arrêter sur les monuments qui attestent le goût, les lumières ou l'ignorance d'un siècle; décrire les fêtes, parce qu'on ne peut trop souvent présenter aux malheureux humains des images douces et riantes; rapporter les opinions et les usages qui servent d'exemples ou de leçons, lors même qu'il laisse à ses lecteurs le soin d'en faire l'application. Ainsi, quand je me contenterai d'avertir que, dans un canton de l'Arcadie, l'Être suprême est adoré sous le titre de bon, on sera porté à aimer l'Être suprême. Quand je dirai que, dans la même province, le fanatisme a immolé autrefois des victimes humaines [1], on frémira de voir le fanatisme porter à de pareilles horreurs une nation qui adorait le Dieu bon par excellence. Je reviens à ma narration.

Nous avions résolu de faire le tour de l'Arcadie. Ce pays n'est qu'une suite de tableaux où la nature a déployé la grandeur et la fécondité de ses idées, et qu'elle a rapprochées négligemment, sans égard à la différence des genres. La main puissante qui fonda sur des bases éternelles tant de roches énormes et arides se fit un jeu de dessiner à leur pied ou dans leurs intervalles des prairies charmantes, asile de la fraîcheur et du repos : partout des sites pittoresques, des contrastes imprévus, des effets admirables.

Combien de fois, parvenus au sommet d'un mont sourcilleux, nous avons vu la foudre serpenter au-dessous de nous! Combien de fois encore, arrêtés dans la région des nues, nous avons vu tout à coup la lumière du jour se changer en une clarté ténébreuse, l'air s'épaissir, s'agiter avec violence, et nous offrir un spectacle aussi beau qu'effrayant! Ces torrents de vapeurs qui passaient rapidement sous nos yeux et se précipitaient dans des vallées profondes; ces torrents d'eau qui roulaient en mugissant au fond des abîmes; ces grandes masses de montagnes qui, à travers le fluide épais dont nous étions environnés, paraissaient tendues de noir; les cris funèbres des oiseaux, le murmure plaintif des vents et des arbres : voilà l'enfer d'Empédocle; voilà cet océan d'air louche et blanchâtre qui pousse et repousse les âmes coupables, soit à

---

[1] Voyez le trait de Lycaon, au commencement de l'Introduction de cet ouvrage.

J'ai dit que les sacrifices humains étaient abolis en Arcadie dans le quatrième siècle avant J.-C. On pourrait m'opposer un passage de Porphyre, qui vivait 600 ans après. Il dit en effet que l'usage de ces sacrifices subsistait encore en Arcadie et à Carthage. Cet auteur rapporte dans son ouvrage beaucoup de détails empruntés d'un traité que nous n'avons plus, et que Théophraste avait composé. Mais comme il avertit qu'il avait ajouté certaines choses à ce qu'il citait de Théophraste, nous ignorons auquel de ces deux auteurs il faut attribuer le passage que j'examine, et qui se trouve en partie contredit par un autre passage de Porphyre. Il observe, en effet, qu'Iphicrate abolit les sacrifices humains à Carthage. Il importe peu de savoir si, au lieu d'Iphicrate, il ne faut pas lire Gélon; la contradiction n'en serait pas moins frappante. Le silence des autres auteurs m'a paru d'un plus grand poids dans cette occasion. Pausanias surtout, qui entre dans les plus minutieux détails sur les cérémonies religieuses, aurait-il négligé un fait de cette importance! et comment l'aurait-il oublié, lorsqu'en parlant de Lycaon, roi d'Arcadie, il raconte qu'il fut métamorphosé en loup pour avoir immolé un enfant! Platon, à la vérité, dit que ces sacrifices subsistaient encore chez quelques peuples; mais il ne dit pas que ce fût parmi les Grecs.

travers les plaines des airs, soit au milieu des globes semés dans l'espace.

Nous sortîmes de Mégalopolis, et, après avoir passé l'Alphée, nous nous rendîmes à Lycosure, au pied du mont Lycée, autrement dit Olympe. Ce canton est plein de bois et de bêtes fauves. Le soir, nos hôtes voulurent nous entretenir de leur ville, qui est la plus ancienne du monde, de leur montagne où Jupiter fut élevé, du temple et des fêtes de ce dieu, de son prêtre surtout, qui, dans un temps de sécheresse, a le pouvoir de faire descendre les eaux du ciel. Ils nous parlèrent ensuite d'une biche qui vivait encore deux siècles auparavant, et qui avait, dit-on, vécu plus de sept cents ans : elle fut prise quelques années avant la guerre de Troie; la date de la prise était tracée sur un collier qu'elle portait ; on l'entretenait comme un animal sacré dans l'enceinte d'un temple. Aristote, à qui je citai un jour ce fait, appuyé de l'autorité d'Hésiode, qui attribue à la vie du cerf une durée beaucoup plus longue encore, n'en fut point ébranlé, et me fit observer que le temps de la gestation et celui de l'accroissement du jeune cerf n'indiquaient pas une si longue vie.

Le lendemain, parvenus au haut du mont Lycée, d'où l'on découvre presque tout le Péloponnèse, nous assistâmes à des jeux célébrés en l'honneur du dieu Pan auprès d'un temple et d'un petit bois qui lui sont consacrés. Après qu'on eut décerné les prix, nous vîmes des jeunes gens tout nus poursuivre avec des éclats de rire ceux qu'ils rencontraient sur leur chemin[1]. Nous en vîmes d'autres frapper avec des fouets la statue du dieu : ils le punissaient de ce qu'une chasse entreprise sous ses auspices n'avait pas fourni assez de gibier pour leur repas.

Cependant les Arcadiens n'en sont pas moins attachés au culte de Pan. Ils ont multiplié ses temples, ses statues, ses autels, ses bois sacrés ; ils le représentent sur leurs monnaies[2]. Ce dieu poursuit à la chasse les animaux nuisibles aux moissons; il erre avec plaisir sur les montagnes ; de là il veille sur les nombreux troupeaux qui paissent dans la plaine, et, de l'instrument à sept tuyaux dont il est l'inventeur, il tire des sons qui retentissent dans les vallées voisines.

Pan jouissait autrefois d'une plus brillante fortune : il prédisait l'avenir dans un de ses temples, où l'on entretient une lampe qui brûle jour et nuit. Les Arcadiens soutiennent encore qu'il distribue aux mortels, pendant leur vie, les peines et les récompenses qu'ils

---

[1] Les Lupercales de Rome tiraient leur origine de cette fête.
[2] Voyez la planche des médailles.

méritent; ils le placent, ainsi que les Égyptiens, au rang des principales divinités, et le nom qu'ils lui donnent semble signifier qu'il étend son empire sur toute la substance matérielle. Malgré de si beaux titres, ils bornent aujourd'hui ses fonctions à protéger les chasseurs et les bergers.

Non loin de son temple est celui de Jupiter, au milieu d'une enceinte où il nous fut impossible de pénétrer. Nous trouvâmes bientôt après d'autres lieux sacrés dont l'entrée est interdite aux hommes et permise aux femmes.

Nous nous rendîmes ensuite à Phigalée, qu'on voit de loin sur un rocher très-escarpé. A la place publique est une statue qui peut servir à l'histoire des arts. Les pieds sont presque joints, et les mains pendantes s'attachent étroitement sur les côtés et sur les cuisses. C'est ainsi qu'on disposait autrefois les statues dans la Grèce, et qu'on les figure encore aujourd'hui en Égypte. Celle que nous avions sous les yeux fut élevée pour l'athlète Arrachion, qui remporta l'un des prix aux olympiades cinquante-deuxième, cinquante-troisième et cinquante-quatrième [1]. On doit conclure de là que, deux siècles avant nous, plusieurs statuaires s'asservissaient encore sans réserve au goût égyptien [2].

A droite, et à trente stades de la ville [3], est le mont Elaïus ; à gauche, et à quarante stades [4], le mont Cotylius. On voit, dans le premier, la grotte de Cérès surnommée la Noire, parce que la déesse, désolée de la perte de Proserpine, s'y tint pendant quelque temps renfermée, vêtue d'un habit de deuil. Sur l'autel qui est à l'entrée de la grotte, on offre, non des victimes, mais des fruits, du miel et de la laine crue. Dans un bourg placé sur l'autre montagne, nous fûmes frappés d'étonnement à l'aspect du temple d'Apollon, l'un des plus beaux du Péloponnèse, tant par le choix des pierres du toit et des murs que par l'heureuse harmonie qui règne dans toutes ses parties. Le nom de l'architecte suffirait pour assurer la gloire de cet édifice : c'est le même Ictinus qui, du temps de Périclès, construisit à Athènes le temple célèbre de Minerve.

De retour à Phigalée, nous assistâmes à une fête qui se termina par un grand repas : les esclaves mangèrent avec leurs maîtres ; l'on donnait des éloges excessifs à ceux des convives qui mangeaient le plus.

---

[1] Dans les années avant J.-C. 572, 568, 564.
[2] Voyez, dans le chapitre XXXVII de cet ouvrage, ce qui a été dit, à l'article Sicyone, de l'origine et des progrès de la sculpture.
[3] Une lieue et trois cent trente-cinq toises.
[4] Environ une lieue et demie.

Le lendemain, étant revenus par Lycosure, nous passâmes l'Alphée, non loin de Trapézonte, et nous allâmes coucher à Gortys, dont les campagnes sont fertilisées par une rivière de même nom. Pendant toute la journée, nous avions rencontré des marchands et des voyageurs qui se rendaient à la petite ville d'Allphère, que nous laissâmes à gauche, et dans laquelle devait se tenir une foire. Nous négligeâmes de les suivre, parce que nous avions souvent joui d'un pareil spectacle, et que, de plus, il aurait fallu grimper pendant long-temps sur les flancs d'une montagne entourée de précipices. Nos guides oublièrent de nous conduire dans une vallée qui est auprès de Trapézonte : la terre, disait-on, y vomit des flammes près de la fontaine Olympias, qui reste à sec de deux années l'une. On ajoutait que le combat des géants contre les dieux s'était livré dans cet endroit, et que, pour en rappeler le souvenir, les habitants, en certaines occasions, sacrifiaient aux tempêtes, aux éclairs et à la foudre.

Les poètes ont célébré la fraîcheur des eaux du Cydnus en Cilicie, et du Mélas en Pamphylie; celles du Gortynius méritaient mieux leurs éloges : les froids les plus rigoureux ne les couvrent jamais de glaçons, et les chaleurs les plus ardentes ne sauraient altérer leur température. Soit qu'on s'y baigne, soit qu'on en fasse sa boisson, elles procurent des sensations délicieuses.

Outre cette fraîcheur qui distingue les eaux de l'Arcadie, celles du Ladon, que nous traversâmes le lendemain, sont si transparentes et si pures qu'il n'en est pas de plus belles sur la terre. Près de ces bords ombragés par de superbes peupliers, nous trouvâmes les filles des contrées voisines dansant autour d'un laurier auquel on venait de suspendre des guirlandes de fleurs. La jeune Clytie, s'accompagnant de la lyre, chantait les amours de Daphné, fille du Ladon, et de Leucippe, fils du roi de Pise. Rien de si beau en Arcadie que Daphné, en Élide que Leucippe. Mais comment triompher d'un cœur que Diane asservit à ses lois, qu'Apollon n'a pu soumettre aux siennes ? Leucippe rattache ses cheveux sur sa tête, se revêt d'une légère tunique, s'arme d'un carquois, et, sous ce déguisement, poursuit avec Daphné les daims et les chevreuils dans la plaine. Bientôt elle court et s'égare avec lui dans les forêts. Leurs furtives ardeurs ne peuvent échapper aux regards jaloux d'Apollon : il en instruit les compagnes de Daphné, et le malheureux Leucippe tombe sous leurs traits. Clytie ajouta que la nymphe, ne pouvant supporter ni la présence du dieu qui s'obstinait à la poursuivre, ni la lumière qu'il distribue aux mortels, supplia la Terre de la recevoir dans son sein, et qu'elle fut métamorphosée en laurier [1].

Nous remontâmes le Ladon, et, tournant à gauche, nous prîmes le chemin de Psophis, à travers plusieurs villages et le bois de Soron, où l'on trouve, ainsi que dans les autres forêts d'Arcadie, des ours, des sangliers et de très-grandes tortues, dont l'écaille pourrait servir à faire des lyres.

Psophis, l'une des plus anciennes villes du Péloponnèse, est sur les confins de l'Arcadie et de l'Élide. Une colline très-élevée la défend contre le vent du nord; à l'est coule le fleuve Érymanthe, sorti d'une montagne qui porte le même nom, et sur laquelle on va souvent chasser le sanglier et le cerf; au couchant elle est entourée d'un abîme profond où se précipite un torrent qui va, vers le midi, se perdre dans l'Érymanthe.

Deux objets fixèrent notre attention : nous vîmes le tombeau de cet Alcméon qui, pour obéir aux ordres de son père Amphiaraüs, tua sa mère Ériphile, fut pendant très-long-temps poursuivi par les Furies, et termina malheureusement une vie horriblement agitée. Près de son tombeau, qui n'a pour ornement que des cyprès d'une hauteur extraordinaire, on nous montra un petit champ et une petite chaumière. C'est là que vivait, il y a quelques siècles, un citoyen pauvre et vertueux : il se nommait Aglaüs. Sans crainte, sans désirs, ignoré des hommes, ignorant ce qui se passait parmi eux, il cultivait paisiblement son petit domaine, dont il n'avait jamais passé les limites. Il était parvenu à une extrême vieillesse lorsque des ambassadeurs du puissant roi de Lydie, Gygès ou Crœsus, furent chargés de demander à l'oracle de Delphes s'il existait sur la terre entière un mortel plus heureux que ce prince. La pythie répondit : « Aglaüs de Psophis. »

En allant de Psophis à Phénéos, nous entendîmes parler de plusieurs espèces d'eaux qui avaient des propriétés singulières. Ceux de Clitor prétendaient qu'une de leurs sources inspire une si grande aversion pour le vin qu'on ne pouvait plus en supporter l'odeur. Plus loin vers le nord, entre les montagnes, près de la ville de Nonacris, est un rocher très-élevé d'où découle sans cesse une eau fatale qui forme le ruisseau du Styx. C'est le Styx, si redoutable pour les dieux et pour les hommes. Il serpente dans un vallon où les Arcadiens viennent confirmer leur parole par le plus inviolable des serments; mais ils n'y étanchent pas la soif qui les presse, et le berger n'y conduit jamais ses troupeaux. L'eau, quoique lim-

---

[1] Les Thessaliens prétendaient que Daphné était fille du Pénée, et qu'elle fut changée en laurier sur les bords de ce fleuve.

pide et sans odeur, est mortelle pour les animaux ainsi que pour les hommes; ils tombent sans vie dès qu'ils en boivent : elle dissout tous les métaux; elle brise tous les vases qui la reçoivent, excepté ceux qui sont faits de la corne du pied de certains animaux.

Comme les Cynéthéens ravageaient alors ce canton, nous ne pûmes nous y rendre pour nous assurer de la vérité de ces faits; mais ayant rencontré en chemin deux députés d'une ville d'Achaïe qui faisaient route vers Phénéos, et qui avaient plus d'une fois passé le long du ruisseau, nous les interrogeâmes, et nous conclûmes de leurs réponses que la plupart des merveilles attribuées à cette fameuse source disparaissaient au moindre examen.

C'étaient des gens instruits : nous leur fîmes plusieurs autres questions. Ils nous montraient vers le nord-est le mont Cyllène, qui s'élève avec majesté au-dessus des montagnes de l'Arcadie, et dont la hauteur perpendiculaire peut s'évaluer à quinze ou vingt stades[1]. C'est le seul endroit de la Grèce où se trouve l'espèce des merles blancs. Le mont Cyllène touche au mont Stymphale, au-dessous duquel on trouve une ville, un lac et une rivière de même nom. La ville était autrefois une des plus florissantes de l'Arcadie; la rivière sort du lac; et, après avoir commencé sa carrière dans cette province, elle disparaît, et va la terminer sous un autre nom dans l'Argolide. De nos jours, Iphicrate, à la tête des troupes athéniennes, entreprit de lui fermer toute issue, afin que ses eaux, refoulant dans le lac et ensuite dans la ville, qu'il assiégea vainement, elle fût obligée de se rendre à discrétion; mais, après de longs travaux, il fut contraint de renoncer à son projet.

Suivant une ancienne tradition, le lac était autrefois couvert d'oiseaux voraces qui infestaient ce canton. Hercule les détruisit à coups de flèches, ou les mit en fuite au bruit de certains instruments. Cet exploit honora le héros, et le lac en devint célèbre. Les oiseaux n'y reviennent plus; mais on les représente encore sur les monnaies de Stymphale[2]. Voilà ce que nous disaient nos compagnons de voyage.

La ville de Phénéos, quoiqu'une des principales de l'Arcadie, ne contient rien de remarquable; mais la plaine voisine offrit à nos yeux un des plus beaux ouvrages de l'antiquité. On ne peut en fixer l'époque : on voit seulement que, dans des siècles très-reculés, les torrents qui tombent des montagnes dont elle est entourée, l'ayant entièrement submergée, renversèrent de fond en

[1] Quatorze cent dix-sept toises et demie, ou dix-huit cent quatre-vingt-dix toises.
[2] Voyez Spanheim, Vaillant et autres antiquaires qui ont publié des médailles.

comble l'ancienne Phénéos, et que, pour prévenir désormais un pareil désastre, on prit le parti de creuser dans la plaine un canal de cinquante stades de longueur [1], de trente pieds de profondeur [2], et d'une largeur proportionnée. Il devait recevoir, et les eaux du fleuve Olbius et celles des pluies extraordinaires. On le conduisit jusqu'à deux abîmes qui subsistent encore au pied de deux montagnes, sous lesquelles des routes secrètes se sont ouvertes naturellement.

Ces travaux, dont on prétend qu'Hercule fut l'auteur, figureraient mieux dans son histoire que son combat contre les fabuleux oiseaux de Stymphale. Quoi qu'il en soit, on négligea insensiblement l'entretien du canal, et dans la suite un tremblement de terre obstrua les voies souterraines qui absorbaient les eaux des campagnes ; les habitants, réfugiés sur des hauteurs, construisirent des ponts de bois pour communiquer entre eux ; et, comme l'inondation augmentait de jour en jour, on fut obligé d'élever successivement d'autres ponts sur les premiers.

Quelque temps après, les eaux s'ouvrirent sous terre un passage à travers les éboulements qui les arrêtaient, et, sortant avec fureur de ces retraites obscures, portèrent la consternation dans plusieurs provinces. Le Ladon, cette belle et paisible rivière dont j'ai parlé, et qui avait cessé de couler depuis l'obstruction des canaux souterrains, se précipita en torrents impétueux dans l'Alphée, qui submergea le territoire d'Olympie. A Phénéos, on observa, comme une singularité, que le sapin dont on avait construit les ponts après l'avoir dépouillé de son écorce avait résisté à la pourriture.

De Phénéos nous allâmes à Caphyes, où l'on nous montra, auprès d'une fontaine, un vieux platane qui porte le nom de Ménélas. On disait que ce prince l'avait planté lui-même avant que de se rendre au siége de Troie. Dans un village voisin, nous vîmes un bois sacré et un temple en l'honneur de Diane *l'Étranglée*. Un vieillard respectable nous apprit l'origine de cet étrange surnom : Des enfants qui jouaient tout auprès, nous dit-il, attachèrent autour de la statue une corde avec laquelle ils la traînaient, et s'écriaient en riant : « Nous étranglons la déesse. » Des hommes qui survinrent dans le moment, furent si indignés de ce spectacle, qu'ils les assommèrent à coups de pierres. Ils croyaient venger les dieux, et les dieux vengèrent l'innocence. Nous éprouvâmes leur colère, et l'oracle consulté nous ordonna d'élever un tombeau à ces mal-

[1] Près de deux lieues.
[2] Un peu plus de vingt-huit de nos pieds.

heureuses victimes, et de leur rendre tous les ans des honneurs funèbres.

Plus loin, nous passâmes à côté d'une grande chaussée que les habitants de Caphyes ont construite pour se garantir d'un torrent et d'un grand lac qui se trouvent dans le territoire d'Orchomène. Cette dernière ville est située sur une montagne : nous la vîmes en courant; on nous y montra des miroirs faits d'une pierre noirâtre qui se trouve aux environs, et nous prîmes l'un des deux chemins qui conduisent à Mantinée.

Nos guides s'arrêtèrent devant une petite colline qu'ils montrent aux étrangers, et les Mantinéens qui se promenaient aux environs nous disaient : Vous avez entendu parler de Pénélope, de ses regrets, de ses larmes et surtout de sa fidélité : apprenez qu'elle se consolait de l'absence de son époux avec ses amants qu'elle avait attirés auprès d'elle; qu'Ulysse, à son retour, la chassa de sa maison; qu'elle finit ici ses jours; et voilà son tombeau. Comme nous parûmes étonnés : Vous ne l'auriez pas moins été, ajouteront-ils, si vous aviez choisi l'autre route; vous auriez vu sur le penchant d'une colline un temple de Diane où l'on célèbre tous les ans la fête de la déesse. Il est commun aux habitants d'Orchomène et de Mantinée; les uns y entretiennent un prêtre, les autres une prêtresse. Leur sacerdoce est perpétuel. Tous deux sont obligés d'observer le régime le plus austère. Ils ne peuvent faire aucune visite; l'usage du bain et des douceurs les plus innocentes de la vie leur est interdit; ils sont seuls, ils n'ont point de distractions, et n'en sont pas moins astreints à la plus exacte continence.

Mantinée, fondée autrefois par les habitants de quatre ou cinq hameaux des environs, se distingue par sa population, ses richesses et les monuments qui la décorent; elle possède des campagnes fertiles; de son enceinte partent quantité de routes qui conduisent aux principales villes de l'Arcadie; et, parmi celles qui mènent en Argolide, il en est une qu'on appelle *le chemin de l'Echelle,* parce qu'on a taillé sur une haute montagne des marches pour la commodité des gens à pied.

Ses habitants sont les premiers, dit-on, qui, dans leurs exercices, aient imaginé de combattre corps à corps; les premiers encore qui se soient revêtus d'un habit militaire et d'une espèce d'armure que l'on désigne par le nom de cette ville. On les a toujours regardés comme les plus braves des Arcadiens.

Lors de la guerre des Perses, n'étant arrivés à Platée qu'après la bataille, ils firent éclater leur douleur, voulurent, pour s'en punir eux-mêmes, poursuivre jusqu'en Thessalie un corps de Perses qui avaient pris la fuite, et, de retour chez eux, exilèrent leurs généraux, dont la lenteur les avait privés de l'honneur de combattre. Dans les guerres survenues depuis, les Lacédémoniens les redoutaient comme ennemis, se félicitaient de les avoir pour alliés; tour à tour unis avec Sparte, avec Athènes, avec d'autres puissances étrangères, on les vit étendre leur empire sur presque toute la province, et ne pouvoir ensuite défendre leurs propres frontières.

Peu de temps avant la bataille de Leuctres, les Lacédémoniens assiégèrent Mantinée; et, comme le siége traînait en longueur, ils dirigèrent vers les murs de brique dont elle était entourée le fleuve qui coule aux environs. Les murs s'écroulèrent, la ville fut presque entièrement détruite, et l'on dispersa les habitants dans les hameaux qu'ils occupaient autrefois. Bientôt après, Mantinée, sortie de ses ruines avec un nouvel éclat, ne rougit pas de se réunir avec Lacédémone et de se déclarer contre Épaminondas, à qui elle devait en partie sa liberté; elle n'a cessé depuis d'être agitée par des guerres étrangères ou par des factions intérieures. Telle fut en ces derniers temps la destinée des villes de la Grèce, et surtout de celles où le peuple exerçait le pouvoir suprême.

Cette espèce de gouvernement a toujours subsisté à Mantinée; les premiers législateurs le modifièrent pour en prévenir les dangers. Tous les citoyens avaient le droit d'opiner dans l'assemblée générale; un petit nombre, celui de parvenir aux magistratures. Les autres parties de la constitution furent réglées avec tant de sagesse qu'on la cite encore comme un modèle. Aujourd'hui les démiurges ou tribuns du peuple exercent les principales fonctions et apposent leurs noms aux actes publics avant les sénateurs et autres magistrats.

Nous connûmes à Mantinée un Arcadien nommé Antiochus qui avait été, quelques années auparavant, du nombre des députés que plusieurs villes de la Grèce envoyèrent au roi de Perse pour discuter en sa présence leurs mutuels intérêts. Antiochus parla au nom de sa nation, et ne fut pas bien accueilli. Voici ce qu'il dit à son retour devant l'assemblée des dix mille : J'ai vu dans le palais d'Artaxerxès grand nombre de boulangers, de cuisiniers, d'échansons, de portiers; j'ai cherché dans son empire des soldats qu'il pût opposer aux nôtres, et je n'en ai pas trouvé. Tout ce qu'on dit de ses richesses n'est que jactance; vous pouvez en juger par ce platane d'or dont on parle tant : il est si petit qu'on ne pourrait de son ombre couvrir une cigale,

En allant de Mantinée à Tégée, nous avions à droite le mont Ménale, à gauche une grande forêt. Dans la plaine renfermée entre ces barrières se donna, il y a quelques années, cette bataille où Épaminondas remporta la victoire et perdit la vie. On lui éleva deux monuments, un trophée et un tombeau; ils sont près l'un de l'autre, comme si la philosophie leur avait assigné leurs places.

Le tombeau d'Épaminondas consiste en une simple colonne à laquelle est suspendu son bouclier; ce bouclier que j'avais vu si souvent dans cette chambre, auprès de ce lit, sur ce mur, au-dessus de ce siége où le héros se tenait communément assis. Ces circonstances locales se retraçant tout à coup dans mon esprit avec le souvenir de ses vertus, de ses bontés, d'un mot qu'il m'avait dit dans telle occasion, d'un sourire qui lui était échappé dans telle autre, de mille particularités dont la douleur aime à se repaître, et se joignant avec l'idée insupportable qu'il ne restait de ce grand homme qu'un tas d'ossements arides que la terre rongeait sans cesse et qu'en ce moment je foulais aux pieds, je fus saisi d'une émotion si déchirante et si forte qu'il fallut m'arracher d'un objet que je ne pouvais ni voir ni quitter. J'étais encore sensible alors; je ne le suis plus, je m'en aperçois à la faiblesse de mes expressions.

J'aurai du moins la consolation d'ajouter ici un nouveau rayon à la gloire de ce grand homme. Trois villes se disputent le faible honneur d'avoir donné le jour au soldat qui lui porta le coup mortel. Les Athéniens nomment Gryllus, fils de Xénophon, et ont exigé qu'Euphranor dans un de ses tableaux se conformât à cette opinion. Suivant les Mantinéens, ce fut Machérion, un de leurs concitoyens; et, suivant les Lacédémoniens, ce fut le Spartiate Anticratès; ils lui ont même accordé des honneurs et des exemptions qui s'étendront à sa postérité: distinctions excessives, qui décèlent la peur qu'ils avaient d'Épaminondas.

Tégée n'est qu'à cent stades environ de Mantinée [1]. Ces deux villes, rivales et ennemies par leur voisinage même, se sont plus d'une fois livré des combats sanglants; et, dans les guerres qui ont divisé les nations, elles ont presque toujours suivi des partis différents. A la bataille de Platée, qui termina la grande querelle de la Grèce et de la Perse, les Tégéates, qui étaient au nombre de quinze cents, disputèrent aux Athéniens l'honneur de commander une des ailes de l'armée des Grecs; ils ne l'obtinrent pas, mais ils montrèrent par les plus brillantes actions qu'ils en étaient dignes.

[1] Environ trois lieues trois quarts.

CHAPITRE LII.

Chaque ville de la Grèce se met sous la protection spéciale d'une divinité. Tégée a choisi Minerve surnommée Aléa. L'ancien temple ayant été brûlé peu d'années après la guerre du Péloponnèse, on en construisit un nouveau sur les dessins et sous la direction de Scopas de Paros, le même dont on a tant de superbes statues. Il employa l'ordre ionique dans les péristyles qui entourent le temple. Sur le fronton de devant il représenta la chasse du sanglier de Calydon : on y distingue quantité de figures, entre autres celles d'Hercule, de Thésée, de Pirithoüs, de Castor, etc.; le combat d'Achille et de Télèphe décore l'autre fronton. Le temple est divisé en trois nefs, par deux rangs de colonnes doriques, sur lesquelles s'élève un ordre corinthien qui atteint et soutient le comble.

Aux murs sont suspendues des chaînes que, dans une de leurs anciennes expéditions, les Lacédémoniens avaient destinées aux Tégéates, et dont ils furent chargés eux-mêmes. On dit que dans le combat les femmes de Tégée, s'étant mises en embuscade, tombèrent sur l'ennemi et décidèrent la victoire. Une veuve, nommée Marpessa, se distingua tellement en cette occasion, que l'on conserve encore son armure dans le temple. Tout auprès on voit les défenses et la peau du sanglier de Calydon, échues en partage à la belle Atalante de Tégée, qui porta le premier coup à cet animal féroce. Enfin on nous montra jusqu'à une auge de bronze que les Tégéates, à la bataille de Platée, enlevèrent des écuries du général des Perses. De pareilles dépouilles sont pour un peuple des titres de vanité, et quelquefois des motifs d'émulation.

Ce temple, le plus beau de tous ceux qui existent dans le Péloponnèse, est desservi par une jeune fille, qui abdique le sacerdoce dès qu'elle parvient à l'âge de puberté.

Nous vîmes un autre temple, où le prêtre n'entre qu'une fois l'année; et dans la place publique deux grandes colonnes, l'une soutenant les statues des législateurs de Tégée; l'autre, la statue équestre d'un particulier qui, dans les jeux olympiques, avait obtenu le prix de la course à cheval. Les habitants leur ont décerné à tous les mêmes honneurs : il faut croire qu'ils ne leur accordent pas la même estime.

CHAPITRE LIII.
Voyage d'Argolide.

De Tégée nous pénétrâmes dans l'Argolide par un défilé entre des montagnes assez élevées. En approchant de la mer, nous vîmes le marais de Lerna, autrefois le séjour de cette hydre monstrueuse dont Hercule triompha. De là nous prîmes le chemin d'Argos à travers une belle prairie.

L'Argolide, ainsi que l'Arcadie, est entrecoupée de collines et de montagnes qui laissent dans leurs intervalles des vallées et des plaines fertiles. Nous n'étions plus frappés de ces admirables irrégularités, mais nous éprouvions une autre espèce d'intérêt. Cette province fut le berceau des Grecs, puisqu'elle reçut la première des colonies étrangères qui parvinrent à les policer. Elle devint le théâtre de la plupart des événements qui remplissent les anciennes annales de la Grèce. C'est là que parut Inachus, qui donna son nom au fleuve dont les eaux arrosent les territoire d'Argos; là vécurent aussi Danaüs, Hypermnestre, Lyncée, Alcméon, Persée, Amphitryon, Pélops, Atrée, Thyeste, Agamemnon, et tant d'autres fameux personnages.

Leurs noms qu'on a vus si souvent figurer dans les écrits des poètes, si souvent entendus retentir au théâtre, font une impression plus forte lorsqu'ils semblent revivre dans les fêtes et dans les monuments consacrés à ces héros. L'aspect des lieux rapproche les temps, réalise les fictions, et donne du mouvement aux objets les plus insensibles. A Argos, au milieu des débris d'un palais souterrain où l'on disait que le roi Acrisius avait enfermé sa fille Danaé, je croyais entendre les plaintes de cette malheureuse princesse. Sur le chemin d'Hermione à Trézène, je crus voir Thésée soulever l'énorme rocher sous lequel on avait déposé l'épée et les autres marques auxquelles son père devait le reconnaître. Ces illusions sont un hommage que l'on rend à la célébrité, et apaisent l'imagination, qui a plus souvent besoin d'aliments que la raison.

Argos est située au pied d'une colline sur laquelle on a construit la citadelle; c'est une des plus anciennes villes de la Grèce. Dès son origine elle répandit un si grand éclat, qu'on donna quelquefois son nom à la province, au Péloponnèse, à la Grèce entière. La maison des Pélopides s'étant établie à Mycènes, cette ville éclipsa la gloire de sa rivale. Agamemnon régnait sur la première, Diomède et Sthénélus sur la seconde. Quelque temps après, Argos reprit son rang et ne le perdit plus.

Le gouvernement fut d'abord confié à des rois qui opprimèrent leurs sujets, et à qui on ne laissa bientôt que le titre dont ils avaient abusé.

Le titre même y fut aboli dans la suite, et la démocratie a toujours subsisté. Un sénat discute les affaires avant de les soumettre à la décision du peuple; mais comme il ne peut pas se charger de l'exécution, quatre-vingts de ses membres veillent continuellement au salut de l'état et remplissent les mêmes fonctions que les prytanes d'Athènes. Plus d'une fois, et même de notre temps, les principaux citoyens ont voulu se soustraire à la tyrannie de la multitude en établissant l'oligarchie; mais leurs efforts n'ont servi qu'à faire couler du sang.

Il se ressentaient encore d'une vaine tentative qu'ils firent il y a environ quatorze ans. Fatigués des calomnies dont les orateurs publics ne cessaient de les noircir à la tribune, ils reprirent le projet de changer la forme du gouvernement. On pénétra leur dessein; plusieurs furent chargés de fers. A l'aspect de la question quelques-uns se donnèrent la mort. L'un d'entre eux, ne pouvant plus résister aux tourments, dénonça trente de ses associés. On les fit périr sans les convaincre, et l'on mit leurs biens à l'encan. Les délations se multiplièrent; il suffisait d'être accusé pour être coupable. Seize cents des plus riches citoyens furent massacrés; et comme les orateurs, dans la crainte d'un nouvel ordre de choses, commençaient à se radoucir, le peuple, qui s'en crut abandonné, les immola tous à sa fureur. Aucune ville de la Grèce n'avait vu dans son enceinte l'exemple d'une telle barbarie. Les Athéniens, pour en avoir entendu le récit dans une de leurs assemblées, se crurent tellement souillés qu'ils eurent sur-le-champ recours aux cérémonies de l'expiation.

Les Argiens sont renommés pour leur bravoure; ils ont eu des démêlés fréquents avec les nations voisines, et n'ont jamais craint de se mesurer avec les Lacédémoniens, qui ont souvent recherché leur alliance.

Nous avons dit que la première époque de leur histoire brille de noms illustres et de faits éclatants. Dans la dernière, après avoir conçu l'espoir de dominer sur tout le Péloponnèse, ils se sont affaiblis par des expéditions malheureuses et par des divisions intestines.

Ainsi que les Arcadiens, ils ont négligé les sciences et cultivé les arts. Avant l'expédition de Xerxès ils étaient plus versés dans la musique que les autres peuples; ils furent pendant quelque temps si fort attachés à l'ancienne, qu'ils mirent à l'amende un musicien qui osa se présenter au concours avec une lyre enrichie de plus de sept cordes, et parcourir des modes qu'ils n'avaient point adoptés. On distingue, parmi les musiciens nés dans cette province, Lasus, Saçadas et Aristonicus; parmi les sculpteurs, Agéladas et Polyclète; parmi les poètes, Télésilla.

Les trois premiers hâtèrent les progrès de la musique; Agéladas et Polyclète, ceux de la sculpture. Ce dernier, qui vivait vers le temps de Périclès, a rempli de ses ouvrages immortels le Péloponnèse et la Grèce. En ajoutant de nouvelles beautés à la nature de l'homme il surpassa Phidias; mais en nous offrant l'image des dieux il ne s'éleva point à la sublimité des idées de son rival. Il choisissait ses modèles dans la jeunesse ou dans l'enfance; et l'on eût dit que la vieillesse étonnait ses mains, accoutumées à représenter les grâces. Ce genre s'accommode si bien d'une certaine négligence, qu'on doit louer Polyclète de s'être rigoureusement attaché à la correction du dessin. En effet, on a de lui une figure où les proportions du corps humain sont tellement observées que, par un jugement irréfragable, les artistes l'ont eux-mêmes appelée le canon ou la règle; ils l'étudient quand ils ont à rendre la même nature dans les mêmes circonstances; car on ne peut imaginer un modèle unique pour tous les âges, tous les sexes, tous les caractères. Si l'on fait jamais quelque reproche à Polyclète, on répondra que, s'il n'atteignit pas la perfection, du moins il en approcha.

Lui-même sembla se méfier de ses succès : dans un temps où les artistes inscrivaient sur les ouvrages sortis de leurs mains : *un tel l'a fait*, il se contenta d'écrire sur les siens : *Polyclète le faisait*; comme si, pour les terminer, il attendait le jugement du public. Il écoutait les avis, et savait les apprécier. Il fit deux statues pour le même sujet, l'une en secret, ne consultant que son génie et les règles approfondies de l'art; l'autre dans son atelier, ouvert à tout le monde, se corrigeant et se réformant au gré de ceux qui lui prodiguaient leurs conseils. Dès qu'il les eut achevées il les exposa au public. La première excita l'admiration, la seconde des éclats de rire; il dit alors : Voici votre ouvrage, et voilà le mien. Encore un trait qui prouve que de son vivant il jouit de sa réputation : Hipponicus, l'un des premiers citoyens d'Athènes, voulant consacrer une statue à sa patrie, on lui conseilla d'employer le ciseau de Polyclète. Je m'en garderai bien, répondit-il, le mérite de l'offrande ne serait que pour l'artiste. On verra plus bas que son génie facile ne s'exerça pas avec moins de succès dans l'architecture.

Télésilla, qui florissait il y a environ cent cinquante ans, illustra sa patrie par ses écrits, et la sauva par son courage. La ville d'Argos allait tomber entre les mains des Lacédémoniens; elle venait de perdre six mille hommes, parmi lesquels se trouvait l'élite de la jeunesse. Dans ce moment fatal, Télésilla rassemble les femmes les plus propres à seconder ses projets, leur met les armes dont elle a dépouillé les temples et les maisons des particuliers, court avec elles se placer sur les murailles, et repousse l'ennemi,

CHAPITRE LIII.

qui, dans la crainte qu'on ne lui reproche ou la victoire ou la défaite, prend le parti de se retirer.

On rendit les plus grands honneurs à ces guerrières. Celles qui périrent dans le combat furent inhumées le long du chemin d'Argos ; on permit aux autres d'élever une statue au dieu Mars. La figure de Télésilla fut posée sur une colonne, en face du temple de Vénus : loin de porter ses regards sur des volumes représentés et placés à ses pieds, elle les arrête avec complaisance sur un casque qu'elle tient dans sa main et qu'elle va mettre sur sa tête. Enfin, pour perpétuer à jamais un événement si extraordinaire, on institua une fête annuelle où les femmes sont habillées en hommes, et les hommes en femmes.

Il en est d'Argos comme de toutes les villes de la Grèce, les monuments de l'art y sont communs et les chefs-d'œuvre très-rares. Parmi ces derniers, il suffira de nommer plusieurs statues de Polyclète et de Praxitèle. Les objets suivants nous frappèrent sous d'autres rapports.

Nous vîmes le tombeau d'une fille de Persée qui, après la mort de son premier mari, épousa Œbalus, roi de Sparte : les Argiennes, jusqu'alors, n'avaient pas osé contracter un second hymen. Ce fait remonte à la plus haute antiquité.

Nous vîmes un groupe représentant Périlaüs d'Argos prêt à donner la mort au Spartiate Othryadas. Les Lacédémoniens et les Argiens se disputaient la possession de la ville de Thyrée. On convint de nommer de part et d'autre trois cents guerriers dont le combat terminerait le différend. Ils périrent tous, à l'exception de deux Argiens qui, se croyant assurés de la victoire, en portèrent la nouvelle aux magistrats d'Argos. Cependant Othryadas respirait encore, et, malgré des blessures mortelles, il eut assez de force pour dresser un trophée sur le champ de bataille ; et, après y avoir tracé de son sang ce petit nombre de mots : « Les Lacédémoniens vainqueurs des Argiens, » il se donna la mort pour ne pas survivre à ses compagnons.

Les Argiens sont persuadés qu'Apollon annonce l'avenir dans un de leurs temples. Une fois par mois, la prêtresse, qui est obligée de garder la continence, sacrifie une brebis pendant la nuit ; et dès qu'elle a goûté du sang de la victime elle est saisie de l'esprit prophétique.

Nous vîmes les femmes d'Argos s'assembler pendant plusieurs jours dans une espèce de chapelle attenante au temple de Jupiter Sauveur, pour y pleurer Adonis. J'avais envie de leur dire ce que des sages ont répondu quelquefois en des occasions semblables :

Pourquoi le pleurer s'il est dieu, lui offrir des sacrifices s'il ne l'est pas?

A quarante stades d'Argos [1] est le temple de Junon, un des plus célèbres de la Grèce, autrefois commun à cette ville et à Mycènes. L'ancien fut brûlé, il n'y a pas un siècle, par la négligence de la prêtresse Chrysis, qui oublia d'éteindre une lampe placée au milieu des bandelettes sacrées. Le nouveau, construit au pied du mont Eubée, sur les bords d'un petit ruisseau, se ressent du progrès des arts, et perpétuera le nom de l'architecte Eupomélus d'Argos.

Celui de Polyclète sera plus fameux encore par les ouvrages dont il a décoré ce temple, et surtout par la statue de Junon, de grandeur presque colossale. Elle est posée sur un trône; sa tête est ceinte d'une couronne où l'on a gravé les Heures et les Grâces; elle tient de sa main droite une grenade, symbole mystérieux qu'on n'explique point aux profanes; de sa gauche un sceptre surmonté d'un coucou, attribut singulier qui donne lieu à des contes puérils. Pendant que nous admirions le travail digne du rival de Phidias, et la richesse de la matière qui est d'or et d'ivoire, Philotas me montrait en riant une figure assise, informe, faite d'un tronc de poirier sauvage, et couverte de poussière. C'est la plus ancienne des statues de Junon: après avoir long-temps reçu l'hommage des mortels, elle éprouve le sort de la vieillesse et de la pauvreté; on l'a reléguée dans un coin du temple, où personne ne lui adresse des vœux.

Sur l'autel, les magistrats d'Argos viennent s'obliger par serment d'observer les traités de paix; mais il n'est pas permis aux étrangers d'y offrir des sacrifices.

Le temple, depuis sa fondation, est desservi par une prêtresse qui doit, entre autres choses, s'abstenir de certains poissons; on lui élève pendant sa vie une statue, et après sa mort on y grave et son nom et la durée de son sacerdoce. Cette suite de monuments placés en face du temple, et mêlés avec les statues de plusieurs héros, donne une suite de dates que les historiens emploient quelquefois pour fixer l'ordre des temps.

Dans la liste des prêtresses on trouve des noms illustres, tels que ceux d'Hypermnestre, fille de Danaüs; d'Admète, fille du roi Eurysthée; de Cydippe, qui dut sa gloire encore moins à ses aïeux qu'à ses enfants. On nous raconta son histoire pendant qu'on célébrait la fête de Junon. Ce jour, qui attire une multitude infinie de spectateurs, est surtout remarquable par une pompe solennelle qui se rend d'Argos au temple de la déesse; elle est précédée par cent

[1] Environ une lieue et demie.

bœufs parés de guirlandes, qu'on doit sacrifier et distribuer aux habitants; elle est protégée par un corps de jeunes Argiens couverts d'armes étincelantes, qu'ils déposent par respect avant que d'approcher de l'autel; elle se termine par la prêtresse, qui paraît sur un char attelé de deux bœufs dont la blancheur égale la beauté. Or, du temps de Cydippe, la procession ayant défilé et l'attelage n'arrivant point, Biton et Cléobis s'attachèrent au char de leur mère, et, pendant quarante-cinq stades [1], la traînèrent en triomphe dans la plaine et jusque vers le milieu de la montagne, où le temple était alors placé. Cydippe arriva au milieu des cris et des applaudissements; et, dans les transports de sa joie, elle supplia la déesse d'accorder à ses fils le plus grand des bonheurs. Ses vœux furent, dit-on, exaucés; un doux sommeil les saisit dans le temple même, et les fit tranquillement passer de la vie à la mort : comme si les dieux n'avaient pas de plus grand bien à nous accorder que d'abréger nos jours!

Les exemples d'amour filial ne sont pas rares, sans doute, dans les grandes nations; mais leur souvenir s'y perpétue à peine dans le sein de la famille qui les a produits; au lieu qu'en Grèce une ville entière se les approprie, et les éternise comme des titres dont elle s'honore autant que d'une victoire remportée sur l'ennemi. Les Argiens envoyèrent à Delphes les statues de ces généreux frères, et j'ai vu dans un temple de l'Argolide un groupe qui les représente attelés au char de leur mère.

Nous venions de voir la noble récompense que les Grecs accordent aux vertus des particuliers; nous vîmes, à quinze stades [2] du temple, à quel excès ils portent la jalousie du pouvoir. Des décombres, parmi lesquels on a de la peine à distinguer les tombeaux d'Atrée, d'Agamemnon, d'Oreste et d'Électre, voilà tout ce qui reste de l'ancienne et fameuse ville de Mycènes. Les Argiens la détruisirent il y a près d'un siècle et demi. Son crime fut de n'avoir jamais plié sous le joug qu'ils avaient imposé à presque toute l'Argolide, et d'avoir, au mépris de leurs ordres, joint ses troupes à celles que la Grèce rassemblait contre les Perses. Ses malheureux habitants errèrent en différents pays, et la plupart ne trouvèrent un asile qu'en Macédoine.

L'histoire grecque offre plus d'un exemple de ces effrayantes émigrations, et l'on ne doit pas en être surpris. La plupart des provinces de la Grèce furent d'abord composées de quantité de républiques indépendantes, les unes attachées à l'aristocratie, les autres à la démocratie; toutes avaient la facilité d'obtenir la pro-

[1] Environ deux lieues moins un quart. — [2] Quatorze cent dix toises et demie.

tection des puissances voisines, intéressées à les diviser. Vainement cherchèrent-elles à se lier par une confédération générale ; les plus puissantes, après avoir assujetti les plus faibles, se disputèrent l'empire : quelquefois même l'une d'entre elles, s'élevant au-dessus des autres, exerça un véritable despotisme sous les formes spécieuses de la liberté. De là ces haines et ces guerres nationales qui ont désolé pendant si long-temps la Thessalie, la Béotie, l'Arcadie et l'Argolide. Elles n'affligèrent jamais l'Attique ni la Laconie : l'Attique, parce que ses habitants vivent sous les mêmes lois, comme citoyens de la même ville ; la Laconie, parce que les siens furent toujours retenus dans la dépendance par la vigilance active des magistrats de Sparte et la valeur connue des Spartiates.

Je sais que les infractions des traités et les attentats contre le droit des gens furent quelquefois déférés à l'assemblée des amphictyons, instituée dès les plus anciens temps parmi les nations septentrionales de la Grèce : je sais aussi que plusieurs villes de l'Argolide établirent chez elles un semblable tribunal ; mais ces diètes, qui ne connaissaient que de certaines causes, ou n'étendaient pas leur juridiction sur toute la Grèce, ou n'eurent jamais assez de force pour assurer l'exécution de leurs décrets.

De retour à Argos, nous montâmes à la citadelle, où nous vîmes, dans un temple de Minerve, une statue de Jupiter conservée autrefois, disait-on, dans le palais de Priam. Elle a trois yeux, dont l'un est placé au milieu du front, soit pour désigner que ce dieu règne également dans les cieux, sur la mer et dans les enfers, soit peut-être pour montrer qu'il voit le passé, le présent et l'avenir.

Nous partîmes pour Tirynthe, éloignée d'Argos d'environ cinquante stades [1]. Il ne reste de cette ville si ancienne que des murailles épaisses de plus de vingt pieds et hautes à proportion. Elles sont construites d'énormes rochers entassés les uns sur les autres, les moindres si lourds qu'un attelage de deux mulets aurait de la peine à les traîner. Comme on ne les avait point taillés, on eut soin de remplir avec des pierres d'un moindre volume les vides que laissait l'irrégularité de leurs formes. Ces murs subsistent depuis une longue suite de siècles, et peut-être exciteront-ils l'admiration et la surprise pendant des milliers d'années encore.

Le même genre de travail se fait remarquer dans les anciens monuments de l'Argolide, plus en particulier dans les murs à demi détruits de Mycènes et dans les grandes excavations, que nous vîmes auprès du pont de Nauplie, situé à une légère distance de Tirynthe.

[1] Environ deux lieues et demie.

On attribue tous ces ouvrages aux Cyclopes, dont le nom réveille des idées de grandeur, puisqu'il fut donné par les premiers poètes, tantôt à des géants, tantôt à des enfants du Ciel et de la Terre, chargés de forger les foudres de Jupiter. On crut donc que des constructions pour ainsi dire gigantesques ne devaient pas avoir pour auteurs des mortels ordinaires. On n'avait pas sans doute observé que les hommes, dès les plus anciens temps, en se construisant des demeures, songèrent plus à la solidité qu'à l'élégance, et qu'ils employèrent des moyens puissants pour procurer la plus longue durée à des travaux indispensables. Ils creusaient dans le roc de vastes cavernes pour s'y réfugier pendant leur vie, ou pour y être déposés après leur mort; ils détachaient des quartiers de montagnes et en entouraient leurs habitations : c'était le produit de la force, et le triomphe des obstacles. On travaillait alors sur le plan de la nature, qui ne fait rien que de simple, de nécessaire et de durable. Les proportions exactes, les belles formes introduites depuis dans les monuments font des impressions plus agréables, je doute qu'elles soient aussi profondes. Dans ceux même qui ont le plus de droit à l'admiration publique, et qui s'élèvent majestueusement au-dessus de la terre, la main de l'art cache celle de la nature, et l'on n'a substitué que la magnificence à la grandeur.

Pendant qu'à Tirynthe on nous racontait que les Argiens, épuisés par de longues guerres, avaient détruit Tirynthe, Midée, Hysies et quelques autres villes, pour en transporter les habitants chez eux, Philotas regrettait de ne pas trouver en ces lieux les anciens Tirynthiens. Je lui en demandai la raison. Ce n'est pas, répondit-il, parce qu'ils aimaient autant le vin que les autres peuples de ce canton; mais l'espèce de leur folie m'aurait amusé. Voici ce que m'en a dit un Argien :

Ils s'étaient fait une telle habitude de plaisanter sur tout, qu'ils ne pouvaient plus traiter sérieusement les affaires les plus importantes. Fatigués de leur légèreté, ils eurent recours à l'oracle de Delphes. Il les assura qu'ils guériraient, si, après avoir sacrifié un taureau à Neptune, ils pouvaient, sans rire, le jeter à la mer. Il était visible que la contrainte imposée ne permettrait pas d'achever l'épreuve. Cependant ils s'assemblèrent sur le rivage : ils avaient éloigné les enfants ; et comme on voulait en chasser un qui s'était glissé parmi eux : Est-ce que vous avez peur, s'écria-t-il, que je n'avale votre taureau ? A ces mots ils éclatèrent de rire ; et, persuadés que leur maladie était incurable, ils se soumirent à leur destinée.

Nous sortîmes de Tirynthe, et, nous étant rendus vers l'extrémité de l'Argolide, nous visitâmes Hermione et Trézène. Dans la première, nous vîmes, entre autres choses, un petit bois consacré aux Grâces; un temple de Vénus où toutes les filles, avant de se marier, doivent offrir un sacrifice; un temple de Cérès devant lequel sont les statues de quelques-unes de ses prêtresses. On y célèbre en été une fête dont je vais décrire en peu de mots la principale cérémonie.

A la tête de la procession marchent les prêtres des différentes divinités et les magistrats en exercice : ils sont suivis des femmes, des hommes, des enfants, tous habillés de blanc, tous couronnés de fleurs et chantant des cantiques. Paraissent ensuite quatre génisses que l'on introduit l'une après l'autre dans le temple, et qui sont successivement immolées par quatre matrones. Ces victimes, qu'on avait auparavant de la peine à retenir, s'adoucissent à leur voix et se présentent d'elles-mêmes à l'autel. Nous n'en fûmes pas témoins; car on ferme les portes pendant le sacrifice.

Derrière cet édifice sont trois places entourées de balustres de pierre. Dans l'une de ces places, la terre s'ouvre et laisse entrevoir un abîme profond : c'est une de ces bouches de l'enfer dont j'ai parlé dans mon voyage de Laconie. Les habitants disaient que Pluton, ayant enlevé Proserpine, préféra de descendre par ce gouffre, parce que le trajet est plus court. Ils ajoutaient que, dispensés, à cause du voisinage, de payer un tribut à Caron, ils ne mettaient point une pièce de monnaie dans la bouche des morts, comme on fait partout ailleurs.

A Trézène, nous vîmes avec plaisir les monuments qu'elle renferme; nous écoutâmes avec patience les longs récits qu'un peuple fier de son origine nous faisait de l'histoire de ses anciens rois, et des héros qui avaient paru dans cette contrée. On nous montrait le siège où Pitthée, fils de Pélops, rendait la justice : la maison où naquit Thésée, son petit-fils et son élève; celle qu'habitait Hippolyte; son temple, où les filles de Trézène déposent leur chevelure avant de se marier. Les Trézéniens, qui lui rendent des honneurs divins, ont consacré à Vénus l'endroit où Phèdre se cachait pour le voir lorsqu'il poussait son char dans la carrière. Quelques-uns prétendaient qu'il ne fut pas traîné par ses chevaux, mais placé parmi les constellations : d'autres nous conduisirent au lieu de sa sépulture, placée auprès du tombeau de Phèdre.

On nous montrait aussi un édifice en forme de tente où fut relégué Oreste pendant qu'on le purifiait, et un autel fort ancien où l'on sacrifie à la fois aux Muses et au Sommeil, à cause de l'union qui règne entre ces divinités. Une partie de Trézène est située sur le penchant d'une montagne; l'autre, dans une plaine qui s'étend jusqu'au port, où serpente la rivière Chrysorrhoas, et qu'embrassent presque de tous côtés des collines et des montagnes couvertes, jusqu'à une certaine hauteur, de vignes, d'oliviers, de grenadiers et de myrtes, couronnées ensuite par des bois de pins et de sapins qui semblent s'élever jusqu'aux nues.

La beauté de ce spectacle ne suffisait pas pour nous retenir plus long-temps dans cette ville. En certaines saisons, l'air y est malsain; ses vins ne jouissent pas d'une bonne réputation, et les eaux de l'unique fontaine qu'elle possède sont d'une mauvaise qualité.

Nous côtoyâmes la mer et nous arrivâmes à Épidaure, situé au fond d'un golfe, en face de l'île d'Égine, qui lui appartenait anciennement : de fortes murailles l'ont quelquefois protégée contre les efforts des puissances voisines. Son territoire rempli de vignobles est entouré de montagnes couvertes de chênes. Hors des murs, à quatre stades de distance [1], sont le temple et le bois sacré d'Esculape, où les malades viennent de toutes parts chercher leur guérison. Un conseil composé de cent quatre-vingts citoyens est chargé de l'administration de ce petit pays.

On ne sait rien de bien positif sur la vie d'Esculape, et c'est ce qui fait qu'on en dit tant de choses. Si l'on s'en rapporte au récit des habitants, un berger qui avait perdu son chien et une de ses chèvres les trouva sur une montagne voisine, auprès d'un enfant resplendissant de lumière, allaité par la chèvre et gardé par le chien; c'était Esculape, fils d'Apollon et de Coronis. Ses jours furent consacrés au soulagement des malheureux. Les blessures et les maladies les plus dangereuses cédaient à ses opérations, à ses remèdes, aux chants harmonieux, aux paroles magiques qu'il employait. Les dieux lui avaient pardonné ses succès; mais il osa rappeler les morts à la vie, et, sur les représentations de Pluton, il fut écrasé par la foudre.

D'autres traditions laissent entrevoir quelques lueurs de vérité, et nous présentent un fil que nous suivrons un moment sans nous engager dans ses détours. L'instituteur d'Achille, le sage Chiron, avait acquis de légères connaissances sur les vertus des simples, de plus grandes sur la réduction des fractures et des luxations; il les transmit à ses descendants, qui existent encore en Thessalie, et qui de tout temps se sont généreusement dévoués au service des malades.

Il paraît qu'Esculape fut son disciple, et que, devenu le dépo-

[1] Environ une lieue et demie.

sitaire de ses secrets, il en instruisit ses fils Machaon et Podalire, qui régnèrent après sa mort sur une petite ville de Thessalie. Pendant le siége de Troie, ils signalèrent leur valeur dans les combats et leur habileté dans le traitement des blessés; car ils avaient cultivé avec soin la chirurgie, partie essentielle de la médecine et la seule qui, suivant les apparences, fût connue dans ces siècles éloignés. Machaon avait perdu la vie sous les murs de Troie. Ses cendres furent transportées dans le Péloponnèse, par les soins de Nestor. Ses enfants, attachés à la profession de leur père, s'établirent dans cette contrée; ils élevèrent des autels à leur aïeul et en méritèrent par les services qu'ils rendirent à l'humanité.

L'auteur d'une famille si respectable devint bientôt l'objet de la vénération publique. Sa promotion au rang des dieux doit être postérieure au temps d'Homère, qui n'en parle que comme d'un simple particulier; mais aujourd'hui on lui décerne partout les honneurs divins. Son culte a passé d'Épidaure dans les autres villes de la Grèce, même en des climats éloignés : il s'étendra davantage, parce que les malades imploreront toujours avec confiance la pitié d'un dieu qui fut sujet à leurs infirmités.

Les Épidauriens ont institué en son honneur des fêtes qui se célèbrent tous les ans, et auxquelles on ajoute de temps en temps de nouveaux spectacles. Quoiqu'elles soient très-magnifiques, le temple du dieu, les édifices qui l'environnent et les scènes qui s'y passent sont plus propres à satisfaire la curiosité du voyageur attentif.

Je ne parle point de ces riches présents que l'espoir et la reconnaissance des malades ont déposés dans cet asile; mais on est d'abord frappé de ces belles paroles tracées au-dessus de la porte du temple : « L'ENTRÉE DE CES LIEUX N'EST PERMISE QU'AUX AMES PURES. » La statue du dieu, ouvrage de Thrasymède de Paros, comme on le voit par son nom inscrit au bas, est en or et en ivoire. Esculape, assis sur son trône, ayant un chien à ses pieds, tient d'une main son bâton et prolonge l'autre au-dessus d'un serpent qui semble se dresser pour l'atteindre. L'artiste a gravé sur le trône les exploits de quelques héros de l'Argolide : c'est Bellérophon qui triomphe de la Chimère; c'est Persée qui coupe la tête à Méduse.

Polyclète, que personne n'avait surpassé dans l'art de la sculpture, que peu d'artistes ont égalé dans celui de l'architecture, construisit dans le bois sacré un théâtre élégant et superbe où se placent les spectateurs en certaines fêtes. Il éleva tout auprès une rotonde en marbre, qui attire les regards et dont le peintre Pausias a, de nos jours, décoré l'intérieur. Dans un de ses tableaux, l'Amour ne se présente plus avec l'appareil menaçant d'un guerrier; il a laissé tomber son arc et ses flèches : pour triompher, il n'a besoin que de la lyre qu'il tient dans sa main. Dans un autre, Pausias a représenté l'Ivresse sous la figure d'une femme dont les traits se distinguent à travers une bouteille de verre qu'elle est sur le point de vider.

Aux environs, nous vîmes quantité de colonnes qui contiennent non-seulement les noms de ceux qui ont été guéris et des maladies dont ils étaient affligés, mais encore le détail des moyens qui leur ont procuré la santé. De pareils monuments, dépositaires de l'expérience des siècles, seraient précieux dans tous les temps; ils étaient nécessaires avant qu'on eût écrit sur la médecine. On sait qu'en Égypte les prêtres conservent dans leurs temples l'état circonstancié des cures qu'ils ont opérées. En Grèce, les ministres d'Esculape ont introduit cet usage avec leurs autres rites dans presque tous les lieux où ils se sont établis. Hippocrate en connut le prix, et puisa une partie de sa doctrine sur le régime dans une suite d'anciennes inscriptions exposées auprès du temple que les habitants de Cos ont élevé en l'honneur d'Esculape.

Cependant, il faut l'avouer, les prêtres de ce dieu, plus flattés d'opérer des prodiges que des guérisons, n'emploient que trop souvent l'imposture pour s'accréditer dans l'esprit du peuple. Il faut les louer de placer leurs temples hors des villes et sur des hauteurs. Celui d'Épidaure est entouré d'un bois dans lequel on ne laisse naître ni mourir personne ; car, pour éloigner de ces lieux l'image effrayante de la mort, on en retire les malades qui sont à toute extrémité et les femmes qui sont au dernier terme de leur grossesse. Un air sain, un exercice modéré, un régime convenable, des remèdes appropriés ; telles sont les sages précautions qu'on a crues propres à rétablir la santé; mais elles ne suffisent pas aux vues des prêtres, qui, pour attribuer des effets naturels à des causes surnaturelles, ajoutent au traitement quantité de pratiques superstitieuses.

On a construit auprès du temple une grande salle où ceux qui viennent consulter Esculape, après avoir déposé sur la table sainte des gâteaux, des fruits et d'autres offrandes, passent la nuit couchés sur de petits lits : un des ministres leur ordonne de s'abandonner au sommeil, de garder un profond silence, quand même ils entendraient du bruit, et d'être attentifs aux songes que le dieu va leur envoyer ; ensuite il éteint les lumières et a soin de ramasser

[1] Les médailles le représentent fréquemment dans cette attitude.

les offrandes dont la table est couverte. Quelque temps après, les malades croient entendre la voix d'Esculape, soit qu'elle leur parvienne par quelque artifice ingénieux, soit que le ministre, revenu sur ses pas, prononce sourdement quelques paroles autour de leur lit, soit enfin que, dans le calme des sens, leur imagination réalise les récits et les objets qui n'ont cessé de les frapper depuis leur arrivée.

La voix divine leur prescrit les remèdes destinés à les guérir, remèdes assez conformes à ceux des autres médecins. Elle les instruit en même temps des pratiques de dévotion qui doivent en assurer l'effet. Si le malade n'a d'autre mal que de craindre tous les maux, s'il se résout à devenir l'instrument de la fourberie, il lui est ordonné de se présenter le lendemain au temple, de passer d'un côté de l'autel à l'autre, d'y poser la main, de l'appliquer sur la partie souffrante, et de déclarer hautement sa guérison en présence d'un grand nombre de spectateurs que ce prodige remplit d'un nouvel enthousiasme. Quelquefois, pour sauver l'honneur d'Esculape, on enjoint aux malades d'aller au loin exécuter ses ordonnances. D'autres fois, ils reçoivent la visite du dieu, déguisé sous la forme d'un gros serpent dont les caresses raniment leur confiance.

Les serpents, en général, sont consacrés à ce dieu, soit parce que la plupart ont des propriétés dont la médecine fait usage, soit pour d'autres raisons qu'il est inutile de rapporter; mais Esculape paraît chérir spécialement ceux qu'on trouve dans le territoire d'Épidaure et dont la couleur tire sur le jaune. Sans venin, d'un caractère doux et paisible, ils aiment à vivre familièrement avec les hommes. Celui que les prêtres entretiennent dans l'intérieur du temple se replie quelquefois autour de leur corps, ou se redresse sur sa queue pour prendre la nourriture qu'on lui présente dans une assiette [1]. On le laisse rarement sortir. Quand on lui rend sa liberté, il se promène avec majesté dans les rues, et comme son apparition est d'un heureux présage, elle excite une joie universelle. Les uns le respectent parce qu'il est sous la protection de la divinité tutélaire du lieu; les autres se prosternent en sa présence, parce qu'ils le confondent avec le dieu lui-même.

On trouve de ces serpents familiers dans les autres temples d'Esculape, dans ceux de Bacchus et de quelques autres divinités. Ils sont très-communs à Pella, capitale de la Macédoine : les femmes s'y font un plaisir d'en élever. Dans les grandes chaleurs de l'été, elles les entrelacent autour de leur cou en forme de collier, et, dans leurs orgies, elles s'en parent comme d'un ornement ou

[1] Les médailles le représentent souvent dans cette attitude.

les agitent au-dessus de leur tête. Pendant mon séjour en Grèce, on disait qu'Olympias, femme de Philippe, roi de Macédoine, en faisait souvent coucher un auprès d'elle : on ajoute même que Jupiter avait pris la forme de cet animal, et qu'Alexandre était son fils.

Les Épidauriens sont crédules; les malades le sont encore plus. Ils se rendent en foule à Épidaure; ils s'y soumettent avec une entière résignation aux remèdes dont ils n'avaient jusqu'alors retiré aucun fruit, et que leur extrême confiance rend quelquefois plus efficaces. La plupart me racontaient avec une foi vive les songes dont le dieu les avait favorisés : les uns étaient si bornés, qu'ils s'effarouchaient à la moindre discussion ; les autres si effrayés, que les plus fortes raisons ne pouvaient les distraire du sentiment de leurs maux : tous citaient des exemples de guérison qu'ils n'avaient pas constatés et qui recevaient une nouvelle force en passant de bouche en bouche.

Nous repassâmes par Argos, et nous prîmes le chemin de Némée, ville fameuse par la solennité des jeux qu'on y célèbre chaque troisième année en l'honneur de Jupiter. Comme ils offrent à peu près les mêmes spectacles que ceux d'Olympie, je n'en parlerai point : il me suffira d'observer que les Argiens y président, et qu'on n'y décerne au vainqueur qu'une couronne d'ache. Nous entrâmes ensuite dans les montagnes, et, à quinze stades de la ville, nos guides nous montrèrent avec effroi la caverne où se tenait ce lion qui périt sous la massue d'Hercule.

De là étant revenus à Corinthe, nous reprîmes bientôt le chemin d'Athènes, où, dès notre arrivée, je continuai mes recherches tant sur les parties de l'administration que sur les opinions des philosophes et sur les différentes branches de la littérature.

CHAPITRE LIV.
La république de Platon.

Deux grands objets occupent les philosophes de la Grèce : la manière dont l'univers est gouverné, et celle dont il faut gouverner les hommes. Ces problèmes, peut-être aussi difficiles à résoudre l'un que l'autre, sont le sujet éternel de leurs entretiens et de leurs écrits. Nous verrons dans la suite[1] comment Platon, d'après Timée, concevait la formation du monde. J'expose ici les moyens qu'il imaginait pour former la plus heureuse des sociétés.

Il nous en avait entretenus plus d'une fois; mais il les développa avec plus de soin un jour que, se trouvant à l'Académie, où de-

[1] Voyez le chapitre LIX de cet ouvrage.

puis quelque temps il avait cessé de donner des leçons, il voulut prouver que l'on est heureux dès qu'on est juste, quand même on n'aurait rien à espérer de la part des dieux et qu'on aurait tout à craindre de la part des hommes. Pour mieux connaître ce que produirait la justice dans un simple particulier, il examina quels seraient ses effets dans un gouvernement où elle se dévoilerait avec une influence plus marquée et des caractères plus sensibles. Voici à peu près l'idée qu'il nous donna de son système. Je vais le faire parler; mais j'aurai besoin d'indulgence : s'il fallait conserver à ses pensées les charmes dont il sait les embellir, ce serait aux Grâces à tenir le pinceau.

Ce n'est ni d'une monarchie ni d'une démocratie que je dois tracer le plan. Que l'autorité se trouve entre les mains d'un seul ou de plusieurs, peu importe. Je forme un gouvernement où les peuples seraient heureux sous l'empire de la vertu.

J'en divise les citoyens en trois classes : celle des mercenaires ou de la multitude, celle des guerriers ou des gardiens de l'état, celle des magistrats ou des sages. Je ne prescris rien à la première : elle est faite pour suivre aveuglément les impulsions des deux autres.

Je veux un corps de guerriers qui aura toujours les armes à la main, et dont l'objet sera d'entretenir dans l'état une tranquillité constante. Il ne se mêlera pas avec les autres citoyens; il demeurera dans un camp, et sera toujours prêt à réprimer les factions du dedans, à repousser les attaques du dehors.

Mais comme des hommes si redoutables pourraient être infiniment dangereux, et qu'avec toutes les forces de l'état il leur serait facile d'en usurper la puissance, nous les contiendrons, non par des lois, mais par la vigueur d'une institution qui réglera leurs passions et leurs vertus mêmes. Nous cultiverons leur esprit et leur cœur par les instructions qui sont du ressort de la musique, et nous augmenterons leur courage et leur santé par les exercices de la gymnastique.

Que leur éducation commence dès les premières années de leur enfance; que les impressions qu'ils recevront alors ne soient pas contraires à celles qu'ils doivent recevoir dans la suite, et qu'on évite surtout de les entretenir de ces vaines fictions déposées dans les écrits d'Homère, d'Hésiode et des autres poètes. Les dissensions et les vengeances faussement attribuées aux dieux n'offrent que de grands crimes justifiés par de grandes autorités; et c'est un malheur insigne que de s'accoutumer de bonne heure à ne trouver rien d'extraordinaire dans les actions les plus atroces.

Ne dégradons jamais la divinité par de pareilles images. Que la poésie l'annonce aux enfants des guerriers avec autant de dignité que de charmes : on leur dira sans cesse que Dieu ne peut être l'auteur que du bien ; qu'il ne fait le malheur de personne ; que ses châtiments sont des bienfaits; et que les méchants sont à plaindre, non quand ils les éprouvent, mais quand ils trouvent le moyen de s'y soustraire.

On aura soin de les élever dans le plus parfait mépris de la mort et de l'appareil menaçant des enfers. Ces peintures effrayantes et exagérées du Cocyte et du Styx peuvent être utiles en certaines occasions; mais elles ne sont pas faites pour des hommes qui ne doivent connaître la crainte que par celle qu'ils inspirent.

Pénétrés de ces vérités, que la mort n'est pas un mal et que le sage se suffit à lui-même, ils verront expirer autour d'eux leurs parents et leurs amis sans répandre une larme, sans pousser un soupir. Il faudra que leur âme ne se livre jamais aux excès de la douleur, de la joie ou de la colère ; qu'elle ne connaisse ni le vil intérêt, ni le mensonge, plus vil encore s'il est possible ; qu'elle rougisse des faiblesses et des cruautés que les poètes attribuent aux anciens guerriers, et qu'elle fasse consister le véritable héroïsme à maîtriser ses passions et à obéir aux lois.

C'est dans cette âme qu'on imprimera comme sur l'airain les idées immortelles de la justice et de la vérité ; c'est là qu'on gravera en traits ineffaçables que les méchants sont malheureux dans la prospérité, que la vertu est heureuse dans la persécution, et même dans l'oubli.

Mais ces vérités ne doivent pas être présentées avec des couleurs qui en altèrent la majesté. Loin d'ici ces acteurs qui les dégraderaient sur le théâtre en y joignant la peinture trop fidèle des petitesses et des vices de l'humanité! Leurs talents inspireraient à nos élèves ce goût d'imitation dont l'habitude, contractée de bonne heure, passe dans les mœurs et se réveille dans tous les instants de la vie.

Ce n'est point à eux de copier des gestes et des discours qui ne répondraient pas à leur caractère ; il faut que leur maintien et leur récit respirent la sainteté de la vertu, et n'aient pour ornement qu'une simplicité extrême. S'il se glissait dans notre ville un de ces poètes habiles dans l'art de varier les formes du discours et de représenter sans choix toutes sortes de personnages, nous répandrions des parfums sur sa tête et nous le congédierions.

Nous bannirons et les accents plaintifs de l'harmonie lydienne, et la mollesse des chants de l'ionienne. Nous conserverons le mode dorien, dont l'expression mâle soutiendra le courage de nos guerriers, et le phrygien, dont le caractère paisible et religieux pourra s'assortir à la tranquillité de leur âme ; mais ces deux modes mêmes, nous les gênerons dans leurs mouvements et nous les forcerons à choisir une marche noble, convenable aux circonstances, conforme aux chants qu'elle doit régler et aux paroles auxquelles on doit toujours l'assujettir.

De cet heureux rapport établi entre les paroles, l'harmonie et le nombre, résultera cette décence, et par conséquent cette beauté dont l'idée doit toujours être présente à nos jeunes élèves. Nous exigerons que la peinture, l'architecture et tous les arts l'offrent à leurs yeux, afin que, de toutes parts entourés et assaillis des images de la beauté et vivant au milieu de ces images comme dans un air pur et serein, ils s'en pénètrent jusqu'au fond de l'âme et s'accoutument à les reproduire dans leurs actions et dans leurs mœurs. Nourris de ces semences divines, ils s'effaroucheront au premier aspect du vice, parce qu'ils n'y reconnaîtront pas l'empreinte auguste qu'ils ont dans le cœur ; ils tressailliront à la voix de la raison et de la vertu, parce qu'elles leur apparaîtront sous des traits connus et familiers. Ils aimeront la beauté avec tous les transports, mais sans aucun excès de l'amour.

Les mêmes principes dirigeront cette partie de leur éducation qui concerne les besoins et les exercices du corps. Ici point de règle constante et uniforme dans le régime : des gens destinés à vivre dans un camp et à suivre les opérations d'une campagne doivent apprendre à supporter la faim, la soif, le froid, le chaud, tous les besoins, toutes les fatigues, toutes les saisons. Ils trouveront dans une nourriture frugale les trésors de la santé, et dans la continuité des exercices les moyens d'augmenter leur courage plutôt que leurs forces. Ceux qui auront reçu de la nature un tempérament délicat ne chercheront pas à le fortifier par les ressources de l'art. Tels que ce mercenaire qui n'a pas le loisir de réparer les ruines d'un corps que le travail consume, ils rougiraient de prolonger à force de soins une vie mourante et inutile à l'état. On attaquera les maladies accidentelles par des remèdes prompts et simples : on ne connaîtra pas celles qui viennent de l'intempérance et des autres excès ; on abandonnera au hasard celles dont on apporte le germe en naissant. Par là se trouvera proscrite cette médecine qui ne sait employer ses efforts que pour multiplier nos souffrances et nous faire mourir plus long-temps.

Je ne dirai rien ici de la chasse, de la danse et des combats du gymnase; je ne parlerai pas du respect inviolable qu'on aura pour les parents et les vieillards, non plus que d'une foule d'observances dont le détail me mènerait trop loin. Je n'établis que des principes généraux; les règles particulières en découleront d'elles-mêmes, et s'appliqueront sans effort aux circonstances. L'essentiel est que la musique et la gymnastique influent également sur l'éducation, et que les exercices du corps soient dans un juste tempérament avec ceux de l'esprit; car par elle-même la musique amollit un caractère qu'elle adoucit, et la gymnastique le rend dur et féroce en lui donnant de la vigueur. C'est en combinant ces deux arts, en les corrigeant l'un par l'autre, qu'on viendra à bout de tendre ou de relâcher dans une exacte proportion les ressorts d'une âme trop faible ou trop impétueuse : c'est par là que nos guerriers, réunissant la force et le courage à la douceur et à l'aménité, paraîtront aux yeux de leurs ennemis les plus redoutables des hommes, et les plus aimables aux yeux des autres citoyens. Mais, pour produire cet heureux effet, on évitera de rien innover dans le système de l'institution une fois établie. On a dit que, toucher aux règles de la musique, c'était ébranler les lois fondamentales du gouvernement; j'ajoute qu'on s'exposerait au même malheur en faisant des changements dans les jeux, dans les spectacles et dans les moindres usages. C'est que, chez un peuple qui se conduit plutôt par les mœurs que par les lois, les moindres innovations sont dangereuses, parce que, dès qu'on s'écarte des usages reçus dans un seul point, on perd l'opinion de leur sagesse; il s'est glissé un abus, et le poison est dans l'état.

Tout dans notre république dépendra de l'éducation des guerriers; tout dans cette éducation dépendra de la sévérité de la discipline; ils regarderont la moindre observance comme un devoir, et la plus petite négligence comme un crime. Et qu'on ne s'étonne pas de la valeur que nous donnons à des pratiques frivoles en apparence; quand elles ne tendraient pas directement au bien général, l'exactitude à les remplir serait d'un prix infini, parce qu'elle contrarierait et forcerait le penchant. Nous voulons pousser les âmes au plus haut point de perfection pour elles-mêmes et d'utilité pour la patrie. Il faut que, sous la main des chefs, elles deviennent propres aux plus petites choses comme aux plus grandes; il faut qu'elles brisent sans cesse leur volonté, et qu'à force de sacrifices elles parviennent à ne penser, n'agir, ne respirer que pour le bien de la république. Ceux qui ne seront pas capables de ce renoncement à eux-mêmes ne seront pas admis dans la classe des guerriers, mais relégués dans celle des artisans et des laboureurs ; car les états ne seront pas réglés par la naissance, ils le seront uniquement par les qualités de l'âme.

Avant que d'aller plus loin, forçons nos élèves à jeter les yeux sur la vie qu'ils doivent mener un jour ; ils seront moins étonnés de la sévérité de nos règles et se prépareront mieux à la haute destinée qui les attend.

Si les guerriers possédaient des terres et des maisons, si l'or et l'argent souillaient une fois leurs mains, bientôt l'ambition, la haine, et toutes les passions qu'entraînent les richesses se glisseraient dans leurs cœurs, et ils ne seraient plus que des hommes ordinaires. Délivrons-les de tous ces petits soins qui les forceraient à se courber vers la terre. Ils seront nourris en commun aux dépens du public ; la patrie, à laquelle ils consacreront toutes leurs pensées et tous leurs désirs, se chargera de pourvoir à leurs besoins, qu'ils réduiront au pur nécessaire ; et si l'on nous objecte que, par ces privations, ils seront moins heureux que les autres citoyens, nous répondrons que le législateur doit se proposer le bonheur de toute la société, et non d'une seule des classes qui la composent. Quelque moyen qu'il emploie, s'il réussit il aura fait le bien particulier, qui dépend toujours du bien général. D'ailleurs je n'établis pas une ville qui regorge de délices : je veux qu'on y règle le travail de manière qu'il bannisse la pauvreté sans introduire l'opulence ; si nos guerriers y diffèrent des autres citoyens, ce sera parce qu'avec plus de vertus ils auront moins de besoins.

Nous avons cherché à les dépouiller de cet intérêt sordide qui produit tant de crimes. Il faut encore éteindre ou plutôt perfectionner dans leurs cœurs ces affections que la nature inspire, et les unir entre eux par les moyens mêmes qui contribuent à les diviser. J'entre dans une nouvelle carrière, je n'y marche qu'en tremblant ; les idées que je vais proposer paraîtront aussi révoltantes que chimériques ; mais, après tout, je m'en méfie moi-même ; et cette disposition d'esprit, si je m'égare, doit me faire absoudre d'avance d'une erreur involontaire.

Ce sexe, que nous bornons à des emplois obscurs et domestiques, ne serait-il pas destiné à des fonctions plus nobles et plus relevées ? N'a-t-il pas donné des exemples de courage, de sagesse, de progrès dans toutes les vertus et dans tous les arts ? Peut-être que ses qualités se ressentent de sa faiblesse, et sont inférieures aux nôtres : s'ensuit-il qu'elles doivent être inutiles à la patrie ? Non, la nature ne dispense aucun talent pour le rendre stérile ; et le grand art du législateur est de remettre en jeu tous les ressorts qu'elle fournit et que nous laissons en repos. Nos guerriers partageront avec leurs épouses le soin de pourvoir à la tranquillité de la ville, comme le chien fidèle partage avec sa compagne la garde du troupeau confié à sa vigilance. Les uns et les autres seront élevés dans les mêmes principes, dans les mêmes lieux et sous les mêmes maîtres. Ils recevront ensemble, avec les éléments des sciences, les leçons de la sagesse; et, dans le gymnase, les jeunes filles, dépouillées de leurs habits et parées de leur vertu comme du plus honorable des vêtements, disputeront le prix des exercices aux jeunes garçons leurs émules.

Nous avons trop de décence et de corruption pour n'être pas blessés d'un règlement qu'une longue habitude et des mœurs plus pures rendraient moins dangereux. Cependant les magistrats seront chargés d'en prévenir les abus. Dans des fêtes instituées pour former des unions légitimes et saintes, ils jetteront dans une urne les noms de ceux qui devront donner des gardiens à la république. Ce seront les guerriers depuis l'âge de trente ans jusqu'à celui de cinquante-cinq, et les guerriers depuis l'âge de vingt jusqu'à celui de quarante ans. On réglera le nombre des concurrents sur les pertes qu'elle aura faites; car nous devons éviter avec le même soin l'excès et le défaut de population. Le hasard, en apparence, assortira les époux; mais les magistrats, par des pratiques adroites, en corrigeront si bien les caprices, qu'ils choisiront toujours les sujets de l'un et de l'autre sexe les plus propres à conserver dans sa pureté la race de nos guerriers. En même temps les prêtres et les prêtresses répandront le sang des victimes sur l'autel, les airs retentiront du chant des épithalames, et le peuple, témoin et garant des nœuds formés par le sort, demandera au ciel des enfants encore plus vertueux que leurs pères.

Ceux qui naîtront de ces mariages seront aussitôt enlevés à leurs parents et déposés dans un endroit où leurs mères, sans les reconnaître, iront distribuer, tantôt à l'un, tantôt à l'autre, ce lait qu'elles ne pourront plus réserver exclusivement pour les fruits de leur amour.

Dans ce berceau des guerriers ne paraîtront pas les enfants qui auraient porté en naissant quelque difformité; ils seront écartés au loin et cachés dans quelque retraite obscure : on n'y admettra pas non plus les enfants dont la naissance n'aurait pas été précédée par les cérémonies augustes dont je viens de parler, ni ceux que leurs parents auraient mis au jour par une union prématurée ou tardive.

Dès que les deux époux auront satisfait aux vœux de la patrie, ils se sépareront et resteront libres jusqu'à ce que les magistrats les appellent à un nouveau concours et que le sort leur assigne d'autres liens. Cette continuité d'hymens et de divorces fera que les femmes pourront appartenir successivement à plusieurs guerriers.

Mais quand les uns et les autres auront passé l'âge prescrit par la loi aux engagements qu'elle avoue, il leur sera permis d'en contracter d'autres; pourvu toutefois que, d'un côté, ils ne fassent paraître aucun fruit de leur union, et que, d'un autre côté, ils évitent de s'unir aux personnes qui leur ont donné ou qui leur doivent la naissance.

Mais, comme ils ne pourraient pas les reconnaître, il leur suffira de compter parmi leurs fils et leurs filles tous les enfants nés dans le même temps que ceux dont ils seront véritablement les auteurs; et cette illusion sera le principe d'un accord inconnu aux autres états. En effet, chaque guerrier se croira uni par les liens du sang avec tous ses semblables; et par là se multiplieront tellement entre eux les rapports de parenté, qu'on entendra retentir partout les noms tendres et sacrés de père et de mère, de fils et de fille, de frère et de sœur. Les sentiments de la nature, au lieu de se concentrer en des objets particuliers, se répandront en abondance sur cette grande famille, qu'ils animeront d'un même esprit; les cœurs rempliront aisément des devoirs qu'ils se feront eux-mêmes; et, renonçant à tout avantage personnel, ils se transmettront leurs peines qu'ils affaibliront, et leurs plaisirs qu'ils augmenteront en les partageant; tout germe de division sera étouffé par l'autorité des chefs, et toute violence enchaînée par la crainte d'outrager la nature.

Cette tendresse précieuse qui les rapprochera pendant la paix se réveillera avec plus de force pendant la guerre. Qu'on place sur un champ de bataille un corps de guerriers jeunes, pleins de courage, exercés depuis leur enfance aux combats, parvenus enfin au point de déployer les vertus qu'ils ont acquises, et persuadés qu'une lâcheté va les avilir, une belle action les élever au comble de l'honneur, et le trépas leur mériter des autels ; que, dans ce moment, la voix puissante de la patrie frappe leurs oreilles et les appelle à sa défense; qu'à cette voix se joignent les cris plaintifs de l'amitié qui leur montre de rang en rang tous les amis en danger ; enfin, pour imprimer en leur âme les émotions les plus fortes, qu'on jette au milieu d'eux leurs épouses et leurs enfants : leurs épouses, qui viennent combattre auprès d'eux et les soutenir de leur voix et de leurs regards; leurs enfants, à qui ils doivent des leçons de valeur, et qui vont peut-être périr par le fer barbare de l'ennemi : croira-t-on que

CHAPITRE LIV.

cette masse, embrasée par ces puissants intérêts comme par une flamme dévorante, hésite un instant à ramasser ses forces et ses fureurs, à tomber comme la foudre sur les troupes ennemies, et à les écraser par son poids irrésistible ?

Tels seront les grands effets de l'union établie entre nos guerriers. Il en est un qu'ils devront uniquement à leur vertu : ce sera de s'arrêter et de redevenir doux, sensibles, humains après la victoire ; dans l'ivresse même du succès, ils ne songeront ni à charger de fers un ennemi vaincu, ni à outrager ses morts sur le champ de bataille, ni à suspendre ses armes dans les temples des dieux, peu jaloux d'une pareille offrande, ni à porter le ravage dans les campagnes ou le feu dans les maisons. Ces cruautés, qu'ils se permettraient à peine contre les barbares, ne doivent point s'exercer dans la Grèce, dans cette république de nations amies, dont les divisions ne devraient jamais présenter l'image de la guerre, mais plutôt celle des troubles passagers qui agitent quelquefois les citoyens d'une même ville.

Nous croyons avoir pourvu suffisamment au bonheur de nos guerriers, nous les avons enrichis à force de privations ; sans rien posséder, ils jouiront de tout ; il n'y en aura aucun parmi eux qui ne puisse dire : Tout m'appartient. Et qui ne doive ajouter, dit Aristote, qui jusqu'alors avait gardé le silence : Rien ne m'appartient en effet. O Platon ! ce ne sont pas les biens que nous partageons qui nous touchent le plus, ce sont ceux qui nous sont personnels. Dès que vos guerriers n'auront aucune sorte de propriété, n'en attendez qu'un intérêt sans chaleur comme sans objet ; leur tendresse, ne pouvant se fixer sur cette foule d'enfants dont ils seront entourés, tombera dans la langueur ; et ils se reposeront les uns sur les autres du soin de leur donner des exemples et des leçons, comme on voit les esclaves d'une maison négliger des devoirs qui leur sont communs à tous.

Platon répondit : Nous avons mis dans les cœurs de nos guerriers deux principes qui, de concert, doivent sans cesse ranimer leur zèle : le sentiment et la vertu. Non-seulement ils exerceront le premier d'une manière générale en se regardant tous comme les citoyens d'une même patrie, mais ils s'en pénétreront encore davantage en se regardant comme les enfants d'une même famille. Ils le seront en effet, et l'obscurité de leur naissance n'obscurcira point les titres de leur affinité. Si l'illusion n'a pas ici autant de force que la réalité, elle aura plus d'étendue ; et la république y gagnera, car il lui importe fort peu qu'entre certains particuliers les affections soient portées à l'excès, pourvu qu'elles passent dans toutes les âmes et qu'elles suffisent pour les lier d'une chaîne commune. Mais si par hasard elles étaient trop faibles pour rendre nos guerriers appliqués et vigilants, n'avons-nous pas un autre mobile, cette vertu sublime qui les portera sans cesse à faire au delà de leurs devoirs?

Aristote allait répliquer; mais nous l'arrêtâmes, et il se contenta de demander à Platon s'il était persuadé que sa république pût exister.

Platon reprit avec douceur : Rappelez-vous l'objet de mes recherches. Je veux prouver que le bonheur est inséparable de la justice; et, dans cette vue, j'examine quel serait le meilleur des gouvernements pour montrer ensuite qu'il serait le plus heureux. Si un peintre offrait à nos yeux une figure dont la beauté surpassât toutes nos idées, lui objecterait-on que la nature n'en produit pas de semblables? Je vous offre de même le tableau de la plus parfaite des républiques; je le propose comme un modèle dont les autres gouvernements doivent plus ou moins approcher pour être plus ou moins heureux. Je vais plus loin, et j'ajoute que mon projet, tout chimérique qu'il paraît être, pourrait en quelque manière se réaliser, non-seulement parmi nous, mais encore partout ailleurs, si l'on avait soin d'y faire un changement dans l'administration des affaires. Quel serait ce changement? que les philosophes montassent sur le trône ou que les souverains devinssent philosophes.

Cette idée révoltera sans doute ceux qui ne connaissent pas la vraie philosophie. Les autres verront que sans elle il n'est plus de remède aux maux qui affligent l'humanité.

Me voilà parvenu à la troisième et à la plus importante classe de nos citoyens : je vais parler de nos magistrats, de ce petit nombre d'hommes choisis parmi des hommes vertueux, de ces chefs, en un mot, qui, tirés de l'ordre des guerriers, seront autant au-dessus d'eux par l'excellence de leur mérite que les guerriers seront au-dessus des artisans et des laboureurs.

Quelle précaution ne faudra-t-il pas dans notre république pour choisir des hommes si rares! quelle étude pour les connaître! quelle attention pour les former! Entrons dans ce sanctuaire où l'on élève les enfants des guerriers et où les enfants des autres citoyens peuvent mériter d'être admis. Attachons-nous à ceux qui, réunissant les avantages de la figure aux grâces naturelles, se distingueront de leurs semblables dans les exercices du corps et de l'esprit. Examinons si le désir de savoir, si l'amour du bien étincellent de bonne heure dans leurs regards et dans leurs discours; si, à mesure que leurs lumières se développent, ils se pénètrent d'un plus vif intérêt pour leurs devoirs, et si, à proportion de leur âge, ils laissent de plus en plus échapper les traits d'un heureux caractère. Tendons des pièges à leur raison naissante. Si les principes qu'elle a reçus ne peuvent être altérés ni par le temps ni par des principes contraires, attaquons-les par la crainte de la douleur, par l'attrait du plaisir, par toutes les espèces de violence et de séduction. Plaçons ensuite ces jeunes élèves en présence de l'ennemi, non pour qu'ils s'engagent dans la mêlée, mais pour être spectateurs d'un combat ; et remarquons bien l'impression que les travaux et les dangers feront sur leurs organes. Après les avoir vus sortir de ces épreuves aussi purs que l'or qui a passé par le creuset, après nous être assurés qu'ils ont naturellement de l'éloignement pour les plaisirs des sens, de l'horreur pour le mensonge, qu'ils joignent la justesse de l'esprit à la noblesse des sentiments et la vivacité de l'imagination à la solidité du caractère, soyons plus attentifs que jamais à épier leur conduite et à suivre les progrès de leur éducation.

Nous avons parlé plus haut des principes qui doivent régler leurs mœurs ; il est question à présent des sciences qui peuvent étendre leurs lumières. Telles seront d'abord l'arithmétique et la géométrie, toutes deux propres à augmenter les forces et la sagacité de l'esprit, toutes deux utiles au guerrier pour le diriger dans ses opérations militaires, et absolument nécessaires au philosophe pour l'accoutumer à fixer ses idées et à s'élever jusqu'à la vérité. L'astronomie, la musique, toutes les sciences qui produiront le même effet, entreront dans le plan de notre institution. Mais il faudra que nos élèves s'appliquent à ces études sans effort, sans contrainte et en jouant ; qu'ils les suspendent à l'âge de dix-huit ans pour ne s'occuper, pendant deux ou trois ans, que des exercices du gymnase, et qu'ils les reprennent ensuite pour mieux saisir les rapports qu'elles ont entre elles. Ceux qui continueront à justifier les espérances qu'ils nous avaient données dans leur enfance obtiendront des distinctions honorables ; et dès qu'ils seront parvenus à l'âge de trente ans, nous les initierons à la science de la méditation, à cette dialectique sublime qui doit être le terme de leurs premières études, et dont l'objet est de connaître moins l'existence que l'essence des choses [1].

Ne nous en prenons qu'à nous-mêmes si cet objet n'a pas été rempli jusqu'à présent. Nos jeunes gens, s'occupant trop tôt de la dialectique, et ne pouvant remonter aux principes des vérités qu'elle

[1] Du temps de Platon, sous le nom de dialectique, on comprenait à la fois la logique, la théologie naturelle et la métaphysique.

enseigne, se font un amusement de ses ressources, et se livrent des combats où, tantôt vainqueurs et tantôt vaincus, ils parviennent à n'acquérir que des doutes et des erreurs. De là ces défauts qu'ils conservent toute leur vie, ce goût pour la contradiction, cette indifférence pour des vérités qu'ils n'ont pas su défendre, cette prédilection pour des sophismes qui leur ont valu la victoire.

Des succès si frivoles et si dangereux ne tenteront pas les élèves que nous achevons de former; des lumières toujours plus vives seront le fruit de leurs entretiens ainsi que de leur application. Dégagés des sens, ensevelis dans la méditation, ils se rempliront peu à peu de l'idée du bien; de ce bien après lequel nous soupirons avec tant d'ardeur, et dont nous nous formons des images si confuses; de ce bien suprême qui, source de toute vérité et de toute justice, doit animer le souverain magistrat et le rendre inébranlable dans l'exercice de ses devoirs. Mais où réside-t-il ? où doit-on le chercher ? Est-ce dans ces plaisirs qui nous enivrent ? dans ces connaissances qui nous enorgueillissent ? dans cette décoration brillante qui nous éblouit ? Non, car tout ce qui est changeant et mobile ne saurait être le vrai bien. Quittons la terre et les ombres qui la couvrent; élevons nos esprits vers le séjour de la lumière, et annonçons aux mortels les vérités qu'ils ignorent.

Il existe deux mondes, l'un visible et l'autre idéal. Le premier, formé sur le modèle de l'autre, est celui que nous habitons. C'est là que, tout étant sujet à la génération et à la corruption, tout change et s'écoule sans cesse; c'est là qu'on ne voit que des images et des portions fugitives de l'être. Le second renferme les essences et les exemplaires de tous les objets visibles; et ces essences sont de véritables êtres, puisqu'elles sont immuables. Deux rois, dont l'un est le ministre et l'esclave de l'autre, répandent leurs clartés dans ces deux mondes. Du haut des airs le soleil fait éclore et perpétue les objets qu'il rend visibles à nos yeux. Du lieu le plus élevé du monde intellectuel, le bien suprême produit et conserve les essences qu'il rend intelligibles à nos âmes. Le soleil nous éclaire par sa lumière, le bien suprême par sa vérité; et comme nos yeux ont une perception distincte lorsqu'ils se fixent sur des corps où tombe la lumière du jour, de même notre âme acquiert une vraie science lorsqu'elle considère des êtres où la vérité se réfléchit.

Mais voulez-vous connaître combien les jours qui éclairent ces deux empires diffèrent en éclat et en beauté ? imaginez un antre profond où des hommes sont, depuis leur enfance, tellement assujettis par des chaînes pesantes qu'ils ne peuvent ni changer de lieu ni voir d'autres objets que ceux qu'ils ont en face ; derrière eux, à une certaine distance, est placé sur une hauteur un feu dont la lueur se répand dans la caverne ; entre ce feu et les captifs est un mur, le long duquel des personnes vont et viennent, les unes en silence, les autres s'entretenant ensemble, tenant de leurs mains et élevant au-dessus du mur des figures d'hommes ou d'animaux, des meubles de toute espèce, dont les ombres iront se retracer sur le côté de la caverne exposé aux regards des captifs. Frappés de ces images passagères, ils les prendront pour des êtres réels, et leur attribueront le mouvement, la vie et la parole. Choisissons à présent un de ces captifs ; et, pour dissiper son illusion, brisons ses fers, obligeons-le de se lever et de tourner la tête : étonné des nouveaux objets qui s'offriront à lui, il doutera de leur réalité ; ébloui et pressé de l'éclat du feu, il en détournera ses regards pour les porter sur les vains fantômes qui l'occupaient auparavant. Faisons-lui subir une nouvelle épreuve ; arrachons-le de sa caverne malgré ses cris, ses efforts et les difficultés d'une marche pénible. Parvenu sur la terre, il se trouvera tout à coup accablé de la splendeur du jour ; et ce ne sera qu'après bien des essais qu'il pourra discerner les ombres, les corps, les astres de la nuit, fixer le soleil, et le regarder comme l'auteur des saisons et le principe fécond de tout ce qui tombe sous nos sens.

Quelle idée aura-t-il alors des éloges qu'on donne dans le souterrain à ceux qui, les premiers, saisissent et reconnaissent les ombres à leur passage ? Que pensera-t-il des prétentions, des haines, des jalousies que ces découvertes excitent parmi ce peuple malheureux ? Un sentiment de pitié l'obligera sans doute de voler à leur secours pour les détromper de leur fausse sagesse et de leur puéril savoir : mais comme, en passant tout à coup d'une si grande lumière à une si grande obscurité, il ne pourra d'abord rien discerner, ils s'élèveront contre lui ; et, ne cessant de lui reprocher son aveuglement, ils le citeront comme un exemple effrayant des dangers que l'on court à passer dans la région supérieure.

Voilà précisément le tableau de notre funeste condition : le genre humain est enseveli dans une caverne immense, chargé de fers, et ne pouvant s'occuper que d'ombres vaines et artificielles : c'est là que les plaisirs n'ont qu'un retour amer ; les biens, qu'un éclat trompeur ; les vertus, qu'un fondement fragile ; les corps mêmes, qu'une existence illusoire : il faut sortir de ce lieu de ténèbres ; il faut briser ses chaînes, s'élever par des efforts redoublés jusqu'au monde intellectuel, s'approcher peu à peu de la suprême intelligence, et en contempler la nature divine dans le silence des sens et des passions. Alors on verra que de son trône découlent, dans l'ordre moral, la justice, la science et la vérité ; dans l'ordre physique, la lumière du soleil, les productions de la terre et l'existence de toutes choses. Non, une âme qui, parvenue à cette grande élévation, a une fois éprouvé les émotions, les élancements, les transports qu'excite la vue du bien suprême, ne daignera pas revenir partager nos travaux et nos honneurs ; ou, si elle descend parmi nous, et qu'avant d'être familiarisée avec nos ténèbres, elle soit forcée de s'expliquer sur la justice devant les hommes qui n'en connaissent que le fantôme, ses principes nouveaux paraîtront si bizarres, si dangereux, qu'on finira par rire de sa folie ou par la punir de sa témérité.

Tels sont néanmoins les sages qui doivent être à la tête de notre république, et que la dialectique doit former. Pendant cinq ans entiers, consacrés à cette étude, ils méditeront sur la nature du vrai, du juste, de l'honnête. Peu contents des notions vagues et incertaines qu'on en donne maintenant, ils en rechercheront la vraie origine ; ils liront leurs devoirs, non dans les préceptes des hommes, mais dans les instructions qu'ils recevront directement du premier des êtres. C'est dans les entretiens familiers qu'ils auront, pour ainsi dire, avec lui, qu'ils puiseront des lumières infaillibles pour discerner la vérité, une fermeté inébranlable dans l'exercice de la justice, et cette obstination à faire le bien, dont rien ne peut triompher, et qui à la fin triomphe de tout.

Mais pendant qu'étroitement unis avec le bien suprême, et que, vivant d'une vie véritable, ils oublieront toute la nature, la république, qui a des droits sur leurs vertus, les rappellera pour leur confier des emplois militaires et d'autres fonctions convenables à leur âge. Elle les éprouvera de nouveau, jusqu'à ce qu'ils soient parvenus à leur cinquantième année ; alors, revêtus malgré eux de l'autorité souveraine, ils se rapprocheront avec une nouvelle ferveur de l'Être suprême, afin qu'il les dirige dans leur conduite. Ainsi, tenant au ciel par la philosophie, et à la terre par leurs emplois, ils éclaireront les citoyens et les rendront heureux. Après leur mort, ils revivront en des successeurs formés par leurs leçons et par leurs exemples ; la patrie reconnaissante leur élèvera des tombeaux et les invoquera comme des génies tutélaires.

Les philosophes que nous placerons à la tête de notre république ne seront point ces déclamateurs oisifs, ces sophistes méprisés de la multitude qu'ils sont incapables de conduire ; ce seront des âmes fortes, grandes, uniquement occupées du bien de l'état, éclairées sur tous les points de l'administration par une longue expérience et par la plus sublime de toutes les théories ; devenues, par leurs vertus et par leurs lumières, les images et les interprètes des dieux sur la terre. Comme notre république sera de très-peu d'étendue, ils pourront, d'un coup d'œil, en embrasser toutes les parties. Leur autorité, si respectable par elle-même, sera soutenue au besoin par ce corps de guerriers invincibles et pacifiques qui n'auront d'autre ambition que de défendre les lois et la patrie. Le peuple trouvera son bonheur dans la jouissance d'une fortune médiocre, mais assurée ; les guerriers, dans l'affranchissement des soins domestiques et dans les éloges que les hommes donneront à leurs succès ; les chefs, dans le plaisir de faire le bien, et d'avoir l'Être suprême pour témoin.

A ces motifs Platon en ajouta un autre plus puissant encore : le tableau des biens et des maux réservés dans une autre vie au vice et à la vertu. Il s'étendit sur l'immortalité et sur les diverses transmigrations de l'âme ; il parcourut ensuite les défauts essentiels des gouvernements établis parmi les hommes, et finit par observer qu'il n'avait rien proscrit sur le culte des dieux, parce que c'était à l'oracle de Delphes qu'il appartenait de le régler.

Quand il eut achevé de parler, ses disciples, entraînés par son éloquence, se livraient à leur admiration. Mais d'autres auditeurs, plus tranquilles, prétendaient qu'il venait d'élever un édifice plus imposant que solide, et que son système ne devait être regardé que comme le délire d'une imagination exaltée et d'une âme vertueuse. D'autres le jugeaient avec encore plus de sévérité. Platon, disaient-ils, n'est pas l'auteur de ce projet ; il l'a puisé dans les lois de Lycurgue et dans les écrits de Protagoras, où il se trouve presque en entier. Pendant qu'il était en Sicile, il voulut le réaliser dans un coin de cette île : le jeune Denys, roi de Syracuse, qui lui en avait d'abord accordé la permission, la lui refusa ensuite. Il semble ne le proposer maintenant qu'avec des restrictions et comme une simple hypothèse ; mais, en déclarant plus d'une fois dans son discours que l'exécution en est possible, il a dévoilé ses sentiments secrets.

Autrefois, ajoutait-on, ceux qui cherchaient à corriger la forme des gouvernements étaient des sages qui, éclairés par leur propre expérience, ou par celle des autres, savaient que les maux d'un état s'aigrissent, au lieu de se guérir, par des remèdes trop violents ; ce sont aujourd'hui des philosophes qui ont plus d'esprit que de lumières, et qui voudraient former des gouvernements sans défauts et des hommes sans faiblesses. Hippodamus de Milet fut le premier qui, sans avoir eu part à l'administration des affaires, conçut un nouveau plan de république. Protagoras et d'autres auteurs ont suivi son exemple, qui le sera encore dans la suite : car rien n'est si facile que d'imaginer des systèmes pour procurer le bonheur d'un peuple, comme rien n'est si difficile que de les exécuter. Eh! qui le sait mieux que Platon, lui qui n'a pas osé donner ses projets de réforme à des peuples qui les désiraient, ou qui les a communiqués à d'autres qui n'ont pu en faire usage ? Il les refusa aux habitants de Mégalopolis, sous prétexte qu'ils ne voulaient pas admettre l'égalité des biens et des honneurs ; il les refusa aux habitants de Cyrène, par la raison qu'ils étaient trop opulents pour obéir à ses lois. Mais si les uns et les autres avaient été aussi vertueux, aussi détachés des biens et des distinctions qu'il l'exigeait, ils n'auraient pas eu besoin de ses lumières. Aussi ces prétextes ne l'empêchèrent-ils pas de dire son avis à ceux de Syracuse, qui, après la mort de Dion, l'avaient consulté sur la forme de gouvernement qu'ils devaient établir dans leur ville. Il est vrai que son plan ne fut pas suivi, quoiqu'il fût d'une plus facile exécution que celui de sa république. C'est ainsi que, soit à juste titre, soit par jalousie, s'exprimaient sur les projets politiques de ce grand philosophe plusieurs de ceux qui venaient de l'entendre.

CHAPITRE LV.

Du commerce des Athéniens.

Le port du Pirée est très-fréquenté, non-seulement par les vaisseaux grecs, mais encore par ceux des nations que les Grecs appellent barbares. La république en attirerait un plus grand nombre si elle profitait mieux de l'heureuse situation du pays, de la bonté de ses ports, de sa supériorité dans la marine, des mines d'argent et d'autres avantages qu'elle possède, et si elle récompensait par des honneurs les négociants dont l'industrie et l'activité augmenteraient la richesse nationale. Mais quand les Athéniens sentirent la nécessité de la marine, trop remplis de l'esprit de conquête, ils n'aspirèrent à l'empire de la mer que pour usurper celui du continent ; et, depuis, leur commerce s'est borné à tirer des autres pays les denrées et les productions nécessaires à leur subsistance.

Dans toute la Grèce, les lois ont mis des entraves au commerce ; celles de Carthage en ont mis quelquefois à la propriété des colons. Après s'être emparée d'une partie de la Sardaigne, et l'avoir peuplée de nouveaux habitants, Carthage leur défendit d'ensemencer leurs terres et leur ordonna d'échanger les fruits de leur

CHAPITRE LV.

industrie contre les denrées trop abondantes de la métropole. Les colonies grecques ne se trouvent pas dans la même dépendance, et sont, en général, plus en état de fournir des vivres à leurs métropoles que d'en recevoir.

Platon compare l'or et la vertu à deux poids qu'on met dans une balance, et dont l'un ne peut monter sans que l'autre baisse. Suivant cette idée, une ville devrait être située loin de la mer, et ne recueillir ni trop ni trop peu de denrées. Outre qu'elle conserverait ses mœurs, il lui faudrait moitié moins de lois qu'il n'en faut aux autres états : car plus le commerce est florissant, plus on doit les multiplier. Les Athéniens en ont un assez grand nombre relatives aux armateurs, aux marchands, aux douanes, aux intérêts usuraires et aux différentes espèces de conventions qui se renouvellent sans cesse, soit au Pirée, soit chez les banquiers.

Dans plusieurs de ces lois on s'est proposé d'écarter, autant qu'il est possible, les procès et les obstacles qui troublent les opérations du commerce. Elles infligent une amende de mille drachmes [1] et quelquefois la peine de la prison contre celui qui dénonce un négociant sans être en état de prouver le délit dont il l'accuse. Les vaisseaux marchands ne tenant la mer que depuis le mois munychion jusqu'au mois boédromion [2], les causes qui regardent le commerce ne peuvent être jugées que pendant les six mois écoulés depuis le retour des vaisseaux jusqu'à leur nouveau départ. A des dispositions si sages, Xénophon proposait d'ajouter des récompenses pour les juges qui termineraient au plus tôt les contestations portées à leur tribunal.

Cette juridiction, qui ne connaît que de ces sortes d'affaires, veille avec beaucoup de soin sur la conduite des négociants. Le commerce se soutenant mieux par ceux qui prêtent que par ceux qui empruntent, je vis punir de mort un citoyen, fils d'un Athénien qui avait commandé les armées, parce qu'ayant emprunté de grandes sommes sur la place il n'avait pas fourni des hypothèques suffisantes.

Comme l'Attique produit peu de blé, il est défendu d'en laisser sortir, et ceux qui vont en chercher au loin ne peuvent, sans s'exposer à des peines rigoureuses, les verser dans aucune autre ville. On en tire de l'Égypte et de la Sicile ; en beaucoup plus grande quantité de Panticapée et de Théodosie, ville de la Chersonèse taurique, parce que le souverain de ce pays, maître du Bosphore

---

[1] Neuf cents livres.

[2] Dans le cycle de Méton, le mois munychion commençait au plus tôt le 28 mars de l'année julienne ; et le mois boédromion le 23 août. Ainsi les vaisseaux tenaient la mer depuis le commencement d'avril jusqu'à la fin de septembre.

cimmérien, exempte les vaisseaux athéniens du droit de trentième qu'il prélève sur l'exportation de cette denrée. A la faveur de ce privilége, ils naviguent par préférence au Bosphore cimmérien, et Athènes en reçoit tous les ans quatre cent mille médimnes de blé.

On apporte de Panticapée et des différentes côtes du Pont-Euxin des bois de construction, des esclaves, de la saline, du miel, de la cire, de la laine, des cuirs et des peaux de chèvre[1]; de Byzance et de quelques autres cantons de la Thrace et de la Macédoine, du poisson salé, des bois de charpente et de construction; de la Phrygie et de Milet, des tapis, des couvertures de lit, et de ces belles laines dont on fabrique des draps; des îles de la mer Égée, du vin et toutes les espèces de fruits qu'elles produisent; de la Thrace, de la Thessalie, de la Phrygie et de plusieurs autres pays, une assez grande quantité d'esclaves.

L'huile est la seule denrée que Solon ait permis d'échanger contre les marchandises étrangères : la sortie de toutes les autres productions de l'Attique est prohibée, et l'on ne peut, sans payer de gros droits, exporter des bois de construction, tels que le sapin, le cyprès, le platane et d'autres arbres qui croissent aux environs d'Athènes.

Ses habitants trouvent une grande ressource pour leur commerce dans leurs mines d'argent. Plusieurs villes étant dans l'usage d'altérer leurs monnaies, celles des Athéniens, plus estimées que les autres, procurent des échanges avantageux. Pour l'ordinaire, ils en achètent du vin dans les îles de la mer Égée ou sur les côtes de la Thrace; car c'est principalement par le moyen de cette denrée qu'ils trafiquent avec les peuples qui habitent autour du Pont-Euxin. Le goût qui brille dans les ouvrages sortis de leurs mains fait rechercher partout les fruits de leur industrie. Ils exportent au loin des épées et des armes de différentes sortes, des draps, des lits et d'autres meubles. Les livres mêmes sont pour eux un objet de commerce.

Ils ont des correspondants dans presque tous les lieux où l'espoir du gain les attire. De leur côté, plusieurs peuples de la Grèce en choisissent à Athènes pour veiller aux intérêts de leur commerce.

Parmi les étrangers, les seuls domiciliés peuvent, après avoir payé l'impôt auquel ils sont assujettis, trafiquer au marché public;

---

[1] Le même commerce subsiste encore aujourd'hui. On tire tous les ans de Caffa (l'ancienne Théodosie), et des environs, une grande quantité de poisson salé, du blé, des cuirs, de la laine, etc. (*Voyage* de Chardin, t. 1, p. 108 et 117.)

les autres doivent exposer leurs marchandises au Pirée même ; et, pour tenir le blé à son prix ordinaire, qui est de cinq drachmes par médimne [1], il est défendu, sous peine de mort, à tout citoyen d'en acheter au delà d'une certaine quantité [2]. La même peine est prononcée contre les inspecteurs des blés lorsqu'ils ne répriment pas le monopole ; manœuvre toujours interdite aux particuliers, et en certains lieux employée par le gouvernement lorsqu'il veut augmenter ses revenus.

La plupart des Athéniens font valoir leur argent dans le commerce ; mais ils ne peuvent le prêter pour une autre place que pour celle d'Athènes. Ils en tirent un intérêt qui n'est pas fixé par les lois, et qui dépend des conventions exprimées dans un contrat qu'on dépose entre les mains d'un banquier ou d'un ami commun. S'il s'agit, par exemple, d'une navigation au Bosphore cimmérien, on indique dans l'acte le temps du départ du vaisseau, les ports où il doit relâcher, l'espèce de denrées qu'il doit y prendre, la vente qu'il en doit faire dans le Bosphore, les marchandises qu'il en doit rapporter à Athènes ; et comme la durée du voyage est incertaine, les uns conviennent que l'intérêt ne sera exigible qu'au retour du vaisseau ; d'autres, plus timides et contents d'un moindre profit, le retireront au Bosphore après la vente des marchandises, soit qu'ils s'y rendent eux-mêmes à la suite de leur argent, soit qu'ils y envoient un homme de confiance muni de leur pouvoir.

Le prêteur a son hypothèque ou sur les marchandises, ou sur les biens de l'emprunteur ; mais le péril de la mer étant en partie sur le compte du premier, et le profit du second pouvant être fort considérable, l'intérêt de l'argent prêté peut aller à trente pour cent, plus ou moins, suivant la longueur et les risques du voyage.

L'usure dont je parle est connue sous le nom de maritime. L'usure qu'on nomme terrestre est plus criante et non moins variable.

Ceux qui, sans courir les risques de la mer, veulent tirer quelque profit de leur argent le placent ou chez des banquiers ou chez d'autres personnes à douze pour cent par an, ou plutôt à un pour cent à chaque nouvelle lune ; mais comme les lois de Solon ne défendent pas de demander le plus haut intérêt possible, on voit des particuliers tirer de leur argent plus de seize pour cent par mois, et d'autres, surtout parmi le peuple, exiger tous les jours le quart du principal. Ces excès sont connus, et ne peuvent être pu-

[1] Cinq drachmes, quatre livres dix sous. Le médimne, environ quatre de nos boisseaux. (Voyez Goguet, *De l'origine des lois*, etc., t. III, p. 260.)

[2] Le texte de Lysias porte πεντήκοντα φόρμων, qu'on peut rendre par cinquante corbeilles ; c'est une mesure dont on ne sait pas exactement la valeur.

nis que par l'opinion publique, qui ne condamne et ne méprise pas assez les coupables.

Le commerce augmente la circulation des richesses, et cette circulation a fait établir des banquiers qui la facilitent encore. Un homme qui part pour un voyage ou qui n'ose pas garder chez lui une trop grande somme, la remet entre leurs mains, tantôt comme un simple dépôt et sans en exiger aucun intérêt, tantôt à condition de partager avec eux le profit qu'ils en retirent. Ils font des avances aux généraux qui vont commander les armées ou à des particuliers forcés d'implorer leur secours.

Dans la plupart des conventions que l'on passe avec eux on n'appelle aucun témoin : ils se contentent, pour l'ordinaire, d'inscrire sur un registre qu'un tel leur a remis une telle somme, et qu'ils doivent la rendre à un tel si le premier vient à mourir. Il serait quelquefois très-difficile de les convaincre d'avoir reçu un dépôt ; mais s'ils s'exposaient plus d'une fois à cette accusation, ils perdraient la confiance publique, de laquelle dépend le succès de leurs opérations.

En faisant valoir l'argent dont ils ne sont que les dépositaires, en prêtant à un plus gros intérêt qu'ils n'empruntent, ils acquièrent des richesses qui attachent à leur fortune des amis dont ils achètent la protection par des services assidus. Mais tout disparaît lorsque, ne pouvant retirer leurs fonds, ils sont hors d'état de remplir leurs engagements ; obligés alors de se cacher, ils n'échappent aux regards de la justice qu'en cédant à leurs créanciers les biens qui leur restent.

Quand on veut changer des monnaies étrangères, comme les dariques, les cyzicènes, etc., car ces sortes de monnaies ont cours dans le commerce, on s'adresse aux banquiers, qui, par différents moyens, tels que la pierre de touche et le trébuchet, examinent si elles ne sont pas altérées, tant pour le titre que pour le poids.

Les Athéniens en ont de trois espèces. Il paraît qu'ils en frappèrent d'abord en argent et ensuite en or. Il n'y a guère plus d'un siècle qu'ils ont employé le cuivre à cet usage.

Celles en argent sont les plus communes ; il a fallu les diversifier, soit pour la solde peu constante des troupes, soit pour les libéralités successivement accordées au peuple, soit pour faciliter de plus en plus le commerce. Au-dessus de la drachme [1], composée de six oboles, sont le didrachme ou la double drachme, et le tétradrachme ou la quadruple drachme ; au-dessous sont des pièces de quatre, de trois et deux oboles ; viennent ensuite l'obole

[1] Dix-huit sous de notre monnaie.

et la demi-obole [1]. Ces dernières, quoique de peu de valeur, ne pouvant favoriser les échanges parmi le petit peuple, la monnaie de cuivre s'introduisit vers le temps de la guerre du Péloponnèse, et l'on fabriqua des pièces qui ne valaient que la huitième partie d'une obole [2].

La plus forte pièce d'or pèse deux drachmes et vaut vingt drachmes d'argent [3].

L'or était fort rare dans la Grèce lorsque j'y arrivai. On en tirait de la Lydie et de quelques autres contrées de l'Asie-Mineure; de la Macédoine, où les paysans en ramassaient tous les jours des parcelles et des fragments que les pluies détachaient des montagnes voisines; de l'île de Thasos, dont les mines, autrefois découvertes par les Phéniciens, conservent encore dans leur sein les indices des travaux immenses qu'avait entrepris ce peuple industrieux.

Dans certaines villes, une partie de cette matière précieuse était destinée à la fabrication de la monnaie; dans presque toutes on l'employait à de petits bijoux pour les femmes ou à des offrandes pour les dieux.

Deux événements dont je fus témoin rendirent ce métal plus commun. Philippe, roi de Macédoine, ayant appris qu'il existait dans ses états des mines exploitées dès les temps les plus anciens et de son temps abandonnées, fit fouiller celles qu'on avait ouvertes auprès du mont Pangée. Le succès remplit son attente; et ce prince, qui auparavant ne possédait en or qu'une petite fiole qu'il plaçait la nuit sous son oreiller, tira tous les ans de ces souterrains plus de mille talents [4]. Dans le même temps, les Phocéens enlevèrent du trésor de Delphes les offrandes en or que les rois de Lydie avaient envoyées au temple d'Apollon. Bientôt la masse de ce métal augmenta au point que sa proportion avec l'argent ne fut plus d'un à treize comme elle l'était il y a cent ans, ni d'un à douze comme elle le fut quelque temps après, mais seulement d'un à dix.

---

[1] Douze sous, neuf sous, six sous, trois sous, dix-huit deniers.
[2] Quatre deniers et demi.
[3] Dix-huit livres.
[4] Plus de cinq millions quatre cent mille livres.

CHAPITRE LVI.

Des impositions et des finances chez les Athéniens.

Les revenus de la république ont monté quelquefois jusqu'à la somme de deux mille talents [1], et ces revenus sont de deux sortes : ceux qu'elle perçoit dans le pays même, et ceux qu'elle tire des peuples tributaires.

Dans la première classe il faut compter : 1° le produit des biens fonds qui lui appartiennent, c'est-à-dire des maisons qu'elle loue, des terres et des bois qu'elle afferme ; 2° le vingt-quatrième qu'elle se réserve sur le produit des mines d'argent lorsqu'elle accorde à des particuliers la permission de les exploiter ; 3° le tribut annuel qu'elle exige des affranchis et des dix mille étrangers établis dans l'Attique ; 4° les amendes et les confiscations, dont la plus grande partie est destinée au trésor de l'état ; 5° le cinquantième prélevé sur le blé et sur les autres marchandises qu'on apporte des pays étrangers, de même que sur plusieurs de celles qui sortent du Pirée [2] ; 6° quantité d'autres petits objets, tels que les droits établis sur certaines denrées exposées au marché, et l'impôt qu'on exige de ceux qui entretiennent chez eux des courtisanes.

On afferme la plupart de ces droits ; l'adjudication s'en fait dans un lieu public, en présence de dix magistrats qui président aux enchères. J'eus une fois la curiosité d'épier les menées des traitants. Les uns, pour écarter leurs rivaux, employaient les menaces ou les promesses ; les autres dissimulaient leur union sous les apparences de la haine. Après des offres lentement couvertes et recouvertes, on allait continuer le bail aux anciens fermiers, lorsqu'un homme inconnu renchérit d'un talent. L'alarme se mit parmi eux ; ils demandèrent qu'il fournît des cautions, car c'est une condition nécessaire : il les donna, et, n'ayant plus de moyens de l'éloigner, ils négocièrent secrètement avec lui, et finirent par se l'associer.

Les fermiers de l'état doivent, avant le neuvième mois de l'année, remettre la somme convenue aux receveurs des finances. Quand ils manquent à leurs engagements ils sont traînés en pri-

[1] Dix millions huit cent mille livres.
[2] Pendant la guerre du Péloponnèse, ces droits étaient affermés trente-six talents, c'est-à-dire cent quatre-vingt-quatorze mille quatre cents livres. En y joignant le gain des fermiers, on peut porter cette somme à deux cent mille livres, et conclure de là que le commerce des Athéniens avec l'étranger était tous les ans d'environ dix millions de nos livres.

son, condamnés à payer le double, et privés d'une partie des privilèges des citoyens jusqu'à ce qu'ils se soient acquittés. Ceux qui répondent pour eux courent les mêmes risques.

La seconde, et la principale branche des revenus de l'état, consiste dans les tributs que lui payent quantité de villes et d'îles qu'il tient dans sa dépendance. Ses titres à cet égard sont fondés sur l'abus du pouvoir. Après la bataille de Platée, les vainqueurs ayant résolu de venger la Grèce des insultes de la Perse, les insulaires qui étaient entrés dans la ligue consentirent à destiner tous les ans une somme considérable aux frais de la guerre.

Les Athéniens, chargés d'en faire la recette, recueillirent en différents endroits quatre cent soixante talents [1], qu'ils respectèrent tant qu'ils n'eurent pas une supériorité marquée. Leur puissance s'étant accrue, ils changèrent en contributions humiliantes les dons gratuits des villes alliées, et imposèrent aux unes l'obligation de fournir des vaisseaux quand elles en seraient requises, aux autres celle de continuer à payer le tribut annuel auquel elles s'étaient soumises autrefois. Ils taxèrent sur le même pied les nouvelles conquêtes, et la somme totale des contributions étrangères monta, au commencement de la guerre du Péloponnèse, à six cents talents [2], et, vers le milieu de cette guerre, à douze ou treize cents. Pendant mon séjour en Grèce, les conquêtes de Philippe avaient réduit cette somme à quatre cents talents, mais on se flattait de la ramener un jour à douze cents [3].

Ces revenus, tout considérables qu'ils sont, n'étaient pas proportionnés aux dépenses, on est souvent obligé de recourir à des moyens extraordinaires, tels que les dons gratuits et les contributions forcées.

---

[1] Deux millions quatre cent quatre-vingt-quatre mille livres.
[2] Trois millions deux cent quatre-vingt mille livres.
[3] Les quatre cent soixante talents qu'on tirait tous les ans des peuples ligués contre les Perses, et que les Athéniens déposaient à la citadelle, formèrent d'abord une somme de dix mille talents [1], suivant Isocrate, ou de neuf mille sept cents [2], suivant Thucydide. Périclès, pendant son administration, en avait déposé huit mille; mais en ayant dépensé trois mille sept cents, soit pour embellir la ville, soit pour les premières dépenses du siége de Potidée, les neuf mille sept cents s'étaient réduits à six mille [3] au commencement de la guerre du Péloponnèse.
Cette guerre fut suspendue par une trêve que les Athéniens firent avec Lacédémone. Les contributions qu'ils recevaient alors s'étaient élevées jusqu'à douze ou treize cents talents; et pendant sept années que dura la trêve, ils mirent sept mille talents dans le trésor public [4].

1. Cinquante-quatre millions.
2. Cinquante-deux millions trois cent quatre-vingt mille livres.
3. Trente-deux millions quatre cent mille livres.
4. Trente-sept millions huit cent mille livres.

Tantôt le sénat oppose à l'assemblée générale les besoins pressants de l'état. A cette proposition, les uns cherchent à s'échapper, les autres gardent le silence, et les reproches du public les font rougir de leur avarice ou de leur pauvreté; d'autres enfin annoncent tout haut la somme qu'ils offrent à la république, et reçoivent tant d'applaudissements qu'on peut douter du mérite de leur générosité. Tantôt le gouvernement taxe chacune des dix tribus et tous les citoyens qui la composent à proportion de leurs biens, de façon qu'un particulier qui a des possessions dans le district de plusieurs tribus doit payer en plusieurs endroits. La recette est souvent très-difficile; après avoir employé la contrainte par corps, on l'a proscrite, comme opposée à la nature du gouvernement : pour l'ordinaire, on accorde des délais, et quand ils sont expirés on saisit les biens et on les vend à l'encan.

De toutes les charges la plus onéreuse sans doute est l'entretien de la marine. Il n'y a pas long-temps que deux ou trois riches particuliers armaient une galère à frais communs; il parut ensuite une loi qui subsistait encore à mon arrivée en Grèce, et qui, conformément au nombre des tribus, partageait en dix classes de cent vingt personnes chacune tous les citoyens qui possèdent des terres, des fabriques, de l'argent placé dans le commerce ou sur la banque. Comme ils tiennent dans leurs mains presque toutes les richesses de l'Attique, on les obligeait de payer toutes les impositions, et surtout d'entretenir et d'augmenter au besoin les forces navales de la république. Chacun d'entre eux ne devant fournir son contingent que de deux années l'une, les douze cents contribuables se subdivisaient en deux grandes classes de six cents chacune, dont trois cents des plus riches, et trois cents de ceux qui l'étaient moins. Les premiers répondaient pour les seconds et faisaient les avances dans un cas pressant.

Quand il s'agissait d'un armement, chacune des dix tribus ordonnait de lever dans son district la même quantité de talents qu'elle avait de galères à équiper, et les exigeait d'un pareil nombre de compagnies composées quelquefois de seize de ces contribuables. Ces sommes perçues étaient distribuées aux triérarques; c'est ainsi qu'on appelle les capitaines de vaisseau. On en nommait deux pour chaque galère; ils servaient six mois chacun, et devaient pourvoir à la subsistance de l'équipage : car, pour l'ordinaire, la république ne fournissait que les agrès et les matelots.

Cet arrangement était défectueux en ce qu'il rendait l'exécution très-lente; en ce que, sans avoir égard à l'inégalité des fortunes, les plus riches ne contribuaient quelquefois que d'un seizième à l'armement d'une galère. Vers les dernières années de mon séjour en Grèce, Démosthène fit passer un décret qui rend la perception de l'impôt plus facile et plus conforme à l'équité; en voici la substance :

Tout citoyen dont la fortune est de dix talents doit, au besoin, fournir à l'état une galère ; il en fournira deux s'il a vingt talents ; mais, possédât-il des richesses très-considérables, on n'exigera de lui que trois galères et une chaloupe. Ceux qui auront moins de dix talents se réuniront pour contribuer d'une galère.

Cet impôt, dont on n'exempte que les archontes, est proportionné, autant qu'il est possible, aux facultés des citoyens ; le poids en tombe toujours sur les plus riches ; et c'est une suite de ce principe, que l'on doit asseoir les impositions, non sur les personnes, mais sur les biens.

Comme certaines fortunes s'élèvent tandis que d'autres s'abaissent, Démosthène laissa subsister la loi des échanges. Tous les ans, les magistrats chargés du département de la marine permettent à chaque contribuable de se pourvoir contre un citoyen qui est moins taxé que lui, quoiqu'il soit devenu plus riche ou qu'il l'ait toujours été. Si l'accusé convient de l'amélioration et de la supériorité de sa fortune, il est substitué à l'accusateur sur le rôle des contribuables ; s'il n'en convient point, on ordonne les informations, et il se trouve souvent forcé d'échanger ses biens contre ceux de l'accusateur.

Les facilités accordées aux commandants des galères, soit par le gouvernement, soit par leur tribu, ne suffiraient pas, si le zèle et l'ambition n'y suppléaient. Comme il est de leur intérêt de se distinguer de leurs rivaux, on en voit qui ne négligent rien pour avoir les bâtiments les plus légers et les meilleurs équipages ; d'autres qui augmentent à leurs dépens la paye des matelots, communément fixée à trois oboles par jour[1].

Cette émulation, excitée par l'espoir des honneurs et des récompenses, est très-avantageuse dans un état dont la moindre guerre épuise le trésor et intercepte les revenus. Tant que dure cette guerre, les peuples tributaires, sans cesse menacés ou subjugués par les ennemis, ne peuvent fournir du secours à la république, ou sont contraints de lui en demander. Dans ces circonstances critiques, ses flottes portent la désolation sur les côtes éloignées et reviennent quelquefois chargées de butin. Lorsqu'elles peuvent s'emparer du détroit de l'Hellespont, elles exigent de tous les vaisseaux qui font le commerce du Pont-Euxin le dixième

[1] Neuf sous.

des marchandises qu'ils transportent; et cette ressource a plus d'une fois sauvé l'état.

L'obligation de fournir des vaisseaux et des contributions en argent cesse avec la guerre; mais il est d'usage que les citoyens riches donnent, à certains jours, des repas à ceux de leur tribu; qu'ils concourent à l'entretien des gymnases, et procurent aux jeux publics les chœurs qui doivent se disputer le prix de la danse et de la musique. Les uns se chargent volontairement de ces dépenses; les autres y sont condamnés par le choix de leur tribu, et ne peuvent s'y soustraire, à moins qu'ils n'en aient obtenu l'exemption par des services rendus à l'état. Tous ont des droits à la faveur du peuple, qui dédommage par des emplois et des honneurs ceux qui se sont ruinés pour embellir ses fêtes.

Plusieurs compagnies d'officiers élus par le peuple sont chargées de veiller à l'administration des finances, et chacune des dix tribus nomme un officier à la plupart de ces compagnies. Les uns donnent à ferme les droits d'entrée, délivrent, sous certaines redevances, les privilèges pour l'exploitation des mines, présidentà la vente des biens confisqués, etc.; les autres inscrivent sur un registre la somme dont chaque citoyen doit contribuer dans les besoins pressants.

Les diverses espèces de revenus sont déposées tous les ans dans autant de caisses différentes, régies chacune en particulier par dix receveurs ou trésoriers. Le sénat en règle avec eux la destination, conformément aux décrets du peuple, et en présence de deux contrôleurs qui en tiennent registre, l'un au nom du sénat, l'autre au nom des administrateurs.

Les receveurs, chargés de la perception des deniers publics, conservent les rôles des sommes auxquelles sont taxés les citoyens. Ils effacent, en présence du sénat, les noms de ceux qui ont satisfait à la dette, et dénoncent à l'un des tribunaux ceux qui ne l'ont pas acquittée. Le tribunal nomme des inquisiteurs chargés de poursuivre ces derniers par les voies ordinaires, qui vont, en cas de refus, jusqu'à la confiscation des biens. Cependant ce recours aux tribunaux n'a lieu que lorsqu'il est question d'un objet important : quand il ne l'est pas, on laisse aux receveurs le soin de terminer les contestations qui s'élèvent dans leurs départements.

Ceux d'entre eux qui reçoivent les amendes ont le droit singulier de revoir les sentences des premiers juges, et de modérer ou de remettre l'amende s'ils la trouvent trop forte.

Les dépenses relatives à la guerre et à toutes les parties de l'administration sont assignées sur les différentes caisses dont je viens de parler. En temps de guerre, les lois ordonnent de verser dans la caisse militaire l'excédant des autres caisses; mais il faut un décret du peuple pour intervertir l'ordre des assignations.

Tous les ans, on dépose dans une caisse régie par des officiers particuliers des fonds considérables, qui doivent être publiquement distribués pour mettre les citoyens pauvres en état de payer leurs places aux spectacles. Le peuple ne veut pas qu'on touche à ce dépôt, et nous l'avons vu de nos jours statuer la peine de mort contre l'orateur qui proposerait d'employer cet argent au service de l'état épuisé par une longue guerre. Les annales des nations n'offrent pas un second exemple d'un pareil délire.

CHAPITRE LVII.
Suite de la bibliothèque d'un Athénien. La logique.

Avant mon voyage dans les provinces de la Grèce, j'avais passé plusieurs journées dans la bibliothèque d'Euclide : à mon retour, nous reprîmes nos séances.

Il me montra, dans un corps de tablettes, les ouvrages qui traitent de la logique et de la rhétorique placés les uns auprès des autres, parce que ces deux sciences ont beaucoup de rapports entre elles. Ils sont en petit nombre, me dit-il ; car ce n'est que depuis un siècle environ qu'on a médité sur l'art de penser et de parler. Nous en avons l'obligation aux Grecs d'Italie et de Sicile, et ce fut une suite de l'essor que la philosophie de Pythagore avait donné à l'esprit humain.

Nous devons cette justice à Zénon d'Élée, de dire qu'il a publié le premier un essai de dialectique; mais nous devons cet hommage à Aristote d'ajouter qu'il a tellement perfectionné la méthode du raisonnement qu'il pourrait en être regardé comme l'inventeur.

L'habitude nous apprend à comparer deux ou plusieurs idées pour en connaître et en montrer aux autres la liaison ou l'opposition. Telle est la logique naturelle; elle suffirait à un peuple qui, privé de la faculté de généraliser ses idées, ne verrait dans la nature et dans la vie civile que des choses individuelles. Il se tromperait fréquemment dans les principes, parce qu'il serait fort ignorant; mais ses conséquences seraient justes, parce que ses notions seraient claires et toujours exprimées par le mot propre.

Mais, chez les nations éclairées, l'esprit humain, à force de s'exercer sur des généralités et sur des abstractions, a fait éclore un monde idéal, peut-être aussi difficile à connaître que le monde physique. A la quantité étonnante de perceptions reçues par les sens s'est jointe la foule prodigieuse des combinaisons que forme notre esprit, dont la fécondité est telle qu'il est impossible de lui assigner des bornes.

Si nous considérons ensuite que, parmi les objets de nos pensées, un très-grand nombre ont entre eux des rapports sensibles qui semblent les identifier, et des différences légères qui les distinguent en effet, nous serons frappés du courage et de la sagacité de ceux qui, les premiers, formèrent et exécutèrent le projet d'établir l'ordre et la subordination dans cette infinité d'idées que les hommes avaient conçues jusqu'alors, et qu'ils pourraient concevoir dans la suite.

Et c'est ici peut-être un des plus grands efforts de l'esprit humain; c'est du moins une des plus grandes découvertes dont les Grecs puissent se glorifier. Nous avons reçu des Égyptiens, des Chaldéens, peut-être encore de quelque nation plus éloignée, les éléments de presque toutes les sciences, de presque tous les arts: la postérité nous devra cette méthode dont l'heureux artifice assujettit le raisonnement à des règles. Nous allons jeter un coup d'œil rapide sur ses principales parties.

Il y a des choses qu'on se contente d'indiquer sans en rien nier, sans en rien affirmer : c'est ainsi que je dis, *homme, cheval, animal à deux pieds*. Il en est d'autres qu'on désigne par des mots qui contiennent affirmation ou négation.

Quelque nombreuses que soient les premières, on trouva le moyen de les distribuer en dix classes, dont l'une renferme la substance et les autres ses modes. Dans la première, on plaça toutes les substances, comme *homme, cheval*, etc.; dans la seconde, la quantité, de quelque nature qu'elle soit, comme le nombre, le temps, l'étendue, etc.; dans la troisième, la qualité, et sous ce nom on comprit : 1° les habitudes, telles que les vertus, les sciences; 2° les dispositions naturelles qui rendent un homme plus propre qu'un autre à certains exercices; 3° les qualités sensibles, comme *douceur, amertume, froid, chaud, couleur;* 4° la forme, la figure, comme *rond, carré*, etc.

Les autres classes renferment les différentes sortes de relations, d'actions, de situations, de possessions, etc.; de manière que ces dix ordres de choses contiennent tous les êtres et toutes les manières d'être. Ils sont nommés *catégories* ou *attributs*, parce qu'on ne peut rien attribuer à un sujet qui ne soit *substance*, ou *qualité*, ou *quantité*, etc.

C'était beaucoup que d'avoir réduit les objets de nos pensées à un si petit nombre de classes, mais ce n'était pas assez encore. Qu'on examine avec attention chaque catégorie, on verra bientôt qu'elle est susceptible d'une multitude de subdivisions que nous concevons comme subordonnées les unes aux autres. Expliquons ceci par un exemple tiré de la première catégorie.

Dans l'enfance, notre esprit ne voit, ne conçoit que des individus [1]; nous les appelons encore aujourd'hui premières substances, soit parce qu'ils attirent nos premiers regards, soit parce qu'ils sont en effet les substances les plus réelles.

Dans la suite, ceux qui ont des ressemblances plus frappantes se présentent à nous sous une même espèce, c'est-à-dire sous une même forme, sous une même apparence; nous en avons fait plusieurs classes séparées. Ainsi, d'après tel et tel homme, tel et tel cheval, nous avons eu l'idée spécifique de l'homme et du cheval.

Comme les différentes branches d'une famille remontent à une origine commune, de même plusieurs espèces rapprochées par de grands traits de conformité se rangent sous un même genre. Ainsi, des idées spécifiques de l'homme, du cheval, du bœuf, de tous les êtres qui ont vie et sentiment, a résulté l'idée générique de l'*animal* ou de l'*être vivant;* car ces expressions dans notre langue désignent la même chose. Au-dessous de ce genre on en conçoit de plus universels, tels que la *substance*, etc.; et l'on parvient enfin au genre suprême, qui est l'*être.*

Dans cette échelle, dont l'être occupe le sommet, et par laquelle on descend aux individus, chaque degré intermédiaire peut être genre à l'égard du degré inférieur, espèce à l'égard du degré supérieur.

Les philosophes se plaisent à dresser de pareilles filiations pour tous les objets de la nature, pour toutes les perceptions de l'esprit : elles leur facilitent les moyens de suivre les générations des idées et d'en parcourir de rang en rang les différentes classes, comme on parcourt une armée en bataille. Quelquefois, considérant le genre comme l'*unité* ou le *fini*, les espèces comme *plusieurs,* et les individus comme l'*infini*, ils agitent diverses questions sur le *fini* et l'*infini*, sur le *un* ou *plusieurs;* questions qui ne roulent alors que sur la nature du genre, des espèces et des individus.

Chaque espèce est distinguée de son genre par un attribut essentiel qui la caractérise et qui se nomme différence. La raison étant pour l'homme le plus beau et le plus incommunicable de ses pri-

[1] Les individus s'appellent, en grec, atomes indivisibles. (Aristote, *Categ.* cap. 2, t. I, p. 15.)

viléges, elle le sépare des autres animaux [1]. Joignez donc à l'idée générique de l'animal celle de raisonnable, c'est-à-dire de sa différence, vous aurez l'idée spécifique de l'homme. Il est aussi difficile qu'important de fixer les différences comprises sous un même genre, et celles des espèces subordonnées à des genres qui ont entre eux quelque affinité. En se livrant à ce travail, on démêle bientôt dans chaque espèce des propriétés qui lui sont inhérentes, des modifications qui lui sont accidentelles.

Il ne s'agit pas ici de la propriété qui se confond avec l'essence d'une chose, mais de celle qui en est distinguée. Sous cet aspect, c'est un attribut qui ne convient qu'à l'espèce et qui émane de cet attribut principal que nous avons nommé différence. L'homme est capable d'apprendre certaines sciences : c'est une de ses propriétés; elle naît du pouvoir qu'il a de raisonner, et ne convient qu'à ceux de son espèce. La faculté de dormir, de se mouvoir, ne saurait être pour lui une propriété, parce qu'elle lui est commune avec d'autres animaux.

L'accident est un mode, un attribut que l'esprit sépare aisément de la chose : *être assis* est un accident pour l'homme, la *blancheur* pour un corps.

[1] Porphyre, dans son Introduction à la doctrine des péripatéticiens, définit l'homme un animal raisonnable et mortel. Je n'ai pas trouvé cette définition dans les ouvrages qui nous restent d'Aristote; peut-être en avait-il fait usage dans ceux que nous avons perdus; peut-être ne l'avait-il jamais employée. Il en rapporte souvent une autre que Platon, ainsi que divers philosophes, avaient adoptée, et qui n'est autre chose que l'énumération de quelques qualités extérieures de l'homme. Cependant, comme alors on admettait une différence réelle entre les animaux raisonnables et les animaux irraisonnables, on pourrait demander pourquoi les philosophes n'avaient pas généralement choisi la *faculté de raisonner* pour la différence spécifique de l'homme. Je vais tâcher de répondre à cette difficulté.

Le mot dont les Grecs se servaient pour signifier *animal* désigne l'être vivant : l'animal raisonnable est donc l'être vivant doué d'intelligence et de raison. Cette définition convient à l'homme, mais plus éminemment encore à la Divinité; et c'est ce qui avait engagé les pythagoriciens à placer Dieu et l'homme parmi les animaux raisonnables. Il fallait donc chercher une autre différence qui séparât l'homme de l'Être suprême, et même de toutes les intelligences célestes.

Toute définition devant donner une idée bien claire de la chose définie, et la nature des esprits n'étant pas assez connue, les philosophes qui voulurent classer l'homme dans l'échelle des êtres s'attachèrent par préférence à ses qualités extérieures. Ils dirent que l'homme est un *animal*; ce qui le distinguait de tous les corps inanimés. Ils ajoutèrent successivement les mots *terrestre*, pour le distinguer des animaux qui vivent dans l'air ou dans l'eau; *à deux pieds*, pour le distinguer des quadrupèdes, des reptiles, etc.; *sans plumes*, pour ne pas le confondre avec les oiseaux. Et quand Diogène, par une plaisanterie assez connue, eut montré que cette définition conviendrait également à un coq et à tout oiseau dont on aurait arraché les plumes, on prit le parti d'ajouter à la définition un nouveau caractère, tiré de la forme des ongles. Du temps de Porphyre, pour obvier à une partie des inconvénients dont je parle, on définissait l'homme un animal raisonnable et mortel. Nous avons depuis retranché le mot *mortel*, parce que, suivant l'idée que le mot *animal* réveille dans nos esprits, tout animal est mortel.

CHAPITRE LVII.

Les idées dont nous avons parlé jusqu'ici, n'étant accompagnées ni d'affirmation ni de négation, ne sont ni vraies ni fausses. Passons à celles qui peuvent recevoir l'un de ces caractères.

L'énonciation est une proposition qui affirme ou nie quelque chose. Il n'y a donc que l'énonciation qui soit susceptible de vérité ou de fausseté. Les autres formes du discours, telles que la prière, le commandement, ne renferment ni fausseté ni vérité.

Dans toute énonciation on unit ou l'on sépare plusieurs idées. On y distingue le *sujet*, le *verbe*, l'*attribut*. Dans celle-ci, par exemple, *Socrate est sage*; *Socrate* sera le sujet, *est* le verbe, *sage* l'attribut.

Le sujet signifie ce qui est placé au-dessous. On l'appelle ainsi parce qu'il exprime la chose dont on parle et qu'on met sous les yeux; peut-être aussi parce qu'étant moins universel que les attributs qu'il doit recevoir, il leur est en quelque façon subordonné.

Le sujet exprime tantôt une idée universelle et qui convient à plusieurs individus, comme celle d'homme, d'animal ; tantôt une idée singulière et qui ne convient qu'à un individu, comme celle de Callias, de Socrate. Suivant qu'il est universel ou singulier, l'énonciation qui le renferme est universelle ou singulière.

Pour qu'un sujet universel soit pris dans toute son étendue, il faut y joindre ces mots *tout* ou *nul*. Le mot *homme* est un terme universel : si je dis *tout homme*, *nul homme*, je le prends dans toute son étendue, parce que je n'exclus aucun homme ; si je dis simplement *quelque homme*, je restreins son universalité.

Le verbe est un signe qui annonce qu'un tel attribut convient à tel sujet. Il fallait un lien pour les unir, et c'est le verbe *être*, toujours exprimé ou sous-entendu. Je dis sous-entendu, parce qu'il est renfermé dans l'emploi des autres verbes. En effet, ces mots *je vais* signifient *je suis allant*.

A l'égard de l'attribut, on a déjà vu qu'il est pris de l'une des catégories qui contiennent les genres de tous les attributs.

Ainsi nos jugements ne sont que des opérations par lesquelles nous affirmons ou nous nions une chose d'une autre ; ou plutôt ce ne sont que des regards de l'esprit qui découvrent que telle propriété ou telle qualité peut s'attribuer ou non à tel objet ; car l'intelligence qui fait cette découverte est à l'âme ce que la vue est à l'œil.

On distingue différentes espèces d'énonciations. Nous dirons un mot de celles qui, roulant sur un même sujet, sont opposées par l'affirmation et par la négation. Il semble que la vérité de l'une doit établir la fausseté de l'autre : mais cette règle ne saurait être générale, parce que l'opposition qui règne entre elles s'opère de plusieurs manières.

Si dans l'une et dans l'autre le sujet, étant universel, est pris dans toute son étendue, alors les deux énonciations s'appellent contraires et peuvent être toutes deux fausses, exemple : *Tous les hommes sont blancs; nul homme n'est blanc.* Si son étendue n'a point de limites dans l'une et en a dans l'autre, alors elles se nomment contradictoires; l'une est vraie, l'autre fausse. Exemple : *Tous les hommes sont blancs; quelques hommes ne sont pas blancs;* ou bien : *Nul homme n'est blanc; quelques hommes sont blancs.* Les énonciations singulières éprouvent le même genre d'opposition que les contradictoires; de toute nécessité l'une sera vraie et l'autre fausse : *Socrate est blanc; Socrate n'est pas blanc.*

Deux propositions particulières, l'une affirmative, l'autre négative, ne sont pas, à proprement parler, opposées entre elles; l'opposition n'est que dans les termes. Quand je dis : *Quelques hommes sont justes, quelques hommes ne sont pas justes*, je ne parle pas des mêmes hommes.

Les notions précédentes, celles que je supprime en plus grand nombre, furent le fruit d'une longue suite d'observations. Cependant on n'avait pas tardé à s'apercevoir que la plupart de nos erreurs tirent leur source de l'incertitude de nos idées et de leurs signes représentatifs. Ne connaissant les objets extérieurs que par nos sens, et ne pouvant en conséquence les distinguer que par leurs apparences, nous confondons souvent leur nature avec leurs qualités et leurs accidents. Quant aux objets intellectuels, ils ne réveillent, dans le commun des esprits, que des lueurs sombres, que des images vagues et mobiles. La confusion augmente encore par cette quantité de mots équivoques et métaphoriques dont les langues fourmillent, et surtout par le grand nombre de termes universels que nous employons souvent sans les entendre.

La méditation seule peut rapprocher des objets que cette obscurité semble éloigner de nous. Aussi la seule différence qui se trouve entre un esprit éclairé et celui qui ne l'est pas, c'est que l'un voit les choses à une juste distance et l'autre ne les voit que de loin.

Heureusement les hommes n'ont besoin que d'une certaine analogie dans les idées, d'une certaine approximation dans le langage, pour satisfaire aux devoirs de la société. En changeant leurs idées, les esprits justes trafiquent avec une bonne monnaie, dont souvent ils ne connaissent pas le titre; les autres, avec de fausses espèces, qui n'en sont pas moins bien reçues dans le commerce.

CHAPITRE LVII.

Le philosophe doit employer les expressions les plus usitées, mais en distinguant leurs acceptions, quand elles en ont plusieurs ; il doit ensuite déterminer l'idée qu'il attache à chaque mot.

Définir une chose, c'est faire connaître sa nature par des caractères qui ne permettent pas de la confondre avec toute autre chose. Autrefois on n'avait point de règles pour parvenir à cette exactitude ou pour s'en assurer. Avant d'en établir, on observa qu'il n'y a qu'une bonne définition pour chaque chose ; qu'une telle définition ne doit convenir qu'au défini ; qu'elle doit embrasser tout ce qui est compris dans l'idée du défini ; qu'elle doit de plus s'étendre à tous les êtres de même espèce : celle de l'homme, par exemple, à tous les hommes ; qu'elle doit être précise : tout mot qu'on en peut retrancher est superflu ; qu'elle doit être claire : il faut donc en exclure les expressions équivoques, figurées, peu familières ; et que, pour l'entendre, on ne soit pas obligé de recourir au défini, sans quoi elle ressemblerait aux figures des anciens tableaux qui ne sont reconnaissables qu'à leurs noms tracés auprès d'elles.

Comment parvint-on à remplir ces conditions ? Nous avons parlé plus haut de ces échelles d'idées qui nous conduisent depuis les individus jusqu'à l'être général. Nous avons vu que chaque espèce est immédiatement surmontée d'un genre, dont elle est distinguée par la différence. Une définition exacte sera composée du genre immédiat et de la différence de la chose définie, et renfermera par conséquent ces deux principaux attributs. Je définis l'homme un animal raisonnable. Le genre *animal* rapproche l'homme de tous les êtres vivants ; la différence *raisonnable* l'en sépare.

Il suit de là qu'une définition indique la ressemblance de plusieurs choses diverses par son genre, et leur diversité par sa différence. Or, rien n'est si important que de saisir cette ressemblance et cette diversité, quand on s'exerce dans l'art de penser et de raisonner.

J'omets quantité de remarques très-fines sur la nature du genre et de la différence, ainsi que sur les diverses espèces d'assertions qu'on a coutume d'avancer en raisonnant. Comme je ne veux présenter que des essais sur les progrès de l'esprit humain, je ne dois pas recueillir toutes les traces de lumière qu'il a laissées sur sa route ; mais la découverte du syllogisme mérite de nous arrêter un instant.

Nous avons dit que dans cette proposition, *Socrate est sage*,

Socrate est le sujet, *sage* l'attribut; et que, par le verbe substantif qui les unit, on affirme que l'idée de la sagesse convient à celle de Socrate.

Mais comment s'assurer de la vérité ou de la fausseté d'une proposition, lorsque le rapport de l'attribut avec le sujet n'est pas assez marqué ? C'est en passant du connu à l'inconnu ; c'est en recourant à une troisième idée, dont le double rapport avec le sujet et l'attribut soit plus sensible.

Pour me faire mieux entendre, je n'examinerai que la proposition affirmative. Je doute si A est égal à B ; s'il se trouve que A est égal à c et que B est aussi égal à c, j'en conclurai, sans hésiter, que A est égal à B.

Ainsi, pour prouver que la justice est une habitude, il suffit de montrer que la justice est une vertu, et toute vertu une habitude. Mais, pour donner à cette preuve la forme du syllogisme, plaçons le mot *vertu* entre le sujet et l'attribut de la proposition, et nous aurons ces trois termes : *justice, vertu, habitude.* Celui du milieu s'appelle *moyen*, soit à cause de sa position, soit parce qu'il sert d'objet intermédiaire pour comparer les deux autres, nommés les *extrêmes.* Il est démontré que le moyen doit être pris au moins une fois universellement, et qu'une des propositions doit être universelle. Je dirai donc d'abord :

> Toute vertu est une habitude ;

je dirai ensuite :

> Or la justice est une vertu :
> Donc la justice est une habitude.

Il suit de là 1° qu'un syllogisme est composé de trois termes; que le dernier est l'attribut du second, et le second du premier. Ici *habitude* est attribut à l'égard de *vertu*, et *vertu* à l'égard de *justice*.

L'attribut étant toujours pris dans l'une des catégories, ou dans les séries d'êtres qui les composent, les rapports du moyen avec l'un et l'autre des extrêmes seront des rapports tantôt de substances, de qualités, de quantités, etc., tantôt de genres et d'espèces, de propriétés, etc. Dans l'exemple précédent, ils sont de genres et d'espèces ; car *habitude* est genre relativement à *vertu*, et *vertu* relativement à *justice*. Or il est certain que tout ce qui se dit d'un genre supérieur doit se dire des genres et des espèces qui sont dans la ligne descendante.

Il suit 2° qu'un syllogisme est composé de trois propositions.

Dans les deux premières, on compare le moyen avec chacun des extrêmes ; dans la troisième, on conclut que l'un des extrêmes doit être l'attribut de l'autre ; et c'était ce qu'il fallait prouver.

Il suit 3° qu'un syllogisme est un raisonnement par lequel, en posant certaines assertions, on en dérive une autre différente des premières.

Les diverses combinaisons des trois termes produisent différentes sortes de syllogismes, qui la plupart se réduisent à celle que nous avons proposée pour modèle.

Les résultats varient encore suivant que les propositions sont affirmatives ou négatives, suivant qu'on leur donne, ainsi qu'aux termes, plus ou moins d'universalité ; et de là sont émanées quantité de règles qui font découvrir au premier aspect la justesse ou le défaut d'un raisonnement.

On se sert d'inductions et d'exemples pour persuader la multitude, de syllogismes pour convaincre les philosophes. Rien de si pressant, de si impérieux que la conclusion déduite de deux vérités dont un adversaire a été forcé de convenir.

Ce mécanisme ingénieux n'est que le développement des opérations de notre esprit. On avait observé qu'à l'exception des premiers principes, qui persuadent par eux-mêmes, toutes nos assertions ne sont que des conclusions, et qu'elles sont fondées sur un raisonnement qui se fait dans notre esprit avec une promptitude surprenante. Quand j'ai dit, *la justice est une habitude,* je faisais mentalement le syllogisme que j'ai étendu plus haut.

On supprime quelquefois une des propositions, facile à suppléer. Le syllogisme s'appelle alors enthymème, et, quoique imparfait, il n'en est pas moins concluant. Exemple : *Toute vertu est une habitude ; donc la justice est une habitude ;* ou bien : *La justice est une vertu ; donc elle est une habitude.* Je parviendrais aisément à la même conclusion, si je disais simplement · *La justice étant une vertu est une habitude ;* ou bien : *La justice est une habitude, parce que toute vertu est une habitude*, etc.

Tel est cet autre exemple tiré d'un de nos poètes :

> Mortel, ne garde pas une haine immortelle.

Veut-on convertir cette sentence en syllogisme, on dira : *Nul mortel ne doit garder une haine immortelle ; or, vous êtes mortel ; donc,* etc. Voulez-vous en faire un enthymème, supprimez une des deux premières propositions.

Ainsi toute sentence, toute réflexion, soit qu'elle entraîne sa preuve avec elle, soit qu'elle se montre sans cet appui, est un véritable syllogisme ; avec cette différence que, dans le premier cas, la preuve est le moyen qui rapproche ou éloigne l'attribut du sujet, et que, dans le second, il faut substituer le moyen.

C'est en étudiant avec attention l'enchaînement de nos idées que les philosophes trouvèrent l'art de rendre plus sensibles les preuves de nos raisonnements, de développer et de classer les syllogismes imparfaits que nous employons sans cesse. On sent bien que le succès exigeait une constance obstinée, et ce génie observateur qui, à la vérité, n'invente rien, parce qu'il n'ajoute rien à la nature, mais qui y découvre ce qui échappe aux esprits ordinaires.

Toute démonstration est un syllogisme, mais tout syllogisme n'est pas une démonstration. Il est démonstratif lorsqu'il est établi sur les premiers principes, ou sur ceux qui découlent des premiers ; dialectique, lorsqu'il est fondé sur des opinions qui paraissent probables à tous les hommes, ou du moins aux sages les plus éclairés ; contentieux, lorsqu'il conclut d'après des propositions qu'on veut faire passer pour probables et qui ne le sont pas.

Le premier fournit des armes aux philosophes qui s'attachent au vrai ; le second, aux dialecticiens, souvent obligés de s'occuper du vraisemblable ; le troisième, aux sophistes, à qui les moindres apparences suffisent.

Comme nous raisonnons plus fréquemment d'après des opinions que d'après des principes certains, les jeunes gens s'appliquent de bonne heure à la dialectique ; c'est le nom que l'on donne à la logique quand elle ne conclut que d'après des probabilités. En leur proposant des problèmes ou thèses sur la physique, sur la morale, sur la logique, on les accoutume à essayer leurs forces sur divers sujets, à balancer les conjectures, à soutenir alternativement des opinions opposées, à s'engager dans les détours du sophisme pour les reconnaître.

Comme nos disputes viennent souvent de ce que les uns, séduits par quelques exemples, généralisent trop, et les autres, frappés de quelques exemples contraires, ne généralisent pas assez, les premiers apprennent qu'on ne doit pas conclure du particulier au général ; les seconds, qu'une exception ne détruit pas la règle.

La question est quelquefois traitée par demandes et par réponses. Son objet étant d'éclaircir un doute et de diriger la raison naissante, la solution ne doit être ni trop claire ni trop difficile.

On doit éviter avec soin de soutenir des thèses tellement improbables qu'on soit bientôt réduit à l'absurde, et de traiter des sujets sur lesquels il est dangereux d'hésiter, comme s'il faut honorer les dieux, aimer ses parents.

Quoiqu'il soit à craindre que les esprits ainsi habitués à une précision rigoureuse n'en conservent le goût, et n'y joignent même celui de la contradiction, il n'en est pas moins vrai qu'ils ont un avantage réel sur les autres. Dans l'acquisition des sciences, ils sont plus disposés à douter, et, dans le commerce de la vie, à découvrir le vice d'un raisonnement.

CHAPITRE LVIII.
Suite de la bibliothèque d'un Athénien. La rhétorique.

Pendant que l'on construisait avec effort l'édifice de la logique, me dit Euclide, s'élevait à côté celui de la rhétorique, moins solide, à la vérité, mais plus élégant et plus magnifique.

Le premier, lui dis-je, pouvait être nécessaire; je ne conçois pas l'utilité du second. L'éloquence n'exerçait-elle pas auparavant son empire sur les nations de la Grèce? Dans les siècles héroïques ne disputait-elle pas le prix de la valeur? Toutes les beautés ne se trouvent-elles pas dans les écrits de cet Homère, qu'on doit regarder comme le premier des orateurs ainsi que des poëtes? Ne se montrent-elles pas dans les ouvrages des hommes de génie qui ont suivi ses traces? Quand on a tant d'exemples, pourquoi tant de préceptes? Ces exemples, répondit Euclide, il fallait les choisir, et c'est ce que fait la rhétorique. Je répliquai : Se trompaient-ils dans le choix, les Pisistrate, les Solon, et ces orateurs qui, dans les assemblées de la nation ou dans les tribunaux de la justice, s'abandonnaient aux mouvements d'une éloquence naturelle? Pourquoi substituer l'art de parler au talent de la parole?

On a voulu seulement, reprit Euclide, arrêter les écarts du génie, et l'obliger en le contraignant à réunir ses forces. Vous doutez des avantages de la rhétorique, et vous savez qu'Aristote, quoique prévenu contre l'art oratoire, convient néanmoins qu'il peut être utile! Vous en doutez, et vous avez entendu Démosthène! Sans les leçons de ses maîtres, répondis-je, Démosthène aurait partout maîtrisé les esprits. Peut-être que, sans le secours des siens, Eschine ne se serait pas exprimé avec tant de charmes. Vous avouez donc, reprit Euclide, que l'art peut donner au talent des formes plus agréables? Je ne serai pas moins sincère que vous, et je conviendrai que c'est à peu près là tout son mérite.

Alors, s'approchant de ses tablettes : Voici, me dit-il, les auteurs qui nous fournissent des préceptes sur l'éloquence, et ceux qui nous en ont laissé des modèles. Presque tous ont vécu dans le siècle dernier ou dans le nôtre. Parmi les premiers sont Corax de Syracuse, Tisias, Thrasymaque, Protagoras, Prodicus, Gorgias, Polus, Lycimnius, Alcidamas, Théodore, Évènus, Callippe, etc.; parmi les seconds, ceux qui jouissent d'une réputation méritée, tels que Lysias, Antiphon, Andocide, Isée, Callistrate, Isocrate; ajoutons-y ceux qui ont commencé à se distinguer, tels que Démosthène, Eschine, Hypéride, Lycurgue, etc.

J'ai lu les ouvrages des orateurs, lui dis-je ; je ne connais point ceux des rhéteurs. Dans nos précédents entretiens, vous avez daigné m'instruire des progrès et de l'état actuel de quelques genres de littérature ; oserais-je exiger de vous la même complaisance par rapport à la rhétorique ?

La marche des sciences exactes peut être facilement connue, répondit Euclide, parce que, n'ayant qu'une route pour parvenir au terme, on voit d'un coup d'œil le point d'où elles partent et celui où elles arrivent. Il n'en est pas de même des arts de l'imagination : le goût qui les juge étant arbitraire, l'objet qu'ils se proposent souvent indéterminé, et la carrière qu'ils parcourent divisée en plusieurs sentiers voisins les uns des autres, il est impossible ou du moins très-difficile de mesurer exactement leurs efforts et leurs succès. Comment, en effet, découvrir les premiers pas du talent, et, la règle à la main, suivre le génie lorsqu'il franchit des espaces immenses ? Comment encore séparer la lumière des fausses lueurs qui l'environnent, définir ces grâces légères qui disparaissent dès qu'on les analyse, apprécier enfin cette beauté suprême qui fait la perfection de chaque genre ? Je vais, puisque vous l'exigez, vous donner des mémoires pour servir à l'histoire de la rhétorique ; mais, dans une matière si susceptible d'agréments, n'attendez de moi qu'un petit nombre de faits et des notions assez communes.

Nos écrivains n'avaient, pendant plusieurs siècles, parlé que le langage de la poésie ; celui de la prose leur paraissait trop familier et trop borné pour satisfaire au besoin de l'esprit, ou plutôt de l'imagination ; car c'était alors la faculté que l'on cultivait avec le plus de soin. Le philosophe Phérécide de Scyros et l'historien Cadmus de Milet commencèrent, il y a deux siècles environ, à s'affranchir des lois sévères qui enchaînaient la diction. Quoiqu'ils eussent ouvert une route nouvelle et plus facile, on avait tant de peine à quitter l'ancienne, qu'on vit Solon entreprendre de traduire ses lois en vers, et les philosophes Empédocle et Parménide parer leurs dogmes des charmes de la poésie.

L'usage de la prose ne servit d'abord qu'à multiplier les historiens. Quantité d'écrivains publièrent les annales de différentes nations, et leur style présente des défauts que les révolutions de notre goût rendent extrêmement sensibles. Il est clair et concis, mais dénué d'agréments et d'harmonie. De petites phrases s'y succèdent sans soutien, et l'œil se lasse de les suivre, parce qu'il y cherche vainement les liens qui devraient les unir. D'autres fois, et surtout dans les premiers historiens, elles fourmillent de tours poétiques, ou plutôt elles n'offrent plus que les débris de vers dont on a rompu la mesure. Partout on reconnaît que ces auteurs n'avaient eu que des poètes pour modèles, et qu'il a fallu du temps pour former le style de la prose ainsi que pour découvrir les préceptes de la rhétorique.

C'est en Sicile qu'on fit les premiers essais de cet art. Environ cent ans après la mort de Cadmus, un Syracusain nommé Corax assembla des disciples, et composa sur la rhétorique un traité encore estimé de nos jours, quoiqu'il ne fasse consister le secret de l'éloquence que dans le calcul trompeur de certaines probabilités. Voici, par exemple, comme il procède : Un homme fortement soupçonné d'en avoir battu un autre est traduit en justice ; il est plus faible ou plus fort que son accusateur : comment supposer, dit Corax, que, dans le premier cas, il puisse être coupable ; que, dans le second, il ait pu s'exposer à le paraître? Ce moyen et d'autres semblables, Tisias, élève de Corax, les étendit dans un ouvrage que nous avons encore, et s'en servit pour frustrer son maître du salaire qu'il lui devait.

De pareilles ruses s'étaient déjà introduites dans la logique, dont on commençait à rédiger les principes, et, de l'art de penser, elles passèrent sans obstacle dans l'art de parler. Ce dernier se ressentit aussi du goût des sophismes et de l'esprit de contradiction qui dominait dans les écarts du premier.

Protagoras, disciple de Démocrite, fut témoin, pendant son séjour en Sicile, de la gloire que Corax avait acquise. Il s'était jusqu'alors distingué par de profondes recherches sur la nature des êtres, il le fut bientôt par les ouvrages qu'il publia sur la grammaire et sur les différentes parties de l'art oratoire. On lui fait honneur d'avoir, le premier, rassemblé ces propositions générales qu'on appelle *lieux communs*, et qu'emploie un orateur, soit pour multiplier ses preuves, soit pour discourir avec facilité sur toutes sortes de matières.

Ces lieux, quoique très-abondants, se réduisent à un petit nombre de classes. On examine, par exemple, une action relativement à la cause, à l'effet, aux circonstances, aux personnes, etc. ; et de ces rapports naissent des séries de maximes et de propositions contradictoires, accompagnées de leurs preuves, et presque toutes exposées par demandes et par réponses dans les écrits de Protagoras et des autres rhéteurs qui ont continué son travail.

Après avoir réglé la manière de construire l'exorde, de disposer la narration et de soulever les passions des juges, on étendit le domaine de l'éloquence, renfermé jusqu'alors dans l'enceinte de la place publique et du barreau. Rivale de la poésie, elle célébra d'abord les dieux, les héros et les citoyens qui avaient péri dans les combats. Ensuite Isocrate composa des éloges pour des particuliers d'un rang distingué. Depuis on a loué indifféremment des hommes utiles ou inutiles à leur patrie; l'encens a fumé de toutes parts, et l'on a décidé que la louange ainsi que le blâme ne devait garder aucune mesure.

Ces diverses tentatives ont à peine rempli l'espace d'un siècle, et dans cet intervalle on s'appliquait avec le même soin à former le style. Non-seulement on lui conserva les richesses qu'il avait, dès son origine, empruntées de la poésie, mais on cherchait encore à les augmenter; on le parait tous les jours de nouvelles couleurs et de sons mélodieux. Ces brillants matériaux étaient auparavant jetés au hasard les uns auprès des autres, comme ces pierres qu'on rassemble pour construire un édifice; l'instinct et le sentiment prirent soin de les assortir et de les exposer dans une belle ordonnance. Au lieu de ces phrases isolées qui, faute de nerf et d'appui, tombaient presque à chaque mot, des groupes d'expressions choisies formèrent, en se rapprochant, un tout dont les parties se soutenaient sans peine. Les oreilles les plus délicates furent ravies d'entendre l'harmonie de la prose, et les esprits les plus justes de voir une pensée se développer avec majesté dans une seule période.

Cette forme heureuse, découverte par des rhéteurs estimables, tels que Gorgias, Alcidamas et Thrasymaque, fut perfectionnée par Isocrate, disciple du premier. Alors on distribua les périodes d'un discours en des intervalles à peu près égaux; leurs membres s'enchaînèrent et se contrastèrent par l'entrelacement des mots ou des pensées; les mots eux-mêmes, par de fréquentes inversions, semblèrent serpenter dans l'espace qui leur était assigné, de manière pourtant que, dès le commencement de la phrase, ils en laissaient entrevoir la fin aux esprits attentifs. Cet artifice adroitement ménagé était pour eux une source de plaisirs; mais, trop souvent employé, il les fatiguait au point qu'on a vu quelquefois dans nos assemblées des voix s'élever et achever avant l'orateur la longue période qu'il parcourait avec complaisance.

Des efforts redoublés ayant enfin rendu l'élocution nombreuse, coulante, harmonieuse, propre à tous les sujets, susceptible de toutes les passions, on distingua trois sortes de langages parmi les Grecs : celui de la poésie, noble et magnifique ; celui de la conversation, simple et modeste ; celui de la prose relevée, tenant plus ou moins de l'un ou de l'autre, suivant la nature des matières auxquelles on l'appliquait.

On distingua aussi deux espèces d'orateurs : ceux qui consacraient l'éloquence à éclairer le peuple dans ses assemblées, tels que Périclès ; à défendre les intérêts des particuliers au barreau, comme Antiphon et Lysias ; à répandre sur la philosophie les couleurs brillantes de la poésie, comme Démocrite et Platon ; et ceux qui, ne cultivant la rhétorique que par un sordide intérêt ou par une vaine ostentation, déclamaient en public sur la nature du gouvernement ou des lois, sur les mœurs, les sciences et les arts, des discours superbes, et dans lesquels les pensées étaient offusquées par le langage.

La plupart de ces derniers, connus sous le nom de sophistes, se répandirent dans la Grèce. Ils erraient de ville en ville, partout accueillis, partout escortés d'un grand nombre de disciples qui, jaloux de s'élever aux premières places par le secours de l'éloquence, payaient chèrement leurs leçons, et s'approvisionnaient à leur suite de ces notions générales ou lieux communs dont je vous ai déjà parlé.

Leurs ouvrages, que j'ai rassemblés, sont écrits avec tant de symétrie et d'élégance, on y voit une telle abondance de beautés, qu'on est soi-même fatigué des efforts qu'ils coûtèrent à leurs auteurs. S'ils séduisent quelquefois, ils ne remuent jamais, parce que le paradoxe y tient lieu de la vérité, et la chaleur de l'imagination de celle de l'âme.

Ils considérèrent la rhétorique tantôt comme un instrument de persuasion dont le jeu demande plus d'esprit que de sentiment, tantôt comme une espèce de tactique dont l'objet est de rassembler une grande quantité de mots, de les presser, les étendre, les soutenir les uns par les autres, et les faire marcher fièrement à l'ennemi. Ils ont aussi des ruses et des corps de réserve ; mais leur principale ressource est dans le bruit et dans l'éclat des armes.

Cet éclat brille surtout dans les éloges ou panégyriques d'Hercule et des demi-dieux : ce sont les sujets qu'ils choisissent par préférence ; et la fureur de louer s'est tellement accrue qu'elle s'étend jusque sur les êtres inanimés. J'ai un livre qui a pour titre *l'Éloge du sel;* toutes les richesses de l'imagination y sont épuisées pour exagérer les services que le sel rend aux mortels.

L'impatience que causent la plupart de ces ouvrages va jusqu'à l'indignation, lorsque leurs auteurs insinuent ou tâchent de montrer que l'orateur doit être en état de faire triompher le crime et l'innocence, le mensonge et la vérité.

Elle va jusqu'au dégoût lorsqu'ils fondent leurs raisonnements sur les subtilités de la dialectique. Les meilleurs esprits, dans la vue d'essayer leurs forces, s'engageaient volontiers dans ces détours captieux. Xantippe, fils de Périclès, se plaisait à raconter que, pendant la célébration de certains jeux, un trait lancé par mégarde ayant tué un cheval, son père et Protagoras passèrent une journée entière à découvrir la cause de cet accident : était-ce le trait? la main qui l'avait lancé? les ordonnateurs des jeux?

Vous jugerez par l'exemple suivant de l'enthousiasme qu'excitait autrefois l'éloquence factice. Pendant la guerre du Péloponnèse, il vint dans cette ville un Sicilien qui remplit la Grèce d'étonnement et d'admiration : c'était Gorgias, que les habitants de Léonte, sa patrie, nous avaient envoyé pour implorer notre assistance. Il parut à la tribune, et récita une harangue dans laquelle il avait entassé les figures les plus hardies et les expressions les plus pompeuses. Ces frivoles ornements étaient distribués dans des périodes tantôt assujetties à la même mesure, tantôt distinguées par la même chute; et quand ils furent déployés devant la multitude, ils répandirent un si grand éclat que les Athéniens, éblouis, secoururent les Léontins, forcèrent l'orateur à s'établir parmi eux, et s'empressèrent de prendre chez lui des leçons de rhétorique. On le combla de louanges lorsqu'il prononça l'éloge des citoyens morts pour le service de la patrie, lorsque, étant monté sur le théâtre, il déclara qu'il était prêt à parler sur toutes sortes de matières; lorsque, dans les jeux publics, il prononça un discours pour réunir contre les barbares les divers peuples de la Grèce.

Une autre fois les Grecs assemblés aux jeux pythiques lui décernèrent une statue qui fut placée en sa présence au temple d'Apollon. Un succès plus flatteur avait couronné ses talents en Thessalie. Les peuples de ce canton ne connaissaient encore que l'art de dompter un cheval ou de s'enrichir par le commerce : Gorgias parut au milieu d'eux, et bientôt ils cherchèrent à se distinguer par les qualités de l'esprit.

Gorgias acquit une fortune égale à sa réputation; mais la révolution qu'il fit dans les esprits ne fut qu'une ivresse passagère.

écrivain froid, tendant au sublime par des efforts qui l'en éloignent, la magnificence de ses expressions ne sert bien souvent qu'à manifester la stérilité de ses idées. Cependant il étendit les bornes de l'art, et ses défauts mêmes ont servi de leçon.

Euclide, en me montrant plusieurs harangues de Gorgias et différents ouvrages composés par ses disciples Polus, Lycimnius, Alcidamas, etc., ajoutait : Je fais moins de cas du fastueux appareil qu'ils étalent dans leurs écrits que de l'éloquence noble et simple qui caractérise ceux de Prodicus de Céos. Cet auteur a un grand attrait pour les esprits justes; il choisit presque toujours le terme propre, et découvre des distinctions très-fines entre les mots qui paraissent synonymes.

Cela est vrai, lui dis-je ; mais il n'en laisse passer aucun sans le peser avec une exactitude aussi scrupuleuse que fatigante. Vous rappelez-vous ce qu'il disait un jour à Socrate et à Protagoras, dont il voulait concilier les opinions? « Il s'agit entre vous de *discuter*, et non de *disputer;* car on *discute* avec ses amis, et l'on *dispute* avec ses ennemis. Par là vous obtiendrez notre *estime*, et non pas nos *louanges;* car l'*estime* est dans le cœur, et la *louange* n'est souvent que sur les lèvres. De notre côté nous en ressentirons de la *satisfaction*, et non du *plaisir;* car la *satisfaction* est le partage de l'esprit qui s'éclaire, et le *plaisir* celui des sens qui jouissent. »

Si Prodicus s'était expliqué de cette manière, me dit Euclide, qui jamais eût eu la patience de l'écouter et de le lire? Parcourez ses ouvrages, et vous serez étonné de la sagesse ainsi que de l'élégance de son style. C'est Platon qui lui prêta la réponse que vous venez de citer. Il s'égayait de même aux dépens de Protagoras, de Gorgias et des plus célèbres rhéteurs de son temps. Il les mettait dans ses dialogues aux prises avec son maître, et de ces prétendues conversations il tirait des scènes assez plaisantes.

Est-ce que Platon, lui dis-je, n'a pas rapporté fidèlement les entretiens de Socrate? Je ne le crois pas, répondit-il ; je pense même que la plupart de ces entretiens n'ont jamais eu lieu. — Et comment ne se récriait-on pas contre une pareille supposition? — Phédon, après avoir lu le dialogue qui porte son nom, protesta qu'il ne se reconnaissait pas aux discours que Platon mettait dans sa bouche. Gorgias dit la même chose en lisant le sien; il ajouta seulement que le jeune auteur avait beaucoup de talent pour la satire, et remplacerait bientôt le poète Archiloque. — Vous conviendrez du moins que ses portraits sont en général assez ressemblants. Comme on ne juge pas de Périclès et de Socrate d'après les comédies d'Aristophane, on ne doit pas juger des trois sophistes dont j'ai parlé d'après les dialogues de Platon.

Il eut raison sans doute de s'élever contre leurs dogmes ; mais devait-il les représenter comme des hommes sans idées, sans lumières, incapables de suivre un raisonnement, toujours près de tomber dans les piéges les plus grossiers, et dont les productions ne méritent que le mépris? S'ils n'avaient pas eu de grands talents, ils n'auraient pas été si dangereux. Je ne dis pas qu'il fût jaloux de leur réputation, comme quelques-uns l'ont soupçonneront peut-être un jour; mais il me semble que, dans sa jeunesse, il se livra trop au goût des fictions et de la plaisanterie.

Quoi qu'il en soit, les abus introduits de son temps dans l'éloquence occasionnèrent entre la philosophie et la rhétorique, jusqu'alors occupées du même objet et désignées sous le même nom, une espèce de divorce qui subsiste encore, et qui les a souvent privées du secours qu'elles pouvaient mutuellement se prêter. La première reproche à la seconde, quelquefois avec un ton de mépris, d'usurper ses droits, et d'oser traiter en détail de la religion, de la politique et de la morale sans en connaître les principes. Mais on peut répondre à la philosophie que, ne pouvant elle-même terminer nos différends par la sublimité de ses dogmes et la précision de son langage, elle doit souffrir que sa rivale devienne son interprète, la pare de quelques attraits, et nous la rende plus familière. C'est en effet ce qu'ont exécuté dans ces derniers temps les orateurs qui, en profitant des progrès et des faveurs de l'une et de l'autre, ont consacré leurs talents à l'utilité publique.

Je place sans hésiter Périclès à leur tête ; il dut aux leçons des rhéteurs et des philosophes cet ordre et ces lumières qui, de concert avec la force du génie, portèrent l'art oratoire jusqu'à sa perfection. Alcibiade, Critias, Théramène marchèrent sur ses traces. Ceux qui sont venus depuis les ont égalés et quelquefois surpassés en cherchant à les imiter ; et l'on peut avancer que le goût de la vraie éloquence est maintenant fixé dans tous les genres.

Vous connaissez les auteurs qui s'y distinguent de nos jours, et vous êtes en état de les apprécier. Comme je n'en ai jugé, répondis-je, que par sentiment, je voudrais savoir si les règles justifieraient l'impression que j'en ai reçue. Ces règles, fruits d'une longue expérience, me dit Euclide, se formèrent d'après les ouvrages et les succès des grands poètes et des premiers orateurs.

L'empire de cet art est très-étendu. Il s'exerce dans les assemblées générales, où l'on délibère sur les intérêts d'une nation; devant les tribunaux, où l'on juge les causes des particuliers; dans les discours, où l'on doit représenter le vice et la vertu sous leurs véritables couleurs ; enfin dans toutes les occasions où il s'agit d'instruire les hommes. De là trois genres d'éloquence : le délibératif, le judiciaire, le démonstratif. Ainsi, hâter ou empêcher les décisions du peuple, défendre l'innocent et poursuivre le coupable, louer la vertu et blâmer le vice, telles sont les fonctions augustes de l'orateur. Comment s'en acquitter? par la voie de la persuasion. Comment opérer cette persuasion ? par une profonde étude, disent les philosophes ; par le secours des règles, disent les rhéteurs.

Le mérite de la rhétorique, disent les premiers, ne consiste pas dans l'heureux enchaînement de l'exorde, de la narration et des autres parties du discours, ni dans les artifices du style, de la voix et du geste, avec lesquels on cherche à séduire un peuple corrompu. Ce ne sont là que des accessoires, quelquefois utiles, presque toujours dangereux. Qu'exigeons-nous de l'orateur? qu'aux dispositions naturelles il joigne la science et la méditation.

Si la nature vous destine au ministère de l'éloquence, attendez que la philosophie vous y conduise à pas lents; qu'elle vous ait démontré que l'art de la parole, devant convaincre avant de persuader, doit tirer sa principale force de l'art du raisonnement ; qu'elle vous ait appris, en conséquence, à n'avoir que des idées saines, à ne les exprimer que d'une manière claire, à saisir tous les rapports et tous les contrastes de leurs objets, à connaître, à faire connaître aux autres ce que chaque chose est en elle-même. En continuant d'agir sur vous, elle vous remplira des lumières qui conviennent à l'homme d'état, au juge intègre, au citoyen excellent ; vous étudierez sous ses yeux les différentes espèces de gouvernement et de lois, les intérêts des nations, la nature de l'homme et le jeu mobile de ses passions.

Mais cette science, achetée par de longs travaux, céderait facilement au souffle contagieux de l'opinion si vous ne la souteniez, non-seulement par une probité reconnue et une prudence consommée, mais encore par un zèle ardent pour la justice et un respect profond pour les dieux, témoins de vos intentions et de vos paroles.

Alors votre discours, devenu l'organe de la vérité, aura la simplicité, l'énergie, la chaleur et l'imposante dignité qui la caractérisent ; il s'embellira moins de l'éclat de votre éloquence que de celui de vos vertus; et tous vos traits porteront, parce qu'on sera persuadé qu'ils viennent d'une main qui n'a jamais tracé de perfidies.

Alors seulement vous aurez le droit de nous développer à la tribune ce qui est véritablement utile, au barreau ce qui est véritablement juste; dans les discours consacrés à la mémoire des grands hommes ou au triomphe des mœurs ce qui est véritablement honnête.

Nous venons de voir ce que pensent les philosophes à l'égard de la rhétorique; il faudrait à présent examiner la fin que se proposent les rhéteurs, et les règles qu'ils nous ont prescrites. Mais Aristote a entrepris de les recueillir dans un ouvrage où il traitera son sujet avec cette supériorité qu'on a remarquée dans ses premiers écrits.

Ceux qui l'ont précédé s'étaient bornés, tantôt à distribuer avec intelligence les parties du discours sans songer à le fortifier par des preuves convaincantes, tantôt à rassembler des maximes générales ou lieux communs, d'autres fois à nous laisser quelques préceptes sur le style ou sur les moyens d'exciter les passions, d'autres fois encore à multiplier les ruses pour faire prévaloir la vraisemblance sur la vérité et la mauvaise cause sur la bonne: tous avaient négligé des parties essentielles, comme de régler l'action et la voix de celui qui parle; tous s'étaient attachés à former un avocat, sans dire un seul mot de l'orateur public. J'en suis surpris, lui dis-je, car les fonctions du dernier sont plus utiles, plus nobles et plus difficiles que celles du premier. On a sans doute pensé, répondit Euclide, que, dans une assemblée où tous les citoyens sont remués par le même intérêt, l'éloquence devait se contenter d'exposer des faits, et d'ouvrir un avis salutaire; mais qu'il fallait tous les artifices de la rhétorique pour passionner des juges indifférents et étrangers à la cause qu'on porte à leur tribunal.

Les opinions de ces auteurs seront refondues, souvent attaquées, presque toujours accompagnées de réflexions lumineuses et d'additions importantes, dans l'ouvrage d'Aristote. Vous le lirez un jour, et je me crois dispensé de vous en dire davantage.

Je pressais vainement Euclide; à peine répondait-il à mes questions. Les rhéteurs adoptent-ils les principes des philosophes? — Ils s'en écartent souvent, surtout quand ils préfèrent la vraisemblance à la vérité. — Quelle est la première qualité de l'orateur? D'être excellent logicien. — Son premier devoir? — De montrer qu'une chose est ou n'est pas. — Sa principale attention? — De découvrir dans chaque sujet les moyens propres à persuader. — En combien de parties se divise le discours? — Les rhéteurs en admettent un grand nombre, qui se réduisent à quatre : l'exorde, la proposition ou le fait, la preuve et la péroraison; on peut même retrancher la première et la dernière. J'allais continuer ; mais Euclide me demanda grâce, et je ne pus obtenir qu'un petit nombre de remarques sur l'élocution.

Quelque riche que soit la langue grecque, lui dis-je, vous avez dû vous apercevoir que l'expression ne répond pas toujours à votre idée. Sans doute, reprit-il, mais nous avons le même droit que les premiers instituteurs des langues : il nous est permis de hasarder un nouveau mot, soit en le créant nous-mêmes, soit en le dérivant d'un mot déjà connu. D'autres fois nous ajoutons un sens figuré au sens littéral d'une expression consacrée par l'usage, ou bien nous unissons étroitement deux mots pour en composer un troisième ; mais cette dernière licence est communément réservée aux poètes, et surtout à ceux qui font des dithyrambes. Quant aux autres innovations, on doit en user avec sobriété, et le public ne les adopte que lorsqu'elles sont conformes à l'analogie de la langue.

La beauté d'une expression consiste dans le son qu'elle fait entendre et dans le sens qu'elle renferme ; bannissez d'un ouvrage celle qui offense la pudeur ou qui mécontente le goût. Un de vos auteurs, lui dis-je, n'admet aucune différence entre les signes de nos pensées, et prétend que, de quelque manière qu'on exprime une idée, on produit toujours le même effet. Il se trompe, répondit Euclide ; de deux mots qui sont à votre choix, l'un est plus honnête et plus décent, parce qu'il ne fait qu'indiquer l'image que l'autre met sous les yeux.

Nous avons des mots propres et des mots figurés ; nous en avons de simples et de composés, d'indigènes et d'étrangers ; il en est qui ont plus de noblesse et d'agrément que d'autres, parce qu'ils réveillent en nous des idées plus élevées ou plus riantes ; d'autres enfin qui sont si bas ou si dissonants, qu'on doit les bannir de la prose et des vers.

De leurs diverses combinaisons se forment les périodes, dont les unes sont d'un seul membre, les autres peuvent acquérir jusqu'à quatre membres, et ne doivent pas en avoir davantage.

Que votre discours ne m'offre pas un tissu de périodes complètes et symétriques, comme ceux de Gorgias et d'Isocrate ; ni une suite de phrases courtes et détachées, comme ceux des anciens. Les premières fatiguent l'esprit, les secondes blessent l'oreille. Variez sans cesse les mesures des périodes, votre style aura tout à la fois le mérite de l'art et de la simplicité ; il acquerra même de la majesté, si le dernier membre de la période a plus d'étendue que les premiers, et s'il se termine par une de ces syllabes longues où la voix se repose en finissant.

Convenance et clarté, voilà les deux principales qualités de l'élocution.

1° *La convenance.* On reconnut de bonne heure que rendre les grandes idées par des termes abjects, et les petites par des expressions pompeuses, c'était revêtir de haillons les maîtres du monde, et de pourpre les gens de la lie du peuple. On reconnut aussi que l'âme a différents langages, suivant qu'elle est en mouvement et en repos ; qu'un vieillard ne s'exprime pas comme un jeune homme, les habitants de la campagne comme ceux de la ville. De là suit que la diction doit varier suivant le caractère de celui qui parle et de ceux dont il parle, suivant la nature des matières qu'il traite et des circonstances où il se trouve. Il suit encore que le style de la poésie, celui de l'éloquence, de l'histoire et du dialogue diffèrent essentiellement l'un de l'autre, et même que, dans chaque genre, les mœurs et les talents d'un auteur jettent sur sa diction des différences sensibles.

2° *La clarté.* Un orateur, un écrivain doit avoir fait une étude sérieuse de sa langue. Si vous négligez les règles de la grammaire, j'aurai souvent de la peine à pénétrer votre pensée. Employer des mots amphibologiques, ou des circonlocutions inutiles ; placer mal à propos les conjonctions qui lient les membres d'une phrase ; confondre le pluriel avec le singulier ; n'avoir aucun égard à la distinction établie, dans ces derniers temps, entre les noms masculins et les noms féminins ; désigner par le même terme les impressions que reçoivent deux de nos sens, et appliquer le verbe voir aux objets de la vue et de l'ouïe [1] ; distribuer au hasard, à l'exemple d'Héraclite, les mots d'une phrase, de manière qu'un lecteur ne puisse pas deviner la ponctuation de l'auteur : tous ces défauts concourent également à l'obscurité du style. Elle augmentera, si l'excès des ornements et la longueur des périodes égarent l'attention du lecteur, et ne lui permettent pas de respirer, et si, par une marche trop rapide, votre pensée lui échappe, comme ces coureurs de la lice qui, dans un instant, se dérobent aux yeux du spectateur.

Rien ne contribue plus à la clarté que l'emploi des expressions usitées ; mais, si vous ne les détournez jamais de leur acception ordinaire, votre style ne sera que familier et rampant ; vous le relèverez par des tours nouveaux et des expressions figurées.

La prose doit régler ses mouvements sur des rhythmes faciles à reconnaître, et s'abstenir de la cadence affectée à la poésie. La

---

[1] C'est ce qu'avait fait Eschyle (*in Prom.* v. 21). Vulcain dit que Prométhée ne verra plus ni voix ni figure d'homme.

plupart en bannissent les vers, et cette proscription est fondée sur un principe qu'il faut toujours avoir devant les yeux : c'est que l'art doit se cacher, et qu'un auteur qui veut m'émouvoir ou me persuader ne doit pas avoir la maladresse de m'en avertir. Or, des vers semés dans la prose annoncent la contrainte et des prétentions. Quoi ! lui dis-je, s'il en échappait quelqu'un dans la chaleur de la composition, faudrait-il le rejeter, au risque d'affaiblir la pensée ? S'il n'a que l'apparence du vers, répondit Euclide, il faut l'adopter, et la diction s'en embellit; s'il est régulier, il faut le briser, et en employer les fragments dans la période, qui en devient plus sonore. Plusieurs écrivains, et Isocrate lui-même, se sont exposés à la censure pour avoir négligé cette précaution.

Glycère, en formant une couronne, n'est pas plus occupée de l'assortiment des couleurs que ne l'est de l'harmonie des sons un auteur dont l'oreille est délicate. Ici les préceptes se multiplient. Je les supprime; mais il s'élève une question que j'ai vu souvent agiter. Peut-on placer de suite deux mots dont l'un finit et l'autre commence par la même voyelle ? Isocrate et ses disciples évitent soigneusement ce concours; Démosthène, en bien des occasions; Thucydide et Platon, rarement; des critiques le proscrivent avec rigueur; d'autres mettent des restrictions à la loi, et soutiennent qu'une défense absolue nuirait quelquefois à la gravité de la diction.

J'ai ouï parler, dis-je alors, des différentes espèces de styles, tels que le noble, le grave, le simple, l'agréable, etc. Laissons aux rhéteurs, répondit Euclide, le soin d'en tracer les divers caractères. Je les ai tous indiqués en deux mots : si votre diction est *claire* et *convenable*, il s'y trouvera une proportion exacte entre les mots, les pensées et le sujet ; on ne doit rien exiger de plus. Méditez ce principe, et vous ne serez point étonné des assertions suivantes.

L'éloquence du barreau diffère essentiellement de celle de la tribune. On pardonne à l'orateur des négligences et des répétitions dont on fait un crime à l'écrivain. Tel discours applaudi à l'assemblée générale n'a pas pu se soutenir à la lecture, parce que c'est l'action qui le faisait valoir; tel autre, écrit avec beaucoup de soin, tomberait en public s'il ne se prêtait pas à l'action. L'élocution qui cherche à nous éblouir par sa magnificence devient excessivement froide lorsqu'elle est sans harmonie, lorsque les prétentions de l'auteur paraissent trop à découvert, et, pour me servir de l'expression de Sophocle, lorsqu'il enfle ses joues avec excès pour souffler dans une petite flûte. Le style de quelques orateurs est insoutenable, par la multiplicité des vers et des mots composés qu'ils empruntent à la poésie. D'un autre côté, Alcidamas nous dégoûte par une profusion d'épithètes oiseuses, et Gorgias par l'obscurité de ses métaphores tirées de loin. La plupart des hyperboles répandent un froid mortel dans nos âmes. Riez de ces auteurs qui confondent le style forcé avec le style fort, et qui se donnent des contorsions pour enfanter des expressions de génie. L'un d'entre eux, en parlant du rocher que Polyphème lança contre le vaisseau d'Ulysse, dit : « On voyait paître tranquillement les chèvres sur ce rocher pendant qu'il fendait les airs. »

Je me suis souvent aperçu, dis-je, de l'abus des figures ; et peut-être faudra-t-il les bannir de la prose comme font quelques auteurs modernes. Les mots propres, répondit Euclide, forment le langage de la raison ; les expressions figurées, celui de la passion. La raison peut dessiner un tableau, et l'esprit y répandre quelques légers ornements ; il n'appartient qu'à la passion de lui donner le mouvement et la vie. Une âme qui veut nous forcer à partager ses émotions appelle toute la nature à son secours et se fait une langue nouvelle. En découvrant parmi les objets qui nous entourent des traits de ressemblance et d'opposition, elle accumule rapidement des figures dont les principales se réduisent à une seule, que j'appelle *similitude*. Si je dis *Achille s'élance comme un lion*, je fais une comparaison. Si, en parlant d'Achille, je dis simplement *ce lion s'élance*, je fais une métaphore. *Achille plus léger que le vent*, c'est une hyperbole. Opposez son courage à la lâcheté de Thersite, vous aurez une antithèse. Ainsi la comparaison rapproche deux objets ; la métaphore les confond ; l'hyperbole et l'antithèse ne les séparent qu'après les avoir rapprochés.

Les comparaisons conviennent à la poésie plutôt qu'à la prose ; l'hyperbole et l'antithèse, aux oraisons funèbres et aux panégyriques plutôt qu'aux harangues et aux plaidoyers. Les métaphores sont essentielles à tous les genres et à tous les styles. Elles donnent à la diction un air étranger, à l'idée la plus commune un air de nouveauté. Le lecteur reste un moment suspendu, et bientôt il saisit à travers ces voiles légers les rapports qu'on ne lui cachait que pour lui donner la satisfaction de les découvrir. On fut étonné dernièrement de voir un auteur assimiler la vieillesse à la paille, à cette paille ci-devant chargée de grains, maintenant stérile et près de se réduire en poudre. Mais on adopta cet emblème, parce qu'il peint d'un seul trait le passage de la jeunesse florissante à l'infructueuse et fragile décrépitude.

Comme les plaisirs de l'esprit ne sont que des plaisirs de surprise et qu'ils ne durent qu'un instant, vous n'obtiendrez plus le même succès en employant de nouveau la même figure ; bientôt

CHAPITRE LVIII.

elle ira se confondre avec les mots ordinaires, comme tant d'autres métaphores que le besoin a multipliées dans toutes les langues, et surtout dans la nôtre. Ces expressions, *une voix claire, des mœurs âpres, l'œil de la vigne*, ont perdu leur considération en se rendant familières.

Que la métaphore mette, s'il est possible, la chose en action. Voyez comme tout s'anime sous le pinceau d'Homère; la lance est *avide* du sang de l'ennemi, le trait *impatient* de le frapper.

Préférez, dans certains cas, les métaphores qui rappellent des idées riantes. Homère a dit *l'Aurore aux doigts de rose*, parce qu'il s'était peut-être aperçu que la nature répand quelquefois sur une belle main des teintes couleur de rose, qui l'embellissent encore. Que deviendrait l'image, s'il avait dit *l'Aurore aux doigts de pourpre?*

Que chaque figure présente un rapport juste et sensible. Rappelez-vous la consternation des Athéniens lorsque Périclès leur dit : *Notre jeunesse a péri dans le combat, c'est comme si on avait dépouillé l'année de son printemps.* Ici l'analogie est parfaite, car la jeunesse est aux différentes périodes de la vie ce que le printemps est aux autres saisons.

On condamne avec raison cette expression d'Euripide, *la rame souveraine des mers*, parce qu'un titre si brillant ne convient pas à un pareil instrument. On condamne encore cette autre expression de Gorgias, *vous moissonnez avec douleur ce que vous avez semé avec honte*, sans doute parce que les mots *semer* et *moissonner* n'ont été pris jusqu'à présent dans le sens figuré que par les poètes. Enfin on désapprouve Platon lorsque, pour exprimer qu'une ville bien constituée ne doit point avoir de murailles, il dit qu'il faut en laisser *dormir les murailles couchées par terre*.

Euclide s'étendit sur les divers ornements du discours. Il me cita des réticences heureuses, des allusions fines, des pensées ingénieuses, des reparties pleines de sel. Il convint que la plupart de ces formes n'ajoutent rien à nos connaissances, et montrent seulement avec quelle rapidité l'esprit parvient aux résultats sans s'arrêter aux idées intermédiaires. Il convint aussi que certaines manières de parler sont tour à tour approuvées et rejetées par des critiques également éclairés.

Après avoir dit un mot sur la manière de régler la voix et le geste, après avoir rappelé que Démosthène regarde l'action comme la première, la seconde et la troisième qualité de l'orateur : Partout, ajouta-t-il, l'éloquence s'assortit au caractère de la nation. Les Grecs de Carie, de Mysie et de Phrygie sont grossiers encore,

9.

et ne semblent connaître d'autre mérite que le luxe des satrapes auxquels ils sont asservis : leurs orateurs déclament avec des intonations forcées des harangues surchargées d'une abondance fastidieuse. Avec des mœurs sévères et un jugement sain, les Spartiates ont une profonde indifférence pour toute espèce de faste : ils ne disent qu'un mot, et quelquefois ce mot renferme un traité de morale ou de politique.

Qu'un étranger écoute nos bons orateurs, qu'il lise nos meilleurs écrivains, il jugera bientôt qu'il se trouve au milieu d'une nation polie, éclairée, sensible, pleine d'esprit et de goût. Il trouvera dans tous le même empressement à découvrir les beautés convenables à chaque sujet, la même sagesse à les distribuer ; il trouvera presque toujours ces qualités estimables relevées par des traits qui réveillent l'attention, par des grâces piquantes qui embellissent la raison.

Dans les ouvrages même où règne la plus grande simplicité, combien sera-t-il étonné d'entendre une langue que l'on confondrait volontiers avec le langage le plus commun, quoiqu'elle en soit séparée par un intervalle considérable ! Combien le sera-t-il d'y découvrir ces charmes ravissants dont il ne s'apercevra qu'après avoir vainement essayé de les faire passer dans ses écrits !

Je lui demandai quel était celui des auteurs qu'il proposait pour modèle du style. Aucun en particulier, me répondit-il, tous en général. Je n'en cite aucun personnellement, parce que deux de nos écrivains qui approchent le plus de la perfection, Platon et Démosthène, pèchent quelquefois, l'un par excès d'ornements, l'autre par défaut de noblesse. Je dis tous en général, parce qu'en les méditant, en les comparant les uns avec les autres, non-seulement on apprend à colorer sa diction, mais on acquiert encore ce goût exquis et pur qui dirige et juge les productions du génie : sentiment rapide et tellement répandu parmi nous, qu'on le prendrait pour l'instinct de la nation.

Vous savez en effet avec quel mépris elle rejette tout ce qui, dans un discours, manque de correction et d'élégance ; avec quelle promptitude elle se récrie dans ses assemblées contre une expression impropre ou une intonation fausse ; combien nos orateurs se tourmentent pour contenter des oreilles si délicates et si sévères. Elles se révoltent, lui dis-je, quand ils manquent à l'harmonie, nullement quand ils blessent la bienséance. Ne les voit-on pas, tous les jours, s'accabler de reproches sanglants, d'injures sales et grossières ? Quels sont les moyens dont se servent quelques-uns d'entre eux pour exciter l'admiration ? le fréquent usage des hyperboles, l'éclat de l'antithèse et de tout le faste oratoire, des gestes et des cris forcenés.

Euclide répondit que ces excès étaient condamnés par les bons esprits. Mais, lui dis-je, le sont-ils par la nation? tous les ans, au théâtre, ne préfère-t-elle pas des pièces détestables à des pièces excellentes? Des succès passagers, et obtenus par surprise ou par intrigue, me dit-il, n'assurent pas la réputation d'un auteur. Une preuve, repris-je, que le bon goût n'est pas général parmi vous, c'est que vous avez encore de mauvais écrivains. L'un, à l'exemple de Gorgias, répand avec profusion dans sa prose toutes les richesses de la poésie. Un autre dresse, arrondit, équarrit, allonge des périodes dont on oublie le commencement avant que de parvenir à la fin. D'autres poussent l'affectation jusqu'au ridicule : témoin celui qui, ayant à parler d'un centaure, l'appelle un homme à cheval sur lui-même.

Ces auteurs, me dit Euclide, sont comme les abus qui se glissent partout, et leurs triomphes comme les songes qui ne laissent que des regrets. Je les exclus, ainsi que leurs admirateurs, de cette nation dont j'ai vanté le goût, et qui n'est composée que de citoyens éclairés. Ce sont eux qui tôt ou tard fixent les décisions de la multitude, et vous conviendrez qu'ils sont en plus grand nombre parmi nous que partout ailleurs.

Il me semble que l'éloquence est parvenue à son plus haut période. Quel sera désormais son destin? Il est aisé de le prévoir, lui dis-je; elle s'amollira, si vous êtes subjugués par quelque puissance étrangère; elle s'anéantirait si vous l'étiez par la philosophie. Mais heureusement vous êtes à l'abri de ce dernier danger. Euclide entrevit ma pensée et me pria de l'étendre. A condition, répondis-je, que vous me pardonnerez mes paradoxes et mes écarts.

J'entends par philosophie une raison souverainement éclairée. Je vous demande si les illusions qui se sont glissées dans le langage ainsi que dans nos passions ne s'évanouiraient pas à son aspect comme les fantômes et les ombres à la naissance du jour.

Prenons pour juge un des génies qui habitent les sphères célestes, et qui ne se nourrissent que de vérités pures. Il est au milieu de nous; il applaudit à la solidité des principes, à la clarté des idées, à la force des preuves et à la propriété des termes. Cependant, lui dis-je, ce discours ne réussira point s'il n'est traduit dans la langue des orateurs. Il faut symétriser les membres de cette période, et déplacer un mot dans cet autre, pour en tirer des sons plus agréables. Je ne me suis pas toujours exprimé avec assez de précision; les assistants ne me pardonneraient pas de m'être méfié de leur intelligence. Mon style est trop simple ; j'aurais dû l'éclairer par des points lumineux. Qu'est-ce que ces points lumineux? demande le génie. — Ce sont des hyperboles, des comparaisons, des métaphores et d'autres figures destinées à mettre les choses fort au-dessus ou fort au-dessous de leur valeur.

Ce langage vous étonne sans doute ; mais nous autres hommes sommes faits de manière que, pour défendre même la vérité, il nous faut employer le mensonge. Je vais citer quelques-unes de ces figures, empruntées la plupart des écrits des poètes, où elles sont dessinées à grands traits, et d'où quelques orateurs les transportent dans la prose. Elles feront l'ornement d'un éloge dont voici le commencement.

Je vais rendre le nom de mon héros à jamais célèbre parmi les hommes. Arrêtez, dit le génie ; pouvez-vous assurer que votre ouvrage sera connu et applaudi dans tous les temps et dans tous les lieux? Non, lui dis-je, mais c'est une figure. *Ses aïeux, qui furent l'œil de la Sicile, s'établirent auprès du mont Etna, colonne du ciel.* J'entends le génie qui dit tout bas : Le ciel appuyé sur un petit rocher de ce petit globe qu'on appelle la terre! quelle extravagance ! *Des paroles plus douces que le miel coulent de ses lèvres; elles tombent sans interruption, comme ces flocons de neige qui tombent sur la campagne.* Qu'ont de commun les paroles avec le miel et la neige? dit le génie. *Il a cueilli la fleur de la musique, et sa lyre éteint la foudre embrasée.* Le génie me regarde avec étonnement, et je continue : *Il a le regard et la prudence de Jupiter, l'aspect terrible de Mars et la force de Neptune; le nombre des beautés dont il a fait la conquête égale le nombre des feuilles des arbres, et celui des flots qui viennent successivement expirer sur le rivage de la mer.* A ces mots le génie disparaît et s'envole au séjour de la lumière.

Quoiqu'on pût vous reprocher, me dit Euclide, d'avoir entassé trop de figures dans cet éloge, je conçois que nos exagérations falsifient nos pensées ainsi que nos sentiments, et qu'elles effaroucheraient un esprit qui n'y serait pas accoutumé. Mais il faut espérer que notre raison ne restera plus dans une éternelle enfance. Ne vous en flattez pas, répondis-je ; l'homme n'aurait plus de proportion avec le reste de la nature, s'il pouvait acquérir les perfections dont on le croit susceptible.

Supposez que nos sens devinssent infiniment exquis ; la langue ne pourrait soutenir l'impression du lait et du miel, ni la main s'appuyer sur un corps sans en être blessée ; l'odeur de la rose nous ferait tomber en convulsion ; le moindre bruit déchirerait nos oreilles, et nos yeux apercevraient des rides affreuses sur le tissu de la plus belle peau. Il en est de même des qualités de l'esprit : donnez-lui la vue la plus perçante et la justesse la plus rigoureuse ; combien sera-t-il révolté de l'impuissance et de la fausseté des signes qui représentent nos idées ! il se ferait sans doute une autre langue, mais que deviendrait celle des passions, que deviendraient les passions elles-mêmes sous l'empire absolu d'une raison si pure et si austère ? Elles s'éteindraient ainsi que l'imagination, et l'homme ne serait plus le même.

Dans l'état où il est aujourd'hui, tout ce qui sort de son esprit, de son cœur et de ses mains, n'annonce qu'insuffisance et besoins. Renfermé dans des limites étroites, la nature le punit avec rigueur dès qu'il veut les franchir. Vous croyez qu'en se civilisant il a fait un grand pas vers la perfection ; qu'a-t-il donc gagné ? De substituer, dans l'ordre général de la société, des lois faites par des hommes aux lois naturelles, ouvrage des dieux ; dans les mœurs, l'hypocrisie à la vertu ; dans les plaisirs, l'illusion à la réalité ; dans la politesse, les manières aux sentiments. Ses goûts se sont tellement pervertis à force de s'épurer, qu'il s'est trouvé contraint de préférer dans les arts ceux qui sont agréables à ceux qui sont utiles ; dans l'éloquence, le mérite du style à celui des pensées ; partout, l'artifice à la vérité. J'ose le dire, les peuples éclairés n'ont sur nous d'autre supériorité que d'avoir perfectionné l'art de feindre et le secret d'attacher un masque sur tous les visages.

Je vois, par tout ce que vous m'avez dit, que la rhétorique ne se propose pas d'autre fin, et qu'elle n'y parvient qu'en appliquant aux paroles des tons et des couleurs agréables. Aussi, loin d'étudier ces préceptes, je m'en tiendrai, comme j'ai fait jusqu'à présent, à cette réflexion d'Aristote. Je lui demandai à quels signes on reconnaît un bon ouvrage ; il me répondit : S'il est impossible d'y rien ajouter et d'en retrancher la moindre chose.

Après avoir discuté ces idées avec Euclide, nous sortîmes et nous dirigeâmes notre promenade vers le Lycée. Chemin faisant, il me montra une lettre qu'il venait de recevoir d'une femme de ses amies, et dont l'orthographe me parut vicieuse ; quelquefois l'*é* s'y trouvait remplacé par un *i*, le *d* par un *z*. J'ai toujours été surpris, lui dis-je, de cette négligence de la part des Athéniennes. Elles écrivent, répondit-il, comme elles parlent, et comme on parlait autrefois. Il s'est donc fait, lui repris-je, des changements dans la prononciation ? En très-grand nombre, répondit-il : par exemple, on disait anciennement *héméra* (jour) ; après, on a dit *héméra*, le premier *é* fermé ; ensuite *héméra*, le premier *é* ouvert.

L'usage, pour rendre certains mots plus sonores, ou plus majestueux, retranche des lettres, en ajoute d'autres, et, par cette continuité d'altérations, ôte toute espérance de succès à ceux qui voudraient remonter à l'origine de la langue. Il fait plus encore, il condamne à l'oubli des expressions dont on se servait communément autrefois, et qu'il serait peut-être bon de rajeunir.

En entrant dans la première cour du Lycée, nous fûmes attirés par des cris perçants qui venaient d'une des salles du Gymnase. Le rhéteur Léon et le sophiste Pythodore s'étaient engagés dans une dispute très-vive. Nous eûmes de la peine à percer la foule. Approchez, me dit le premier; voilà Pythodore qui soutient que son art ne diffère pas du mien, et que notre objet à tous deux est de tromper ceux qui nous écoutent. Quelle prétention de la part d'un homme qui devrait rougir de porter le nom de sophiste!

Ce nom, répondit Pythodore, était honorable autrefois; c'est celui dont se paraient tous ceux qui, depuis Solon jusqu'à Périclès, consacrèrent leur temps à l'étude de la sagesse; car, au fond, il ne désigne pas autre chose. Platon, voulant couvrir de ridicule quelques-uns de ceux qui en abusaient, parvint à le rendre méprisable parmi ses disciples. Cependant je le vois tous les jours appliquer à Socrate, que vous respectez sans doute, et à l'orateur Antiphon, que vous faites profession d'estimer. Mais il n'est pas question ici d'un vain titre. Je le dépose en votre présence, et je vais, sans autre intérêt que celui de la vérité, sans autres lumières que celles de la raison, vous prouver que le rhéteur et le sophiste emploient les mêmes moyens pour arriver au même but.

J'ai peine à retenir mon indignation, reprit Léon: quoi! de vils mercenaires, des ouvriers en paroles, qui habituent leurs disciples à s'armer d'équivoques et de sophismes, et à soutenir également le pour et le contre, vous osez les comparer à ces hommes respectables qui apprennent à défendre la cause de l'innocence dans les tribunaux, celle de l'état dans l'assemblée générale, celle de la vertu dans les discours qu'ils ont soin de consacrer! Je ne compare point les hommes, dit Pythodore; je ne parle que de l'art qu'ils professent. Nous verrons bientôt si ces hommes respectables ne sont pas plus à redouter que les plus dangereux sophistes.

Ne convenez-vous pas que vos disciples et les miens, peu soigneux de parvenir à la vérité, s'arrêtent communément à la vraisemblance? — Oui; mais les premiers fondent leurs raisonnements sur de grandes probabilités, et les seconds sur des apparences frivoles. — Et qu'entendez-vous par le probable? — Ce qui paraît tel à tous les hommes ou à la plupart des hommes. — Prenez garde à votre réponse ; car il suivrait de là que ces sophistes, dont l'éloquence entraînait les suffrages d'une nation, n'avançaient que des propositions probables. — Ils n'éblouissaient que la multitude, les sages se garantissaient de l'illusion.

C'est donc au tribunal des sages, demanda Pythodore, qu'il faut s'en rapporter pour savoir si une chose est probable ou non ? — Sans doute, répondit Léon ; et j'ajoute à ma définition qu'en certains cas on doit regarder comme probable ce qui est reconnu pour tel par le plus grand nombre des sages, ou du moins par les plus éclairés d'entre eux. Êtes-vous content ? — Il arrive donc quelquefois que le probable est si difficile à saisir, qu'il échappe même à la plupart des sages, et ne peut être démêlé que par les plus éclairés d'entre eux ?

A la bonne heure ! — Et quand vous hésitez sur la réalité de ces vraisemblances, imperceptibles presque à tout le monde, allez-vous consulter ce petit nombre de sages éclairés? — Non, je m'en rapporte à moi-même, en présumant leur décision. Mais que prétendez-vous conclure de ces ennuyeuses subtilités ?

Le voici, dit Pythodore : que vous ne vous faites aucun scrupule de suivre une opinion que, de votre propre autorité, vous avez rendue probable, et que les vraisemblances trompeuses suffisent pour déterminer l'orateur ainsi que le sophiste. Mais le premier est de bonne foi, et l'autre ne l'est pas. — Alors ils ne différeraient que par l'intention ; c'est en effet ce qu'ont avoué des écrivains philosophes : je veux néanmoins vous ôter encore cet avantage.

Vous accusez les sophistes de soutenir le pour et le contre ; je vous demande si la rhétorique, ainsi que la dialectique, ne donne pas des règles pour défendre avec succès deux opinions contraires ? — J'en conviens ; mais on exhorte le jeune élève à ne point abuser de cette voie ; il doit la connaître pour éviter les pièges qu'un ennemi adroit pourrait semer autour de lui. — C'est-à-dire qu'après avoir mis entre les mains d'un jeune homme un poignard et une épée, on lui dit : Lorsque l'ennemi vous serrera de près, et que vous serez fortement remué par l'intérêt, l'ambition et la vengeance, frappez avec un de ces instruments, et ne vous servez pas de l'autre quand même il devrait vous donner la victoire. J'admirerais cette modération ; mais, pour nous assurer s'il peut en effet l'exercer, nous allons le suivre dans le combat, ou plutôt souffrez que je vous y conduise moi-même.

Supposons que vous soyez chargé d'accuser un homme dont le crime n'est pas avéré, et qu'il me soit permis de vous rappeler les leçons que les instituteurs donnent tous les jours à leurs élèves ; je vous dirai : Votre premier objet est de persuader, et pour opérer cette persuasion il faut plaire et toucher. Vous avez de l'esprit et des talents, vous jouissez d'une excellente réputation ; tirons parti de ces avantages. Ils ont déjà préparé la confiance, vous l'augmenterez en semant dans l'exorde et dans la suite du discours des maximes de justice et de probité, mais surtout en flattant vos juges, dont vous aurez soin de relever les lumières et l'équité. Ne négligez pas les suffrages de l'assemblée ; il vous sera facile de les obtenir. Rien de si aisé, disait Socrate, que de louer les Athéniens au milieu d'Athènes ; conformez-vous à leur goût, et faites passer pour honnête tout ce qui est honoré.

Suivant le besoin de votre cause, rapprochez les qualités des deux parties des qualités bonnes ou mauvaises qui les avoisinent ; exposez dans le plus beau jour le mérite réel ou imaginaire de celui pour qui vous parlez ; excusez ses défauts, ou plutôt annoncez-les comme des excès de vertu ; transformez l'insolence en grandeur d'âme, la témérité en courage, la prodigalité en libéralité, les fureurs de la colère en expressions de franchise : vous éblouirez les juges.

Comme le plus beau privilége de la rhétorique est d'embellir et de défigurer, d'agrandir et de rapetisser tous les objets, ne craignez pas de peindre votre adversaire sous de noires couleurs ; trempez votre plume dans le fiel : ayez soin d'aggraver ses moindres fautes, d'empoisonner ses plus belles actions, de répandre des ombres sur son caractère. Est-il circonspect et prudent, dites qu'il est suspect et capable de trahison.

Quelques orateurs couronnent la victime avant que de l'abattre à leurs pieds : ils commencent par donner des éloges à la partie adverse ; et, après avoir écarté loin d'eux tout soupçon de mauvaise foi, ils enfoncent à loisir le poignard dans son cœur. Si ce raffinement de méchanceté vous arrête, je vais mettre en vos mains une arme tout aussi redoutable. Quand votre adversaire vous accablera du poids de ses raisons, au lieu de lui répondre, couvrez-le de ridicules, et vous lirez sa défaite dans les yeux des juges. S'il n'a fait que conseiller l'injustice, soutenez qu'il est plus coupable que s'il l'avait commise ; s'il n'a fait que suivre les conseils d'un autre, soutenez que l'exécution est plus criminelle que le conseil. C'est ce que j'ai vu pratiquer il n'y a pas long-temps par un de nos orateurs, chargé de deux causes différentes [1].

Les lois écrites vous sont-elles contraires, ayez recours à la loi naturelle, et montrez qu'elle est plus juste que les lois écrites. Si

[1] Léodamas poursuivant l'orateur Callistrate, et ensuite le général Chabrias.

ces dernières vous sont favorables, représentez fortement aux juges qu'ils ne peuvent, sous aucun prétexte, se dispenser de les suivre.

Votre adversaire, en convenant de sa faute, prétendra peut-être que c'est par ignorance ou par hasard qu'il l'a commise ; soutenez-lui que c'est de dessein prémédité. Offre-t-il le serment pour preuve de son innocence ; dites sans balancer qu'il n'a d'autre intention que de se soustraire par un parjure à la justice qui l'attend. Proposez-vous de votre côté de confirmer par un serment ce que vous venez d'avancer; dites qu'il n'y a rien de si religieux et de si noble que de remettre ses intérêts entre les mains des dieux

Si vous n'avez pas de témoins, tâchez de diminuer la force de ce moyen ; si vous en avez, n'oubliez rien pour le faire valoir.

Vous est-il avantageux de soumettre à la question les esclaves de la partie adverse ; dites que c'est la plus forte des preuves. Vous l'est-il que les vôtres n'y soient pas appliqués; dites que c'est la plus incertaine et la plus dangereuse de toutes.

Ces moyens facilitent la victoire ; mais il faut l'assurer. Pendant toute l'action, perdez plutôt de vue votre cause que vos juges ; ce n'est qu'après les avoir terrassés que vous triompherez de votre adversaire. Remplissez-les d'intérêt et de pitié en faveur de votre partie; que la douleur soit empreinte dans vos regards et dans les accents de votre voix. S'ils versent une larme, si vous voyez la balance s'ébranler entre leurs mains, tombez sur eux avec toutes les fureurs de l'éloquence, associez leurs passions aux vôtres, soulevez contre votre ennemi leur mépris, leur indignation, leur colère ; et s'il est distingué par ses emplois et par ses richesses, soulevez aussi leur jalousie, et rapportez-vous-en à la haine, qui la suit de près.

Tous ces préceptes, Léon, sont autant de chefs d'accusation contre l'art que vous professez. Jugez des effets qu'ils produisent, par la réponse effrayante d'un fameux avocat de Byzance à qui je demandais dernièrement ce qu'en certains cas ordonnaient les lois de son pays. Ce que je veux, me dit-il.

Léon voulait rejeter uniquement sur les orateurs les reproches que faisait Pythodore à la rhétorique. Eh ! non, reprit ce dernier avec chaleur ; il s'agit ici des abus inhérents à cet art funeste : je vous rappelle ce qu'on trouve dans tous les traités de rhétorique, ce que pratiquent tous les jours les orateurs les plus accrédités, ce que tous les jours les instituteurs les plus éclairés nous ordonnent de pratiquer, ce que nous avons appris vous et moi dans notre enfance.

Rentrons dans ces lieux où l'on prétend initier la jeunesse à l'art oratoire, comme s'il était question de dresser des histrions, des décorateurs et des athlètes. Voyez avec quelle importance on dirige leurs regards, leur voix, leur attitude, leurs gestes; avec quels pénibles travaux on leur apprend, tantôt à broyer les fausses couleurs dont ils doivent enluminer leur langage, tantôt à faire un mélange perfide de la trahison et de la force. Que d'impostures! que de barbarie! Sont-ce là les ornements de l'éloquence? est-ce là le cortége de l'innocence et de la vérité? Je me croyais dans leur asile, et je me trouve dans un repaire affreux où se distillent les poisons les plus subtils et se forgent les armes les plus meurtrières : et ce qu'il y a d'étrange, c'est que ces armes et ces poisons se vendent sous la protection du gouvernement, et que l'admiration et le crédit sont la récompense de ceux qui en font l'usage le plus cruel.

Je n'ai pas voulu extraire le venin caché dans presque toutes les leçons de nos rhéteurs. Mais, dites-moi, quel est donc ce principe dont j'ai déjà parlé, et sur lequel porte l'édifice de la rhétorique, qu'il faut émouvoir fortement les juges? Eh! pourquoi les émouvoir, juste ciel! eux qu'il faudrait calmer s'ils étaient émus! eux qui n'eurent jamais tant besoin du repos des sens et de l'esprit? Quoi! tandis qu'il est reconnu sur toute la terre que les passions pervertissent le jugement et changent à nos yeux la nature des choses, on prescrit à l'orateur de remuer les passions dans son âme, dans celles de ses auditeurs, dans celles de ses juges, et l'on a le front de soutenir que de tant de mouvements impétueux et désordonnés il peut en résulter une décision équitable!

Allons dans les lieux où se discutent les grands intérêts de l'état. Qu'y verrons-nous? des éclairs, des foudres partir du haut de la tribune pour allumer des passions violentes et produire des ravages horribles; un peuple imbécile venir chercher des louanges qui le rendent insolent, et des émotions qui le rendent injuste; des orateurs nous avertir sans cesse d'être en garde contre l'éloquence de leurs adversaires. Elle est donc bien dangereuse, cette éloquence? Cependant elle seule nous gouverne, et l'état est perdu!

Il est un autre genre que cultivent des orateurs dont tout le mérite est d'appareiller les mensonges les plus révoltants et les hyperboles les plus outrées pour célébrer des hommes ordinaires et souvent méprisables. Quand cette espèce d'adulation s'introduisit, la vertu dut renoncer aux louanges des hommes. Mais je ne parlerai point de ces viles productions : que ceux qui ont le courage de les lire aient celui de les louer ou de les blâmer.

Il suit de là que la justice est sans cesse outragée dans son sanctuaire, l'état dans nos assemblées générales, la vérité dans les panégyriques et les oraisons funèbres. Certes on a bien raison de dire que la rhétorique s'est perfectionnée dans ce siècle : car je défie les siècles suivants d'ajouter un degré d'atrocité à ses noirceurs.

A ces mots un Athénien, qui se préparait depuis long-temps à haranguer quelque jour le peuple, dit avec un sourire dédaigneux : Pythodore condamne donc l'éloquence? Non, répondit-il ; mais je condamne cette rhétorique qui entraîne nécessairement l'abus de l'éloquence. Vous avez sans doute vos raisons, reprit le premier, pour proscrire les grâces du langage. Cependant on a toujours dit et l'on dira toujours que la principale attention de l'orateur doit être de s'insinuer auprès de ceux qui l'écoutent en flattant leurs oreilles. Et moi je dirai toujours, répliqua Pythodore, ou plutôt la raison et la probité répondront toujours que la plus belle fonction, l'unique devoir de l'orateur est d'éclairer les juges.

Et comment voulez-vous qu'on les éclaire? dit avec impatience un autre Athénien, qui devait à l'adresse des avocats le gain de plusieurs procès. Comme on les éclaire à l'aréopage, repartit Pythodore, où l'orateur, sans mouvement et sans passions, se contente d'exposer les faits le plus simplement et le plus sèchement qu'il est possible ; comme on les éclaire en Crète, à Lacédémone, et dans d'autres républiques, où l'on défend à l'avocat d'émouvoir ceux qui l'écoutent ; comme on les éclairait parmi nous il n'y a pas un siècle, lorsque les parties, obligées de défendre elles-mêmes leurs causes, ne pouvaient prononcer des discours composés par des plumes éloquentes.

Je reviens à ma première proposition. J'avais avancé que l'art des rhéteurs n'est pas essentiellement distingué de celui des sophistes ; je l'ai prouvé en montrant que l'un et l'autre, non-seulement dans leurs effets, mais encore dans leurs principes, tendent au même but par des voies également insidieuses. S'il existe entre eux quelque différence, c'est que l'orateur s'attache plus à exciter nos passions, et le sophiste à les calmer.

Au reste, j'aperçois Léon prêt à fondre sur moi avec l'attirail pompeux et menaçant de la rhétorique. Je le prie de se renfermer dans la question, et de considérer que les coups qu'il m'adressera tomberont en même temps sur plusieurs excellents philosophes. J'aurais pu, en effet, citer en ma faveur les témoignages de Platon et d'Aristote ; mais de si grandes autorités sont inutiles quand on a de si solides raisons à produire.

Pythodore eut à peine achevé que Léon entreprit la défense de la rhétorique ; mais comme il était tard, nous prîmes le parti de nous retirer.

CHAPITRE LIX.

Voyage de l'Attique. Agriculture. Mines de Sunium. Discours.

J'avais souvent passé des saisons entières en différentes maisons de campagne. J'avais souvent traversé l'Attique. Je rassemble ici les singularités qui m'ont frappé dans mes courses.

Les champs se trouvent séparés les uns des autres par des haies ou par des murailles. C'est une sage institution que de désigner, comme on fait, ceux qui sont hypothéqués, par de petites colonnes chargées d'une inscription qui rappelle les obligations contractées avec un premier créancier. De pareilles colonnes, placées devant les maisons, montrent à tous les yeux qu'elles sont engagées, et le prêteur n'a point à craindre que des créances obscures fassent tort à la sienne.

Le possesseur d'un champ ne peut y creuser un puits, y construire une maison ou une muraille qu'à une certaine distance du champ voisin, distance fixée par la loi.

Il ne doit pas non plus détourner sur la terre de son voisin les eaux qui tombent des hauteurs dont la sienne est entourée ; mais il peut les conduire dans le chemin public, et c'est aux propriétaires limitrophes de s'en garantir. En certains endroits les pluies sont reçues dans des canaux qui les transportent au loin.

Apollodore avait une possession considérable auprès d'Éleusis : il m'y mena. C'était au temps de la moisson : la campagne était couverte d'épis jaunissants, et d'esclaves qui les faisaient tomber sous la faux tranchante ; de jeunes enfants les ramassaient, et les présentaient à ceux qui en formaient des gerbes.

On s'était mis à l'ouvrage au lever de l'aurore. Tous ceux de la maison devaient y participer. Dans un coin du champ, à l'ombre d'un grand arbre, des hommes préparaient la viande ; des femmes faisaient cuire des lentilles, et versaient de la farine dans des vases pleins d'eau bouillante, pour le dîner des moissonneurs, qui s'animaient au travail par des chansons dont la plaine retentissait.

> Courage, amis! point de repos ;
> Aux champs qu'on se disperse,
> Sous la faux de Cérès que l'épi se renverse.
> Déesse des moissons, préside à nos travaux !
> Veux-tu grossir le grain de tes épis nouveaux?
> Rassemble tes moissons dans la plaine étalées,
> Et des gerbes amoncelées
> Présente à l'aquilon les frêles chalumeaux.
> Travaillons, le jour luit, l'alouette s'éveille :
> Il est temps de dormir alors qu'elle sommeille.

Dans les autres couplets, on enviait le sort de la grenouille, qui a toujours de quoi boire en abondance ; on plaisantait sur l'économie de l'intendant des esclaves, et l'on exhortait les ouvriers à fouler le blé à l'heure de midi, parce que le grain se détache alors plus aisément des tuniques qui l'enveloppent.

Les gerbes transportées dans l'aire y sont disposées en rond et par couches. Un des travailleurs se place dans le centre, tenant d'une main un fouet, et de l'autre une longe avec laquelle il dirige les bœufs, chevaux ou mulets, qu'il fait marcher ou trotter autour de lui ; quelques-uns de ses compagnons retournent la paille, et la repoussent sous les pieds des animaux jusqu'à ce qu'elle soit entièrement brisée. D'autres en jettent des pelletées en l'air : un vent frais, qui, dans cette saison, se lève communément à la même heure, transporte les brins de paille à une légère distance, et laisse tomber à plomb les grains, que l'on renferme dans des vases de terre cuite.

Quelques mois après, nous retournâmes à la campagne d'Apollodore. Les vendangeurs détachaient les raisins suspendus aux vignes, qui s'élevaient à l'appui des échalas. De jeunes garçons et de jeunes filles en remplissaient des paniers d'osier et les portaient au pressoir. Avant de les fouler, quelques fermiers font transporter chez eux les sarments chargés de grappes ; ils ont soin de les exposer au soleil pendant dix jours, et de les tenir à l'ombre pendant cinq autres jours.

Les uns conservent le vin dans les tonneaux, les autres dans les outres, ou dans des vases de terre.

Pendant qu'on foulait la vendange, nous écoutions avec plaisir les *chansons du pressoir;* c'est ainsi qu'on les appelle. Nous en avions entendu d'autres pendant le dîner des vendangeurs, et dans les différents intervalles de la journée où la danse se mêlait au chant.

La moisson et la vendange se terminent par des fêtes célébrées avec ces mouvements rapides que produit l'abondance, et qui se diversifient suivant la nature de l'objet. Le blé étant regardé comme le bienfait d'une déesse qui pourvoit à nos besoins, et le vin comme le présent d'un dieu qui veille sur nos plaisirs, la reconnaissance pour Cérès s'annonce par une joie vive et tempérée, celle pour Bacchus par tous les transports du délire.

Au temps des semailles et de la fenaison, on offre également des sacrifices ; pendant la récolte des olives et des autres fruits, on pose de même sur les autels les prémices des présents qu'on a reçus du ciel. Les Grecs ont senti que dans ces occasions le cœur a besoin de se répandre et d'adresser des hommages aux auteurs du bienfait.

Outre ces fêtes générales, chaque bourg de l'Attique en a de particulières, où l'on voit moins de magnificence, mais plus de gaieté que dans celles de la capitale ; car les habitants de la campagne ne connaissent guère les joies feintes. Toute leur âme se déploie dans les spectacles rustiques et dans les jeux innocents qui les rassemblent. Je les ai vus souvent autour de quelques outres remplies de vin et frottées d'huile à l'extérieur. Des jeunes gens sautaient dessus à cloche-pied, et, par des chutes fréquentes, excitaient un rire universel. A côté, des enfants se poursuivaient courant sur un seul pied ; d'autres jouaient à pair ou non, d'autres à colin-maillard ; d'autres, s'appuyant tour à tour sur les pieds et sur les mains, imitaient en courant le mouvement d'une roue. Quelquefois une ligne tracée sur le terrain les divisait en deux bandes ; on jouait à *jour ou nuit* [1]. Le parti qui avait perdu prenait la fuite ; l'autre courait pour l'atteindre et faire des prisonniers. Ces amusements ne sont qu'à l'usage des enfants dans la ville ; mais, à la campagne, les hommes faits ne rougissent pas de s'y livrer.

Euthymène, un de nos amis, s'était toujours reposé, pour la régie de ses biens, sur la vigilance et la fidélité d'un esclave qu'il avait mis à la tête des autres. Convaincu enfin que l'œil du maître vaut mieux que celui d'un intendant, il prit le parti de se retirer à sa maison de campagne, située au bourg d'Acharnes, à soixante stades d'Athènes [2].

Nous allâmes le voir quelques années après. Sa santé, autrefois languissante, s'était rétablie. Sa femme et ses enfants partageaient et augmentaient son bonheur. Notre vie est active et n'est point agitée, nous dit-il ; nous ne connaissons pas l'ennui, et nous savons jouir du présent.

Il nous montra sa maison récemment construite. Il l'avait exposée au midi, afin qu'elle reçût en hiver la chaleur du soleil, et qu'elle en fût garantie en été lorsque cet astre est dans sa plus grande élévation. L'appartement des femmes était séparé de celui des hommes par des bains, qui empêchaient toute communication entre les esclaves de l'un et de l'autre sexe. Chaque pièce répondait à sa destination ; on conservait le blé dans un endroit sec, le vin dans un lieu frais. Nulle recherche dans les meubles, mais partout une extrême propreté. Couronnes et encens pour les sacri-

---

[1] Ce jeu ressemblait à celui de croix ou pile.
[2] Environ deux lieues et un quart.

ces, habits pour les fêtes, armures et vêtements pour la guerre, couvertures pour les différentes saisons, ustensiles de cuisine, instruments à moudre le blé, vases à pétrir la farine, provisions pour l'année et pour chaque mois en particulier, tout se trouvait avec facilité, parce que tout était à sa place et rangé avec symétrie. Les habitants de la ville, disait Euthymène, ne verraient qu'avec mépris un arrangement si méthodique : ils ne savent pas qu'il abrége le temps des recherches, et qu'un sage cultivateur doit dépenser ses moments avec la même économie que ses revenus.

J'ai établi dans ma maison, ajouta-t-il, une femme de charge intelligente et active. Après m'être assuré de ses mœurs, je lui ai remis un mémoire exact de tous les effets déposés entre ses mains. Et comment récompensez-vous ses services? lui dis-je. Par l'estime et par la confiance, répondit-il : depuis que nous l'avons mise dans le secret de nos affaires, elles sont devenues les siennes. Nous donnons la même attention à ceux de nos esclaves qui montrent du zèle et de la fidélité : ils sont mieux chauffés et mieux vêtus. Ces petites distinctions les rendent sensibles à l'honneur, et les retiennent dans leur devoir mieux que ne ferait la crainte des supplices.

Nous nous sommes partagé, ma femme et moi, les soins de l'administration. Sur elle roulent les détails de l'intérieur, sur moi ceux du dehors. Je me suis chargé de cultiver et d'améliorer le champ que j'ai reçu de mes pères. Laodice veille sur la recette et sur la dépense, sur l'emplacement et sur la distribution du blé, du vin, de l'huile et des fruits qu'on remet entre ses mains ; c'est elle encore qui entretient la discipline parmi nos domestiques, envoyant les uns aux champs, distribuant aux autres la laine, et leur apprenant à la préparer pour en faire des vêtements. Son exemple adoucit leurs travaux ; et, quand ils sont malades, ses attentions, ainsi que les miennes, diminuent leurs souffrances. Le sort de nos esclaves nous attendrit : ils ont tant de droits et de dédommagements à réclamer!

Après avoir traversé une basse-cour peuplée de poules, de canards et d'autres oiseaux domestiques, nous visitâmes l'écurie, la bergerie, ainsi que le jardin des fleurs, où nous vîmes successivement briller les narcisses, les jacinthes, les anémones, les iris, les violettes de différentes couleurs, les roses de diverses espèces, et toutes sortes de plantes odoriférantes. Vous ne serez pas surpris, me dit-il, du soin que je prends de les cultiver : vous savez que nous en parons les temples, les autels et les statues de nos dieux ; que nous en couronnons nos têtes dans nos repas et dans nos cérémonies saintes; que nous les répandons sur nos tables et sur nos lits; que nous avons même l'attention d'offrir à nos divinités les fleurs qui leur sont le plus agréables. D'ailleurs un agriculteur ne doit point négliger les petits profits; toutes les fois que j'envoie au marché d'Athènes du bois, du charbon, des denrées et des fruits, j'y joins quelques corbeilles de fleurs, qui sont enlevées à l'instant.

Euthymène nous conduisit ensuite dans son champ, qui avait plus de quarante stades de circuit[1], et dont il avait retiré l'année précédente plus de mille médimnes d'orge et de huit cents mesures de vin. Il avait six bêtes de somme, qui portaient tous les jours au marché du bois et plusieurs sortes de matériaux, et qui lui rendaient par jour douze drachmes[2]. Comme il se plaignait des inondations qui emportaient quelquefois sa récolte, nous lui demandâmes pourquoi il n'avait pas fixé sa demeure dans un canton moins sujet à de pareils accidents. On m'a souvent proposé des échanges avantageux, répondit-il, et vous allez voir pourquoi je les ai refusés. Il ouvrit dans ce moment la porte d'une enceinte où nous trouvâmes un gazon entouré de cyprès. Voici les tombeaux de ma famille, nous dit-il. Là même, sous ces pavots, je vis creuser la fosse où mon père fut déposé, à côté de celle de ma mère. Je viens quelquefois m'entretenir avec eux; je crois les voir et les entendre. Non, je n'abandonnerai jamais cette terre sacrée. Mon fils, dit-il ensuite à un jeune enfant qui le suivait, après ma mort vous me placerez auprès des auteurs de mes jours; et, quand vous aurez le malheur de perdre votre mère, vous la placerez auprès de moi; souvenez-vous-en. Son fils le promit et fondit en larmes.

Le bourg d'Acharnes est plein de vignobles. Toute l'Attique est

[1] Environ une lieue et demie.
[2] Dix livres dix sous. — Démosthène parle d'un particulier d'Athènes, nommé Phénippe, qui, ayant recueilli la quantité d'orge et de vin que j'ai mentionnée dans le texte, avait vendu chaque médimne d'orge dix-huit drachmes (seize livres quatre sous), chaque *métrète* ce vin douze drachmes (dix livres seize sous); mais, comme il dit plus bas que ce prix, peut-être à cause de quelque disette, était le triple du prix ordinaire, il s'ensuit que, de son temps, le prix commun du médimne d'orge était de six drachmes, celui de la métrète de vin de quatre drachmes. Mille médimnes d'orge (un peu plus de quatre mille boisseaux) faisaient donc six mille drachmes, c'est-à-dire cinq mille quatre cents livres; huit cents métrètes de vin, trois mille deux cents drachmes, ou deux mille huit cent quatre-vingts livres. Total, huit mille deux cent quatre-vingts livres.

Phénippe avait de plus six bêtes de somme, qui transportaient continuellement à la ville du bois et diverses espèces de matériaux, et qui lui rendaient par jour douze drachmes (dix livres seize sous). Les fêtes, le mauvais temps, des travaux pressants, interrompaient souvent ce petit commerce : en supposant qu'il n'eût lieu que pour deux cents jours, nous trouverons que Phénippe en retirait tous les ans un profit de deux mille cent soixante livres. Ajoutons-les aux huit mille deux cent quatre-vingts livres, et nous aurons dix mille quatre cent quarante livres pour le produit d'une terre qui avait de circuit un peu plus d'une lieue et demie.

couverte d'oliviers ; c'est l'espèce d'arbre qu'on y soigne le plus. Euthymène en avait planté un très-grand nombre, et surtout le long de chemins qui bornaient sa terre : il les avait éloignés de neuf pieds l'un de l'autre : car il savait que leurs racines s'étendent au loin. Il n'est permis à personne d'en arracher dans son fonds plus de deux par an, à moins que ce ne soit pour quelque usage autorisé par la religion. Celui qui viole la loi est obligé de payer pour chaque pied d'arbre cent drachmes[1] à l'accusateur, et cent autres au fisc. On en prélève le dixième pour le trésor de Minerve.

On trouve souvent des bouquets d'oliviers laissés en réserve et entourés d'une haie. Ils n'appartiennent pas au propriétaire du champ, mais au temple de cette déesse : on les afferme, et le produit en est uniquement destiné au maintien de son culte. Si le propriétaire en coupait un seul, quand même ce ne serait qu'un tronc inutile, il serait puni par l'exil et par la confiscation de ses biens. C'est l'aréopage qui connaît des délits relatifs aux diverses espèces d'oliviers, et qui envoie de temps en temps des inspecteurs pour veiller à leur conservation.

En continuant notre tournée, nous vîmes défiler auprès de nous un nombreux troupeau de moutons précédés et suivis de chiens destinés à écarter les loups. Chaque mouton était enveloppé d'une couverture de peau. Cette pratique, empruntée des Mégariens, garantit la toison des ordures qui la saliraient, et la défend contre les haies qui pourraient la déchirer. J'ignore si elle contribue à rendre la laine plus fine, mais je puis dire que celle de l'Attique est très-belle, et j'ajoute que l'art de la teinture est parvenu au point de la charger de couleurs qui ne s'effacent jamais.

J'appris, en cette occasion, que les brebis s'engraissent d'autant plus qu'elles boivent davantage ; que, pour provoquer leur soif, on mêle souvent du sel dans leur nourriture, et qu'en été surtout on leur en distribue chaque cinquième jour une mesure déterminée ; c'est un médimne[2] pour cent brebis. J'appris encore qu'en faisant usage de sel elles donnent plus de lait.

Au pied d'un petit coteau qui terminait une prairie on avait placé, au milieu des romarins et des genêts, quantité de ruches à miel. Remarquez, nous disait Euthymène, avec quel empressement les abeilles exécutent les ordres de leur souveraine : car c'est elle qui, ne pouvant souffrir qu'elles restent oisives, les envoie dans cette belle prairie rassembler les riches matériaux dont elle règle l'usage ; c'est elle qui veille à la construction des cellules et à l'é-

---

[1] Quatre-vingt-dix livres. — [2] Environ quatre boisseaux.

ducation des jeunes abeilles; et quand les élèves sont en état de pourvoir à leur subsistance, c'est elle encore qui en forme un essaim, et les oblige de s'expatrier sous la conduite d'une abeille qu'elle a choisie [1].

Plus loin, entre des collines enrichies de vignobles, s'étendait une plaine où nous vîmes plusieurs paires de bœufs, dont les uns traînaient des tombereaux de fumier, dont les autres, attelés à des charrues, traçaient de pénibles sillons. On y sèmera de l'orge, disait Euthymène; c'est l'espèce de blé qui réussit le mieux dans l'Attique. Le froment qu'on y recueille donne à la vérité un pain très-agréable au goût, mais moins nourrissant que celui de la Béotie; et l'on a remarqué plus d'une fois que les athlètes béotiens, quand ils séjournent à Athènes, consomment en froment deux cinquièmes de plus qu'ils n'en consomment dans leur pays. Cependant ce pays confine à celui que nous habitons; tant il est vrai qu'il faut peu de chose pour modifier l'influence du climat. En voulez-vous une autre preuve? L'île de Salamine touche presque à l'Attique, et les grains y mûrissent beaucoup plus tôt que chez nous.

Les discours d'Euthymène, les objets qui s'offraient à mes regards, commençaient à m'intéresser. J'entrevoyais déjà que la science de l'agriculture n'est pas fondée sur une aveugle routine, mais sur une longue suite d'observations. Il paraît, disait notre guide, que les Égyptiens nous en communiquèrent autrefois les principes. Nous les fîmes passer aux autres peuples de la Grèce, dont la plupart, en reconnaissance d'un si grand bienfait, nous apportent tous les ans les prémices de leurs moissons. Je sais que d'autres villes grecques ont les mêmes prétentions que nous. Mais à quoi servirait de discuter leurs titres? Les arts de première nécessité ont pris naissance parmi les plus anciennes nations, et leur origine est d'autant plus illustre qu'elle est plus obscure.

Celui du labourage, transmis aux Grecs, s'éclaira par l'expérience, et quantité d'écrivains en ont recueilli les préceptes. Des philosophes célèbres, tels que Démocrite, Archytas, Épicharme, nous ont laissé des instructions utiles sur les travaux de la campagne; et, plusieurs siècles auparavant, Hésiode les avait chantés dans un de ses poèmes; mais un agriculteur ne doit pas tellement

---

[1] Il paraît, par le passage de Xénophon cité dans le texte, que cet auteur regardait la principale abeille comme une femelle. Les naturalistes se partagèrent ensuite : les uns croyaient que toutes les abeilles étaient femelles, tous les bourdons des mâles; les autres soutenaient le contraire. Aristote, qui réfute leurs opinions, admettait dans chaque ruche une classe de rois qui se reproduisaient d'eux-mêmes. Il avoue pourtant qu'on n'avait pas assez d'observations pour rien statuer. Les observations ont été faites depuis, et l'on est revenu de l'opinion que j'attribue à Xénophon.

se conformer à leurs décisions qu'il n'ose pas interroger la nature et lui proposer de nouvelles lois. Ainsi, lui dis-je alors, si j'avais un champ à cultiver, il ne suffirait pas de consulter les auteurs dont vous venez de faire mention ? Non, me répondit-il : ils indiquent des procédés excellents, mais qui ne conviennent ni à chaque terrain ni à chaque climat.

Supposons que vous vous destiniez un jour à la noble profession que j'exerce, je tâcherais d'abord de vous convaincre que tous vos soins, tous vos moments sont dus à la terre, et que plus vous ferez pour elle plus elle fera pour vous ; car elle n'est si bienfaisante que parce qu'elle est juste.

J'ajouterais à ce principe tantôt les règles qu'a confirmées l'expérience des siècles, tantôt des doutes que vous éclairciriez par vous-même ou par les lumières des autres. Je vous dirais, par exemple : Choisissez une exposition favorable ; étudiez la nature des terrains et des engrais propres à chaque production ; sachez dans quelle occasion il faudra mêler des terres de différentes espèces, dans quelle autre on doit mêler la terre avec le fumier ou le fumier avec la graine.

S'il était question de la culture du blé en particulier, j'ajouterais : Multipliez les labours ; ne confiez pas à la terre le grain que vous venez de récolter, mais celui de l'année précédente ; semez plus tôt ou plus tard, suivant la température de la saison ; plus ou moins clair, suivant que la terre est plus ou moins légère, mais semez toujours également. Votre blé monte-t-il trop haut, ayez soin de le tondre, ou plutôt de le faire brouter par des moutons ; car le premier de ces procédés est quelquefois dangereux : le grain s'allonge et devient maigre. Avez-vous beaucoup de paille, ne la coupez qu'à moitié ; le chaume que vous laisserez sera brûlé sur la terre, et lui servira d'engrais. Serrez votre blé dans un endroit bien sec ; et, pour le garder plus long-temps, prenez la précaution, non de l'étendre, mais de l'amonceler, et même de l'arroser.

Euthymène nous donna plusieurs autres détails sur la culture du blé, et s'étendit encore plus sur celle de la vigne. C'est lui qui va parler.

Il faut être attentif à la nature du plant que l'on met en terre, aux labours qu'il exige, aux moyens de le rendre fécond. Quantité de pratiques relatives à ces divers objets, et souvent contradictoires entre elles, se sont introduites dans les différents cantons de la Grèce.

Presque partout on soutient les vignes avec des échalas. On ne les fume que tous les quatre ans, et plus rarement encore. Des engrais plus fréquents finiraient par les brûler.

La taille fixe principalement l'attention des vignerons. L'objet qu'on s'y propose est de rendre la vigne plus vigoureuse, plus féconde et plus durable.

Dans un terrain nouvellement défriché vous ne taillerez un jeune plant qu'à la troisième année, et plus tard dans un terrain cultivé depuis long-temps. A l'égard de la saison, les uns soutiennent que cette opération doit s'exécuter de bonne heure, parce qu'il résulte des inconvénients de la taille qu'on fait, soit en hiver, soit au printemps ; de la première, que la plaie ne peut se fermer, et que les yeux risquent de se dessécher par le froid ; de la seconde, que la sève s'épuise et inonde les yeux laissés auprès de la plaie.

D'autres établissent des distinctions relatives à la nature du sol. Suivant eux, il faut tailler en automne les vignes qui sont dans un terrain maigre et sec, au printemps celles qui sont dans une terre humide et froide, en hiver celles qui sont dans un terrain ni trop sec ni trop humide. Par ces divers procédés, les premières conservent la sève qui leur est nécessaire, les secondes perdent celle qui leur est inutile ; toutes produisent un vin plus exquis. Une preuve, disent-ils, que dans les terres humides il faut différer la taille jusqu'au printemps et laisser couler une partie de la sève, c'est l'usage où l'on est de semer à travers les vignes de l'orge et des fèves, qui absorbent l'humidité et qui empêchent la vigne de s'épuiser en rameaux inutiles.

Une autre question partage les vignerons ; faut-il tailler long ou court? Les uns se règlent sur la nature du plant ou du terrain, d'autres sur la moelle des sarments. Si cette moelle est abondante, il faut laisser plusieurs jets et fort courts, afin que la vigne produise plus de raisins. Si la moelle est en petite quantité, on laissera moins de jets et l'on taillera plus court.

Les vignes qui portent beaucoup de rameaux et peu de grappes exigent qu'on taille long les jets qui sont au sommet, et court les jets les plus bas, afin que la vigne se fortifie par le pied, et qu'en même temps les rameaux du sommet produisent beaucoup de fruit.

Il est avantageux de tailler court les jeunes vignes, afin qu'elles se fortifient ; car les vignes que l'on taille long donnent à la vérité plus de fruit, mais périssent plus tôt.

Je ne parlerai pas des différents labours qu'exige la vigne, ni de plusieurs pratiques dont on a reconnu l'utilité. On voit souvent les vignerons répandre sur les raisins une poussière légère, pour les garantir des ardeurs du soleil et pour d'autres raisons qu'il serait trop long de rapporter. On les voit d'autres fois ôter une partie des

CHAPITRE LIX.   173

feuilles, afin que le raisin, plus exposé au soleil, mûrisse plus tôt.

Voulez-vous rajeunir un cep de vigne près de périr de vétusté, déchaussez-le d'un côté; épluchez et nettoyez ses racines; jetez dans la fosse diverses espèces d'engrais que vous couvrirez de terre. Il ne vous rendra presque rien la première année, mais au bout de trois ou quatre ans il aura repris son ancienne vigueur. Si dans la suite vous le voyez s'affaiblir encore, faites la même opération de l'autre côté; et cette précaution, prise tous les dix ans, suffira pour éterniser en quelque façon cette vigne.

Pour avoir des raisins sans pepins il faut prendre un sarment, le fendre légèrement dans la partie qui doit être enterrée, ôter la moelle de cette partie, réunir les deux branches séparées par la fente, les couvrir de papier mouillé et les mettre en terre. L'expérience réussit mieux si, avant de planter le sarment, on met sa partie inférieure, ainsi préparée, dans un oignon marin.

On connaît d'autres procédés pour arriver au même but.

Désirez-vous tirer du même cep des raisins, les uns blancs, les autres noirs, d'autres dont les grappes présenteront des grains de l'une et de l'autre couleur : prenez un sarment de chaque espèce ; écrasez-les dans leurs parties supérieures, de manière qu'elles s'incorporent pour ainsi dire et s'unissent étroitement; liez-les ensemble, et, dans cet état, mettez les deux sarments en terre.

Nous demandâmes ensuite à Euthymène quelques instructions sur les potagers et sur les arbres fruitiers. Les plantes potagères, nous dit-il, lèvent plus tôt quand on se sert de graines de deux ou trois ans. Il en est qu'il est avantageux d'arroser avec de l'eau salée. Les concombres [1] ont plus de saveur quand leurs graines ont été macérées dans du lait pendant deux jours. Ils réussissent mieux dans les terrains naturellement un peu humides que dans les jardins où on les arrose fréquemment. Voulez-vous qu'ils viennent plus tôt, semez-les d'abord dans des vases et arrosez-les avec de l'eau tiède ; mais je vous préviens qu'ils auront moins de goût que si vous les aviez arrosés avec de l'eau froide. Pour qu'ils deviennent plus gros on a l'attention, quand ils commencent à se former, de les couvrir d'un vase, ou de les introduire dans une espèce de tube. Pour les garder long-temps, vous aurez soin de les couvrir et de les tenir suspendus dans un puits.

---

[1] D'après quelques expressions échappées aux anciens écrivains, on pourrait croire qu'au temps dont je parle les Grecs connaissaient les melons, et les rangeaient dans la classe des concombres; mais, ces expressions n'étant pas assez claires, je me contente de renvoyer aux critiques modernes, tels que Jules Scaliger (in *Theophr. Hist. plant.* lib. VII, cap. 3, p. 741), Bod. (*a Stapel.* in cap. 4; ejusd. lib. p. 782), et d'autres encore.

C'est en automne, ou plutôt au printemps, qu'on doit planter les arbres : il faut creuser la fosse au moins un an auparavant ; on la laisse long-temps ouverte, comme si l'air devait la féconder. Suivant que le terrain est sec ou humide, les proportions de la fosse varient. Communément on lui donne deux pieds et demi de profondeur et deux pieds de largeur.

Je ne rapporte, disait Euthymène, que des pratiques connues et familières aux peuples policés. Et qui n'excitent pas assez leur admiration, repris-je aussitôt. Que de temps, que de réflexions n'a-t-il pas fallu pour épier et connaître les besoins, les écarts et les ressources de la nature, pour la rendre docile, et varier ou corriger ses productions ! Je fus surpris, à mon arrivée en Grèce, de voir fumer et émonder les arbres ; mais ma surprise fut extrême lorsque je vis des fruits dont on avait trouvé le secret de diminuer le noyau pour augmenter le volume de la chair ; d'autres fruits, et surtout des grenades, qu'on faisait grossir sur l'arbre même, en les enfermant dans un vase de terre cuite ; des arbres chargés de fruits de différentes espèces, et forcés de se couvrir de productions étrangères à leur nature.

C'est par la greffe, me dit Euthymène, qu'on opère ce dernier prodige, et qu'on a trouvé le secret d'adoucir l'amertume et l'âpreté des fruits qui viennent dans les forêts. Presque tous les arbres des jardins ont éprouvé cette opération, qui se fait pour l'ordinaire sur les arbres de même espèce. Par exemple, on greffe un figuier sur un autre figuier, un pommier sur un poirier, etc.

Les figues mûrissent plus tôt quand elles ont été piquées par des moucherons provenus du fruit d'un figuier sauvage qu'on a soin de planter tout auprès ; cependant on préfère celles qui mûrissent naturellement, et les gens qui les vendent au marché ne manquent jamais d'avertir de cette différence.

On prétend que les grenades ont plus de douceur quand on arrose l'arbre avec de l'eau froide, et qu'on jette du fumier de cochon sur ses racines ; que les amandes ont plus de goût quand on enfonce des clous dans le tronc de l'arbre, et qu'on en laisse couler la sève pendant quelque temps ; que les oliviers ne prospèrent point quand ils sont à plus de trois cents stades de la mer [1]. On prétend encore que certains arbres ont une influence marquée sur d'autres arbres ; que les oliviers se plaisent dans le voisinage des grenadiers sauvages, et les grenadiers des jardins dans celui des myrtes. On ajoute enfin qu'il faut admettre la différence des sexes dans les arbres et dans les plantes. Cette opinion est d'abord

---

[1] Onze lieues huit cent cinquante toises.

CHAPITRE LIX.

fondée sur l'analogie qu'on suppose entre les animaux et d'autres productions de la nature; ensuite sur l'exemple des palmiers, dont les femelles ne sont fécondées que par le duvet ou la poussière qui est dans la fleur du mâle. C'est en Égypte et dans les pays voisins qu'on peut observer cette espèce de phénomène; car, en Grèce, les palmiers, élevés pour faire l'ornement des jardins, ne produisent point de dattes, ou ne les amènent jamais à une parfaite maturité.

En général, les fruits ont, dans l'Attique, une douceur qu'ils n'ont pas dans les contrées voisines. Ils doivent cet avantage moins à l'industrie des hommes qu'à l'influence du climat. Nous ignorons encore si cette influence corrigera l'aigreur de ces beaux fruits suspendus à ce citronnier. C'est un arbre qui a été récemment apporté de Perse à Athènes.

Euthymène nous parlait avec plaisir des travaux de la campagne, avec transport des agréments de la vie champêtre.

Un soir, assis à table devant sa maison, sous de superbes platanes qui se courbaient au-dessus de nos têtes, il nous disait : Quand je me promène dans mon champ, tout rit, tout s'embellit à mes yeux. Ces moissons, ces arbres, ces plantes n'existent que pour moi, ou plutôt que pour les malheureux dont je vais soulager les besoins. Quelquefois je me fais des illusions pour accroître mes jouissances ; il me semble alors que la terre porte son attention jusqu'à la délicatesse, et que les fruits sont annoncés par les fleurs, comme parmi nous les bienfaits doivent l'être par les grâces.

Une émulation sans rivalité forme les liens qui m'unissent avec mes voisins. Ils viennent souvent se ranger autour de cette table, qui ne fut jamais entourée que de mes amis. La confiance et la franchise règnent dans nos entretiens. Nous nous communiquons nos découvertes; car, bien différent des autres artistes qui ont des secrets, chacun de nous est aussi jaloux d'instruire les autres que de s'instruire soi-même.

S'adressant ensuite à quelques habitants d'Athènes qui venaient d'arriver, il ajoutait : Vous croyez être libres dans l'enceinte de vos murs ; mais cette indépendance que les lois vous accordent, la tyrannie de la société vous la ravit sans pitié : des charges à briguer et à remplir, des hommes puissants à ménager, des noirceurs à prévoir et à éviter, des devoirs de bienséance plus rigoureux que ceux de la nature, une contrainte continuelle dans l'habillement, dans la démarche, dans les actions, dans les paroles ; le poids insupportable de l'oisiveté, les lentes persécutions des importuns ; il n'est aucune sorte d'esclavage qui ne vous tienne enchaînés dans ses fers.

Vos fêtes sont si magnifiques! et les nôtres si gaies! vos plaisirs si superficiels et si passagers! les nôtres si vrais et si constants! Les dignités de la république imposent-elles des fonctions plus nobles que l'exercice d'un art sans lequel l'industrie et le commerce tomberaient en décadence?

Avez-vous jamais respiré dans vos riches appartements la fraîcheur de cet air qui se joue sous cette voûte de verdure; et vos repas, quelquefois si somptueux, valent-ils ces jattes de lait qu'on vient de traire, et ces fruits délicieux que nous avons cueillis de nos mains? Et quel goût ne prêtent pas à nos aliments des travaux qu'il est si doux d'entreprendre, même dans les glaces de l'hiver et dans les chaleurs de l'été, dont il est si doux de se délasser, tantôt dans l'épaisseur des bois, au souffle des zéphyrs, sur un gazon qui invite au sommeil; tantôt auprès d'une flamme étincelante nourrie par des troncs d'arbres que je tire de mon domaine, au milieu de ma femme et de mes enfants, objets toujours nouveaux de l'amour le plus tendre, au mépris de ces vents impétueux qui grondent autour de ma retraite sans en troubler la tranquillité!

Ah! si le bonheur n'est que la santé de l'âme, ne doit-on pas le trouver dans les lieux où règne une juste proportion entre les besoins et les désirs, où le mouvement est toujours suivi du repos, et l'intérêt toujours accompagné du calme?

Nous eûmes plusieurs entretiens avec Euthymène. Nous lui dîmes que, dans quelques-uns de ses écrits, Xénophon proposait d'accorder, non des récompenses en argent, mais quelques distinctions flatteuses à ceux qui cultiveraient le mieux leurs champs. Ce moyen, répondit-il, pourrait encourager l'agriculture; mais la république est si occupée à distribuer des grâces à des hommes oisifs et puissants, qu'elle ne peut guère penser à des citoyens utiles et ignorés.

Étant partis d'Acharnes, nous remontâmes vers la Béotie. Nous vîmes, en passant, quelques châteaux entourés de murailles épaisses et de tours élevées, tels que ceux de Phylé, de Décélie, de Rhamnonte. Les frontières de l'Attique sont garanties de tous côtés par ces places fortes. On y entretient des garnisons, et, en cas d'invasion, on ordonne aux habitants de la campagne de s'y réfugier.

Rhamnonte est située auprès de la mer. Sur une éminence voisine s'élève le temple de l'implacable Némésis, déesse de la vengeance. Sa statue, haute de dix coudées [1], est de la main de Phi-

[1] Environ quatorze de nos pieds.

dias, et mérite d'en être par la beauté de son travail. Il employa un bloc de marbre de Paros que les Perses avaient apporté en ces lieux pour dresser un trophée. Phidias n'y fit point inscrire son nom, mais celui de son élève Agoracrite, qu'il aimait beaucoup.

De là nous descendîmes au bourg de Marathon. Ses habitants s'empressaient de nous raconter les principales circonstances de la victoire que les Athéniens, sous la conduite de Miltiade, y remportèrent autrefois contre les Perses. Ce célèbre événement a laissé une telle impression dans leurs esprits, qu'ils croient entendre pendant la nuit les cris des combattants et les hennissements des chevaux. Ils nous montraient les tombeaux des Grecs qui périrent dans cette bataille ; ce sont de petites colonnes sur lesquelles on s'est contenté de graver leurs noms. Nous nous prosternâmes devant celle que les Athéniens consacrèrent à la mémoire de Miltiade, après l'avoir laissé mourir dans un cachot. Elle n'est distinguée des autres que parce qu'elle en est séparée.

Pendant que nous approchions de Brauron, l'air retentissait de cris de joie. On y célébrait la fête de Diane, divinité tutélaire de ce bourg. Sa statue nous parut d'une haute antiquité ; c'est la même, nous disait-on, qu'Iphigénie rapporta de la Tauride. Toutes les filles des Athéniens doivent être vouées à la déesse après qu'elles ont atteint leur cinquième année, avant qu'elles aient passé leur dixième. Un grand nombre d'entre elles, amenées par leurs parents, et ayant à leur tête la jeune prêtresse de Diane, assistèrent aux cérémonies qu'elles embellissaient de leur présence, et pendant lesquelles des rapsodes chantaient des fragments de l'Iliade. Par une suite de leur dévouement, elles viennent, avant de se marier, offrir des sacrifices à cette déesse.

On nous pressait d'attendre encore quelques jours pour être témoins d'une fête qui se renouvelle chaque cinquième année en l'honneur de Bacchus, et qui, attirant dans ces lieux la plupart des courtisanes d'Athènes, se célébrait avec autant d'éclat que de licence. Mais la description qu'on nous en fit ne servit qu'à nous en dégoûter ; et nous allâmes voir les carrières du mont Pentélique, d'où l'on tire ces beaux marbres blancs si renommés dans la Grèce, et si souvent mis en œuvre par les plus habiles statuaires. Il semble que la nature s'est fait un plaisir de multiplier dans le même endroit les grands hommes, les grands artistes, et la matière la plus propre à conserver le souvenir des uns et des autres. Le mont Hymette et d'autres montagnes de l'Attique recèlent dans leur sein de semblables carrières.

Nous allâmes coucher à Prasies, petit bourg situé auprès de la mer. Son port, nommé Panorme, offre aux vaisseaux un asile sûr et commode. Il est entouré de vallées et de collines charmantes, qui, dès le rivage même, s'élèvent en amphithéâtre, et vont s'appuyer sur des montagnes couvertes de pins et d'autres espèces d'arbres.

De là nous entrâmes dans une belle plaine qui fait partie d'un canton nommé Paralos [1]. Elle est bordée de chaque côté d'un rang de collines, dont les sommets, arrondis et séparés les uns des autres, semblent être l'ouvrage plutôt de l'art que de la nature. Elle nous conduisit à Thoricos, place forte située sur les bords de la mer. Et quelle fut notre joie en apprenant que Platon était dans le voisinage, chez Théophile, un de ses anciens amis, qui l'avait pressé pendant long-temps de venir à sa maison de campagne! Quelques-uns de ses disciples l'avaient accompagné dans ces lieux solitaires. Je ne sais quel tendre intérêt la surprise attache à ces rencontres fortuites, mais notre entrevue eut l'air d'une reconnaissance, et Théophile en prolongea la douceur en nous retenant chez lui.

Le lendemain, à la pointe du jour, nous nous rendîmes au mont Laurium, où sont des mines d'argent qu'on exploite depuis un temps immémorial. Elles sont si riches qu'on n'y parvient jamais à l'extrémité des filons, et qu'on pourrait y creuser un plus grand nombre de puits, si de pareils travaux n'exigeaient de fortes avances. Outre l'achat des instruments et la construction des maisons et des fourneaux, on a besoin de beaucoup d'esclaves dont le prix varie à tout moment. Suivant qu'ils sont plus ou moins forts, plus ou moins âgés, ils coûtent trois cents ou six cents drachmes [2], et quelquefois davantage. Quand on n'est pas assez riche pour en acheter, on fait un marché avec des citoyens qui en possèdent un grand nombre, et on leur donne pour chaque esclave une obole par jour [3].

Tout particulier qui, par lui-même ou à la tête d'une compagnie, entreprend une nouvelle fouille, doit en acheter la permission, que la république seule peut accorder. Il s'adresse aux magistrats chargés du département des mines. Si sa proposition est acceptée, on l'inscrit dans un registre, et il s'oblige à donner, outre l'achat du privilége, la vingt-quatrième partie du profit. S'il ne satisfait pas à ses obligations, la concession revient au fisc, qui la met à l'encan.

Autrefois, les sommes provenues, soit de la vente, soit de la rétribution éventuelle des mines, étaient distribuées au peu-

---

[1] C'est-à-dire maritime.
[2] Deux cent soixante-dix livres, ou cinq cent quarante livres. — [3] Trois sous.

ple. Thémistocle obtint de l'assemblée générale qu'elles seraient destinées à construire des vaisseaux. Cette ressource soutint la marine pendant la guerre du Péloponnèse. On vit alors des particuliers s'enrichir par l'exploitation des mines. Nicias, si malheureusement célèbre par l'expédition de Sicile, louait à un entrepreneur mille esclaves, dont il retirait par jour mille oboles ou cent soixante-six drachmes deux tiers [1]. Hipponicus, dans le même temps, en avait six cents, qui, sur le même pied, lui rendaient six cents oboles ou cent drachmes par jour [2]. Suivant ce calcul, Xénophon proposait au gouvernement de faire le commerce des esclaves destinés aux mines. Il eût suffi d'une première mise pour en acquérir douze cents, et en augmenter successivement le nombre jusqu'à dix mille. Il en aurait alors résulté tous les ans pour l'état un bénéfice de cent talents [3].

Ce projet, qui pouvait exciter l'émulation des entrepreneurs, ne fut point exécuté; et, vers la fin de cette guerre, on s'aperçut que les mines rendaient moins qu'auparavant.

Divers accidents peuvent tromper les espérances des entrepreneurs, et j'en ai vu plusieurs qui s'étaient ruinés faute de moyens et d'intelligence. Cependant les lois n'avaient rien négligé pour les encourager. Le revenu des mines n'est point compté parmi les biens qui obligent un citoyen à contribuer aux charges extraordinaires de l'état : des peines sont décernées contre des concessionnaires qui l'empêcheraient d'exploiter sa mine, soit en enlevant ses machines et ses instruments, soit en mettant le feu à sa fabrique ou aux étais qu'on place dans les souterrains, soit en anticipant sur son domaine; car les concessions faites à chaque particulier sont circonscrites dans des bornes qu'il n'est pas permis de passer.

Nous pénétrâmes dans ces lieux humides et malsains. Nous fûmes témoins de ce qu'il en coûte de peines pour arracher des entrailles de la terre ces métaux qui sont destinés à n'être découverts et même possédés que par des esclaves.

Sur les flancs de la montagne, auprès des puits, on construit des forges et des fourneaux où l'on porte le minerai pour séparer l'argent des matières avec lesquelles il est combiné. Il l'est souvent avec une substance sablonneuse, rouge, brillante, dont on a tiré pour la première fois, dans ces derniers temps, le cinabre artificiel [4].

On est frappé, quand on voyage dans l'Attique, du contraste que présentent les deux classes d'ouvriers qui travaillent à la terre. Les

---

[1] Cent cinquante livres. — [2] Quatre-vingt-dix livres. — [3] Cent quarante mille livres. — [4] Cette découverte fut faite vers l'an 405 avant J.-C.

uns, sans crainte et sans danger, recueillent sur sa surface le blé, le vin, l'huile et les autres fruits auxquels il leur est permis de participer; ils sont en général bien nourris, bien vêtus; ils ont des moments de plaisir; et, au milieu de leurs peines, ils respirent un air libre et jouissent de la clarté des cieux. Les autres, enfouis dans les carrières de marbre ou dans les mines d'argent, toujours près de voir la tombe se fermer sur leurs têtes, ne sont éclairés que par des clartés funèbres, et n'ont autour d'eux qu'une atmosphère grossière et souvent mortelle : ombres infortunées, à qui il ne reste de sentiments que pour souffrir, et de forces que pour augmenter le faste des maîtres qui les tyrannisent! Qu'on juge d'après ce rapprochement quelles sont les vraies richesses que la nature destinait à l'homme.

Nous n'avions pas averti Platon de notre voyage aux mines; il voulut nous accompagner au cap de Sunium, éloigné d'Athènes d'environ trois cent trente stades [1] : on y voit un superbe temple consacré à Minerve, de marbre blanc, d'ordre dorique, entouré d'un péristyle; ayant, comme celui de Thésée, auquel il ressemble par sa disposition générale, six colonnes de front et treize de retour. Du sommet du promontoire, on distingue au bas de la montagne le port et le bourg de Sunium, qui est une des plus fortes places de l'Attique.

Mais un plus grand spectacle excitait notre admiration. Tantôt nous laissions nos yeux s'égarer sur les vastes plaines de la mer, et se reposer ensuite sur les tableaux que nous offraient les îles voisines; tantôt d'agréables souvenirs semblaient rapprocher de nous les îles qui se dérobaient à nos regards. Nous disions : De ce côté de l'horizon est Ténos, où l'on trouve des vallées si fertiles, et Délos, où l'on célèbre des fêtes si ravissantes. Alexis me disait tout bas : Voilà Céos, où je vis Glycère pour la première fois. Philoxène me montrait en soupirant l'île qui porte le nom d'Hélène; c'était là que, dix ans auparavant, ses mains avaient dressé entre des myrtes et des cyprès un monument à la tendre Coronis; c'était là que depuis dix ans, il venait, à certains jours, arroser de larmes ces cendres éteintes et encore chères à son cœur. Platon, sur qui les grands objets faisaient toujours une forte impression, semblait attacher son âme sur les gouffres que la nature a creusés au fond des mers.

Cependant l'horizon se chargeait au loin de vapeurs ardentes et sombres; le soleil commençait à pâlir; la surface des eaux, unie et sans mouvement, se couvrait de couleurs lugubres dont les

[1] Environ douze lieues et demie.

teintes variaient sans cesse. Déjà le ciel, tendu et fermé de toutes parts, n'offrait à nos yeux qu'une voûte ténébreuse que la flamme pénétrait et qui s'appesantissait sur la terre. Toute la nature était dans le silence, dans l'attente, dans un état d'inquiétude qui se communiquait jusqu'au fond de nos âmes. Nous cherchâmes un asile dans le vestibule du temple, et bientôt nous vîmes la foudre briser à coups redoublés cette barrière de ténèbres et de feux suspendue sur nos têtes; des nuages épais rouler par masses dans les airs et tomber en torrents sur la terre; les vents déchaînés fondre sur la mer et la bouleverser dans ses abîmes. Tout grondait, le tonnerre, les vents, les flots, les antres, les montagnes, et de tous ces bruits réunis se formait un bruit épouvantable qui semblait annoncer la dissolution de l'univers. L'aquilon ayant redoublé ses efforts, l'orage alla porter ses fureurs dans les climats brûlants de l'Afrique. Nous le suivîmes des yeux, nous l'entendîmes mugir dans le lointain; le ciel brilla d'une clarté plus pure; et cette mer, dont les vagues écumantes s'étaient élevées jusqu'aux cieux, traînait à peine ses flots jusque sur le rivage.

A l'aspect de tant de changements inopinés et rapides, nous restâmes quelque temps immobiles et muets. Mais bientôt ils nous rappelèrent ces questions sur lesquelles la curiosité des hommes s'exerce depuis tant de siècles : Pourquoi ces écarts et ces révolutions dans la nature ? Faut-il les attribuer au hasard ? Mais d'où vient que, sur le point de se briser mille fois, la chaîne intime des êtres se conserve toujours ? Est-ce une cause intelligente qui excite et apaise les tempêtes ? Mais quel but se propose-t-elle ? D'où vient qu'elle foudroie les déserts et épargne les nations coupables ? De là nous remontions à l'existence des dieux, au débrouillement du chaos, à l'origine de l'univers. Nous nous égarions dans nos idées et nous conjurions Platon de les rectifier. Il était dans un recueillement profond; on eût dit que la voix terrible et majestueuse de la nature retentissait encore autour de lui. A la fin, pressé par nos prières et par les vérités qui l'agitaient intérieurement, il s'assit sur un siége rustique, et, nous ayant fait placer à ses côtés, il commença par ces mots :

Faibles mortels que nous sommes! est-ce à nous de pénétrer les secrets de la Divinité, nous dont les sages ne sont auprès d'elle que ce qu'un singe est auprès de nous? Prosterné à ses pieds, je lui demande de mettre dans ma bouche des discours qui lui soient agréables et qui vous paraissent conformes à la raison.

Si j'étais obligé de m'expliquer en présence de la multitude sur le premier auteur de toutes choses, sur l'origine de l'univers et sur la cause du mal, je serais forcé de parler par énigmes; mais dans ces lieux solitaires, n'ayant que Dieu et mes amis pour témoins, je pourrai sans crainte rendre hommage à la vérité.

Le Dieu que je vous annonce est un Dieu unique, immuable, infini. Centre de toutes les perfections, source intarissable de l'intelligence et de l'être; avant qu'il eût fait l'univers, avant qu'il eût déployé sa puissance au dehors, il était; car il n'a point eu de commencement: il était en lui-même, il existait dans les profondeurs de l'éternité. Non, mes expressions ne répondent pas à la grandeur de mes idées, ni mes idées à la grandeur de mon sujet.

Également éternelle, la matière subsistait dans une fermentation affreuse, contenant les germes de tous les maux, pleine de mouvements impétueux qui cherchaient à réunir ses parties et de principes destructifs qui les séparaient à l'instant; susceptible de toutes les formes, incapable d'en conserver aucune : l'horreur et la discorde erraient sur ses flots bouillonnants. La confusion effroyable que vous venez de voir dans la nature n'est qu'une faible image de celle qui régnait dans le chaos.

De toute éternité, Dieu, par sa bonté infinie, avait résolu de former l'univers suivant un modèle toujours présent à ses yeux; modèle immuable, incréé, parfait; idée semblable à celle que conçoit un artiste lorsqu'il convertit la pierre grossière en un superbe édifice; monde intellectuel, dont ce monde visible n'est que la copie et l'expression. Tout ce qui dans l'univers tombe sous nos sens, tout ce qui se dérobe à leur activité, était tracé d'une manière sublime dans ce premier plan; et comme l'Être suprême ne conçoit rien que de réel, on peut dire qu'il produisait le monde avant qu'il l'eût rendu sensible.

Ainsi existaient de toute éternité Dieu, auteur de tout bien; la matière, principe de tout mal, et ce modèle suivant lequel Dieu avait résolu d'ordonner la matière [1].

Quand l'instant de cette grande opération fut arrivé, la sagesse éternelle donna ses ordres au chaos, et aussitôt toute la masse fut agitée d'un mouvement fécond et nouveau. Ses parties, qu'une haine implacable divisait auparavant, coururent se réunir, s'embrasser et s'enchaîner. Le feu brilla pour la première fois dans les ténèbres; l'air se sépara de la terre et de l'eau. Ces quatre éléments furent destinés à la composition de tous les corps.

Pour en diriger les mouvements, Dieu, qui avait préparé une

---

[1] Archytas, avant Platon, avait admis trois principes : Dieu, la matière, et la forme.

âme[1], composée en partie de l'essence divine, et en partie de la substance matérielle, la revêtit de la terre, des mers et de l'air grossier, au delà desquels il étendit les déserts des cieux. De ce principe intelligent, attaché au centre de l'univers, partent comme des rayons de flamme, qui sont plus ou moins purs suivant qu'ils sont plus ou moins éloignés de leur centre, qui s'insinuent dans les corps et animent leurs parties, et qui, parvenus aux limites du monde, se répandent sur sa circonférence et forment tout autour une couronne de lumière.

A peine l'âme universelle eut-elle été plongée dans cet océan de matière qui la dérobe à nos regards, qu'elle essaya ses forces en ébranlant ce grand tout à plusieurs reprises, et que, tournant rapidement sur elle-même, elle entraîna tout l'univers docile à ses efforts.

Si cette âme n'eût été qu'une portion pure de la substance divine, son action, toujours simple et constante, n'aurait imprimé aucun mouvement uniforme à toute la masse : mais, comme la matière fait partie de son essence, elle jeta de la variété dans la marche de l'univers. Ainsi, pendant qu'une impression générale, produite par la partie divine de l'âme universelle, fait tout rouler d'orient en occident dans l'espace de vingt-quatre heures, une impression particulière, produite par la partie matérielle de cette âme, fait avancer d'occident en orient, suivant certains rapports de célérité, cette partie des cieux où nagent les planètes.

Pour concevoir la cause de ces deux mouvements contraires, il faut observer que la partie divine de l'âme universelle est toujours en opposition avec la partie matérielle ; que la première se trouve avec plus d'abondance vers les extrémités du monde, et la seconde dans les couches d'air qui environnent la terre ; et qu'enfin, lorsqu'il fallut mouvoir l'univers, la partie matérielle de l'âme, ne

---

[1] Les interprètes de Platon, anciens et modernes, se sont partagés sur la nature de l'âme du monde. Suivant les uns, Platon supposait que, de tout temps, il existait dans le chaos une force vitale, une âme grossière, qui agitait irrégulièrement la matière dont elle était distinguée : en conséquence, l'âme du monde fut composée de l'essence divine, de la matière, et du principe vicieux, de tout temps uni avec la matière : *ex divinæ naturæ portione quadam, et ex re quadam alia, distincta a Deo et cum materia sociata.*

D'autres, pour laver Platon du reproche d'avoir admis deux principes éternels, l'un auteur du bien, et l'autre du mal, ont avancé que, suivant ce philosophe, le mouvement désordonné du chaos ne procédait pas d'une âme particulière, mais était inhérent à la matière. On leur oppose que, dans son Phédon et dans son livre des Lois, il a dit nettement que tout mouvement suppose une âme qui l'opère. On répond : « Sans doute, quand c'est un mouvement régulier et productif ; mais celui du chaos, étant aveugle et stérile, n'était point dirigé par une intelligence. » Ainsi Platon ne se contredit point. Ceux qui voudront éclaircir ce point pourront consulter, entre autres, Cudworth (cap. 4, § 13) ; Moshem (*ibid.* not. k) ; Bruck. (*Hist. philos.* t. 1, p. 685 et 701).

pouvant résister entièrement à la direction générale donnée par la partie divine, ramassa les restes de mouvement irrégulier qui l'agitait dans le chaos et parvint à le communiquer aux sphères qui entourent notre globe.

Cependant l'univers était plein de vie. Ce fils unique, ce Dieu engendré, avait reçu la figure sphérique la plus parfaite de toutes. il était assujetti au mouvement circulaire, le plus simple de tous, le plus convenable à sa forme. L'Être suprême jeta des regards de complaisance sur son ouvrage ; et, l'ayant rapproché du modèle qu'il suivait dans ses opérations, il reconnut avec plaisir que les traits principaux de l'original se retraçaient dans la copie.

Mais il en était un qu'elle ne pouvait recevoir, l'éternité, attribut essentiel du monde intellectuel, et dont ce monde visible n'était pas susceptible. Ces deux mondes ne pouvant avoir les mêmes perfections, Dieu voulut qu'ils en eussent de semblables. Il fit le temps, cette image mobile de l'immobile éternité[1]; le temps, qui, commençant et achevant sans cesse le cercle des jours et des nuits, des mois et des années, semble ne connaître dans sa course ni commencement ni fin, et mesurer la durée du monde sensible comme l'éternité mesure celle du monde intellectuel; le temps enfin, qui n'aurait point laissé de traces de sa présence, si des signes visibles n'étaient chargés de distinguer ses parties fugitives et d'enregistrer pour ainsi dire ses mouvements. Dans cette vue, l'Être suprême alluma le soleil, et le lança avec les autres planètes dans la vaste solitude des airs. C'est de là que cet astre inonde le ciel de sa lumière, qu'il éclaire la marche des planètes, et qu'il fixe les limites de l'année, comme la lune détermine celles des mois. L'étoile de Mercure et celle de Vénus, entraînées par la sphère à laquelle il préside, accompagnent toujours ses pas. Mars, Jupiter et Saturne ont aussi des périodes particulières et inconnues au vulgaire.

Cependant l'auteur de toutes choses adressa la parole aux génies à qui il venait de confier l'administration des astres : « Dieux, qui me devez la naissance, écoutez mes ordres souverains. Vous n'avez pas de droits à l'immortalité; mais vous y participerez par le pouvoir de ma volonté, plus forte que les liens qui unissent les parties dont vous êtes composés. Il reste, pour la perfection de ce grand tout, à remplir d'habitants les mers, la terre et les airs. S'ils me devaient immédiatement le jour, soustraits à l'empire de la mort, ils deviendraient égaux aux dieux mêmes. Je me repose donc

[1] J.-B. Rousseau, dans son *Ode au prince Eugène*, a pris cette expression de Platon.

CHAPITRE LIX.

sur vous du soin de les produire. Dépositaires de ma puissance, unissez à des corps périssables les germes d'immortalité que vous allez recevoir de mes mains. Formez en particulier des êtres qui commandent aux autres animaux, et vous soient soumis ; qu'ils naissent par vos ordres, qu'ils croissent par vos bienfaits; et qu'après leur mort ils se réunissent à vous et partagent votre bonheur.

Il dit, et soudain, versant dans la coupe où il avait pétri l'âme du monde les restes de cette âme tenus en réserve, il en composa les âmes particulières ; et, joignant à celles des hommes une parcelle de l'essence divine, il leur attacha des destinées irrévocables.

Alors il fut réglé qu'il naîtrait des mortels capables de connaître la Divinité et de la servir; que l'homme aurait la prééminence sur la femme ; que la justice consisterait à triompher des passions, et l'injustice à y succomber; que les justes iraient dans le sein des astres jouir d'une félicité inaltérable, que les autres seraient métamorphosés en femmes ; que, si leur injustice continuait, ils reparaîtraient sous différentes formes d'animaux, et qu'enfin ils ne seraient rétablis dans la dignité primitive de leur être que lorsqu'ils se seraient rendus dociles à la voix de la raison.

Après ces décrets immuables, l'Être suprême sema les âmes dans les planètes; et, ayant ordonné aux dieux inférieurs de les revêtir successivement de corps mortels, de pourvoir à leurs besoins et de les gouverner, il rentra dans le repos éternel.

Aussitôt les causes secondes, ayant emprunté de la matière des particules des quatre éléments, les attachèrent entre elles par des liens invisibles, et arrondirent autour des âmes les différentes parties des corps destinés à leur servir de chars pour les transporter d'un lieu dans un autre.

L'âme immortelle et raisonnable fut placée dans le cerveau, dans la partie la plus éminente du corps, pour en régler les mouvements. Mais, outre ce principe divin, les dieux inférieurs formèrent une âme mortelle privée de raison, où devaient résider la volupté qui attire les maux, la douleur qui fait disparaître les biens, l'audace et la peur qui ne conseillent que des imprudences, la colère si difficile à calmer, l'espérance si facile à séduire, et toutes les passions fortes, apanage nécessaire de notre nature. Elle occupe dans le corps humain deux régions séparées par une cloison intermédiaire. La partie irascible, revêtue de force et de courage, fut placée dans la poitrine, où, plus voisine de l'âme immortelle, elle est plus à portée d'écouter la voix de la raison, où d'ailleurs tout concourt à modérer ses transports fougueux, l'air que nous respirons, les boissons qui nous désaltèrent, les vaisseaux même qui distribuent les liqueurs dans toutes les parties du corps. En effet, c'est par leur moyen que la raison, instruite des efforts naissants de la colère, réveille tous les sens par ses menaces et par ses cris, leur défend de seconder les coupables excès du cœur, et le retient malgré lui-même dans la dépendance.

Plus loin, et dans la région de l'estomac, fut enchaînée cette autre partie de l'âme mortelle qui ne s'occupe que des besoins grossiers de la vie : animal avide et féroce, qu'on éloigna du séjour de l'âme immortelle, afin que ses rugissements et ses cris n'en troublassent point les opérations. Cependant elle conserve toujours ses droits sur lui ; et, ne pouvant le gouverner par la raison, elle le subjugue par la crainte. Comme il est placé près du foie, elle peint, dans ce viscère brillant et poli, les objets les plus propres à l'épouvanter. Alors il ne voit dans ce miroir que des rides affreuses et menaçantes, que des spectres effrayants qui le remplissent de chagrin et de dégoût. D'autres fois, à ces tableaux funestes succèdent des peintures plus douces et plus riantes. La paix règne autour de lui ; et c'est alors que, pendant le sommeil, il prévoit les événements éloignés. Car les dieux inférieurs, chargés de nous donner toutes les perfections dont nous étions susceptibles, ont voulu que cette portion aveugle et grossière de notre âme fût éclairée par un rayon de vérité. Ce privilége ne pouvait être le partage de l'âme immortelle, puisque l'avenir ne se dévoile jamais à la raison, et ne se manifeste que dans le sommeil, dans la maladie et dans l'enthousiasme.

Les qualités de la matière, les phénomènes de la nature, la sagesse qui brille en particulier dans la disposition et dans l'usage des parties du corps humain, tant d'autres objets dignes de la plus grande attention, me mèneraient trop loin, et je reviens à celui que je m'étais d'abord proposé.

Dieu n'a pu faire et n'a fait que le meilleur des mondes possibles, parce qu'il travaillait sur une matière brute et désordonnée, qui sans cesse opposait la plus forte résistance à sa volonté. Cette opposition subsiste encore aujourd'hui ; et de là les tempêtes, les tremblements de terre, et tous les bouleversements qui arrivent dans notre globe. Les dieux inférieurs, en nous formant, furent obligés d'employer les mêmes moyens que lui ; et de là les maladies du corps, et celles de l'âme, encore plus dangereuses. Tout ce qui est bien dans l'univers en général, et dans l'homme en particulier, dérive du Dieu suprême ; tout ce qui s'y trouve de défectueux vient du vice inhérent à la matière.

CHAPITRE LX.

Événements remarquables arrivés en Grèce et en Sicile (depuis l'année 357 jusqu'à l'an 354 avant J.-C.). Expédition de Dion. Jugement des généraux Timothée et Iphicrate. Fin de la guerre sociale. Commencement de la guerre sacrée [1].

J'ai dit plus haut [2] que Dion, banni de Syracuse par le roi Denys, son neveu et son beau-frère, s'était enfin déterminé à délivrer sa patrie du joug sous lequel elle gémissait. En sortant d'Athènes, il partit pour l'île de Zacinthe, rendez-vous des troupes qu'il rassemblait depuis quelque temps.

Il y trouva trois mille hommes, levés la plupart dans le Péloponnèse, tous d'une valeur éprouvée et d'une hardiesse supérieure aux dangers. Ils ignoraient encore leur destination ; et quand ils apprirent qu'ils allaient attaquer une puissance défendue par cent mille hommes d'infanterie, dix mille de cavalerie, quatre cents galères, des places très-fortes, des richesses immenses et des alliances redoutables, ils ne virent plus dans l'entreprise projetée que le désespoir d'un proscrit qui veut tout sacrifier à sa vengeance. Dion leur représenta qu'il ne marchait point contre le plus puissant empire de l'Europe, mais contre le plus méprisable et le plus faible des souverains. Au reste, ajouta-t-il, je n'avais pas besoin de soldats ; ceux de Denys seront bientôt à mes ordres. Je n'ai choisi que des chefs, pour leur donner des exemples de courage et des leçons de discipline. Je suis si certain de la révolution, et de la gloire qui en doit rejaillir sur nous, que, dussé-je périr à notre arrivée en Sicile, je m'estimerais heureux de vous y avoir conduits. »

Ces discours avaient déjà rassuré les esprits, lorsqu'une éclipse de lune leur causa de nouvelles alarmes [3] ; mais elles furent dissi-

---

[1] Sous l'archontat d'Agathocle, l'an 356 avant J.-C.
[2] Voyez le chapitre XXXIII de cet ouvrage.
[3] Cette éclipse arriva le 9 août de l'an 357 avant J.-C. — La note que je joins ici peut être regardée comme la suite de celle que j'ai faite plus haut sur les voyages de Platon, et qui se rapporte au trente-troisième chapitre de cet ouvrage.
Plutarque observe que Dion allait partir de Zacinthe pour se rendre en Sicile, lorsque les troupes furent alarmées par une éclipse de lune. On était, dit-il, au plus fort de l'été ; Dion mit douze jours pour arriver sur les côtes de la Sicile ; le treizième, ayant voulu doubler le promontoire Pachynum, il fut accueilli d'une violente tempête ; car, ajoute l'historien, c'était au lever de l'Arcturus. On sait que, sous l'époque dont il s'agit, l'Arcturus commençait à paraître en Sicile vers le milieu de notre mois de septembre. Ainsi, suivant Plutarque, Dion partit de Zacinthe vers le milieu du mois d'août.
D'un autre côté, Diodore de Sicile place l'expédition de Dion sous l'archontat d'Agathocle, qui entra en charge au commencement de la quatrième année de la cent cinquième olympiade, et par conséquent au 27 juin de l'année 357 avant J.-C.
Or, suivant les calculs que M. Lalande a eu la bonté de me communiquer, le 9 août de l'an 357 avant J.-C., il arriva une éclipse de lune visible à Zacinthe.

pées, et par la fermeté de Dion, et par la réponse du devin de l'armée, qui, interrogé sur ce phénomène, déclara que la puissance du roi de Syracuse était sur le point de s'éclipser. Les soldats s'embarquèrent aussitôt au nombre de huit cents. Le reste des troupes devait les suivre sous la conduite d'Héraclide. Dion n'avait que deux vaisseaux de charge et trois bâtiments plus légers, tous abondamment pourvus de provisions de guerre et de bouche.

Cette petite flotte, qu'une tempête violente poussa vers les côtes d'Afrique et sur des rochers où elle courut risque de se briser, aborda enfin au port de Minoa, dans la partie méridionale de la Sicile. C'était une place forte qui appartenait aux Carthaginois. Le gouverneur, par amitié pour Dion, peut-être aussi pour fomenter des troubles utiles aux intérêts de Carthage, prévint les besoins des troupes fatiguées d'une pénible navigation. Dion voulait leur ménager un repos nécessaire ; mais ayant appris que Denys s'était, quelques jours auparavant, embarqué pour l'Italie, elles conjurèrent leur général de les mener au plus tôt à Syracuse.

Cependant le bruit de son arrivée, se répandant avec rapidité dans toute la Sicile, la remplit de frayeur et d'espérance. Déjà ceux d'Agrigente, de Géla, de Camarine, se sont rangés sous ses ordres ; déjà ceux de Syracuse et des campagnes voisines accourent en foule. Il distribue à cinq mille d'entre eux les armes qu'il avait apportées du Péloponnèse. Les principaux habitants de la capitale, revêtus de robes blanches, le reçoivent aux portes de la ville. Il entre à la tête de ses troupes qui marchent en silence, suivi de cinquante mille hommes qui font retentir les airs de leurs cris. Au son bruyant des trompettes les cris s'apaisent, et le héraut qui le précède annonce que Syracuse est libre et la tyrannie détruite. A ces mots, des larmes d'attendrissement coulent de tous les yeux, et l'on n'entend plus qu'un mélange confus de clameurs perçantes et de vœux adressés au ciel. L'encens des sacrifices brûle dans les temples et dans les rues. Le peuple, égaré par l'excès de ses sentiments, se prosterne devant Dion, l'invoque comme une divinité bienfaisante, répand sur lui des fleurs à pleines mains ; et, ne pouvant assouvir sa joie, il se jette avec fureur sur cette race odieuse d'espions et de délateurs dont la ville était infectée, les saisit, se baigne dans leur sang, et ces scènes d'horreur ajoutent à l'allégresse générale.

<small>C'est donc la même que celle dont Plutarque a parlé ; et nous avons peu de points de chronologie établis d'une manière aussi certaine. Je dois avertir que M. Pingré a fixé le milieu de l'éclipse du 9 août à six heures trois quarts du soir. (Voyez la chronologie des éclipses, dans le volume XLII des *Mém. de l'Académie des Belles-Lettres, Hist.* p. 130.)</small>

CHAPITRE LX.

Dion continuait sa marche auguste au milieu des tables dressées de chaque côté dans les rues. Parvenu à la place publique, il s'arrête, et d'un endroit élevé il adresse la parole au peuple, lui présente de nouveau la liberté, l'exhorte à la défendre avec vigueur, et le conjure de ne placer à la tête de la république que des chefs en état de la conduire dans des circonstances si difficiles. On le nomme, ainsi que son frère Mégaclès; mais, quelque brillant que fût le pouvoir dont on voulait les revêtir, ils ne l'acceptèrent qu'à condition qu'on leur donnerait pour associés vingt des principaux habitants de Syracuse, dont la plupart avaient été proscrits par Denys.

Quelques jours après, ce prince, informé trop tard de l'arrivée de Dion, se rendit par mer à Syracuse, et entra dans la citadelle, autour de laquelle on avait construit un mur qui la tenait bloquée. Il envoya aussitôt des députés à Dion, qui leur enjoignit de s'adresser au peuple. Admis à l'assemblée générale, ils cherchent à la gagner par les propositions les plus flatteuses. Diminutions dans les impôts, exemption du service militaire dans les guerres entreprises sans son aveu, Denys promettait tout; mais le peuple exigea l'abolition de la tyrannie pour première condition du traité.

Le roi, qui méditait une perfidie, traîna la négociation en longueur, et fit courir le bruit qu'il consentait à se dépouiller de son autorité : en même temps il manda les députés du peuple, et, les ayant retenus pendant toute la nuit, il ordonna une sortie à la pointe du jour. Les barbares qui composaient la garnison attaquèrent le mur d'enceinte, en démolirent une partie et repoussèrent les troupes de Syracuse, qui, sur l'espoir d'un accommodement prochain, s'étaient laissé surprendre.

Dion, convaincu que le sort de l'empire dépend de cette fatale journée, ne voit d'autre ressource, pour encourager les troupes intimidées, que de pousser la valeur jusqu'à la témérité. Il les appelle au milieu des ennemis, non de sa voix qu'elles ne sont plus en état d'entendre, mais par son exemple, qui les étonne, et qu'elles hésitent d'imiter. Il se jette seul à travers les vainqueurs, en terrasse un grand nombre, est blessé, porté à terre, et enlevé par des soldats syracusains, dont le courage ranimé prête au sien de nouvelles forces. Il monte aussitôt à cheval, rassemble les fuyards, et de sa main, qu'une lance a percée, il leur montre le champ fatal qui, dans l'instant même, va décider de leur esclavage ou de leur liberté. Il vole tout de suite au camp des troupes du Péloponnèse, et les amène au combat. Les barbares, épuisés de fatigue, ne font bientôt plus qu'une faible résistance, et vont cacher leur honte dans

11.

la citadelle. Les Syracusains distribuèrent cent mines [1] à chacun des soldats étrangers, qui, d'une commune voix, décernèrent une couronne d'or à leur général.

Denys comprit alors qu'il ne pouvait triompher de ses ennemis qu'en les désunissant, et résolut d'employer, pour rendre Dion suspect au peuple, les mêmes artifices dont on s'était autrefois servi pour le noircir auprès de lui. De là ces bruits sourds qu'il faisait répandre dans Syracuse, ces intrigues et ces défiances dont il agitait les familles, ces négociations insidieuses et cette correspondance funeste qu'il entretenait, soit avec Dion, soit avec le peuple. Toutes ces lettres étaient communiquées à l'assemblée générale. Un jour, il en trouva une qui portait cette adresse : *A mon père.* Les Syracusains, qui la crurent d'Hipparinus, fils de Dion, n'osaient en prendre connaissance ; mais Dion l'ouvrit lui-même. Denys avait prévu que, s'il refusait de la lire publiquement, il exciterait de la défiance ; que, s'il la lisait, il inspirerait de la crainte. Elle était de la main du roi. Il en avait mesuré les expressions ; il y développait tous les motifs qui devaient engager Dion à séparer ses intérêts de ceux du peuple. Son épouse, son fils, sa sœur étaient renfermés dans la citadelle ; Denys pouvait en tirer une vengeance éclatante. A ces menaces succédaient des plaintes et des prières également capables d'émouvoir une âme sensible et généreuse. Mais le poison le plus amer était caché dans les paroles suivantes : « Rappelez-vous le zèle avec lequel vous souteniez la tyrannie quand vous étiez auprès de moi. Loin de rendre la liberté à des hommes qui vous haïssent, parce qu'ils se souviennent des maux dont vous avez été l'auteur et l'instrument, gardez le pouvoir qu'ils vous ont confié, et qui fait seul votre sûreté, celle de votre famille et de vos amis. »

Denys n'eût pas retiré plus de fruit du gain d'une bataille que du succès de cette lettre. Dion parut, aux yeux du peuple, dans l'étroite obligation de ménager le tyran ou de le remplacer. Dès ce moment il dut entrevoir la perte de son crédit ; car dès que la confiance est entamée, elle est bientôt détruite.

Sur ces entrefaites arriva, sous la conduite d'Héraclide, la seconde division des troupes du Péloponnèse. Héraclide, qui jouissait d'une grande considération à Syracuse, ne semblait destiné qu'à augmenter les troubles d'un état. Son ambition formait des projets que sa légèreté ne lui permettait pas de suivre. Il trahissait tous les partis sans assurer le triomphe du sien, et il ne réussit qu'à multiplier des intrigues inutiles à ses vues. Sous les tyrans, il

[1] Neuf mille livres.

avait rempli avec distinction les premiers emplois de l'armée. Il s'était ensuite uni avec Dion, éloigné, rapproché de lui. Il n'avait ni les vertus ni les talents de ce grand homme, mais il le surpassait dans l'art de gagner les cœurs. Dion les repoussait par un froid accueil, par la sévérité de son maintien et de sa raison. Ses amis l'exhortaient vainement à se rendre plus liant et plus accessible ; c'était en vain que Platon lui disait dans ses lettres que, pour être utile aux hommes, il fallait commencer par leur être agréable. Héraclide, plus facile, plus indulgent, parce que rien n'était sacré pour lui, corrompait les orateurs par ses largesses et la multitude par ses flatteries. Elle avait déjà résolu de se jeter entre ses bras, et, dès la première assemblée, elle lui donna le commandement des armées navales. Dion survint à l'instant ; il représenta que la nouvelle charge n'était qu'un démembrement de la sienne, obtint la révocation du décret, et la fit ensuite confirmer dans une assemblée plus régulière qu'il avait eu soin de convoquer. Il voulut de plus qu'on ajoutât quelques prérogatives à la place de son rival, et se contenta de lui faire des reproches en particulier.

Héraclide affecta de paraître sensible à ce généreux procédé. Aussi, rampant auprès de Dion, il prévenait, épiait, exécutait ses ordres avec l'empressement de la reconnaissance ; tandis que, par des brigues secrètes, il opposait à ses desseins des obstacles invincibles. Dion proposait-il des voies d'accommodement avec Denys ; on le soupçonnait d'intelligence avec ce prince : cessait-il d'en proposer, on disait qu'il voulait éterniser la guerre, afin de perpétuer son autorité.

Ces accusations absurdes éclatèrent avec plus de force après que la flotte des Syracusains eut mis en fuite celle du roi, commandée par Philistus[1]. La galère de ce général ayant échoué sur la côte, il eut le malheur de tomber entre les mains d'une populace irritée, qui fit précéder son supplice de traitements barbares, jusqu'à le traîner ignominieusement dans les rues. Denys eût éprouvé le même sort s'il n'avait remis la citadelle à son fils Apollocrate, et trouvé moyen de se sauver en Italie avec ses femmes et ses trésors. Enfin Héraclide, qui, en qualité d'amiral, aurait dû s'opposer à sa fuite, voyant les habitants de Syracuse animés contre lui, eut l'adresse de détourner l'orage sur Dion, en proposant tout à coup le partage des terres.

Cette proposition, source éternelle de divisions dans plusieurs états républicains, fut reçue avec avidité de la part de la multi-

---

[1] Sous l'archontat d'Elpinès, qui répond aux années 356 et 355 avant J.-C. (Diod. lib. XVI, p. 419.)

tude, qui ne mettait plus de bornes à ses prétentions. La résistance de Dion excita une révolte, et dans un instant effaça le souvenir de ses services. Il fut décidé qu'on procéderait au partage des terres, qu'on réformerait les troupes du Péloponnèse, et que l'administration des affaires serait confiée à vingt-cinq nouveaux magistrats, parmi lesquels on nomma Héraclide.

Il ne s'agissait plus que de déposer et de condamner Dion. Comme on craignait les troupes étrangères dont il était entouré, on tenta de les séduire par les plus magnifiques promesses. Mais ces braves guerriers, qu'on avait humiliés en les privant de leur solde, qu'on humiliait encore plus en les jugeant capables d'une trahison, placèrent leur général au milieu d'eux, et traversèrent la ville, poursuivis et pressés par tout le peuple; ils ne répondirent à ces outrages que par des reproches d'ingratitude et de perfidie, pendant que Dion employait, pour le calmer, des prières et des marques de tendresse. Les Syracusains, honteux de l'avoir laissé échapper, envoyèrent, pour l'inquiéter dans sa retraite, des troupes qui prirent la fuite dès qu'il eut donné le signal du combat.

Il se retira sur les terres des Léontins, qui non-seulement se firent un honneur de l'admettre, ainsi que ses compagnons, au nombre de leurs concitoyens, mais qui, par une noble générosité, voulurent encore lui ménager une satisfaction éclatante. Après avoir envoyé des ambassadeurs à Syracuse pour se plaindre de l'injustice exercée contre les libérateurs de la Sicile, et reçu les députés de cette ville chargés d'accuser Dion, ils convoquèrent leurs alliés. La cause fut discutée dans la diète, et la conduite des Syracusains condamnée d'une commune voix.

Loin de souscrire à ce jugement, ils se félicitaient de s'être à la fois délivrés des deux tyrans qui les avaient successivement opprimés; et leur joie s'accrut encore par quelques avantages remportés sur les vaisseaux du roi, qui venaient d'approvisionner la citadelle, et d'y jeter des troupes commandées par Nypsius de Naples.

Ce général habile crut s'apercevoir que le moment de subjuguer les rebelles était enfin arrivé. Rassurés par leurs faibles succès, et encore plus par leur insolence, les Syracusains avaient brisé tous les liens de la subordination et de la décence. Leurs jours se dissipaient dans les excès de la table, et leurs chefs se livraient à des désordres qu'on ne pouvait plus arrêter. Nypsius sort de la citadelle, renverse le mur dont on l'avait une seconde fois entourée, s'empare d'un quartier de la ville, et le met au pillage. Les troupes de Syracuse sont repoussées, les habitants égorgés, leurs femmes et leurs enfants chargés de fers et menés à la citadelle. On s'assemble, on délibère en tumulte ; la terreur a glacé les esprits, et le désespoir ne trouve plus de ressource. Dans ce moment quelques voix s'élèvent, et proposent le rappel de Dion et de son armée. Le peuple aussitôt le demande à grands cris. « Qu'il paraisse ! que les dieux nous le ramènent ! qu'il vienne nous enflammer de son courage ! »

Des députés choisis font une telle diligence qu'ils arrivent avant la fin du jour chez les Léontins. Ils tombent aux pieds de Dion, le visage baigné de larmes, et l'attendrissent par la peinture des maux qu'éprouve sa patrie. Introduits devant le peuple, les deux principaux ambassadeurs conjurent les assistants de sauver une ville trop digne de leur haine et de leur pitié.

Quand ils eurent achevé, un morne silence régna dans l'assemblée. Dion voulut le rompre, mais les pleurs lui coupaient la parole. Encouragé par ses troupes, qui partageaient sa douleur : « Guerriers du Péloponnèse, dit-il, et vous, fidèles alliés, c'est à vous de délibérer sur ce qui vous regarde. De mon côté je n'ai pas la liberté du choix ; Syracuse va périr, je dois la sauver, ou m'ensevelir sous ses ruines ; je me range au nombre de ses députés, et j'ajoute : Nous fûmes les plus imprudents, et nous sommes les plus infortunés des hommes. Si vous êtes touchés de nos remords, hâtez-vous de secourir une ville que vous avez sauvée une première fois ; si vous n'êtes frappés que de nos injustices, puissent du moins les dieux récompenser le zèle et la fidélité dont vous m'avez donné des preuves si touchantes ! et n'oubliez jamais ce Dion, qui ne vous abandonna point quand sa patrie fut coupable, et qui ne l'abandonne pas quand elle est malheureuse. »

Il allait poursuivre ; mais tous les soldats émus s'écrient à la fois : « Mettez-vous à notre tête, allons délivrer Syracuse ! » Les ambassadeurs, pénétrés de joie et de reconnaissance, se jettent à leur cou, et bénissent mille fois Dion, qui ne donne aux troupes que le temps de prendre un léger repas.

A peine est-il en chemin qu'il rencontre de nouveaux députés, dont les uns le pressent d'accélérer sa marche, les autres de la suspendre. Les premiers parlaient au nom de la plus saine partie des citoyens, les seconds au nom de la faction opposée. Les ennemis s'étant retirés, les orateurs avaient reparu et semaient la division dans les esprits. D'un côté le peuple, entraîné par leurs clameurs, avait résolu de ne devoir sa liberté qu'à lui-même, et de se rendre maître des portes de la ville, pour exclure tout secours étranger ; d'un autre côté les gens sages, effrayés d'une si folle présomption, sollicitaient vivement le retour des soldats du Péloponnèse.

Dion crut ne devoir ni s'arrêter ni se hâter. Il s'avançait lentement vers Syracuse, et n'en était plus qu'à soixante stades[1], lorsqu'il vit arriver coup sur coup des courriers de tous les partis, de tous les ordres de citoyens, d'Héraclide même, son plus cruel ennemi. Les assiégés avaient fait une nouvelle sortie ; les uns achevaient de détruire le mur de circonvallation ; les autres, comme des tigres ardents, se jetaient sur les habitants, sans distinction d'âge ni de sexe ; d'autres enfin, pour opposer une barrière impénétrable aux troupes étrangères, lançaient des tisons et des dards enflammés sur les maisons voisines de la citadelle.

À cette nouvelle, Dion précipite ses pas. Il aperçoit déjà les tourbillons de flamme et de fumée qui s'élèvent dans les airs ; il entend les cris insolents des vainqueurs, les cris lamentables des habitants. Il paraît : son nom retentit avec éclat dans tous les quartiers de la ville. Le peuple est à ses genoux, et les ennemis étonnés se rangent en bataille au pied de la citadelle. Ils ont choisi ce poste afin d'être protégés par les débris presque inaccessibles du mur qu'ils viennent de détruire, et encore plus par cette enceinte épouvantable de feu que leur fureur s'est ménagée.

Pendant que les Syracusains prodiguaient à leur général les mêmes acclamations, les mêmes titres de sauveur et de dieu dont ils l'avaient accueilli dans son premier triomphe, ses troupes, divisées en colonnes et entraînées par son exemple, s'avançaient en ordre à travers les cendres brûlantes, les poutres enflammées, le sang et les cadavres dont les places et les rues étaient couvertes, à travers l'affreuse obscurité d'une fumée épaisse et la lueur encore plus affreuse des feux dévorants, parmi les ruines des maisons qui s'écroulaient avec un fracas horrible à leurs côtés ou sur leurs têtes. Parvenues au dernier retranchement, elles le franchirent avec le même courage, malgré la résistance opiniâtre et féroce des soldats de Nypsius, qui furent taillés en pièces ou contraints de se renfermer dans la citadelle.

Le jour suivant, les habitants, après avoir arrêté les progrès de l'incendie, se trouvèrent dans une tranquillité profonde. Les orateurs et les autres chefs de faction s'étaient exilés d'eux-mêmes, à l'exception d'Héraclide et de Théodote son oncle. Ils connaissaient trop bien Dion pour ignorer qu'ils le désarmeraient par l'aveu de leur faute. Ses amis lui représentaient avec chaleur qu'il ne déracinerait jamais du sein de l'état l'esprit de sédition, pire que la tyrannie, s'il refusait d'abandonner les deux coupables aux soldats, qui demandaient leur supplice ; mais il répondit avec douceur :

[1] Environ deux lieues et un quart.

« Les autres généraux passent leur vie dans l'exercice des travaux de la guerre, pour se ménager un jour des succès qu'ils ne doivent souvent qu'au hasard. Élevé dans l'école de Platon, j'ai appris à dompter mes passions; et, pour m'assurer d'une victoire que je ne puisse attribuer qu'à moi-même, je dois pardonner et oublier les offenses. Eh quoi! parce qu'Héraclide a dégradé son âme par sa perfidie et ses méchancetés, faut-il que la colère et la vengeance souillent indignement la mienne? Je ne cherche point à le surpasser par les avantages de l'esprit et du pouvoir : je veux le vaincre à force de vertus, et le ramener à force de bienfaits. »

Cependant il serrait la citadelle de si près, que la garnison, faute de vivres, n'observait plus aucune discipline. Apollocrate, obligé de capituler, obtint la permission de se retirer avec sa mère, sa sœur et ses effets, qu'on transporta sur cinq galères. Le peuple accourut sur le rivage pour contempler un si doux spectacle et jouir paisiblement de ce beau jour qui éclairait enfin la liberté de Syracuse, la retraite du rejeton de ses oppresseurs, et l'entière destruction de la plus puissante des tyrannies.

Apollocrate alla joindre son père Denys, qui était alors en Italie. Après son départ, Dion entra dans la citadelle. Aristomaque sa sœur, Hipparinus son fils, vinrent au-devant de lui, et reçurent ses premières caresses. Arété le suivait tremblante, éperdue, désirant et craignant de lever sur lui ses yeux couverts de larmes. Aristomaque l'ayant prise par la main : « Comment vous exprimer, dit-elle à son frère, tout ce que nous avons souffert pendant votre absence! Votre retour et vos victoires nous permettent enfin de respirer. Mais, hélas! ma fille contrainte, aux dépens de son bonheur et du mien, de contracter un nouvel engagement, ma fille est malheureuse au milieu de la joie universelle. De quel œil regardez-vous la fatale nécessité où la réduisit la cruauté du tyran? Doit-elle vous saluer comme son oncle ou comme son époux? » Dion, ne pouvant retenir ses pleurs, embrassa tendrement son épouse, et, lui ayant remis son fils, il la pria de partager l'humble demeure qu'il s'était choisie, car il ne voulait pas habiter le palais des rois.

Mon dessein n'était pas de tracer l'éloge de Dion : je voulais simplement rapporter quelques-unes de ses actions. Quoique l'intérêt qu'elles m'inspirent m'ait peut-être déjà mené trop loin, je ne puis cependant résister au plaisir de suivre jusqu'à la fin de sa carrière un homme qui, placé dans tous les états, dans toutes les situations, fut toujours aussi différent des autres que semblable à lui-même, et dont la vie fournirait les plus beaux traits à l'histoire de la vertu.

Après tant de triomphes, il voulut s'acquitter en public et en particulier de ce qu'il devait aux compagnons de ses travaux et aux citoyens qui avaient hâté la révolution. Il fit part aux uns de sa gloire, aux autres de ses richesses : simple, modeste dans son habillement, à sa table, dans tout ce qui le concernait, il ne se permettait d'être magnifique que dans l'exercice de sa générosité. Tandis qu'il forçait l'admiration, non-seulement de la Sicile, mais encore de Carthage et de la Grèce entière, tandis que Platon l'avertissait, dans une de ses lettres, que toute la terre avait les yeux attachés sur lui, il les fixait sur ce petit nombre de spectateurs éclairés qui, ne comptant pour rien ni ses exploits ni ses succès, l'attendaient au moment de la prospérité pour lui accorder leur estime ou leur mépris.

De son temps, en effet, les philosophes avaient conçu le projet de travailler sérieusement à la réformation du genre humain. Le premier essai devait se faire en Sicile. Dans cette vue ils entreprirent d'abord de façonner l'âme du jeune Denys, qui trompa leurs espérances. Dion les avait depuis relevées, et plusieurs disciples de Platon l'avaient suivi dans son expédition. Déjà, d'après leurs lumières, d'après les siennes, d'après celles de quelques Corinthiens attirés par ses soins à Syracuse, il traçait le plan d'une république qui concilierait tous les pouvoirs et tous les intérêts. Il préférait un gouvernement mixte, où la classe des principaux citoyens balancerait la puissance du souverain et celle du peuple. Il voulait même que le peuple ne fût appelé aux suffrages que dans certaines occasions, comme on le pratique à Corinthe.

Il n'osait cependant commencer son opération, arrêté par un obstacle presque invincible. Héraclide ne cessait, depuis leur réconciliation, de le tourmenter par des intrigues ouvertes ou cachées. Comme il était adoré de la multitude, il ne devait pas adopter un projet qui détruisait la démocratie. Les partisans de Dion lui proposèrent plus d'une fois de se défaire de cet homme inquiet et turbulent ; il avait toujours résisté ; mais, à force d'importunités, on lui arracha son aveu. Les Syracusains se soulevèrent ; et, quoiqu'il parvînt à les apaiser, ils lui surent mauvais gré d'un consentement que les circonstances semblaient justifier aux yeux de la politique, mais qui remplit son âme de remords, et répandit l'amertume sur le reste de ses jours.

Délivré de cet ennemi, il en trouva bientôt un autre plus perfide et plus dangereux. Dans le séjour qu'il fit à Athènes, un des citoyens de cette ville, nommé Callipe, le reçut dans sa maison, obtint son amitié, dont il n'était pas digne, et le suivit en Sicile.

CHAPITRE LX.

Parvenu aux premiers grades militaires, il justifia le choix du général, et gagna la confiance des troupes.

Après la mort d'Héraclide, il s'aperçut qu'il ne lui en coûterait qu'un forfait pour se rendre maître de la Sicile. La multitude avait besoin d'un chef qui flattât ses caprices ; elle craignait de plus en plus que Dion ne la dépouillât de son autorité pour s'en revêtir ou la transporter à la classe des riches. Parmi les gens éclairés, les politiques conjecturaient qu'il ne résisterait pas toujours à l'attrait d'une couronne, et lui faisaient un crime de leurs soupçons. La plupart de ces guerriers qu'il avait amenés du Péloponnèse, et que l'honneur attachait à sa suite, avaient péri dans les combats. Enfin tous les esprits, fatigués de leur inaction et de ses vertus, regrettaient la licence et les factions qui avaient, pendant si longtemps, exercé leur activité.

D'après ces notions, Callipe ourdit sa trame insidieuse. Il commença par entretenir Dion des murmures vrais ou supposés que les troupes, disait-il, laissaient quelquefois échapper ; il se fit même autoriser à sonder la disposition des esprits. Alors il s'insinue auprès des soldats ; il les anime, et communique ses vues à ceux qui répondent à ses avances. Ceux qui les rejetaient avec indignation avaient beau dénoncer à leur général les menées secrètes de Callipe, il n'en était que plus touché des démarches d'un ami si fidèle.

La conjuration faisait tous les jours des progrès, sans qu'il daignât y prêter la moindre attention. Il fut ensuite frappé des indices qui lui en venaient de toutes parts, et qui, depuis quelque temps, alarmaient sa famille. Mais, tourmenté du souvenir toujours présent de la mort d'Héraclide, il répondit qu'il aimait mieux périr mille fois que d'avoir sans cesse à se prémunir contre ses amis et ses ennemis.

Il ne médita jamais assez sur le choix des premiers ; et quand il se convainquit lui-même que la plupart d'entre eux étaient des âmes lâches et corrompues, il ne fit aucun usage de cette découverte, soit qu'il ne les jugeât pas capables d'un excès de scélératesse, soit qu'il crût devoir s'abandonner à sa destinée. Il était sans doute alors dans un de ces moments où la vertu même est découragée par l'injustice et la méchanceté des hommes.

Comme son épouse et sa sœur suivaient avec ardeur les traces de la conspiration, Callipe se présenta devant elles fondant en larmes ; et, pour les convaincre de son innocence, il demanda d'être soumis aux plus rigoureuses épreuves. Elles exigèrent le grand serment ; c'est le seul qui inspire de l'effroi aux scélérats mêmes :

il le fit à l'instant. On le conduisit dans les souterrains du temple de Cérès et de Proserpine. Après les sacrifices prescrits, revêtu du manteau de l'une de ces déesses, et tenant une torche ardente, il les prit à témoin de son innocence, et prononça des imprécations horribles contre les parjures. La cérémonie étant finie, il alla tout préparer pour l'exécution de son projet.

Il choisit le jour de la fête de Proserpine ; et, s'étant assuré que Dion n'était pas sorti de chez lui, il se mit à la tête de quelques soldats de l'île de Zacinthe. Les uns entourèrent la maison ; les autres pénétrèrent dans une pièce au rez-de-chaussée, où Dion s'entretenait avec plusieurs de ses amis, qui n'osèrent exposer leurs jours pour sauver les siens. Les conjurés, qui s'étaient présentés sans armes, se précipitèrent sur lui, et le tourmentèrent long-temps dans le dessein de l'étouffer. Comme il respirait encore, on leur jeta par la fenêtre un poignard qu'ils lui plongèrent dans le cœur. Quelques-uns prétendent que Callipe avait tiré son épée, et n'avait pas osé frapper son ancien bienfaiteur. C'est ainsi que mourut Dion, âgé d'environ cinquante-cinq ans, la quatrième année après son retour en Sicile[1].

Sa mort produisit un changement soudain à Syracuse. Les habitants, qui commençaient à le détester comme un tyran, le pleurèrent comme l'auteur de leur liberté. On lui fit des funérailles aux dépens du trésor public, et son tombeau fut placé dans le lieu le plus éminent de la ville.

Cependant, à l'exception d'une légère émeute où il y eut du sang de répandu, qui ne fut pas celui des coupables, personne n'osa d'abord les attaquer, et Callipe recueillit paisiblement le fruit de son crime. Peu de temps après, les amis de Dion se réunirent pour le venger, et furent vaincus. Callipe, défait à son tour par Hipparinus, frère de Denys ; Callipe, partout haï et repoussé, contraint de se réfugier en Italie avec un reste de brigands attachés à sa destinée, périt enfin accablé de misère, treize mois après la mort de Dion, et fut, à ce qu'on prétend, percé du même poignard qui avait arraché la vie à ce grand homme.

Pendant qu'on cherchait à détruire la tyrannie en Sicile, Athènes, qui se glorifie tant de sa liberté, s'épuisait en vains efforts pour remettre sous le joug les peuples qui, depuis quelques années, s'étaient séparés de son alliance[2]. Elle résolut de s'emparer de Byzance ; et, dans ce dessein, elle fit partir cent vingt galères sous le commandement de Timothée, d'Iphicrate et de Charès. Ils se rendirent à l'Hellespont, où la flotte des ennemis, qui était à peu

[1] L'an 353 avant J.-C. — [2] Voyez le chapitre XXIII de cet ouvrage.

près d'égale force, les atteignit bientôt. On se disposait de part et d'autre au combat, lorsqu'il survint une tempête violente : Charès n'en proposa pas moins d'attaquer ; et comme les deux autres généraux, plus habiles et plus sages, s'opposèrent à son avis, il dénonça hautement leur résistance à l'armée, et saisit cette occasion pour les perdre. A la lecture des lettres où il les accusait de trahison, le peuple, enflammé de colère, les rappela sur-le-champ et fit instruire leur procès.

Les victoires de Timothée, soixante-quinze villes qu'il avait réunies à la république, les honneurs qu'on lui avait autrefois déférés, sa vieillesse, la bonté de sa cause, rien ne put le dérober à l'iniquité des juges. Condamné à une amende de cent talents [1], qu'il n'était pas en état de payer, il se retira dans la ville de Chalcis en Eubée, plein d'indignation contre des citoyens qu'il avait si souvent enrichis par ses conquêtes, et qui, après sa mort, laissèrent éclater un repentir aussi infructueux que tardif. Il paya dans cette circonstance le salaire du mépris qu'il eut toujours pour Charès. Un jour qu'on procédait à l'élection des généraux, quelques orateurs mercenaires, pour exclure Iphicrate et Timothée, faisaient valoir Charès : ils lui attribuaient les qualités d'un robuste athlète. Il est dans la vigueur de l'âge, disaient-ils, et d'une force à supporter les plus rudes fatigues. « C'est un tel homme qu'il faut à l'armée. — Sans doute, dit Timothée, pour porter le bagage. »

La condamnation de Timothée n'assouvit pas la fureur des Athéniens, et ne put intimider Iphicrate, qui se défendit avec intrépidité. On remarque l'expression militaire qu'il employa pour ramener sous les yeux des juges la conduite du général qui avait juré sa perte : « Mon sujet m'entraîne, dit-il, il vient de m'ouvrir un chemin à travers les actions de Charès. » Dans la suite du discours, il apostropha l'orateur Aristophon, qui l'accusait de s'être laissé corrompre à prix d'argent : « Répondez-moi, lui dit-il d'un ton d'autorité, auriez-vous commis une telle infamie ? Non certes ! répondit l'orateur. Et vous voulez, reprit-il, qu'Iphicrate ait fait ce qu'Aristophon n'aurait pas osé faire ! »

Aux ressources de l'éloquence il en joignit une dont le succès lui parut moins incertain. Le tribunal fut entouré de plusieurs jeunes officiers attachés à ses intérêts, et lui-même laissait entrevoir aux juges un poignard qu'il tenait sous sa robe. Il fut absous et ne servit plus. Quand on lui reprocha la violence de ce procédé, il répondit : « J'ai long-temps porté les armes pour le salut de ma

[1] Cinq cent quarante mille livres.

patrie ; je serais bien dupe si je ne les prenais pas quand il s'agit du mien. »

Cependant Charès ne se rendit pas à Byzance. Sous prétexte qu'il manquait de vivres, il se mit avec son armée à la solde du satrape Artabaze, qui s'était révolté contre Artaxerxès, roi de Perse et qui allait succomber sous des forces supérieures aux siennes. L'arrivée des Athéniens changea la face des affaires. L'armée de ce prince fut battue, et Charès écrivit aussitôt au peuple d'Athènes qu'il venait de remporter sur les Perses une victoire aussi glorieuse que celle de Marathon ; mais cette nouvelle n'excita qu'une joie passagère. Les Athéniens, effrayés des plaintes et des menaces du roi de Perse, rappelèrent leur général et se hâtèrent d'offrir la paix et l'indépendance aux villes qui avaient entrepris de secouer leur joug. Ainsi finit cette guerre [1], également funeste aux deux partis. D'un côté, quelques-uns des peuples ligués, épuisés d'hommes et d'argent, tombèrent sous la domination de Mausole, roi de Carie ; de l'autre, outre les secours qu'elle tirait de leur alliance, Athènes perdit trois de ses meilleurs généraux, Chabrias, Timothée et Iphicrate. Alors commença une autre guerre qui produisit un embrasement général, et développa les grands talents de Philippe, pour le malheur de la Grèce [2].

Les amphictyons, dont l'objet principal est de veiller aux intérêts du temple d'Apollon à Delphes, s'étant assemblés, les Thébains, qui, de concert avec les Thessaliens, dirigeaient les opérations de ce tribunal, accusèrent les Phocéens de s'être emparés de quelques terres consacrées à ce dieu, et les firent condamner à une forte amende. L'esprit de vengeance guidait les accusateurs : les Thessaliens rougissaient encore des victoires que les Phocéens avaient autrefois remportées sur eux. Outre les motifs de rivalité qui subsistent toujours entre des nations voisines, la ville de Thèbes était indignée de n'avoir pu forcer un habitant de la Phocide à rendre une femme thébaine qu'il avait enlevée.

Le premier décret fut bientôt suivi d'un second, qui consacrait au dieu les campagnes des Phocéens ; il autorisait de plus la ligue amphictyonique à sévir contre les villes qui jusqu'alors avaient négligé d'obéir aux décrets du tribunal. Cette dernière clause regardait les Lacédémoniens, contre lesquels il existait, depuis plusieurs années, une sentence restée sans exécution.

Dans toute autre circonstance, les Phocéens auraient craint d'affronter les maux dont ils étaient menacés. Mais on vit alors

[1] Sous l'archontat d'Elpinès, qui répond aux années 356 et 355 avant J.-C.
[2] Sous l'archontat d'Agathocle, l'an 356 avant J.-C.

combien les grandes révolutions dépendent quelquefois de petites causes. Peu de temps auparavant, deux particuliers de la Phocide, voulant obtenir, chacun pour son fils, une riche héritière, intéressèrent toute la nation à leur querelle et formèrent deux partis qui, dans les délibérations publiques, n'écoutaient plus que les conseils de la haine. Aussi, dès que plusieurs Phocéens eurent proposé de se soumettre aux décrets des amphictyons, Philomèle, que ses richesses et ses talents avaient placé à la tête de la faction opposée, soutint hautement que céder à l'injustice était la plus grande et la plus dangereuse des lâchetés; que les Phocéens avaient des droits légitimes non-seulement sur les terres qu'on leur faisait un crime de cultiver, mais sur le temple de Delphes, et qu'il ne demandait que leur confiance pour les soustraire au châtiment honteux décerné par le tribunal des amphictyons.

Son éloquence rapide entraîne les Phocéens. Revêtu d'un pouvoir absolu, il vole à Lacédémone, fait approuver ses projets au roi Archidamus, en obtient quinze talents [1], qui, joints à quinze autres qu'il fournit lui-même, le mettent en état de soudoyer un grand nombre de mercenaires, de s'emparer du temple, de l'entourer d'un mur, et d'arracher de ses colonnes les décrets infamants que les amphictyons avaient lancés contre les peuples accusés de sacrilège. Les Locriens accoururent vainement à la défense de l'asile sacré; ils furent mis en fuite, et leurs campagnes dévastées enrichirent les vainqueurs. La guerre dura dix ans et quelques mois. J'en indiquerai dans la suite les principaux événements [2].

CHAPITRE LXI.

Lettres sur les affaires générales de la Grèce, adressées à Anacharsis et à Philotas pendant leur voyage en Égypte et en Perse.

Pendant mon séjour en Grèce, j'avais si souvent entendu parler de l'Égypte et de la Perse que je ne pus résister au désir de parcourir ces deux royaumes. Apollodore me donna Philotas pour m'accompagner : il nous promit de nous instruire de tout ce qui se passerait pendant notre absence; d'autres amis nous firent la même promesse. Leurs lettres, que je vais rapporter en entier, ou par fragments, n'étaient quelquefois qu'un simple journal; quelquefois elles étaient accompagnées de réflexions.

Nous partîmes à la fin de la deuxième année de la cent sixième olympiade [3]. Le midi de la Grèce jouissait alors d'un calme pro-

[1] Quatre-vingt-un mille livres. — [2] Voyez le chapitre suivant. — [3] Dans le printemps de l an 354 avant J.-C.

fond; le nord était troublé par la guerre des Phocéens et par les entreprises de Philippe, roi de Macédoine.

Philomèle, chef des Phocéens, s'était fortifié à Delphes. Il envoyait de tous côtés des ambassadeurs; mais l'on était bien loin de présumer que de si légères dissensions entraîneraient la ruine de cette Grèce qui, cent vingt-six ans auparavant, avait résisté à toutes les forces de la Perse.

Philippe avait de fréquents démêlés avec les Thraces, les Illyriens et d'autres peuples barbares. Il méditait la conquête des villes grecques situées sur les frontières de son royaume, et dont la plupart étaient alliées ou tributaires des Athéniens. Ceux-ci, offensés de ce qu'il retenait Amphipolis, qui leur avait appartenu, essayaient des hostilités contre lui et n'osaient pas en venir à une rupture ouverte.

DIOTIME ÉTANT ARCHONTE A ATHÈNES.

La troisième année de la cent sixième olympiade.

Depuis le 26 juin de l'année julienne proleptique 354 jusqu'au 14 juillet de l'année 353 avant J.-C.

LETTRE D'APOLLODORE.

La Grèce est pleine de divisions. Les uns condamnent l'entreprise de Philomèle, les autres la justifient. Les Thébains, avec tout le corps des Béotiens, les Locriens, les différentes nations de la Thessalie, tous ces peuples ayant des injures particulières à venger, menacent de venger l'outrage fait à la divinité de Delphes. Les Athéniens, les Lacédémoniens et quelques villes du Péloponnèse se déclarent pour les Phocéens en haine des Thébains.....

Philomèle protestait au commencement qu'il ne toucherait pas aux trésors du temple. Effrayé des préparatifs des Thébains, il s'est approprié une partie de ces richesses. Elles l'ont mis en état d'augmenter la solde des mercenaires, qui de toutes parts accourent à Delphes. Il a battu successivement les Locriens, les Béotiens et les Thessaliens...

Ces jours passés, l'armée des Phocéens, s'étant engagée dans un pays couvert, rencontra tout à coup celle des Béotiens, supérieure en nombre. Les derniers ont remporté une victoire éclatante. Philomèle, couvert de blessures, poussé sur une hauteur, enveloppé de toutes parts, a mieux aimé se précipiter du haut d'un rocher que de tomber entre les mains de l'ennemi....

CHAPITRE LXI.

SOUS L'ARCHONTE EUDÉMUS.

La quatrième année de la cent sixième olympiade.

Depuis le 14 juillet de l'an 353 jusqu'au 3 juillet de l'an 352 avant J.-C.

LETTRE D'APOLLODORE.

Dans la dernière assemblée des Phocéens, les plus sages opinaient pour la paix ; mais Onomarque, qui avait recueilli les débris de l'armée, a si bien fait par son éloquence et son crédit, qu'on a résolu de continuer la guerre et de lui confier le même pouvoir qu'à Philomèle. Il lève de nouvelles troupes. L'or et l'argent tirés du trésor sacré ont été convertis en monnaie ; et plusieurs de ces belles statues de bronze qu'on voyait à Delphes, en casques et en épées....

Le bruit a couru que le roi de Perse, Artaxerxès, allait tourner ses armes contre la Grèce. On ne parlait que de ses immenses préparatifs. Il ne lui faut pas moins, disait-on, de douze cents chameaux pour porter l'or destiné à la solde des troupes.

On s'est assemblé en tumulte : au milieu de l'alarme publique, des voix ont proposé d'appeler à la défense de la Grèce toutes les nations qui l'habitent, et même le roi de Macédoine, de prévenir Artaxerxès, et de porter la guerre dans ses états. Démosthène, qui, après avoir plaidé avec distinction dans les tribunaux de justice, se mêle depuis quelque temps des affaires publiques, s'est élevé contre cet avis ; mais il a fortement insisté sur la nécessité de se mettre en état de défense. Combien nous faut-il de galères ? combien de fantassins et de cavaliers ? quels sont les fonds nécessaires ? où les trouver ? il a tout prévu, tout réglé d'avance. On a fort applaudi aux vues de l'orateur. En effet, de si sages mesures nous serviraient contre Artaxerxès, s'il attaquait la Grèce; contre nos ennemis actuels, s'il ne l'attaquait pas. On a su depuis que ce prince ne pensait point à nous, et nous ne pensons plus à rien.

Je ne saurais m'accoutumer à ces excès périodiques de découragement et de confiance. Nos têtes se renversent et se replacent dans un clin d'œil. On abandonne à sa légèreté un particulier qui n'acquiert jamais l'expérience de ses fautes ; mais que penser d'une nation entière pour qui le présent n'a ni passé ni avenir, et qui oublie ses craintes comme on oublie un éclair et un coup de tonnerre ?....

La plupart ne parlent du roi de Perse qu'avec terreur, du roi de Macédoine qu'avec mépris. Ils ne voient pas que ce dernier prince n'a cessé, depuis quelque temps, de faire des incursions dans nos états; qu'après s'être emparé de nos îles d'Imbros et de Lemnos, il a chargé de fers ceux de nos citoyens établis dans ces contrées; qu'il a pris plusieurs de nos vaisseaux sur les côtes de l'Eubée, et que, dernièrement encore, il a fait une descente chez nous à Marathon, et s'est rendu maître de la galère sacrée. Cet affront, reçu dans le lieu même qui fut autrefois le théâtre de notre gloire, nous a fait rougir; mais chez nous les couleurs de la honte s'effacent bientôt.

Philippe est présent en tout temps, en tous lieux. A peine a-t-il quitté nos rivages, qu'il vole dans la Thrace maritime; il y prend la forte place de Méthone, la détruit et en distribue les campagnes fertiles à ses soldats, dont il est adoré.

Pendant le siége de cette ville, il passait une rivière à la nage. Une flèche, lancée par un archer ou par une machine, l'atteignit à l'œil droit, et, malgré les douleurs aiguës qu'il éprouvait, il regagna tranquillement le rivage d'où il était parti. Son médecin Critobule a retiré très-habilement la flèche; l'œil n'est pas difforme, mais il est privé de la lumière [1].

Cet accident n'a point ralenti son ardeur; il assiége maintenant le château d'Hérée, sur lequel nous avons des droits légitimes. Grande rumeur dans Athènes. Il en est résulté un décret de l'assemblée générale; on doit lever une contribution de soixante talents [2], armer quarante galères, enrôler ceux qui n'ont pas atteint leur quarante-cinquième année [3]. Ces préparatifs demandent du temps; l'hiver approche, et l'expédition sera remise à l'été prochain.

Pendant qu'on avait à redouter les projets du roi de Macédoine, il nous arrivait des ambassadeurs du roi de Lacédémone et d'autres de la part des Mégalopolitains, qu'il tient assiégés. Archidamus proposait de nous joindre aux Lacédémoniens pour remettre les villes de la Grèce sur le pied où elles étaient avant les dernières guerres. Toutes les usurpations devaient être restituées, tous les nouveaux établissements détruits. Les Thébains nous ont enlevé Orope; ils seront forcés de nous la rendre : ils ont rasé Thespie et Platée, on les rétablira : ils ont construit Mégalopolis en Arcadie, pour arrêter les incursions des Lacédémoniens; elle sera démolie. Les orateurs, les citoyens étaient partagés. Démosthène a montré

---

[1] Un parasite de Philippe, nommé Clidémus, paraît, depuis la blessure de ce prince, avec un emplâtre sur l'œil.

[2] Trois cent vingt-quatre mille livres.

[3] C'était vers le mois d'octobre de l'an 355 avant J.-C.

clairement que l'exécution de ce projet affaiblirait à la vérité les Thébains nos ennemis, mais augmenterait la puissance des Lacédémoniens nos alliés, et que notre sûreté dépendait uniquement de l'équilibre que nous aurions l'art de maintenir entre ces deux républiques. Les suffrages se sont réunis en faveur de son avis.

Cependant les Phocéens ont fourni des troupes aux Lacédémoniens, les Thébains et d'autres peuples aux Mégalopolitains ; on a déjà livré plusieurs combats ; on conclura bientôt la paix et l'on aura répandu beaucoup de sang.

On n'en a pas moins versé dans nos provinces septentrionales. Les Phocéens, les Béotiens, les Thessaliens, tour à tour vainqueurs et vaincus, perpétuent une guerre que la religion et la jalousie rendent extrêmement cruelle. Un nouvel incident ne laisse entrevoir qu'un avenir déplorable. Lycophron, tyran de Phères en Thessalie, s'est ligué avec les Phocéens pour assujettir les Thessaliens. Ces derniers ont imploré l'assistance de Philippe, qui est bien vite accouru à leur secours : après quelques actions peu décisives, deux échecs consécutifs l'ont forcé de se retirer en Macédoine. On le croyait réduit aux dernières extrémités ; ses soldats commençaient à l'abandonner, quand tout à coup on l'a vu reparaître en Thessalie. Ses troupes et celles des Thessaliens ses alliés montaient à plus de vingt-trois mille fantassins et à trois mille chevaux. Onomarque, à la tête de vingt mille hommes de pied et de trois cents cavaliers, s'était joint à Lycophron. Les Phocéens, après une défense opiniâtre, ont été battus et poussés vers le rivage de la mer, d'où l'on apercevait à une certaine distance la flotte des Athéniens commandée par Charès. La plupart, s'étant jetés à la nage, ont péri avec Onomarque leur chef, dont Philippe a fait retirer le corps pour l'attacher à un gibet. La perte des Phocéens est très-considérable : six mille ont perdu la vie dans le combat ; trois mille, s'étant rendus à discrétion, ont été précipités dans la mer comme des sacriléges.

Les Thessaliens, en s'associant avec Philippe, ont détruit les barrières qui s'opposaient à son ambition. Depuis quelques années il laissait les Grecs s'affaiblir, et du haut de son trône, comme d'une guérite, il épiait le moment où l'on viendrait mendier son assistance. Le voilà désormais autorisé à se mêler des affaires de la Grèce. Partout le peuple, qui ne pénètre pas ses vues, le croit animé du zèle de la religion ; partout on s'écrie qu'il doit sa victoire à la sainteté de la cause qu'il soutient, et que les dieux l'ont choisi pour venger leurs autels. Il l'avait prévu lui-même ; avant la bataille il fit prendre à ses soldats des couronnes de laurier, comme s'ils marchaient au combat au nom de la divinité de Delphes, à qui cet arbre est consacré.

Des intentions si pures, des succès si brillants portent l'admiration des Grecs jusqu'à l'enthousiasme ; on ne parle que de ce prince, de ses talents, de ses vertus. Voici un trait qu'on m'a raconté de lui.

Il avait dans son armée un soldat renommé pour sa bravoure, mais d'une insatiable avidité. Le soldat s'embarqua pour une expédition lointaine ; et son vaisseau ayant péri, il fut jeté mourant sur le rivage. A cette nouvelle, un Macédonien qui cultivait un petit champ aux environs accourt à son secours, le rappelle à la vie, le mène dans sa maison, lui cède son lit, lui donne pendant un mois entier tous les soins et toutes les consolations que la pitié et l'humanité peuvent inspirer, lui fournit enfin l'argent nécessaire pour se rendre auprès de Philippe. Vous entendrez parler de ma reconnaissance, lui dit le soldat en partant ; qu'il me soit seulement permis de rejoindre le roi mon maître. Il arrive, raconte à Philippe son infortune, ne dit pas un mot de celui qui l'a soulagé, et demande en indemnité une petite maison voisine des lieux où les flots l'avaient porté. C'était celle de son bienfaiteur. Le roi accorde la demande sur-le-champ. Mais, bientôt instruit de la vérité des faits par une lettre pleine de noblesse qu'il reçoit du propriétaire, il frémit d'indignation et ordonne au gouverneur de la province de remettre ce dernier en possession de son bien, et de faire appliquer avec un fer chaud une marque déshonorante sur le front du soldat.

On élève cette action jusqu'aux nues : je l'approuve sans l'admirer. Philippe méritait plus d'être puni qu'un vil mercenaire ; car le sujet qui sollicite une injustice est moins coupable que le prince qui l'accorde sans examen. Que devait donc faire Philippe après avoir flétri le soldat? Renoncer à la funeste prérogative d'être si généreux du bien d'autrui, et promettre à tout son empire de n'être plus si léger dans la distribution de ses grâces.

SOUS L'ARCHONTE ARISTODÈME.

La première année de la cent septième olympiade.

Depuis le 8 juillet de l'an 352 jusqu'au 22 juillet de l'an 351 avant J.-C.

LETTRE D'APOLLODORE.

Je vous ai marqué dans une de mes précédentes lettres que, pour prévenir les excursions de Philippe et l'arrêter dans ses états, on avait résolu de lever soixante talents [1] et d'envoyer en Thrace quarante galères avec une forte armée. Après environ onze mois de préparatifs, on était enfin venu à bout de recueillir cinq talents [2] et d'armer dix galères ; Charidème les devait commander. Il était prêt à partir, lorsque le bruit s'est répandu que Philippe était malade et qu'il était mort. Nous avons désarmé aussitôt, et Philippe a pris sa marche vers les Thermopyles. Il allait tomber sur la Phocide ; il pouvait de là se rendre ici. Heureusement, nous avions sur la côte voisine une flotte qui conduisait aux Phocéens un corps de troupes. Nausiclès, qui était à leur tête, s'est hâté de les mettre à terre et de se placer dans le détroit. Philippe a suspendu ses projets et repris le chemin de la Macédoine.

Nous nous sommes enorgueillis de cet événement; nos alliés nous en ont félicités ; nous avons décerné des actions de grâces aux dieux, des éloges aux troupes. Misérable ville ! où s'emparer sans obstacle d'un poste est un acte de bravoure, et n'être pas vaincu un sujet de triomphe !...

Ces jours passés, l'assemblée générale s'occupa de nos démêlés avec le roi de Macédoine. Démosthène parut à la tribune ; il peignit avec les plus fortes couleurs l'indolence et la frivolité des Athéniens, l'ignorance et les fausses mesures de leurs chefs, l'ambition et l'activité de Philippe. Il proposa d'équiper une flotte, de mettre sur pied un corps de troupes composé, du moins en partie, de citoyens ; d'établir le théâtre de la guerre en Macédoine, et de ne la terminer que par un traité avantageux ou par une victoire décisive. Car, disait-il, si nous n'allons pas au plus tôt attaquer Philippe chez lui, il viendra peut-être bientôt nous attaquer chez nous. Il fixa le nombre des soldats qu'il fallait enrôler et s'occupa des moyens de leur subsistance.

Ce projet déconcerterait les vues de Philippe, et l'empêcherait de nous combattre aux dépens de nos alliés, dont il enlève impunément les vaisseaux. Il réveillerait en même temps le courage des peuples, qui, obligés de se jeter entre ses bras, portent le joug de son alliance avec la crainte et la haine qu'inspire l'orgueil d'un prince ambitieux. Démosthène développa ses vues avec autant d'énergie que de clarté. Il a cette éloquence qui force les auditeurs à se reconnaître dans l'humiliante peinture de leurs fautes passées et de leur situation présente.

« Voyez, s'écriait-il , jusqu'à quel point d'audace Philippe est enfin parvenu. Il vous ôte le choix de la guerre et de la paix; il vous menace ; il tient, à ce qu'on dit, des discours insolents : peu

---

[1] Trois cent vingt-quatre mille livres. — [2] Vingt-sept mille livres.

satisfait de ses premières conquêtes, il en médite de nouvelles; et, tandis que vous êtes ici tranquillement assis, il vous enveloppe et vous enferme de tous côtés. Qu'attendez-vous donc pour agir? La nécessité? Eh! justes dieux! en fut-il jamais une plus pressante pour des âmes libres que l'instant du déshonneur? Irez-vous toujours dans la place publique vous demander s'il y a quelque chose de nouveau? Eh! quoi de plus nouveau qu'un homme de Macédoine qui gouverne la Grèce et veut subjuguer Athènes?.... Philippe est-il mort? Non, mais il est malade. Eh! que nous importe? Si celui-ci mourait, vous vous en feriez bientôt un autre par votre négligence et votre lâcheté.

» Vous perdez le temps d'agir en délibérations frivoles. Vos généraux, au lieu de paraître à la tête des armées, se traînent pompeusement à la suite de vos prêtres pour augmenter l'éclat des cérémonies publiques. Les armées ne sont plus composées que de mercenaires, la lie des nations étrangères, vils brigands, qui mènent leurs chefs, tantôt chez vos alliés, dont ils sont la terreur, tantôt chez les barbares, qui vous les enlèvent au moment où leur secours vous est nécessaire : incertitude et confusion dans vos préparatifs; nul plan, nulle prévoyance dans vos projets et dans leur exécution. Les conjonctures vous commandent, et l'occasion vous échappe sans cesse. Athlètes maladroits, vous ne pensez à vous garantir des coups qu'après les avoir reçus. Vous dit-on que Philippe est dans la Chersonèse, aussitôt un décret pour la secourir; qu'il est aux Thermopyles, autre décret pour y marcher. Vous courez à droite, à gauche, partout où il vous conduit lui-même, le suivant toujours, et n'arrivant jamais que pour être témoins de ses succès. »

Toute la harangue est semée de pareils traits. On a reconnu dans le style de l'auteur celui de Thucydide, qui lui a servi de modèle. En sortant j'entendis plusieurs Athéniens lui prodiguer des éloges et demander des nouvelles des Phocéens.

Vous me ferez peut-être la même question. On les croyait sans ressource après la victoire de Philippe; mais ils ont le trésor de Delphes à leur disposition; et, comme ils ont augmenté la solde des troupes, ils attirent tous les mercenaires qui courent la Grèce. Cette dernière campagne n'a rien décidé. Ils ont perdu des batailles, ils en ont gagné ; ils ont ravagé les terres des Locriens, et les leurs ont été dévastées par les Thébains.

Nos amis, qui vous regrettent sans cesse, continuent à s'assembler de temps en temps chez moi. Hier au soir on demandait pourquoi les grands hommes sont si rares et ne se montrent que par intervalles. La question fut long-temps débattue. Chrysophilo nia le fait, et soutint que la nature ne favorise pas plus un siècle et un pays qu'un autre. Parlerait-on de Lycurgue, ajouta-t-il, s'il était né dans une condition servile? d'Homère, s'il avait vécu dans ces temps où la langue n'était pas encore formée? Qui nous a dit que de nos jours, parmi les nations policées ou barbares, on ne trouverait pas des Homères et des Lycurgues occupés des plus viles fonctions? La nature, toujours libre, toujours riche dans ses productions, jette au hasard les génies sur la terre; c'est aux circonstances à les développer.

SOUS L'ARCHONTE THESSALUS.

La deuxième année de la cent septième olympiade.

Depuis le 22 juillet de l'an 351 jusqu'au 11 juillet de l'an 350 avant J.-C.

LETTRE D'APOLLODORE.

Artémise, reine de Carie, est morte. Elle n'a survécu que deux ans à Mausole, son frère et son époux. Vous savez que Mausole était un de ces rois que la cour de Suze tient en garnison sur les frontières de l'empire pour en défendre les approches. On dit que son épouse, qui le gouvernait, ayant recueilli ses cendres, les avait, par un excès de tendresse, mêlées avec la boisson qu'elle prenait: on dit que sa douleur l'a conduite au tombeau. Elle n'en a pas suivi avec moins d'ardeur les projets d'ambition qu'elle lui avait inspirés. Il ajouta la trahison au concours de quelques circonstances heureuses pour s'emparer des îles de Cos, de Rhodes, et de plusieurs villes grecques. Artémise les a maintenues sous son obéissance.

Voyez, je vous prie, combien sont fausses et funestes les idées qui gouvernent ce monde, et surtout celles que les souverains se font du pouvoir et de la gloire. Si Artémise avait connu les véritables intérêts de son époux, elle lui aurait appris à céder la mauvaise foi et les vexations aux grands empires; à fonder sa considération sur le bonheur de sa province, et à se laisser aimer du peuple qui ne demande au gouvernement que de n'être pas traité en ennemi. Mais elle en voulut faire une espèce de conquérant. L'un et l'autre épuisèrent le sang et les fortunes de leurs sujets; dans quelle vue? pour décorer la petite ville d'Halicarnasse, et illustrer la mémoire d'un petit lieutenant du roi de Perse.

Artémise ne négligea aucun moyen pour la perpétuer: elle excita, par des récompenses, les talents les plus distingués à s'exercer sur les actions de Mausole. On composa des vers, des tragédies en son honneur. Les orateurs de la Grèce furent invités à faire son éloge. Plusieurs d'entre eux entrèrent en lice, et Isocrate concourut avec quelques-uns de ses disciples. Théopompe, qui travaille à l'histoire de la Grèce, l'emporta sur son maître, et eut la faiblesse de s'en vanter. Je lui demandais un jour si, en travaillant au panégyrique d'un homme dont la sordide avarice avait ruiné tant de familles, la plume ne lui tombait pas souvent des mains. Il me répondit : J'ai parlé en orateur, une autre fois je parlerai en historien. Voilà de ces forfaits que se permet l'éloquence, et que nous avons la lâcheté de pardonner.

Artémise faisait en même temps construire pour Mausole un tombeau qui, suivant les apparences, n'éternisera que la gloire des artistes. J'en ai vu les plans. C'est un carré long, dont le pourtour est de quatre cent onze pieds. La principale partie de l'édifice, entourée de trente-six colonnes, sera décorée sur ses quatre faces par quatre des plus fameux sculpteurs de la Grèce, Briaxis, Scopas, Léocharès et Timothée. Au-dessus s'élèvera une pyramide surmontée d'un char à quatre chevaux. Ce char doit être de marbre, et de la main de Pythis. La hauteur totale du monument sera de cent quarante pieds [1].

Il est déjà fort avancé ; et comme Idrieus, qui succède à sa sœur Artémise, ne prend pas le même intérêt à cet ouvrage, les artistes ont déclaré qu'ils se feraient un honneur et un devoir de le terminer sans exiger aucun salaire. Les fondements en ont été jetés au milieu d'une place construite par les soins de Mausole sur un terrain qui, naturellement disposé en forme de théâtre, descend et se prolonge jusqu'à la mer. Quand on entre dans le port, on est frappé de l'aspect imposant des lieux. Vous avez d'un côté le palais du roi ; de l'autre le temple de Vénus et de Mercure, situé auprès de la fontaine Salmacis. En face le marché public s'étend le long du rivage ; au-dessus est la place ; et plus loin, dans la partie supérieure, la vue se porte sur la citadelle et sur le temple de Mars, d'où s'élève une statue colossale.

Le tombeau de Mausole, destiné à fixer les regards après qu'ils se seront reposés un moment sur ces magnifiques édifices, sera sans doute un des plus beaux monuments de l'univers ; mais il devrait être consacré au bienfaiteur du genre humain.

Idrieus, en montant sur le trône, a reçu ordre d'Artaxerxès

[1] Si Pline, dans la description de ce monument, emploie des mesures grecques, les quatre cent onze pieds du pourtour se réduiront à trois cent quatre-vingt-huit de nos pieds, et deux pouces en sus ; les cent quarante pieds d'élévation, à cent trente-deux de nos pieds, plus deux pouces huit lignes.

d'envoyer un corps d'auxiliaires contre les rois de Chypre, qui se sont révoltés. Phocion les commande, conjointement avec Évagoras, qui régnait auparavant dans cette île. Leur projet est de commencer par le siége de Salamine.

Le roi de Perse a de plus grandes vues ; il se prépare à la conquête de l'Égypte. J'espère que vous aurez déjà pris des mesures pour vous mettre en sûreté. Il nous a demandé des troupes ; il en a demandé aux autres peuples de la Grèce. Nous l'avons refusé ; les Lacédémoniens ont fait de même. C'est bien assez pour nous de lui avoir cédé Phocion. Les villes grecques de l'Asie lui avaient déjà promis six mille hommes ; les Thébains en donnent mille, et ceux d'Argos trois mille, qui seront commandés par Nicostrate. C'est un général habile, et dont la manie est d'imiter Hercule. Il se montre dans les combats avec une peau de lion sur les épaules et une massue à la main. Artaxerxès lui-même a désiré de l'avoir.

Depuis quelque temps nous louons nos généraux, nos soldats, nos matelots, aux rois de Perse, toujours jaloux d'avoir à leur service des Grecs qu'ils payent chèrement. Différents motifs forcent nos républiques de se prêter à ce trafic : le besoin de se débarrasser des mercenaires étrangers que la paix rend inutiles et qui chargent l'état ; le désir de procurer à des citoyens appauvris par la guerre une solde qui rétablisse leur fortune ; la crainte de perdre la protection ou l'alliance du grand roi ; l'espérance enfin d'en obtenir des gratifications qui suppléent à l'épuisement du trésor public. C'est ainsi qu'en dernier lieu les Thébains ont tiré d'Artaxerxès une somme de trois cents talents[1]. Un roi de Macédoine nous outrage ! un roi de Perse nous achète ! Sommes-nous assez humiliés ?

SOUS L'ARCHONTE APOLLODORE.

La troisième année de la cent septième olympiade.

Depuis le 11 juillet de l'an 350 jusqu'au 30 juin de l'an 349 avant J.-C.

LETTRE DE NICÉTAS.

Je ris des craintes qu'on veut nous inspirer. La puissance de Philippe ne saurait être durable : elle n'est fondée que sur le parjure, le mensonge et la perfidie. Il est détesté de ses alliés, qu'il a souvent trompés ; de ses sujets et de ses soldats, tourmentés par des expéditions qui les épuisent et dont ils ne retirent aucun fruit ; des principaux officiers de son armée, qui sont punis s'ils ne réussissent pas, humiliés s'ils réussissent ; car il est si jaloux qu'il

[1] Un million six cent vingt mille livres.

leur pardonnerait plutôt une défaite honteuse qu'un succès trop brillant. Ils vivent dans des frayeurs mortelles, toujours exposés aux calomnies des courtisans et aux soupçons ombrageux d'un prince qui s'est réservé toute la gloire qu'on peut recueillir en Macédoine.

Ce royaume est dans une situation déplorable. Plus de moissons, plus de commerce. Pauvre et faible de soi-même, il s'affaiblit encore en s'agrandissant. Le moindre revers détruira cette prospérité, que Philippe ne doit qu'à l'incapacité de nos généraux et à la voie de corruption qu'il a honteusement introduite dans toute la Grèce.

Ses partisans exaltent ses qualités personnelles; mais voici ce que m'en ont dit des gens qui l'ont vu de près.

La régularité des mœurs n'a point de droits sur son estime; les vices en ont presque toujours sur son amitié; il dédaigne le citoyen qui n'a que des vertus, repousse l'homme éclairé qui lui donne des conseils, et court après la flatterie avec autant d'empressement que la flatterie court après les autres princes. Voulez-vous lui plaire, en obtenir des grâces, être admis à sa société? ayez assez de santé pour partager ses débauches, assez de talents pour l'amuser et le faire rire. Des bons mots, des traits de satire, des facéties, des vers, quelques couplets bien obscènes, tout cela suffit pour parvenir auprès de lui à la plus haute faveur. Aussi, à l'exception d'Antipater, de Parménion, et de quelques gens de mérite encore, sa cour n'est qu'un amas impur de brigands, de musiciens, de poëtes et de bouffons, qui l'applaudissent dans le mal et dans le bien. Ils accourent en Macédoine de toutes les parties de la Grèce.

Callias, qui contrefait si bien les ridicules, ce Callias, naguère esclave public de cette ville, dont il a été chassé, est maintenant un de ses principaux courtisans; un autre esclave, Agathocle, s'est élevé par les mêmes moyens; Philippe, pour le récompenser, l'a mis à la tête d'un détachement de ses troupes; enfin Thrasydée, le plus imbécile et le plus intrépide des flatteurs, vient d'obtenir une souveraineté en Thessalie.

Ces hommes sans principes et sans mœurs sont publiquement appelés les amis du prince et les fléaux de la Macédoine. Leur nombre est excessif, leur crédit sans bornes. Peu contents des trésors qu'il leur prodigue, ils poursuivent les citoyens honnêtes, les dépouillent de leurs biens, ou les immolent à leur vengeance. C'est avec eux qu'il se plonge dans la plus horrible crapule, passant les nuits à table, presque toujours ivre, presque toujours furieux, frappant à droite et à gauche, se livrant à des excès qu'on ne peut rappeler sans rougir.

Ce n'est pas seulement dans l'intérieur de son palais, c'est à la face des nations qu'il dégrade la majesté du trône. Dernièrement encore, chez les Thessaliens si renommés pour leur intempérance, ne l'a-t-on pas vu les inviter à des repas fréquents, s'enivrer avec eux, les égayer par ses saillies, sauter, danser, et jouer tour à tour le rôle de bouffon et de pantomime?

Non, je ne saurais croire, Anacharsis, qu'un tel histrion soit fait pour subjuguer la Grèce.

LETTRE D'APOLLODORE.
Du même jour que la précédente.

Je ne puis me rassurer sur l'état de la Grèce. On a beau me vanter le nombre de ses habitants, la valeur de ses soldats, l'éclat de ses anciennes victoires; on a beau me dire que Philippe bornera ses conquêtes, et que ses entreprises ont été jusqu'à présent colorées de spécieux prétextes : je me méfie de nos moyens, et me défie de ses vues.

Les peuples de la Grèce sont affaiblis et corrompus. Plus de lois, plus de citoyens ; nulle idée de la gloire, nul attachement au bien public. Partout de vils mercenaires pour soldats, et des brigands pour généraux.

Nos républiques ne se réuniront jamais contre Philippe. Les unes sont engagées dans une guerre qui achève de les détruire ; les autres n'ont de commun entre elles que des jalousies et des prétentions qui les empêchent de se rapprocher. L'exemple d'Athènes pourrait peut-être leur faire plus d'impression que leurs propres intérêts ; mais on ne se distingue plus ici que par des spectacles et des fêtes. Nous supportons les outrages de Philippe avec le même courage que nos pères bravaient les périls. L'éloquence impétueuse de Démosthène ne saurait nous tirer de notre assoupissement. Quand je le vois à la tribune, je crois l'entendre s'écrier, au milieu des tombeaux qui renferment les restes de nos anciens guerriers : Cendres éteintes, ossements arides, levez-vous, et venez venger la patrie !

D'un autre côté, observez que Philippe, unique confident de ses secrets, seul dispensateur de ses trésors, le plus habile général de la Grèce, le plus brave soldat de son armée, conçoit, prévoit, exécute tout lui-même, prévient les événements, en profite quand il le peut, et leur cède quand il le faut. Observez que ses troupes sont très-bien disciplinées, qu'il les exerce sans cesse; qu'en temps de paix il leur fait faire des marches de trois cents stades[1] avec armes et bagages; que dans tout temps il est à leur tête; qu'il les transporte avec une célérité effrayante d'une extrémité de son royaume à l'autre; qu'elles ont appris de lui à ne pas mettre plus de différence entre l'hiver et l'été qu'entre la fatigue et le repos. Observez que, si l'intérieur de la Macédoine se ressent des malheurs de la guerre, il trouve des ressources abondantes dans les mines d'or qui lui appartiennent, dans les dépouilles des peuples qu'il subjugue, dans le commerce des nations qui commencent à fréquenter les ports dont il s'est emparé en Thessalie. Observez que depuis qu'il est sur le trône il n'a qu'un objet; qu'il a le courage de le suivre avec lenteur; qu'il ne fait pas une démarche sans la méditer; qu'il n'en fait pas une seconde sans être assuré du succès de la première; qu'il est de plus avide, insatiable de gloire; qu'il va la chercher dans les dangers, dans la mêlée, dans les endroits où elle se vend à plus haut prix. Observez enfin que ses opérations sont toujours dirigées suivant les temps et les lieux : il oppose aux fréquentes révoltes des Thraces, Illyriens et autres barbares, des combats et des victoires; aux nations de la Grèce, des tentatives pour essayer leurs forces, des apologies pour justifier ses entreprises, l'art de les diviser pour les affaiblir, et celui de les corrompre pour les soumettre.

Il a fait couler au milieu d'elles cette grande et fatale contagion qui dessèche l'honneur jusque dans ses racines; il y tient à ses gages et les orateurs publics, et les principaux citoyens, et des villes entières. Quelquefois il cède ses conquêtes à des alliés, qui par là deviennent les instruments de sa grandeur, jusqu'à ce qu'ils en soient les victimes. Comme les gens à talents ont quelque influence sur l'opinion publique, il entretient avec eux une correspondance suivie, et leur offre un asile à sa cour quand ils ont à se plaindre de leur patrie.

Ses partisans sont en si grand nombre, et dans l'occasion si bien secondés par ses négociations secrètes, que, malgré les doutes qu'on peut répandre sur la sainteté de sa parole et de ses serments, malgré la persuasion où l'on devrait être que sa haine est moins funeste que son amitié, les Thessaliens n'ont pas hésité à se jeter entre ses bras, et plusieurs autres peuples n'attendent que le moment de suivre leur exemple.

Cependant on attache encore une idée de faiblesse à sa puissance, parce qu'on l'a vue dans son berceau. Vous entendez dire

[1] Plus de onze lieues.

à des gens, même éclairés, que les projets attribués à Philippe sont trop au-dessus des forces de son royaume. Il s'agit bien ici de la Macédoine ! il est question d'un empire formé pendant dix ans par des accroissements progressifs et consolidés ; il est question d'un prince dont le génie centuple les ressources de l'état, et dont l'activité, non moins étonnante, multiplie dans la même proportion le nombre de ses troupes et les moments de sa vie.

Nous nous flattons en vain que ses moments s'écoulent dans la débauche et la licence : c'est vainement que la calomnie nous le représente comme le plus méprisable et le plus dissolu des hommes. Le temps que les autres souverains perdent à s'ennuyer, il l'accorde aux plaisirs ; celui qu'ils donnent aux plaisirs, il le consacre aux soins de son royaume. Eh ! plût aux dieux qu'au lieu des vices qu'on lui attribue il eût des défauts ! qu'il fût borné dans ses vues, obstiné dans ses opinions, sans attention au choix de ses ministres et de ses généraux, sans vigilance et sans suite dans ses entreprises ! Philippe a peut-être le défaut d'admirer les gens d'esprit, comme s'il n'en avait pas plus que tous les autres. Un trait le séduit, mais ne le gouverne pas.

Enfin nos orateurs, pour inspirer de la confiance au peuple, lui disent sans cesse qu'une puissance fondée sur l'injustice et la perfidie ne saurait subsister : sans doute, si les autres nations n'étaient pas aussi perfides, aussi injustes qu'elle. Mais le règne des vertus est passé, et c'est à la force qu'il appartient maintenant de gouverner les hommes.

Mon cher Anacharsis, quand je réfléchis à l'immense carrière que Philippe a parcourue dans un si petit nombre d'années, quand je pense à cet assemblage de qualités éminentes et de circonstances favorables dont je viens d'esquisser le tableau, je ne puis m'empêcher de conclure que Philippe est fait pour asservir la Grèce.

LETTRE DE CALLIMÉDON.
Du même jour que les deux précédentes.

J'adore Philippe. Il aime la gloire, les talents, les femmes et le vin. Sur le trône, le plus grand des rois ; dans la société, le plus aimable des hommes. Comme il fait valoir l'esprit des autres ! comme les autres sont enchantés du sien ! Quelle facilité dans le caractère ! quelle politesse dans les manières ! que de goût dans tout ce qu'il dit ! que de grâce dans tout ce qu'il fait !

Le roi de Macédoine est quelquefois obligé de traiter durement les vaincus ; mais Philippe est humain, doux, affable, essentiellement bon : j'en suis certain, car il veut être aimé ; et, de plus, j'ai ouï dire à je ne sais qui, c'est peut-être à moi, qu'on n'est pas méchant quand on est si gai.

Sa colère s'allume et s'éteint dans un moment. Sans fiel, sans rancune, il est au-dessus de l'offense comme de l'éloge. Nos orateurs l'accablent d'injures à la tribune ; ses sujets mêmes lui disent quelquefois des vérités choquantes. Il répond qu'il a des obligations aux premiers, parce qu'ils le corrigent de ses faiblesses ; aux seconds, parce qu'ils l'instruisent de ses devoirs. Une femme du peuple se présente, et le prie de terminer son affaire. « Je n'en ai pas le temps. — Pourquoi donc restez-vous sur le trône ? » Ce mot l'arrête, et, sur-le-champ, il se fait rapporter tous les procès qui étaient en souffrance. Une autre fois il s'endort pendant la plaidoirie, et n'en condamne pas moins une des parties à payer une certaine somme. « J'en appelle, s'écrie-t-elle aussitôt. — A qui donc ? — Au roi plus attentif. » A l'instant il revoit l'affaire, reconnaît son erreur, et paye lui-même l'amende.

Voulez-vous savoir s'il oublie les services ? Il en avait reçu de Philon pendant qu'il était en otage à Thèbes, il y a dix ans au moins. Dernièrement les Thébains lui envoyèrent des députés : Philon était du nombre. Le roi voulut le combler de biens, et n'essuyant que des refus : « Pourquoi, lui dit-il, m'enviez-vous la gloire et le plaisir de vous vaincre en bienfaits ? »

A la prise d'une ville, un des prisonniers qu'on exposait en vente réclamait son amitié. Le roi, surpris, le fit approcher ; il était assis ; l'inconnu lui dit à l'oreille : « Laissez tomber votre robe, vous n'êtes pas dans une position décente. — Il a raison, s'écria Philippe ; il est de mes amis ; qu'on lui ôte ses fers. »

J'aurais mille traits à vous raconter de sa douceur et de sa modération. Ses courtisans voulaient qu'il sévît contre Nicanor, qui ne cessait de blâmer son administration et sa conduite. Il leur répondit : « Cet homme n'est pas le plus méchant des Macédoniens ; c'est peut-être moi qui ai tort de l'avoir négligé. » Il prit des informations ; il sut que Nicanor était aigri par le besoin, et vint à son secours. Comme Nicanor ne parlait plus de son bienfaiteur qu'avec éloge, Philippe dit aux délateurs : « Vous voyez bien qu'il dépend d'un roi d'exciter ou d'arrêter les plaintes de ses sujets. » Un autre se permettait contre lui des plaisanteries amères et pleines d'esprit. On lui proposait de l'exiler. « Je n'en ferai rien, répondit-il ; il irait dire partout ce qu'il dit ici. »

Au siège d'une place, il eut la clavicule cassée d'un coup de pierre. Son chirurgien le pansait et lui demandait une grâce. « Je ne puis pas la refuser, lui dit Philippe en riant, tu me tiens à la gorge [1]. »

Sa cour est l'asile des talents et des plaisirs. La magnificence brille dans ses fêtes, la gaieté dans ses soupers. Voilà des faits. Je me soucie fort peu de son ambition. Croyez-vous qu'on soit bien malheureux de vivre sous un tel prince? S'il vient nous attaquer, nous nous battrons; si nous sommes vaincus, nous en serons quittes pour rire et boire avec lui.

SOUS L'ARCHONTE CALLIMAQUE.

Dans la quatrième année de la cent septième olympiade.

Depuis le 30 juin de l'an 349 jusqu'au 18 juillet de l'an 348 avant J.-C.

Pendant que nous étions en Égypte et en Perse, nous profitions de toutes les occasions pour instruire nos amis d'Athènes des détails de notre voyage. Je n'ai trouvé dans mes papiers que ce fragment d'une lettre que j'écrivis à Apollodore, quelque temps après notre arrivée à Suze, une des capitales de la Perse.

FRAGMENT D'UNE LETTRE D'ANACHARSIS.

Nous avons parcouru plusieurs provinces de ce vaste empire. A Persépolis, outre des tombeaux creusés dans le roc, à une très-grande élévation, le palais des rois a étonné nos regards familiarisés depuis quelques années avec les monuments de l'Égypte. Il fut construit, dit-on, il y a près de deux siècles, sous le règne de Darius, fils d'Hystaspe, par des ouvriers égyptiens que Cambyse avait amenés en Perse. Une triple enceinte de murs, dont l'une a soixante coudées de hauteur [2], des portes d'airain, des colonnes sans nombre, quelques-unes hautes de soixante-dix pieds [3]; de grands quartiers de marbre chargés d'une infinité de figures en bas-relief; des souterrains où sont déposés des sommes immenses: tout y respire la magnificence et la crainte; car ce palais sert en même temps de citadelle.

Les rois de Perse en ont fait élever d'autres, moins somptueux à la vérité, mais d'une beauté surprenante, à Suze, à Ecbatane, dans toutes les villes où ils passent les différentes saisons de l'année.

Ils ont aussi de grands parcs qu'ils nomment *paradis*, et qui

---

[1] Le texte dit : « Prends tout ce que tu voudras, tu tiens la clef dans ta main » Le mot grec qui signifie clavicule désigne aussi une clef.
[2] Quatre-vingt-cinq de nos pieds.
[3] Soixante-six de nos pieds un pouce quatre lignes.

sont divisés en deux parties. Dans l'une, armés de flèches et de javelots, ils poursuivent à cheval, à travers les forêts, les bêtes fauves qu'ils ont soin d'y renfermer. Dans l'autre, où l'art du jardinage a épuisé ses efforts, ils cultivent les plus belles fleurs et recueillent les meilleurs fruits : ils ne sont pas moins jaloux d'y élever des arbres superbes, qu'ils disposent communément en quinconces. On trouve en différents endroits de semblables *paradis*, appartenant aux satrapes ou à de grands seigneurs.

Cependant nous avons encore été plus frappés de la protection éclatante que le souverain accorde à la culture des terres, non par des volontés passagères, mais par cette vigilance éclairée qui a plus de pouvoir que les édits et les lois. De district en district il a établi deux intendants, l'un pour le militaire, l'autre pour le civil. Le premier est chargé de maintenir la tranquillité publique; le second, de hâter les progrès de l'industrie et de l'agriculture. Si l'un ne s'acquitte pas de ses devoirs, l'autre a le droit de s'en plaindre au gouverneur de la province, ou au souverain lui-même, qui de temps en temps parcourt une partie de ses états. Aperçoit-il des campagnes couvertes d'arbres, de moissons et de toutes les productions dont le sol est susceptible, il comble d'honneurs les deux chefs et augmente leur département. Trouve-t-il des terres incultes, ils sont aussitôt révoqués et remplacés. Des commissaires incorruptibles, et revêtus de son autorité, exercent la même justice dans les cantons où il ne voyage pas.

En Égypte, nous entendions souvent parler avec les plus grands éloges de cet Arsame que le roi de Perse avait, depuis plusieurs années, appelé à son conseil. Dans les ports de Phénicie, on nous montrait des citadelles nouvellement construites, quantité de vaisseaux de guerre sur le chantier, des bois et des agrès qu'on apportait de toutes parts : on devait ces avantages à la vigilance d'Arsame. Des citoyens utiles nous disaient : Notre commerce était menacé d'une ruine prochaine; le crédit d'Arsame l'a soutenu. On apprenait en même temps que l'île importante de Chypre, après avoir long-temps éprouvé les maux de l'anarchie, venait de se soumettre à la Perse; et c'était le fruit de la politique d'Arsame. Dans l'intérieur du royaume, de vieux officiers nous disaient, les larmes aux yeux : Nous avions bien servi le roi; mais, dans la distribution des grâces, on nous avait oubliés : nous nous sommes adressés à Arsame sans le connaître; il nous a procuré une vieillesse heureuse, et ne l'a dit à personne. Un particulier ajoutait : Arsame, prévenu par mes ennemis, crut devoir employer contre moi la voie de l'autorité; bientôt convaincu de mon innocence, il m'appela : je le trouvai plus affligé que je ne l'étais moi-même ; il me pria de l'aider à réparer une injustice dont son âme gémissait, et me fit promettre de recourir à lui toutes les fois que j'aurais besoin de protection. Je ne l'ai jamais imploré en vain.

Partout son influence secrète donnait de l'activité aux esprits ; les militaires se félicitaient de l'émulation qu'il entretenait parmi eux, et les peuples, de la paix qu'il leur avait ménagée malgré des obstacles presque insurmontables. Enfin la nation était remontée par ses soins à cette haute considération que des guerres malheureuses lui avaient fait perdre parmi les puissances étrangères.

Arsame n'est plus dans le ministère. Il coule des jours tranquilles dans son *paradis*, éloigné de Suze d'environ quarante parasanges[1]. Ses amis lui sont restés ; ceux dont il faisait si bien valoir le mérite se sont souvenus de ses bienfaits ou de ses promesses. Tous se rendent auprès de lui avec plus d'empressement que s'il était encore en place.

Le hasard nous a conduits dans sa charmante retraite. Ses bontés nous y retiennent depuis plusieurs mois, et je ne sais si nous pourrons nous arracher d'une société qu'Athènes seule aurait pu rassembler dans le temps que la politesse, la décence et le bon goût régnaient le plus dans cette ville.

Elle fait le bonheur d'Arsame ; il en fait les délices. Sa conversation est animée, facile, intéressante, souvent relevée par des saillies qui lui échappent comme des éclairs ; toujours embellie par les grâces et par une gaieté qui se communique, ainsi que son bonheur, à tout ce qui l'entoure. Jamais aucune prétention dans ce qu'il dit, jamais d'expressions impropres ni recherchées ; et cependant la plus parfaite bienséance au milieu du plus grand abandon : c'est le ton d'un homme qui possède au plus haut degré le don de plaire et le sentiment exquis des convenances.

Cet heureux accord le frappe vivement quand il le retrouve ou qu'il le suppose dans les autres. Il écoute avec une attention obligeante ; il applaudit avec transport à un trait d'esprit, pourvu qu'il soit rapide ; à une pensée neuve, pourvu qu'elle soit juste ; à un grand sentiment, dès qu'il n'est pas exagéré.

Dans le commerce de l'amitié, ses agréments, plus développés encore, semblent à chaque moment se montrer pour la première fois. Il apporte dans les liaisons moins étroites une facilité de mœurs dont Aristote avait conçu le modèle. On rencontre souvent, me disait un jour ce philosophe, des caractères si faibles, qu'ils approuvent tout pour ne blesser personne ; d'autres si difficiles,

[1] Environ quarante-cinq lieues et un tiers.

qu'ils n'approuvent rien, au risque de déplaire à tout le monde. Il est un milieu qui n'a point de nom dans notre langue, parce que très-peu de gens savent le saisir. C'est une disposition naturelle qui, sans avoir la réalité de l'amitié, en a les apparences, et en quelque façon les douceurs : celui qui en est doué évite également de flatter et de choquer l'amour-propre de qui que ce soit; il pardonne les faiblesses, supporte les défauts, ne se fait pas un mérite de relever les ridicules, n'est point empressé à donner des avis, et sait mettre tant de proportion et de vérité dans les égards et l'intérêt qu'il témoigne, que tous les cœurs croient avoir obtenu dans le sien le degré d'affection ou d'estime qu'ils désirent.

Tel est le charme qui les attire et les fixe auprès d'Arsame; espèce de bienveillance générale, d'autant plus attrayante chez lui qu'elle s'unit sans effort à l'éclat de la gloire et à la simplicité de la modestie. Une fois en sa présence l'occasion s'offrit d'indiquer quelques-unes de ses grandes qualités : il se hâta de relever ses défauts. Une autre fois, il s'agissait des opérations qu'il dirigea pendant son ministère : nous voulûmes lui parler de ses succès; il nous parla de ses fautes.

Son cœur, aisément ému, s'enflamme au récit d'une belle action, et s'attendrit sur le sort des malheureux, dont il excite la reconnaissance sans l'exiger. Dans sa maison, autour de sa demeure, tout se ressent de cette bonté généreuse qui prévient tous les vœux et suffit à tous les besoins. Déjà des terres abandonnées se sont couvertes de moissons; déjà les pauvres habitants des campagnes voisines, prévenus par ses bienfaits, lui offrent un tribut d'amour qui le touche plus que leur respect.

Mon cher Apollodore, c'est à l'histoire qu'il appartient de mettre à sa place un ministre qui, dépositaire de toute la faveur, et n'ayant aucune espèce de flatteur à ses gages, n'ambitionna jamais que la gloire et le bonheur de sa nation. Je vous ai fait part des premières impressions que nous avons reçues auprès de lui; je rappellerai peut-être dans la suite d'autres traits de son caractère. Vous me le pardonnerez sans doute : des voyageurs ne doivent point négliger de si riches détails; car enfin la description d'un grand homme vaut bien celle d'un grand édifice.

LETTRE D'APOLLODORE.

Vous savez qu'au voisinage des états de Philippe, dans la Thrace maritime, s'étend, le long de la mer, la Chalcidique, où s'établirent autrefois plusieurs colonies grecques, dont Olynthe est la principale. C'est une ville forte, opulente, très-peuplée, et qui, placée en partie sur une hauteur, attire de loin les regards par la beauté de ses édifices et la grandeur de son enceinte.

Ses habitants ont donné plus d'une fois des preuves éclatantes de leur valeur. Quand Philippe monta sur le trône, ils étaient sur le point de conclure une alliance avec nous, il sut la détourner en nous séduisant par des promesses, eux par des bienfaits : il augmenta leurs domaines par la cession d'Anthémonte et de Potidée, dont il s'était rendu maître. Touchés de ces avances généreuses, ils l'ont laissé pendant plusieurs années s'agrandir impunément ; et si par hasard ils en concevaient de l'ombrage, il faisait partir aussitôt des ambassadeurs qui, soutenus de nombreux partisans qu'il avait eu le temps de se ménager dans la ville, calmaient facilement ces alarmes passagères.

Ils avaient enfin ouvert les yeux, et résolu de se jeter entre nos bras ; d'ailleurs ils refusaient depuis long-temps de livrer au roi deux de ses frères d'un autre lit qui s'étaient réfugiés chez eux, et qui pouvaient avoir des prétentions au trône de Macédoine. Il se sert aujourd'hui de ces prétextes pour effectuer le dessein conçu depuis long-temps d'ajouter la Chalcidique à ses états. Il s'est emparé sans effort de quelques villes de la contrée ; les autres tomberont bientôt entre ses mains. Olynthe est menacée d'un siége, ses députés ont imploré notre secours. Démosthène a parlé pour eux ; et son avis a prévalu malgré l'opposition de Démade, orateur éloquent, mais soupçonné d'intelligence avec Philippe.

Charès est parti avec trente galères et deux mille hommes armés à la légère ; il a trouvé sur la côte voisine d'Olynthe un petit corps de mercenaires au service du roi de Macédoine ; et, content de l'avoir mis en fuite et d'avoir pris le chef, surnommé le Coq, il est venu jouir de son triomphe au milieu de nous. Les Olynthiens n'ont pas été secourus ; mais, après des sacrifices en actions de grâces, notre général a donné dans la place publique un repas au peuple, qui, dans l'ivresse de sa joie, lui a décerné une couronne d'or.

Cependant, Olynthe nous ayant envoyé de nouveaux députés, nous avons fait partir dix-huit galères, quatre mille soldats étrangers armés à la légère, et cent cinquante chevaux, sous la conduite de Charidème, qui ne surpassa Charès qu'en scélératesse. Après avoir ravagé la contrée voisine, il est entré dans la ville, où tous les jours il se signale par son intempérance et ses débauches.

Quoique bien des gens soutiennent ici que cette guerre nous est étrangère, je suis persuadé que rien n'est si essentiel pour les Athéniens que la conservation d'Olynthe. Si Philippe s'en empare, qui l'empêchera de venir dans l'Attique? Il ne reste plus entre lui et nous que les Thessaliens, qui sont ses alliés ; les Thébains, qui sont ses ennemis, et les Phocéens, trop faibles pour se défendre eux-mêmes.

LETTRE DE NICÉTAS.

Je n'attendais qu'une imprudence de Philippe : il craignait et ménageait les Olynthiens ; tout à coup on l'a vu s'approcher de leurs murailles à la distance de quarante stades [1]. Ils lui ont envoyé des députés. « Il faut que vous sortiez de la ville, ou moi de la Macédoine, » voilà sa réponse. Il a donc oublié que dans ces derniers temps ils contraignirent son père Amyntas à leur céder une partie de son royaume, et qu'ils opposèrent ensuite la plus longue résistance à l'effort de ses armes jointes à celles des Lacédémoniens, dont il avait imploré l'assistance?

On dit qu'en arrivant il les a mis en fuite. Mais comment pourra-t-il franchir ces murs que l'art a fortifiés, et qui sont défendus par une armée entière ? Il faut compter d'abord plus de dix mille hommes d'infanterie et mille de cavalerie levés dans la Chalcidique, ensuite quantité de braves guerriers que les assiégés ont reçus de leurs anciens alliés : joignez-y les troupes de Charidème, et le nouveau renfort de deux mille hommes pesamment armés, et de trois cents cavaliers, tous Athéniens, que nous venons de faire partir.

Philippe n'eût jamais entrepris cette expédition s'il en eût prévu les suites ; il a cru tout emporter d'emblée. Une autre inquiétude le dévore en secret : les Thessaliens ses alliés seront bientôt au nombre de ses ennemis ; il leur avait enlevé la ville de Pagase, ils la demandent ; il comptait fortifier Magnésie, ils s'y opposent ; il perçoit des droits dans leurs ports et dans leurs marchés, ils veulent se les réserver. S'il en est privé, comment payera-t-il cette armée nombreuse de mercenaires qui fait toute sa force? On présume, d'un autre côté, que les Illyriens et les Péoniens, peu façonnés à la servitude, secoueront bientôt le joug d'un prince que ses victoires ont rendu insolent.

Que n'eussions-nous pas donné pour susciter les Olynthiens contre lui! L'événement a surpassé notre attente. Vous apprendrez bientôt que la puissance et la gloire de Philippe se sont brisées contre les remparts d'Olyntho.

[1] Environ une lieue et demie.

CHAPITRE LXI.

LETTRE D'APOLLODORE.

Philippe entretenait des intelligences dans l'Eubée ; il y faisait passer secrètement des troupes. Déjà la plupart des villes étaient gagnées. Maître de cette île, il l'eût été bientôt de la Grèce entière. A la prière de Plutarque d'Érétrie, nous fîmes partir Phocion avec un petit nombre de cavaliers et de fantassins. Nous comptions sur les partisans de la liberté et sur les étrangers que Plutarque avait à sa solde : mais la corruption avait fait de si grands progrès que toute l'île se souleva contre nous, que Phocion courut le plus grand danger, et que nous fîmes marcher le reste de la cavalerie.

Phocion occupait une éminence qu'un ravin profond séparait des plaines de Tamynes. Les ennemis, qui le tenaient assiégé depuis quelque temps, résolurent enfin de le déposter. Il les vit s'avancer, et resta tranquille. Mais Plutarque, au mépris de ses ordres, sortit de ses retranchements à la tête des troupes étrangères ; il fut suivi de nos cavaliers ; les uns et les autres attaquèrent en désordre, et furent mis en fuite. Tout le camp frémissait d'indignation ; mais Phocion contenait la valeur des soldats, sous prétexte que les sacrifices n'étaient pas favorables. Dès qu'il vit les ennemis abattre l'enceinte du camp, il donna le signal, les repoussa vivement et les poursuivit dans la plaine : le combat fut meurtrier et la victoire complète. L'orateur Eschine en a apporté la nouvelle. Il s'était distingué dans l'action.

Phocion a chassé d'Érétrie ce Plutarque qui la tyrannisait, et de l'Eubée tous ces petits despotes qui s'étaient vendus à Philippe. Il a mis garnison dans le fort de Zarétra pour assurer l'indépendance de l'île ; et, après une campagne que les connaisseurs admirent, il est venu se confondre avec les citoyens d'Athènes.

Vous jugerez de sa sagesse et de son humanité par les deux traits suivants. Avant la bataille, il défendit aux officiers d'empêcher la désertion, qui les délivrait d'une foule de lâches et de mutins ; après la victoire, il ordonna de relâcher tous les prisonniers grecs, de peur que le peuple n'exerçât sur eux des actes de vengeance et de cruauté...

Dans une de nos dernières conversations, Théodore nous entretint de la nature et du mouvement des astres. Pour tout compliment Diogène lui demanda s'il y avait long-temps qu'il était descendu du ciel. Panthion nous lut ensuite un ouvrage d'une excessive longueur. Diogène, assis auprès de lui, jetait par intervalles les yeux sur le manuscrit, et s'étant aperçu qu'il tendait à sa fin : Terre ! terre ! s'écria-t-il ; mes amis, encore un moment de patience.

Un instant après, on demandait à quelles marques un étranger arrivant dans une ville reconnaîtrait qu'on y néglige l'éducation. Platon répondit : « Si l'on y a besoin de médecins et de juges. »

SOUS L'ARCHONTE THÉOPHILE.

La première année de la cent huitième olympiade.

Depuis le 18 juillet de l'an 348 jusqu'au 8 juillet de l'an 347 avant J.-C.

LETTRE D'APOLLODORE.

Ces jours passés, nous promenant hors de la porte de Thrace, nous vîmes un homme à cheval arriver à toute bride : nous l'arrêtâmes. D'où venez-vous ? Savez-vous quelque chose du siége d'Olynthe. J'étais allé à Potidée, nous dit-il, à mon retour je n'ai plus vu Olynthe? A ces mots il nous quitte et disparaît. Nous rentrâmes, et, quelques moments après, le désastre de cette ville répandit partout la consternation.

Olynthe n'est plus : ses richesses, ses forces, ses alliés, quatorze mille hommes que nous lui avions envoyés à diverses reprises, rien n'a pu la sauver. Philippe, repoussé à tous les assauts, perdait journellement du monde. Mais des traîtres qu'elle renfermait dans son sein hâtaient tous les jours l'instant de sa ruine. Il avait acheté ses magistrats et ses généraux. Les principaux d'entre eux, Euthycrate et Lasthène, lui livrèrent une fois cinq cents cavaliers qu'ils commandaient, et, après d'autres trahisons non moins funestes, l'introduisirent dans la ville, qui fut aussitôt abandonnée au pillage. Maisons, portiques, temples, la flamme et le fer ont tout détruit; et bientôt on se demandera où elle était située. Philippe a fait vendre ses habitants, et mettre à mort deux de ses frères retirés depuis plusieurs années dans cet asile.

La Grèce est dans l'épouvante : elle craint pour sa puissance et pour sa liberté. On se voit partout entouré d'espions et d'ennemis. Comment se garantir de la vénalité des âmes? Comment se défendre contre un prince qui dit souvent, et qui prouve par les faits, qu'il n'y a point de murailles qu'une bête de somme chargée d'or ne puisse aisément franchir? Les autres nations ont applaudi aux décrets foudroyants que nous avons portés contre ceux qui ont trahi les Olynthiens. Il faut rendre justice aux vainqueurs : indignés de cette perfidie, ils l'ont reprochée ouvertement aux coupables. Euthycrate et Lasthène s'en sont plaints à Philippe, qui leur a répondu : « Les soldats macédoniens sont encore bien grossiers; ils nomment chaque chose par son nom. »

Tandis que les Olynthiens, chargés de fers, pleuraient assis sur les cendres de leur patrie, ou se traînaient par troupeaux dans les chemins publics à la suite de leurs nouveaux maîtres, Philippe osait remercier le ciel des maux dont il était l'auteur, et célébrait des jeux superbes en l'honneur de Jupiter Olympien. Il avait appelé les artistes les plus distingués, les acteurs les plus habiles. Ils furent admis au repas qui termina ces fêtes odieuses. Là, dans l'ivresse de la victoire et des plaisirs, le roi s'empressait de prévenir ou de satisfaire les vœux des assistants, de leur prodiguer ses bienfaits ou ses promesses. Satyrus, cet acteur qui excelle dans le comique, gardait un morne silence. Philippe s'en aperçut, et lui en fit des reproches. « Eh quoi! lui disait-il, doutez-vous de ma générosité, de mon estime? N'avez-vous point de grâces à solliciter? Il en est une, répondit Satyrus, qui dépend uniquement de vous; mais je crains un refus. Parlez, dit Philippe, et soyez sûr d'obtenir ce que vous demanderez.

» J'avais, reprit l'acteur, des liaisons étroites d'hospitalité et d'amitié avec Apollophane de Pydna. On le fit mourir sur de fausses imputations. Il ne laissa que deux filles très-jeunes encore. Leurs parents, pour les mettre en lieu de sûreté, les firent passer à Olynthe. Elles sont dans les fers, elles sont à vous; et j'ose les réclamer. Je n'ai d'autre intérêt que celui de leur honneur. Mon dessein est de leur constituer des dots, de leur choisir des époux, et d'empêcher qu'elles ne fassent rien qui soit indigne de leur père et de mon ami. » Toute la salle retentit des applaudissements que méritait Satyrus; et Philippe, plus ému que les autres, lui fit remettre à l'instant les deux jeunes captives. Ce trait de clémence est d'autant plus beau qu'Apollophane fut accusé d'avoir, avec d'autres conjurés, privé de la vie et de la couronne Alexandre, frère de Philippe.

Je ne vous parle pas de la guerre des Phocéens, elle se perpétue sans incidents remarquables. Fasse le ciel qu'elle ne se termine pas comme celle d'Olynthe!

LETTRE DE NICÉTAS.

Je ne m'attendais pas au malheur des Olynthiens, parce que je ne devais pas m'attendre à leur aveuglement. S'ils ont péri, c'est pour n'avoir pas étouffé dans son origine le parti de Philippe. Ils avaient à la tête de leur cavalerie Apollonide, habile général, excellent citoyen : on le bannit tout à coup, parce que les partisans de Philippe étaient parvenus à le rendre suspect. Lasthène qu'on met à sa place, Euthycrate qu'on lui associe, avaient reçu de la Macédoine des bois de construction, des troupeaux de bœufs et d'autres richesses, qu'ils n'étaient pas en état d'acquérir; leur liaison avec Philippe était avérée, et les Olynthiens ne s'en aperçoivent pas. Pendant le siége, les mesures des chefs sont visiblement concertées avec le roi, et les Olynthiens persistent dans leur aveuglement. On savait partout qu'il avait soumis les villes de la Chalcidique plutôt à force de présents que par la valeur de ses troupes, et cet exemple est perdu pour les Olynthiens.

Celui d'Euthycrate et de Lasthène effraiera désormais les lâches qui seraient capables d'une pareille infamie. Ces deux misérables ont péri misérablement. Philippe, qui emploie les traîtres et les méprise, a cru devoir livrer ceux-ci aux outrages de ses soldats, qui ont fini par les mettre en pièces.

La prise d'Olynthe, au lieu de détruire nos espérances, ne sert qu'à les relever. Nos orateurs ont enflammé les esprits. Nous avons envoyé un grand nombre d'ambassadeurs. Ils iront partout chercher des ennemis à Philippe, et indiquer une diète générale pour y délibérer sur la guerre. Elle doit se tenir ici. Eschine s'est rendu chez les Arcadiens, qui ont promis d'accéder à la ligue. Les autres nations commencent à se remuer; toute la Grèce sera bientôt sous les armes.

La république ne ménage plus rien. Outre les décrets portés contre ceux qui ont perdu Olynthe, nous avons publiquement accueilli ceux de ses habitants qui avaient échappé aux flammes et à l'esclavage. A tant d'actes de vigueur, Philippe reconnaîtra qu'il ne s'agit plus entre nous et lui d'attaques furtives, de plaintes, de négociations et de projets de paix.

LETTRE D'APOLLODORE.

Le 15 de thargélion [1].

Vous partagerez notre douleur. Une mort imprévue vient de nous enlever Platon. Ce fut le 7 de ce mois [2], le jour même de sa naissance. Il n'avait pu se dispenser de se trouver à un repas de noce. J'étais auprès de lui : il ne mangea, comme il faisait souvent, que quelques olives. Jamais il ne fut si aimable, jamais sa santé ne nous avait donné de si belles espérances. Dans le temps que je

---

[1] Le 25 mai 347 avant J.-C.
[2] Le 17 mai 347 avant J.-C. Je ne donne pas cette date comme certaine; on sait que les chronologistes se partagent sur l'année et sur le jour où mourut Platon; mais il paraît que la différence ne peut être que de quelques mois. (Voyez Dodwell, *le Cycle*, dissert. 10, p. 609; ainsi qu'une dissert. du P. Corsini, insérée dans un recueil de pièces intitulé *Symbolæ litterariæ*, t. VI, p. 80.)

l'on félicitais, il se trouve mal, perd connaissance et tombe entre mes bras. Tous les secours furent inutiles ; nous le fîmes transporter chez lui. Nous vîmes sur sa table les dernières lignes qu'il avait écrites quelques moments auparavant, et les corrections qu'il faisait par intervalles à son traité de la République ; nous les arrosâmes de nos pleurs. Les regrets du public, les larmes de ses amis l'ont accompagné au tombeau. Il est inhumé auprès de l'Académie. Il avait quatre-vingt-un ans révolus.

Son testament contient l'état de ses biens : deux maisons de campagne, trois mines en argent comptant[1], quatre esclaves, deux vases d'argent, pesant l'un cent soixante-cinq drachmes, l'autre quarante-cinq ; un anneau d'or, la boucle d'oreille de même métal qu'il portait dans son enfance. Il déclare n'avoir aucune dette : il lègue une de ses maisons de campagne au fils d'Adimante, son frère, et donne la liberté à Diane, dont le zèle et les soins méritaient cette marque de reconnaissance. Il règle de plus tout ce qui concerne ses funérailles et son tombeau. Speusippe, son neveu, est nommé parmi les exécuteurs de ses dernières volontés, et doit le remplacer à l'Académie.

Parmi ses papiers on a trouvé des lettres qui roulent sur des matières de philosophie. Il nous avait dit plus d'une fois qu'étant en Sicile il avait eu avec le jeune Denys, roi de Syracuse, quelques légers entretiens sur la nature du premier principe et sur l'origine du mal ; que Denys, joignant à de si faibles notions ses propres idées et celles de quelques autres philosophes, les avait exposées dans un ouvrage qui ne dévoile que son ignorance.

Quelque temps après le retour de Platon, le roi lui envoya le philosophe Archédémus pour le prier d'éclaircir des doutes qui l'inquiétaient. Platon, dans sa réponse que je viens de lire, n'ose pas s'expliquer sur le premier principe ; il craint que sa lettre ne s'égare. Ce qu'il ajoute m'a singulièrement étonné ; je vais vous le rapporter en substance :

« Vous me demandez, fils de Denys, quelle est la cause des maux qui affligent l'univers. Un jour, dans votre jardin, à l'ombre de ces lauriers, vous me dîtes que vous l'aviez découverte. Je vous répondis que je m'étais occupé toute ma vie de ce problème, et que je n'avais trouvé jusqu'à présent personne qui l'eût pu résoudre. Je soupçonne que, frappé d'un premier trait de lumière, vous vous êtes depuis livré avec une nouvelle ardeur à ces recherches ; mais que, n'ayant pas de principes fixes, vous avez laissé votre esprit courir sans frein et sans guide après de fausses apparences.

[1] Deux cent soixante-dix livres.

Vous n'êtes pas le seul à qui cela soit arrivé. Tous ceux à qui j'ai communiqué ma doctrine ont été dans les commencements plus ou moins tourmentés de pareilles incertitudes. Voici le moyen de dissiper les vôtres. Archédémus vous porte ma première réponse. Vous la méditerez à loisir, vous la comparerez avec celle des autres philosophes. Si elle vous présente de nouvelles difficultés, Archédémus reviendra, et n'aura pas fait deux ou trois voyages que vous verrez vos doutes disparaître.

» Mais gardez-vous de parler de ces matières devant tout le monde. Ce qui excite l'admiration et l'enthousiasme des uns serait pour les autres un sujet de mépris et de risée. Mes dogmes, soumis à un long examen, en sortent comme l'or purifié dans le creuset. J'ai vu de bons esprits qui, après trente ans de méditations, ont enfin avoué qu'ils trouvaient plus qu'évidence et certitude où ils n'avaient pendant si long-temps trouvé qu'incertitude et obscurité. Mais, je vous l'ai déjà dit, il ne faut traiter que de vive voix un sujet si relevé. Je n'ai jamais exposé, je n'exposerai jamais par écrit mes vrais sentiments ; je n'ai publié que ceux de Socrate. Adieu ; soyez docile à mes conseils, et brûlez ma lettre après l'avoir lue plusieurs fois. »

Quoi ! les écrits de Platon ne contiennent pas ses vrais sentiments sur l'origine du mal ! quoi ! il s'est fait un devoir de le cacher au public, lorsqu'il a développé avec tant d'éloquence le système de Timée de Locres ? Vous savez bien que, dans cet ouvrage, Socrate n'enseigne point, et ne fait qu'écouter. Quelle est donc cette doctrine mystérieuse dont parle Platon ? à quels disciples l'a-t-il confiée ? vous en a-t-il jamais parlé ? Je me perds dans une foule de conjectures...

La perte de Platon m'en occasionne une autre à laquelle je suis très-sensible. Aristote nous quitte. C'est pour quelques dégoûts que je vous raconterai à votre retour. Il se retire près de l'eunuque Hermias, à qui le roi de Perse a confié le gouvernement de la ville d'Atarnée en Mysie. Je regrette son amitié, ses lumières, sa conversation. Il m'a promis de revenir ; mais quelle différence entre jouir et attendre ! Hélas ! il disait lui-même, d'après Pindare, que l'espérance n'est que le rêve d'un homme qui veille : j'applaudissais alors à sa définition ; je veux la trouver fausse aujourd'hui.

Je suis fâché de ne pas avoir recueilli ses reparties. C'est lui qui, dans un entretien sur l'amitié, s'écria tout à coup si plaisamment : O mes amis ! il n'y a pas d'amis. » On lui demandait à quoi servait la philosophie : « A faire librement, dit-il, ce que la crainte des lois obligerait de faire. » D'où vient, lui disait hier quelqu'un chez moi, qu'on ne peut s'arracher d'auprès des belles personnes ? « Question d'aveugle, » répondit-il. Mais vous avez vécu avec lui et vous savez que, bien qu'il ait plus de connaissance que personne au monde, il a peut-être encore plus d'esprit que de connaissances.

SOUS L'ARCHONTE THÉMISTOCLE.

La deuxième année de la cent huitième olympiade.

Depuis le 8 juillet de l'an 347 jusqu'au 27 juin de l'an 346 avant J.-C.

LETTRE DE CALLIMÉDON.

Philippe, instruit de la gaieté qui règne dans nos assemblées[1], vient de nous faire remettre un talent[2]. Il nous invite à lui communiquer le résultat de chaque séance. La société n'oubliera rien pour exécuter ses ordres. J'ai proposé de lui envoyer le portrait de quelques-uns de nos ministres et de nos généraux. J'en ai fourni sur-le-champ nombre de traits. Je cherche à me les rappeler.

Démade a, pendant quelque temps, brillé dans la chiourme de nos galères ; il maniait la rame avec la même adresse et la même force qu'il manie aujourd'hui la parole. Il a retiré de son premier état l'honneur de nous avoir enrichis d'un proverbe. *De la rame à la tribune* désigne à présent le chemin qu'a fait un parvenu.

Il a beaucoup d'esprit, et surtout le ton de la bonne plaisanterie, quoiqu'il vive avec la dernière classe des courtisanes. On cite de lui quantité de bons mots[3]. Tout ce qu'il dit semble venir par inspiration ; l'idée et l'expression propre lui apparaissent dans un même instant : aussi ne se donne-t-il pas la peine d'écrire ses discours, et rarement celle de les méditer. S'agit-il dans l'assemblée générale d'une affaire imprévue où Démosthène même n'ose pas rompre le silence, on appelle Démade ; il parle alors avec tant d'éloquence, qu'on n'hésite pas à le mettre au-dessus de tous nos orateurs. Il est supérieur dans d'autres genres : il pourrait défier

---

[1] Elles étaient composées de gens d'esprit et de goût, au nombre de soixante, qui se réunissaient de temps en temps pour porter des décrets sur les ridicules dont on leur faisait le rapport. J'en ai parlé plus haut. (Voyez le chap. XX.)

[2] Cinq mille quatre cents livres.

[3] Démade, homme de beaucoup d'esprit, et l'un des plus grands orateurs d'Athènes, vivait du temps de Démosthène. On cite de lui quantité de réponses heureuses et pleines de force ; mais parmi ses bons mots il en est que nous trouverions précieux. Tel est celui-ci : comme les Athéniens se levaient au chant du coq, Démade appelait la trompette qui les invitait à l'assemblée, *le coq public d'Athènes*. Si les Athéniens n'ont pas été choqués de cette métaphore, il est à présumer qu'ils ne l'auraient pas été de celle du *greffier solaire*, hasardée par Lamotte pour désigner un cadran.

tous les Athéniens de s'enivrer aussi souvent que lui. Comme il est très-facile dans le commerce, il se vendra, même pour quelques années, à qui voudra l'acheter. Il disait à quelqu'un que, lorsqu'il constituera une dot à sa fille, ce sera aux dépens des puissances étrangères.

Philocrate est moins éloquent, aussi voluptueux, et beaucoup plus intempérant. A table tout disparaît devant lui, il semble s'y multiplier ; et c'est ce qui fait dire au poète Eubulus, dans une de ses pièces : Nous avons deux convives invincibles, Philocrate et Philocrate. C'est encore un de ces hommes sur le front desquels on croit lire, comme sur la porte d'une maison, ces mots tracés en gros caractères : *A louer, à vendre.*

Il n'en est pas de même de Démosthène ; il montre un zèle ardent pour la patrie. Il a besoin de ces dehors pour supplanter ses rivaux, et gagner la confiance du peuple. Il nous trahira peut-être quand il ne pourra plus empêcher les autres de nous trahir.

Son éducation fut négligée : il ne connut point ces arts agréables qui pouvaient corriger les disgrâces dont il était abondamment pourvu. Je voudrais pouvoir vous le peindre tel qu'il parut les premières fois à la tribune. Figurez-vous un homme l'air austère et chagrin, se grattant la tête, remuant les épaules, la voix aigre et faible, la respiration entrecoupée, des tons à déchirer les oreilles ; une prononciation barbare, un style plus barbare encore ; des périodes intarissables, interminables, inconcevables, hérissées en outre de tous les arguments de l'école. Il nous excéda, nous le lui rendîmes : il fut sifflé, hué, obligé de se cacher pendant quelque temps. Mais il usa de son infortune en homme supérieur. Des efforts inouïs ont fait disparaître une partie de ses défauts, et chaque jour ajoute un nouveau rayon à sa gloire. Elle lui coûte cher ; il faut qu'il médite long-temps un sujet et qu'il retourne son esprit de toutes les manières pour le forcer à produire.

Ses ennemis prétendent que ses ouvrages sentent la lampe. Les gens de goût trouvent quelque chose d'ignoble dans son action ; ils lui reprochent des expressions dures et des métaphores bizarres. Pour moi, je le trouve aussi mauvais plaisant que ridiculement jaloux de sa parure : la femme la plus délicate n'a pas de plus beau linge ; et cette recherche fait un contraste singulier avec l'âpreté de son caractère.

Je ne répondrais pas de sa probité. Dans un procès, il écrivit pour les deux parties. Je citais ce fait à un de mes amis, homme de beaucoup d'esprit ; il me dit en riant : Il était bien jeune encore.

Ses mœurs, sans être pures, ne sont pas indécentes. On dit, à la vérité, qu'il voit des courtisanes, qu'il s'habille quelquefois comme elles, et que, dans sa jeunesse, un seul rendez-vous lui coûta tout ce que ses plaidoyers lui avaient valu pendant une année entière. Tout cela n'est rien. On ajoute qu'il vendit une fois sa femme au jeune Cnosion. Ceci est plus sérieux, mais ce sont des affaires domestiques, dont je ne veux pas me mêler.

Pendant les dernières fêtes de Bacchus, en qualité de chorége de sa tribu, il était à la tête d'une troupe de jeunes gens qui disputaient le prix de la danse. Au milieu de la cérémonie, Midias, homme riche et couvert de ridicules, lui en donna un des plus vigoureux en lui appliquant un soufflet en présence d'un nombre infini de spectateurs. Démosthène porta sa plainte au tribunal; l'affaire s'est terminée à la satisfaction de l'un et de l'autre : Midias a donné de l'argent, Démosthène en a reçu.

On sait à présent qu'il n'en coûte que trois mille drachmes[1] pour insulter la joue d'un chorége.

Peu de temps après, il accusa un de ses cousins de l'avoir blessé dangereusement ; il montrait une incision à la tête qu'on le soupçonnait de s'être faite lui-même. Comme il voulait avoir des dommages et intérêts, on disait que la tête de Démosthène était d'un excellent rapport.

On peut rire de son amour-propre; on n'en est pas choqué, il est trop à découvert. J'étais l'autre jour avec lui dans la rue; une porteuse d'eau qui l'aperçut le montrait du doigt à une autre femme : « Tiens, regarde, voilà Démosthène. » Je fis semblant de ne pas l'entendre, mais il me la fit remarquer.

Eschine s'accoutuma dès sa jeunesse à parler en public. Sa mère l'avait mis de bonne heure dans le monde, il allait avec elle dans les maisons initier les gens de la lie du peuple aux mystères de Bacchus; il paraissait dans les rues à la tête d'un chœur de bacchants couronnés de fenouil et de branches de peuplier, et faisait avec eux, mais avec une grâce infinie, toutes les extravagances de leur culte bizarre. Il chantait, dansait, hurlait, serrant dans ses mains des serpents qu'il agitait au-dessus de sa tête. La populace le comblait de bénédictions, et les vieilles femmes lui donnaient de petits gâteaux.

Ce succès excita son ambition : il s'enrôla dans une troupe de comédiens, mais seulement pour les troisièmes rôles. Malgré la beauté de sa voix, le public lui déclara une guerre éternelle. Il quitta sa profession, fut greffier dans un tribunal subalterne, ensuite ministre d'état.

[1] Deux mille sept cents livres.

Sa conduite a depuis toujours été régulière et décente. Il apporte dans la société de l'esprit, du goût, de la politesse, la connaissance des égards. Son éloquence est distinguée par l'heureux choix des mots, par l'abondance et la clarté des idées, par une grande facilité qu'il doit moins à l'art qu'à la nature. Il ne manque pas de vigueur, quoiqu'il n'en ait pas autant que Démosthène. D'abord il éblouit, ensuite il entraîne ; c'est du moins ce que j'entends dire à des gens qui s'y connaissent. Il a la faiblesse de rougir de son premier état, et la maladresse de le rappeler aux autres. Lorsqu'il se promène dans la place publique à pas comptés, la robe traînante, la tête levée et boursouflant ses joues, on entend de tous côtés : N'est-ce pas là ce petit greffier d'un petit tribunal ; ce fils de Tromès le maître d'école et de Glaucothée, qu'on nommait autrefois le Lutin ? N'est-ce pas lui qui frottait les bancs de l'école quand nous étions en classe, et qui, pendant les bacchanales, criait de toutes ses forces dans les rues : Évoé, saboé [1] ?

On s'aperçoit aisément de la jalousie qui règne entre Démosthène et lui. Ils ont dû s'en apercevoir les premiers ; car ceux qui ont les mêmes prétentions se devinent d'un coup d'œil. Je ne sais pas si Eschine se laisserait corrompre ; mais on est bien faible quand on est si aimable. Je dois ajouter qu'il est très-brave homme : il s'est distingué dans plusieurs combats, et Phocion a rendu témoignage à sa valeur.

Personne n'a autant de ridicule que ce dernier ; c'est de Phocion que je parle. Il n'a jamais su qu'il vivait dans ce siècle et dans cette ville. Il est pauvre, il n'en est pas humilié ; il fait le bien, et ne s'en vante point ; il donne des conseils, quoique très-persuadé qu'ils ne seront point suivis. Il a des talents sans ambition, et sert l'état sans intérêt. A la tête de l'armée, il se contente de rétablir la discipline et de battre l'ennemi ; à la tribune, il n'est ni ébranlé par les cris de la multitude, ni flatté de ses applaudissements. Dans une de ses harangues, il proposait un plan de campagne ; une voix l'interrompit et l'accabla d'injures. Phocion se tut, et quand l'autre eut achevé, il reprit froidement : « Je vous ai parlé de la cavalerie et de l'infanterie ; il me reste à vous parler, etc., etc. » Une autre fois il s'entendit applaudir ; j'étais par hasard auprès de lui ; il se tourna et me dit : « Est-ce qu'il m'est échappé quelque sottise ? »

Nous rions de ses saillies ; mais nous avons trouvé un secret admirable pour nous venger de ses mépris. C'est le seul général qui nous reste, et nous ne l'employons presque jamais ; c'est le plus

[1] Expressions barbares pour invoquer Bacchus.

intègre et peut-être le plus éclairé de tous nos orateurs, et nous l'écoutons encore moins. Il est vrai que nous ne lui ôterons pas ses principes ; mais, par les dieux! il ne nous ôtera pas les nôtres ; et certes, il ne sera pas dit qu'avec ce cortége de vertus surannées et ses rapsodies de mœurs antiques, Phocion sera assez fort pour corriger la plus aimable nation de l'univers.

Voyez ce Charès qui, par ses exemples, apprend à nos jeunes gens à faire profession ouverte de corruption : c'est le plus fripon et le plus maladroit de nos généraux, mais c'est le plus accrédité. Il s'est mis sous la protection de Démosthène et de quelques autres orateurs. Il donne des fêtes au peuple. Est-il question d'équiper une flotte, c'est Charès qui la commande et qui en dispose à son gré. On lui ordonne d'aller d'un côté, il va d'un autre. Au lieu de garantir nos possessions, il se joint aux corsaires, et, de concert avec eux, il rançonne les îles, et s'empare de tous les bâtiments qu'il trouve : en peu d'années, il nous a perdu plus de cent vaisseaux ; il a consommé quinze cents talents [1] dans des expéditions inutiles à l'état, mais fort lucratives pour lui et pour ses principaux officiers. Quelquefois il ne daigne pas nous donner de ses nouvelles ; mais nous en avons malgré lui, et dernièrement nous fîmes partir un bâtiment léger, avec ordre de courir les mers et de s'informer de ce qu'étaient devenus la flotte et le général.

LETTRE DE NICÉTAS.

Les Phocéens, épuisés par une guerre qui dure depuis près de dix ans, ont imploré notre secours. Ils consentent de nous livrer Thronium, Nicée, Alpénus, places fortes et situées à l'entrée du détroit des Thermopyles. Proxène, qui commande notre flotte aux environs, s'est avancé pour les recevoir de leurs mains. Il y mettra des garnisons, et Philippe doit renoncer désormais au projet de forcer le défilé.

Nous avons résolu en même temps d'équiper une autre flotte de cinquante vaisseaux. L'élite de notre jeunesse est prête à marcher ; nous avons enrôlé tous ceux qui n'ont pas passé leur trentième année ; et nous apprenons qu'Archidamus, roi de Lacédémone, vient d'offrir aux Phocéens toutes les forces de sa république. La guerre est inévitable, et la perte de Philippe ne l'est pas moins.

LETTRE D'APOLLODORE.

Nos plus aimables Athéniennes sont jalouses des éloges que vous donnez à l'épouse et à la sœur d'Arsame ; nos plus habiles politi-

[1] Huit millions cent mille livres.

ques conviennent que nous aurions besoin d'un génie tel que le sien pour l'opposer à celui de Philippe.

Tout retentissait ici du bruit des armes; un mot de ce prince les a fait tomber de nos mains.

Pendant le siége d'Olynthe, il avait, à ce qu'on dit, témoigné plus d'une fois le désir de vivre en bonne intelligence avec nous. A cette nouvelle, que le peuple reçut avec transport, il fut résolu d'entamer une négociation que divers obstacles suspendirent. Il prit Olynthe, et nous ne respirâmes que la guerre. Bientôt après, deux de nos acteurs, Aristodème et Néoptolème, que le roi traite avec beaucoup de bonté, nous assurèrent, à leur retour, qu'il persistait dans ses premières dispositions, et nous ne respirons que la paix.

Nous venons d'envoyer en Macédoine dix députés, tous distingués par leurs talents, Ctésiphon, Aristodème, Iatrocle, Cimon et Nausiclès, qui se sont associé Dercyllus, Phrynon, Philocrate, Eschine et Démosthène; il faut y joindre Aglaocréon de Ténédos, qui se charge des intérêts de nos alliés. Ils doivent convenir avec Philippe des principaux articles de la paix, et l'engager à nous envoyer des plénipotentiaires pour la terminer ici.

Je ne connais plus rien à notre conduite. Ce prince laisse échapper quelques protestations d'amitié vagues, et peut-être insidieuses; aussitôt, sans écouter les gens sages qui se défient de ses intentions, sans attendre le retour des députés envoyés aux peuples de la Grèce pour les réunir contre l'ennemi commun, nous interrompons nos préparatifs, et nous faisons des avances dont il abusera s'il les accepte, qui nous aviliront s'il les refuse. Il faut, pour obtenir sa bienveillance, que nos députés aient le bonheur de lui plaire. L'acteur Aristodème avait pris des engagements avec quelques villes qui devaient donner des spectacles; on va chez elles de la part du sénat les prier à mains jointes de ne pas condamner Aristodème à l'amende, parce que la république a besoin de lui en Macédoine. Et c'est Démosthène qui est l'auteur de ce décret, lui qui, dans ses harangues, traitait ce prince avec tant de hauteur et de mépris!

LETTRE DE CALLIMÉDON.

Nos ambassadeurs ont fait une diligence incroyable : les voilà de retour. Ils paraissent agir de concert; mais Démosthène n'est pas content de ses collègues, qui de leur côté se plaignent de lui. Je vais vous raconter quelques anecdotes sur leur voyage; je les ap-

CHAPITRE LXI.

pris hier dans un souper où se trouvèrent les principaux d'entre eux, Ctésiphon, Eschine, Aristodème et Philocrate.

Il faut vous dire d'abord que, pendant tout le voyage, ils eurent infiniment à souffrir de la vanité de Démosthène ; mais ils prenaient patience : on supporte si aisément dans la société les gens insupportables. Ce qui les inquiétait le plus, c'était le génie et l'ascendant de Philippe. Ils sentaient bien qu'ils n'étaient pas aussi forts que lui en politique. Tous les jours ils se distribuaient les rôles ; on disposa les attaques : il fut réglé que les plus âgés monteraient les premiers à l'assaut; Démosthène, comme le plus jeune, devait s'y présenter le dernier. Il leur promettait d'ouvrir les sources intarissables de son éloquence. Ne craignez point Philippe, ajouta-t-il ; je lui *coudrai* si bien la bouche, qu'il sera forcé de nous rendre Amphipolis.

Quand ils furent à l'audience du prince, Ctésiphon et les autres s'exprimèrent en peu de mots ; Eschine, éloquemment et longuement ; Démosthène..... vous l'allez voir. Il se leva, mourant de peur. Ce n'était point ici la tribune d'Athènes, ni cette multitude d'ouvriers qui composent nos assemblées. Philippe était environné de ses courtisans, la plupart gens d'esprit : on y voyait entre autres Python de Byzance, qui se pique de bien écrire, et Léosthène, que nous avons banni, et qui, dit-on, est un des plus grands orateurs de la Grèce. Tous avaient entendu parler des magnifiques promesses de Démosthène ; tous en attendaient l'effet avec une impatience qui acheva de le déconcerter. Il bégaie, en tremblant, un exorde obscur ; il s'en aperçoit, se trouble, s'égare et se tait. Le roi cherchait vainement à l'encourager ; il ne se releva que pour tomber plus vite. Quand on eut joui pendant quelques moments de son silence, le héraut fit retirer nos députés.

Démosthène aurait dû rire le premier de cet accident ; il n'en fit rien, et s'en prit à Eschine. Il lui reprochait avec amertume d'avoir parlé au roi avec trop de liberté, et d'attirer à la république une guerre qu'elle n'est pas en état de soutenir. Eschine allait se justifier, lorsqu'on les fit rentrer. Quand ils furent assis, Philippe discuta par ordre leurs prétentions, répondit à leurs plaintes, s'arrêta surtout au discours d'Eschine, et lui adressa plusieurs fois la parole ; ensuite, prenant un ton de douceur et de bonté, il témoigna le désir le plus sincère de conclure la paix.

Pendant tout ce temps, Démosthène, avec l'inquiétude d'un courtisan menacé de sa disgrâce, s'agitait pour attirer l'attention du prince ; mais il n'obtint pas un seul mot, pas même un regard.

Il sortit de la conférence avec un dépit qui produisit les scènes les plus extravagantes. Il était comme un enfant gâté par les caresses de ses parents, et tout à coup humilié par les succès de ses collègues. L'orage dura plusieurs jours. Il s'aperçut enfin que l'humeur ne réussit jamais. Il voulut se rapprocher des autres députés. Ils étaient alors en chemin pour revenir. Il les prenait séparément, leur promettait sa protection auprès du peuple. Il disait à l'un : Je rétablirai votre fortune; à l'autre : Je vous ferai commander l'armée. Il jouait tout son jeu à l'égard d'Eschine, et soulageait sa jalousie en exagérant le mérite de son rival. Ses louanges devaient être bien outrées. Eschine prétend qu'il en était importuné.

Un soir, dans je ne sais quelle ville de Thessalie, le voilà qui plaisante pour la première fois de son aventure; il ajoute que sous le ciel personne ne possède comme Philippe le talent de la parole. Ce qui m'a le plus étonné, répond Eschine, est cette exactitude avec laquelle il a récapitulé tous nos discours. Et moi, répond Ctésiphon, quoique je sois bien vieux, je n'ai jamais vu un homme si aimable et si gai. Démosthène battait des mains, applaudissait. Fort bien, disait-il; mais vous n'oseriez pas vous en expliquer de même en présence du peuple. Et pourquoi pas? répondirent les autres. Il en douta, ils insistèrent; il exigea leur parole, ils la donnèrent.

On ne sait pas l'usage qu'il en veut faire; nous le verrons à la première assemblée. Toute notre société compte y assister; car il nous doit revenir de tout ceci quelque scène ridicule. Si Démosthène réservait ses folies pour la Macédoine, je ne lui pardonnerais de la vie.

Ce qui m'alarme, c'est qu'il s'est bien conduit à l'assemblée du sénat. La lettre de Philippe ayant été remise à la compagnie, Démosthène a félicité la république d'avoir confié ses intérêts à des députés aussi recommandables pour leur éloquence que pour leur probité : il a proposé de leur décerner une couronne d'olivier et de les inviter le lendemain à souper au Prytanée. Le sénatus-consulte est conforme à ses conclusions.

Je ne cachetterai ma lettre qu'après l'assemblée générale.

J'en sors à l'instant : Démosthène a fait des merveilles. Les députés venaient de rapporter, chacun à leur tour, différentes circonstances de l'ambassade. Eschine avait dit un mot de l'éloquence de Philippe et de son heureuse mémoire; Ctésiphon, de la beauté de sa figure, des agréments de son esprit et de sa gaieté quand il a le verre à la main. Ils avaient eu des applaudissements. Démosthène est monté à la tribune, le maintien plus opposant qu'à l'ordinaire. Après s'être long-temps gratté le front, car il commence toujours par là : « J'admire, a-t-il dit, et ceux qui parlent et ceux qui écoutent. Comment peut-on s'entretenir de pareilles minuties dans une affaire si importante? Je vais de mon côté vous rendre compte de l'ambassade. Qu'on lise le décret du peuple qui nous a fait partir et la lettre que le roi nous a remise. » Cette lecture achevée : « Voilà nos instructions, a-t-il dit; nous les avons remplies. Voilà ce qu'a répondu Philippe ; il ne reste plus qu'à délibérer. »

Ces mots ont excité une espèce de murmure dans l'assemblée. Quelle précision! quelle adresse! disaient les uns. Quelle envie! quelle méchanceté! disaient les autres. Pour moi, je riais de la contenance embarrassée de Ctésiphon et d'Eschine. Sans leur donner le temps de respirer, il a repris : « On vous a parlé de l'éloquence et de la mémoire de Philippe : tout autre revêtu du même pouvoir obtiendrait les mêmes éloges. On a relevé ses autres qualités; mais il n'est pas plus beau que l'acteur Aristodème, et ne boit pas mieux que Philocrate. Eschine vous a dit qu'il m'avait réservé, du moins en partie, la discussion de nos droits sur Amphipolis; mais cet orateur ne laissera jamais, ni à vous ni à moi, la liberté de parler. Au surplus, ce ne sont là que des misères. Je vais proposer un décret.

» Le héraut de Philippe est arrivé, ses ambassadeurs le suivront de près. Je demande qu'il soit permis de traiter avec eux, et que les prytanes convoquent une assemblée qui se tiendra deux jours de suite, et dans laquelle on délibérera sur la paix et sur l'alliance. Je demande encore qu'on donne des éloges aux députés s'ils en méritent, et qu'on les invite pour demain à souper au Prytanée. » Ce décret a passé presque tout d'une voix, et l'orateur a repris sa supériorité.

Je fais grand cas de Démosthène ; mais ce n'est pas assez d'avoir des talents, il ne faut pas être ridicule. Il subsiste entre les hommes célèbres et notre société une convention tacite : nous leur payons notre estime; ils doivent nous payer leurs sottises.

LETTRE D'APOLLODORE.

Je vous envoie le journal de ce qui s'est passé dans nos assemblées jusqu'à la conclusion de la paix.

Le 8 d'élaphébolion, jour de la fête d'Esculape [1]. Les prytanes se sont assemblés ; et, conformément au décret du peuple, ils ont indiqué deux assemblées générales pour délibérer sur la paix. Elles se tiendront le 18 et le 19.

[1] Le 8 de ce mois répondait, pour l'année dont il s'agit, au 8 mars 346 avant J.-C.

Le 12 *d'élaphébolion, premier jour des fêtes de Bacchus*[1]. Antipater, Parménion, Euryloque, sont arrivés. Ils viennent de la part de Philippe pour conclure le traité, et recevoir le serment qui en doit garantir l'exécution.

Antipater est, après Philippe, le plus habile politique de la Grèce; actif, infatigable, il étend ses soins sur presque toutes les parties de l'administration. Le roi dit souvent : « Nous pouvons nous livrer au repos ou au plaisir : Antipater veille pour nous. »

Parménion, chéri du souverain, plus encore des soldats, s'est déjà signalé par un grand nombre d'exploits : il serait le premier général de la Grèce si Philippe n'existait pas. On peut juger, par les talents de ces deux députés, du mérite d'Euryloque leur associé.

Le 15 *d'élaphébolion*[2]. Les ambassadeurs de Philippe assistent régulièrement aux spectacles que nous donnons dans ces fêtes. Démosthène leur avait fait décerner par le sénat une place distinguée. Il a soin qu'on leur apporte des coussins et des tapis de pourpre. Dès le point du jour il les conduit lui-même au théâtre; il les loge chez lui. Bien des gens murmurent de ces attentions, qu'ils regardent comme des bassesses. Ils prétendent que, n'ayant pu gagner en Macédoine la bienveillance de Philippe, il veut aujourd'hui lui montrer qu'il en était digne.

Le 18 *d'élaphébolion*[3]. Le peuple s'est assemblé. Avant de vous faire part de la délibération, je dois vous en rappeler les principaux objets.

La possession d'Amphipolis est la première source de nos différends avec Philippe. Cette ville nous appartient; il s'en est emparé; nous demandons qu'il nous la restitue.

Il a déclaré la guerre à quelques-uns de nos alliés; il serait honteux et dangereux pour nous de les abandonner. De ce nombre sont les villes de la Chersonèse de Thrace et celles de la Phocide. Le roi Cotys nous avait enlevé les premières. Cersoblepte son fils nous les a rendues depuis quelques mois; mais nous n'en avons pas encore pris possession. Il est de notre intérêt de les conserver, parce qu'elles assurent notre navigation dans l'Hellespont et notre commerce dans le Pont-Euxin. Nous devons protéger les secondes, parce qu'elles défendent le pas des Thermopyles, et sont le boulevard de l'Attique par terre, comme celles de la Thrace le sont du côté de la mer.

Lorsque nos députés prirent congé du roi, il s'acheminait vers

---

[1] Le 12 mars de la même année.
[2] Le 15 mars 346 avant J.-C. — [3] Le 18 mars 346 avant J.-C.

la Thrace; mais il leur promit de ne pas attaquer Cersoblepte pendant les négociations de la paix. Nous ne sommes pas aussi tranquilles à l'égard des Phocéens. Ses ambassadeurs ont annoncé qu'il refuse de les comprendre dans le traité; mais ses partisans assurent que, s'il ne se déclare pas ouvertement pour eux, c'est pour ménager encore les Thébains et les Thessaliens, leurs ennemis.

Il prétend aussi exclure les habitants de Hale en Thessalie, qui sont dans notre alliance, et qu'il assiége maintenant pour venger de leurs incursions ceux de Pharsale, qui sont dans la sienne.

Je supprime d'autres articles moins importants.

Dans l'assemblée d'aujourd'hui, on a commencé par lire le décret que les agents de nos alliés avaient eu la précaution de dresser. Il porte en substance que, « le peuple d'Athènes délibérant sur la paix avec Philippe, ses alliés ont statué qu'après que les ambassadeurs envoyés par les Athéniens aux différentes nations de la Grèce seraient de retour, et auraient fait leur rapport en présence des Athéniens et des alliés, les prytanes convoqueraient deux assemblées pour y traiter de la paix; que les alliés ratifiaient d'avance tout ce qu'on y déciderait, et qu'on accorderait trois mois aux autres peuples qui voudraient accéder au traité.

Après cette lecture, Philocrate a proposé un décret dont un des articles excluait formellement du traité les habitants de Hale et de la Phocide. Le peuple en a rougi de honte. Les esprits se sont échauffés. Des orateurs rejetaient toute voie de conciliation. Ils nous exhortaient à porter nos regards sur les monuments de nos victoires et sur les tombeaux de nos pères. « Imitons nos ancêtres, répondait Eschine, lorsqu'ils défendirent leur patrie contre les troupes innombrables des Perses; mais ne les imitons pas lorsqu'au mépris de leurs intérêts ils eurent l'imprudence d'envoyer leurs armées en Sicile pour secourir les Léontins leurs alliés. » Il a conclu pour la paix; les autres orateurs ont fait de même, et l'avis a passé.

Pendant qu'on discutait les conditions, on a présenté des lettres de notre général Proxène. Nous l'avions chargé de prendre possession de quelques places fortes qui sont à l'entrée des Thermopyles. Les Phocéens nous les avaient offertes. Dans l'intervalle il est survenu des divisions entre eux. Le parti dominant a refusé de remettre les places à Proxène. C'est ce que contenaient ses lettres.

Nous avons plaint l'aveuglement des Phocéens, sans néanmoins les abandonner. On a supprimé dans le décret de Philocrate la clause qui les excluait du traité, et l'on a mis qu'Athènes stipulait en son nom et au nom de tous les alliés.

Tout le monde disait en sortant que nos différends avec Philippe seraient bientôt terminés ; mais que, suivant les apparences, nous ne songerions à contracter une alliance avec lui qu'après en avoir conféré avec les députés de la Grèce, qui doivent se rendre ici.

Le 19 d'*élaphébolion* [1]. Démosthène, s'étant emparé de la tribune, a dit que la république prendrait en vain des arrangements, si ce n'était de concert avec les ambassadeurs de Macédoine ; qu'on ne devait pas *arracher* l'alliance de la paix : c'est l'expression dont il s'est servi ; qu'il ne fallait pas attendre les lenteurs des peuples de la Grèce ; que c'était à eux de se déterminer, chacun en particulier, pour la paix ou pour la guerre. Les ambassadeurs de Macédoine étaient présents. Antipater a répondu conformément à l'avis de Démosthène, qui lui avait adressé la parole. La matière n'a point été approfondie. Un décret précédent ordonnait que dans la première assemblée chaque citoyen pourrait s'expliquer sur les objets de la délibération, mais que le lendemain les présidents prendraient tout de suite les suffrages. Ils les ont recueillis. Nous faisons à la fois un traité de paix et un traité d'alliance.

En voici les principaux articles. Nous cédons à Philippe nos droits sur Amphipolis ; mais on nous fait espérer en dédommagement ou l'île d'Eubée, dont il peut en quelque manière disposer, ou la ville d'Orope, que les Thébains nous ont enlevée. Nous nous flattons aussi qu'il nous laissera jouir de la Chersonèse de Thrace. Nous avons compris tous nos alliés dans le traité, et par là nous sauvons le roi de Thrace, les habitants de Hale et les Phocéens. Nous garantissons à Philippe tout ce qu'il possède actuellement, et nous regarderons comme ennemis ceux qui voudraient l'en dépouiller.

Des objets si importants auraient dû se régler dans une diète générale de la Grèce. Nous l'avions convoquée, et nos alliés la désiraient ; mais l'affaire a pris tout à coup un mouvement si rapide qu'on a tout précipité, tout conclu. Philippe nous avait écrit que, si nous nous joignions à lui, il s'expliquerait plus clairement sur les cessions qu'il pourrait nous faire. Cette promesse vague a séduit le peuple, et le désir de lui plaire, nos orateurs. Quoique ses ambassadeurs n'aient rien promis, nous nous sommes hâtés de prêter serment entre leurs mains, et de nommer des députés pour aller au plus tôt recevoir le sien.

Ils sont au nombre de dix, sans compter celui de nos alliés. Quelques-uns avaient été de la première ambassade, tels que Dé-

[1] Le 19 mars 346 avant J.-C.

mosthène et Eschine. Leurs instructions portent, entre autres choses, que le traité s'étend sur les alliés d'Athènes et sur ceux de Philippe ; que les députés se rendront auprès de ce prince pour en exiger la ratification ; qu'ils éviteront toute conférence particulière avec lui ; qu'ils demanderont la liberté des Athéniens qu'il retient dans ses fers ; que dans chacune des villes qui lui sont alliées ils prendront le serment de ceux qui se trouvent à la tête de l'administration ; qu'au surplus les députés feront, suivant les circonstances, ce qu'ils jugeront de plus convenable aux intérêts de la république. Le sénat est chargé de presser leur départ.

Le 25 d'élaphébolion[1]. Les agents ou représentants de quelques-uns de nos alliés ont aujourd'hui prêté leur serment entre les mains des ambassadeurs de Philippe.

Le 3 de munychion[2] L'intérêt de Philippe est de différer la ratification du traité, le nôtre de la hâter ; car nos préparatifs sont suspendus, et lui n'a jamais été si actif. Il présume avec raison qu'on ne lui disputera pas les conquêtes qu'il aura faites dans l'intervalle. Démosthène a prévu ses desseins ; il a fait passer dans le sénat, dont il est membre, un décret qui ordonne à nos députés de partir au plus tôt. Ils ne tarderont pas à se mettre en chemin.

Le 15 de thargélion[3]. Philippe n'a pas encore signé le traité ; nos députés ne se hâtent pas de le joindre : ils sont en Macédoine ; il est en Thrace. Malgré la parole qu'il avait donnée de ne pas toucher aux états du roi Cersoblepte, il en a pris une partie, et se dispose à prendre l'autre. Ils augmenteront considérablement ses forces et son revenu. Outre que le pays est riche et peuplé, les droits que le roi de Thrace lève tous les ans dans ses ports se montent à deux cents talents[4]. Il nous était aisé de prévenir cette conquête. Nos députés pouvaient se rendre à l'Hellespont en moins de dix jours, peut-être en moins de trois ou quatre. Ils auraient trouvé Philippe aux environs, et lui auraient offert l'alternative ou de se soumettre aux conditions de la paix, ou de les rejeter. Dans le premier cas, il s'engageait à ménager les possessions de nos alliés, et par conséquent celles du roi de Thrace ; dans le second, notre armée, jointe à celle des Phocéens, l'arrêtait aux Thermopyles : nos flottes, maîtresses de la mer, empêchaient les siennes de faire une descente dans l'Attique ; nous lui fermions nos ports ; et, plutôt que de laisser ruiner son commerce, il aurait respecté nos prétentions et nos droits.

Tel était le plan de Démosthène. Il voulait aller par mer : Es-

---

[1] Le 25 mars de l'an 346 avant J.-C. — [2] Le 1er avril de l'an 346 avant J.-C. — [3] Le 13 mai de la même année. — [4] Un million quatre-vingt mille livres.

chine, Philocrate et la plupart des députés ont préféré la route par terre; et, marchant à petites journées, ils en ont mis vingt-trois pour arriver à Pella, capitale de la Macédoine. Ils auraient pu se rendre tout de suite au camp de Philippe, ou du moins aller de côté et d'autre recevoir le serment de ses alliés; ils ont pris le parti d'attendre tranquillement dans cette ville que son expédition soit achevée.

A son retour il comprendra ses nouvelles acquisitions parmi les possessions que nous lui avons garanties; et si nous lui reprochons comme une infraction au traité l'usurpation des états de Cersoblepte, il répondra que, lors de la conquête, il n'avait pas encore vu nos ambassadeurs, ni ratifié le traité qui pouvait borner le cours de ses exploits.

Cependant les Thébains ayant imploré son secours contre les Phocéens, peu content de leur envoyer des troupes, il a saisi cette occasion pour rassembler dans sa capitale les députés des principales villes de la Grèce. Le prétexte de cette espèce de diète est de terminer la guerre des Phocéens et des Thébains; et l'objet de Philippe est de tenir la Grèce dans l'inaction jusqu'à ce qu'il ait exécuté les projets qu'il médite.

Le 13 de scirophorion [1]. Nos députés viennent enfin d'arriver. Ils rendront compte de leur mission au sénat après-demain, dans l'assemblée du peuple le jour d'après.

Le 15 de scirophorion [2]. Rien de plus criminel et de plus révoltant que la conduite de nos députés, si l'on en croit Démosthène. Il les accuse de s'être vendus à Philippe, d'avoir trahi la république et ses alliés. Il les pressait vivement de se rendre auprès de ce prince; ils se sont obstinés à l'attendre pendant vingt-sept jours à Pella, et ne l'ont vu que cinquante jours après leur départ d'Athènes.

Il a trouvé les députés des premières villes de la Grèce réunis dans sa capitale, alarmés de ses nouvelles victoires, plus inquiets encore du dessein qu'il a de s'approcher incessamment des Thermopyles Tous ignoraient ses vues, et cherchaient à les pénétrer. Les courtisans du prince disaient à quelques-uns de nos députés que les villes de Béotie seraient rétablies, et l'on en devait conclure que celle de Thèbes était menacée. Les ambassadeurs de Lacédémone accréditaient ce bruit, et, se joignant aux nôtres, pressaient Philippe de le réaliser. Ceux de Thessalie disaient que l'expédition les regardait uniquement.

Pendant qu'ils se consumaient en craintes et en espérances,

[1] Le 9 juin de l'an 346 avant J.-C. — [2] Le 11 juin de la même année.

Philippe employait pour se les attirer tantôt des présents qui ne semblaient être que des témoignages d'estime, tantôt des caresses qu'on eût prises pour des épanchements d'amitié. On soupçonne Eschine et Philocrate de n'avoir pas été insensibles à ces deux genres de séduction.

Le jour de l'audience publique il se fit attendre. Il était encore au lit. Les ambassadeurs murmuraient. « Ne soyez pas surpris, leur dit Parménion, que Philippe dorme pendant que vous veillez; il veillait pendant que vous dormiez. » Il parut enfin ; et ils exposèrent chacun à leur tour l'objet de leur mission. Eschine s'étendit sur la résolution qu'avait prise le roi de terminer la guerre des Phocéens. Il le conjura, quand il serait à Delphes, de rendre la liberté aux villes de Béotie, et de rétablir celles que les Thébains avaient détruites ; de ne pas livrer à ces derniers indistinctement les malheureux habitants de la Phocide, mais de soumettre le jugement de ceux qui avaient profané le temple et le trésor d'Apollon à la décision des peuples amphictyoniques, de tout temps chargés de poursuivre ces sortes de crimes.

Philippe ne s'expliqua pas ouvertement sur ces demandes. Il congédia les autres députés, partit avec les nôtres pour la Thessalie ; et ce ne fut que dans une auberge de la ville de Phères qu'il signa le traité, dont il jura l'observation. Il refusa d'y comprendre les Phocéens, pour ne pas violer le serment qu'il avait prêté aux Thessaliens et aux Thébains ; mais il donna des promesses et une lettre. Nos députés prirent congé de lui, et les troupes du roi s'avancèrent vers les Thermopyles.

Le sénat s'est assemblé ce matin. La salle était pleine de monde. Démosthène a tâché de prouver que ses collègues ont agi contre leurs instructions; qu'ils sont d'intelligence avec Philippe, et que notre unique ressource est de voler au secours des Phocéens, et de nous emparer du pas des Thermopyles.

La lettre du roi n'était pas capable de calmer les esprits. « J'ai prêté le serment, dit-il, entre les mains de vos députés. Vous y verrez inscrits les noms de ceux de mes alliés qui étaient présents. Je vous enverrai à mesure le serment des autres. » Et plus bas : « Vos députés auraient été le prendre sur les lieux ; je les ai retenus auprès de moi ; j'en avais besoin pour réconcilier ceux de Hale avec ceux de Pharsale. »

La lettre ne dit pas un mot des Phocéens, ni des espérances qu'on nous avait données de sa part, et qu'il nous laissait entrevoir quand nous conclûmes la paix. Il nous mandait alors que, si nous consentions à nous allier avec lui, il s'expliquerait plus clairement sur les services qu'il pourrait nous rendre. Mais, dans sa dernière lettre, il dit froidement qu'il ne sait en quoi il peut nous obliger. Le sénat indigné a porté un décret conforme à l'avis de Démosthène. Il n'a point décerné d'éloges aux députés, et ne les a point invités au repas du Prytanée ; sévérité qu'il n'avait jamais exercée contre des ambassadeurs, et qui sans doute préviendra le peuple contre Eschine et ses adhérents.

LETTRE DE CALLIMÉDON.

Le 16 de scirophorion [1]. Me voilà chez le grave Apollodore. Je venais le voir ; il allait vous écrire ; je lui arrache la plume des mains, et je continue son journal.

Je sais à présent mon Démosthène par cœur. Voulez-vous un génie vigoureux et sublime, faites-le monter à la tribune ; un homme lourd, gauche, de mauvais ton, vous n'avez qu'à le transporter à la cour de Macédoine. Il s'est hâté de parler le premier quand nos députés ont reparu devant Philippe. D'abord des invectives contre ses collègues ; ensuite un long étalage des services qu'il avait rendus à ce prince ; la lecture ennuyeuse des décrets qu'il avait portés pour accélérer la paix ; son attention à loger chez lui les ambassadeurs de Macédoine, à leur procurer de bons coussins aux spectacles, à leur choisir trois attelages de mulets quand ils sont partis, à les accompagner lui-même à cheval ; et tout cela en dépit des envieux à découvert, dans l'unique intention de plaire au monarque. Ses collègues se couvraient le visage pour cacher leur honte ; il continuait toujours : « Je n'ai pas parlé de votre beauté, c'est le mérite d'une femme ; ni de votre mémoire, c'est celui d'un rhéteur ; ni de votre talent pour boire, c'est celui d'une éponge. » Enfin il en a tant dit que tout le monde a fini par éclater de rire.

J'ai une autre scène à vous raconter. Je viens de l'assemblée générale. On s'attendait qu'elle serait orageuse et piquante. Nos députés ne s'accordent point sur la réponse de Philippe. Ce n'était pourtant que l'objet principal de leur ambassade. Eschine a parlé des avantages sans nombre que le roi veut nous accorder ; il en a détaillé quelques-uns, il s'est expliqué sur les autres en fin politique, à demi-mot, comme un homme honoré de la confiance du prince et l'unique dépositaire de ses secrets. Après avoir donné une haute idée de sa capacité, il est descendu gravement de la tribune. Démosthène l'a remplacé ; il a nié tout ce que l'autre avait

[1] Le 12 juin de l'an 346 avant J.-C.

avancé. Eschine et Philocrate s'étaient mis auprès de lui, à droite et à gauche ; ils l'interrompaient à chaque phrase par des cris ou des plaisanteries. La multitude en faisait autant. « Puisque vous craignez, a-t-il ajouté, que je ne détruise vos espérances, je proteste contre ces vaines promesses, et je me retire. Pas si vite, a repris Eschine ; encore un moment : affirmez du moins que dans la suite vous ne vous attribuerez pas les succès de vos collègues. Non, non, a répondu Démosthène avec un sourire amer, je ne vous ferai jamais cette injustice. » Alors Philocrate, prenant la parole, a commencé ainsi : « Athéniens, ne soyez pas surpris que Démosthène et moi ne soyons pas du même avis. Il ne boit que de l'eau, et moi que du vin. » Ces mots ont excité un rire excessif, et Philocrate est resté maître du champ de bataille.

Apollodore vous instruira du dénoûment de cette farce ; car notre tribune n'est plus qu'une scène de comédie, et nos orateurs que des histrions qui détonnent dans leurs discours ou dans leur conduite. On dit qu'en cette occasion quelques-uns d'entre eux ont porté ce privilége un peu loin. Je l'ignore ; mais je vois clairement que Philippe s'est moqué d'eux, qu'ils se moquent du peuple, et que le meilleur parti est de se moquer du peuple et de ceux qui le gouvernent.

LETTRE D'APOLLODORE.

Je vais ajouter ce qui manque au récit de ce fou de Callimédon.

Le peuple était alarmé de l'arrivée de Philippe aux Thermopyles. Si ce prince allait se joindre aux Thébains nos ennemis et détruire les Phocéens nos alliés, quel serait l'espoir de la république? Eschine a répondu des dispositions favorables du roi et du salut de la Phocide. « Dans deux ou trois jours, a-t-il dit, sans sortir de chez nous, sans être obligés de recourir aux armes, nous apprendrons que la ville de Thèbes est assiégée, que la Béotie est libre, qu'on travaille au rétablissement de Platée et de Thespies, démolies par les Thébains. Le sacrilége commis contre le temple d'Apollon sera jugé par le tribunal des amphictyons : le crime de quelques particuliers ne retombera plus sur la nation entière des Phocéens. Nous cédons Amphipolis, mais nous aurons un dédommagement qui nous consolera de ce sacrifice. »

Après ce discours, le peuple, ivre d'espérance et de joie, a refusé d'entendre Démosthène, et Philocrate a proposé un décret qui a passé sans contradiction. Il contient des éloges pour Philippe, une alliance étroite avec sa postérité, plusieurs autres articles, dont celui-ci est le plus important : « Si les Phocéens ne livrent pas le temple de Delphes aux amphictyons, les Athéniens feront marcher des troupes contre eux. »

Cette résolution prise, on a choisi de nouveaux députés qui se rendront auprès de Philippe et veilleront à l'exécution de ses promesses. Démosthène s'est excusé ; Eschine a prétexté une maladie ; on les a remplacés tout de suite : Étienne, Dercyllus et les autres partent à l'instant. Encore quelques jours, et nous saurons si l'orage est tombé sur nos amis ou sur nos ennemis, sur les Phocéens ou sur les Thébains.

Le 27 de scirophorion [1]. C'en est fait de la Phocide et de ses habitants. L'assemblée générale se tenait aujourd'hui au Pirée ; c'était au sujet de nos arsenaux. Dercyllus, un de nos députés, a paru tout à coup. Il avait appris à Chalcis en Eubée que, peu de jours auparavant, les Phocéens s'étaient livrés à Philippe, qui va les livrer aux Thébains. Je ne saurais vous peindre la douleur, la consternation et l'épouvante qui se sont emparées de tous les esprits.

Le 28 de scirophorion [2]. Nous sommes dans une agitation que le sentiment de notre faiblesse rend insupportable. Les généraux, de l'avis du sénat, ont convoqué une assemblée extraordinaire. Elle ordonne de transporter au plus tôt de la campagne les femmes, les enfants, les meubles, tous les effets ; ceux qui sont en deçà de cent vingt stades [3], dans la ville et au Pirée ; ceux qui sont au delà, dans Éleusis, Phylé, Aphidné, Rhamnonte et Sunium ; de réparer les murs d'Athènes et des autres places fortes, et d'offrir des sacrifices en l'honneur d'Hercule, comme c'est notre usage dans les calamités publiques.

Le 30 de scirophorion [4]. Voici quelques détails sur les malheurs des Phocéens. Dans le temps qu'Eschine et Philocrate nous faisaient de si magnifiques promesses de la part de Philippe, il avait déjà passé les Thermopyles. Les Phocéens, incertains de ses vues, et flottant entre la crainte et l'espérance, n'avaient pas cru devoir se saisir de ce poste important ; ils occupaient les places qui sont à l'entrée du détroit. Le roi cherchait à traiter avec eux ; ils se défiaient de ses intentions, et voulaient connaître les nôtres. Bientôt, instruits par les députés qu'ils nous avaient envoyés récemment de ce qui s'était passé dans notre assemblée du 16 de ce mois [5], ils furent persuadés que Philippe, d'intelligence avec nous, n'en voulait qu'aux Thébains, et ne crurent pas devoir se défendre.

---

[1] Le 23 juin de l'an 346 avant J.-C. — [2] Le 24 juin même année. — [3] Environ quatre lieues et demie. — [4] Le 26 juin de l'an 346 avant J.-C. — [5] Du 13 juin même année.

Phalécus, leur général, lui remit Nicée et les forts qui sont aux environs des Thermopyles. Il obtint la permission de se retirer de la Phocide avec les huit mille hommes qu'il avait sous ses ordres. A cette nouvelle, les Lacédémoniens, qui venaient sous la conduite d'Archidamus au secours des Phocéens, reprirent tranquillement le chemin du Péloponnèse ; et Philippe, sans le moindre obstacle, sans efforts, sans avoir perdu un seul homme, tient entre ses mains la destinée d'un peuple qui depuis dix ans résistait aux attaques des Thébains et des Thessaliens acharnés à sa perte. Elle est résolue sans doute : Philippe la doit et l'a promise à ses alliés ; il croira se la devoir à lui-même. Il va poursuivre les Phocéens comme sacriléges. S'il exerce contre eux des cruautés, il sera partout condamné par un petit nombre de sages, mais partout adoré de la multitude.

Comme il nous a trompés ! ou plutôt comme nous avons voulu l'être ! Quand il faisait attendre si long-temps nos députés à Pella, n'était-il pas visible qu'il voulait paisiblement achever son expédition de Thrace ? quand il les retenait chez lui après avoir congédié les autres, n'était-il pas clair que son intention était de finir ses préparatifs et de suspendre les nôtres ? quand il nous les renvoyait avec des paroles qui promettaient tout et une lettre qui ne promettait rien, n'était-il pas démontré qu'il n'avait pris aucun engagement avec nous ?

J'ai oublié de vous dire que dans cette lettre il nous proposait de faire avancer nos troupes et de terminer de concert avec lui la guerre des Phocéens ; mais il savait bien que la lettre ne nous serait remise que lorsqu'il serait maître de la Phocide.

Nous n'avons à présent d'autre ressource que l'indulgence ou la pitié de ce prince. La pitié ! mânes de Thémistocle et d'Aristide !... En nous alliant avec lui, en concluant tout à coup la paix dans le temps que nous invitions les autres peuples à prendre les armes, nous avons perdu nos possessions et nos alliés. A qui nous adresser maintenant ? Toute la Grèce septentrionale est dévouée à Philippe. Dans le Péloponnèse, l'Élide, l'Arcadie et l'Argolide, pleines de ses partisans, ne sauraient, non plus que les autres peuples de ces cantons, nous pardonner notre alliance avec les Lacédémoniens. Ces derniers, malgré l'ardeur bouillante d'Archidamus leur roi, préfèrent la paix à la guerre. De notre côté, quand je jette les yeux sur l'état de la marine, de l'armée et des finances, je n'y vois que les débris d'une puissance autrefois si redoutable.

Un cri général s'est élevé contre nos députés : ils sont bien coupables s'ils nous ont trahis, bien malheureux s'ils sont innocents.

Je demandais à Eschine pourquoi ils s'étaient arrêtés en Macédoine ; il répondit : Nous n'avions pas ordre d'aller plus loin. — Pourquoi il nous avait bercés de si belles espérances : — J'ai rapporté ce qu'on m'a dit et ce que j'ai vu, comme on me l'a dit et comme je l'ai vu. Cet orateur, instruit des succès de Philippe, est parti subitement pour se joindre à la troisième députation que nous envoyons à ce prince, et dont il avait refusé d'être quelques jours auparavant.

SOUS L'ARCHONTE ARCHIAS.

La troisième année de la cent huitième olympiade.
Depuis le 27 juin de l'an 346 jusqu'au 15 juillet de l'an 345 avant J.-C.,

LETTRE D'APOLLODORE.

Le 7 de métagéitnion[1]. Il nous est encore permis d'être libres. Philippe ne tournera point ses armes contre nous. Les affaires de la Phocide l'ont occupé jusqu'à présent, et bientôt d'autres intérêts le rappelleront en Macédoine.

Dès qu'il fut à Delphes, il assembla les amphictyons. C'était pour décerner une peine éclatante contre ceux qui s'étaient emparés du temple et du trésor sacré. La forme était légale ; nous l'avions indiquée nous-mêmes par notre décret du 16 de scirophorion[2] : cependant, comme les Thébains et les Thessaliens, par le nombre de leurs suffrages, entraînent à leur gré les décisions de ce tribunal, la haine et la cruauté devaient nécessairement influer sur le jugement. Les principaux auteurs du sacrilége sont dévoués à l'exécration publique ; il est permis de les poursuivre en tous lieux. La nation, comme complice de leur crime, puisqu'elle en a pris la défense, perd le double suffrage qu'elle avait dans l'assemblée des amphictyons, et ce privilége est à jamais dévolu aux rois de Macédoine. A l'exception de trois villes dont on se contente de détruire les fortifications, toutes seront rasées, et réduites en des hameaux de cinquante petites maisons placées à une certaine distance les unes des autres. Les habitants de la Phocide, privés du droit d'offrir des sacrifices dans le temple et d'y participer aux cérémonies saintes, cultiveront leurs terres, déposeront tous les ans dans le trésor sacré soixante talents[3], jusqu'à ce qu'ils aient restitué en entier les sommes qu'ils en ont enlevées ; ils livreront leurs armes et leurs chevaux, et n'en pourront avoir d'autres jusqu'à ce que le trésor soit indemnisé. Philippe, de concert avec les Béotiens

---

[1] Le 1er août de l'an 346 avant J.-C. — [2] Le 12 juin de l'an 346 avant J.-C. — [3] Trois cent vingt-quatre mille livres.

et les Thessaliens, présidera aux jeux pythiques, à la place des Corinthiens, accusés d'avoir favorisé les Phocéens. D'autres articles ont pour objet de rétablir l'union parmi les peuples de la Grèce et la majesté du culte dans le temple d'Apollon.

L'avis des Œtéens de Thessalie fut cruel, parce qu'il fut conforme aux lois portées contre les sacriléges. Ils proposèrent d'exterminer la race impie des Phocéens en précipitant leurs enfants du haut d'un rocher. Eschine prit hautement leur défense, et sauva l'espérance de tant de malheureuses familles.

Philippe a fait exécuter le décret, suivant les uns, avec une rigueur barbare; suivant d'autres, avec plus de modération que n'en ont montré les Thébains et les Thessaliens. Vingt-deux villes entourées de murailles faisaient l'ornement de la Phocide; la plupart ne présentent que des amas de cendres et de décombres. On ne voit dans les campagnes que des vieillards, des femmes, des enfants, des hommes infirmes, dont les mains faibles et tremblantes arrachent à peine de la terre quelques aliments grossiers. Leurs fils, leurs époux, leurs pères ont été forcés de les abandonner. Les uns, vendus à l'encan, gémissent dans les fers; les autres, proscrits ou fugitifs, ne trouvent point d'asile dans la Grèce. Nous en avons reçu quelques-uns, et déjà les Thessaliens nous en font un crime. Quand même des circonstances plus heureuses les ramèneraient dans leur patrie, quel temps ne leur faudra-t-il pas pour restituer au temple de Delphes l'or et l'argent dont leurs généraux l'ont dépouillé pendant le cours de la guerre! On en fait monter la valeur à plus de dix mille talents [1].

Après l'assemblée, Philippe offrit des sacrifices en actions de grâces; et dans un repas splendide où se trouvèrent deux cents convives, y compris les députés de la Grèce, et les nôtres en particulier, on n'entendit que des hymnes en l'honneur des dieux, des chants de victoire en l'honneur du prince.

Le 1er *de pyanepsion* [2]. Philippe, avant de retourner dans ses états, a rempli les engagements qu'il avait contractés avec les Thébains et les Thessaliens. Il a donné aux premiers Orchomène, Coronée et d'autres villes de la Béotie, qu'ils ont démantelées; aux seconds, Nicée et les places qui sont à l'issue des Thermopyles, et que les Phocéens avaient enlevées aux Locriens. Ainsi les Thessaliens restent maîtres du détroit; mais ils sont si faciles à tromper que Philippe ne risque rien à leur en confier la garde. Pour lui, il a retiré de son expédition le fruit qu'il en attendait : la liberté de passer les Thermopyles quand il le jugerait à propos, l'honneur

---

[1] Plus de cinquante-quatre millions. — [2] Le 23 octobre de l'an 346 avant J.-C.

d'avoir terminé une guerre de religion, le droit de présider aux jeux pythiques, et le droit plus important de séance et de suffrages dans l'assemblée des amphictyons.

Comme cette dernière prérogative peut lui donner une très-grande prépondérance sur les affaires de la Grèce, il est très-jaloux de se la conserver. Il ne la tient jusqu'à présent que des Thébains et des Thessaliens. Pour la rendre légitime, le consentement des autres peuples de la ligue est nécessaire. Ses ambassadeurs et ceux des Thessaliens sont venus dernièrement solliciter le nôtre; ils ne l'ont pas obtenu, quoique Démosthène fût d'avis de l'accorder : il craignait qu'un refus n'irritât les nations amphictyoniques et ne fît de l'Attique une seconde Phocide.

Nous sommes si mécontents de la dernière paix, que nous avons été bien aises de donner ce dégoût à Philippe. S'il est blessé de notre opposition, nous devons l'être de ses procédés. En effet, nous lui avons tout cédé, et il ne s'est relâché que sur l'article des villes de Thrace qui nous appartenaient. On va rester de part et d'autre dans un état de défiance; et de là résulteront des infractions et des raccommodements, qui se termineront par quelque éclat funeste.

Vous êtes étonné de notre audace. Le peuple ne craint plus Philippe depuis qu'il est éloigné; nous l'avons trop redouté quand il était dans les contrées voisines. La manière dont il a conduit et terminé la guerre des Phocéens, son désintéressement dans le partage de leurs dépouilles, enfin ses démarches mieux approfondies nous doivent autant rassurer sur le présent que nous effrayer pour un avenir qui n'est peut-être pas éloigné. Les autres conquérants se hâtent de s'emparer d'un pays sans songer à ceux qui l'habitent, et n'ont pour nouveaux sujets que des esclaves prêts à se révolter. Philippe veut conquérir les Grecs avant la Grèce; il veut nous attirer, gagner notre confiance, nous accoutumer aux fers, nous forcer peut-être à lui en demander, et, par des voies lentes et douces, devenir insensiblement notre arbitre, notre défenseur et notre maître.

Je finis par deux traits qu'on m'a racontés de lui. Pendant qu'il était à Delphes, il apprit qu'un Achéen, nommé Arcadion, homme d'esprit et prompt à la repartie, le haïssait, et affectait d'éviter sa présence; il le rencontra par hasard : « Jusqu'à quand me fuirez-vous? lui dit-il avec bonté. Jusqu'à ce que, répondit Arcadion, je parvienne en des lieux où votre nom ne soit pas connu. » Le roi se prit à rire, et l'engagea par ses caresses à venir souper avec lui.

Ce prince est si grand que j'attendais de lui quelque faiblesse. Mon attente n'a point été trompée : il vient de défendre l'usage des chars dans ses états. Savez-vous pourquoi? un devin lui a prédit qu'il périrait par un char [1].

SOUS L'ARCHONTE BUBULUS.

La quatrième année de la cent huitième olympiade.

Depuis le 15 juillet de l'an 345 jusqu'au 4 juillet de l'an 344 avant J.-C.

LETTRE D'APOLLODORE.

Timonide de Leucade est arrivé depuis quelques jours. Vous le connûtes à l'Académie. Vous savez qu'il accompagna Dion en Sicile, il y a treize ans, et qu'il combattit toujours à ses côtés. L'histoire à laquelle il travaille contiendra les détails de cette célèbre expédition.

Rien de plus déplorable que l'état où il a laissé cette île, autrefois si florissante. Il semble que la fortune ait choisi ce théâtre pour y montrer, en un petit nombre d'années, toutes les vicissitudes des choses humaines. Elle y fait d'abord paraître deux tyrans qui l'oppriment pendant un demi-siècle. Elle soulève contre le dernier de ces princes Dion, son oncle; contre Dion, Callippe, son ami; contre cet infâme assassin, Hipparinus, qu'elle fait périr deux ans après d'une mort violente; elle le remplace par une succession rapide de despotes moins puissants, mais aussi cruels que les premiers.

Ces différentes éruptions de la tyrannie, précédées, accompagnées et suivies de terribles secousses, se distinguent toutes, comme celles de l'Etna, par des traces effrayantes. Les mêmes scènes se renouvellent à chaque instant dans les principales villes de la Sicile. La plupart ont brisé les liens qui faisaient leur force en les attachant à la capitale, et se sont livrées à des chefs qui les ont asservies en leur promettant la liberté. Hippon s'est rendu maître de Messine; Mamercus, de Catane; Icétas, de Léonte; Niséus, de Syracuse; Leptine, d'Apollonie : d'autres villes gémissent sous le joug de Nicodème, d'Apolloniade, etc. Ces révolutions ne se sont opérées qu'avec des torrents de sang, qu'avec des haines implacables et des crimes atroces.

Les Carthaginois, qui occupent plusieurs places en Sicile, étendent leurs conquêtes, et font journellement des incursions sur les domaines des villes grecques, dont les habitants éprouvent, sans la moindre interruption, les horreurs d'une guerre étrangère et d'une guerre civile; sans cesse exposés aux attaques des barbares, aux

[1] Les auteurs qui rapportent cette anecdote ajoutent qu'on avait gravé un char sur le manche du poignard dont ce prince fut assassiné.

entreprises du tyran de Syracuse, aux attentats de leurs tyrans particuliers, à la rage des partis, parvenue au point d'armer les gens de bien les uns contre les autres.

Tant de calamités n'ont fait de la Sicile qu'une solitude profonde, qu'un vaste tombeau. Les hameaux, les bourgs ont disparu. Les campagnes incultes, les villes à demi détruites et désertes sont glacées d'effroi à l'aspect menaçant de ces citadelles qui renferment leurs tyrans, entourés des ministres de la mort.

Vous le voyez, Anacharsis, rien n'est si funeste pour une nation qui n'a plus de mœurs que d'entreprendre de briser ses fers. Les Grecs de Sicile étaient trop corrompus pour conserver leur liberté, trop vains pour supporter la servitude. Leurs divisions, leurs guerres ne sont venues que de l'alliance monstrueuse qu'ils ont voulu faire de l'amour de l'indépendance avec le goût excessif des plaisirs. A force de se tourmenter, ils sont devenus les plus infortunés des hommes et les plus vils des esclaves.

Timonide sort d'ici dans le moment : il a reçu des lettres de Syracuse. Denys est remonté sur le trône ; il en a chassé Niséus, fils du même père que lui, mais d'une autre mère. Niséus régnait depuis quelques années, et perpétuait avec éclat la tyrannie de ses prédécesseurs. Trahi des siens, jeté dans un cachot, condamné à perdre la vie, il en a passé les derniers jours dans une ivresse continuelle ; il est mort comme son frère Hipparinus, qui avait régné avant lui ; comme vécut un autre de ses frères, nommé Apollocrate.

Denys a de grandes vengeances à exercer contre ses sujets. Ils l'avaient dépouillé du pouvoir suprême : il a traîné pendant plusieurs années, en Italie, le poids de l'ignominie et du mépris. On craint l'altière impétuosité de son caractère ; on craint un esprit effarouché par le malheur : c'est une nouvelle intrigue pour la grande tragédie que la fortune représente en Sicile.

LETTRE D'APOLLODORE.

On vient de recevoir des nouvelles de Sicile. Denys se croyait heureux sur un trône plusieurs fois souillé du sang de sa famille : c'était le moment fatal où l'attendait sa destinée. Son épouse, ses filles, le plus jeune de ses fils, viennent de périr tous ensemble de la mort la plus lente et la plus douloureuse. Lorsqu'il partit de l'Italie pour la Sicile, il les laissa dans la capitale des Locriens Epizéphyriens, qui profitèrent de son absence pour les assiéger dans la citadelle. S'en étant rendus maîtres, ils les dépouillèrent de leurs vêtements, et les exposèrent à la brutalité des désirs d'une populace effrénée, dont la fureur ne fut pas assouvie par cet excès d'indignité. On les fit expirer en leur enfonçant des aiguilles sous les ongles; on brisa leurs os dans un mortier; les restes de leurs corps, mis en morceaux, furent jetés dans les flammes ou dans la mer après que chaque citoyen eut été forcé d'en goûter.

Denys était accusé d'avoir, de concert avec les médecins, abrégé par le poison la vie de son père; il l'était d'avoir fait périr quelques-uns de ses frères et de ses parents qui faisaient ombrage à son autorité. Il a fini par être le bourreau de son épouse et de ses enfants. Lorsque les peuples se portent à de si étranges barbaries, il faut remonter plus haut pour trouver le coupable. Examinez la conduite des Locriens : ils vivaient tranquillement sous des lois qui maintenaient l'ordre et la décence dans leur ville. Denys, chassé de Syracuse, leur demanda un asile; ils l'accueillirent avec d'autant plus d'égards qu'ils avaient un traité d'alliance avec lui et que sa mère avait reçu le jour parmi eux. Leurs pères, en permettant, contre les lois d'une sage politique, qu'une famille particulière donnât une reine à la Sicile, n'avaient pas prévu que la Sicile leur rendrait un tyran. Denys, par le secours de ses parents et de ses troupes, s'empare de la citadelle, saisit les biens des riches citoyens, presque tous massacrés par ses ordres, expose leurs épouses et leurs filles à la plus infâme prostitution, et, dans un petit nombre d'années, détruit pour jamais les lois, les mœurs, le repos et le bonheur d'une nation que tant d'outrages ont rendue féroce.

Le malheur épouvantable qu'il vient d'essuyer a répandu la terreur dans tout l'empire. Il n'en faut pas douter, Denys va renchérir sur les cruautés de son père, et réaliser une prédiction qu'un Sicilien m'a racontée ces jours passés.

Pendant que tous les sujets de Denys-l'Ancien faisaient des imprécations contre lui, il apprit avec surprise qu'une femme de Syracuse, extrêmement âgée, demandait tous les matins aux dieux de ne pas survivre à ce prince. Il la fit venir, et voulut savoir la raison d'un si tendre intérêt. « Je vais vous la dire, répondit-elle. Dans mon enfance, il y a bien long-temps de cela, j'entendais tout le monde se plaindre de celui qui nous gouvernait, et je désirais sa mort avec tout le monde : il fut massacré. Il en vint un second qui, s'étant rendu maître de la citadelle, fit regretter le premier. Nous conjurions les dieux de nous en délivrer : ils nous exaucèrent. Vous parûtes, et vous nous avez fait plus de mal que les deux autres. Comme je pense que le quatrième serait encore plus cruel que vous, j'adresse tous les jours des vœux au ciel pour votre conservation. » Denys, frappé de la franchise de cette femme, la traita fort bien; il ne la fit pas mourir.

SOUS L'ARCHONTE LYCISCUS,

La première année de la cent neuvième olympiade.

Depuis le 4 juillet de l'an 344 jusqu'au 23 juillet de l'an 343 avant J.-C.

LETTRE D'APOLLODORE.

Les rois de Macédoine haïssaient les Illyriens, qui les avaient souvent battus ; Philippe ne hait aucun peuple, parce qu'il n'en craint aucun. Il veut simplement les subjuguer tous.

Suivez, si vous le pouvez, les opérations rapides de sa dernière campagne. Il rassemble une forte armée, tombe sur l'Illyrie, s'empare de plusieurs villes, fait un butin immense, revient en Macédoine, pénètre en Thessalie, où l'appellent ses partisans, la délivre de tous les petits tyrans qui l'opprimaient, la partage en quatre grands districts, place à leur tête les chefs qu'elle désire et qui lui sont dévoués, s'attache par de nouveaux liens les peuples qui l'habitent, se fait confirmer les droits qu'il percevait dans leurs ports, et retourne paisiblement dans ses états. Qu'arrive-t-il de là? Tandis que les barbares traînent, en frémissant de rage, les fers qu'il leur a donnés, les Grecs aveuglés courent au-devant de la servitude. Ils le regardent comme l'ennemi de la tyrannie, comme leur ami, leur bienfaiteur, leur sauveur. Les uns briguent son alliance, les autres implorent sa protection. Actuellement même il prend avec hauteur la défense des Messéniens et des Argiens ; il leur fournit des troupes et de l'argent ; il fait dire aux Lacédémoniens que, s'ils s'avisent de l'attaquer, il entrera dans le Péloponnèse. Démosthène est allé en Messénie et dans l'Argolide ; il a vainement tâché d'éclairer ces nations sur leurs intérêts...

DU MÊME.

Il nous est arrivé des ambassadeurs de Philippe. Il se plaint des calomnies que nous semons contre lui au sujet de la dernière paix. Il soutient qu'il n'avait pris aucun engagement, qu'il n'avait fait aucune promesse : il nous défie de prouver le contraire. Nos députés nous ont donc indignement trompés ; il faut donc qu'ils se justifient ou qu'ils soient punis. C'est ce que Démosthène avait proposé.

Ils le seront bientôt. L'orateur Hypéride dénonça dernièrement Philocrate et dévoila ses indignes manœuvres. Tous les esprits étaient soulevés contre l'accusé, qui demeurait tranquille. Il attendait que la fureur de la multitude fût calmée. « Défendez-vous donc, lui disait quelqu'un. — Il n'est pas temps. — Et qu'attendez-vous? — Que le peuple ait condamné quelque autre orateur. » A la fin pourtant, convaincu d'avoir reçu de riches présents de Philippe, il a pris la fuite pour se dérober au supplice.

LETTRE DE CALLIMÉDON.

Vous avez ouï dire que du temps de nos pères, il y a dix à douze siècles, les dieux, pour se délasser de leur bonheur, venaient quelquefois sur la terre s'amuser avec les filles des mortels. Vous croyez qu'ils se sont depuis dégoûtés de ce commerce; vous vous trompez.

Il n'y a pas long-temps que je vis un athlète nommé Attalus, né à Magnésie, ville située sur le Méandre en Phrygie. Il arrivait des jeux olympiques, et n'avait rapporté du combat que des blessures assez considérables. J'en témoignai ma surprise, parce qu'il me paraissait d'une force invincible. Son père, qui était avec lui, me dit : On ne doit attribuer sa défaite qu'à son ingratitude; en se faisant inscrire, il n'a pas déclaré son véritable père, qui s'en est vengé en le privant de la victoire. — Il n'est donc pas votre fils? — Non, c'est le Méandre qui lui a donné le jour. — Il est le fils d'un fleuve? — Sans doute; ma femme me l'a dit, et tout Magnésie en fut témoin. Suivant un usage très-ancien, nos filles, avant de se marier, se baignent dans les eaux du Méandre, et ne manquent pas d'offrir au dieu leurs premières faveurs : il les dédaigne souvent; il accepta celles de ma femme. Nous vîmes de loin cette divinité, sous la figure d'un beau jeune homme, la conduire dans des buissons épais dont le rivage est couvert. — Et comment savez-vous que c'était le fleuve? — Il le fallait bien; il avait la tête couronnée de roseaux. — Je me rends à cette preuve.

Je fis part à plusieurs de mes amis de cette étrange conversation; ils me citèrent un musicien d'Épidamne, nommé Carion, qui prétend qu'un de ses enfants est fils d'Hercule. Eschine me raconta le fait suivant[1]. Je rapporte ses paroles.

J'étais dans la Troade avec le jeune Cimon. J'étudiais l'Iliade sur les lieux mêmes : Cimon étudiait tout autre chose. On devait marier un certain nombre de filles. Callirhoé, la plus belle de toutes, alla se baigner dans le Scamandre. Sa nourrice se tenait sur le rivage, à une certaine distance. Callirhoé fut à peine dans le fleuve, qu'elle dit à haute voix : Scamandre, recevez l'hommage que nous vous devons. Je le reçois, répondit un jeune homme qui se leva du milieu de quelques arbrisseaux. J'étais avec tout le peuple dans

[1] Le fait n'arriva que quelques années après; mais comme il s'agit ici des mœurs, j'ai cru qu'on me pardonnerait l'anachronisme, et qu'il suffirait d'en avertir.

un si grand éloignement, que nous ne pûmes distinguer les traits de son visage : d'ailleurs sa tête était couverte de roseaux. Le soir je riais avec Cimon de la simplicité de ces gens-là.

Quatre jours après, les nouvelles mariées parurent avec tous leurs ornements dans une procession que l'on faisait en l'honneur de Vénus. Pendant qu'elle défilait, Callirhoé, apercevant Cimon à mes côtés, tombe tout à coup à ses pieds, et s'écrie avec une joie naïve : O ma nourrice! voilà le dieu du Scamandre, mon premier époux! La nourrice jette les hauts cris ; l'imposture est découverte. Cimon disparaît, je le suis de près. Arrivés à la maison, je le traite d'impudent, de scélérat ; mais lui de me rire au nez : il me cite l'exemple de l'athlète Attalus, du musicien Carion. Après tout, ajoute-t-il, Homère a mis le Scamandre en tragédie, et je l'ai mis en comédie. J'irai plus loin encore : je veux donner un enfant à Bacchus, un autre à Apollon. Fort bien, répondis-je ; mais en attendant nous allons être brûlés vifs, car je vois le peuple s'avancer avec des tisons ardents. Nous n'eûmes que le temps de nous sauver par une porte de derrière, et de nous rembarquer au plus vite.

Mon cher Anacharsis, quand on dit qu'un siècle est éclairé, cela signifie que l'on trouve plus de lumières dans certaines villes que dans d'autres, et que dans les premières la principale classe des citoyens est plus instruite qu'elle ne l'était autrefois. La multitude (je n'en excepte pas celle d'Athènes) tient d'autant plus à ses superstitions qu'on a fait plus d'efforts pour l'en arracher. Pendant les dernières fêtes d'Éleusis, la jeune et charmante Phryné, s'étant dépouillée de ses beaux habits, et laissant tomber ses beaux cheveux sur ses épaules, entra dans la mer, et se joua long-temps au milieu des flots. Un nombre infini de spectateurs couvrait le rivage ; quand elle sortit, ils s'écrièrent tous : C'est Vénus qui sort des eaux. Le peuple l'aurait prise pour la déesse si elle n'était pas si connue, et peut-être même si les gens éclairés avaient voulu favoriser une pareille illusion.

N'en doutez pas, les hommes ont deux passions favorites, que la philosophie ne détruira jamais : celle de l'erreur et celle de l'esclavage. Mais laissons la philosophie, et retournons à Phryné. La scène qu'elle nous donna, et qui fut trop applaudie pour ne pas se réitérer, tournera sans doute à l'avantage des arts. Le peintre Apelle et le sculpteur Praxitèle étaient sur le rivage : l'un et l'autre ont résolu de représenter la naissance de Vénus d'après le modèle qu'ils avaient sous les yeux.

Vous la verrez à votre retour, cette Phryné, et vous conviendrez qu'aucune des beautés de l'Asie n'a offert à vos yeux tant de grâces à la fois. Praxitèle en est éperdument amoureux. Il se connaît en beauté ; il avoue qu'il n'a jamais rien trouvé de si parfait. Elle voulait avoir le plus bel ouvrage de cet artiste. Je vous le donne avec plaisir, lui dit-il, à condition que vous le choisirez vous-même. Mais comment se déterminer au milieu de tant de chefs-d'œuvre? Pendant qu'elle hésitait, un esclave, secrètement gagné, vint en courant annoncer à son maître que le feu avait pris à l'atelier ; que la plupart des statues étaient détruites ; que les autres étaient sur le point de l'être. Ah! c'en est fait de moi, s'écrie Praxitèle, si l'on ne sauve pas l'Amour et le Satyre. Rassurez-vous, lui dit Phryné en riant : j'ai voulu, par cette fausse nouvelle, vous forcer à m'éclairer sur mon choix. Elle prit la figure de l'Amour, et son projet est d'en enrichir la ville de Thespies, lieu de sa naissance. On dit aussi que cette ville veut lui consacrer une statue dans l'enceinte du temple de Delphes, et la placer à côté de celle de Philippe. Il convient en effet qu'une courtisane soit auprès d'un conquérant.

Je pardonne à Phryné de ruiner ses amants ; mais je ne lui pardonne pas de les renvoyer ensuite. Nos lois, plus indulgentes, fermaient les yeux sur ses fréquentes infidélités et sur la licence de ses mœurs ; mais on la soupçonna d'avoir, à l'exemple d'Alcibiade, profané les mystères d'Éleusis. Elle fut déférée au tribunal des héliastes ; elle y comparut, et, à mesure que les juges entraient, elle arrosait leurs mains de ses larmes. Euthias, qui la poursuivait, conclut à la mort. Hypéride parla pour elle. Ce célèbre orateur, qui l'avait aimée, qui l'aimait encore, s'apercevant que son éloquence ne faisait aucune impression, s'abandonna tout à coup au sentiment qui l'animait. Il fait approcher Phryné, déchire les voiles qui couvraient son sein, et représente fortement que ce serait une impiété de condamner à mort la prêtresse de Vénus. Les juges frappés d'une crainte religieuse, et plus éblouis encore des charmes exposés à leurs yeux, reconnurent l'innocence de Phryné.

Depuis quelque temps la solde des troupes étrangères nous a coûté plus de mille talents[1]. Nous avons perdu soixante-quinze villes qui étaient dans notre dépendance ; mais nous avons peut-être acquis autant de beautés plus aimables les unes que les autres. Elles augmentent sans doute les agréments de la société, mais elles en multiplient les ridicules. Nos orateurs, nos philosophes, les personnages les plus graves se piquent de galanterie. Nos petites maîtresses apprennent les mathématiques. Gnathène n'a pas besoin de cette ressource pour plaire. Diphilus, qui l'aime beaucoup, donna dernièrement une comédie dont il ne put attribuer la chute à la

---

[1] Plus de cinq millions quatre cent mille livres.

cabale. J'arrivai un moment après chez son amie : il vint pénétré de douleur; en entrant il la pria de lui laver les pieds[1]. Vous n'en avez pas besoin, lui dit-elle, tout le monde vous a porté sur les épaules.

Le même, dînant un jour chez elle, lui demandait comment elle faisait pour avoir du vin si frais. Je le fais rafraîchir, répondit-elle, dans un puits où j'ai jeté les prologues de vos pièces.

Avant de finir je veux vous rapporter un jugement que Philippe vient de prononcer. On lui avait présenté deux scélérats également coupables : ils méritaient la mort; mais il n'aime pas à verser le sang. Il a banni l'un de ses états, et condamné l'autre à poursuivre le premier jusqu'à ce qu'il le ramène en Macédoine.

LETTRE D'APOLLODORE.

Isocrate vient de me montrer une lettre qu'il a écrit à Philippe. Un vieux courtisan ne serait pas plus adroit à flatter un prince. Il s'excuse d'oser lui donner des conseils, mais il s'y trouve contraint : l'intérêt d'Athènes et de la Grèce l'exige; il s'agit d'un objet important, du soin que le roi de Macédoine devrait prendre de sa conservation. Tout le monde vous blâme, dit-il, de vous précipiter dans le danger avec moins de précaution qu'un simple soldat. Il est beau de mourir pour sa patrie, pour ses enfants, pour ceux qui nous ont donné le jour; mais rien de si condamnable que d'exposer une vie d'où dépend le sort d'un empire, et de ternir par une funeste témérité le cours brillant de tant d'exploits. Il lui cite l'exemple des rois de Lacédémone, entourés dans la mêlée de plusieurs guerriers qui veillent sur leurs jours; de Xerxès, roi de Perse, qui malgré sa défaite sauva son royaume en veillant sur les siens; de tant de généraux qui, pour ne s'être pas ménagés, ont entraîné la perte de leurs armées.

Il voudrait établir entre Philippe et les Athéniens une amitié sincère, et diriger leurs forces contre l'empire des Perses. Il fait les honneurs de la république : il convient que nous avons des torts; mais les dieux mêmes ne sont pas irréprochables à nos yeux.

Je m'arrête, et ne suis point surpris qu'un homme âgé de plus de quatre-vingt-dix ans rampe encore après avoir rampé toute sa vie. Ce qui m'afflige, c'est que beaucoup d'Athéniens pensent comme lui; et vous devez en conclure que, depuis votre départ, nos idées sont bien changées.

[1] Plusieurs Athéniens allaient pieds nus.

CHAPITRE LXII.

De la nature des gouvernements suivant Aristote et d'autres philosophes.

Ce fut à Smyrne, à notre retour de Perse [1], qu'on nous remit les dernières lettres que j'ai rapportées. Nous apprîmes dans cette ville qu'Aristote, après avoir passé trois ans auprès d'Hermias, gouverneur d'Atarnée, s'était établi à Mitylène, capitale de Lesbos.

Nous étions si près de lui, et nous avions été si long-temps sans le voir, que nous résolûmes de l'aller surprendre ; cette attention le transporta de joie. Il se disposait à partir pour la Macédoine ; Philippe avait enfin obtenu de lui qu'il se chargerait de l'éducation d'Alexandre son fils. Je sacrifie ma liberté, nous dit-il ; mais voici mon excuse. Il nous montra une lettre du roi ; elle était conçue en ces termes : « J'ai un fils, et je rends grâces aux dieux, moins encore de me l'avoir donné que de l'avoir fait naître de votre temps. J'espère que vos soins et vos lumières le rendront digne de moi et de cet empire. »

Nous passions des journées entières avec Aristote ; nous lui rendîmes un compte exact de notre voyage ; les détails suivants parurent l'intéresser. Nous étions, lui dis-je, en Phénicie ; nous fûmes priés à dîner avec quelques seigneurs perses chez le satrape de la province ; la conversation, suivant l'usage, ne roula que sur le grand roi. Vous savez que son autorité est moins respectée dans les pays éloignés de la capitale. Ils citèrent plusieurs exemples de son orgueil et de son despotisme. Il faut convenir, dit le satrape, que les rois se croient d'une autre espèce que nous. Quelques jours après, nous trouvant avec plusieurs officiers subalternes employés dans cette province, ils racontèrent les injustices qu'ils essuyaient de la part du satrape. Tout ce que j'en conclus, dit l'un d'eux, c'est qu'un satrape se croit d'une nature différente de la nôtre. J'interrogeai leurs esclaves ; tous se plaignirent de la rigueur de leur sort, et convinrent que leurs maîtres se croyaient d'une espèce supérieure à la leur. De notre côté, nous reconnûmes, avec Platon, que la plupart des hommes, tour à tour esclaves et tyrans, se révoltent contre l'injustice moins par la haine qu'elle mérite que par la crainte qu'elle inspire.

Étant à Suze, dans une conversation que nous eûmes avec un Perse, nous lui dîmes que la condition des despotes est si malheureuse qu'ils ont assez de puissance pour opérer les plus grands

---

[1] Au printemps de l'année 343 avant J.-C.

maux. Nous déplorions en conséquence l'esclavage où son pays était réduit, et nous l'opposions à la liberté dont on jouit dans la Grèce. Il nous répondit en souriant : Vous avez parcouru plusieurs de nos provinces ; comment les avez-vous trouvées ? Très-florissantes, lui dis-je ; une nombreuse population, un grand commerce, l'agriculture honorée et hautement protégée par le souverain, des manufactures en activité, une tranquillité profonde, quelques vexations de la part des gouverneurs.

Ne vous fiez donc pas, reprit-il, aux vaines déclamations de vos écrivains. Je la connais, cette Grèce dont vous parlez ; j'y ai passé plusieurs années ; j'ai étudié ses institutions, et j'ai été témoin des troubles qui la déchirent. Citez-moi, je ne dis pas une nation entière, mais une seule ville, qui n'éprouve à tous moments les cruautés du despotisme et les convulsions de l'anarchie. Vos lois sont excellentes, et ne sont pas mieux observées que les nôtres ; car nous en avons de très-sages et qui restent sans effet, parce que l'empire est trop riche et trop vaste. Quand le souverain les respecte, nous ne changerions pas notre destinée pour la vôtre ; quand il les viole, le peuple a du moins la consolation d'espérer que la foudre ne frappera que les principaux citoyens, et qu'elle retombera sur celui qui l'a lancée. En un mot, nous sommes quelquefois malheureux par l'abus du pouvoir : vous l'êtes presque toujours par l'excès de la liberté.

Ces réflexions engagèrent insensiblement Aristote à nous parler des différentes formes de gouvernement. Il s'en était occupé depuis son départ. Il avait commencé par recueillir les lois et les institutions de presque toutes les nations grecques et barbares ; il nous les fit voir rangées par ordre et accompagnées de remarques dans autant de traités particuliers, au nombre de plus de cent cinquante[1] ; il se flattait de pouvoir un jour compléter ce recueil. Là se trouvent la constitution d'Athènes, celles de Lacédémone, des Thessaliens, des Arcadiens, de Syracuse, de Marseille, jusqu'à celle de la petite île d'Ithaque.

Cette immense collection pouvait par elle-même assurer la gloire de l'auteur, mais il ne la regardait que comme un échafaud pour élever un monument plus précieux encore. Les faits étaient rassemblés ; ils présentaient des différences et des contradictions frappantes : pour en tirer des résultats utiles au genre humain, il fallait faire ce qu'on n'avait pas fait encore, remonter à l'esprit des lois, et les suivre dans leurs effets ; examiner, d'après l'expérience

---

[1] Diogène Laërce dit que le nombre de ces traités était de cent cinquante-huit. Ammonius, dans la *Vie d'Aristote*, le porte à deux cent cinquante-cinq.

de plusieurs siècles, les causes qui détruisent les états ; proposer des remèdes contre les vices qui sont inhérents à la constitution et contre les principes d'altération qui lui sont étrangers ; dresser enfin pour chaque législateur un code lumineux à la faveur duquel il puisse choisir le gouvernement qui conviendra le mieux au caractère de la nation ainsi qu'aux circonstances des temps et des lieux.

Ce grand ouvrage était presque achevé quand nous arrivâmes à Mitylène, et parut quelques années après. Aristote nous permit de le lire et d'en faire l'extrait que je joins ici [1] ; je le divise en deux parties.

PREMIÈRE PARTIE.
Sur les différentes espèces de gouvernements.

Il faut d'abord distinguer deux sortes de gouvernements : ceux où l'utilité publique est comptée pour tout, et ceux où elle n'est comptée pour rien. Dans la première classe, nous placerons la monarchie tempérée, le gouvernement aristocratique et le républicain proprement dit : ainsi la constitution peut être excellente, soit que l'autorité se trouve entre les mains d'un seul, soit qu'elle se trouve entre les mains de plusieurs, soit qu'elle réside dans celles du peuple.

La seconde classe comprend la tyrannie, l'oligarchie et la démocratie, qui ne sont que des corruptions des trois premières formes de gouvernement : car la monarchie tempérée dégénère en tyrannie ou despotisme lorsque le souverain, rapportant tout à lui, ne met plus de bornes à son pouvoir ; l'aristocratie, en oligarchie lorsque la puissance suprême n'est plus le partage d'un certain nombre de personnes vertueuses, mais d'un petit nombre de gens uniquement distingués par leurs richesses ; le gouvernement

---

[1] Aristote a suivi dans cet ouvrage à peu près la même méthode que dans ceux qu'il a composés sur les animaux. Après les principes généraux, il traite des différentes formes de gouvernements, de leurs parties constitutives, de leurs variations, des causes de leur décadence, des moyens qui servent à les maintenir, etc., etc. Il discute tous ces points, comparant sans cesse les constitutions entre elles, pour en montrer les ressemblances et les différences, et sans cesse confirmant ses réflexions par des exemples. Si je m'étais assujetti à sa marche, il aurait fallu extraire, livre par livre et chapitre par chapitre, un ouvrage qui n'est lui-même qu'un extrait ; mais, ne voulant que donner une idée de la doctrine de l'auteur, j'ai tâché, par un travail beaucoup plus pénible, de rapprocher les notions de même genre éparses dans cet ouvrage, et relatives, les unes aux différentes formes de gouvernements, les autres à la meilleure de ces formes. Une autre raison m'a engagé à prendre ce parti : le *Traité de la République*, tel que nous l'avons, est divisé en plusieurs livres ; or, d'habiles critiques prétendent que cette division ne vient point de l'auteur, et que des copistes ont, dans la suite, interverti l'ordre de ces livres.

républicain, en démocratique lorsque les plus pauvres ont trop d'influence dans les délibérations publiques.

Comme le nom de *monarque* désigne également un roi et un tyran, et qu'il peut se faire que la puissance de l'un soit aussi absolue que celle de l'autre, nous les distinguerons par deux principales différences [1] : l'une tirée de l'usage qu'ils font de leur pouvoir, l'autre des dispositions qu'ils trouvent dans leurs sujets. Quant à la première, nous avons déjà dit que le roi rapporte tout à son peuple, et le tyran à lui seul. Quant à la seconde, nous disons que l'autorité la plus absolue devient légitime si les sujets consentent à l'établir ou à la supporter.

D'après ces notions préliminaires, nous découvrirons dans l'histoire des peuples cinq espèces de royautés.

La première est celle qu'on trouve fréquemment dans les temps héroïques : le souverain avait le droit de commander les armées, d'infliger la peine de mort pendant qu'il les commandait, de présider aux sacrifices, de juger les causes des particuliers et de transmettre sa puissance à ses enfants. La seconde s'établissait lorsque des dissensions interminables forçaient une ville à déposer son autorité entre les mains d'un particulier, ou pour toute sa vie, ou pour un certain nombre d'années. La troisième est celle des nations barbares de l'Asie : le souverain y jouit d'un pouvoir immense, qu'il a néanmoins reçu de ses pères, et contre lequel les peuples n'ont pas réclamé. La quatrième est celle de Lacédémone : elle paraît la plus conforme aux lois, qui l'ont bornée au commandement des armées et à des fonctions relatives au culte divin. La cinquième enfin, que je nommerai royauté ou monarchie tempérée, est celle où le souverain exerce dans ses états la même autorité qu'un père de famille dans l'intérieur de sa maison.

C'est la seule dont je dois m'occuper ici. Je ne parlerai pas de la première, parce qu'elle est presque partout abolie depuis longtemps ; ni de la seconde, parce qu'elle n'était qu'une commission passagère ; ni de la troisième, parce qu'elle ne convient qu'à des Asiatiques, plus accoutumés à la servitude que les Grecs et les Européens ; ni de celle de Lacédémone, parce que, resserrée dans des limites très-étroites, elle ne fait que partie de la constitution, et n'est pas par elle-même un gouvernement particulier.

Voici donc l'idée que nous nous formons d'une véritable royauté.

[1] Xénophon établit entre un roi et un tyran la même différence qu'Aristote. Le premier, dit-il, est celui qui gouverne suivant les lois, et du consentement de son peuple ; le second, celui dont le gouvernement arbitraire, et détesté du peuple, n'est point fondé sur les lois. (Voyez aussi ce qu'observent à ce sujet Platon, Aristippe, et d'autres encore.)

CHAPITRE LXII.

Le souverain jouit de l'autorité suprême, et veille sur toutes les parties de l'administration ainsi que sur la tranquillité de l'état.

C'est à lui de faire exécuter les lois; et comme d'un côté il ne peut les maintenir contre ceux qui les violent s'il n'a pas un corps de troupes à sa disposition, et que, d'un autre côté, il pourrait abuser de ce moyen, nous établirons pour règle générale qu'il doit avoir assez de force pour réprimer les particuliers, et point assez pour opprimer la nation.

Il pourra statuer sur les cas que les lois n'ont pas prévus. Le soin de rendre la justice et de punir les coupables sera confié à des magistrats. Ne pouvant tout voir ni tout régler par lui-même, il aura un conseil qui l'éclairera de ses lumières, et le soulagera dans les détails de l'administration.

Les impôts ne seront établis qu'à l'occasion d'une guerre ou de quelque autre besoin de l'état. Il n'insultera point à la misère des peuples en prodiguant leurs biens à des étrangers, des histrions et des courtisanes. Il faut de plus que, méditant sur la nature du pouvoir dont il est revêtu, il se rende accessible à ses sujets, et vive au milieu d'eux comme un père au milieu de ses enfants : il faut qu'il soit plus occupé de leurs intérêts que des siens, que l'éclat qui l'environne inspire le respect et non la terreur, que l'honneur soit le mobile de toutes ses entreprises, et que l'amour de son peuple en soit le prix; qu'il discerne et récompense le mérite, et que, sous son empire, les riches maintenus dans la possession de leurs biens, et les pauvres protégés contre les entreprises des riches, apprennent à s'estimer eux-mêmes, et à chérir une des belles constitutions établies parmi les hommes.

Cependant, comme son excellence dépend uniquement de la modération du prince, il est visible que la sûreté et la liberté des sujets doivent en dépendre aussi; et c'est ce qui fait que, dans les villes de la Grèce, les citoyens s'estiment tous égaux, et pouvant tous participer à l'autorité souveraine, sont plus frappés des inconvénients que des avantages d'un gouvernement qui peut tour à tour faire le bonheur ou le malheur d'un peuple [1].

La royauté n'étant fondée que sur la confiance qu'elle inspire, elle se détruit lorsque le souverain se rend odieux par son despotisme, ou méprisable par ses vices.

Sous un tyran, toutes les forces de la nation sont tournées

---

[1] Aristote n'a presque rien dit sur les grandes monarchies qui subsistaient encore de son temps, telles que celles de Perse et d'Egypte; il ne s'est pas expliqué non plus sur le gouvernement de Macédoine, quoiqu'il dût bien le connaître. Il n'avait en vue que l'espèce de royauté qui s'était quelquefois établie en certaines villes de la Grèce, et qui était d'une autre nature que les monarchies modernes.

contre elle-même. Le gouvernement fait une guerre continuelle aux sujets ; il les attaque dans leurs lois, dans leurs biens, dans leur honneur, et il ne leur laisse que le sentiment profond de leur misère.

Au lieu qu'un roi se propose la gloire de son règne et le bien de son peuple, un tyran n'a d'autre vue que d'attirer à lui toutes les richesses de l'état, et de les faire servir à ses sales voluptés. Denys, roi de Syracuse, avait tellement multiplié les impôts, que, dans l'espace de cinq ans, les biens de tous les particuliers étaient entrés dans son trésor. Comme le tyran ne règne que par la crainte qu'il inspire, sa sûreté doit être l'unique objet de son attention. Ainsi, tandis que la garde d'un roi est composée de citoyens intéressés à la chose publique, celle d'un tyran ne l'est que d'étrangers qui servent d'instruments à ses fureurs ou à ses caprices.

Une telle constitution, si toutefois elle mérite ce nom, renferme tous les vices des gouvernements les plus corrompus. Elle ne peut donc naturellement se soutenir que par les moyens les plus violents ou les plus honteux ; elle doit donc renfermer toutes les causes possibles de destruction.

La tyrannie se maintient lorsque le prince a l'attention d'anéantir les citoyens qui s'élèvent trop au-dessus des autres ; lorsqu'il ne permet ni les progrès des connaissances qui peuvent éclairer les sujets, ni les repas publics et les assemblées qui peuvent les réunir ; lorsqu'à l'exemple des rois de Syracuse, il les assiége par des espions qui les tiennent à tous moments dans l'inquiétude et dans l'épouvante ; lorsque, par des pratiques adroites, il sème le trouble dans les familles, la division dans les différents ordres de l'état, la méfiance jusque dans les liaisons les plus intimes ; lorsque le peuple, écrasé par des travaux publics, accablé d'impôts, entraîné par des guerres excitées à dessein, réduit au point de n'avoir ni élévation dans les idées ni noblesse dans les sentiments, a perdu le courage et les moyens de secouer le joug qui l'opprime ; lorsque le trône n'est environné que de vils flatteurs et de tyrans subalternes, d'autant plus utiles au despote qu'ils ne sont arrêtés ni par la honte ni par le remords.

Il est cependant un moyen plus propre à perpétuer son autorité ; c'est lorsqu'en conservant toute la plénitude de sa puissance, il veut bien s'assujettir à des formes qui en adoucissent la rigueur, et se montrer à ses peuples plutôt sous les traits d'un père dont ils sont l'héritage que sous l'aspect d'un animal féroce dont ils deviennent les victimes.

Comme ils doivent être persuadés que leur fortune est sacrifiée

CHAPITRE LXII.

au bien de l'état, et non au sien particulier, il faut que, par son application, il établisse l'opinion de son habileté dans la science du gouvernement. Il sera très-avantageux pour lui qu'il ait les qualités qui inspirent le respect et les apparences des vertus qui attirent l'amour. Il ne le sera pas moins qu'il paraisse attaché, mais sans bassesse, au culte religieux; car le peuple le croira retenu par la crainte des dieux, et n'osera s'élever contre un prince qu'ils protégent.

Ce qu'il doit éviter, c'est d'élever un de ses sujets à un point de grandeur dont ce dernier puisse abuser; mais il doit encore plus s'abstenir d'outrager des particuliers et de porter le déshonneur dans les familles. Parmi cette foule de princes que l'abus du pouvoir a précipités du trône, plusieurs ont péri pour expier des injures personnelles dont ils s'étaient rendus coupables ou qu'ils avaient autorisées.

C'est avec de pareils ménagements que le despotisme s'est maintenu à Sicyone pendant un siècle entier, à Corinthe pendant près d'un siècle. Ceux qui gouvernèrent ces deux états obtinrent l'estime ou la confiance publique, les uns par leurs talents militaires, les autres par leur affabilité, d'autres par les égards qu'en certaines occasions ils eurent pour les lois. Partout ailleurs la tyrannie a plus ou moins subsisté, suivant qu'elle a plus ou moins négligé de se cacher. On l'a vue quelquefois désarmer la multitude irritée, d'autres fois briser les fers des esclaves, et les appeler à son secours : mais il faut de toute nécessité qu'un gouvernement si monstrueux finisse tôt ou tard, parce que la haine ou le mépris qu'il inspire doit tôt ou tard venger la majesté des nations outragées.

Lorsque, après l'extinction de la royauté, l'autorité revint aux sociétés dont elle était émanée, les unes prirent le parti de l'exercer en corps de nation, les autres de la confier à un certain nombre de citoyens.

Alors se ranimèrent deux puissantes factions, celle des grands et celle du peuple, toutes deux réprimées auparavant par l'autorité d'un seul, et depuis beaucoup plus occupées à se détruire qu'à se balancer. Leurs divisions ont presque partout dénaturé la constitution primitive, et d'autres causes ont contribué à l'altérer : telles sont les imperfections que l'expérience a fait découvrir dans les différents systèmes des législateurs ; les abus attachés à l'exercice du pouvoir, même le plus légitime; les variations que les peuples ont éprouvées dans leur puissance, dans leurs mœurs, dans leurs rapports avec les autres nations. Ainsi, chez ces Grecs également enflammés de l'amour de la liberté, vous ne trouverez pas deux nations ou deux villes, quelque voisines qu'elles soient, qui aient précisément la même législation et la même forme de gouvernement ; mais vous verrez partout la constitution incliner vers le despotisme des grands ou vers celui de la multitude.

Il résulte de là qu'il faut distinguer plusieurs espèces d'aristocraties : les unes s'approchant plus ou moins de la perfection dont ce gouvernement est susceptible ; les autres tendant plus ou moins vers l'oligarchie, qui en est la corruption.

La véritable aristocratie serait celle où l'autorité se trouverait entre les mains d'un certain nombre de magistrats éclairés et vertueux. Par vertu, j'entends la vertu politique, qui n'est autre chose que l'amour du bien public ou de la patrie : comme on lui déférerait tous les honneurs, elle serait le principe de ce gouvernement.

Pour assurer cette constitution, il faudrait la tempérer de manière que les principaux citoyens y trouvassent les avantages de l'oligarchie, et le peuple ceux de la démocratie. Deux lois contribueraient à produire ce double effet : l'une, qui dérive du principe de ce gouvernement, conférerait les magistratures suprêmes aux qualités personnelles, sans avoir égard aux fortunes ; l'autre, pour empêcher que les magistrats ne pussent s'enrichir dans leurs emplois, les obligerait de rendre compte au public de l'administration des finances.

Par la première, tous les citoyens pourraient aspirer aux principales dignités ; par la seconde, ceux des dernières classes renonceraient à un droit qu'ils n'ambitionnent que parce qu'ils le croient utile.

Comme il serait à craindre qu'à la longue une vertu revêtue de toute l'autorité ne s'affaiblît ou n'excitât la jalousie, on a soin, dans plusieurs aristocraties, de limiter le pouvoir des magistratures, et d'ordonner qu'elles passent en de nouvelles mains de six mois en six mois.

S'il est important que les juges de certains tribunaux soient tirés de la classe des citoyens distingués, il faudra du moins qu'on trouve en d'autres tribunaux des juges choisis dans tous les états.

Il n'appartient qu'à ce gouvernement d'établir des magistrats qui veillent sur l'éducation des enfants et sur la conduite des femmes. Une telle censure serait sans effet dans la démocratie et dans l'oligarchie : dans la première, parce que le petit peuple y veut jouir d'une liberté excessive ; dans la seconde, parce que les gens en place y sont les premiers à donner l'exemple de la corruption et de l'impunité.

Un système de gouvernement où l'homme de bien ne serait jamais distingué du citoyen ne subsiste nulle part ; s'il était question de le développer, il faudrait d'autres lois et d'autres règlements. Contentons-nous, pour juger des différentes aristocraties, de remonter au principe ; car c'est de là surtout que dépend la bonté du gouvernement : celui de l'aristocratie pure serait la vertu politique ou l'amour du bien public. Si dans les aristocraties actuelles cet amour influe plus ou moins sur le choix des magistrats, concluez-en que la constitution est plus ou moins avantageuse. C'est ainsi que le gouvernement de Lacédémone approche plus de la véritable aristocratie que celui de Carthage, quoiqu'ils aient d'ailleurs beaucoup de conformité entre eux. Il faut, à Lacédémone, que le magistrat choisi soit animé de l'amour de la patrie, et dans la disposition de favoriser le peuple ; à Carthage, il faut de plus qu'il jouisse d'une fortune aisée, et de là vient que ce gouvernement incline plus vers l'oligarchie.

La constitution est en danger dans l'aristocratie, lorsque les intérêts des principaux citoyens ne sont pas assez bien combinés avec ceux du peuple pour que chacune de ces classes n'en ait pas un infiniment grand à s'emparer de l'autorité ; lorsque les lois permettent que toutes les richesses passent insensiblement entre les mains de quelques particuliers ; lorsqu'on ferme les yeux sur les premières innovations qui attaquent la constitution ; lorsque les magistrats, jaloux ou négligents, persécutent des citoyens illustres, ou les excluent des magistratures, ou les laissent devenir assez puissants pour asservir leur patrie.

L'aristocratie imparfaite a tant de rapports avec l'oligarchie, qu'il faut nécessairement les envisager ensemble lorsqu'on veut détailler les causes qui détruisent et celles qui maintiennent l'une ou l'autre.

Dans l'oligarchie, l'autorité est entre les mains d'un petit nombre de gens riches. Comme il est de l'essence de ce gouvernement qu'au moins les principales magistratures soient électives, et qu'en les conférant on se règle sur le cens, c'est-à-dire sur la fortune des particuliers, les richesses y doivent être préférées à tout : elles établissent une très-grande inégalité entre les citoyens, et le désir d'en acquérir est le principe du gouvernement.

Quantité de villes ont choisi d'elles-mêmes ce système d'administration. Les Lacédémoniens cherchent à l'introduire chez les autres peuples avec le même zèle que les Athéniens veulent y établir la démocratie; mais partout il se diversifie, suivant la nature du cens exigé pour parvenir aux premiers emplois, suivant les différentes manières dont ils sont conférés, suivant que la puissance du magistrat est plus ou moins restreinte. Partout encore, le petit nombre de citoyens qui gouverne cherche à se maintenir contre le grand nombre de citoyens qui obéit.

Le moyen que l'on emploie dans plusieurs états est d'accorder à tous les citoyens le droit d'assister aux assemblées générales de la nation, de remplir les magistratures, de donner leurs suffrages dans les tribunaux de justice, d'avoir des armes dans leurs maisons, d'augmenter leurs forces par les exercices du gymnase. Mais nulle peine n'est décernée contre les pauvres qui négligent ces avantages, tandis que les riches ne peuvent y renoncer sans être assujettis à une amende. L'indulgence qu'on a pour les premiers, fondée en apparence sur la multiplicité de leurs travaux et de leurs besoins, les éloigne des affaires, et les accoutume à regarder les délibérations publiques, le soin de rendre la justice et les autres détails de l'administration, comme un fardeau pénible que les riches seuls peuvent et doivent supporter.

Pour constituer la meilleure des oligarchies, il faut que le cens qui fixe la classe des premiers citoyens ne soit pas trop fort ; car plus cette classe est nombreuse, plus on doit présumer que ce sont les lois qui gouvernent et non pas les hommes.

Il faut que plusieurs magistratures ne tombent pas à la fois dans la même famille, parce qu'elle deviendrait trop puissante. Dans quelques villes le fils est exclu par son père, le frère par son frère aîné.

Il faut, pour éviter que les fortunes soient trop inégalement distribuées, que l'on ne puisse disposer de la sienne au préjudice des héritiers légitimes, et que, d'un autre côté, deux hérédités ne puissent s'accumuler sur la même tête.

Il faut que le peuple soit sous la protection immédiate du gouvernement, qu'il soit plus favorisé que les riches dans la poursuite des insultes qu'il éprouve, et que nulle loi, nul crédit, ne mette obstacle à sa subsistance ou à sa fortune. Peu jaloux des dignités qui ne procurent que l'honneur de servir la patrie, il les verra passer avec plaisir en d'autres mains, si l'on n'arrache pas des siennes le fruit de ses travaux.

Pour l'attacher de plus en plus au gouvernement, il faut lui conférer un certain nombre de petits emplois lucratifs, et lui laisser même l'espérance de pouvoir, à force de mérite, s'élever à certaines magistratures importantes, comme on le pratique à Marseille.

CHAPITRE LXII.

La loi qui, dans plusieurs oligarchies, interdit le commerce aux magistrats, produit deux excellents effets : elle les empêche de sacrifier à l'intérêt de leur fortune des moments qu'ils doivent à l'état, et d'exercer un monopole qui ruinerait tous les autres commerçants [1].

Quand les magistrats consacrent à l'envi une partie de leurs biens à décorer la capitale, à donner des fêtes, des spectacles, des repas publics, une pareille émulation est une ressource pour le trésor de l'état. Elle réduit à de justes bornes les richesses excessives de quelques particuliers : le peuple pardonne aisément une autorité qui s'annonce par de tels bienfaits ; il est alors moins frappé de l'éclat des dignités que des devoirs accablants qu'elles entraînent et des avantages réels qu'il en retire.

Mais quand le cens qui fixe la classe des citoyens destinés à gouverner est trop fort, cette classe est trop peu nombreuse. Bientôt ceux qui, par leurs intrigues ou par leurs talents, se seront mis à la tête des affaires, chercheront à s'y maintenir par les mêmes voies : on les verra étendre insensiblement leurs droits, se faire autoriser à se choisir des associés et à laisser leurs places à leurs enfants, supprimer enfin toutes les formes et substituer impunément leurs volontés aux lois. Le gouvernement se trouvera au dernier degré de la corruption, et l'oligarchie sera dans l'oligarchie, comme cela est arrivé dans la ville d'Élis [2].

La tyrannie d'un petit nombre de citoyens ne subsistera pas plus long-temps que celle d'un seul ; elle s'affaiblira par l'excès de son pouvoir. Les riches, exclus du gouvernement, se mêleront avec la multitude pour le détruire : c'est ainsi qu'à Cnide l'oligarchie fut tout à coup changée en démocratie.

On doit s'attendre à la même révolution lorsque la classe des riches s'unit étroitement pour traiter les autres citoyens en esclaves. Dans quelques endroits ils osent prononcer ce serment aussi barbare qu'insensé : « Je ferai au peuple tout le mal qui dépendra de moi. » Cependant, comme le peuple est également dangereux, soit qu'il rampe devant les autres, soit qu'on rampe devant lui, il ne faut pas qu'il possède exclusivement le droit de juger, et qu'il confère toutes les magistratures : car alors, la classe des gens riches étant obligée de mendier bassement ses suffrages, il ne tardera pas à se convaincre qu'il lui est aussi facile de retenir l'autorité que d'en disposer.

[1] A Venise, le commerce est interdit aux nobles. (Amelot, *Hist. du gouvern. de Ven.* p. 24. *Esprit des lois*, liv. v, ch. 8.)
[2] Voyez le chapitre XXXVIII de cet ouvrage.

Les mœurs peuvent rendre populaire un gouvernement qui ne l'est pas, ou substituer l'oligarchie à la démocratie. Quoique ces changements mettent le gouvernement en opposition avec la constitution, ils peuvent n'être pas dangereux, parce qu'ils s'opèrent avec lenteur, du consentement de tous les ordres de l'état. Mais rien n'est si essentiel que d'arrêter dès le principe les innovations qui attaquent violemment la constitution ; et en effet, dans un gouvernement qui se propose de maintenir une sorte d'équilibre entre la volonté de deux puissantes classes de citoyens, le moindre avantage remporté sur les lois établies en prépare la ruine. A Thurium, la loi ne permettait de remplir pour la seconde fois un emploi militaire qu'après un intervalle de cinq ans. Des jeunes gens, assurés de la confiance des troupes et des suffrages du peuple, firent révoquer la loi, malgré l'opposition des magistrats; et bientôt, par des entreprises plus hardies, ils changèrent le gouvernement sage et modéré de ce peuple en une affreuse tyrannie.

La liberté ne peut se trouver que dans la démocratie, disent les fanatiques partisans du pouvoir populaire : elle est le principe de ce gouvernement ; elle donne à chaque citoyen la volonté d'obéir, le pouvoir de commander; elle le rend maître de lui-même, égal aux autres et précieux à l'état dont il fait partie.

Il est donc essentiel à ce gouvernement que toutes les magistratures, ou du moins la plupart, puissent être conférées, par la voie du sort, à chaque particulier ; que les emplois, à l'exception des militaires, soient très-rarement accordés à celui qui les a déjà remplis une fois; que tous les citoyens soient alternativement distribués dans les cours de justice ; qu'on établisse un sénat pour préparer les affaires qui doivent se terminer dans l'assemblée nationale et souveraine, où tous les citoyens puissent assister ; qu'on accorde un droit de présence à ceux qui se rendent assidus à cette assemblée ainsi qu'au sénat et aux tribunaux de justice.

Cette forme de gouvernement est sujette aux mêmes révolutions que l'aristocratie. Elle est tempérée dans les lieux où, pour écarter une populace ignorante et inquiète, on exige un cens modique de la part de ceux qui veulent participer à l'administration ; dans les lieux où, par de sages règlements, la première classe des citoyens n'est pas victime de la haine et de la jalousie des dernières classes ; dans tous les lieux enfin où, au milieu des mouvements les plus tumultueux, les lois ont la force de parler et de se faire entendre. Mais elle est tyrannique partout où les pauvres influent trop dans les délibérations publiques.

Plusieurs causes leur ont valu cet excès de pouvoir. La première est la suppression du cens suivant lequel on devait régler la distribution des charges ; par là, les moindres citoyens ont obtenu le droit de se mêler des affaires publiques. La seconde est la gratification accordée aux pauvres et refusée aux riches qui portent leurs suffrages soit dans les assemblées générales, soit dans les tribunaux de justice : trop légère pour engager les seconds à une espèce d'assiduité, elle suffit pour dédommager les premiers de l'interruption de leurs travaux ; et de là cette foule d'ouvriers et de mercenaires qui élèvent une voix impérieuse dans les lieux augustes où se discutent les intérêts de la patrie. La troisième est le pouvoir que les orateurs de l'état ont acquis sur la multitude.

Elle était autrefois conduite par des militaires qui abusèrent plus d'une fois de sa confiance pour la subjuguer ; et comme son destin est d'être asservie, il s'est élevé dans ces derniers temps des hommes ambitieux qui emploient leurs talents à flatter ses passions et ses vices, à l'enivrer de l'opinion de son pouvoir et de sa gloire, à ranimer sa haine contre les riches, son mépris pour les règles, son amour de l'indépendance. Leur triomphe est celui de l'éloquence, qui semble ne s'être perfectionnée de nos jours que pour introduire le despotisme dans le sein de la liberté même. Les républiques sagement administrées ne se livrent point à ces hommes dangereux ; mais, partout où ils ont du crédit, le gouvernement parvient avec rapidité au plus haut point de la corruption, et le peuple contracte les vices et la férocité des tyrans.

Presque tous nos gouvernements, sous quelque forme qu'ils soient établis, portent en eux-mêmes plusieurs germes de destruction. Comme la plupart des républiques grecques sont renfermées dans l'enceinte étroite d'une ville ou d'un canton, les divisions des particuliers devenues divisions de l'état, les malheurs d'une guerre qui semble ne laisser aucune ressource, la jalousie invétérée et toujours renaissante des diverses classes de citoyens, une succession rapide d'événements imprévus, y peuvent, dans un instant, ébranler ou renverser la constitution. On a vu la démocratie abolie dans la ville de Thèbes par la perte d'une bataille ; dans celles d'Héraclée, de Cumes et de Mégare, par le retour des principaux citoyens que le peuple avait proscrits pour enrichir le trésor public de leurs dépouilles. On a vu la forme du gouvernement changer à Syracuse par une intrigue d'amour ; dans la ville d'Érétrie, par une insulte faite à un particulier ; à Épidaure, par une amende infligée à un autre particulier. Et combien de séditions qui n'avaient pas de causes plus importantes, et qui, se communiquant par degrés, ont fini par exciter des guerres sanglantes !

Tandis que ces calamités affligent une grande partie de la Grèce, trois nations, les Crétois, les Lacédémoniens et les Carthaginois, jouissent en paix depuis plusieurs siècles d'un gouvernement qui diffère de tous les autres, quoiqu'il en réunisse les avantages. Les Crétois conçurent dans les plus anciens temps l'idée de tempérer la puissance des grands par celle du peuple ; les Lacédémoniens et les Carthaginois, sans doute à leur exemple, celle de concilier la royauté avec l'aristocratie et la démocratie.

Ici Aristote expose succinctement les systèmes adoptés en Crète, à Lacédémone, à Carthage ; je vais rapporter ce qu'il pense du dernier, en ajoutant quelques traits légers à son esquisse.

A Carthage, la puissance souveraine est partagée entre deux rois [1], un sénat et l'assemblée du peuple.

Les deux rois ne sont pas tirés de deux seules familles, comme à Lacédémone ; mais ils sont choisis tous les ans, tantôt dans une maison, tantôt dans une autre : on exige qu'ils aient de la naissance, des richesses et des vertus.

Le sénat est très-nombreux. C'est aux rois à le convoquer. Ils y président ; ils y discutent la guerre, la paix, les affaires les plus importantes de l'état. Un corps de magistrats, au nombre de cent quatre, est chargé d'y soutenir les intérêts du peuple. On peut se dispenser de renvoyer l'affaire à la nation, si les avis sont uniformes ; on doit la communiquer, s'ils ne le sont pas.

Dans l'assemblée générale, les rois et les sénateurs exposent les raisons qui ont réuni ou partagé les suffrages. Le moindre citoyen peut s'élever contre leur décret ou contre les diverses opinions qui l'ont suspendu ; le peuple décide en dernier ressort.

Toutes les magistratures, celle des rois, celle des sénateurs, des juges, des stratéges ou gouverneurs de provinces, sont conférées par voie d'élection, et renfermées dans des bornes prescrites par les lois. Le général des armées seul n'en connaît aucune : il est absolu quand il est à la tête des troupes ; mais à son retour il doit rendre compte de ses opérations devant un tribunal qui est composé de cent sénateurs, et dont les jugements sont accompagnés d'une extrême sévérité.

C'est par la distribution éclairée et le sage exercice de ces différents pouvoirs qu'un peuple nombreux, puissant, actif, aussi jaloux de sa liberté que fier de son opulence, a toujours repoussé les efforts de la tyrannie, et jouit depuis très-long-temps d'une

---

[1] Les auteurs latins donnent à ces deux magistrats suprêmes le nom de *suffètes*, qui est leur véritable nom. Les auteurs grecs leur donnent celui de rois.

tranquillité à peine troublée par quelques orages passagers, qui n'ont pas détruit sa constitution primitive.

Cependant, malgré son excellence, cette constitution a des défauts. C'en est un de regarder comme une distinction glorieuse la réunion de plusieurs magistratures sur une même tête[1], parce qu'alors il est plus avantageux de multiplier ses devoirs que de les remplir, et qu'on s'accoutume à croire qu'obtenir des places c'est les mériter. C'est encore un défaut de considérer autant la fortune que la vertu quand il est question de choisir des magistrats. Dès que, dans un état, l'argent devient un moyen pour s'élever, bientôt on n'en connaît plus d'autre : accumuler des richesses est la seule ambition du citoyen, et le gouvernement incline fortement vers l'oligarchie.

Pour le retenir dans son équilibre, on a pensé, à Carthage, qu'il fallait accorder quelques avantages au peuple, et envoyer par intervalles les principaux de cette classe dans des villes particulières, avec des commissions qui leur donnent la facilité de s'enrichir. Cette ressource a, jusqu'à présent, maintenu la république; mais comme elle ne tient pas immédiatement à la législation, et qu'elle renferme en elle-même un vice secret, on ne doit en attribuer le succès qu'au hasard; et si jamais, devenu trop riche et trop puissant, le peuple sépare ses intérêts de ceux des autres citoyens, les lois actuelles ne suffiront pas pour arrêter ses prétentions, et la constitution sera détruite [2].

D'après ce que nous avons dit, il est aisé de découvrir l'objet que doit se proposer le magistrat souverain dans l'exercice de son pouvoir, ou, si l'on veut, quel est dans chaque constitution le principe du gouvernement. Dans la monarchie, c'est le beau, l'honnête; car le prince doit désirer la gloire de son règne, et ne l'acquérir que par des voies honorables; dans la tyrannie, c'est la sûreté du tyran; car il ne se maintient sur le trône que par la terreur qu'il inspire; dans l'aristocratie, la vertu, puisque les chefs ne peuvent s'y distinguer que par l'amour de la patrie; dans l'oligarchie, les richesses, puisque ce n'est que parmi les riches qu'on choisit les administrateurs de l'état; dans la démocratie, la liberté de chaque citoyen, mais ce principe dégénère presque partout en

---

[1] A Venise, dit Amelot, les nobles ne sauraient tenir plusieurs magistratures à la fois, quelque petites qu'elles soient. (*Hist. du gouv. de Venise*, p. 25.)

[2] La prédiction d'Aristote ne tarda pas à se vérifier. Au temps de la deuxième guerre punique, environ cent ans après ce philosophe, la république de Carthage penchait vers sa ruine, et Polybe regarde l'autorité que le peuple avait usurpée comme la principale cause de sa décadence. (Polyb. lib. VI, p. 493.)

licence, et ne pourrait subsister que dans le gouvernement dont la seconde partie de cet extrait présente une idée succincte.

SECONDE PARTIE.
De la meilleure des constitutions.

Si j'étais chargé d'instruire un chef de colonie, je remonterais d'abord aux principes.

Toute société est une agrégation de familles qui n'ont d'autre but, en se réunissant, que de travailler à leur bonheur commun. Si elles ne sont pas assez nombreuses, comment les défendre contre les attaques du dehors? si elles le sont trop, comment les contenir par des lois qui assurent leur repos? Ne cherchez pas à fonder un empire, mais une cité, moins puissante par la multitude des habitants que par les qualités des citoyens. Tant que l'ordre ou la loi pourra diriger son action sur toutes les parties de ce corps, ne songez pas à le réduire; mais dès que ceux qui obéissent ne sont plus sous les yeux ni sous la main de ceux qui les commandent, songez que le gouvernement a perdu une partie de son influence, et l'état une partie de sa force.

Que votre capitale, située auprès de la mer, ne soit ni trop grande ni trop petite; qu'une exposition favorable, un air pur, des eaux salubres, contribuent de concert à la conservation des habitants; que son territoire suffise à ses besoins, et présente à la fois un accès difficile à l'ennemi et des communications aisées à vos troupes; qu'elle soit commandée par une citadelle, si l'on préfère le gouvernement monarchique; que divers postes fortifiés la garantissent des premières fureurs de la populace, si l'on choisit l'aristocratie; qu'elle n'ait d'autre défense que ses remparts, si l'on établit une démocratie; que ses murailles soient fortes et capables de résister aux nouvelles machines dont on se sert depuis quelque temps dans les siéges; que les rues soient en partie larges et tirées au cordeau, en partie étroites et tortueuses : les premières serviront à son embellissement; les secondes, à sa défense en cas de surprise.

Construisez, à quelque distance, un port qui soit joint à la ville par de longues murailles, comme on le pratique en plusieurs endroits de la Grèce : pendant la guerre, il facilitera les secours de vos alliés; pendant la paix, vous y retiendrez cette foule de matelots étrangers et régnicoles, dont la licence et l'avidité corrompraient les mœurs de vos citoyens si vous les receviez dans la ville. Mais que votre commerce se borne à échanger le superflu que votre territoire vous accorde contre le nécessaire qu'il vous refuse, et votre marine à vous faire redouter ou rechercher des nations voisines.

Votre colonie est établie ; il faut lui donner des lois : il en faut de fondamentales pour former sa constitution, et de civiles pour assurer sa tranquillité.

Vous vous instruirez des différentes formes de gouvernements adoptés par nos législateurs, ou imaginées par nos philosophes. Quelques-uns de ces systèmes sont trop imparfaits, les autres exigent trop de perfection. Ayez le courage de comparer les principes des premiers avec leurs effets, et le courage encore plus grand de résister à l'attrait des seconds. Si, par la force de votre génie, vous pouvez concevoir le plan d'une constitution sans défaut, il faudra qu'une raison supérieure vous persuade qu'un tel plan n'est pas susceptible d'exécution; ou, s'il l'était par hasard, qu'il ne conviendrait peut-être pas à toutes les nations.

Le meilleur gouvernement pour un peuple est celui qui s'assortit à son caractère, à ses intérêts, au climat qu'il habite, à une foule de circonstances qui lui sont particulières.

La nature a distingué par des traits frappants et variés les sociétés répandues sur notre globe. Celles du nord et de l'Europe ont de la valeur, mais peu de lumières et d'industrie ; il faut donc qu'elles soient libres, indociles au joug des lois, incapables de gouverner les nations voisines. Celles de l'Asie possèdent tous les talents de l'esprit, toutes les ressources des arts; mais leur extrême lâcheté les condamne à la servitude. Les Grecs, placés entre les unes et les autres, enrichis de tous les avantages dont elles se glorifient, réunissent tellement la valeur aux lumières, l'amour des lois à celui de la liberté, qu'ils seraient en état de conquérir et de gouverner l'univers. Et par combien de nuances la nature ne se plaît-elle pas à diversifier ces caractères principaux dans une même contrée! Parmi les peuples de la Grèce, les uns ont plus d'esprit, les autres plus de bravoure. Il en est chez qui ces qualités brillantes sont dans un juste équilibre.

C'est en étudiant les hommes soumis à sa conduite qu'un législateur verra s'ils ont reçu de la nature ou s'ils peuvent recevoir de ses institutions assez de lumières pour sentir le prix de la vertu, assez de force et de chaleur pour la préférer à tout : plus il se propose un grand objet, plus il doit réfléchir, s'instruire et douter : une circonstance locale suffira quelquefois pour fixer ses irrésolutions. Si, par exemple, le sol que sa colonie doit occuper est susceptible d'une grande culture, et que des obstacles insurmontables ne lui permettent pas de proposer une autre constitution, qu'il n'hésite pas à donner le gouvernement populaire. Un peuple agriculteur est le meilleur de tous les peuples; il n'abandonnera point des travaux qui exigent sa présence pour venir sur la place publique s'occuper des dissensions que fomente l'oisiveté, et disputer des honneurs dont il n'est point avide. Les magistrats, plus respectés, ne seront pas exposés aux caprices d'une multitude d'ouvriers et de mercenaires aussi audacieux qu'insatiables.

D'un autre côté, l'oligarchie s'établit naturellement dans les lieux où il est nécessaire et possible d'avoir une nombreuse cavalerie : comme elle y fait la principale force de l'état, il faut qu'un grand nombre de citoyens y puissent entretenir un cheval et supporter la dépense qu'exige leur profession : alors le parti des riches domine sur celui des pauvres.

Avant que d'aller plus loin, examinons quels sont les droits, quelles doivent être les dispositions du citoyen.

Dans certains endroits, pour être citoyen, il suffit d'être né d'un père et d'une mère qui l'étaient; ailleurs on exige un plus grand nombre de degrés : mais il suit de là que les premiers qui ont pris cette qualité n'en avaient pas le droit ; et, s'ils ne l'avaient pas, comment ont-ils pu le transmettre à leurs enfants ?

Ce n'est pas l'enceinte d'une ville ou d'un état qui donne ce privilége à celui qui l'habite : si cela était, il conviendrait à l'esclave ainsi qu'à l'homme libre. Si l'esclave ne peut pas être citoyen, tous ceux qui sont au service de leurs semblables, ou qui, en exerçant des arts mécaniques, se mettent dans une étroite dépendance du public, ne sauraient l'être non plus. Je sais qu'on les regarde comme tels dans la plupart des républiques, et surtout dans l'extrême démocratie ; mais, dans un état bien constitué, on ne doit pas leur accorder une si belle prérogative.

Quel est donc le véritable citoyen? celui qui, libre de tout autre soin, se consacre uniquement au service de la patrie, et peut participer aux charges, aux dignités, aux honneurs, en un mot, à l'autorité souveraine.

De là il suit que ce nom ne convient qu'imparfaitement aux enfants, aux vieillards décrépits, et ne saurait convenir aux artisans, aux laboureurs, aux affranchis. Il suit encore qu'on n'est citoyen que dans une république, quoiqu'on y partage ce droit avec des gens à qui, suivant nos principes, il faudrait le refuser.

Dans votre cité, tout travail qui détournera l'attention que l'on doit exclusivement aux intérêts de la patrie sera interdit au citoyen ; et vous ne donnerez ce titre qu'à ceux qui, dans leur jeunesse, porteront les armes pour la défense de l'état, et qui, dans un âge plus avancé, l'éclaireront de leurs lumières.

Ainsi vos citoyens feront véritablement partie de la cité : leur prérogative essentielle sera de parvenir aux magistratures, de juger les affaires des particuliers, de voter dans le sénat ou dans l'assemblée générale; ils la tiendront de la loi fondamentale, parce que la loi est un contrat qui assure les droits des citoyens. Le premier de leurs devoirs sera de se mettre en état de commander et d'obéir; ils le rempliront en vertu de leur institution, parce qu'elle peut seule leur inspirer les vertus du citoyen ou l'amour de la patrie.

Ces réflexions nous feront connaître l'espèce d'égalité que le législateur doit introduire dans la cité.

On n'en admet aucune dans l'oligarchie; on y suppose au contraire que la différence dans les fortunes en établit une dans l'état des citoyens, et qu'en conséquence les préférences et les distinctions ne doivent être accordées qu'aux richesses. Dans la démocratie, les citoyens se croient tous égaux, parce qu'ils sont tous libres; mais, comme ils n'ont qu'une fausse idée de la liberté, l'égalité qu'ils affectent détruit toute subordination. De là les séditions qui fermentent sans cesse dans le premier de ces gouvernements, parce que la multitude y regarde l'inégalité comme une injustice; et dans le second, parce que les riches y sont blessés d'une égalité qui les humilie.

Parmi les avantages qui établissent ou détruisent l'égalité entre les citoyens, il en est trois qui méritent quelques réflexions : la liberté, la vertu et les richesses. Je ne parle pas de la noblesse, parce qu'elle rentre dans cette division générale, en ce qu'elle n'est que l'ancienneté des richesses et de la vertu dans une famille.

Rien n'est si opposé à la licence que la liberté : dans tous les gouvernements, les particuliers sont et doivent être asservis; avec cette différence pourtant qu'en certains endroits ils ne sont esclaves que des hommes, et que dans d'autres ils ne doivent l'être que des lois. En effet, la liberté ne consiste pas à faire tout ce que l'on veut, comme on le soutient dans certaines démocraties, mais à ne faire que ce que veulent les lois, qui assurent l'indépendance de chaque particulier; et, sous cet aspect, tous vos citoyens peuvent être aussi libres les uns que les autres.

Je ne m'étendrai pas davantage sur la vertu : comme nos citoyens participeront à l'autorité souveraine, ils seront tous également intéressés à la maintenir et à se pénétrer d'un même amour pour la patrie; j'ajoute qu'ils seront plus ou moins libres à proportion qu'ils seront plus ou moins vertueux.

II. 16

Quant aux richesses, la plupart des philosophes n'ont pu se garantir d'une illusion trop naturelle : c'est de porter leur attention sur l'abus qui choque le plus leur goût et leurs intérêts, et de croire qu'en le déracinant l'état ira de lui-même. D'anciens législateurs avaient jugé convenable, dans un commencement de réforme, de répartir également les biens entre tous les citoyens ; et de là quelques législateurs modernes, entre autres Phaléas de Chalcédoine, ont proposé l'égalité constante des fortunes pour base de leurs systèmes. Les uns veulent que les riches ne puissent s'allier qu'avec les pauvres, et que les filles des premiers soient dotées tandis que celles des derniers ne le seront pas ; d'autres, qu'il ne soit permis d'augmenter son bien que jusqu'à un taux fixé par la loi. Mais en limitant les facultés de chaque famille, il faudrait donc limiter le nombre des enfants qu'elle doit avoir. Ce n'est point par des lois prohibitives que l'on tiendra dans une sorte d'équilibre les fortunes des particuliers : il faut, autant qu'il est possible, introduire parmi eux l'esprit de désintéressement, et régler les choses de manière que les gens de bien ne veuillent pas augmenter leurs possessions et que les méchants ne le puissent pas.

Ainsi, vos citoyens pourront différer les uns des autres par les richesses. Mais, comme cette différence n'en occasionnera aucune dans la distribution des emplois et des honneurs, elle ne détruira pas l'égalité qui doit subsister entre eux. Ils seront égaux, parce qu'ils ne dépendront que des lois, et qu'ils seront tous également chargés du glorieux emploi de contribuer au repos et au bonheur de la patrie.

Vous voyez déjà que le gouvernement dont je veux vous donner l'idée approcherait de la démocratie ; mais il tiendrait aussi de l'oligarchie ; car ce serait un gouvernement mixte, tellement combiné, qu'on hésiterait sur le nom dont il faudrait l'appeler, et dans lequel, néanmoins, les partisans de la démocratie et ceux de l'oligarchie trouveraient les avantages de la constitution qu'ils préfèrent, sans y trouver les inconvénients de celle qu'ils rejettent.

Cet heureux mélange serait surtout sensible dans la distribution des trois pouvoirs qui constituent un état républicain. Le premier, qui est le législatif, résidera dans l'assemblée générale de la nation ; le second, qui concerne l'exécution, appartiendra aux magistrats ; le troisième, qui est le pouvoir de juger, sera confié aux tribunaux de justice.

1° La paix, la guerre, les alliances, les lois, le choix des magistrats, la punition des crimes contre l'état, la reddition des comptes de la part de ceux qui ont rempli des fonctions importantes ; sur tous ces objets, on doit s'en rapporter au jugement du peuple, qui se trompe rarement lorsqu'il n'est point agité par des factions. Dans ces circonstances, ses suffrages sont libres, et ne sont point souillés par un vil intérêt ; car il serait impossible de corrompre tout un peuple : ils sont éclairés ; car les moindres citoyens ont un singulier talent pour discerner les hommes distingués par leurs lumières et leurs vertus, et une singulière facilité à combiner, à suivre et même à rectifier leurs avis.

Les décrets de l'assemblée générale ne pourront être réformés, à moins qu'il ne soit question d'affaires criminelles : dans ce cas, si l'assemblée absout l'accusé, la cause est finie ; si elle le condamne, son jugement doit être confirmé, ou peut être cassé par un des tribunaux de justice.

Pour éloigner de l'assemblée générale des gens de la lie du peuple, qui, ne possédant rien et n'exerçant aucune profession mécanique, seraient, en qualité de citoyens, en droit d'y assister, on aura recours au cens, ou à l'état connu des biens des particuliers. Dans l'oligarchie, le cens est si fort, qu'il n'admet à l'assemblée de la nation que les gens les plus riches. Il n'existe pas dans certaines démocraties, et dans d'autres il est si faible qu'il n'exclut presque personne. Vous établirez un cens, en vertu duquel la plus grande et la plus saine partie des citoyens aura le droit de voter dans les délibérations publiques.

Et comme le cens n'est pas une mesure fixe, qu'il varie suivant le prix des denrées, et que ces variations ont quelquefois suffi pour changer la nature du gouvernement, vous auriez l'attention de le renouveler de temps en temps, et de le proportionner, suivant les occurrences, aux facultés des particuliers et à l'objet que vous vous proposez.

2° Les décrets de l'assemblée générale doivent être exécutés par des magistrats, dont il faut que le choix, le nombre, les fonctions et la durée de leur exercice soient assortis à l'étendue de la république ainsi qu'à la forme du gouvernement.

Ici, comme dans presque tous les objets que nous traitons, il s'élève une foule de questions que nous passons sous silence, pour nous attacher à deux points importants, qui sont le choix et le nombre de ces magistrats. Il est de l'essence de l'oligarchie qu'ils soient élus relativement au cens ; de la démocratie, qu'on les tire au sort, sans aucun égard aux facultés des particuliers. Vous emprunterez de la première la voie de l'élection, parce qu'elle est la plus propre à vous donner des magistrats vertueux et éclairés ; à l'exemple de la seconde, vous ne vous réglerez pas sur le cens, parce que vous ne craindrez point qu'on élève aux magistratures des gens obscurs et incapables de les remplir. Quant au nombre des magistrats, il vaut mieux multiplier les places que de surcharger chaque département.

3° Le même mélange de formes s'observe dans les règlements relatifs aux tribunaux de justice. Dans le gouvernement oligarchique, on prononce une amende contre les riches qui ne s'acquittent pas des fonctions de la judicature, et on n'assigne aucun salaire aux pauvres qui les remplissent : on fait le contraire dans les démocraties. Vous engagerez tous les juges à être assidus, en condamnant les premiers à une peine pécuniaire quand ils s'absenteront, en accordant un droit de présence aux seconds.

Après avoir intéressé ces deux classes de citoyens au bien de l'état, il s'agit d'étouffer dans leurs cœurs cette rivalité odieuse qui a perdu la plupart des républiques de la Grèce ; et c'est encore ici un des points les plus importants de notre législation.

Ne cherchez pas à concilier des prétentions que l'ambition et les vices des deux partis ne feraient qu'éterniser. L'unique moyen de les détruire est de favoriser par préférence l'état mitoyen[1], et de le rendre aussi puissant qu'il peut l'être : c'est dans cet état que vous trouverez le plus de mœurs et d'honnêteté. Content de son sort, il n'éprouve et ne fait éprouver aux autres ni l'orgueil méprisant qu'inspirent les richesses, ni la basse envie que fait naître le besoin. Les grandes villes, où il est plus nombreux, lui doivent d'être moins sujettes à des séditions que les petites ; la démocratie, où il est honoré, d'être plus durable que l'oligarchie, qui lui accorde à peine quelques égards.

Que la principale partie de vos colons soit formée de cet ordre respectable ; que vos lois les rendent susceptibles de toutes les distinctions ; qu'une sage institution entretienne à jamais parmi eux l'esprit et l'amour de la médiocrité, et laissez-les dominer dans la place publique. Leur prépondérance garantira l'état du despotisme réfléchi des riches, toujours incapables d'obéir ; du despotisme aveugle des pauvres, toujours incapables de commander ; et il résultera de là que la plus grande partie de la nation, fortement attachée au gouvernement, fera tous ses efforts pour en maintenir la durée : ce qui est le premier élément et la meilleure preuve d'une bonne constitution.

[1] Par cet état mitoyen, Aristote entend ceux qui jouissent d'une fortune médiocre. Comparez ce qu'il en dit avec le commencement de la *Vie de Solon* par Plutarque.

CHAPITRE LXII.

Dans toute république un citoyen se rend coupable dès qu'il devient trop puissant. Si vos lois ne peuvent empêcher que des particuliers n'acquièrent trop de richesses et ne rassemblent autour d'eux une assez grande quantité de partisans pour se faire redouter, vous aurez recours à l'ostracisme ou l'exil, et vous les tiendrez éloignés pendant un certain nombre d'années.

L'ostracisme est un remède violent, peut-être injuste, trop souvent employé pour servir des vengeances personnelles, mais justifié par de grands exemples et de grandes autorités, et le seul qui, dans ces occasions, puisse sauver l'état. Si néanmoins il s'élevait un homme qui, seulement par la sublimité de ses vertus, entraînât tous les cœurs après lui, j'avoue qu'au lieu de le proscrire, il serait plus conforme aux vrais principes de le placer sur le trône.

Nous avons dit que vos citoyens seront ou des jeunes gens qui serviront la patrie par leur valeur, ou des vieillards qui, après l'avoir servie, la dirigeront par leurs conseils. C'est dans cette dernière classe que vous choisirez les prêtres ; car il ne serait pas décent que l'hommage d'un peuple libre fût offert aux dieux par des mains accoutumées à un travail mécanique et servile.

Vous établirez les repas publics, parce que rien ne contribue plus à maintenir l'union.

Vous diviserez les biens en deux portions, l'une destinée aux besoins de l'état, l'autre à ceux des particuliers : la première sera consacrée à l'entretien du culte religieux et des repas publics ; la seconde ne sera possédée que par ceux que j'ai désignés sous le nom de citoyens. L'une et l'autre seront cultivées par des esclaves tirés de différentes nations.

Après avoir réglé la forme du gouvernement, vous rédigerez un corps de lois civiles qui toutes se rapportent aux lois fondamentales, et servent à les cimenter.

L'une des plus essentielles doit regarder les mariages. Que les époux ne soient plus d'un âge trop disproportionné ; rien ne serait plus propre à semer entre eux la division et les dégoûts : qu'ils ne soient ni trop jeunes ni trop vieux ; rien ne fait plus dégénérer l'espèce humaine : que les filles se marient à l'âge d'environ dix-huit ans, les hommes à celui de trente-sept ou environ ; que leur mariage se célèbre vers le solstice d'hiver[1] ; qu'il soit permis d'exposer les enfants quand ils apportent en naissant une consti-

[1] En 1772, M. Vargentin, dans un mémoire présenté à l'Académie des Sciences de Stockholm, prouva, d'après des observations faites pendant quatorze ans, que le mois de l'année où il naît le plus d'enfants est le mois de septembre. (*Gazette de France* du 28 août 1772.)

tution trop faible ou des défauts trop sensibles ; qu'il soit encore permis de les exposer pour éviter l'excès de la population. Si cette idée choque le caractère de la nation, fixez du moins le nombre des enfants dans chaque famille; et si deux époux transgressent la loi, qu'il soit ordonné à la mère de détruire le fruit de son amour avant qu'il ait reçu les principes de la vie et du sentiment. Proscrivez sévèrement l'adultère, et que les peines les plus graves flétrissent celui qui déshonore une si belle union.

Aristote s'étend ensuite sur la manière dont on doit élever le citoyen. Il le prend au berceau; il le suit dans les différents âges de la vie, dans les différents emplois de la république, dans ses différents rapports avec la société. Il traite des connaissances dont il faut éclairer son esprit et des vertus dont il faut pénétrer son âme; et, développant insensiblement à ses yeux la chaîne de ses devoirs, il lui fait remarquer en même temps la chaîne des lois qui l'obligeront à les remplir[1].

Je viens d'exposer quelques-unes des réflexions d'Aristote sur le meilleur des gouvernements. J'ai rapporté plus haut celles de Platon[2], ainsi que les constitutions établies par Lycurgue[3] et par Solon[4]. D'autres écrivains, législateurs, philosophes, orateurs, poètes, ont publié leurs idées sur cet important sujet. Qui pourrait sans un mortel ennui analyser leurs différents systèmes, et cette prodigieuse quantité de maximes et de questions qu'ils ont avancées ou discutées? Bornons-nous au petit nombre de principes qui leur sont communs à tous, et qui, par leur singularité, méritent d'être recueillis.

Aristote n'est pas le seul qui ait fait l'éloge de la royauté. La plupart des philosophes ont reconnu l'excellence de ce gouvernement, qu'ils ont considéré, les uns relativement à la société, les autres par rapport au système général de la nature.

La plus belle des constitutions, disent les premiers, serait celle où l'autorité, déposée entre les mains d'un seul homme, ne s'exercerait que suivant des lois sagement établies; où le souverain, élevé au-dessus de ses sujets autant par ses lumières et ses vertus que par sa puissance, serait persuadé qu'il est lui-même comme la loi, qui n'existe que pour le bonheur des peuples; où le gouvernement inspirerait la crainte et le respect au dedans et au dehors,

---

[1] Nous n'avons plus ces détails; mais il est aisé de juger, par les premiers chapitres du livre VIII de la *République*, de la marche qu'avait suivie Aristote dans le reste de l'ouvrage.
[2] Voyez le chapitre LIV de cet ouvrage.
[3] Voyez le chapitre XLV.
[4] Voyez l'Introduction et le chapitre XIV.

non-seulement par l'uniformité des principes, le secret dans l'entreprise et la célérité dans l'exécution, mais encore par la droiture et la bonne foi : car on compterait plus sur la parole du prince que sur les serments des autres hommes.

Tout dans la nature nous ramène à l'unité, disent les seconds : l'univers est présidé par l'Être suprême ; les sphères célestes le sont par autant de génies ; les royaumes de la terre le doivent être par autant de souverains établis sur le trône pour entretenir dans leurs états l'harmonie qui règne dans l'univers. Mais pour remplir une si haute destinée, ils doivent retracer en eux-mêmes les vertus de ce Dieu dont ils sont les images, et gouverner leurs sujets avec la tendresse d'un père, les soins vigilants d'un pasteur et l'impartiale équité de la loi.

Tels sont en partie les devoirs que les Grecs attachent à la royauté ; et comme ils ont vu presque partout les princes s'en écarter, ils ne considèrent ce gouvernement que comme un modèle que doit se proposer un législateur pour ne faire qu'une volonté générale de toutes les volontés des particuliers. Si tous les gouvernements étaient tempérés, disait Platon, il faudrait chercher son bonheur dans le monarchique ; mais puisqu'ils sont tous corrompus, il faut vivre dans une démocratie.

Quelle est donc la constitution qui convient le mieux à des peuples extrêmement jaloux de leur liberté ? le gouvernement mixte, celui où se trouvent la royauté, l'aristocratie et la démocratie, combinées par des lois qui redressent la balance du pouvoir toutes les fois qu'elle incline trop vers une de ces formes. Comme on peut opérer ce tempérament d'une infinité de manières, de là cette prodigieuse variété qui se trouve dans les constitutions des peuples et dans les opinions des philosophes.

On s'accorde beaucoup mieux sur la nécessité d'établir de bonnes lois, sur l'obéissance qu'elles exigent, sur les changements qu'elles doivent quelquefois éprouver.

Comme il n'est pas donné à un simple mortel d'entretenir l'ordre par ses seules volontés passagères, il faut des lois dans une monarchie ; sans ce frein, tout gouvernement devient tyrannique.

On a présenté une bien juste image quand on a dit que la loi était l'âme d'un état. En effet, si on détruit la loi, l'état n'est plus qu'un corps sans vie.

Les lois doivent être claires, précises, générales, relatives au climat, toutes en faveur de la vertu ; il faut qu'elles laissent le moins de choses qu'il est possible à la décision des juges : elles seront sévères, mais les juges ne le doivent jamais être, parce qu'il vaut mieux risquer d'absoudre un criminel que de condamner un innocent. Dans le premier cas, le jugement est une erreur; dans le second, c'est une impiété.

On a vu des peuples perdre dans l'inaction la supériorité qu'ils avaient acquise par des victoires. Ce fut la faute de leurs lois, qui les ont endurcis contre les travaux de la guerre, et non contre les douceurs du repos. Un législateur s'occupera moins de l'état de guerre, qui doit être passager, que des vertus qui apprennent au citoyen tranquille à ne pas craindre la guerre, à ne pas abuser de la paix.

La multiplicité des lois dans un état est une preuve de sa corruption et de sa décadence, par la raison qu'une société serait heureuse si elle pouvait se passer de lois.

Quelques-uns souhaiteraient qu'à la tête de la plupart des lois un préambule en exposât les motifs et l'esprit : rien ne serait plus utile, disent-ils, que d'éclairer l'obéissance des peuples et de les soumettre par la persuasion avant que de les intimider par des menaces.

D'autres regardent l'ignominie comme la peine qui produit le plus d'effet. Quand les fautes sont rachetées par de l'argent, on accoutume les hommes à donner une très-grande valeur à l'argent, une très-petite aux fautes.

Plus les lois sont excellentes, plus il est dangereux d'en secouer le joug. Il vaudrait mieux en avoir de mauvaises et les observer que d'en avoir de bonnes et les enfreindre.

Rien n'est si dangereux encore que d'y faire de fréquents changements. Parmi les Locriens d'Italie, celui qui propose d'en abolir ou d'en modifier quelqu'une, doit avoir autour de son cou un nœud coulant, qu'on resserre si l'on n'approuve pas sa proposition [1]. Chez les mêmes Locriens, il n'est pas permis de tourmenter et d'éluder les lois à force d'interprétations. Si elles sont équivoques, et qu'une des parties murmure contre l'application qu'en a donnée le magistrat, elle peut le citer devant un tribunal composé de mille juges. Ils paraissent tous deux la corde au cou, et la mort est la peine de celui dont l'interprétation est rejetée. Les autres législateurs ont tous déclaré qu'il ne fallait toucher aux lois qu'avec une extrême circonspection, et dans une extrême nécessité.

---

[1] Démosthène dit que pendant deux siècles on ne fit qu'un changement aux lois de ce peuple. Suivant une de ces lois, celui qui crevait un œil à quelqu'un devait perdre l'un des siens. Un Locrien ayant menacé un borgne de lui crever un œil, celui-ci représenta que son ennemi, en s'exposant à la peine du talion infligée par la loi, éprouverait un malheur infiniment moindre que le sien. Il fut décidé qu'en pareil cas on arracherait les deux yeux à l'agresseur.

Mais quel est le fondement solide du repos et du bonheur des peuples? Ce ne sont point les lois qui règlent leur constitution ou qui augmentent leur puissance, mais les institutions qui forment les citoyens et qui donnent du ressort à leurs âmes; non les lois qui dispensent les peines et les récompenses, mais la voix du public lorsqu'elle fait une exacte répartition du mépris et de l'estime. Telle est la décision unanime des législateurs, des philosophes, de tous les Grecs, peut-être de toutes les nations. Quand on approfondit la nature, les avantages et les inconvénients des diverses espèces de gouvernements, on trouve pour dernier résultat que la différence des mœurs suffit pour détruire la meilleure des constitutions, pour rectifier la plus défectueuse.

Les lois, impuissantes par elles-mêmes, empruntent leurs forces uniquement des mœurs, qui sont autant au-dessus d'elles que la vertu est au-dessus de la probité. C'est par les mœurs qu'on préfère ce qui est honnête à ce qui n'est que juste, et ce qui est juste à ce qui n'est qu'utile. Elles arrêtent le citoyen par la crainte de l'opinion, tandis que les lois ne l'effraient que par la crainte des peines.

Sous l'empire des mœurs, les âmes montreront beaucoup d'élévation dans leurs sentiments, de méfiance pour leurs lumières, de décence et de simplicité dans leurs actions. Une certaine pudeur les pénétrera d'un saint respect pour les dieux, pour les lois, pour les magistrats, pour la puissance paternelle, pour la sagesse des vieillards, pour elles-mêmes encore plus que pour tout le reste.

De là résulte pour tout gouvernement l'indispensable nécessité de s'occuper de l'éducation des enfants, comme de l'affaire la plus essentielle; de les élever dans l'esprit et l'amour de la constitution, dans la simplicité des anciens temps, en un mot, dans les principes qui doivent à jamais régler leurs vertus, leurs opinions, leurs sentiments et leurs manières. Tous ceux qui ont médité sur l'art de gouverner les hommes ont reconnu que c'était de l'institution de la jeunesse que dépendait le sort des empires; et, d'après leurs réflexions, on doit poser ce principe lumineux : que l'éducation, les lois et les mœurs ne doivent jamais être en contradiction. Autre principe non moins certain : dans tous les états, les mœurs du peuple se conforment à celles des chefs.

Zaleucus et Charondas, peu contents de diriger au maintien des mœurs la plupart des lois qu'ils ont données, le premier aux Locriens d'Italie [1], le second à divers peuples de Sicile, ont mis à

---

[1] Suivant Timée, Zaleucus n'avait pas donné des lois aux Locriens (Cicer. *De leg.* lib. II, cap. 6, t. III, p. 141; id. *ad Attic.* lib. VI, ep. 1, t. VIII, p. 261); mais il contredisait toute l'antiquité.

la tête de leurs codes une suite de maximes qu'on peut regarder comme le fondement de la morale. J'en rapporterai quelques-unes pour achever de montrer sous quel point de vue on envisageait autrefois la législation.

Tous les citoyens, dit Zaleucus, doivent être persuadés de l'existence des dieux. L'ordre et la beauté de l'univers les convaincront aisément qu'il n'est pas l'effet du hasard, ni l'ouvrage de la main des hommes. Il faut adorer les dieux, parce qu'ils sont les auteurs des vrais biens. Il faut préparer et purifier son âme, car la Divinité n'est point honorée par l'hommage du méchant; elle n'est point flattée des sacrifices pompeux et des magnifiques spectacles dont on embellit ses fêtes; on ne peut lui plaire que par les bonnes œuvres, que par une vertu constante dans ses principes et dans ses effets, que par une ferme résolution de préférer la justice et la pauvreté à l'injustice et à l'ignominie.

Si, parmi les habitants de cette ville, hommes, femmes, citoyens, étrangers, il s'en trouve qui ne goûtent pas ces vérités, et qui soient naturellement portés au mal, qu'ils sachent que rien ne pourra soustraire le coupable à la vengeance des dieux; qu'ils aient toujours devant les yeux le moment qui doit terminer leur vie, ce moment où l'on se rappelle avec tant de regrets et de remords le mal que l'on a fait et le bien qu'on a négligé de faire.

Ainsi que chaque citoyen ait dans toutes ses actions l'heure de la mort présente à son esprit; et toutes les fois qu'un génie malfaisant l'entraînera vers le crime, qu'il se réfugie dans les temples, au pied des autels, dans tous les lieux sacrés, pour demander l'assistance divine; qu'il se sauve auprès des gens de bien, qui soutiendront sa faiblesse par le tableau des récompenses destinées à la vertu et des malheurs attachés à l'injustice.

Respectez vos parents, vos lois, vos magistrats, chérissez votre patrie, n'en désirez pas d'autre, ce désir serait un commencement de trahison. Ne dites du mal de personne : c'est aux gardiens des lois à veiller sur les coupables; mais avant de les punir, ils doivent tâcher de les ramener par leurs conseils.

Que les magistrats, dans leurs jugements, ne se souviennent ni de leurs liaisons ni de leurs haines particulières. Les esclaves peuvent être soumis par la crainte, mais des hommes libres ne doivent obéir qu'à la justice.

Dans vos projets et dans vos actions, dit Charondas, commencez par implorer le secours des dieux, qui sont les auteurs de toutes choses : pour l'obtenir, abstenez-vous du mal; car il n'y a point de société entre les dieux et l'homme injuste.

Qu'il règne entre les simples citoyens et ceux qui sont à la tête du gouvernement la même tendresse qu'entre les enfants et les pères.

Sacrifiez vos jours pour la patrie, et songez qu'il vaut mieux mourir avec honneur que de vivre dans l'opprobre.

Que les époux se gardent mutuellement la foi qu'ils se sont promise.

Vous ne devez pas honorer les morts par des larmes et par une douleur immodérée, mais par le souvenir de leurs vertus, et par les offrandes que vous porterez tous les ans sur leurs tombeaux.

Que les jeunes gens défèrent aux avis des vieillards attentifs à s'attirer le respect par la régularité de leur vie. Si ces derniers se dépouillaient de la pudeur, ils introduiraient dans l'état le mépris de la honte, et tous les vices qui en sont la suite.

Détestez l'infamie et le mensonge, aimez la vertu, fréquentez ceux qui la cultivent, et parvenez à la plus haute perfection en devenant véritablement honnête homme. Volez au secours du citoyen opprimé; soulagez la misère du pauvre, pourvu qu'elle ne soit pas le fruit de l'oisiveté. Méprisez celui qui se rend l'esclave de ses richesses, et décernez l'ignominie à celui qui se construit une maison plus magnifique que les édifices publics. Mettez de la décence dans vos expressions, réprimez votre colère, et ne faites pas d'imprécations contre ceux mêmes qui vous ont fait du tort.

Que tous les citoyens aient toujours ces préceptes devant les yeux, et qu'aux jours de fêtes on les récite à haute voix dans les repas, afin qu'ils se gravent encore mieux dans les esprits.

CHAPITRE LXIII.

Denys, roi de Syracuse, à Corinthe. Exploits de Timoléon.

De retour à Athènes après onze ans d'absence, nous crûmes, pour ainsi dire, y venir pour la première fois. La mort nous avait privés de plusieurs de nos amis et de nos connaissances; des familles entières avaient disparu, d'autres s'étaient élevées à leur place; on nous recevait comme étrangers dans des maisons que nous fréquentions auparavant; c'était partout la même scène et d'autres acteurs.

La tribune aux harangues retentissait sans cesse de plaintes contre Philippe. Les uns en étaient alarmés, les autres les écoutaient avec indifférence. Démosthène avait récemment accusé Eschine de s'être vendu à ce prince lorsqu'il fut envoyé en Macédoine pour conclure la dernière paix; et comme Eschine avait relevé la modestie des anciens orateurs, qui, en haranguant le peuple, ne se livraient pas à des gestes outrés : Non, non, s'écria Démosthène, ce n'est point à la tribune, mais dans une ambassade, qu'il faut cacher ses mains sous son manteau. Le trait réussit, et cependant l'accusation n'eut pas de suite.

Nous fûmes pendant quelque temps accablés de questions sur l'Égypte et sur la Perse; je repris ensuite mes anciennes recherches. Un jour que je traversais la place publique, je vis un grand nombre de nouvellistes qui allaient, venaient, s'agitaient en tumulte, et ne savaient comment exprimer leur surprise. Qu'est-il donc arrivé? dis-je en m'approchant. Denys est à Corinthe, répondit-on. — Quel Denys? — Ce roi de Syracuse si puissant et si redouté. Timoléon l'a chassé du trône, et l'a fait jeter sur une galère qui vient de le mener à Corinthe. Il est arrivé[1] sans escorte, sans amis, sans parents; il a tout perdu, excepté le souvenir de ce qu'il était.

Cette nouvelle me fut bientôt confirmée par Euryale, que je trouvai chez Apollodore. C'était un Corinthien avec qui j'avais des liaisons, et qui en avait eu autrefois avec Denys : il devait retourner quelques mois après à Corinthe ; je résolus de l'accompagner, et de contempler à loisir un des plus singuliers phénomènes de la fortune.

En arrivant dans cette ville, nous trouvâmes à la porte d'un cabaret un gros homme enveloppé d'un méchant habit, à qui le maître de la maison semblait accorder par pitié les restes de quelques bouteilles de vin. Il recevait et repoussait en riant les plaisanteries grossières de quelques femmes de mauvaise vie, et ses bons mots amusaient la populace assemblée autour de lui.

Euryale me proposa, je ne sais sous quel prétexte, de descendre de voiture et de ne pas quitter cet homme. Nous le suivîmes en un endroit où l'on exerçait des femmes qui devaient, à la prochaine fête, chanter dans les chœurs : il leur faisait répéter leur rôle, dirigeait leurs voix, et disputait avec elles sur la manière de rendre certains passages. Il fut ensuite chez un parfumeur, où s'offrirent d'abord à nos yeux le philosophe Diogène et le musicien Aristoxène[2], qui depuis quelques jours étaient arrivés à Corinthe. Le premier, s'approchant de l'inconnu, lui dit : « Tu ne méritais pas le sort que tu éprouves. Tu compatis donc à mes maux? répondit

[1] L'an 343 avant J.-C.
[2] C'est le même, sans doute, dont il nous reste un traité de musique, inséré dans le *Recueil* de Meibomius.

CHAPITRE LXIII.

cet infortuné; je t'en remercie. Moi, compatir à tes maux! reprit Diogène : tu te trompes, vil esclave; tu devais vivre et mourir comme ton père, dans l'effroi des tyrans; et je suis indigné de te voir dans une ville où tu peux sans crainte goûter encore quelques plaisirs.

Euryale, dis-je alors tout étonné, c'est donc là le roi de Syracuse? — C'est lui-même, répondit-il : il ne me reconnaît pas; sa vue est affaiblie par les excès du vin : écoutons la suite de la conversation. Denys la soutint avec autant d'esprit que de modération. Aristoxène lui demanda la cause de la disgrâce de Platon. « Tous les maux assiégent un tyran, répondit-il; le plus dangereux est d'avoir des amis qui lui cachent la vérité. Je suivis leurs avis; j'éloignai Platon. Qu'en arriva-t-il? j'étais roi à Syracuse, je suis maître d'école à Corinthe. » En effet, nous le vîmes plus d'une fois dans un carrefour expliquer à des enfants les principes de la grammaire.

Le même motif qui m'avait conduit à Corinthe y attirait journellement quantité d'étrangers. Les uns, à l'aspect de ce malheureux prince, laissaient échapper des mouvements de pitié; la plupart se repaissaient avec délices d'un spectacle que les circonstances rendaient plus intéressant. Comme Philippe était sur le point de donner des fers à la Grèce, ils assouvissaient sur le roi de Syracuse la haine que leur inspirait le roi de Macédoine. L'exemple instructif d'un tyran plongé tout à coup dans la plus profonde humiliation fut bientôt l'unique consolation de ces fiers républicains; quelque temps après, les Lacédémoniens ne répondirent aux menaces de Philippe que par ces mots énergiques : *Denys à Corinthe*.

Nous eûmes plusieurs conversations avec ce dernier; il faisait sans peine l'aveu de ses fautes, apparemment parce qu'elles ne lui avaient guère coûté. Euryale voulut savoir ce qu'il pensait des hommages qu'on lui rendait à Syracuse. J'entretenais, répondit-il, quantité de sophistes et de poètes dans mon palais; je ne les estimais point; cependant ils me faisaient une réputation. Mes courtisans s'aperçurent que ma vue commençait à s'affaiblir; ils devinrent, pour ainsi dire, tous aveugles; ils ne discernaient plus rien : s'ils se rencontraient en ma présence, ils se heurtaient les uns contre les autres : dans nos soupers j'étais obligé de diriger leurs mains, qui semblaient errer sur la table. — Et n'étiez-vous pas offensé de cette bassesse? lui dit Euryale. — Quelquefois, reprit Denys; mais il est si doux de pardonner!

Dans ce moment, un Corinthien qui voulait être plaisant, et dont on soupçonnait la probité, parut sur le seuil de la porte; il s'arrêta, et, pour montrer qu'il n'avait point de poignard sous sa robe, il affecta de la secouer à plusieurs reprises, comme font ceux qui abordent les tyrans. Cette épreuve serait mieux placée, lui dit le prince, quand vous sortirez d'ici.

Quelques moments après, un autre particulier entra, et l'excéda par ses importunités. Denys nous dit tout bas en soupirant : « Heureux ceux qui ont appris à souffrir dès leur enfance ! »

De pareils outrages se renouvelaient à tous moments : il cherchait lui-même à se les attirer ; couvert de haillons, il passait sa vie dans les cabarets, dans les rues, avec des gens du peuple, devenus les compagnons de ses plaisirs. On discernait encore dans son âme ce fonds d'inclinations basses qu'il reçut de la nature et ces sentiments élevés qu'il devait à son premier état ; il parlait comme un sage, il agissait comme un fou. Je ne pouvais expliquer le mystère de sa conduite ; un Syracusain, qui l'avait étudié avec attention, me dit : Outre que son esprit est trop faible et trop léger pour avoir plus de mesure dans l'adversité que dans la prospérité, il s'est aperçu que la vue d'un tyran, même détrôné, répand la défiance et l'effroi parmi des hommes libres. S'il préférait l'obscurité à l'avilissement, sa tranquillité serait suspecte aux Corinthiens, qui favorisent la révolte de la Sicile. Il craint qu'ils ne parviennent à le craindre, et se sauve de leur haine par leur mépris.

Il l'avait obtenu tout entier pendant mon séjour à Corinthe ; et, dans la suite, il mérita celui de toute la Grèce. Soit misère, soit dérangement d'esprit, il s'enrôla dans une troupe de prêtres de Cybèle, il parcourait avec eux les villes et les bourgs, un tympanon à la main, chantant, dansant autour de la figure de la déesse, et tendant la main pour recevoir quelques faibles aumônes.

Avant de donner ces scènes humiliantes, il avait eu la permission de s'absenter de Corinthe et de voyager dans la Grèce. Le roi de Macédoine le reçut avec distinction. Dans leur premier entretien, Philippe lui demanda comment il avait pu perdre cet empire que son père avait conservé pendant si long-temps : « C'est, répondit-il, que j'héritai de sa puissance et non de sa fortune. » Un Corinthien lui ayant déjà fait la même question, il avait répondu : « Quand mon père monta sur le trône, les Syracusains étaient las de la démocratie ; quand on m'a forcé d'en descendre, ils l'étaient de la tyrannie. »

Un jour qu'à la table du roi de Macédoine on s'entretenait des poésies de Denys-l'Ancien : « Mais quel temps choisissait votre père, lui dit Philippe, pour composer un si grand nombre d'ouvrages ? — Celui, répondit-il, que vous et moi passons ici à boire. »

CHAPITRE LXIII.

Ses vices le précipitèrent deux fois dans l'infortune, et sa destinée lui opposa chaque fois un des plus grands hommes que ce siècle ait produits : Dion en premier lieu, et Timoléon ensuite. Je vais parler de ce dernier, et je raconterai ce que j'en appris dans les dernières années de mon séjour en Grèce.

On a vu plus haut[1] qu'après la mort de son frère Timoléon s'était éloigné pendant quelque temps de Corinthe, et pour toujours des affaires publiques. Il avait passé près de vingt ans dans cet exil volontaire, lorsque ceux de Syracuse, ne pouvant plus résister à leurs tyrans, implorèrent l'assistance des Corinthiens, dont ils tirent leur origine. Ces derniers résolurent de lever des troupes; mais, comme ils balançaient sur le choix du général, une voix nomma par hasard Timoléon, et fut suivie à l'instant d'une acclamation universelle. L'accusation autrefois intentée contre lui n'avait été que suspendue; les juges lui en remirent la décision : Timoléon, lui dirent-ils, suivant la manière dont vous vous conduirez en Sicile, nous conclurons que vous avez fait mourir un frère ou un tyran.

Les Syracusains se croyaient alors sans ressources. Icétas, chef des Léontins, dont ils avaient demandé l'appui, ne songeait qu'à les asservir; il venait de se liguer avec les Carthaginois. Maître de Syracuse, il tenait Denys assiégé dans la citadelle. La flotte de Carthage croisait aux environs pour intercepter celle de Corinthe. Dans l'intérieur de l'île, une fatale expérience avait appris aux villes grecques à se défier de tous ceux qui s'empressaient de les secourir.

Timoléon part avec dix galères et un petit nombre de soldats, malgré la flotte des Carthaginois, il aborde en Italie, et se rend bientôt après à Tauroménium, en Sicile. Entre cette ville et celle de Syracuse est la ville d'Adranum, dont les habitants avaient appelé les uns Icétas et les autres Timoléon. Ils marchent tous deux en même temps, le premier à la tête de cinq mille hommes, le second avec douze cents. A trente stades[2] d'Adranum, Timoléon apprend que les troupes d'Icétas viennent d'arriver, et sont occupées à se loger autour de la ville; il précipite ses pas, et fond sur elles avec tant d'ordre et d'impétuosité qu'elles abandonnent sans résistance le camp, le bagage et beaucoup de prisonniers.

Ce succès changea tout à coup la disposition des esprits et la face des affaires : la révolution fut si prompte, que, cinquante jours après son arrivée en Sicile, Timoléon vit les peuples de cette île

[1] Voyez le chapitre IX de cet ouvrage.
[2] Une lieue trois cent trente-cinq toises.

briguer son alliance, quelques-uns des tyrans joindre leurs forces aux siennes, Denys lui-même se rendre à discrétion, et lui remettre la citadelle de Syracuse avec les trésors et les troupes qu'il avait pris soin d'y rassembler.

Mon objet n'est pas de tracer ici les détails d'une si glorieuse expédition. Je dirai seulement que, si Timoléon, jeune encore, avait montré dans les combats la maturité d'un âge avancé, il montra sur le déclin de sa vie la chaleur et l'activité de la jeunesse : je dirai qu'il développa tous les talents, toutes les qualités d'un grand général; qu'à la tête d'un petit nombre de troupes il délivra la Sicile des tyrans qui l'opprimaient, et la défendit contre une puissance encore plus formidable qui voulait l'assujettir ; qu'avec six mille hommes il mit en fuite une armée de soixante-dix mille Carthaginois, et qu'enfin ses projets étaient médités avec tant de sagesse qu'il parut maîtriser les hasards et disposer des événements.

Mais la gloire de Timoléon ne consiste pas dans cette continuité rapide de succès qu'il attribuait lui-même à la fortune, et dont il faisait rejaillir l'éclat sur sa patrie; elle est établie sur une suite de conquêtes plus dignes de la reconnaissance des hommes.

Le fer avait moissonné une partie des habitants de la Sicile; d'autres, en grand nombre, s'étant dérobés par la fuite à l'oppression de leurs despotes, s'étaient dispersés dans la Grèce, dans les îles de la mer Égée, sur les côtes de l'Asie. Corinthe, remplie du même esprit que son général, les engagea par ses députés à retourner dans leur patrie; elle leur donna des vaisseaux, des chefs, une escorte, et, à leur arrivée en Sicile, des terres à partager. En même temps des hérauts déclarèrent de sa part, aux jeux solennels de la Grèce, qu'elle reconnaissait l'indépendance de Syracuse et de toute la Sicile.

A ces cris de liberté, qui retentirent aussi dans toute l'Italie, soixante mille hommes se rendirent à Syracuse, les uns pour y jouir des droits de citoyen, les autres pour être distribués dans l'intérieur de l'île.

La forme du gouvernement avait récemment essuyé de fréquentes révolutions, et les lois étaient sans vigueur. Elles avaient été rédigées pendant la guerre du Péloponnèse par une assemblée d'hommes éclairés, à la tête desquels était ce Dioclès, dont la mémoire fut consacrée par un temple que l'ancien Denys fit démolir. Ce législateur sévère avait défendu, sous peine de mort, de paraître avec des armes dans la place publique. Quelque temps après, les ennemis ayant fait une irruption aux environs de Syracuse, il sort de chez lui l'épée à la main ; il apprend au même instant qu'il s'est élevé une émeute dans la place, il y court. Un particulier s'écrie : « Vous venez d'abroger votre loi. Dites plutôt que je l'ai confirmée, » répondit-il en se plongeant l'épée dans le sein.

Ses lois établissaient la démocratie ; mais, pour corriger les vices de ce gouvernement, elles poursuivaient avec vigueur toutes les espèces d'injustices ; et, pour ne rien laisser aux caprices des juges, elles attachaient, autant qu'il est possible, une décision à chaque contestation, une peine à chaque délit. Cependant, outre qu'elles sont écrites en ancien langage, leur extrême précision nuit à leur clarté. Timoléon les revit avec Céphalus et Denys, deux Corinthiens qu'il avait attirés auprès de lui. Celles qui concernent les particuliers furent conservées avec des interprétations qui en déterminent le sens ; on réforma celles qui regardent la constitution, et l'on réprima la licence du peuple sans nuire à sa liberté. Pour lui assurer à jamais la jouissance de cette liberté, Timoléon l'invita à détruire toutes ces citadelles qui servaient de repaires aux tyrans.

La puissante république de Carthage forcée de demander la paix aux Syracusains, les oppresseurs de la Sicile successivement détruits, les villes rétablies dans leur splendeur, les campagnes couvertes de moissons, un commerce florissant, partout l'image de l'union et du bonheur, voilà les bienfaits que Timoléon répandit sur cette belle contrée : voici les fruits qu'il en recueillit lui-même.

Réduit volontairement à l'état de simple particulier, il vit sa considération s'accroître de jour en jour. Ceux de Syracuse le forcèrent d'accepter dans leur ville une maison distinguée, et aux environs une retraite agréable, où il coulait des jours tranquilles avec sa femme et ses enfants, qu'il avait fait venir de Corinthe. Il y recevait sans cesse les tributs d'estime et de reconnaissance que lui offraient les peuples, qui le regardaient comme leur second fondateur. Tous les traités, tous les règlements qui se faisaient en Sicile, on venait de près, de loin, les soumettre à ses lumières, et rien ne s'exécutait qu'avec son approbation.

Il perdit la vue dans un âge assez avancé. Les Syracusains, plus touchés de son malheur qu'il ne le fut lui-même, redoublèrent d'attentions à son égard. Ils lui amenaient les étrangers qui venaient chez eux. Voilà, disaient-ils, notre bienfaiteur, notre père ; il a préféré au triomphe brillant qui l'attendait à Corinthe, à la gloire qu'il aurait acquise dans la Grèce, le plaisir de vivre au milieu de ses enfants. Timoléon n'opposait aux louanges qu'on lui prodiguait que cette réponse modeste : « Les dieux voulaient sauver la Sicile ; je leur rends grâces de m'avoir choisi pour instrument de leurs bontés. »

L'amour des Syracusains éclatait encore plus lorsque, dans l'assemblée générale, on agitait quelque question importante. Des députés l'invitaient à s'y rendre ; il montait sur un char : dès qu'il paraissait, tout le peuple le saluait à grands cris : Timoléon saluait le peuple à son tour, et, après que les transports de joie et d'amour avaient cessé, il s'informait du sujet de la délibération, et donnait son avis, qui entraînait tous les suffrages. A son retour, il traversait de nouveau la place, et les mêmes acclamations le suivaient jusqu'à ce qu'on l'eût perdu de vue.

La reconnaissance des Syracusains ne pouvait s'épuiser. Ils décidèrent que le jour de sa naissance serait regardé comme un jour de fête, et qu'ils demanderaient un général à Corinthe toutes les fois qu'ils auraient une guerre à soutenir contre quelque nation étrangère.

A sa mort, la douleur publique ne trouva de soulagement que dans les honneurs accordés à sa mémoire. On donna le temps aux habitants des villes voisines de se rendre à Syracuse pour assister au convoi. Des jeunes gens choisis par le sort portèrent le corps sur leurs épaules. Il était étendu sur un lit richement paré ; un nombre infini d'hommes et de femmes l'accompagnaient, couronnés de fleurs, vêtus de robes blanches, et faisant retentir les airs du nom et des louanges de Timoléon ; mais leurs gémissements et leurs larmes attestaient encore mieux leur tendresse et leur douleur.

Quand le corps fut mis sur le bûcher, un héraut lut à haute voix le décret suivant : « Le peuple de Syracuse, en reconnaissance de ce que Timoléon a détruit les tyrans, vaincu les barbares, rétabli plusieurs grandes villes, donné des lois aux Siciliens, a résolu de consacrer deux cents mines[1] à ses funérailles, et d'honorer tous les ans sa mémoire par des combats de musique, des courses de chevaux et des jeux gymniques. »

D'autres généraux se sont signalés par des conquêtes plus brillantes ; aucun n'a fait de si grandes choses. Il entreprit la guerre pour travailler au bonheur de la Sicile ; et quand il l'eut terminée, il ne lui resta plus d'autre ambition que d'être aimé.

Il fit respecter et chérir l'autorité pendant qu'il en était revêtu ; lorsqu'il s'en fut dépouillé, il la respecta et la chérit plus que les autres citoyens. Un jour, en pleine assemblée, deux orateurs osèrent l'accuser d'avoir malversé dans les places qu'il avait

[1] Dix-huit mille livres.

remplies. Il arrêta le peuple soulevé contre eux : « Je n'ai affronté, dit-il, tant de travaux et de dangers que pour mettre le moindre des citoyens en état de défendre les lois et de dire librement sa pensée. »

Il exerça sur les cœurs un empire absolu, parce qu'il fut doux, modeste, simple, désintéressé, et surtout infiniment juste. Tant de vertus désarmaient ceux qui étaient accablés de l'éclat de ses actions et de la supériorité de ses lumières. Timoléon éprouva qu'après avoir rendu de grands services à une nation il suffit de la laisser faire pour en être adoré.

CHAPITRE LXIV.
Suite de la bibliothèque. Physique. Histoire naturelle. Génies.

A mon arrivée de Corinthe je retournai chez Euclide : il me restait à parcourir une partie de sa bibliothèque ; je l'y trouvai avec Méton et Anaxarque. Le premier était d'Agrigente en Sicile, et de la même famille que le célèbre Empédocle ; le second était d'Abdère en Thrace, et de l'école de Démocrite ; tous deux, un livre à la main, paraissaient ensevelis dans une méditation profonde.

Euclide me montra quelques traités sur les animaux, sur les plantes, sur les fossiles. Je ne suis pas fort riche en ce genre, me dit-il ; le goût de l'histoire naturelle et de la physique proprement dite ne s'est introduit parmi nous que depuis quelques années. Ce n'est pas que plusieurs hommes de génie ne se soient anciennement occupés de la nature ; je vous ai montré autrefois leurs ouvrages, et vous vous rappelez sans doute ce discours où le grand-prêtre de Cérès vous donna une idée succincte de leurs systèmes[1]. Vous apprîtes alors qu'ils cherchèrent à connaître les causes plutôt que les effets, la matière des êtres plutôt que leurs formes.

Socrate dirigea la philosophie vers l'utilité publique ; et ses disciples, à son exemple, consacrèrent leurs veilles à l'étude de l'homme. Celle du reste de l'univers, suspendue pendant près d'un siècle, et renouvelée de nos jours, procède avec plus de lumières et de sagesse. On agite, à la vérité, ces questions générales qui avaient divisé les anciens philosophes ; mais on tâche en même temps de remonter des effets aux causes, du connu à l'inconnu. En conséquence, on s'occupe des détails avec un soin particulier, et l'on commence à recueillir les faits et à les comparer.

Un défaut essentiel arrêtait autrefois les progrès de la science ;

[1] Voyez le chapitre XXX de cet ouvrage.

on n'était pas assez attentif à expliquer l'essence de chaque corps, ni à définir les termes dont on se servait : cette négligence avait fini par inspirer tant de dégoût, que l'étude de la physique fut abandonnée au moment précis où commença l'art des définitions. Ce fut au temps de Socrate.

À ces mots Anaxarque et Méton s'approchèrent de nous. Est-ce que Démocrite, dit le premier, n'a pas donné des définitions exactes? Est-ce qu'Empédocle, dit le second, ne s'est pas attaché à l'analyse des corps? Plus fréquemment que les autres philosophes, répondit Euclide, mais pas aussi souvent qu'il l'aurait dû. La conversation devint alors plus animée : Euclide défendait avec vivacité la doctrine d'Aristote, son ami ; Anaxarque et Méton, celle de leurs compatriotes. Ils accusèrent plus d'une fois Aristote d'avoir altéré dans ses ouvrages les systèmes des anciens, pour les combattre avec avantage. Méton alla plus loin : il prétendit qu'Aristote, Platon, Socrate même, avaient puisé dans les écrits des pythagoriciens d'Italie et de Sicile presque tout ce qu'ils ont enseigné sur la nature, la politique et la morale. C'est dans ces heureuses contrées, ajouta-t-il, que la vraie philosophie a pris naissance, et c'est à Pythagore que l'on doit ce bienfait.

J'ai une profonde vénération pour ce grand homme, reprit Euclide ; mais, puisque lui et d'autres philosophes se sont approprié, sans en avertir, les richesses de l'Égypte, de l'Orient et de tous les peuples que nous nommons barbares, n'avions-nous pas le même droit de les transporter dans la Grèce? Ayons le courage de nous pardonner mutuellement nos larcins, ayez celui de rendre à mon ami la justice qu'il mérite. Je lui ai souvent ouï dire qu'il faut discuter les opinions avec l'équité d'un arbitre impartial ; s'il s'est écarté de cette règle, je le condamne. Il ne cite pas toujours les auteurs dont il emprunte les lumières, parce qu'il a déclaré en général que son dessein était d'en profiter : il les cite plus souvent quand il les réfute, parce que la célébrité de leur nom n'était que trop capable d'accréditer les erreurs qu'il voulait détruire.

Aristote s'est emparé du dépôt des connaissances, accru par vos soins et par les nôtres ; il l'augmentera par ses travaux, et, en le faisant passer à la postérité, il élèvera le plus superbe des monuments, non à la vanité d'une école en particulier, mais à la gloire de toutes nos écoles.

Je le connus à l'Académie ; nos liens se fortifièrent avec les années, et, depuis qu'il est sorti d'Athènes, j'entretiens avec lui une correspondance suivie. Vous, qui ne pouvez le juger que d'après le petit nombre d'ouvrages qu'il a publiés, apprenez quelle est l'étendue de ses projets, et reprochez-lui, si vous l'osez, des erreurs et des omissions.

La nature, qui ne dit rien à la plupart des hommes, l'avertit de bonne heure qu'elle l'avait choisi pour son confident et son interprète. Je ne vous dirai pas que, né avec les plus heureuses dispositions, il fit les plus rapides progrès dans la carrière des sciences et des arts, qu'on le vit, dès sa plus tendre jeunesse, dévorer les ouvrages des philosophes, se délasser dans ceux des poètes, s'approprier les connaissances de tous les pays et de tous les temps; ce serait le louer comme on loue le commun des grands hommes. Ce qui le distingue, c'est d'allier dans les recherches l'activité la plus surprenante avec la constance la plus opiniâtre ; c'est encore cette vue perçante, cette sagacité extraordinaire qui le conduit dans un instant aux résultats, et qui ferait croire souvent que son esprit agit plutôt par instinct que par réflexion ; c'est enfin d'avoir conçu que tout ce que la nature et l'art présentent à nos yeux n'est qu'une suite immense de faits, tenant tous à une chaîne commune, souvent trop semblables pour n'être pas facilement confondus, et trop différents pour ne devoir pas être distingués. De là le parti qu'il a pris d'assurer sa marche par le doute, de l'éclairer par l'usage fréquent des définitions, des divisions et des subdivisions, et de ne s'avancer vers le séjour de la vérité qu'après avoir reconnu les dehors de l'enceinte qui la tient renfermée.

Telle est la méthode qu'il suivra dans l'exécution d'un projet qui effraierait tout autre que lui : c'est l'histoire générale et particulière de la nature. Il prendra d'abord les grandes masses, l'origine ou l'éternité du monde; les causes, les principes et l'essence des êtres ; la nature et l'action réciproque des éléments ; la composition et la décomposition des corps. Là seront rappelées et discutées les questions sur l'infini, sur le mouvement, le vide, l'espace et le temps.

Il décrira, en tout ou en partie, ce qui existe, et qui s'opère dans les cieux, dans l'intérieur et sur la surface de notre globe : dans les cieux, les météores, les distances et les révolutions des planètes, la nature des astres et des sphères auxquelles ils sont attachés ; dans le sein de la terre, les fossiles, les minéraux, les secousses violentes qui bouleversent le globe; sur sa surface, les mers, les fleuves, les plantes, les animaux.

Comme l'homme est soumis à une infinité de besoins et de devoirs, il sera suivi dans tous ses rapports. L'anatomie du corps humain, la nature et les facultés de l'âme, les objets et les organes des sensations, les règles propres à diriger les plus fines opérations de l'esprit et les plus secrets mouvements du cœur, les lois, les gouvernements, les sciences, les arts ; sur tous ces objets intéressants, l'historien joindra ses lumières à celles des siècles qui l'ont précédé ; et, conformément à la méthode de plusieurs philosophes, appliquant toujours la physique à la morale, il nous rendra plus éclairés pour nous rendre plus heureux.

Voilà le plan d'Aristote, autant que je l'ai pu comprendre par ses conversations et par ses lettres : je ne sais s'il pourra s'assujettir à l'ordre que je viens d'indiquer. Et pourquoi ne le suivrait-il pas? lui dis-je. C'est, répondit Euclide, que certaines matières exigent des éclaircissements préliminaires. Sans sortir de son cabinet, où il a rassemblé une bibliothèque précieuse, il est en état de traiter une quantité de sujets ; mais, quand il faudra tracer l'histoire et les mœurs de tous les animaux répandus sur la terre, de quelle longue et pénible suite d'observations n'aura-t-il pas besoin ! Cependant son courage s'enflamme par les obstacles; outre les matériaux qui sont entre ses mains, il fonde de justes espérances sur la protection de Philippe, dont il a mérité l'estime, et sur celle d'Alexandre, dont il va diriger l'éducation. S'il est vrai, comme on le dit, que ce jeune prince montre un goût très-vif pour les sciences, j'espère que, parvenu au trône, il mettra son instituteur à portée d'en hâter les progrès.

A peine Euclide eut achevé, qu'Anaxarque prenant la parole : Je pourrais, dit-il, attribuer à Démocrite le même projet que vous prêtez à Aristote. Je vois ici les ouvrages sans nombre qu'il a publiés sur la nature et les différentes parties de l'univers ; sur les animaux et les plantes ; sur notre âme, nos sens, nos devoirs, nos vertus; sur la médecine, l'anatomie, la géographie; j'ajoute sur la musique et la poésie. Et je ne parle pas de ce style enchanteur qui répand des grâces sur les matières les plus abstraites. L'estime publique l'a placé au premier rang des physiciens qui ont appliqué les effets aux causes. On admire dans ses écrits une suite d'idées neuves, quelquefois trop hardies, souvent heureuses. Vous savez qu'à l'exemple de Leucippe son maître, dont il perfectionna le système, il admit le vide, les atomes, les tourbillons; qu'il regarda la lune comme une terre couverte d'habitants; qu'il prit la Voie lactée pour une multitude d'étoiles; qu'il réduisit toutes nos sensations à celle du toucher, et qu'il nia toujours que les couleurs et les autres qualités sensibles fussent inhérentes aux corps.

Quelques-unes de ces vues avaient été proposées, mais il eut le mérite de les adopter et de les étendre. Il fut le premier à concevoir les autres, et la postérité jugera si ce sont des traits de génie, ou des écarts de l'esprit : peut-être même découvrira-t-elle ce qu'il n'a pu que deviner. Si je pouvais soupçonner vos philosophes de jalousie, je dirais que, dans leurs ouvrages, Platon affecte de ne le point nommer, et Aristote de l'attaquer sans cesse.

Euclide se récria contre ce reproche. On reprit les questions déjà traitées ; tantôt chaque athlète combattait sans second, tantôt le troisième avait à soutenir les efforts des deux autres. En supprimant les discussions, pour m'en tenir aux résultats, je vais exposer en peu de mots l'opinion d'Aristote et celle d'Empédocle sur l'origine et l'administration de l'univers. J'ai rapporté dans un autre endroit celle de Démocrite sur le même sujet [1].

Tous les philosophes, dit Euclide, ont avancé que le monde avait été fait pour toujours subsister, suivant les uns ; pour finir un jour, suivant les autres ; pour finir et se reproduire dans des intervalles périodiques, suivant les troisièmes. Aristote soutient que le monde a toujours été et sera toujours. Permettez que je vous interrompe, dit Méton : avant Aristote, plusieurs de nos pythagoriciens, et entre autres Ocellus de Lucanie, avaient admis l'éternité du monde. Je l'avoue, répondit Euclide ; mais Aristote a fortifié ce sentiment par de nouvelles preuves. Je me borne à celles qu'il tire du mouvement. En effet, dit-il, si le mouvement a commencé, il fut, dans l'origine, imprimé à des êtres préexistants ; ces êtres avaient été produits ou existaient de toute éternité. Dans le premier cas, ils ne purent être produits que par un mouvement antérieur à celui que nous supposons être le premier ; dans le second cas, il faut dire que les êtres, avant d'être mus, étaient en repos : or, l'idée du repos entraîne toujours celle d'un mouvement suspendu, dont il est la privation. Le mouvement est donc éternel.

Quelques-uns admettent l'éternité de la matière, et donnent une origine à l'univers : les parties de la matière, disent-ils, furent agitées sans ordre dans le chaos, jusqu'au moment où elles se réunirent pour former les corps. Nous répondons que leur mouvement devait être conforme ou contraire aux lois de la nature, puisque nous n'en connaissons pas d'autres. S'il leur était conforme, le monde a toujours été ; s'il leur était contraire, il n'a jamais pu être : car, dans la première supposition, les parties de la matière auraient pris d'elles-mêmes, et de toute éternité, l'arrangement qu'elles conservent aujourd'hui ; dans la seconde, elles n'auraient jamais pu le prendre, puisque le mouvement contre nature sépare et détruit, au lieu de réunir et de construire. Et qui concevra jamais que des mouvements irréguliers aient pu composer des

[1] Voyez le chapitre XXX de cet ouvrage.

substances telles que les os, la chair et les autres parties de notre corps?

Nous apercevons partout une suite de forces motrices qui, en opérant les unes sur les autres, produisent une continuité de causes et d'effets. Ainsi la pierre est remuée par le bâton, le bâton par le bras, le bras par la volonté, etc. La série de ces forces, ne pouvant se prolonger à l'infini, s'arrête à des moteurs, ou plutôt à un moteur unique qui existe de toute éternité : c'est l'être nécessaire, le premier et le plus excellent des êtres ; c'est Dieu lui-même. Il est immuable, intelligent, indivisible, sans étendue ; il réside au-dessus de l'enceinte du monde, il y trouve son bonheur dans la contemplation de lui-même.

Comme sa puissance est toujours en action, il communique et communiquera sans interruption le mouvement au premier mobile, à la sphère des cieux où sont les étoiles fixes ; il l'a communiqué de toute éternité. Et en effet, quelle force aurait enchaîné son bras, ou pourrait l'enchaîner dans la suite? Pourquoi le mouvement aurait-il commencé dans une époque plutôt que dans une autre? Pourquoi finirait-il un jour?

Le mouvement du premier mobile se communique aux sphères inférieures, et les fait rouler tous les jours d'orient en occident, mais chacune d'elles a de plus un ou plusieurs mouvements dirigés par des substances éternelles et immatérielles.

Ces agents secondaires sont subordonnés au premier moteur, à peu près comme dans une armée les officiers le sont au général. Ce dogme n'est pas nouveau. Suivant les traditions antiques, la Divinité embrasse la nature entière. Quoiqu'on les ait altérées par des fables monstrueuses, elles n'en conservent pas moins les débris de la vraie doctrine.

Le premier mobile étant mu par l'action immédiate du premier moteur, action toujours simple, toujours la même, il n'éprouve point de changement, point de génération ni de corruption. C'est dans cette uniformité constante et paisible que brille le caractère de l'immortalité.

Il en est de même des sphères inférieures ; mais la diversité de leurs mouvements produit sur la terre et dans la région sublunaire des révolutions continuelles, telles que la destruction et la reproduction des corps.

Euclide, après avoir tâché de montrer la liaison de ces effets aux causes qu'il venait de leur assigner, continua de cette manière :

L'excellence et la beauté de l'univers consistent dans l'ordre qui le perpétue ; ordre qui éclate plus dans les cieux que sur la terre ;

ordre auquel tous les êtres tendent plus ou moins directement. Comme dans une maison bien réglée, les hommes libres, les esclaves, les bêtes de somme concourent au maintien de la communauté avec plus ou moins de zèle et de succès, suivant qu'ils approchent plus ou moins de la personne du chef ; de même, dans le système général des choses, tous les efforts sont dirigés à la conservation du tout, avec plus de promptitude et de concert dans les cieux, où l'influence du premier moteur se fait mieux sentir; avec plus de négligence et de confusion dans les espaces sublunaires, parce qu'ils sont plus éloignés de ses regards.

De cette tendance universelle des êtres à un même but, il résulte que la nature, loin de rien faire d'inutile, cherche toujours le mieux possible et se propose une fin dans toutes ses opérations.

A ces mots, les deux étrangers s'écrièrent à la fois : Eh! pourquoi recourir à des causes finales? Qui vous a dit que la nature choisit ce qui convient le mieux à chaque espèce d'êtres ? Il pleut sur nos campagnes, est-ce pour les fertiliser? Non sans doute; c'est parce que les vapeurs attirées par le soleil et condensées par le froid acquièrent par leur réunion une gravité qui les précipite sur la terre. C'est par accident qu'elles font croître votre blé et le pourrissent quand il est amoncelé dans votre aire. C'est par accident que vous avez des dents propres à diviser les aliments, et d'autres propres à les broyer. Dans l'origine des choses, ajouta Méton, quand le hasard ébauchait les animaux, il forma des têtes qui n'étaient point attachées à des cous. Bientôt il parut des hommes à la tête de taureau, des taureaux à face humaine. Ces faits sont confirmés par la tradition, qui place après le débrouillement du chaos des géants, des corps armés de quantité de bras, des hommes qui n'avaient qu'un œil. Ces races périrent par quelque vice de conformation, d'autres ont subsisté. Au lieu de dire que ces dernières étaient mieux organisées, on a supposé une proportion entre leurs actions et leur fin prétendue.

Presque aucun des anciens philosophes, répondit Euclide, n'a cru devoir admettre comme principe ce qu'on appelle hasard ou fortune. Ces mots vagues n'ont été employés que pour expliquer des effets qu'on n'avait pas prévus, et ceux qui tiennent à des causes éloignées ou jusqu'à présent ignorées. A proprement parler, la fortune et le hasard ne produisent rien par eux-mêmes ; et si, pour nous conformer au langage vulgaire, nous les regardons comme des causes accidentelles, nous n'en admettons pas moins l'intelligence et la nature pour causes premières. Vous n'ignorez pas, dit alors Anaxarque, que le mot *nature* a diverses acceptions.

Dans quel sens le prenez-vous ici ? J'entends par ce mot, répondit Euclide, le principe du mouvement subsistant par lui-même dans les éléments du feu, de l'air, de la terre et de l'eau. Son action est toujours uniforme dans les cieux ; elle est souvent contrariée par des obstacles dans la région sublunaire. Par exemple, la propriété naturelle du feu est de s'élever, cependant une force étrangère l'oblige souvent à prendre une direction opposée. Aussi, quand il s'agit de cette région, la nature est non-seulement le principe du mouvement, mais elle l'est encore, par accident, du repos et du changement.

Elle nous présente des révolutions constantes et régulières, des effets qui sont invariables ou presque toujours les mêmes. Permettez que je ne m'arrête qu'à ceux-là ; oseriez-vous les regarder comme des cas fortuits ? Sans m'étendre sur l'ordre admirable qui brille dans les sphères supérieures, direz-vous que c'est par hasard que les pluies sont constamment plus fréquentes en hiver qu'en été, les chaleurs plus fortes en été qu'en hiver ? Jetez les yeux sur les plantes, et principalement sur les animaux, où la nature s'exprime avec des traits plus marqués : quoique les derniers agissent sans recherche et sans délibération, leurs actions néanmoins sont tellement combinées qu'on a douté si les araignées et les fourmis ne sont pas douées d'intelligence. Or, si l'hirondelle a un objet en construisant son nid, et l'araignée en ourdissant sa toile ; si les plantes se couvrent de feuilles pour garantir leurs fruits ; et si leurs racines, au lieu de s'élever, s'enfoncent dans la terre pour y puiser des sucs nourriciers, ne reconnaîtrez-vous pas que la cause finale se montre clairement dans ces effets toujours reproduits de la même manière ?

L'art s'écarte quelquefois de son but, même lorsqu'il délibère ; il l'atteint quelquefois, même sans délibérer : il n'en est pas moins vrai qu'il a toujours une fin. On peut dire la même chose de la nature. D'un côté, des obstacles l'arrêtent dans ses opérations, et les monstres sont ses écarts ; d'un autre côté, en forçant des êtres incapables de délibération à se reproduire, elle les conduit à l'objet qu'elle se propose. Quel est cet objet ? la perpétuité des espèces. Quel est le plus grand bien de ces espèces ? leur existence et leur conservation.

Pendant qu'Euclide exposait ainsi les idées d'Aristote, Anaxarque et Méton lui arrachaient des aveux qu'ils tournèrent bientôt contre lui.

Vous reconnaissez, lui dirent-ils, un Dieu, un premier moteur, dont l'action immédiate entretient éternellement l'ordre dans les cieux ; mais vous nous laissez ignorer jusqu'à quel point son influence agit sur la terre. Pressé par nos instances, vous avez d'abord avancé que le ciel et la nature sont dans sa dépendance : vous avez dit ensuite, avec restriction, que tous les mouvements lui sont *en quelque façon* subordonnés ; qu'il *paraît* être la cause et le principe de tout ; qu'il *paraît* prendre quelque soin des choses humaines : vous avez enfin ajouté qu'il ne peut voir dans l'univers que lui-même ; que l'aspect du crime et du désordre souillerait ses regards ; qu'il ne saurait être l'auteur ni de la prospérité des méchants, ni de l'infortune des gens de bien : pourquoi ces doutes, ces restrictions ? expliquez-vous nettement. Sa vigilance s'étend-elle sur les hommes ?

Comme celle d'un chef de famille, répondit Euclide, s'étend sur ses derniers esclaves. La règle établie chez lui pour le maintien de la maison, et non pour leur bien particulier, n'en subsiste pas moins, quoiqu'ils s'en écartent souvent ; il ferme les yeux sur les divisions et sur les vices inséparables de leur nature : si des maladies les épuisent, s'ils se détruisent entre eux, ils sont bientôt remplacés. Ainsi, dans ce petit coin du monde où les hommes sont relégués, l'ordre se soutient par l'impression générale de la volonté de l'Être suprême. Les bouleversements qu'éprouve ce globe et les maux qui affligent l'humanité, n'arrêtent point la marche de l'univers ; la terre subsiste, les générations se renouvellent, et le grand objet du premier moteur est rempli.

Vous m'excuserez, ajouta-t-il, si je n'entre pas dans de plus grands détails : Aristote n'a pas encore développé ce point de doctrine, et peut-être le négligera-t-il ; car il s'attache plus aux principes de la physique qu'à ceux de la théologie. Je ne sais même si j'ai bien saisi ses idées : le récit d'une opinion que l'on ne connaît que par de courts entretiens, sans suite et sans liaison, ressemble souvent à ces ouvrages défigurés par l'inaction et l'ignorance des copistes.

Euclide cessa de parler, et Méton, prenant la parole : Empédocle, disait-il, illustra sa patrie par ses lois, et la philosophie par ses écrits ; son poème sur la nature et tous ses ouvrages en vers fourmillent de beautés qu'Homère n'aurait pas désavouées. Je conviens néanmoins que ses métaphores, quelque heureuses qu'elles soient, nuisent à la précision de ses idées et ne servent quelquefois qu'à jeter un voile brillant sur les opérations de la nature. Quant aux dogmes, il suivit Pythagore, non avec la déférence aveugle d'un soldat, mais avec la noble audace d'un chef de parti et l'indépendance d'un homme qui avait mieux aimé vivre en simple particulier dans une ville libre que de régner sur des esclaves. Quoiqu'il se soit principalement occupé des phénomènes de la nature, il n'en expose pas moins son opinion sur les premières causes.

Dans ce monde, qui n'est qu'une petite portion du tout, et au delà duquel il n'y a ni mouvement ni vie, nous distinguons deux principes : l'un actif, qui est Dieu ; l'autre passif, qui est la matière.

Dieu, intelligence suprême, source de vérité, ne peut être conçu que par l'esprit. La matière n'était qu'un assemblage de parties subtiles, similaires, rondes, immobiles, possédant par essence deux propriétés, que nous désignons sous le nom d'amour et de haine, destinées, l'une à joindre ces parties, l'autre à les séparer. Pour former le monde, Dieu se contenta de donner de l'activité à ces deux forces motrices, jusqu'alors enchaînées : aussitôt elles s'agitèrent, et le chaos fut en proie aux horreurs de la haine et de l'amour. Dans son sein bouleversé de fond en comble, des torrents de matière roulaient avec impétuosité et se brisaient les uns contre les autres : les parties similaires, tour à tour attirées et repoussées, se réunirent enfin, et formèrent les quatre éléments, qui, après de nouveaux combats, produisirent des natures informes, des êtres monstrueux, remplacés dans la suite par des corps dont l'organisation était plus parfaite.

C'est ainsi que le monde sortit du chaos ; c'est ainsi qu'il y rentrera ; car ce qui est composé a un commencement, un milieu et une fin. Tout se meut et subsiste, tant que l'amour fait une seule chose de plusieurs et que la haine en fait plusieurs d'une seule ; tout s'arrête et se décompose quand ces deux principes contraires ne se balancent plus. Ces passages réciproques du mouvement au repos, de l'existence des corps à leur dissolution, reviennent dans des intervalles périodiques. Des dieux et des génies dans les cieux, des âmes particulières dans les animaux et dans les plantes, une âme universelle dans le monde, entretiennent partout le mouvement et la vie. Ces intelligences, dont un feu très-pur et très-subtil compose l'essence, sont subordonnées à l'Être suprême, de même qu'un chœur de musique l'est à son coryphée, une armée à son général ; mais comme elles émanent de cet être, l'école de Pythagore leur donne le nom de substances divines ; et de là viennent ces expressions qui lui sont familières : « que le sage est un dieu ; que la divinité est l'esprit et l'âme du monde ; qu'elle pénètre la matière, s'incorpore avec elle et la vivifie. » Gardez-vous d'en conclure que la nature divine est divisée en une infinité de parcelles. Dieu est l'unité même ; il se communique, mais il ne se partage point.

Il réside dans la partie la plus élevée des cieux ; ministres de ses volontés, les dieux inférieurs président aux astres, et les génies à la terre, ainsi qu'à l'espace, dont elle est immédiatement entourée. Dans les sphères voisines du séjour qu'il habite, tout est bien, tout est dans l'ordre, parce que les êtres les plus parfaits ont été placés auprès de son trône et qu'ils obéissent aveuglément au destin, je veux dire aux lois qu'il a lui-même établies. Le désordre commence à se faire sentir dans les espaces intermédiaires ; et le mal prévaut totalement sur le bien dans la région sublunaire, parce que c'est là que se déposèrent le sédiment et la lie de toutes ces substances que les chocs multipliés de la haine et de l'amour ne purent conduire à leur perfection. C'est là que quatre causes principales influent sur nos actions · Dieu, notre volonté, le destin et la fortune : Dieu, parce qu'il prend soin de nous ; notre volonté, parce que nous délibérons avant d'agir ; le destin et la fortune, parce que nos projets sont souvent renversés par des événements conformes ou contraires en apparence aux lois établies.

Nous avons deux âmes : l'une sensitive, grossière, corruptible, périssable, composée des quatre éléments ; l'autre intelligente, indissoluble, émanée de la Divinité même. Je ne parlerai que de cette dernière ; elle établit les rapports les plus intimes entre nous, les dieux, les génies, les animaux, les plantes, tous les êtres dont les âmes ont une commune origine avec la nôtre. Ainsi la nature animée et vivante ne forme qu'une seule famille dont Dieu est le chef.

C'est sur cette affinité qu'est fondé le dogme de la métempsycose, que nous avons emprunté des Égyptiens, que quelques-uns admettent avec différentes modifications, et auquel Empédocle s'est cru permis de mêler les fictions qui parent la poésie.

Cette opinion suppose la chute, la punition et le rétablissement des âmes. Leur nombre est limité ; leur destinée, de vivre heureuses dans quelqu'une des planètes. Si elles se rendent coupables, elles sont proscrites et exilées sur la terre. Alors, condamnées à s'envelopper d'une matière grossière, elles passent continuellement d'un corps dans un autre, épuisant les calamités attachées à toutes les conditions de la vie, ne pouvant supporter leur nouvel état, assez infortunées pour oublier leur dignité primitive. Dès que la mort brise les liens qui les enchaînent a la matière, un des génies célestes s'empare d'elles ; il conduit aux enfers et livre pour un temps aux Furies celles qui se sont souillées par des crimes atroces ;

il transporte dans les astres celles qui ont marché dans la voie de la justice. Mais souvent les décrets immuables des dieux soumettent les unes et les autres à de plus rudes épreuves; leur exil et leurs courses durent des milliers d'années; il finit lorsque, par une conduite plus régulière, elles ont mérité de se rejoindre à leur auteur et de partager en quelque façon avec lui les honneurs de la divinité.

Empédocle décrit ainsi les tourments qu'il prétendait avoir éprouvés lui-même : « J'ai paru successivement sous la forme d'un jeune homme, d'une jeune fille, d'une plante, d'un oiseau, d'un poisson. Dans une de ces transmigrations, j'errai pendant quelque temps comme un fantôme léger dans le vague des cieux; mais bientôt je fus précipité dans la mer, rejeté sur la terre, lancé dans le soleil, relancé dans les tourbillons des airs. En horreur aux autres et à moi-même, tous les éléments me repoussaient comme un esclave qui s'était dérobé aux regards de son maître. »

Méton, en finissant, observa que la plupart de ces idées étaient communes aux disciples de Pythagore, mais qu'Empédocle avait, le premier, supposé la destruction et la reproduction alternatives du monde, établi les quatre éléments comme principes, et mis en action les éléments par le secours de l'amour et de la haine.

Convenez, me dit alors Anaxarque en riant, que Démocrite avait raison de prétendre que la vérité est reléguée dans un puits d'une profondeur immense. Convenez aussi, lui répondis-je, qu'elle serait bien étonnée si elle venait sur la terre et principalement dans la Grèce. Elle s'en retournerait bien vite, reprit Euclide ; nous la prendrions pour l'erreur.

Les systèmes précédents concernent l'origine du monde. On ne s'est pas moins partagé sur l'état de notre globe après sa formation, et sur les révolutions qu'il a éprouvées jusqu'à présent. Il fut long-temps enseveli sous les eaux de la mer, disait Anaxarque ; la chaleur du soleil en fit évaporer une partie, et la terre se manifesta; du limon resté sur sa surface, et mis en fermentation par la même chaleur, tirèrent leur origine les diverses espèces d'animaux et de plantes. Nous en avons encore un exemple frappant en Égypte : après l'inondation du Nil, les matières déposées sur les campagnes produisent un nombre infini de petits animaux. Je doute de ce fait, dis-je alors ; on me l'avait raconté dans la Thébaïde, et je ne pus jamais le vérifier. Nous ne ferions aucune difficulté de l'admettre, répondit Euclide, nous qui n'attribuons d'autre origine à certaines espèces de poissons que la vase et les sables de la mer.

Anaxarque continua : J'ai dit que, dans la suite des siècles, le volume des eaux qui couvraient la terre diminua par l'action du soleil. La même cause subsistant toujours, il viendra un temps où la mer sera totalement épuisée. Je crois en vérité, reprit Euclide, entendre Ésope raconter à son pilote la fable suivante : Charybde a deux fois ouvert sa bouche énorme, et deux fois les eaux qui couvraient la terre se sont précipitées dans son sein : à la première, les montagnes parurent ; à la seconde, les îles ; à la troisième, la mer disparaîtra. Comment Démocrite a-t-il pu ignorer que, si une immense quantité de vapeurs est attirée par la chaleur du soleil, elles se convertissent bientôt en pluies, retombent sur la terre et vont rapidement restituer à la mer ce qu'elle avait perdu ? N'avouez-vous pas, dit Anaxarque, que des champs aujourd'hui chargés de moissons étaient autrefois cachés sous ses eaux ? Or, puisqu'elle a été forcée d'abandonner ces lieux-là, elle doit avoir diminué de volume. Si en certains endroits, répondit Euclide, la terre a gagné sur la mer, en d'autres la mer a gagné sur la terre.

Anaxarque allait insister ; mais prenant aussitôt la parole : Je comprends à présent, dis-je à Euclide, pourquoi on trouve des coquilles dans les montagnes et dans le sein de la terre, des poissons pétrifiés dans les carrières de Syracuse. La mer a une marche lente et réglée, qui lui fait parcourir successivement toutes les régions de notre globe ; elle ensevelira sans doute un jour Athènes, Lacédémone et les plus grandes villes de la Grèce. Si cette idée n'est pas flatteuse pour les nations qui comptent sur l'éternité de leur renommée, elle rappelle du moins ces étonnantes révolutions des corps célestes dont me parlaient les prêtres égyptiens. A-t-on fixé la durée de celles de la mer ?

Votre imagination s'échauffe, me répondit Euclide, calmez-vous. La mer et le continent, suivant nous, sont comme deux grands empires qui ne changent jamais de place et qui se disputent souvent la possession de quelques petits pays limitrophes. Tantôt la mer est forcée de retirer ses bornes, par le limon et les sables que les fleuves entraînent dans son sein ; tantôt elle les recule par l'action de ses flots et par d'autres causes qui lui sont étrangères. Dans l'Acarnanie, dans la plaine d'Ilion, auprès d'Éphèse et de Milet, les atterrissements formés à l'embouchure des rivières ont prolongé le continent.

Quand je passai, lui dis-je, au Palus-Méotides, on m'apprit que les dépôts qu'y laisse journellement le Tanaïs avaient tellement exhaussé le fond de ce lac, que, depuis quelques années, les vaisseaux qui viennent y trafiquer étaient plus petits que ceux d'autrefois. J'ai un exemple plus frappant à vous citer, répondit-il : cette partie de l'Égypte qui s'étend du nord au midi depuis la mer jusqu'à la Thébaïde, est l'ouvrage et un présent du Nil. C'est là qu'existait, dans les plus anciens temps, un golfe qui s'étendait dans une direction à peu près parallèle à celle de la mer Rouge; le Nil l'a comblé par les couches de limon qu'il y dépose tous les ans. Il est aisé de s'en convaincre, non-seulement par les traditions des Égyptiens, par la nature du terrain, par les coquilles que l'on trouve dans les montagnes situées au-dessus de Memphis [1], mais encore par une observation qui prouve que, malgré son exhaussement actuel, le sol de l'Égypte n'a pas encore atteint le niveau des régions voisines. Sésostris, Nécos, Darius et d'autres princes, ayant essayé d'établir des canaux de communication entre la mer Rouge et le Nil, s'aperçurent que la surface de cette mer était plus haute que celle du sol de l'Égypte.

Pendant que la mer se laisse ravir sur ses frontières quelques portions de ses domaines, elle s'en dédommage de temps à autre par ses usurpations sur la terre. Ses efforts continuels lui ouvrent tout à coup des passages à travers des terrains qu'elle minait sourdement : c'est elle qui, suivant les apparences, a séparé de l'Italie la Sicile, de la Béotie l'Eubée, du continent voisin quantité d'autres îles : de vastes régions ont été englouties par une soudaine irruption de ses eaux. Ces révolutions effrayantes n'ont point été décrites par nos historiens, parce que l'histoire n'embrasse que quelques moments de la vie des nations; mais elles ont laissé quelquefois des traces ineffaçables dans le souvenir des peuples.

Allez à Samothrace, vous apprendrez que les eaux du Pont-Euxin, long-temps resserrées dans un bassin fermé de tous côtés, et sans cesse accrues par celles de l'Europe et de l'Asie, forcèrent les passages du Bosphore et de l'Hellespont, et, se précipitant avec impétuosité dans la mer Égée, étendirent ses bornes aux dépens des rivages dont elle était entourée. Des fêtes établies dans l'île attestent encore le malheur dont les anciens habitants furent menacés et le bienfait des dieux qui les en garantirent. Consultez la mythologie : Hercule, dont on s'est plu à confondre les travaux avec ceux de la nature, cet Hercule séparant l'Europe de l'Afrique ne désigne-t-il pas que la mer Atlantique détruisit l'isthme qui unissait ces deux parties de la terre, et se répandit dans la mer intérieure ?

[1] Les anciens croyaient qu'une grande partie de l'Égypte était l'ouvrage du Nil. Les modernes se sont partagés sur cette question. (Voyez Bochard, *Géogr. sacr.* lib. IV, cap. 24, col. 261 ; Frér. *Mém. de l'Acad. des Belles-Lettres*, t. XVI, p. 333; Wood, *An essay on the orig. gen. of Homer*. p. 103; Bruce, *Voyage aux Sources du Nil*, t. VI, liv. VI, chap. 16, etc., etc.)

CHAPITRE LXIV.

D'autres causes ont multiplié ces funestes et prodigieux effets. Au delà du détroit dont je viens de parler existait, suivant les traditions anciennes, une île aussi grande que l'Asie et l'Afrique ; un tremblement de terre l'engloutit, avec ses malheureux habitants, dans les gouffres profonds de la mer Atlantique. Combien de régions ont été submergées par les eaux du ciel ! Combien de fois des vents impétueux ont transporté des montagnes de sable sur des plaines fertiles ! L'air, l'eau et le feu semblent conjurés contre la terre : cependant ces terribles catastrophes, qui menacent le monde entier d'une ruine prochaine, affectent à peine quelques points de la surface d'un globe qui n'est qu'un point de l'univers.

Nous venons de voir la mer et le continent anticiper l'un sur l'autre par droit de conquête, et par conséquent aux dépens des malheureux mortels. Les eaux qui coulent ou restent stagnantes sur la terre n'altèrent pas moins sa surface. Sans parler de ces fleuves qui portent tour à tour l'abondance et la désolation dans un pays, nous devons observer que, sous différentes époques, la même contrée est surchargée, suffisamment fournie, absolument dépourvue des eaux dont elle a besoin. Du temps de la guerre de Troie, on voyait aux environs d'Argos un terrain marécageux, et peu de mains pour le cultiver ; tandis que le territoire de Mycènes, renfermant encore tous les principes de la végétation, offrait de riches moissons et une nombreuse population ; la chaleur du soleil, ayant pendant huit siècles absorbé l'humidité superflue du premier de ces cantons et l'humidité nécessaire au second, a rendu stériles les champs de Mycènes, et fécondé ceux d'Argos.

Ce que la nature a fait ici en petit, elle l'opère en grand sur toute la terre ; elle la dépouille sans cesse, par le ministère du soleil, des sucs qui la fertilisent ; mais, comme elle finirait par les épuiser, elle ramène de temps à autre des déluges qui, semblables à de grands hivers, réparent en peu de temps les pertes que certaines régions ont essuyées pendant une longue suite de siècles. C'est ce qui est indiqué par nos annales, où nous voyons les hommes, sans doute échappés au naufrage de leur nation, s'établir sur des hauteurs, construire des digues, et donner un écoulement aux eaux restées dans les plaines. C'est ainsi que, dans les plus anciens temps, un roi de Lacédémone asservit dans un canal celles dont la Laconie était couverte, et fit couler l'Eurotas.

D'après ces remarques, nous pouvons présumer que le Nil, le Tanaïs, et tous les fleuves qu'on nomme éternels, ne furent d'abord que des lacs formés dans des plaines stériles par des inondations subites, et contraintes ensuite, par l'industrie des hommes ou par quelque autre cause, à se frayer une route à travers les terres. Nous devons présumer encore qu'ils abandonnèrent leur lit lorsque de nouvelles révolutions les forcèrent à se répandre dans des lieux arides et déserts. Telle est, suivant Aristote, la distribution des eaux que la nature accorde aux différentes régions de la terre.

Mais où les tient-elle en réserve avant que de les montrer à nos yeux ? où a-t-elle placé l'origine des fontaines et des rivières ? Elle a creusé, disent les uns, d'immenses réservoirs dans les entrailles de la terre : c'est là que se rendent en grande partie les eaux du ciel ; c'est de là qu'elles coulent avec plus ou moins d'abondance et de continuité, suivant la capacité du vase qui les renferme. Mais, répondent les autres, quel espace pourrait jamais contenir le volume d'eau que les grands fleuves entraînent pendant toute une année ? Admettons, si l'on veut, des cavités souterraines pour l'excédant des pluies ; mais, comme elles ne suffiraient pas à la dépense journalière des fleuves et des fontaines, reconnaissons qu'en tout temps, en tout lieu, l'air, ou plutôt les vapeurs dont il est chargé, condensées par le froid, se convertissent en eau dans le sein de la terre et sur sa surface, comme elles se changent en pluie dans l'atmosphère. Cette opération se fait encore plus aisément sur les montagnes, parce que leur superficie arrête une quantité prodigieuse de vapeurs ; aussi a-t-on remarqué que les plus grandes montagnes donnent naissance aux plus grands fleuves.

Anaxarque et Méton ayant pris congé d'Euclide, je restai, et je le priai de me communiquer quelques-unes de ses idées sur cette branche de la physique qui considère en particulier l'essence, les propriétés et l'action réciproque des corps. Cette science, répondit Euclide, a quelque rapport avec la divination : l'une doit manifester l'intention de la nature dans les cas ordinaires ; l'autre, la volonté des dieux dans les événements extraordinaires ; mais les lumières de la première dissiperont tôt ou tard les impostures de sa rivale. Il viendra un temps où les prodiges qui alarment le peuple seront rangés dans la classe des choses naturelles, où son aveuglement actuel sera seul regardé comme une sorte de prodige.

Les effets de la nature étant infiniment variés, et leurs causes infiniment obscures, la physique n'a, jusqu'à présent, hasardé que des opinions ; point de vérité peut-être qu'elle n'ait entrevue, point d'absurdité qu'elle n'ait avancée. Elle devrait donc, quant à présent, se borner à l'observation, et renvoyer la décision aux siècles suivants. Cependant, à peine sortie de l'enfance, elle montre déjà l'indiscrétion et la présomption d'un âge plus avancé ; elle court dans la carrière au lieu de s'y traîner ; et, malgré les règles sévères qu'elle s'est prescrites, on la voit tous les jours élever des systèmes sur de simples probabilités ou sur de frivoles apparences.

Je ne rapporterai point ce qu'ont dit les différentes écoles sur chacun des phénomènes qui frappent nos sens. Si je m'arrête sur la théorie des éléments et sur l'application qu'on a faite de cette théorie, c'est que rien ne me paraît donner une plus juste idée de la sagacité des philosophes grecs. Peu importe que leurs principes soient bien ou mal fondés : on leur reprochera peut-être un jour de n'avoir pas eu des notions exactes sur la physique, mais on conviendra du moins qu'ils se sont égarés en hommes d'esprit.

Pouvaient-ils se flatter du succès, les premiers physiciens qui voulurent connaître les principes constitutifs des êtres sensibles? L'art ne fournissait aucun moyen pour décomposer ces êtres ; la division, à quelque terme qu'on puisse la conduire, ne présente à l'œil ou à l'imagination de l'observateur que des surfaces plus ou moins étendues : cependant on crut s'apercevoir, après bien des tentatives, que certaines substances se réduisaient en d'autres substances ; et de là on conclut successivement qu'il y avait dans la nature des corps simples et des corps mixtes ; que les derniers n'étaient que les résultats des combinaisons des premiers ; enfin, que les corps simples conservaient dans les mixtes les mêmes affections, les mêmes propriétés qu'ils avaient auparavant. La route fut dès lors ouverte, et il parut essentiel d'étudier d'abord la nature des corps simples. Voici quelques-unes des observations qu'on a faites sur ce sujet ; je les tiens d'Aristote.

La terre, l'eau, l'air et le feu sont les éléments de tous les corps ; ainsi chaque corps peut se résoudre en quelques-uns de ces éléments.

Les éléments, étant des corps simples, ne peuvent se diviser en des corps d'une autre nature ; mais ils s'engendrent mutuellement, et se changent sans cesse l'un dans l'autre.

Il n'est pas possible de fixer d'une manière précise quelle est la combinaison de ces principes constitutifs dans chaque corps ; ce n'est donc que par conjecture qu'Empédocle a dit qu'un os est composé de deux parties d'eau, deux de terre, quatre de feu.

Nous ne connaissons pas mieux la forme des parties intégrantes des éléments : ceux qui ont entrepris de la déterminer ont fait de vains efforts pour expliquer les propriétés du feu ; les uns ont dit : Ses parties doivent être de forme pyramidale ; les autres ont dit : Elles doivent être de forme sphérique. La solidité du globe que nous habitons a fait donner aux parties de l'élément terrestre la forme cubique.

Les éléments ont en eux-mêmes un principe de mouvement et de repos qui leur est inhérent : ce principe oblige l'élément terrestre à se réunir vers le centre de l'univers, l'eau à s'élever au-dessus de la terre, l'air au-dessus de l'eau, le feu au-dessus de l'air. Ainsi, la pesanteur positive et sans mélange de légèreté n'appartient qu'à la terre ; la légèreté positive et sans mélange de pesanteur, qu'au feu : les deux intermédiaires, l'air et l'eau, n'ont, par rapport aux deux extrêmes, qu'une pesanteur et une légèreté relatives, puisqu'ils sont plus légers que la terre et plus pesants que le feu. La pesanteur relative s'évanouit quand l'élément qui la possède descend dans une région inférieure à la sienne : c'est ainsi que l'air perd sa pesanteur dans l'eau, et l'eau dans la terre.

Vous croyez donc, dis-je à Euclide, que l'air est pesant ? On n'en saurait douter, répondit-il : un ballon enflé pèse plus que s'il était vide.

Aux quatre éléments sont attachées quatre propriétés essentielles : froideur, chaleur, sécheresse et humidité. Les deux premières sont actives, les deux secondes passives. Chaque élément en possède deux : la terre est froide et sèche, l'eau froide et humide, l'air chaud et humide, le feu sec et chaud. L'opposition de ces qualités seconde les vues de la nature, qui agit toujours par les contraires : aussi sont-elles les seuls agents qu'elle emploie pour produire tous ses effets.

Les éléments qui ont une propriété commune se changent facilement l'un dans l'autre : il suffit pour cela de détruire, dans l'un ou dans l'autre, la propriété qui les différencie. Qu'une cause étrangère dépouille l'eau de sa froideur et lui communique la chaleur, l'eau sera chaude et humide ; elle aura donc les deux propriétés caractéristiques de l'air, et ne sera plus distinguée de cet élément : et voilà ce qui fait que, par l'ébullition, l'eau s'évapore et monte à la région de l'air. Que dans ces lieux élevés une autre cause la prive de sa chaleur et lui rende sa froideur naturelle, elle reprendra sa première forme et retombera sur la terre ; et c'est ce qui arrive dans les pluies. De même ôtez à la terre sa froideur naturelle, vous la convertirez en feu ; ôtez-lui la sécheresse, vous la changerez en eau.

Les éléments qui n'ont aucune qualité commune se métamorphosent aussi réciproquement ; mais ces permutations sont plus rares et plus lentes.

D'après ces assertions établies sur des faits ou sur des inductions, on conçoit aisément que les corps mixtes doivent être plus ou moins pesants, suivant qu'ils contiennent plus ou moins de parties des éléments qui ont la pesanteur positive ou relative. Prenez deux corps d'un volume égal, si l'un est plus pesant que l'autre, concluez que l'élément terrestre domine dans le premier, et l'eau ou l'air dans le second.

L'eau s'évapore par la chaleur et se gèle par le froid ; ainsi les liquides sujets aux mêmes vicissitudes seront en grande partie composés de cet élément. La chaleur sèche et durcit la terre ; ainsi tous les corps sur lesquels elle agit de même seront principalement composés de l'élément terrestre.

De la nature des quatre éléments, de leurs propriétés essentielles, qui sont, comme je l'ai dit, la chaleur et la froideur, la sécheresse et l'humidité, dérivent non-seulement la pesanteur et la légèreté, mais encore la densité et la rareté, la mollesse et la dureté, la fragilité, la flexibilité, et toutes les autres qualités des corps mixtes. C'est par là qu'on peut rendre raison de leurs changements continuels ; c'est par là qu'on explique les phénomènes du ciel et les productions de la terre. Dans le ciel, les météores ; dans le sein de notre globe, les fossiles, les métaux, etc., ne sont que le produit des exhalaisons sèches ou des vapeurs humides.

L'exemple suivant montrera d'une manière plus claire l'usage que l'on fait des notions précédentes. Les physiciens s'étaient partagés sur la cause des tremblements de terre : Démocrite, entre autres, les attribuait aux pluies abondantes qui pénétraient la terre, et qui, en certaines occasions, ne pouvant être contenues dans les vastes réservoirs d'eau qu'il supposait dans l'intérieur du globe, faisaient des efforts pour s'échapper. Aristote, conformément aux principes que je viens d'établir, prétend au contraire que l'eau des pluies, raréfiée par la chaleur interne de la terre ou par celle du soleil, se convertit en un volume d'air qui, ne trouvant pas d'issue, ébranle et soulève les couches supérieures du globe.

Les anciens philosophes voulaient savoir comment les choses avaient été faites avant que de savoir comment elles sont. Le livre de la nature était ouvert devant leurs yeux ; au lieu de le lire, ils entreprirent de le commenter. Après de longs et inutiles détours, on comprit enfin que pour connaître les animaux, les plantes et les différentes productions de la nature, il fallait les étudier avec une constance opiniâtre. Il est résulté de là un corps d'observations, une nouvelle science plus curieuse, plus féconde, plus intéressante que l'ancienne physique. Si celui qui s'en occupe veut me faire part de ses veilles long-temps consacrées à l'étude des animaux, il doit remplir deux devoirs essentiels, d'abord celui d'historien, ensuite celui d'interprète.

Comme historien, il traitera de leur génération, de leur grandeur, de leur forme, de leur couleur, de leur nourriture, de leur caractère, de leurs mœurs. Il aura soin de donner l'exposition anatomique de leurs corps, dont les parties lui seront connues par la voie de la dissection.

Comme interprète, il doit me faire admirer la sagesse de la nature dans les rapports de leur organisation avec les fonctions qu'ils ont à remplir, avec l'élément où ils doivent subsister, avec le principe d[e] vie qui les anime ; il doit me la montrer dans le jeu des divers ressorts qui produisent le mouvement, ainsi que dans les moyens employés pour conserver et perpétuer chaque espèce.

Quelque bornée que soit l'étude des corps célestes et éternels, elle excite plus nos transports que celle des substances terrestres et périssables. On dirait que le spectacle des cieux fait sur un physicien la même impression que ferait la beauté sur un homme qui, pour avoir l'objet dont il est épris, consentirait à fermer les yeux sur le reste du monde. Mais si la physique, en montant dans les régions supérieures, nous étonne par la sublimité de ses découvertes, du moins, en restant sur la terre, elle nous attire par l'abondance des lumières qu'elle nous procure, et nous dédommage avec usure des peines qu'elle nous coûte. Quels charmes, en effet, la nature ne répand-elle pas sur les travaux du philosophe qui, persuadé qu'elle ne fait rien en vain, parvient à surprendre le secret de ses opérations, trouve partout l'empreinte de sa grandeur, et n'imite pas ces esprits puérilement superbes qui n'osent abaisser leurs regards sur un insecte ! Des étrangers étaient venus pour consulter Héraclite, ils le trouvèrent assis auprès d'un four où la rigueur de la saison l'avait obligé de se réfugier. Comme une sorte de honte les arrêtait sur le seuil de la porte : « Entrez, leur dit-il, les dieux immortels ne dédaignent pas d'honorer ces lieux de leur présence. » La majesté de la nature ennoblit de même les êtres les plus vils à nos yeux ; partout cette mère commune agit avec une sagesse profonde, et par des voies sûres qui la conduisent à ses fins.

Quand on parcourt d'un premier coup d'œil le nombre infini de ses productions, on sent aisément que pour les étudier avec fruit, saisir leurs rapports et les décrire avec exactitude, il faut les ranger dans un certain ordre, et les distribuer d'abord dans un petit nombre de classes, telles que celles des animaux, des plantes et des minéraux. Si l'on examine ensuite chacune de ces classes, on trouve que les êtres dont elles sont composées, ayant entre eux des ressemblances et des différences plus ou moins sensibles, doivent être divisés et subdivisés en plusieurs espèces jusqu'à ce qu'on parvienne aux individus.

CHAPITRE LXIV.

Ces sortes d'échelles seraient faciles à dresser, s'il était possible de reconnaître le passage d'une espèce à l'autre. Mais de telles transitions se faisant d'une manière imperceptible, on risque à tout moment de confondre ce qui doit être distingué et de distinguer ce qui doit être confondu. C'est le défaut des méthodes publiées jusqu'à présent. Dans quelques-uns de ces tableaux de distributions, on voit avec surprise certains oiseaux rangés parmi les animaux aquatiques ou dans une espèce qui leur est également étrangère. Les auteurs de ces tableaux se sont trompés dans le principe; ils ont jugé du tout par une partie : en prenant les ailes pour une différence spécifique, ils ont divisé tous les animaux en deux grandes familles : l'une de ceux qui sont ailés, l'autre de ceux qui ne le sont pas, sans s'apercevoir que parmi les individus d'une même espèce, les fourmis par exemple, il en est qui sont doués de cet organe, d'autres qui en sont privés.

La division en animaux domestiques et sauvages, quoique adoptée par quelques naturalistes, est également défectueuse ; car l'homme et les animaux dont il a su adoucir les mœurs ne diffèrent pas spécifiquement de l'homme, du cheval et du chien qui vivent dans les bois.

Toute division, pour être exacte, doit établir une distinction réelle entre les objets qu'elle sépare : toute différence, pour être spécifique, doit réunir dans une seule et même espèce tous les individus qui lui appartiennent, c'est-à-dire tous ceux qui sont absolument semblables ou qui ne diffèrent que du plus au moins.

Comme ces conditions sont très-difficiles à remplir, Aristote a conçu un plan de distribution qui réunit tous les avantages sans aucun des inconvénients des méthodes précédentes. Il l'exposera dans un de ses traités, et ce traité sera certainement l'ouvrage d'un homme laborieux qui ne néglige rien, et d'un homme de génie qui voit tout[1].

Parmi les observations dont il enrichira son histoire des animaux, il en est quelques-unes qu'il m'a communiquées, et que je vais rapporter pour vous instruire de la manière dont on étudie à présent la nature.

1° En envisageant les animaux par rapport aux pays qu'ils habitent, on a trouvé que les sauvages sont plus farouches en Asie, plus forts en Europe, plus variés dans leurs formes en Afrique, où, suivant le proverbe, il paraît sans cesse quelque nouveau monstre. Ceux qui vivent sur les montagnes sont plus méchants que ceux

---

[1] M. de Buffon a très-bien développé ce plan dans la préface du premier volume de l'*Histoire naturelle*.

des plaines. Je ne sais pourtant si cette différence vient des lieux où ils font leur séjour plutôt que du défaut de vivres; car en Égypte, où l'on pourvoit à la subsistance de plusieurs sortes d'animaux, les plus féroces et les plus doux vivent paisiblement ensemble, et le crocodile flatte la main du prêtre qui le nourrit.

Le climat influe puissamment sur leurs mœurs. L'excès du froid et de la chaleur les rend agrestes et cruels ; les vents, les eaux, les aliments suffisent quelquefois pour les altérer. Les nations du midi sont timides et lâches, celles du nord courageuses et confiantes ; mais les premières sont plus éclairées, peut-être parce qu'elles sont plus anciennes, peut-être aussi parce qu'elles sont plus amollies. En effet, les âmes fortes sont rarement tourmentées du désir inquiet de s'instruire.

La même cause qui produit ces différences morales parmi les hommes influe encore sur leur organisation. Entre autres preuves, les yeux sont communément bleus dans les pays froids, et noirs dans les pays chauds.

2° Les oiseaux sont très-sensibles aux rigueurs des saisons. A l'approche de l'hiver ou de l'été, les uns descendent dans la plaine ou se retirent sur les montagnes, d'autres quittent leur demeure et vont alors respirer un air plus tempéré. C'est ainsi que, pour éviter l'excès du froid et de la chaleur, le roi de Perse transporte successivement sa cour au nord et au midi de son empire.

Le temps du départ et du retour des oiseaux est fixé vers les équinoxes. Les plus faibles ouvrent la marche; presque tous voyagent ensemble et comme par tribus. Ils ont quelquefois un long chemin à faire avant que de parvenir à leur destination : les grues viennent de Scythie, et se rendent vers des marais qui sont au-dessus de l'Égypte, et d'où le Nil tire son origine; c'est là qu'habitent les Pygmées. Quoi! repris-je, vous croyez aux Pygmées? Sont-ils encore en guerre avec les grues comme ils l'étaient du temps d'Homère? Cette guerre, répondit-il, est une fiction du poète, qui ne sera point adoptée par l'historien de la nature [1] ; mais les Pygmées existent : c'est une race d'hommes très-petits ainsi que leurs chevaux ; ils sont noirs, et passent leur vie dans des cavernes à la manière des Troglodytes.

La même cause, ajouta Euclide, qui oblige certains oiseaux à s'expatrier tous les ans, agit dans le sein des eaux. Quand on est à Byzance, on voit à des époques marquées plusieurs espèces de poissons tantôt remonter vers le Pont-Euxin, tantôt descendre dans

---

[1] Aristote n'a point rapporté cette fable, quoique des auteurs l'en aient accusé sur la foi de la traduction latine.

la mer Égée ; ils vont en corps de nation comme les oiseaux, et leur route, comme notre vie, est marquée par des piéges qui les attendent au passage.

3° On a fait des recherches sur la durée de la vie des animaux, et l'on croit s'être aperçu que dans plusieurs espèces les femelles vivent plus long-temps que les mâles. Mais, sans nous attacher à cette différence, nous pouvons avancer que les chiens vont pour l'ordinaire jusqu'à quatorze ou quinze ans, et quelquefois jusqu'à vingt ; les bœufs, à peu près le même terme ; les chevaux, communément à dix-huit ou vingt, quelquefois à trente et même à cinquante ; les ânes, à plus de trente[1] ; les chameaux, à plus de cinquante[2], quelques-uns jusqu'à cent. Les éléphants parviennent, suivant les uns, à deux cents ans, suivant les autres à trois cents. On prétendait anciennement que le cerf vivait quatre fois l'âge de la corneille, et cette dernière neuf fois l'âge de l'homme. Tout ce qu'on sait de certain aujourd'hui à l'égard des cerfs, c'est que le temps de la gestation et leur rapide accroissement ne permettent pas de leur attribuer une très-longue vie.

La nature fait quelquefois des exceptions à ses lois générales. Les Athéniens vous citeront l'exemple d'un mulet qui mourut à l'âge de quatre-vingts ans. Lors de la construction du temple de Minerve, on lui rendit sa liberté parce qu'il était extrêmement vieux ; mais il continua de marcher à la tête des autres, les animant par son exemple, et cherchant à partager leurs peines. Un decret du peuple défendait aux marchands de l'écarter quand il s'approcherait des corbeilles de grains ou de fruits exposés en vente.

4° On a remarqué, ainsi que je vous l'ai dit, que la nature passe d'un genre et d'une espèce à l'autre par des gradations imperceptibles, et que, depuis l'homme jusqu'aux êtres les plus insensibles, toutes ses productions semblent se tenir par une liaison continue.

Prenons les minéraux, qui forment le premier anneau de la chaîne ; je ne vois qu'une matière passive, stérile, sans organes, et par conséquent sans besoins et sans fonctions. Bientôt je crois distinguer dans quelques plantes une sorte de mouvement, des sensations obscures, une étincelle de vie ; dans toutes une reproduction constante, mais privée de soins maternels qui la favorisent. Je vais sur les bords de la mer, et je douterais volontiers si ses coquillages appartiennent au genre des animaux ou à celui des végétaux. Je retourne sur mes pas, et les signes de vie se multiplient à mes yeux.

[1] Suivant M. de Buffon, les ânes, comme les chevaux, vivent vingt-cinq ou trente ans. (*Histoire naturelle*, t. IV, p. 226.)
[2] Suivant M. de Buffon, quarante ou cinquante ans. (*Id.* t. II, p. 239.)

Voici des êtres qui se meuvent, qui respirent, qui ont des affections et des devoirs. S'il en est qui, de même que les plantes dont je viens de parler, furent dès leur enfance abandonnés au hasard, il en est aussi dont l'éducation fut plus ou moins soignée. Ceux-ci vivent en société avec le fruit de leurs amours ; ceux-là sont devenus étrangers à leurs familles. Plusieurs offrent à mes regards l'esquisse de nos mœurs ; je trouve parmi eux des caractères faciles, j'en trouve d'indomptables ; j'y vois des traits de douceur, de courage, d'audace, de barbarie, de crainte, de lâcheté, quelquefois même l'image de la prudence et de la raison. Nous avons l'intelligence, la sagesse et les arts ; ils ont des facultés qui suppléent à ces avantages.

Cette suite d'analogies nous conduit enfin à l'extrémité de la chaîne, où l'homme est placé. Parmi les qualités qui lui assignent le rang suprême, j'en remarque deux essentielles : la première est cette intelligence qui pendant sa vie l'élève à la contemplation des choses célestes ; la seconde est son heureuse organisation, et surtout ce tact, le premier, le plus nécessaire et le plus exquis de nos sens, la source de l'industrie, et l'instrument le plus propre à seconder les opérations de l'esprit. C'est à la main, disait le philosophe Anaxagore, que l'homme doit une partie de sa supériorité.

Pourquoi, dis-je alors, placez-vous l'homme à l'extrémité de la chaîne ? L'espace immense qui le sépare de la divinité ne serait-il qu'un vaste désert ! les Égyptiens, les mages de Chaldée, les Phrygiens, les Thraces le remplissent d'habitants aussi supérieurs à nous que nous le sommes aux brutes.

Je ne parlais, répondit Euclide, que des êtres visibles. Il est à présumer qu'il en existe au-dessus de nous une infinité d'autres qui se dérobent à nos yeux. De l'être le plus grossier nous sommes remontés par des degrés imperceptibles jusqu'à notre espèce ; pour parvenir de ce terme jusqu'à la divinité, il faut sans doute passer par divers ordres d'intelligences, d'autant plus brillantes et plus pures qu'elles approchent plus du trône de l'Éternel.

Cette opinion, conforme à la marche de la nature, est aussi ancienne que générale parmi les nations ; c'est d'elle que nous l'avons empruntée. Nous peuplons la terre et les cieux de génies auxquels l'Être suprême a confié l'administration de l'univers ; nous en distribuons partout où la nature paraît animée, mais principalement dans ces régions qui s'étendent autour et au-dessus de nous depuis la terre jusqu'à la sphère de la lune. C'est là qu'exerçant une immense autorité, ils dispensent la vie et la mort, les biens et les maux, la lumière et les ténèbres.

Chaque peuple, chaque particulier trouve dans ces agents invi-

CHAPITRE LXIV.

sibles un ami ardent à le protéger, un ennemi non moins ardent à le poursuivre. Ils sont revêtus d'un corps aérien ; leur essence tient le milieu entre la nature divine et la nôtre ; ils nous surpassent en intelligence ; quelques-uns sont sujets à nos passions, la plupart à des changements qui les font passer à un rang supérieur. Car le peuple innombrable des esprits est divisé en quatre classes principales : la première est celle des dieux, que le peuple adore, et qui résident dans les astres ; la seconde, celle des génies proprement dits ; la troisième, celle des héros qui, pendant leur vie, ont rendu de grands services à l'humanité ; la quatrième, celle de nos âmes après qu'elles sont séparées de leurs corps. Nous décernons aux trois premières classes des honneurs qui deviendront un jour le partage de la nôtre, et qui nous élèveront successivement à la dignité des héros, des génies et des dieux.

Euclide, qui ne comprenait pas mieux que moi les motifs de ces promotions, ajouta que certains génies étaient, comme nous, dévorés de chagrins, comme nous destinés à la mort. Je demandai quel terme on assignait à leur vie. Suivant Hésiode, répondit-il, les nymphes vivent des milliers d'années ; suivant Pindare, une hamadryade meurt avec l'arbre qui la renferme dans son sein.

On ne s'est pas assez occupé, repris-je, d'un objet si intéressant : il serait pourtant essentiel de connaître l'espèce d'autorité que ces intelligences exercent sur nous : peut-être doit-on leur attribuer plusieurs effets dont nous ignorons la cause ; ce sont elles peut-être qui amènent les événements imprévus, soit dans les jeux de hasard, soit dans ceux de la politique. Je vous l'avouerai, je suis dégoûté de l'histoire des hommes ; je voudrais qu'on écrivît celle des êtres invisibles. Voici quelqu'un, répondit Euclide, qui pourra vous fournir d'excellents mémoires.

Le pythagoricien Télésiclès, étant entré dans ce moment, s'informa du sujet de notre entretien, et parut surpris de ce que nous n'avions jamais vu de génies. Il est vrai, dit-il, qu'ils ne se communiquent qu'aux âmes depuis long-temps préparées par la méditation et par la prière. Il convint ensuite que le sien l'honorait quelquefois de sa présence, et que, cédant un jour à ses instances réitérées, il le transporta dans l'empire des esprits. Daignez, lui dis-je, nous raconter votre voyage ; je vous en conjure *au nom de celui qui vous enseigna la vertu des nombres 1, 2, 3, 4* [1]. Télésiclès ne fit plus de résistance, et commença par ces mots :

---

[1] C'est-à-dire au nom de Pythagore. J'ai rapporté la formule du serment usité, parmi les disciples de ce grand homme, qui avait découvert les proportions harmoniques dans ces nombres.

Le moment du départ étant arrivé, je sentis mon âme se dégager des liens qui l'attachaient au corps, et je me trouvai au milieu d'un nouveau monde de substances animées, bonnes ou malfaisantes, gaies ou tristes, prudentes ou étourdies : nous les suivîmes pendant quelque temps, et je crus reconnaître qu'elles dirigent les intérêts des états et ceux des particuliers, les recherches des sages et les opinions de la multitude.

Bientôt une femme de taille gigantesque étendit ses crêpes noirs sous la voûte des cieux; et, étant descendue lentement sur la terre, elle donna ses ordres au cortége dont elle était accompagnée. Nous nous glissâmes dans plusieurs maisons : le Sommeil et ses ministres y répandaient des pavots à pleines mains; et, tandis que le Silence et la Paix s'asseyaient doucement auprès de l'homme vertueux, les Remords et les spectres effrayants secouaient avec violence le lit du scélérat. Platon écrivait sous la dictée du génie d'Homère, et des songes agréables voltigeaient autour de la jeune Lycoris.

L'Aurore et les Heures ouvrent les barrières du jour, me dit mon conducteur; il est temps de nous élever dans les airs. Voyez les génies tutélaires d'Athènes, de Corinthe, de Lacédémone, planer circulairement au-dessus de ces villes; ils en écartent, autant qu'il est possible, les maux dont elles sont menacées : cependant leurs campagnes vont être dévastées, car les génies du midi, enveloppés de nuages sombres, s'avancent en grondant contre ceux du nord. Les guerres sont aussi fréquentes dans ces régions que dans les vôtres, et le combat des Titans et des Typhons ne fut que celui de deux peuplades de génies.

Observez maintenant ces agents empressés qui, d'un vol aussi rapide, aussi inquiet que celui de l'hirondelle, rasent la terre, et portent de tous côtés des regards avides et perçants; ce sont les inspecteurs des choses humaines : les uns répandent leurs douces influences sur les mortels qu'ils protégent; les autres détachent contre les forfaits l'implacable Némésis. Voyez ces médiateurs, ces interprètes qui montent et descendent sans cesse : ils portent aux dieux vos vœux et vos offrandes; ils vous rapportent les songes heureux ou funestes, et les secrets de l'avenir, qui vous sont ensuite révélés par la bouche des oracles.

O mon protecteur, m'écriai-je tout à coup, voici des êtres dont la taille et l'air sinistre inspirent la terreur; ils viennent à nous. Fuyons, me dit-il; ils sont malheureux, le bonheur des autres les irrite, et ils n'épargnent que ceux qui passent leur vie dans les souffrances et dans les pleurs.

CHAPITRE LXIV.

Échappés à leur fureur, nous trouvâmes d'autres objets non moins affligeants. Até, la détestable Até, source éternelle des dissensions qui tourmentent les hommes, marchait fièrement au-dessus de leur tête, et soufflait dans leur cœur l'outrage et la vengeance. D'un pas timide et les yeux baissés, les Prières se traînaient sur ses traces, et tâchaient de ramener le calme partout où la Discorde venait de se montrer. La Gloire était poursuivie par l'Envie, qui se déchirait elle-même les flancs; la Vérité, par l'Imposture, qui changeait à chaque instant de masque; chaque vertu par plusieurs vices, qui portaient des filets ou des poignards.

La Fortune parut tout à coup; je la félicitai des dons qu'elle distribuait aux mortels. Je ne donne point, me dit-elle d'un ton sévère, mais je prête à grosse usure. En proférant ces paroles, elle trempait les fleurs et les fruits qu'elle tenait d'une main dans une coupe empoisonnée qu'elle soutenait de l'autre.

Alors passèrent auprès de nous deux puissantes divinités, qui laissaient après elles de longs sillons de lumière. C'est l'impétueux Mars et la sage Minerve, me dit mon conducteur. Deux armées se rapprochent en Béotie : la déesse va se placer auprès d'Épaminondas, chef des Thébains ; et le dieu court se joindre aux Lacédémoniens, qui seront vaincus ; car la sagesse doit triompher de la valeur.

Voyez en même temps se précipiter sur la terre ce couple de génies, l'un bon, l'autre mauvais : ils doivent s'emparer d'un enfant qui vient de naître ; ils l'accompagneront jusqu'au tombeau. Dans ce premier moment, ils chercheront à l'envi à le douer de tous les avantages ou de toutes les difformités du cœur et de l'esprit ; dans le cours de sa vie, à le porter au bien ou au mal, suivant que l'influence de l'un prévaudra sur celle de l'autre.

Cependant je voyais monter et descendre des êtres dont les traits me paraissaient plus grossiers que ceux des génies. J'appris que c'étaient les âmes qui allaient s'unir à des corps mortels ou qui venaient de les quitter. Il en parut tout à coup de nombreux essaims ; ils se suivaient par intervalles, et se répandaient dans les plaines des airs comme ces amas de poussière blanchâtre qui tourbillonnent dans nos campagnes. La bataille a commencé, me dit le génie ; le sang coule à gros bouillons. Aveugles et malheureux mortels! Voilà les âmes des Lacédémoniens et des Thébains qui viennent de périr dans les champs de Leuctres. Où vont-elles? lui dis-je. Suivez-moi, répondit-il, et vous en serez instruit.

Nous franchîmes les limites de l'empire des ténèbres et de la mort; et, nous étant élancés au-dessus de la sphère de la lune, nous parvînmes aux régions qu'éclaire un jour éternel. Arrêtons-nous un instant, me dit le guide ; jetez les yeux sur le magnifique spectacle qui vous entoure ; écoutez l'harmonie divine que produit la marche régulière des corps célestes ; voyez comme à chaque planète, à chaque étoile, est attaché un génie qui dirige sa course. Ces astres sont peuplés d'intelligences sublimes et d'une nature supérieure à la nôtre.

Pendant que, les yeux fixés sur le soleil, je contemplais avec ravissement le génie dont le bras vigoureux poussait ce globe étincelant dans la carrière qu'il décrit, je le vis écarter avec fureur la plupart des âmes que nous avions rencontrées, et ne permettre qu'au plus petit nombre de se plonger dans les flots bouillonnants de cet astre. Ces dernières, moins coupables que les autres, disait mon conducteur, seront purifiées par la flamme ; elles s'envoleront ensuite dans les différents astres où elles furent distribuées lors de la formation de l'univers ; elles y resteront en dépôt jusqu'à ce que les lois de la nature les rappellent sur la terre pour animer d'autres corps. Mais celles que le génie vient de repousser, lui dis-je, quelle sera leur destinée ? Elles vont se rendre au champ de la Vérité, répondit-il : des juges intègres condamneront les plus criminelles aux tourments du Tartare ; les autres, à des courses longues et désespérantes. Alors, dirigeant mes regards, il me montra des millions d'âmes qui, depuis des milliers d'années, erraient tristement dans les airs, et s'épuisaient en vains efforts pour obtenir un asile dans un des globes célestes. Ce ne sera, me dit-il, qu'après ces rigoureuses épreuves qu'elles parviendront, ainsi que les premières, au lieu de leur origine.

Touché de leur infortune, je le priai de m'en dérober la vue, et de me conduire au loin vers une enceinte d'où s'échappaient les rayons d'une lumière plus éclatante. J'espérais entrevoir le souverain de l'univers entouré des assistants de son trône, de ces êtres purs que nos philosophes appellent nombres, idées éternelles, génies immortels. Il habite des lieux inaccessibles aux mortels, me dit le génie : offrez-lui votre hommage, et descendons sur la terre.

Après que Télésiclès se fut retiré, je dis à Euclide : Quel nom donner au récit que nous venons d'entendre ? Est-ce un songe ? est-ce une fiction ? L'un ou l'autre, répondit-il ; mais enfin Télésiclès n'a presque rien avancé qui ne soit conforme aux opinions des philosophes. Il faut lui rendre justice ; il pouvait, en adoptant celles de la multitude, augmenter considérablement la population des airs, nous parler de ces ombres que l'art des devins ou des sorciers attire du fond des tombeaux, de ces âmes infortunées qui s'agitent tumultueusement autour de leurs corps privés de sépulture, de ces dieux et de ces fantômes qui rôdent la nuit dans les rues pour effrayer les enfants ou pour les dévorer.

Je lui sais gré de cette modération, repris-je ; mais j'aurais souhaité qu'il se fût un peu plus étendu sur la nature de cet être bienfaisant auquel j'appartiens. Dieu l'a commis, à ce qu'on prétend, pour veiller sur mes sentiments et sur mes actions ; pourquoi ne m'est-il pas permis de le connaître et de l'aimer ? Télésiclès vous a répondu d'avance, dit Euclide. Le bonheur de voir les génies n'est réservé qu'aux âmes pures. — J'ai ouï cependant citer des apparitions dont tout un peuple avait été témoin. — Sans doute ; et telle est celle dont la tradition s'est conservée en Italie, et qu'on eut autrefois l'attention de représenter dans un tableau que j'ai vu. Attendez-vous à un tissu d'absurdités ; elles vous montreront du moins jusqu'à quel excès on a porté quelquefois l'imposture et la crédulité.

Ulysse ayant abordé à Témèse, ville des Brutiens, un de ses compagnons, nommé Politès, fut massacré par les habitants, qui bientôt après éprouvèrent tous les fléaux de la vengeance céleste. L'oracle, interrogé, leur ordonna d'apaiser le génie de Politès, d'élever en son honneur un édifice sacré, et de lui offrir tous les ans la plus belle fille de la contrée. Ils obéirent, et jouirent d'un calme profond.

Vers la soixante-sixième olympiade, un fameux athlète, nommé Euthyme, arriva au moment qu'on venait d'introduire dans le temple une de ces malheureuses victimes. Il obtint la permission de la suivre, et, frappé de ses traits, il lui demanda si elle consentirait à l'épouser dès qu'il aurait brisé ses chaînes. Elle y consentit ; le génie parut ; et, ayant succombé sous les coups de l'athlète, il renonça au tribut qu'on lui avait offert pendant sept à huit siècles, et alla se précipiter dans la mer voisine.

CHAPITRE LXV.

Suite de la bibliothèque. L'Histoire.

Le lendemain, Euclide me voyant arriver de bonne heure : Vous me rassurez, me dit-il ; je craignais que vous ne fussiez dégoûté de la longueur de notre dernière séance : nous allons aujourd'hui nous occuper des historiens, et nous ne serons point arrêtés par des opinions et par des préceptes. Plusieurs auteurs ont écrit l'histoire; aucun ne s'est expliqué sur la manière de l'écrire, ni sur le style qui lui convient.

Nous placerons à leur tête Cadmus, qui vivait il y a environ deux siècles, et qui se proposa d'éclaircir les antiquités de Milet, sa patrie : son ouvrage fut abrégé par Bion de Proconnèse.

Depuis Cadmus nous avons une suite non interrompue d'historiens. Je cite parmi les plus anciens Eugéon de Samos, Déïochus de Proconnèse, Eudémus de Paros, Démoclèse de Pygèle. Quand je lus ces auteurs, dis-je alors, non-seulement je fus révolté des fables absurdes qu'ils rapportent, mais, à l'exception des faits dont ils ont été les témoins, je les rejetai tous. Car enfin, dès qu'ils ont été les premiers à nous les transmettre, dans quelles sources les avaient-ils puisés ?

Euclide me répondit : Ils subsistaient dans la tradition, qui perpétue d'âge en âge le souvenir des révolutions qui ont affligé l'humanité; dans les écrits des poëtes qui avaient conservé la gloire des héros, les généalogies des souverains, l'origine et les émigrations de plusieurs peuples; dans ces longues inscriptions qui contenaient des traités entre les nations, et l'ordre successif des ministres attachés aux principaux temples de la Grèce [1]; dans les fêtes, les autels, les statues, les édifices consacrés à l'occasion de certains événements que l'aspect continuel des dieux et des cérémonies semblait renouveler tous les ans.

Il est vrai que le récit de ces événements s'était peu à peu chargé de circonstances merveilleuses, et que nos premiers historiens adoptèrent sans examen cet amas confus de vérités et d'erreurs. Mais bientôt Acusilaüs, Phérécyde, Hécatée, Xanthus, Hellanicus, et d'autres encore, montrèrent plus de critique; et, s'ils ne débrouillèrent pas entièrement le chaos, ils donnèrent au moins l'exemple du mépris que méritent les fictions des premiers siècles.

Voici l'ouvrage dans lequel Acusilaüs, en rapportant les généalogies des anciennes familles royales, remonte aux siècles antérieurs à la guerre de Troie, et jusqu'à Phoronée, roi d'Argos. Je le sais, répondis-je; et j'ai bien ri quand j'ai vu cet auteur et ceux qui l'ont suivi nommer Phoronée le premier des humains. Cependant Acusilaüs mérite de l'indulgence; s'il rapproche trop de nous l'origine du genre humain, il relève celle de l'Amour, qu'il regarde comme un des dieux les plus anciens, et qu'il fait naître avec le monde.

Peu de temps après Acusilaüs, dit Euclide, florissait Phérécyde

[1] Voyez, dans le chapitre XLI de cet ouvrage, l'article d'Amyclée; et, dans le chapitre LIII, celui d'Argos.

d'Athènes, ou plutôt de Léros, une des îles Sporades : il a recueilli les traditions relatives à l'ancienne histoire d'Athènes, et par occasion à celle des peuples voisins. Son ouvrage contient des détails intéressants, tels que la fondation de plusieurs villes, et les émigrations des premiers habitants de la Grèce. Ses généalogies ont un défaut qui, dans l'origine des sociétés, assurait la gloire d'une maison : après être parvenues aux siècles les plus reculés, elles se dénouent par l'intervention de quelque divinité. On y voit, par exemple, qu'Orion était fils de Neptune et d'Euryale ; Triptolème, fils de l'Océan et de la Terre.

Vers le même temps parurent Hécatée de Milet et Xanthus de Lydie. Ils jouirent l'un et l'autre d'une réputation affaiblie et non détruite par les travaux de leurs successeurs. Le premier, dans son histoire et dans ses généalogies, se proposa de même d'éclaircir les antiquités des Grecs. Il a quelquefois l'attention de les discuter et d'en écarter le merveilleux. « Voici, dit-il au commencement de son histoire, ce que raconte Hécatée de Milet : j'écris ce qui me parait vrai. Les Grecs, à mon avis, ont rapporté beaucoup de choses contradictoires et ridicules. » Croirait-on qu'après cette promesse il accorde le don de la parole au bélier qui transporta Phryxus en Colchide !

L'histoire ne s'était encore occupée que de la Grèce ; Hécatée étendit son domaine : il parcourut l'Égypte et d'autres contrées jusqu'alors inconnues. Sa description de la terre ajouta de nouvelles lumières à la géographie, et fournit des matériaux aux historiens qui l'ont suivi.

Voici l'histoire de Lydie par Xanthus, écrivain exact et très-instruit des antiquités de son pays ; elle est accompagnée de plusieurs ouvrages qu'Hellanicus de Lesbos a publiés sur les différentes nations de la Grèce. Cet auteur, qui mourut dans la vingt et unième année de la guerre du Péloponnèse[1], manque quelquefois d'ordre et d'étendue, mais il termine avec honneur la classe de nos premiers historiens.

Tous s'étaient bornés à tracer l'histoire d'une ville ou d'une nation ; tous ignoraient l'art de lier à la même chaîne les événements qui intéressent les divers peuples de la terre, et de faire un tout régulier de tant de parties détachées : Hérodote eut le mérite de concevoir cette grande idée et de l'exécuter. Il ouvrit aux yeux des Grecs les annales de l'univers connu, et leur offrit sous un même point de vue tout ce qui s'était passé de mémorable dans l'espace d'environ deux cent quarante ans. On vit alors, pour la

[1] L'an 410 avant J.-C.

première fois, une suite de tableaux qui, placés les uns auprès des autres, n'en devenaient que plus effrayants : les nations toujours inquiètes et en mouvement, quoique jalouses de leur repos ; désunies par l'intérêt, et rapprochées par la guerre ; soupirant pour la liberté, et gémissant sous la tyrannie ; partout le crime triomphant, la vertu poursuivie, la terre abreuvée de sang, et l'empire de la destruction établi d'un bout du monde à l'autre. Mais la main qui peignit ces tableaux sut tellement en adoucir l'horreur par les charmes du coloris et par des images agréables ; aux beautés de l'ordonnance elle joignit tant de grâces, d'harmonie et de variété ; elle excita si souvent cette douce sensibilité qui se réjouit du bien et s'afflige du mal, que son ouvrage fut regardé comme une des plus belles productions de l'esprit humain.

Permettez-moi de hasarder une réflexion. Il semble que, dans les lettres ainsi que dans les arts, les talents entrent d'abord dans la carrière et luttent pendant quelque temps contre les difficultés. Après qu'ils ont épuisé leurs efforts, il paraît un homme de génie qui va poser le modèle au delà des bornes connues. C'est ce que fit Homère pour le poème épique ; c'est ce qu'a fait Hérodote pour l'histoire générale. Ceux qui viendront après lui pourront se distinguer par des beautés de détails et par une critique plus éclairée ; mais, pour la conduite de l'ouvrage et l'enchaînement des faits, ils chercheront sans doute moins à le surpasser qu'à l'égaler.

Quant à sa vie, il suffira d'observer qu'il naquit dans la ville d'Halicarnasse en Carie, vers la quatrième année de la soixante-troizième olympiade [1] ; qu'il voyagea dans la plupart des pays dont il voulait écrire l'histoire ; que son ouvrage, lu dans l'assemblée des jeux olympiques et ensuite dans celle des Athéniens, y reçut des applaudissements universels, et que, forcé de quitter sa patrie déchirée par des factions, il alla finir ses jours dans une ville de la Grande-Grèce.

Dans le même siècle vivait Thucydide, plus jeune qu'Hérodote d'environ treize ans : il était d'une des premières familles d'Athènes. Placé à la tête d'un corps de troupes, il tint pour quelque temps en respect celles de Brasidas, le plus habile général de Lacédémone ; mais, ce dernier ayant surpris la ville d'Amphipolis, Athènes se vengea sur Thucydide d'un revers qu'il n'avait pu prévenir.

Pendant son exil, qui dura vingt ans, il rassembla des matériaux pour l'histoire de la guerre du Péloponnèse, et n'épargna ni soins ni dépenses pour connaître non-seulement les causes qui la

[1] Vers l'an 484 avant J.-C.

produisirent, mais encore les intérêts particuliers qui la prolongèrent. Il se rendit chez les différentes nations ennemies, consulta partout les chefs de l'administration, les généraux, les soldats, et fut lui-même témoin de la plupart des événements qu'il avait à décrire. Son histoire, qui comprend les vingt et une premières années de cette fatale guerre, se ressent de son amour extrême pour la vérité, et de son caractère qui le portait à la réflexion. Des Athéniens, qui l'avaient vu après son retour de l'exil, m'ont assuré qu'il était assez sérieux, pensant beaucoup et parlant peu.

Il était plus jaloux d'instruire que de plaire, d'arriver à son but que de s'en écarter par des digressions. Aussi son ouvrage n'est point, comme celui d'Hérodote, une espèce de poème où l'on trouve les traditions des peuples sur leur origine, l'analyse de leurs usages et de leurs mœurs, la description des pays qu'ils habitent, et des traits d'un merveilleux qui réveille presque toujours l'imagination; ce sont des annales, ou, si l'on veut, les mémoires d'un militaire qui, tout à la fois homme d'état et philosophe, a mêlé dans ses récits et dans ses harangues les principes de sagesse qu'il avait reçus d'Anaxagore, et les leçons d'éloquence qu'il tenait de l'orateur Antiphon. Ses réflexions sont souvent profondes, toujours justes : son style, énergique, concis, et par là même quelquefois obscur, offense l'oreille par intervalles ; mais il fixe sans cesse l'attention, et l'on dirait que sa dureté fait sa majesté. Si cet auteur estimable emploie des expressions surannées ou des mots nouveaux, c'est qu'un esprit tel que le sien s'accommode rarement de la langue que tout le monde parle. On prétend qu'Hérodote, pour des raisons personnelles, a rapporté des traditions injurieuses à certains peuples de la Grèce : Thucydide n'a dit qu'un mot de son exil, sans se défendre, sans se plaindre, et a représenté comme un grand homme Brasidas, dont la gloire éclipsa la sienne, et dont les succès causèrent sa disgrâce. L'histoire de Thucydide fut continuée avec succès par Xénophon, que vous avez connu.

Hérodote, Thucydide et Xénophon seront sans doute regardés à l'avenir comme les principaux de nos historiens, quoiqu'ils diffèrent essentiellement par le style. Et surtout, dis-je alors, par la manière dont ils envisagent communément les objets. Hérodote voit partout une divinité jalouse qui attend les hommes et les empires au point de leur élévation pour les précipiter dans l'abîme; Thucydide ne découvre dans les revers que les fautes des chefs de l'administration ou de l'armée ; Xénophon attribue presque toujours à la faveur ou à la colère des dieux les bons ou mauvais succès. Ainsi tout dans le monde dépend de la fatalité, suivant le premier; de la prudence, suivant le second; de la piété envers les dieux, suivant le troisième. Tant il est vrai que nous sommes naturellement disposés à tout rapporter à un petit nombre de principes favoris!

Euclide poursuivit : Hérodote avait ébauché l'histoire des Assyriens et des Perses ; ses erreurs ont été relevées par un auteur qui connaissait mieux que lui ces deux célèbres nations. C'est Ctésias de Cnide, qui a vécu de notre temps. Il fut médecin du roi Artaxerxès et fit un long séjour à la cour de Suze : il nous a communiqué ce qu'il avait trouvé dans les archives de l'empire, ce qu'il avait vu, ce que lui avaient transmis des témoins oculaires ; mais s'il est plus exact qu'Hérodote, il lui est inférieur quant au style, quoique le sien ait beaucoup d'agréments et se distingue surtout par une extrême clarté. Entre plusieurs autres ouvrages, Ctésias nous a laissé une histoire des Indes, où il traite des animaux et des productions naturelles de ces climats éloignés ; mais comme il n'eut pas d'assez bons mémoires, on commence à douter de la vérité de ses récits.

Voici les antiquités de la Sicile, la vie de Denys-l'Ancien, et le commencement de celle de son fils, par Philistus, mort il y a quelques années, après avoir vu dissiper la flotte qu'il commandait au nom du plus jeune de ces princes. Philistus avait des talents qui l'ont en quelque façon rapproché de Thucydide, mais il n'avait pas les vertus de Thucydide. C'est un esclave, qui n'écrit que pour flatter les tyrans, et qui montre à chaque instant qu'il est encore plus ami de la tyrannie que des tyrans mêmes.

Je termine ici cette énumération déjà trop longue. Vous ne trouverez peut-être pas un peuple, une ville, un temple célèbre qui n'ait son historien. Quantité d'écrivains s'exercent actuellement dans ce genre : je vous citerai Éphore et Théopompe, qui s'y sont déjà signalés ; deux Béotiens, nommés Anaxis et Dionysiodore, qui viennent de publier l'histoire de la Grèce ; Anaximène de Lampsaque, qui nous a donné celle des Grecs et des barbares depuis la naissance du genre humain jusqu'à la mort d'Épaminondas.

Un titre si pompeux, lui dis-je, me préviendrait contre l'ouvrage : votre chronologie se traîne avec peine à cinq ou six siècles au delà de la guerre de Troie, après quoi les temps finissent pour vous : à l'exception d'un petit nombre de peuples étrangers, toute la terre vous est inconnue ; vous n'apercevez qu'un point dans la durée ainsi que dans l'espace, et votre auteur prétend nous instruire de ce qui s'est fait dans les siècles et les pays les plus éloignés !

Quand on connaît les titres d'ancienneté que les Égyptiens et les

CHAPITRE LXV.

Chaldéens produisent en leur faveur, de quel œil de pitié regarde-t-on l'imperfection et la nouveauté des vôtres! Combien furent surpris les prêtres de Saïs lorsqu'ils entendirent Solon leur étaler vos traditions, leur parler du règne de Phoronée, du déluge de Deucalion, et de tant d'époques si récentes pour eux, si anciennes pour lui! « Solon! Solon! lui dit un de ces prêtres, vos Grecs ne sont que des enfants. »

Ils n'ont pas cessé de l'être depuis. Les uns ne cherchent dans un historien que les charmes du style; les autres, que des aventures surnaturelles et puériles; d'autres dévorent avec intérêt ces fatigantes listes de noms inconnus et de faits stériles, qui, étayés d'un long amas de fables et de prodiges, remplissent presque entièrement votre ancienne histoire; cette histoire sur laquelle Homère avait répandu un éclat immortel, à laquelle vos chroniqueurs n'ont ajouté que l'ennui le plus excessif.

Je voudrais que désormais vos auteurs ne s'occupassent que des deux ou trois derniers siècles, et que les temps antérieurs restassent en proie aux poètes. Vous avez interprété la pensée d'Isocrate, me dit Euclide; il engagea deux de ses disciples, Éphore et Théopompe, à se consacrer uniquement à l'histoire. Éphore est lent et incapable de pénibles recherches; Théopompe, actif, ardent, est propre aux discussions : que fit Isocrate? il lâcha le premier sur l'histoire ancienne, et destina le second à l'histoire moderne.

Éphore et Théopompe arrivèrent dans ce moment. Euclide, qui les attendait, me dit tout bas qu'ils devaient nous lire quelques fragments des ouvrages dont ils s'occupaient alors. Ils amenaient avec eux deux ou trois de leurs amis; Euclide en avait invité quelques-uns des siens. Avant qu'ils fussent tous réunis, les deux historiens déclarèrent qu'ils n'avaient pas consumé leur temps à éclaircir les fictions des siècles antérieurs à la guerre de Troie, et, faisant profession d'un vif amour pour la vérité, ils ajoutèrent qu'il serait à désirer qu'un auteur eût été présent à tous les faits qu'il raconte.

Je me suis proposé, dit ensuite Éphore, d'écrire tout ce qui s'est passé parmi les Grecs et les barbares depuis le retour des Héraclides jusqu'à nos jours, pendant l'espace de huit cent cinquante ans. Dans cet ouvrage, divisé en trente livres, précédés chacun d'un avant-propos, on trouvera l'origine des différents peuples, la fondation des principales villes, leurs colonies, leurs lois, leurs mœurs, la nature de leurs climats, et les grands hommes qu'elles ont produits. Éphore finit par reconnaître que les nations barbares étaient plus anciennes que celles de la Grèce, et cet aveu me prévint en sa faveur.

Ce préambule fut suivi de la lecture d'un morceau tiré du onzième livre de son histoire, et contenant une description de l'Égypte. C'est là qu'aux diverses opinions hasardées sur le débordement du Nil il en substitue une qui ne s'accorde ni avec les lois de la physique ni avec les circonstances de ce phénomène. J'étais auprès d'Euclide; je lui dis : Éphore ne connaît pas l'Égypte, et n'a point consulté ceux qui la connaissent.

Je me convainquis bientôt que l'auteur ne se piquait pas d'exactitude, et que, trop fidèle imitateur de la plupart de ceux qui l'ont précédé, il affectait d'assaisonner sa narration de fables consignées dans les traditions des peuples et dans les récits des voyageurs. Il me parut s'abandonner volontiers à des formes oratoires. Comme plusieurs écrivains placent l'orateur au-dessus de l'historien, Éphore crut ne pouvoir mieux leur répondre qu'en s'efforçant de réussir dans les deux genres.

Malgré ces défauts, son ouvrage sera toujours regardé comme un trésor d'autant plus précieux que chaque nation y trouvera, séparément et dans un bel ordre, tout ce qui peut l'intéresser : le style en est pur, élégant, fleuri, quoique trop souvent assujetti à certaines harmonies, et presque toujours dénué d'élévation et de chaleur.

Après cette lecture, tous les yeux se tournèrent vers Théopompe, qui commença par nous parler de lui. Mon père, Damostrate, nous dit-il, ayant été banni de l'île de Chio, sa patrie, pour avoir montré trop d'attachement aux Lacédémoniens, m'amena dans la Grèce; et quelque temps après je vins dans cette ville, où je m'appliquai sans relâche à l'étude de la philosophie et de l'éloquence.

Je composai plusieurs discours; je voyageai chez différents peuples; je parlai dans leurs assemblées ; et, après une longue suite de succès, je crois pouvoir me placer parmi les hommes les plus éloquents de ce siècle, au-dessus des plus éloquents du siècle dernier; car tel qui jouissait alors du premier rang n'obtiendrait pas le second aujourd'hui.

Isocrate me fit passer de la carrière brillante où je m'étais signalé dans celle qu'avaient illustrée les talents d'Hérodote et de Thucydide; j'ai continué l'ouvrage de ce dernier. Je travaille maintenant à la vie de Philippe de Macédoine; mais loin de me borner à décrire les actions de ce prince, j'ai soin de les lier avec l'histoire de presque tous les peuples, dont je rapporte les mœurs et les lois. J'embrasse un objet aussi vaste que celui d'Éphore ; mon plan diffère du sien.

A l'exemple de Thucydide, je n'ai rien épargné pour m'instruire des faits : plusieurs des événements que je raconte se sont passés sous mes yeux ; j'ai consulté sur les autres ceux qui en ont été les acteurs ou les témoins : il n'est point de canton dans la Grèce que je n'aie parcouru ; il n'en est point où je n'aie contracté des liaisons avec ceux qui ont dirigé les opérations politiques ou militaires. Je suis assez riche pour ne pas craindre la dépense, et trop ami de la vérité pour redouter la fatigue.

Une si sotte vanité nous indisposa contre l'auteur ; mais il s'engagea tout à coup dans une route si lumineuse, il développa de si grandes connaissances sur les affaires de la Grèce et des autres peuples, tant d'intelligence dans la distribution des faits, tant de simplicité, de clarté, de noblesse et d'harmonie dans son style, que nous fûmes forcés d'accabler d'éloges l'homme du monde qui méritait le plus d'être humilié.

Cependant il continuait de lire, et notre admiration commençait à se refroidir : nous vîmes reparaître des fables ; nous entendîmes des récits incroyables. Il nous dit qu'un homme qui, malgré la défense des dieux, peut entrer dans un temple de Jupiter en Arcadie, jouit pendant toute sa vie d'un privilége singulier : son corps, frappé des rayons du soleil, ne projette plus d'ombre. Il nous dit encore que, dans les premières années du règne de Philippe, on vit tout à coup, en quelques villes de Macédoine, les figuiers, les vignes et les oliviers porter des fruits mûrs au milieu du printemps, et que, depuis cette époque, les affaires de ce prince ne cessèrent de prospérer.

Ses digressions sont si fréquentes qu'elles remplissent près des trois quarts de son ouvrage, et quelquefois si longues qu'on oublie à la fin l'occasion qui les a fait naître. Les harangues qu'il met dans la bouche des généraux au moment du combat impatientent le lecteur comme elles auraient lassé les soldats.

Son style, plus convenable à l'orateur qu'à l'historien, a de grandes beautés et de grands défauts : il n'est pas assez négligé quand il s'agit de l'arrangement des mots ; il l'est trop quand il est question de leur choix. Vous voyez l'auteur quelquefois tourmenter ses périodes pour les arrondir ou pour en écarter le choc des voyelles, d'autres fois les défigurer par des expressions ignobles et des ornements déplacés.

Pendant le cours de ces lectures, je me convainquis souvent du mépris ou de l'ignorance des Grecs à l'égard des peuples éloignés.

Éphore avait pris l'Ibérie [1] pour une ville, et cette erreur ne fut point relevée. J'avais appris par un marchand phénicien, dont le commerce s'étendait jusqu'à Gadir, que l'Ibérie est une région vaste et peuplée. Quelques moments après, Théopompe ayant cité la ville de Rome, on lui demanda quelques détails sur cette ville. Elle est en Italie, répondit-il; tout ce que j'en sais, c'est qu'elle fut prise une fois par un peuple des Gaules.

Ces deux auteurs s'étant retirés, on leur donna les éloges qu'ils méritaient à bien des égards. Un des assistants, qui était couvert d'un manteau de philosophe, s'écria d'un ton d'autorité : Théopompe est le premier qui ait cité le cœur humain au tribunal de l'histoire : voyez avec quelle supériorité de lumières il creuse dans cet abîme profond, avec quelle impétuosité d'éloquence il met sous nos yeux ses affreuses découvertes. Toujours en garde contre les belles actions, il tâche de surprendre les secrets du vice déguisé sous le masque de la vertu.

Je crains bien, lui dis-je, qu'on ne démêle un jour dans ses écrits le poison de la malignité caché sous les dehors de la franchise et de la probité. Je ne puis souffrir ces esprits chagrins qui ne trouvent rien de pur et d'innocent parmi les hommes. Celui qui se défie sans cesse des intentions des autres m'apprend à me défier des siennes.

Un historien ordinaire, me répondit-on, se contente d'exposer les faits; un historien philosophe remonte à leurs causes. Pour moi, je hais le crime, et je veux connaître le coupable pour l'accabler de ma haine. Mais il faut du moins, lui dis-je, qu'il soit convaincu. Il est coupable, me répondit mon adversaire, s'il avait intérêt de l'être. Qu'on me donne un ambitieux, je dois reconnaître dans toutes ses démarches, non ce qu'il a fait, mais ce qu'il a voulu faire, et je saurai gré à l'historien de me révéler les odieux mystères de cette passion. Comment, lui dis-je, de simples présomptions qu'on ne risque devant les juges que pour étayer des preuves plus fortes, et qu'en les exposant à la contradiction, suffiront dans l'histoire pour imprimer sur la mémoire d'un homme un opprobre éternel!

Théopompe paraît assez exact dans ses récits; mais il n'est plus qu'un déclamateur quand il distribue à son gré le blâme et la louange. Traite-t-il d'une passion, elle doit être atroce et conséquente. S'agit-il d'un homme contre lequel il est prévenu, il juge de son caractère par quelques actions, et du reste de sa vie par

---

[1] L'Espagne.

son caractère. Il serait bien malheureux que de pareils imposteurs pussent disposer des réputations.

Il le serait bien plus, répliqua-t-on avec chaleur, qu'il ne fût pas permis d'attaquer les réputations usurpées. Théopompe est comme ces juges de l'enfer qui lisent clairement dans le cœur des coupables, comme ces médecins qui appliquent le fer et le feu sur le mal sans offenser les parties saines. Il ne s'arrête à la source des vices qu'après s'être assuré qu'elle est empoisonnée. Et pourquoi donc, répondis-je, se contredit-il lui-même ? Il nous annonce, au commencement de son ouvrage, qu'il ne l'entreprend que pour rendre à Philippe l'hommage dû au plus grand homme qui ait paru en Europe ; et bientôt il le représente comme le plus dissolu, le plus injuste et le plus perfide des hommes. Si le prince daignait jeter un regard sur lui, il le verrait se traîner honteusement à ses pieds. On se récria ; j'ajoutai : Apprenez donc qu'à présent même Théopompe compose en l'honneur de Philippe un éloge rempli d'adulation. Qui croire sur ce point ? l'historien ou le philosophe ?

Ni l'un ni l'autre, répondit Léocrate, ami d'Euclide. C'était un homme de lettres qui, s'étant appliqué à l'étude de la politique et de la morale, méprisait celle de l'histoire. Acusilaüs, disait-il, est convaincu de mensonge par Hellanicus ; et ce dernier par Éphore, qui le sera bientôt par d'autres. On découvre tous les jours de nouvelles erreurs dans Hérodote, et Thucydide même n'en est pas exempt. Des écrivains ignorants ou prévenus, des faits incertains dans leurs causes et dans leurs circonstances, voilà quelques-uns des vices inhérents à ce genre.

En voici les avantages, répondit Euclide : de grandes autorités pour la politique, de grands exemples pour la morale. C'est à l'histoire que les nations de la Grèce sont à tout moment forcées de recourir pour connaître leurs droits respectifs et terminer leurs différends ; c'est là que chaque république trouve les titres de sa puissance et de sa gloire ; c'est enfin à son témoignage que remontent sans cesse nos orateurs pour nous éclairer sur nos intérêts. Quant à la morale, ses préceptes nombreux sur la justice, sur la sagesse, sur l'amour de la patrie, valent-ils les exemples éclatants d'Aristide, de Socrate et de Léonidas ?

Nos auteurs varient quelquefois lorsqu'il s'agit de notre ancienne chronologie ou lorsqu'ils parlent des nations étrangères : nous les abandonnerons, si vous voulez, sur ces articles ; mais depuis nos guerres avec les Perses, où commence proprement notre histoire, elle est devenue le dépôt précieux des expériences que chaque siècle laisse aux siècles suivants. La paix, la guerre, les impositions, toutes les branches de l'administration sont discutées dans les assemblées générales ; ces délibérations se trouvent consignées dans des registres publics ; le récit des grands événements est dans tous les écrits, dans toutes les bouches ; nos succès, nos traités sont gravés sur des monuments exposés à nos yeux. Quel écrivain serait assez hardi pour contredire des témoins si visibles et si authentiques ?

Direz-vous qu'on se partage quelquefois sur les circonstances d'un fait ? et qu'importe qu'à la bataille de Salamine les Corinthiens se soient bien ou mal comportés ? Il n'en est pas moins vrai qu'à Salamine, à Platée et aux Thermopyles, quelques milliers de Grecs résistèrent à des millions de Perses, et qu'alors fut dévoilée, pour la première fois peut-être, cette grande et insigne vérité, que l'amour de la patrie est capable d'opérer des actions qui semblent être au-dessus des forces humaines.

L'histoire est un théâtre où la politique et la morale sont mises en action : les jeunes gens y reçoivent ces premières impressions qui décident quelquefois de leur destinée : il faut donc qu'on leur présente de beaux modèles à suivre, et qu'on ne leur inspire que de l'horreur pour le faux héroïsme. Les souverains et les nations peuvent y puiser des leçons importantes : il faut donc que l'historien soit impassible comme la justice dont il doit soutenir les droits, et sincère comme la vérité dont il prétend être l'organe. Ses fonctions sont si augustes, qu'elles devraient être exercées par des hommes d'une probité reconnue, et sous les yeux d'un tribunal aussi sévère que celui de l'aréopage. En un mot, dit Euclide en finissant, l'utilité de l'histoire n'est affaiblie que par ceux qui ne savent pas l'écrire, et n'est méconnue que de ceux qui ne savent pas la lire.

CHAPITRE LXVI.

Sur les noms propres usités parmi les Grecs.

Platon a fait un traité dans lequel il hasarde plusieurs étymologies sur les noms des héros, des génies et des dieux. Il y prend des licences dont cette espèce de travail n'est que trop susceptible. Encouragé par son exemple et moins hardi que lui, je place ici quelques remarques touchant les noms propres usités chez les Grecs : le hasard les avait amenées pendant les deux entretiens que je viens de rapporter. Des récits d'un autre genre ayant, dans ces mêmes séances, arrêté plus d'une fois notre attention sur la philosophie et sur la mort de Socrate, j'appris des détails dont je ferai usage dans le chapitre suivant.

CHAPITRE LXVI.

On distingue deux sortes de noms : les uns simples, les autres composés. Parmi les premiers, il en est qui tirent leur origine de certains rapports qu'on avait trouvés entre un tel homme et un tel animal. Par exemple, Léo, *le lion;* Lycos, *le loup;* Moschos, *le veau;* Corax, *le corbeau;* Sauros, *le lézard;* Batrachos, *la grenouille;* Alectryon, *le coq,* etc. Il en est encore qui paraissent tirés de la couleur du visage : Argos, *le blanc;* Mélas, *le noir;* Xanthos, *le blond;* Pyrrhos, *le roux*[1].

Quelquefois un enfant reçoit le nom d'une divinité, auquel on donne une légère inflexion. C'est ainsi qu'Apollonios vient d'Apollon; Poséidonios, de Poséidon ou Neptune; Démétrios, de Déméter ou Cérès; Athénée, d'Athéné ou Minerve.

Les noms composés sont en plus grand nombre que les simples. Si des époux croient avoir obtenu par leurs prières la naissance d'un fils, l'espoir de leur famille, alors, par reconnaissance, on ajoute, avec un très-léger changement, au nom de la divinité protectrice, le mot DORON, qui signifie *présent.* Et de là les noms de Théodore, Diodore, Olympiodore, Hypatodore, Hérodore, Athénodore, Hermodore, Héphestiodore, Héliodore, Asclépiodore, Céphisodore, etc.; c'est-à-dire *présent* des dieux, de Jupiter, du dieu d'Olympie, du Très-haut, de Junon, de Minerve, de Mercure, de Vulcain, du Soleil, d'Esculape, du fleuve Céphise, etc.

Quelques familles prétendent descendre des dieux; et de là les noms de Théogène ou Théagène, *né des dieux;* Diogène, *né de Jupiter;* Hermogène, *né de Mercure,* etc.

C'est une remarque digne d'attention que la plupart des noms rapportés par Homère sont des marques de distinction. Elles furent accordées comme récompenses aux qualités qu'on estimait le plus dans les siècles héroïques, telles que la valeur, la force, la légèreté à la course, la prudence et d'autres vertus. Du mot POLÉMOS, qui désigne *la guerre,* on fit Tlépolème, c'est-à-dire *propre à soutenir les travaux de la guerre;* Archéptolème, *propre à diriger les travaux de la guerre.*

En joignant au mot MAQUÈ, *combat,* des prépositions et diverses parties d'oraison qui en modifient le sens d'une manière toujours honorable, on composa les noms d'Amphimaque, d'Antimaque, de Promaque, de Télémaque. En procédant de la même manière sur le mot HÉNORÉA, *force, intrépidité,* on eut Agapénor, *celui qui estime la valeur;* Agénor, *celui qui la dirige;* Prothœnor, *le premier par son courage;* quantité d'autres encore, tels que Alé-

[1] Argos est la même chose qu'Argus; Pyrrhos que Pyrrhus, etc., les Latins ayant terminé en *us* les noms propres qui, parmi les Grecs, finissaient en *os*.

génor, Anthénor, Éléphénor, Euchénor, Pésénor, Hypsénor, Hypérénor, etc. Du mot DAMAO, *je dompte, je soumets*, on fit Damastor, Amphidamas, Chersidamas, Iphidamas, Polydamas, etc.

De THOOS, *léger à la course*, dérivèrent les noms d'Aréithoos, d'Alcathoos, de Panthoos, de Pirithoos, etc.; de NOOS, *esprit, intelligence*, ceux d'Astynoos, Arsinoos, Autonoos, Iphinoos, etc. De MEDOS, *conseil*, ceux d'Agamède, Eumède, Lycomède, Périmède, Thrasymède. De CLÉOS, *gloire*, ceux d'Amphiclès, Agaclès, Bathyclès, Doriclos, Échéclos, Iphiclos, Patrocle, Cléobule, etc.

Il suit de là que plusieurs particuliers avaient alors deux noms, celui que leur avaient donné leurs parents, et celui qu'ils méritèrent par leurs actions ; mais le second fit bientôt oublier le premier.

Les titres d'honneur que je viens de rapporter, et d'autres en grand nombre que je supprime, tels que ceux d'Orménos, *l'impétueux*; d'Astéropéos, *le foudroyant*, se transmettaient aux enfants, pour leur rappeler les actions de leurs pères, et les engager à les imiter.

Ils subsistent encore aujourd'hui ; et comme ils ont passé dans les différentes classes des citoyens, ils n'imposent aucune obligation. Quelquefois même il en résulte un singulier contraste avec l'état ou le caractère de ceux qui les ont reçus dans leur enfance.

Un Perse qui fondait tout son mérite sur l'éclat de son nom vint à Athènes. Je l'avais connu à Suze; je le menai à la place publique. Nous nous assîmes auprès de plusieurs Athéniens qui conversaient ensemble. Il me demanda leurs noms, et me pria de les lui expliquer. Le premier, lui dis-je, s'appelle Eudoxe, c'est-à-dire *illustre, honorable*; et voilà mon Perse qui s'incline devant Eudoxe. Le second, repris-je, se nomme Polyclète, ce qui signifie *fort célèbre*; autre révérence plus profonde. Sans doute, me dit-il, ces deux personnages sont à la tête de la république? Point du tout, répondis-je, ce sont des gens du peuple à peine connus. Le troisième, qui paraît si faible, se nomme Agasthène, ou peut-être Mégasthène, ce qui signifie *le fort*, ou même *le très-fort*. Le quatrième, qui est si gros et si pesant, s'appelle Prothoos, mot qui signifie *le léger, celui qui devance les autres à la course*. Le cinquième, qui vous paraît si triste, se nomme Épicharès, *le gai*. Et le sixième? me dit le Perse avec impatience. — Le sixième, c'est Sostrate, c'est-à-dire *le sauveur de l'armée*. — Il a donc commandé? Non, il n'a jamais servi. Le septième, qui s'appelle Clitomaque, *illustre guerrier*, a toujours pris la fuite, et on l'a déclaré infâme. Le huitième s'appelle Dicæus, *le juste*. — Eh bien? — Eh bien, c'est le plus insigne fripon qui existe. J'allais lui citer encore le neuvième, qui s'appelait Evelthon, le *bienvenu*, lorsque l'étranger se leva et dit : Voilà des gens qui déshonorent leurs noms. Mais du moins, repris-je, ces noms ne leur inspirent point de vanité.

On ne trouve presque aucune dénomination flétrissante dans Homère. Elles sont fréquentes aujourd'hui, mais beaucoup moins qu'on n'aurait dû l'attendre d'un peuple qui est si aisément frappé des ridicules et des défauts.

CHAPITRE LXVII.

Socrate.

Socrate était fils d'un sculpteur nommé Sophronisque : il quitta la profession de son père après l'avoir suivie pendant quelque temps et avec succès [1]. Phénarète, sa mère, exerçait celle de sage-femme.

Ces belles proportions, ces formes élégantes que le marbre reçoit du ciseau, lui donnèrent la première idée de la perfection ; et cette idée s'élevant par degrés, il sentit qu'il devait régner dans l'univers une harmonie générale entre ses parties, et dans l'homme un rapport exact entre ses actions et ses devoirs.

Pour développer ces premières notions, il porta dans tous les genres d'études l'ardeur et l'obstination d'une âme forte et avide d'instruction. L'examen de la nature, les sciences exactes et les arts agréables fixèrent tour à tour son attention.

Il parut dans un temps où l'esprit humain semblait tous les jours s'ouvrir de nouvelles sources de lumières. Deux classes d'hommes se chargeaient du soin de les recueillir ou de les répandre : les philosophes, dont la plupart passaient leur vie à méditer sur la formation de l'univers et sur l'essence des êtres ; les sophistes, qui, à la faveur de quelques notions légères et d'une éloquence fastueuse, se faisaient un jeu de discourir sur tous les objets de la morale et de la politique, sans en éclaircir aucun.

Socrate fréquenta les uns et les autres ; il admira leurs talents, et s'instruisit par leurs écarts. A la suite des premiers, il s'aperçut que plus il avançait dans la carrière, plus les ténèbres s'épaississaient autour de lui : alors il reconnut que la nature, en nous accordant sans peine les connaissances de première nécessité, se fait arracher celles qui sont moins utiles, et nous refuse avec rigueur toutes celles qui ne satisferaient qu'une curiosité inquiète.

[1] Socrate avait fait les statues des trois Grâces qu'on voyait à la porte de la citadelle d'Athènes ; elles étaient voilées, comme on les faisait alors.

Ainsi, jugeant de leur importance par le degré d'évidence ou d'obscurité dont elles sont accompagnées, il prit le parti de renoncer à l'étude des premières causes, et de rejeter ces théories abstraites qui ne servent qu'à tourmenter ou égarer l'esprit.

S'il regarda comme inutiles les méditations des philosophes, les sophistes lui parurent d'autant plus dangereux que, soutenant toutes les doctrines sans en adopter aucune, ils introduisaient la licence du doute dans les vérités les plus essentielles au repos des sociétés.

De ses recherches infructueuses il conclut que la seule connaissance nécessaire aux hommes était celle de leurs devoirs; la seule occupation digne du philosophe, celle de les en instruire ; et, soumettant à l'examen de sa raison les rapports que nous avons avec les dieux et nos semblables, il s'en tint à cette théologie simple dont les nations avaient tranquillement écouté la voix depuis une longue suite de siècles.

La sagesse suprême conserve dans une éternelle jeunesse l'univers qu'elle a formé ; invisible en elle-même, les merveilles qu'elle produit l'annoncent avec éclat: les dieux étendent leur providence sur la nature entière; présents en tous lieux, ils voient tout, ils entendent tout. Parmi cette infinité d'êtres sortis de leurs mains, l'homme, distingué des autres animaux par des qualités éminentes, et surtout par une intelligence capable de recevoir l'idée de la Divinité, l'homme fut toujours l'objet de leur amour et de leur prédilection ; ils lui parlent sans cesse par ces lois souveraines qu'ils ont gravées dans son cœur : « Prosternez-vous devant les dieux; honorez vos parents; faites du bien à ceux qui vous en font. » Ils lui parlent aussi par leurs oracles répandus sur la terre, et par une foule de prodiges et de présages, indices de leurs volontés.

Qu'on ne se plaigne donc plus de leur silence ; qu'on ne dise point qu'ils sont trop grands pour s'abaisser jusqu'à notre faiblesse. Si leur puissance les élève au-dessus de nous, leur bonté nous rapproche d'eux. Mais qu'exigent-ils? le culte établi dans chaque contrée, des prières qui se borneront à solliciter en général leur protection, des sacrifices où la pureté du cœur est plus essentielle que la magnificence des offrandes : il faudrait renoncer à la vie, si les sacrifices des scélérats leur étaient plus agréables que ceux des gens de bien. Ils exigent encore plus : c'est les honorer que de leur obéir; c'est leur obéir que d'être utile à la société. L'homme d'état qui travaille au bonheur du peuple, le laboureur qui rend la terre plus fertile, tous ceux qui s'acquittent exactement de leurs

CHAPITRE LXVII.

devoirs rendent aux dieux le plus beau des hommages; mais il faut qu'il soit continuel : leurs faveurs sont le prix d'une piété fervente, et accompagnée d'espoir et de confiance. N'entreprenons rien d'essentiel sans les consulter, n'exécutons rien contre leurs ordres, et souvenons-nous que la présence des dieux éclaire et remplit les lieux les plus obscurs et les plus solitaires.

Socrate ne s'expliqua point sur la nature de la Divinité, mais il s'énonça toujours clairement sur son existence et sur sa providence : vérités dont il était infiniment convaincu, et les seules auxquelles il lui fût possible et important de parvenir. Il reconnut un Dieu unique, auteur et conservateur de l'univers; au-dessous de lui, des dieux inférieurs, formés de ses mains, revêtus d'une partie de son autorité, et dignes de notre vénération. Pénétré du plus profond respect pour le souverain, partout il se fût prosterné devant lui, partout il eût honoré ses ministres, sous quelque nom qu'on les invoquât, pourvu qu'on ne leur attribuât aucune de nos faiblesses, qu'on écartât de leur culte les superstitions qui le défigurent, et qu'on dépouillât la religion des fables que paraissait autoriser la philosophie de Pythagore et d'Empédocle. Les cérémonies pouvaient varier chez les différents peuples; mais elles devaient être autorisées par les lois, et accompagnées de la pureté d'intention.

Il ne rechercha point l'origine du mal qui règne dans le moral ainsi que dans le physique : mais il connut les biens et les maux qui font le bonheur et le malheur de l'homme, et c'est sur cette connaissance qu'il fonda sa morale.

Le vrai bien est permanent et inaltérable; il remplit l'âme sans l'épuiser, et l'établit dans une tranquillité profonde pour le présent, dans une entière sécurité pour l'avenir. Il ne consiste donc point dans la jouissance des plaisirs, du pouvoir, de la santé, des richesses et des honneurs. Ces avantages, et tous ceux qui irritent le plus nos désirs, ne sont pas des biens par eux-mêmes, puisqu'ils peuvent être utiles ou nuisibles par l'usage qu'on en fait, ou par les effets qu'ils produisent naturellement : les uns sont accompagnés de tourments, les autres suivis de dégoûts et de remords; tous sont détruits dès qu'on en abuse, et l'on cesse d'en jouir dès qu'on craint de les perdre.

Nous n'avons pas de plus justes idées des maux que nous redoutons : il en est, comme la disgrâce, la maladie, la pauvreté, qui, malgré la terreur qu'ils inspirent, procurent quelquefois plus d'avantages que le crédit, les richesses et la santé.

Ainsi, placé entre des objets dont nous ignorons la nature, notre esprit flottant et incertain ne discerne qu'à la faveur de quelques lueurs sombres le bon et le mauvais, le juste et l'injuste, l'honnête et le malhonnête ; et, comme toutes nos actions sont des choix, et que ces choix sont d'autant plus aveugles qu'ils sont plus importants, nous risquons sans cesse de tomber dans les piéges qui nous entourent. De là, tant de contradictions dans notre conduite, tant de vertus fragiles, tant de systèmes de bonheur renversés.

Cependant les dieux nous ont accordé un guide pour nous diriger au milieu de ces routes incertaines : ce guide est la sagesse, qui est le plus grand des biens, comme l'ignorance est le plus grand des maux. La sagesse est une raison éclairée, qui, dépouillant de leurs fausses couleurs les objets de nos craintes et de nos espérances, nous les montre tels qu'ils sont en eux-mêmes, fixe l'instabilité de nos jugements, et détermine notre volonté par la seule force de l'évidence.

A la faveur de cette lumière vive et pure, l'homme est juste, parce qu'il est intimement persuadé que son intérêt est d'obéir aux lois et de ne faire tort à personne ; il est frugal et tempérant, parce qu'il voit plus clairement que l'excès des plaisirs entraîne, avec la perte de la santé, celle de la fortune et de la réputation ; il a le courage de l'âme, parce qu'il connaît le danger et la nécessité de le braver. Ses autres vertus émanent du même principe, ou plutôt elles ne sont toutes que la sagesse appliquée aux différentes circonstances de la vie.

Il suit de là que toute vertu est une science qui s'augmente par l'exercice et la méditation ; tout vice, une erreur qui, par sa nature, doit produire tous les autres vices.

Ce principe, discuté encore aujourd'hui par les philosophes, trouvait des contradicteurs du temps de Socrate. On lui disait : Nous devons nous plaindre de notre faiblesse, et non de notre ignorance ; et si nous faisons le mal, ce n'est pas faute de le connaître. Vous ne le connaissez pas, répondait-il : vous le rejetteriez loin de vous si vous le regardiez comme un mal ; mais vous le préférez au bien, parce qu'il vous paraît un bien plus grand encore.

On insistait : Cette préférence, nous la condamnons avant et après nos chutes ; mais il est des moments où l'attrait de la volupté nous fait oublier nos principes et nous ferme les yeux sur l'avenir. Et pouvons-nous, après tout, éteindre les passions qui nous asservissent malgré nous ?

Si vous êtes des esclaves, répliquait Socrate, vous ne devez plus compter sur votre vertu, et par conséquent sur le bonheur. La sagesse, qui peut seule le procurer, ne fait entendre sa voix qu'à des hommes libres ou qui s'efforcent de le devenir. Pour vous rendre votre liberté, elle n'exige que le sacrifice des besoins que la nature n'a pas donnés; à mesure qu'on goûte et qu'on médite ses leçons, on secoue aisément toutes ces servitudes qui troublent et obscurcissent l'esprit : car ce n'est pas la tyrannie des passions qu'il faut craindre, c'est celle de l'ignorance qui vous livre entre leurs mains en exagérant leur puissance. Détruisez son empire, et vous verrez disparaître ces illusions qui vous éblouissent, ces opinions confuses et mobiles que vous prenez pour des principes. C'est alors que l'éclat et la beauté de la vertu font une telle impression sur nos âmes, qu'elles ne résistent plus à l'attrait impérieux qui les entraîne. Alors on peut dire que nous n'avons pas le pouvoir d'être méchants, parce que nous n'aurons jamais celui de préférer avec connaissance de cause le mal au bien, ni même un plus petit avantage à un plus grand.

Pénétré de cette doctrine, Socrate conçut le dessein aussi extraordinaire qu'intéressant de détruire, s'il en était temps encore, les erreurs et les préjugés qui font le malheur et la honte de l'humanité. On vit donc un simple particulier, sans naissance, sans crédit, sans aucune vue d'intérêt, sans aucun désir de la gloire, se charger du soin pénible et dangereux d'instruire les hommes et de les conduire à la vertu par la vérité; on le vit consacrer sa vie, tous les moments de sa vie, à ce glorieux ministère, l'exercer avec la chaleur et la modération qu'inspire l'amour éclairé du bien public, et soutenir, autant qu'il lui était possible, l'empire chancelant des lois et des mœurs.

Socrate ne chercha point à se mêler de l'administration : il avait de plus nobles fonctions à remplir. En formant de bons citoyens, disait-il, je multiplie les services que je dois à ma patrie.

Comme il ne devait ni annoncer ses projets de réforme ni en accélérer l'exécution, il ne composa point d'ouvrages; il n'affecta point de réunir à des heures marquées ses auditeurs auprès de lui : mais dans les places et les promenades publiques, dans les sociétés choisies, parmi le peuple, il profitait de la moindre occasion pour éclairer sur leurs vrais intérêts le magistrat, l'artisan, le laboureur, tous ses frères en un mot; car c'était sous ce point de vue qu'il envisageait tous les hommes [1]. La conversation ne roulait d'abord que sur des choses indifférentes; mais par degrés, et sans s'en apercevoir, ils lui rendaient compte de leur conduite, et la

---

[1] Socrate disait : « Je suis citoyen de l'univers. » (Cicér. *Tuscul.* lib. V, cap. 37, t. II, p. 392). Aristippe : « Je suis étranger partout. » (Xénoph. *Mémor.* lib. II, p. 736.) Ces deux mots suffisent pour caractériser le maître et le disciple.

plupart apprenaient avec surprise que, dans chaque état, le bonheur consiste à être bon parent, bon ami, bon citoyen.

Socrate ne se flattait pas que sa doctrine serait goûtée des Athéniens pendant que la guerre du Péloponnèse agitait les esprits et portait la licence à son comble ; mais il présumait que leurs enfants, plus dociles, la transmettraient à la génération suivante.

Il les attirait par les charmes de sa conversation, quelquefois en s'associant à leurs plaisirs, sans participer à leurs excès. Un d'entre eux, nommé Eschine, après l'avoir entendu, s'écria : « Socrate, je suis pauvre ; mais je me donne entièrement à vous, c'est tout ce que je puis vous offrir. Vous ignorez, lui répondit Socrate, la beauté du présent que vous me faites. » Son premier soin était de démêler leur caractère ; il les aidait par ses questions à mettre au jour leurs idées, et les forçait par ses réponses à les rejeter. Des définitions plus exactes dissipaient par degrés les fausses lumières qu'on leur avait données dans une première institution, et des doutes adroitement exposés redoublaient leur inquiétude et leur curiosité : car son grand art fut toujours de les amener au point où ils ne pouvaient supporter ni leur ignorance ni leurs faiblesses.

Plusieurs ne purent soutenir cette épreuve ; et, rougissant de leur état sans avoir la force d'en sortir, ils abandonnèrent Socrate, qui ne s'empressa pas de les rappeler. Les autres apprirent par leur humiliation à se méfier d'eux-mêmes, et dès cet instant il cessa de tendre des piéges à leur vanité. Il ne leur parlait point avec la rigidité d'un censeur ni avec la hauteur d'un sophiste ; point de reproches amers, point de plaintes importunes ; c'était le langage de la raison et de l'amitié dans la bouche de la vertu.

Il s'attachait à former leur esprit, parce que chaque précepte devait avoir son principe ; il les exerçait dans la dialectique, parce qu'ils auraient à combattre contre les sophismes de la volupté et des autres passions.

Jamais homme ne fut moins susceptible de jalousie. Voulaient-ils prendre une légère teinture des sciences exactes, il leur indiquait les maîtres qu'il croyait plus éclairés que lui. Désiraient-ils de fréquenter d'autres écoles, il les recommandait lui-même aux philosophes qu'ils lui préféraient.

Ses leçons n'étaient que des entretiens familiers, dont les circonstances amenaient le sujet : tantôt il lisait avec eux les écrits des sages qui l'avaient précédé ; il les relisait, parce qu'il savait que, pour persévérer dans l'amour du bien, il faut souvent se con-

CHAPITRE LXVII.

vaincre de nouveau des vérités dont est convaincu : tantôt il discutait la nature de la justice, de la science et du vrai bien. Périsse, s'écriait-il alors, la mémoire de celui qui osa le premier établir une distinction entre ce qui est juste et ce qui est utile! D'autres fois il leur montrait plus en détail les rapports qui lient les hommes entre eux, et ceux qu'ils ont avec les objets qui les entourent. Soumission aux volontés des parents, quelque dures qu'elles soient ; soumission plus entière aux ordres de la patrie, quelque sévères qu'ils puissent être ; égalité d'âme dans l'une et l'autre fortune; obligation de se rendre utile aux hommes; nécessité de se tenir dans un état de guerre contre ses passions, dans un état de paix contre les passions des autres : ces points de doctrine, Socrate les exposait avec autant de clarté que de précision.

De là ce développement d'une foule d'idées nouvelles pour eux ; de là ces maximes prises au hasard parmi celles qui nous restent de lui : que moins on a de besoins, plus on approche de la Divinité; que l'oisiveté avilit, et non le travail ; qu'un regard arrêté avec complaisance sur la beauté introduit un poison mortel dans le cœur ; que la gloire du sage consiste à être vertueux sans affecter de le paraître, et sa volupté à l'être tous les jours de plus en plus; qu'il vaut mieux mourir avec honneur que de vivre avec ignominie ; qu'il ne faut jamais rendre le mal pour le mal ; enfin, et c'était une de ces vérités effrayantes sur lesquelles il insistait davantage, que la plus grande des impostures est de prétendre gouverner et conduire les hommes sans en avoir le talent.

Et comment, en effet, la présomption de l'ignorance ne l'aurait-elle pas révolté, lui qui, à force de connaissances et de travaux, croyait à peine avoir acquis le droit d'avouer qu'il ne savait rien ; lui qui voyait dans l'état les places les plus importantes obtenues par l'intrigue, et confiées à des gens sans lumières qu sans probité ; dans la société et dans l'intérieur des familles, tous les principes obscurcis, tous les devoirs méconnus ; parmi la jeunesse d'Athènes, des esprits altiers et frivoles, dont les prétentions n'avaient pas de bornes, et dont l'incapacité égalait l'orgueil ?

Socrate, toujours attentif à détruire la haute opinion qu'ils avaient d'eux-mêmes, lisait dans le cœur d'Alcibiade le désir d'être bientôt à la tête de la république, et dans celui de Critias l'ambition de la subjuguer un jour; l'un et l'autre, distingués par leur naissance et par leurs richesses, cherchaient à s'instruire pour étaler dans la suite leurs connaissances aux yeux du peuple. Mais le premier était plus dangereux, parce qu'il joignait à ces avantages les qualités les plus aimables. Socrate, après avoir obtenu sa confiance, le forçait à pleurer, tantôt sur son ignorance, tantôt sur sa vanité; et, dans cette confusion de sentiments, le disciple avouait qu'il ne pouvait être heureux ni avec un tel maître ni sans un tel ami. Pour échapper à sa séduction, Alcibiade et Critias prirent enfin le parti d'éviter sa présence.

Des succès moins brillants et plus durables, sans le consoler de cette perte, le dédommageaient de ses travaux. Écarter des emplois publics ceux de ses élèves qui n'avaient pas encore assez d'expérience; en rapprocher d'autres qui s'en éloignaient par indifférence ou par modestie; les réunir quand ils étaient divisés; rétablir le calme dans leurs familles, et l'ordre dans leurs affaires; les rendre plus religieux, plus justes, plus tempérants : tels étaient les effets de cette persuasion douce qu'il faisait couler dans les âmes, tels étaient les plaisirs qui transportaient la sienne.

Il les dut encore moins à ses leçons qu'à ses exemples : les traits suivants montreront qu'il était difficile de le fréquenter sans devenir meilleur. Né avec un extrême penchant pour le vice, sa vie entière fut le modèle de toutes les vertus. Il eut de la peine à réprimer la violence de son caractère, soit que ce défaut paraisse le plus difficile à corriger, soit qu'on se le pardonne plus aisément : dans la suite, sa patience devint invincible. L'humeur difficile de Xantippe, son épouse, ne troubla plus le calme de son âme ni la sérénité qui régnait sur son front. Il leva le bras sur son esclave : Ah! si je n'étais en colère! lui dit-il, et il ne le frappa point. Il avait prié ses amis de l'avertir quand ils apercevraient de l'altération dans ses traits ou dans sa voix.

Quoiqu'il fût très-pauvre, il ne retira aucun salaire de ses instructions, et n'accepta jamais les offres de ses disciples. Quelques riches particuliers de la Grèce voulurent l'attirer chez eux, il les refusa; quand Archelaüs, roi de Macédoine, lui proposa un établissement à sa cour, il le refusa encore, sous prétexte qu'il n'était pas en état de lui rendre bienfait pour bienfait.

Cependant son extérieur n'était pas négligé, quoiqu'il se ressentît de la médiocrité de sa fortune. Cette propreté tenait aux idées d'ordre et de décence qui dirigeaient ses actions; et le soin qu'il prenait de sa santé, au désir qu'il avait de conserver son esprit libre et tranquille.

Dans ces repas où le plaisir va quelquefois jusqu'à la licence, ses amis admirèrent sa frugalité; et, dans sa conduite, ses ennemis respectèrent la pureté de ses mœurs.

Il fit plusieurs campagnes; dans toutes il donna l'exemple de la valeur et de l'obéissance. Comme il s'était endurci depuis long-temps contre les besoins de la vie et contre l'intempérie des saisons, on le vit, au siége de Potidée, pendant qu'un froid rigoureux retenait les troupes sous les tentes, sortir de la sienne avec l'habit qu'il portait en tout temps, ne prendre aucune précaution, et marcher pieds nus sur la glace. Les soldats lui supposèrent le projet d'insulter à leur mollesse; mais il en aurait agi de même s'il n'avait pas eu de témoins.

Au même siége, pendant une sortie que fit la garnison, ayant trouvé Alcibiade couvert de blessures, il l'arracha des mains de l'ennemi, et, quelque temps après, il lui fit décerner le prix de la bravoure, qu'il avait mérité lui-même.

A la bataille de Délium, il se retira des derniers à côté du général, qu'il aidait de ses conseils, marchant à petits pas et toujours combattant, jusqu'à ce qu'ayant aperçu le jeune Xénophon, épuisé de fatigue et renversé de cheval, il le prit sur ses épaules et le mit en lieu de sûreté. Lachès, c'était le nom du général, avoua depuis qu'il aurait pu compter sur la victoire si tout le monde s'était comporté comme Socrate.

Ce courage ne l'abandonnait pas dans des occasions peut-être plus périlleuses. Le sort l'avait élevé au rang de sénateur; en cette qualité il présidait, avec quelques autres membres du sénat, à l'assemblée du peuple. Il s'agissait d'une accusation contre des généraux qui venaient de remporter une victoire signalée : on proposait une forme de jugement aussi vicieuse par son irrégularité que funeste à la cause de l'innocence. La multitude se soulevait à la moindre contradiction, et demandait qu'on mît les opposants au nombre des accusés. Les autres présidents, effrayés, approuvèrent le décret; Socrate seul, intrépide au milieu des clameurs et des menaces, protesta qu'ayant fait le serment de juger conformément aux lois, rien ne le forcerait à le violer, et il ne le viola point.

Socrate plaisantait souvent de la ressemblance de ses traits avec ceux auxquels on reconnaît le dieu Silène. Il avait beaucoup d'agréments et de gaieté dans l'esprit, autant de force que de solidité dans le caractère, un talent particulier pour rendre la vérité sensible et intéressante, point d'ornements dans ses discours; souvent de l'élévation, toujours la propriété du terme, ainsi que l'enchaînement et la justesse des idées. Il disait qu'Aspasie lui avait donné des leçons de rhétorique, ce qui signifiait sans doute qu'il avait appris auprès d'elle à s'exprimer avec beaucoup de grâce. Il eut des liaisons avec cette femme célèbre, avec Périclès, Euripide et les hommes les plus distingués de son siècle; mais ses disciples furent toujours ses véritables amis; il en était adoré, et j'en ai vu qui, long-temps après sa mort, s'attendrissaient à son souvenir.

Pendant qu'il conversait avec eux, il leur parlait fréquemment d'un génie qui l'accompagnait depuis son enfance, et dont les inspirations ne l'engageaient jamais à rien entreprendre, mais l'arrêtaient souvent sur le point de l'exécution. Si on le consultait sur un projet dont l'issue dût être funeste, la voix secrète se faisait entendre ; s'il devait réussir, elle gardait le silence. Un de ses disciples, étonné d'un langage si nouveau, le pressa de s'expliquer sur la nature de cette voix céleste, et n'obtint aucune réponse; un autre s'adressa pour le même sujet à l'oracle de Trophonius, et sa curiosité ne fut pas mieux satisfaite. Les aurait-il laissés dans le doute, si, par ce génie, il prétendait désigner cette prudence rare que son expérience lui avait acquise? Voulait-il les engager dans l'erreur, et s'accréditer dans leur esprit en se montrant à leurs yeux comme un homme inspiré? Non, me répondit Xénophon, à qui je proposais un jour ces questions : jamais Socrate ne déguisa la vérité, jamais il ne fut capable d'une imposture : il n'était ni assez vain ni assez imbécile pour donner de simples conjectures comme de véritables prédictions, mais il était convaincu lui-même ; et quand il nous parlait au nom de son génie, c'est qu'il en ressentait intérieurement l'influence.

Un autre disciple de Socrate, nommé Cimmias, que je connus à Thèbes, attestait que son maître, persuadé que les dieux ne se rendent pas visibles aux mortels, rejetait les apparitions dont on lui faisait le récit, mais qu'il écoutait et interrogeait avec l'intérêt le plus vif ceux qui croyaient entendre au dedans d'eux-mêmes les accents d'une voix divine.

Si l'on ajoute à ces témoignages formels que Socrate a protesté jusqu'à sa mort que les dieux daignaient quelquefois lui communiquer une portion de leur prescience ; qu'il racontait, ainsi que ses disciples, plusieurs de ses prédictions que l'événement avait justifiées ; que quelques-unes firent beaucoup de bruit parmi les Athéniens, et qu'il ne songea point à les démentir, on verra clairement qu'il était de bonne foi lorsqu'en parlant de son génie il disait qu'il éprouvait en lui-même ce qui n'était peut-être jamais arrivé à personne.

En examinant ses principes et sa conduite, on entrevoit par quels degrés il parvint à s'attribuer une pareille prérogative. Attaché à la religion dominante, il pensait conformément aux traditions anciennes, adoptées par des philosophes, que les dieux, touchés des besoins et fléchis par les prières de l'homme de bien, lui dévoilent quelquefois l'avenir par différents signes. En conséquence, il exhortait ses disciples, tantôt à consulter les oracles, tantôt à s'appliquer à l'étude de la divination. Lui-même, docile à l'opinion du plus grand nombre, était attentif aux songes et leur obéissait comme à des avertissements du ciel. Ce n'est pas tout encore ; souvent plongée pendant des heures entières dans la contemplation, son âme, pure et dégagée des sens, remontait insensiblement à la source des devoirs et des vertus ; or, il est difficile de se tenir longtemps sous les yeux de la Divinité sans oser l'interroger, sans écouter sa réponse, sans se familiariser avec les illusions que produit quelquefois la contention d'esprit. D'après ces notions, doit-on s'étonner que Socrate prit quelquefois ses pressentiments pour des inspirations divines, et rapportât à une cause surnaturelle les effets de la prudence ou du hasard ?

Cependant on trouve dans l'histoire de sa vie des faits qui porteraient à soupçonner la droiture de ses intentions. Que penser en effet d'un homme qui, suivi de ses disciples, s'arrête tout à coup, se recueille long-temps en lui-même, écoute la voix de son génie, et leur ordonne de prendre un autre chemin, quoiqu'ils n'eussent rien à risquer en suivant le premier [1] ?

Je cite un second exemple. Au siége de Potidée, on s'aperçut que depuis le lever de l'aurore il était hors de sa tente, immobile, enseveli dans une méditation profonde, exposé à l'ardeur brûlante du soleil, car c'était en été. Les soldats s'assemblèrent autour de lui, et dans leur admiration se le montraient les uns aux autres. Le soir, quelques-uns d'entre eux résolurent de passer la nuit à l'observer. Il resta dans la même position jusqu'au jour suivant. Alors il rendit son hommage au soleil, et se retira tranquillement dans sa tente.

Voulait-il se donner en spectacle à l'armée ? Son esprit pouvait-il suivre pendant si long-temps le fil d'une vérité ? Ses disciples, en nous transmettant ces faits, en ont-ils altéré les circonstances ? Convenons plutôt que la conduite des hommes les plus sages et les plus vertueux présente quelquefois des obscurités impénétrables.

Quoi qu'il en soit, malgré les prédictions qu'on attribuait à Socrate, les Athéniens n'eurent jamais pour lui la considération qu'il méritait à tant de titres. Sa méthode devait les aliéner ou les offenser. Les uns ne pouvaient lui pardonner l'ennui d'une discussion qu'ils n'étaient pas en état de suivre ; les autres, l'aveu qu'il leur arrachait de leur ignorance.

[1] Quelques-uns de ses disciples continuèrent leur chemin, malgré l'avis du génie, et rencontrèrent un troupeau de cochons qui les couvrirent de boue. C'est Théocrite, disciple de Socrate, qui raconte ce fait dans Plutarque, et qui prend à témoin Cimmias, autre disciple de Socrate.

Comme il voulait que dans la recherche de la vérité on commençât par hésiter et se méfier des lumières qu'on avait acquises, et que, pour dégoûter ses nouveaux élèves des fausses idées qu'ils avaient reçues, il les amenait, de conséquence en conséquence, au point de convenir que, suivant leurs principes, la sagesse même pourrait devenir nuisible, les assistants qui ne pénétraient pas ses vues l'accusaient de jeter ses disciples dans le doute, de soutenir le pour et le contre, de tout détruire et de ne rien édifier.

Comme auprès de ceux dont il n'était pas connu il affectait de ne rien savoir, et dissimulait d'abord ses forces pour les employer ensuite avec plus de succès, on disait que, par une ironie insultante, il ne cherchait qu'à tendre des piéges à la simplicité des autres[1].

Comme la jeunesse d'Athènes, qui voyait les combats des gens d'esprit avec le même plaisir qu'elle aurait vu ceux des animaux féroces, applaudissait à ses victoires, et se servait, à la moindre occasion, des armes qui les lui avaient procurées, on inférait de là qu'elle ne puisait à sa suite que le goût de la dispute et de la contradiction. Les plus indulgents observaient seulement qu'il avait assez de talents pour inspirer à ses élèves l'amour de la sagesse, et point assez pour leur en faciliter la pratique.

Il assistait rarement au spectacle, et, en blâmant l'extrême licence qui régnait alors dans les comédies, il s'attira la haine de leurs auteurs.

De ce qu'il ne paraissait presque jamais à l'assemblée du peuple, et qu'il n'avait ni crédit ni aucun moyen d'acheter ou de vendre des suffrages, plusieurs se contentèrent de le regarder comme un homme oisif, inutile, qui n'annonçait que des réformes et ne promettait que des vertus.

De cette foule de préjugés et de sentiments réunis il résulta l'opinion presque générale que Socrate n'était qu'un sophiste plus habile, plus honnête, mais peut-être plus vain que les autres. J'ai vu des Athéniens éclairés lui donner cette qualification long-temps après sa mort; et, de son vivant, quelques auteurs l'employèrent avec adresse pour se venger de ses mépris.

Aristophane, Eupolis, Amipsias, le jouèrent sur le théâtre, comme ils se permirent de jouer Périclès, Alcibiade, et presque

[1] Je ne me suis point étendu sur l'ironie de Socrate, persuadé qu'il ne faisait pas un usage aussi fréquent et aussi amer de cette figure que Platon le suppose. On n'a, pour s'en convaincre, qu'à lire les *Conversations de Socrate*, rapportées par Xénophon, et celles que Platon lui attribue. Dans les premières, Socrate s'exprime avec une gravité qu'on regrette souvent de ne pas retrouver dans les secondes. Les deux disciples ont mis leur maître aux prises avec le sophiste Hippias; que l'on compare ces dialogues, et l'on sentira cette différence. Cependant Xénophon avait été présent à celui qu'il nous a conservé.

tous ceux qui furent à la tête du gouvernement, comme d'autres auteurs dramatiques y jouèrent d'autres philosophes : car il régnait alors de la division entre ces deux classes de gens de lettres.

Il fallait jeter du ridicule sur le prétendu génie de Socrate et sur ses longues méditations ; Aristophane le représenta suspendu au-dessus de la terre, assimilant ses pensées à l'air subtil et léger qu'il respire, invoquant les déesses tutélaires des sophistes, les Nuées, dont il croit entendre la voix au milieu des brouillards et des ténèbres qui l'environnent. Il fallait le perdre dans l'esprit du peuple ; il l'accuse d'apprendre aux jeunes gens à mépriser les dieux, à tromper les hommes.

Aristophane présenta sa pièce au concours ; elle reçut des applaudissements, et ne fut pas couronnée : il la remit au théâtre l'année d'après, et elle n'eut pas un meilleur succès ; il la retoucha de nouveau, mais des circonstances l'empêchèrent d'en donner une troisième représentation. Socrate, à ce qu'on prétend, ne dédaigna pas d'assister à la première, et de se montrer à des étrangers qui le cherchaient des yeux dans l'assemblée. De pareilles attaques n'ébranlaient pas plus sa constance que les autres événements de la vie. « Je dois me corriger, disait-il, si les reproches de ces auteurs sont fondés ; les mépriser s'ils ne le sont pas. » On lui rapportait un jour qu'un homme disait du mal de lui : « C'est, répondit-il, qu'il n'a pas bien appris à parler. »

Depuis la représentation des *Nuées* il s'était écoulé environ vingt-quatre ans. Il semblait que le temps de la persécution était passé pour lui, lorsque tout à coup il apprit qu'un jeune homme venait de présenter au second des archontes une dénonciation conçue en ces termes : « Mélitus, fils de Mélitus, du bourg de Pythos, intente une accusation criminelle contre Socrate, fils de Sophronisque, du bourg d'Alopèce. Socrate est coupable en ce qu'il n'admet pas nos dieux, et qu'il introduit parmi nous des divinités nouvelles sous le nom de génies : Socrate est coupable, en ce qu'il corrompt la jeunesse d'Athènes. Pour peine, la mort. »

Mélitus était un poète froid et sans talents ; il composa quelques tragédies dont le souvenir ne se perpétuera que par les plaisanteries d'Aristophane. Deux accusateurs plus puissants que lui, Anytus et Lycon, le firent servir d'instrument à leur haine. Ce dernier était un de ces orateurs publics qui, dans les assemblées du sénat et du peuple, discutent les intérêts de la patrie, et disposent de l'opinion de la multitude comme la multitude dispose de tout. Ce fut lui qui dirigea les procédures.

Des richesses considérables et des services signalés rendus à l'état plaçaient Anytus parmi les citoyens qui avaient le plus de crédit. Il remplit successivement les premières dignités de la république. Zélé partisan de la démocratie, persécuté par les trente tyrans, il fut un de ceux qui contribuèrent le plus à leur expulsion et au rétablissement de la liberté.

Anytus avait long-temps vécu en bonne intelligence avec Socrate, il le pria même une fois de donner quelques instructions à son fils, qu'il avait chargé des détails d'une manufacture dont il tirait un gros revenu. Mais Socrate lui ayant représenté que ces fonctions avilissantes ne convenaient ni à la dignité du père ni aux dispositions du fils, Anytus, blessé de cet avis, défendit au jeune homme tout commerce avec son maître.

Quelque temps après, Socrate examinait avec Ménon, un de ses amis, si l'éducation pouvait donner les qualités de l'esprit et du cœur refusées par la nature. Anytus survint, et se mêla de la conversation. La conduite de son fils, dont il négligeait l'éducation, commençait à lui donner de l'inquiétude. Dans la suite du discours, Socrate observa que les enfants de Thémistocle, d'Aristide et de Périclès, entourés de maîtres de musique, d'équitation et de gymnastique, se distinguèrent dans ces différents genres; mais qu'ils ne furent jamais aussi vertueux que leurs pères : preuve certaine, ajoutait-il, que ces derniers ne trouvèrent aucun instituteur en état de donner à leurs fils le mérite qu'ils avaient eux-mêmes. Anytus, qui se plaçait à côté de ces grands hommes, sentit ou supposa l'allusion. Il répondit avec colère. « Vous parlez des autres avec une licence intolérable. Croyez-moi, soyez plus réservé; ici plus qu'ailleurs il est aisé de faire du bien ou du mal à qui l'on veut, et vous devez le savoir. »

A ces griefs personnels s'en joignaient d'autres qui aigrissaient Anytus, et qui lui étaient communs avec la plus grande partie de la nation. Il faut les développer pour faire connaître la principale cause de l'accusation contre Socrate.

Deux factions ont toujours subsisté parmi les Athéniens, les partisans de l'aristocratie et ceux de la démocratie. Les premiers, presque toujours asservis, se contentaient, dans les temps heureux, de murmurer en secret : dans les malheurs de l'état et surtout vers la fin de la guerre du Péloponnèse, ils firent quelques tentatives pour détruire la puissance excessive du peuple. Après la prise d'Athènes, les Lacédémoniens permirent aux habitants de nommer trente magistrats, à qui ils confièrent le gouvernement de la ville, et qui, pour la plupart, furent choisis parmi les partisans de l'aristocratie. Critias, un des disciples de Socrate, était à leur tête. Dans l'espace de huit mois, ils exercèrent plus de cruautés que le peuple n'en avait exercé pendant plusieurs siècles Quantité de citoyens, obligés d'abord de prendre la fuite, se réunirent enfin sous la conduite de Thrasybule et d'Anytus. L'oligarchie fut détruite [1], l'ancienne forme du gouvernement rétablie ; et, pour prévenir désormais toute dissension, une amnistie presque générale accorda le pardon et ordonna l'oubli du passé. Elle fut publiée et garantie sous la foi du serment trois ans avant la mort de Socrate.

Le peuple prêta le serment, mais il se rappelait avec frayeur qu'il avait été dépouillé de son autorité, qu'il pouvait à tout moment la perdre encore, qu'il était dans la dépendance de cette Lacédémone si jalouse d'établir partout l'oligarchie; que les principaux citoyens d'Athènes entretenaient des intelligences avec elle, et se trouvaient animés des mêmes sentiments. Et que ne ferait pas cette faction cruelle dans d'autres circonstances, puisqu'au milieu des ruines de la république il avait fallu tant de sang pour assouvir sa fureur !

Les flatteurs du peuple redoublaient ses alarmes en lui représentant que des esprits ardents s'expliquaient tous les jours avec une témérité révoltante contre la nature du gouvernement populaire ; que Socrate, le plus dangereux de tous, parce qu'il était le plus éclairé, ne cessait d'infecter la jeunesse d'Athènes par des maximes contraires à la constitution établie; qu'on lui avait entendu dire plus d'une fois qu'il fallait être insensé pour confier les emplois et la conduite de l'état à des magistrats qu'un sort aveugle choisissait parmi le plus grand nombre des citoyens ; que, docile à ses leçons, Alcibiade, outre les maux dont il avait accablé la république, avait en dernier lieu conspiré contre sa liberté ; que dans le même temps Critias et Théramène, deux autres de ses disciples, n'avaient pas rougi de se placer à la tête des trente tyrans; qu'il fallait enfin réprimer une licence dont les suites, difficiles à prévoir, seraient impossibles à éviter.

Mais quelle action intenter contre Socrate ? On n'avait à lui reprocher que des discours sur lesquels les lois n'avaient rien statué, et qui par eux-mêmes ne formaient pas un corps de délit, puisqu'ils n'avaient pas une liaison nécessaire avec les malheurs dont on avait à se plaindre ; d'ailleurs, en les établissant comme l'unique base de l'accusation, on risquait de réveiller l'animosité des partis, et l'on était obligé de remonter à des événements sur lesquels l'amnistie imposait un silence absolu.

La trame ourdie par Anytus parait à ces inconvénients, et servait à la fois sa haine personnelle et la vengeance du parti populaire. L'ac-

[1] Voyez, sur cette révolution, la page 161 de l'Introduction.

cusateur, en poursuivant Socrate comme un impie, devait se flatter de le perdre, parce que le peuple recevait toujours avec ardeur ces sortes d'accusations, et qu'en confondant Socrate avec les autres philosophes, il était persuadé qu'on ne pouvait s'occuper de la nature sans nier l'existence des dieux. D'ailleurs la plupart des juges ayant autrefois assisté à la représentation des Nuées d'Aristophane, avaient conservé contre Socrate ces impressions sourdes que, dans une grande ville, il est si facile de recevoir et si difficile de détruire.

D'un autre côté Mélitus, en le poursuivant comme le corrupteur de la jeunesse, pouvait, à la faveur d'une allégation si vague, rappeler incidemment, et sans aucun risque, des faits capables de soulever les juges et d'effrayer les partisans du gouvernement populaire.

Le secret de cette marche n'a pas échappé à la postérité. Environ cinquante-quatre ans après la mort de Socrate, l'orateur Eschine, avec qui j'étais fort lié, disait en présence du même tribunal où fut plaidée la cause de ce philosophe : « Vous qui avez mis à mort le sophiste Socrate, convaincu d'avoir donné des leçons à Critias, l'un de ces trente magistrats qui détruisirent la démocratie. »

Pendant les premières procédures, Socrate se tenait tranquille; ses disciples, dans l'effroi, s'empressaient de conjurer l'orage. le célèbre Lysias fit pour lui un discours touchant et capable d'émouvoir les juges; Socrate y reconnut les talents de l'orateur, mais il n'y trouva point le langage vigoureux de l'innocence.

Un de ses amis, nommé Hermogène, le priait un jour de travailler à sa défense. « Je m'en suis occupé depuis que je respire, répondit Socrate : qu'on examine ma vie entière ; voilà mon apologie. »

« Cependant, reprit Hermogène, la vérité a besoin de soutien, et vous n'ignorez pas combien dans nos tribunaux l'éloquence a perdu de citoyens innocents et sauvé de coupables. Je le sais, répliqua Socrate, j'ai même deux fois entrepris de mettre en ordre mes moyens de défense; deux fois le génie qui m'éclaire m'en a détourné, et j'ai reconnu la sagesse de ses conseils.

» J'ai vécu jusqu'à présent le plus heureux des mortels ; j'ai comparé souvent mon état à celui des autres hommes, et je n'ai envié le sort de personne. Dois-je attendre que les infirmités de la vieillesse me privent de l'usage de mes sens, et qu'en affaiblissant mon esprit elles ne me laissent que des jours inutiles ou destinés à l'amertume? Les dieux, suivant les apparences, me préparent une mort paisible, exempte de douleur, la seule que j'eusse pu désirer.

» Mes amis, témoins de mon trépas, ne seront frappés ni de l'horreur du spectacle, ni des faiblesses de l'humanité; et, dans mes derniers moments, j'aurai encore assez de force pour lever mes regards sur eux et leur faire entendre les sentiments de mon cœur.

» La postérité prononcera entre mes juges et moi : tandis qu'elle attachera l'opprobre à leur mémoire, elle prendra quelque soin de la mienne, et me rendra cette justice, que, loin de songer à corrompre mes compatriotes, je n'ai travaillé qu'à les rendre meilleurs. »

Telles étaient ses dispositions, lorsqu'il fut assigné pour comparaître devant le tribunal des héliastes, auxquels l'archonte-roi venait de renvoyer l'affaire, et qui, dans cette occasion, fut composé d'environ cinq cents juges.

Mélitus et les autres accusateurs avaient concerté leurs attaques à loisir : dans leurs plaidoyers, soutenus de tout le prestige de l'éloquence, ils avaient rassemblé avec un art infini beaucoup de circonstances propres à prévenir les juges. Je vais rapporter quelques-unes de leurs allégations, et les réponses qu'elles occasionnèrent.

Premier délit de Socrate. *Il n'admet pas les divinités d'Athènes, quoique, suivant la loi de Dracon, chaque citoyen soit obligé de les honorer.*

La réponse était facile : Socrate offrait souvent des sacrifices devant sa maison; souvent il en offrait pendant les fêtes sur les autels publics; tout le monde avait pu en être témoin, et Mélitus lui-même, s'il avait daigné y faire attention. Mais comme l'accusé s'élevait contre les pratiques superstitieuses qui s'étaient introduites dans la religion, et qu'il ne pouvait souffrir les haines et toutes ces passions honteuses qu'on attribuait aux dieux, il était aisé de le noircir aux yeux de ceux à qui une piété éclairée est toujours suspecte.

Mélitus ajoutait que, sous le nom de génies, Socrate prétendait introduire parmi les Athéniens des divinités étrangères, et qu'une telle audace méritait d'être punie conformément aux lois. Dans cet endroit, l'orateur se permit des plaisanteries sur cet esprit dont le philosophe se glorifiait de ressentir l'inspiration secrète.

Cette voix, répondit Socrate, n'est pas celle d'une divinité nouvelle; c'est celle des dieux que nous adorons. Vous convenez tous qu'ils prévoient l'avenir et qu'ils peuvent nous instruire : ils s'expliquent aux uns par la bouche de la pythie, aux autres par différents signes, à moi par un interprète dont les oracles sont préférables aux indications que l'on tire du vol des oiseaux : car mes disciples témoigneront que je ne leur ai rien prédit qui ne leur soit arrivé.

A ces mots les juges firent entendre des murmures de mécontentement Mélitus l'aurait augmenté s'il avait observé qu'en autorisant les révélations de Socrate, on introduirait tôt ou tard le fanatisme dans un pays où les imaginations sont si faciles à ébranler, et que plusieurs se feraient un devoir d'obéir plutôt aux ordres d'un esprit particulier qu'à ceux des magistrats. Il paraît que Mélitus n'entrevit pas ce danger.

Second délit de Socrate. *Il corrompt la jeunesse d'Athènes.* Il ne s'agissait pas des mœurs de l'accusé, mais de sa doctrine : on disait que ses disciples n'apprenaient à sa suite qu'à briser les liens du sang et de l'amitié. Ce reproche, uniquement fondé sur quelques expressions malignement interprétées, ne servit qu'à déceler la mauvaise foi de l'accusateur. Mais Mélitus reprit ses avantages quand il insinua que Socrate était ennemi du peuple ; il parla des liaisons de ce philosophe avec Alcibiade et Critias. On répondit qu'ils montrèrent des vertus tant qu'ils furent sous sa conduite; que leur maître avait dans tous les temps condamné les excès du premier, et que, pendant la tyrannie du second, il fut le seul qui osa s'opposer à ses volontés.

Enfin, disait Mélitus aux juges, c'est par la voie du sort que vous avez été établis pour rendre la justice, et que plusieurs d'entre vous ont rempli des magistratures importantes. Cette forme, d'autant plus essentielle qu'elle peut seule conserver entre les citoyens une sorte d'égalité, Socrate la soumet à la censure, et la jeunesse d'Athènes, à son exemple, cesse de respecter ce principe fondamental de la constitution.

Socrate, en s'expliquant sur un abus qui confiait au hasard la fortune des particuliers et la destinée de l'état, n'avait dit que ce que pensaient les Athéniens les plus éclairés. D'ailleurs de pareils discours, ainsi que je l'ai observé plus haut, ne pouvaient pas entraîner la peine de mort, spécifiée dans les conclusions de l'accusateur.

Plusieurs des amis de Socrate prirent hautement sa défense; d'autres écrivirent en sa faveur, et Mélitus aurait succombé si Anytus et Lycon n'étaient venus à son secours. On se souvient que le premier osa représenter aux juges, ou qu'on n'aurait pas dû renvoyer l'accusé à leur tribunal, ou qu'ils devaient le faire mourir, attendu que s'il était absous leurs enfants n'en seraient que plus attachés à sa doctrine.

Socrate se défendit pour obéir à la loi ; mais ce fut avec la fermeté de l'innocence et la dignité de la vertu. Je vais ajouter ici quelques traits du discours que ses apologistes, et Platon surtout, mettent dans sa bouche ; ils serviront à développer son caractère.

« Je comparais devant ce tribunal pour la première fois de ma vie, quoique âgé de plus de soixante-dix ans ; ici le style, les formes, tout est nouveau pour moi. Je vais parler une langue étrangère ; et l'unique grâce que je vous demande, c'est d'être attentifs plutôt à mes raisons qu'à mes paroles : car votre devoir est de discerner la justice, le mien de vous dire la vérité. »

Après s'être lavé du crime d'impiété, il passait au second chef de l'accusation. « On prétend que je corromps la jeunesse d'Athènes : qu'on cite donc un de mes disciples que j'aie entraîné dans le vice. J'en vois plusieurs dans cette assemblée : qu'ils se lèvent, qu'ils déposent contre leur corrupteur. S'ils sont retenus par un reste de considération, d'où vient que leurs pères, leurs frères, leurs parents n'invoquent pas dans ce moment la sévérité des lois ? D'où vient que Mélitus a négligé leur témoignage ? C'est que, loin de me poursuivre, ils sont eux-mêmes accourus à ma défense.

» Ce ne sont pas les calomnies de Mélitus et d'Anytus qui me coûteront la vie ; c'est la haine de ces hommes vains ou injustes dont j'ai démasqué l'ignorance ou les vices : haine qui a déjà fait périr tant de gens de bien, qui en fera périr tant d'autres ; car je ne dois pas me flatter qu'elle s'épuise par mon supplice.

» Je me la suis attirée en voulant pénétrer le sens d'une réponse de la pythie qui m'avait déclaré le plus sage des hommes [1]. » Ici les juges firent éclater leur indignation. Socrate continua : « Étonné de cet oracle, j'interrogeai dans les diverses classes des citoyens ceux qui jouissaient d'une réputation distinguée ; je ne trouvai partout que de la présomption et de l'hypocrisie. Je tâchai de leur inspirer des doutes sur le mérite, et m'en fis des ennemis irréconciliables : je conclus de là que la sagesse n'appartient qu'à la Divinité, et que l'oracle, en me citant pour exemple, a voulu montrer que le plus sage des hommes est celui qui croit l'être le moins.

» Si l'on me reprochait d'avoir consacré tant d'années à des recherches si dangereuses, je répondrais qu'on ne doit compter pour rien ni la vie ni la mort dès qu'on peut être utile aux hommes. Je me suis cru destiné à les instruire, j'ai cru en avoir reçu la mission du ciel même : j'avais gardé, au péril de mes jours, les postes où nos généraux m'avaient placé à Amphipolis, à Potidée, à Délium ; je dois garder avec plus de courage celui que les dieux m'ont assigné au milieu de vous, et je ne pourrais l'abandonner sans désobéir à leurs ordres, sans m'avilir à mes yeux.

---

[1] Voici cette réponse, suivant le scoliaste d'Aristophane (*in Nub.* v. 144) : « Sophocle est sage, Euripide est plus sage ; mais Socrate est le plus sage de tous les hommes. »

» J'irai plus loin; si vous preniez aujourd'hui le parti de m'absoudre à condition que je garderais le silence, je vous dirais : O mes juges! je vous aime et je vous honore sans doute, mais je dois obéir à Dieu plutôt qu'à vous; tant que je respirerai, je ne cesserai d'élever ma voix comme par le passé, et de dire à tous ceux qui s'offriront à mes regards : N'avez-vous pas de honte de courir après les richesses et les honneurs, tandis que vous négligez les trésors de sagesse et de vérité qui doivent embellir et perfectionner votre âme? Je les tourmenterais à force de prières et de questions, je les ferais rougir de leur aveuglement ou de leurs fausses vertus, et leur montrerais que leur estime place au premier rang des biens qui ne méritent que le mépris.

» Voilà ce que la Divinité me prescrit d'annoncer sans interruption aux jeunes gens, aux vieillards, aux citoyens, aux étrangers; et comme ma soumission à ses ordres est pour vous le plus grand de ses bienfaits, si vous me faites mourir, vous rejetterez le don de Dieu et vous ne trouverez personne qui soit animé du même zèle. C'est donc votre cause que je soutiens aujourd'hui en paraissant défendre la mienne. Car enfin Anytus et Mélitus peuvent me calomnier, me bannir, m'ôter la vie; mais ils ne sauraient me nuire : ils sont plus à plaindre que moi, puisqu'ils sont injustes.

» Pour échapper à leurs coups, je n'ai point, à l'exemple des autres accusés, employé les menées clandestines, les sollicitations ouvertes. Je vous ai trop respectés pour chercher à vous attendrir par mes larmes ou par celles de mes enfants et de mes amis rassemblés autour de moi. C'est au théâtre qu'il faut exciter la pitié par des images touchantes; ici la vérité seule doit se faire entendre. Vous avez fait un serment solennel de juger suivant les lois; si je vous arrachais un parjure, je serais véritablement coupable d'impiété. Mais, plus persuadé que mes adversaires de l'existence de la Divinité, je me livre sans crainte à sa justice, ainsi qu'à la vôtre. »

Les juges de Socrate étaient la plupart des gens du peuple, sans lumières et sans principes : les uns prirent sa fermeté pour une insulte; les autres furent blessés des éloges qu'il venait de se donner. Il intervint un jugement qui le déclarait atteint et convaincu. Ses ennemis ne l'emportèrent que de quelques voix; ils en eussent eu moins encore, et auraient été punis eux-mêmes, s'il avait fait le moindre effort pour fléchir ses juges.

Suivant la jurisprudence d'Athènes, il fallait un second jugement pour statuer sur la peine. Mélitus, dans son accusation, concluait à la mort. Socrate pouvait choisir entre une amende, le bannissement, ou la prison perpétuelle. Il reprit la parole et dit qu'il s'avouerait coupable s'il s'infligeait la moindre punition ; mais qu'ayant rendu de grands services à la république, il mériterait d'être nourri dans le Prytanée aux dépens du public. A ces mots, quatre-vingts des juges qui avaient d'abord opiné en sa faveur adhérèrent aux conclusions de l'accusateur, et la sentence de mort fut prononcée [1] ; elle portait que le poison terminerait les jours de l'accusé.

Socrate la reçut avec la tranquillité d'un homme qui, pendant toute sa vie, avait appris à mourir. Dans un troisième discours, il consola les juges qui l'avaient absous, en observant qu'il ne peut rien arriver de funeste à l'homme de bien, soit pendant sa vie, soit après sa mort : à ceux qui l'avaient accusé ou condamné il représenta qu'ils éprouveraient sans cesse les remords de leur conscience et les reproches des hommes ; que, la mort étant un gain pour lui, il n'était point irrité contre eux, quoiqu'il eût à se plaindre de leur haine. Il finit par ces paroles : « Il est temps de nous retirer, moi pour mourir et vous pour vivre. Qui de nous jouira d'un meilleur sort ? la Divinité seule peut le savoir. »

Quand il sortit du palais pour se rendre à la prison on n'aperçut aucun changement sur son visage ni dans sa démarche. Il dit à ses disciples qui fondaient en larmes à ses côtés : « Eh ! pourquoi ne pleurez-vous que d'aujourd'hui ? Ignoriez-vous qu'en m'accordant la vie la nature m'avait condamné à la perdre ? — Ce qui me désespère, s'écriait le jeune Apollodore dans l'égarement de son affliction, c'est que vous mourez innocent. — Aimeriez-vous mieux, lui répondit Socrate en souriant, que je mourusse coupable ? » Il vit passer Anytus, et dit à ses amis : « Voyez comme il est fier de son triomphe ! il ne sait pas que la victoire reste toujours à l'homme vertueux. »

Le lendemain de son jugement, le prêtre d'Apollon mit une couronne sur la poupe de la galère qui porte tous les ans à Délos les offrandes des Athéniens. Depuis cette cérémonie jusqu'au retour du vaisseau, la loi défend d'exécuter les jugements qui prononcent la peine de mort.

Socrate passa trente jours dans la prison sans rien changer à son genre de vie, entouré de ses disciples, qui, pour soulager leur douleur, venaient à tous moments recevoir ses regards et ses pa-

---

[1] Suivant Platon (*in Apol.* t. I, p. 38), Socrate consentit à proposer une amende, dont quelques-uns de ses disciples, et Platon entre autres, devaient répondre. D'autres auteurs avancent la même chose. (Diog. Laërt. lib. II, § 41.) Cependant Xénophon lui fait dire qu'il ne pouvait, sans se reconnaître criminel, se condamner à la moindre peine.

rôles; qui, à tous moments, croyaient les recevoir pour la dernière fois.

Un jour, à son réveil, il aperçut Criton assis auprès de son lit; c'était un de ceux qu'il aimait le plus. « Vous voilà plus tôt qu'à l'ordinaire, lui dit-il; n'est-il pas grand matin encore? — Oui, répondit Criton, le jour commence à peine... — *Socrate*. Je suis surpris que le garde de la prison vous ait permis d'entrer. — *Criton*. Il me connaît; je lui ai fait quelques petits présents. — *Socrate*. Y a-t-il long-temps que vous êtes arrivé? — *Criton*. Assez de temps. — *Socrate*. Pourquoi ne pas m'éveiller? — *Criton*. Vous goûtiez un sommeil si paisible! je n'avais garde de l'interrompre. J'avais toujours admiré le calme de votre âme, j'en étais encore plus frappé dans ce moment. — *Socrate*. Il serait honteux qu'un homme de mon âge pût s'inquiéter des approches de la mort. Mais qui vous engage à venir sitôt? — *Criton*. Une nouvelle accablante, non pour vous, mais pour moi et pour vos amis; la plus cruelle et la plus affreuse des nouvelles. — *Socrate*. Le vaisseau est-il arrivé? — *Criton*. On le vit hier au soir à Sunium; il arrivera sans doute aujourd'hui, et demain sera le jour de votre trépas. — *Socrate*. A la bonne heure, puisque telle est la volonté des dieux [1]. »

Alors Criton lui représenta que, ne pouvant supporter l'idée de le perdre, il avait, avec quelques amis, pris la résolution de le tirer de la prison; que les mesures étaient concertées pour la nuit suivante; qu'une légère somme leur suffirait pour corrompre les gardes et imposer silence à leurs accusateurs; qu'on lui ménagerait en Thessalie une retraite honorable et une vie tranquille; qu'il ne pouvait se refuser à leurs prières sans se trahir lui-même, sans trahir ses enfants, qu'il laisserait dans le besoin; sans trahir ses amis, auxquels on reprocherait à jamais de n'avoir pas sacrifié tous leurs biens pour lui sauver la vie.

« O mon cher Criton, répondit Socrate, votre zèle n'est pas conforme aux principes que j'ai toujours fait profession de suivre, et que les plus rigoureux tourments ne me forceront jamais d'abandonner.

» Il faut écarter d'abord les reproches que vous craignez de la part des hommes; vous savez que ce n'est pas à l'opinion du grand nombre qu'il faut s'en rapporter, mais à la décision de celui qui discerne le juste de l'injuste, et qui n'est autre que la vérité. Il faut écarter aussi les alarmes que vous tâchez de m'inspirer à l'égard de mes enfants; ils recevront de mes amis les services que leur

[1] Criton pensait que le vaisseau arriverait dans la journée au Pirée; il n'y arriva que le lendemain, et la mort de Socrate fut différée d'un jour.

générosité m'offre aujourd'hui. Ainsi toute la question est de savoir s'il est conforme à la justice que je quitte ces lieux sans la permission des Athéniens.

» Ne sommes-nous pas convenus souvent que, dans aucune circonstance, il n'est permis de rendre injustice pour injustice ? N'avons-nous pas reconnu encore que le premier devoir du citoyen est d'obéir aux lois, sans qu'aucun prétexte puisse l'en dispenser ? Or ne serait-ce pas leur ôter toute leur force et les anéantir que de s'opposer à leur exécution ? Si j'avais à m'en plaindre, j'étais libre, il dépendait de moi de passer en d'autres climats; mais j'ai porté jusqu'à présent leur joug avec plaisir; j'ai mille fois éprouvé les effets de leur protection et de leur bienfaisance ; et, parce que des hommes en ont abusé pour me perdre, vous voulez que, pour me venger d'eux, je détruise les lois, et que je conspire contre ma patrie, dont elles sont le soutien !

» J'ajoute qu'elles m'avaient préparé une ressource Je n'avais, après la première sentence, qu'à me condamner au bannissement; j'ai voulu en subir une seconde et j'ai dit plus haut que je préférais la mort à l'exil. Irai-je donc, infidèle à ma parole ainsi qu'à mon devoir, montrer aux nations éloignées Socrate proscrit, humilié, devenu le corrupteur des lois et l'ennemi de l'autorité pour conserver quelques jours languissants et flétris ? Irai-je y perpétuer le souvenir de ma faiblesse et de mon crime, et n'oser y prononcer les mots de justice et de vertu sans en rougir moi-même, et sans m'attirer les reproches les plus sanglants ? Non, mon cher ami, restez tranquille et laissez-moi suivre la voie que les dieux m'ont tracée. »

Deux jours après cette conversation, les onze magistrats qui veillent à l'exécution des criminels se rendirent de bonne heure à la prison pour le délivrer de ses fers et lui annoncer le moment de son trépas. Plusieurs de ses disciples entrèrent ensuite ; ils étaient à peu près au nombre de vingt; ils trouvèrent auprès de lui Xantippe, son épouse, tenant le plus jeune de ses enfants entre ses bras. Dès qu'elle les aperçut, elle s'écria d'une voix entrecoupée de sanglots : « Ah ! voilà vos amis, et c'est pour la dernière fois ! » Socrate ayant prié Criton de la faire remmener chez elle, on l'arracha de ce lieu, jetant des cris douloureux et se meurtrissant le visage.

Jamais il ne s'était montré à ses disciples avec tant de patience et de courage; ils ne pouvaient le voir sans être oppressés par la douleur, l'écouter sans être pénétrés de plaisir. Dans son dernier entretien il leur dit qu'il n'était permis à personne d'attenter à ses jours, parce que, placés sur la terre comme dans un poste, nous ne devons le quitter que par la permission des dieux; que, pour lui, résigné à leur volonté, il soupirait après le moment qui le mettrait en possession du bonheur qu'il avait tâché de mériter par sa conduite. De là, passant au dogme de l'immortalité de l'âme, il l'établit par une foule de preuves qui justifiaient ses espérances.

« Et quand même, disait-il, ces espérances ne seraient pas fondées, outre que les sacrifices qu'elles exigent ne m'ont pas empêché d'être le plus heureux des hommes, elles écartent loin de moi les amertumes de la mort, et répandent sur mes derniers moments une joie pure et délicieuse.

» Ainsi, ajouta-t-il, tout homme qui, renonçant aux voluptés, a pris soin d'embellir son âme, non d'ornements étrangers, mais d'ornements qui lui sont propres, tels que la justice, la tempérance et les autres vertus, doit être plein d'une entière confiance et attendre paisiblement l'heure de son trépas. Vous me suivrez quand la vôtre sera venue ; la mienne approche, et, pour me servir de l'expression d'un de nos poètes, j'entends déjà sa voix qui m'appelle.

» N'auriez-vous pas quelque chose à nous prescrire à l'égard de vos enfants et de vos affaires ? lui demanda Criton. — Je vous réitère le conseil que je vous ai souvent donné, répondit Socrate, celui de vous enrichir de vertus. Si vous le suivez, je n'ai pas besoin de vos promesses ; si vous le négligez, elles seraient inutiles à ma famille. »

Il passa ensuite dans une petite pièce pour se baigner : Criton le suivit. Ses autres amis s'entretinrent des discours qu'ils venaient d'entendre et de l'état où sa mort allait les réduire : ils se regardaient déjà comme des orphelins privés du meilleur des pères et pleuraient moins sur lui que sur eux-mêmes. On lui présenta ses trois enfants ; deux étaient encore dans un âge fort tendre ; il donna quelques ordres aux femmes qui les avaient amenés, et, après les avoir renvoyés, il vint rejoindre ses amis.

Un moment après, le garde de la prison entra. « Socrate, lui dit-il, je ne m'attends pas aux imprécations dont me chargent ceux à qui je viens annoncer qu'il est temps de prendre le poison. Comme je n'ai jamais vu personne ici qui eût autant de force et de douceur que vous, je suis assuré que vous n'êtes pas fâché contre moi et que vous ne m'attribuez pas votre infortune ; vous n'en connaissez que trop les auteurs. Adieu, tâchez de vous soumettre à la nécessité. » Ses pleurs lui permirent à peine d'achever, et il se retira dans un coin de la prison pour les répandre sans contrainte.

« Adieu, lui répondit Socrate, je suivrai votre conseil. » Et se tournant vers ses amis : « Que cet homme a bon cœur ! leur dit-il. Pendant que j'étais ici il venait quelquefois causer avec moi.... Voyez comme il pleure....' Criton, il faut lui obéir : qu'on apporte le poison, s'il est prêt ; et s'il ne l'est pas, qu'on le broie au plus tôt »

Criton voulut lui remontrer que le soleil n'était pas encore couché; que d'autres avaient eu la liberté de prolonger leur vie de quelques heures. « Ils avaient leurs raisons, dit Socrate, et j'ai les miennes pour en agir autrement. »

Criton donna des ordres, et quand ils furent exécutés, un domestique apporta la coupe fatale. Socrate ayant demandé ce qu'il avait à faire : « Vous promener après avoir pris la potion, répondit cet homme, et vous coucher sur le dos quand vos jambes commenceront à s'appesantir. » Alors, sans changer de visage et d'une main assurée, il prit la coupe ; et, après avoir adressé ses prières aux dieux, il l'approcha de sa bouche.

Dans ce moment terrible le saisissement et l'effroi s'emparèrent de toutes les âmes, et des pleurs involontaires coulèrent de tous les yeux : les uns, pour les cacher, jetaient leurs manteaux sur leur tête ; les autres se levaient en sursaut pour se dérober à sa vue ; mais, lorsqu'en ramenant leurs regards sur lui ils s'aperçurent qu'il venait de renfermer la mort dans son sein, leur douleur, trop long-temps contenue, fut forcée d'éclater, et leurs sanglots redoublèrent aux cris du jeune Apollodore, qui, après avoir pleuré toute la journée, faisait retentir la prison de hurlements affreux. « Que faites-vous, mes amis ? leur dit Socrate sans s'émouvoir. J'avais écarté ces femmes pour n'être pas témoin de pareilles faiblesses. Rappelez votre courage ; j'ai toujours ouï dire que la mort devait être accompagnée de bons augures. »

Cependant il continuait à se promener : dès qu'il sentit de la pesanteur dans ses jambes il se mit sur son lit et s'enveloppa de son manteau. Le domestique montrait aux assistants les progrès successifs du poison. Déjà un froid mortel avait glacé les pieds et les jambes ; il était près de s'insinuer dans le cœur, lorsque Socrate, soulevant son manteau, dit à Criton : « Nous devons un coq à Esculape, n'oubliez pas de vous acquitter de ce vœu [1]. Cela sera fait, répondit Criton ; mais n'avez-vous pas encore quelque ordre à nous donner ? » Il ne répondit point : un instant après il fit un petit mouvement ; le domestique, l'ayant découvert, reçut son dernier regard et Criton lui ferma les yeux.

[1] On sacrifiait cet animal à Esculape. (Voyez Pompéius Festus, *De signif. verb.* lib. IX, p. 189.)

Ainsi mourut le plus religieux, le plus vertueux et le plus heureux des hommes ; le seul peut-être qui, sans crainte d'être démenti, pût dire hautement : Je n'ai jamais, ni par mes paroles, ni par mes actions, commis la moindre injustice [1].

CHAPITRE LXVIII.
Fêtes et mystères d'Éleusis.

Je vais parler du point le plus important de la religion des Athéniens, de ces mystères dont l'origine se perd dans la nuit des temps, dont les cérémonies n'inspirent pas moins de terreur que de vénération, et dont le secret n'a jamais été révélé que par quelques personnes dévouées aussitôt à la mort et à l'exécration publique : car la loi n'est pas satisfaite par la perte de leur vie et la confiscation de leurs biens ; une colonne exposée à tous les yeux doit encore perpétuer le souvenir du crime et de la punition.

De tous les mystères établis en l'honneur de différentes divinités, il n'en est pas de plus célèbres que ceux de Cérès. C'est elle-même, dit-on, qui en régla les cérémonies. Pendant qu'elle parcourait la terre sur les traces de Proserpine, enlevée par Pluton, elle arriva dans les plaines d'Éleusis, et, flattée de l'accueil qu'elle reçut des habitants, elle leur accorda deux bienfaits signalés, l'art de l'agriculture et la connaissance de la doctrine sacrée. On ajoute que les petits mystères, qui servent de préparation aux grands, furent institués en faveur d'Hercule.

Mais laissons au vulgaire de si vaines traditions ; il serait moins essentiel de connaître les auteurs de ce système religieux que d'en pénétrer l'objet. On prétend que partout où les Athéniens l'ont introduit il a répandu l'esprit d'union et d'humanité ; qu'il purifie l'âme de son ignorance et de ses souillures ; qu'il procure l'assistance particulière des dieux, les moyens de parvenir à la perfection de la vertu, les douceurs d'une vie sainte, l'espérance d'une mort

---

[1] Des auteurs postérieurs à Socrate de plusieurs siècles assurent qu'immédiatement après sa mort les Athéniens, affligés d'une maladie contagieuse, ouvrirent les yeux sur leur injustice, qu'ils lui élevèrent une statue ; que, sans daigner écouter ses accusateurs ; le seul mourir Mélitus, et bannirent les autres ; qu'Anytus fut lapidé à Héraclée, où l'on conserva long-temps son tombeau. D'autres ont dit que les accusateurs de Socrate, ne pouvant supporter la haine publique, se pendirent de désespoir. Ces traditions ne peuvent se concilier avec le silence de Xénophon et de Platon, qui sont morts long-temps après leur maître, et qui ne parlent nulle part ni du repentir des Athéniens, ni du supplice des accusateurs. Il y a plus, Xénophon, qui survécut à Anytus, assure positivement que la mémoire de ce dernier n'était pas en bonne odeur parmi les Athéniens, soit à cause des dérèglements de son fils, dont il avait négligé l'éducation, soit à cause de ses extravagances particulières. Ce passage prouve invinciblement, si je ne me trompe, que jamais le peuple d'Athènes ne vengea sur Anytus la mort de Socrate.

paisible et d'une félicité qui n'aura point de bornes. Les initiés occuperont une place distinguée dans les Champs-Élysées ; ils jouiront d'une lumière pure et vivront dans le sein de la Divinité, tandis que les autres habiteront, après leur mort, des lieux de ténèbres et d'horreur.

Pour éviter une pareille alternative, les Grecs viennent de toutes parts mendier à Éleusis le gage du bonheur qu'on leur annonce. Dès l'âge le plus tendre les Athéniens sont admis aux cérémonies de l'initiation ; et ceux qui n'y ont jamais participé les demandent avant de mourir : car les menaces et les peintures des peines d'une autre vie, regardées auparavant comme un sujet de dérision, font alors une impression plus vive sur les esprits, et les remplissent d'une crainte qui va quelquefois jusqu'à la faiblesse.

Cependant quelques personnes éclairées ne croient pas avoir besoin d'une telle association pour être vertueuses. Socrate ne voulut jamais s'y faire agréer, et ce refus laissa quelques doutes sur sa religion.

Un jour, en ma présence, on exhortait Diogène à contracter cet engagement ; il répondit : « Pathæcion, ce fameux voleur, obtint l'initiation ; Épaminondas et Agésilas ne la sollicitèrent jamais. Puis-je croire que le premier sera heureux dans les Champs-Élysées, tandis que les seconds seront traînés dans les bourbiers des enfers ? »

Tous les Grecs peuvent prétendre à la participation des mystères : une loi ancienne en exclut les autres peuples. On m'avait promis de l'adoucir en ma faveur : j'avais pour moi le titre de citoyen d'Athènes et la puissante autorité des exemples ; mais comme il fallait promettre de m'astreindre à des pratiques et à des abstinences qui auraient gêné ma liberté, je me contentai de faire quelques recherches sur cette institution et j'en appris des détails que je puis exposer sans parjure. Je vais les joindre au récit du dernier voyage que je fis à Éleusis, à l'occasion des grands mystères qu'on y célèbre tous les ans, le 15 du mois de boédromion [1]. La fête des petits mystères est également annuelle et tombe six mois auparavant.

Pendant qu'on solennise la première, toute poursuite en justice est sévèrement prohibée, toute saisie contre un débiteur déjà condamné doit être suspendue. Le lendemain des fêtes, le sénat fait des perquisitions sévères contre ceux qui, par des actes de violence ou par d'autres moyens, auraient troublé l'ordre des céré-

[1] Dans le *Cycle* de Méton, le mois boédromion commençait l'un des jours compris entre le 23 du mois d'août et le 21 du mois de septembre.

monies. La peine de mort ou de fortes amendes sont prononcées contre les coupables. Cette rigueur est nécessaire peut-être pour maintenir l'ordre parmi cette multitude immense qui se rend à Éleusis. En temps de guerre les Athéniens envoient de toutes parts des députés offrir des sauf-conduits à ceux qui désirent y venir, soit à titre d'initiés, soit comme simples spectateurs.

Je partis avec quelques-uns de mes amis le 14 de boédromion, dans la deuxième année de la cent neuvième olympiade[1]. La porte par où l'on sort d'Athènes s'appelle la porte sacrée; le chemin qui de là conduit à Éleusis se nomme la voie sacrée. L'intervalle entre ces deux villes est d'environ cent stades[2]. Après avoir traversé une colline assez élevée et couverte de lauriers-roses, nous entrâmes dans le territoire d'Éleusis, et nous arrivâmes sur les bords de deux petits ruisseaux consacrés, l'un à Cérès, et l'autre à Proserpine. J'en fais mention, parce que les prêtres du temple ont seuls le droit d'y pêcher, que les eaux en sont salées, et que l'on en fait usage dans les cérémonies de l'initiation.

Plus loin, sur le pont d'une rivière qui porte le nom de Céphise, comme celle qui coule auprès d'Athènes, nous essuyâmes des plaisanteries grossières de la part d'une nombreuse populace. Pendant les fêtes elle se tient dans cette espèce d'embuscade pour s'égayer aux dépens de tous ceux qui passent, et surtout des personnes les plus distinguées de la république. C'est ainsi, disait-on, que Cérès, en arrivant à Éleusis, fut accueillie par une vieille femme nommée Iambé.

A une légère distance de la mer se prolonge dans la plaine, du nord-ouest au sud-est, une grande colline, sur le penchant et l'extrémité orientale de laquelle on a placé le fameux temple de Cérès et de Proserpine. Au-dessous est la petite ville d'Éleusis. Aux environs, et sur la colline même, s'élèvent plusieurs monuments sacrés, tels que des chapelles et des autels : de riches particuliers d'Athènes y possèdent de belles maisons de campagne.

Le temple, construit par les soins de Périclès, en marbre pentélique, sur le rocher même qu'on avait aplani, est tourné vers l'orient. Il est aussi vaste que magnifique : l'enceinte qui l'entoure a du nord au midi environ trois cent quatre-vingt-quatre pieds, du levant au couchant environ trois cent vingt-cinq[3]. Les plus cé-

[1] Dans cette année, le 1er de boédromion concourait avec le 29 de notre mois de septembre; le 14 de boédromion, avec le 4 de notre mois d'octobre. Les fêtes commencèrent le 5 octobre de l'an 348 avant J.-C.
[2] Environ trois lieues trois quarts.
[3] Longueur, environ trois cent quarante-trois de nos pieds; largeur, environ trois cent sept.

lèbres artistes furent chargés de conduire ces ouvrages à leur perfection.

Parmi les ministres attachés au temple, on en remarque quatre principaux. Le premier est l'hiérophante ; son nom désigne celui qui révèle les choses saintes, et sa principale fonction est d'initier aux mystères. Il paraît avec une robe distinguée, le front orné d'un diadème, et les cheveux flottants sur ses épaules : il faut que son âge soit assez mûr pour répondre à la gravité de son ministère, et sa voix assez belle pour se faire écouter avec plaisir. Son sacerdoce est à vie ; dès le moment qu'il en est revêtu, il doit s'astreindre au célibat : on prétend que des frictions de ciguë le mettent en état d'observer cette loi.

Le second des ministres est chargé de porter le flambeau sacré dans les cérémonies, et de purifier ceux qui se présentent à l'initiation ; il a, comme l'hiérophante, le droit de ceindre le diadème. Les deux autres sont le héraut sacré et l'assistant à l'autel : c'est au premier qu'il appartient d'écarter les profanes et d'entretenir le silence et le recueillement parmi les initiés ; le second doit aider les autres dans leurs fonctions.

La sainteté de leur ministère est encore relevée par l'éclat de la naissance. On choisit l'hiérophante dans la maison des Eumolpides, l'une des plus anciennes d'Athènes ; le héraut sacré, dans celle des Céryces, qui est une branche des Eumolpides : les deux autres appartiennent à des familles également illustres. Ils ont tous quatre au-dessous d'eux plusieurs ministres subalternes, tels que des interprètes, des chantres et des officiers chargés du détail des processions et des différentes espèces de cérémonies.

On trouve encore à Éleusis des prêtresses consacrées à Cérès et à Proserpine. Elles peuvent initier certaines personnes, et en certains jours de l'année offrir des sacrifices pour des particuliers.

Les fêtes sont présidées par le second des archontes, spécialement chargé d'y maintenir l'ordre et d'empêcher que le culte n'y reçoive la moindre atteinte. Elles durent plusieurs jours. Quelquefois les initiés interrompent leur sommeil pour continuer leurs exercices : nous les vîmes, pendant la nuit, sortir de l'enceinte, marchant deux à deux en silence, et tenant chacun une torche allumée. En rentrant dans l'asile sacré, ils précipitaient leur marche, et j'appris qu'ils allaient figurer les courses de Cérès et de Proserpine, et que, dans leurs évolutions rapides, ils secouaient leurs flambeaux et se les transmettaient fréquemment les uns aux autres. La flamme qu'ils en font jaillir sert, dit-on, à purifier les âmes, et devient le symbole de la lumière qui doit les éclairer.

Un jour, on célébra des jeux en l'honneur des déesses. De fameux athlètes, partis de différents cantons de la Grèce, s'étaient rendus aux fêtes, et le prix du vainqueur fut une mesure de l'orge recueillie dans la plaine voisine, dont les habitants, instruits par Cérès, ont les premiers cultivé cette espèce de blé.

Au sixième jour, le plus brillant de tous, les ministres du temple et les initiés conduisirent d'Athènes à Éleusis la statue d'Iacchus, qu'on dit être fils de Cérès ou de Proserpine. Le dieu, couronné de myrte, tenait un flambeau. Environ trente mille personnes l'accompagnaient. Les airs retentissaient au loin du nom d'Iacchus. La marche, dirigée par le son des instruments et le chant des hymnes, était quelquefois suspendue par des sacrifices et des danses. La statue fut introduite dans le temple d'Éleusis, et ramenée ensuite dans le sien avec le même appareil et les mêmes cérémonies.

Plusieurs de ceux qui suivaient la procession n'avaient encore participé qu'aux petits mystères, célébrés tous les ans dans un petit temple situé auprès de l'Ilissus aux portes d'Athènes. C'est là qu'un des prêtres du second ordre est chargé d'examiner et de préparer les candidats : il les exclut s'ils se sont mêlés de prestiges, s'ils sont coupables de crimes atroces, et surtout s'ils ont commis un meurtre, même involontaire ; il soumet les autres à des expiations fréquentes ; et, leur faisant sentir la nécessité de préférer la lumière de la vérité aux ténèbres de l'erreur, il jette dans leur esprit les semences de la doctrine sacrée, et les exhorte à réprimer toute passion violente, à mériter par la pureté de l'esprit et du cœur l'ineffable bienfait de l'initiation.

Leur noviciat est quelquefois de plusieurs années ; il faut qu'il dure au moins une année entière. Pendant le temps de leurs épreuves, ils se rendent aux fêtes d'Éleusis ; mais ils se tiennent à la porte du temple, et soupirent après le moment qu'il leur sera permis d'y pénétrer.

Il était enfin arrivé, ce moment : l'initiation aux grands mystères avait été fixée à la nuit suivante. On s'y préparait par des sacrifices et des vœux que le second des archontes, accompagné de quatre assistants nommés par le peuple, offrait pour la prospérité de l'état. Les novices étaient couronnés de myrte.

Leur robe semble contracter en cette occasion un tel caractère de sainteté, que la plupart la portent jusqu'à ce qu'elle soit usée, que d'autres en font des langes pour leurs enfants, ou la suspendent au temple. Nous les vîmes entrer dans l'enceinte sacrée ; et le lendemain un des nouveaux initiés, qui était de mes amis, me fit le récit de quelques cérémonies dont il avait été le témoin.

Nous trouvâmes, me dit-il, les ministres du temple revêtus de leurs habits pontificaux. L'hiérophante, qui dans ce moment représente l'auteur de l'univers, avait des symboles qui désignaient la puissance suprême : le porte-flambeau et l'assistant de l'autel paraissaient avec les attributs du soleil et de la lune, le héraut sacré avec ceux de Mercure.

Nous étions à peine placés, que le héraut s'écria : « Loin d'ici les profanes, les impies et tous ceux dont l'âme est souillée de crimes! Après cet avertissement, la peine de mort sera décernée contre ceux qui auraient la témérité de rester dans l'assemblée sans en avoir le droit. » Le second des ministres fit étendre sous nos pieds les peaux des victimes offertes en sacrifice et nous purifia de nouveau. On lut à haute voix le rituel de l'initiation, et l'on chanta des hymnes en l'honneur de Cérès.

Bientôt un bruit sourd se fit entendre. La terre semblait mugir sous nos pas : la foudre et les éclairs ne laissaient entrevoir que des fantômes et des spectres errants dans les ténèbres, ils remplissaient les lieux saints de hurlements qui nous glaçaient d'effroi, et de gémissements qui déchiraient nos âmes. La douleur meurtrière, les soins dévorants, la pauvreté, les maladies, la mort se présentaient à nos yeux sous des formes odieuses et funèbres. L'hiérophante expliquait ces divers emblèmes, et ses peintures vives redoublaient notre inquiétude et nos frayeurs.

Cependant, à la faveur d'une faible lumière, nous avancions vers cette région des enfers, où les âmes se purifient jusqu'à ce qu'elles parviennent au séjour du bonheur. Au milieu de quantité de voix plaintives, nous entendîmes les regrets amers de ceux qui avaient attenté à leurs jours. « Ils sont punis, disait l'hiérophante, parce qu'ils ont quitté le poste que les dieux leur avaient assigné dans ce monde. »

A peine eut-il proféré ces mots, que des portes d'airain, s'ouvrant avec un fracas épouvantable, présentèrent à nos regards les horreurs du Tartare. Il ne retentissait que du bruit des chaînes et des cris des malheureux ; et ces cris lugubres et perçants laissaient échapper par intervalles ces terribles paroles : « Apprenez par notre exemple à respecter les dieux, à être justes et reconnaissants. » Car la dureté du cœur, l'abandon des parents, toutes les espèces d'ingratitude sont soumises à des châtiments, ainsi que les crimes qui échappent à la justice des hommes ou qui détruisent le culte des dieux. Nous vîmes les Furies, armées de fouets, s'acharner impitoyablement sur les coupables.

Ces tableaux effrayants, sans cesse animés par la voix sonore et majestueuse de l'hiérophante, qui semblait exercer le ministère de la vengeance céleste, nous remplissaient d'épouvante et nous laissaient à peine le temps de respirer, lorsqu'on nous fit passer en des bosquets délicieux, sur des prairies riantes, séjour fortuné, image des Champs-Élysées, où brillait une clarté pure, où des voix agréables faisaient entendre des sons ravissants ; lorsque, introduits ensuite dans le lieu saint, nous jetâmes les yeux sur la statue de la déesse, resplendissante de lumière et parée de ses plus riches ornements. C'était là que devaient finir nos épreuves ; et c'est là que nous avons vu, que nous avons entendu des choses qu'il n'est pas permis de révéler [1]. J'avouerai seulement que, dans l'ivresse d'une joie sainte, nous avons chanté des hymnes pour nous féliciter de notre bonheur [2].

[1] Je ne puis donner sur cette question que de légers éclaircissements.

Les auteurs anciens font entendre que les fêtes de Cérès attiraient quelquefois à Eleusis trente mille associés, sans y comprendre ceux qui n'y venaient que par un motif de curiosité. Ces trente mille associés n'étaient pas témoins de toutes les cérémonies. On n'admettait sans doute aux plus secrètes que le petit nombre de novices qui tous les ans recevaient le dernier sceau de l'initiation, et quelques-uns de ceux qui l'avaient reçu depuis long-temps.

Le temple, un des plus grands de ceux de la Grèce, était construit au milieu d'une cour fermée d'un mur, longue de trois cent soixante pieds du nord au midi, large de trois cent un de l'est à l'ouest. C'est là, si je ne me trompe, que les mystes, ou les initiés, tenant un flambeau à la main, exécutaient des danses et des évolutions.

Derrière le temple, du côté de l'ouest, on voit encore une terrasse taillée dans le roc même, et élevée de huit à neuf pieds au-dessus de l'aire du temple : sa longueur est d'environ deux cent soixante-dix pieds; sa largeur, en certains endroits, de quarante-quatre. À son extrémité septentrionale, on trouve les restes d'une chapelle à laquelle on montait par plusieurs marches.

Je suppose que cette terrasse servait aux spectacles dont j'ai parlé dans ce chapitre; qu'elle était, dans sa longueur, divisée en trois longues galeries; que les deux premières représentaient la région des épreuves et celle des enfers; que la troisième, couverte de terre, offrait aux yeux des bosquets et des prairies, que de là on montait à la chapelle, où se trouvait cette statue dont l'éclat éblouissait les nouveaux initiés.

[2] Meursius a prétendu que l'assemblée était congédiée par ces mots : kons, ompax. Hesychius, qui nous les a transmis, dit seulement que c'était une acclamation aux initiés. Je n'en ai pas fait mention, parce que j'ignore si on la prononçait au commencement, vers le milieu, ou à la fin de la cérémonie.

Le Clerc a prétendu qu'elle signifiait veiller et ne point faire de mal. Au lieu d'attaquer directement cette explication, je me contenterai de rapporter la réponse que je fis, en 1766, à mon savant confrère M. Larcher, qui m'avait fait l'honneur de me demander mon avis sur cette formule : « Il est visible que les deux mots κόγξ, ὄμπαξ, sont étrangers à la langue grecque ; mais dans quelle langue faut-il les chercher? Je croirais volontiers qu'ils sont égyptiens, parce que les mystères d'Eleusis me paraissent venus d'Egypte. Pour en connaître la valeur, il faudrait, 1º que nous fussions mieux instruits de l'ancienne langue égyptienne, dont il ne nous reste que très-peu de chose dans la langue cophte ; 2º que les deux mots en question, en passant d'une langue dans une autre, n'eussent rien perdu de leur prononciation, et qu'en passant dans les mains de plusieurs copistes ils n'eussent rien perdu de leur orthographe primitive.

» On pourrait absolument avoir recours à la langue phénicienne, qui avait beau-

CHAPITRE LXVIII.

Tel fut le récit du nouvel initié. Un autre m'apprit une circonstance qui avait échappé au premier. Un jour, pendant les fêtes, l'hiérophante découvrit ces corbeilles mystérieuses qu'on porte dans les processions, et qui sont l'objet de la vénération publique. Elles renferment les symboles sacrés dont l'inspection est interdite aux profanes, et qui ne sont pourtant que des gâteaux de différentes formes, des grains de sel, et d'autres objets relatifs soit à l'histoire de Cérès, soit aux dogmes enseignés dans les mystères. Les initiés, après les avoir transportés d'une corbeille dans l'autre, affirment qu'ils ont jeûné et bu le cicéon [1].

Parmi les personnes qui n'étaient pas initiées, j'ai vu souvent des gens d'esprit se communiquer leurs doutes sur la doctrine qu'on enseigne dans les mystères de Cérès. Ne contient-elle que l'histoire de la nature et de ses révolutions? N'a-t-on d'autre but que de montrer qu'à la faveur des lois et de l'agriculture l'homme a passé de l'état de barbarie à l'état de civilisation? Mais pourquoi de pareilles notions seraient-elles couvertes d'un voile? Un disciple de Platon proposait avec modestie une conjecture que je vais rapporter [2].

---

coup de rapports avec l'égyptien. C'est le parti qu'a pris Le Clerc, qui, à l'exemple de Bochard, voyait tout dans le phénicien. Mais on donnerait dix explications différentes de ces deux termes, toutes également probables, c'est-à-dire toutes également incertaines. Rien ne se prête plus aux désirs de ceux qui aiment les étymologies que les langues orientales; et c'est ce qui a presque toujours égaré ceux qui se sont occupés de ce genre de travail.

» Vous voyez, monsieur, combien je suis éloigné de vous dire quelque chose de positif, et que je réponds très-mal à la confiance dont vous m'honorez. Je ne puis donc que vous offrir l'aveu de mon ignorance, etc. »

[1] Espèce de boisson, ou plutôt de bouillie, qu'on avait présentée à Cérès. (Clem. Alex. *Cohort. ad gent.* p. 17. Athen. lib. XI, cap. 12, p. 492. Casaub. *ibid.* p. 512. Turneb. *Advers.* lib. XII, c. 8.)

[2] Warburton a prétendu que le secret des mystères n'était autre chose que le dogme de l'unité de Dieu : à l'appui de son sentiment, il rapporte un fragment de poésie cité par plusieurs pères de l'Eglise, et connu sous le nom de *Palinodie d'Orphée*. Ce fragment commence par une formule usitée dans les mystères : *Loin d'ici les profanes!* On y déclare qu'il n'y a qu'un Dieu, qu'il existe par lui-même, qu'il est la source de toute existence, qu'il se dérobe à tous les regards, quoique rien ne se dérobe aux siens.

S'il était prouvé que l'hiérophante annonçait cette doctrine aux initiés, il ne restait plus aucun doute sur l'objet des mystères; mais il s'élève à cet égard plusieurs difficultés.

Que ces vers soient d'Orphée ou de quelque autre auteur, peu importe. Il s'agit de savoir s'ils sont antérieurs au christianisme, et si on les prononçait dans l'initiation.

1° Eusèbe les a cités d'après un Juif nommé Aristobule, qui vivait du temps de Ptolémée Philopator, roi d'Egypte, c'est-à-dire vers l'an 200 avant J.-C.; mais la leçon qu'il nous en a conservée diffère essentiellement de celle qu'on trouve dans les ouvrages de saint Justin. Dans cette dernière, on annonce un être unique qui voit tout, qui est l'auteur de toute chose, et auquel on donne le nom de Jupiter. La leçon rapportée par Eusèbe contient la même profession de foi, avec quelques différences dans les expressions; mais il est parlé de Moïse et d'Abraham. De là,

Il paraît certain, disait-il, qu'on établit dans les mystères la nécessité des peines et des récompenses qui nous attendent après la mort, et qu'on y donne aux novices la représentation des différentes destinées que les hommes subissent dans ce monde et dans l'autre. Il paraît aussi que l'hiérophante leur apprend que, parmi ce grand nombre de divinités adorées par la multitude, les unes sont de purs génies qui, ministres des volontés d'un Être suprême, règlent sous ses ordres les mouvements de l'univers, et les autres furent de simples mortels dont on conserve encore les tombeaux en plusieurs endroits de la Grèce.

D'après ces notions, n'est-il pas naturel de penser que, voulant donner une plus juste idée de la Divinité, les instituteurs des mystères s'efforcèrent de maintenir un dogme dont il reste des vestiges plus ou moins sensibles dans les opinions et les cérémonies de presque tous les peuples, celui d'un Dieu, principe et

de savants critiques ont conclu que cette pièce de vers avait été fabriquée, ou du moins interpolée par Aristobule, ou par quelque autre Juif. Ôtons l'interpolation, et préférons la leçon de saint Justin ; que s'ensuivra-t-il ? que l'auteur de ces vers, en parlant d'un Être suprême, s'est exprimé à peu près de la même manière que plusieurs anciens écrivains. Il est surtout à remarquer que les principaux articles de la doctrine annoncée par la palinodie se trouvent dans l'hymne de Cléanthe, contemporain d'Aristobule, et dans le poëme d'Aratus, qui vivait dans le même temps, et dont il paraît que saint Paul a cité le témoignage.

2° Chantait-on, lors de l'initiation, la palidonie d'Orphée? Tatien et Athénagore semblent, à la vérité, l'associer aux mystères ; cependant ils ne la rapportent que pour l'opposer aux absurdités du polythéisme. Comment ces deux auteurs et les autres pères de l'Église, voulant prouver que le dogme de l'unité de Dieu avait toujours été connu des nations, auraient-ils négligé d'avertir qu'une telle profession de foi se faisait dans les cérémonies d'Éleusis?

En ôtant à Warburton ce moyen si victorieux, je ne prétends pas attaquer son opinion sur le secret des mystères ; elle me paraît fort vraisemblable. En effet il est difficile de supposer qu'une société religieuse qui détruisait les objets du culte reçu, qui maintenait le dogme des peines et des récompenses dans une autre vie, qui exigeait de la part de ses membres tant de préparations, de prières et d'abstinences, jointes à une si grande pureté de cœur, n'eût eu d'autre objet que de cacher sous un voile épais les anciennes traditions sur la formation du monde, sur les opérations de la nature, sur l'origine des arts, et sur d'autres objets qui ne pouvaient avoir qu'une légère influence sur les mœurs.

Dira-t-on qu'on se bornait à développer le dogme de la métempsycose? Mais ce dogme, que les philosophes ne craignaient pas d'exposer dans leurs ouvrages, supposait un tribunal qui, après notre mort, attachait à nos âmes les destinées bonnes ou mauvaises qu'elles avaient à remplir.

J'ajoute encore une réflexion : suivant Eusèbe, dans les cérémonies de l'initiation, l'hiérophante paraissait sous les traits du Démiurge, c'est-à-dire de l'auteur de l'univers. Trois prêtres avaient les attributs du soleil, de la lune et de Mercure ; peut-être des ministres subalternes représentaient-ils les quatre autres planètes. Quoiqu'il en soit, ne reconnaît-on pas ici le Démiurge tirant l'univers du chaos? et n'est-ce pas là le tableau de la formation du monde, tel que Platon l'a décrit dans son Timée?

L'opinion de Warburton est ingénieuse, et l'on ne pouvait l'exposer avec plus d'esprit et de sagacité ; cependant, comme elle offre de grandes difficultés, j'ai pris le parti de la proposer comme une simple conjecture.

fin de toutes choses ? Tel est, à mon avis, le secret auguste qu'on révèle aux initiés.

Des vues politiques favorisèrent sans doute l'établissement de cette association religieuse. Le polythéisme était généralement répandu, lorsqu'on s'aperçut des funestes effets qui résultaient pour la morale d'un culte dont les objets ne s'étaient multipliés que pour autoriser toutes les espèces d'injustices et de vices ; mais ce culte était agréable au peuple, autant par son ancienneté que par ses imperfections mêmes. Loin de songer vainement à le détruire, on tâcha de le balancer par une religion plus pure, et qui réparerait les torts que le polythéisme faisait à la société. Comme la multitude est plus aisément retenue par les lois que par les mœurs, on crut pouvoir l'abandonner à des superstitions dont il serait facile d'arrêter les abus ; comme les citoyens éclairés doivent être plutôt conduits par les mœurs que par les lois, on crut devoir leur communiquer une doctrine propre à leur inspirer des vertus.

Ainsi, ajoutait ce disciple de Platon, vous comprenez déjà pourquoi les dieux sont joués sur le théâtre d'Athènes : les magistrats, délivrés des fausses idées du polythéisme, sont très-éloignés de réprimer une licence qui ne pourrait blesser que le peuple, et dont le peuple s'est fait un amusement.

Vous comprenez encore comment deux religions si opposées dans leurs dogmes subsistent depuis si long-temps en un même endroit sans trouble et sans rivalité ; c'est qu'avec des dogmes différents elles ont le même langage, et que la vérité conserve pour l'erreur les ménagements qu'elle en devrait exiger.

Les mystères n'annoncent à l'extérieur que le culte adopté par la multitude : les hymnes qu'on y chante en public, et la plupart des cérémonies qu'on y pratique, remettent sous nos yeux plusieurs circonstances de l'enlèvement de Proserpine, des courses de Cérès, de son arrivée et de son séjour à Éleusis. Les environs de cette ville sont couverts de monuments construits en l'honneur de la déesse, et l'on y montre encore la pierre sur laquelle on prétend qu'elle s'assit, épuisée de fatigue. Ainsi, d'un côté, les gens peu instruits se laissent entraîner par des apparences qui favorisent leurs préjugés ; d'un autre côté, les initiés, remontant à l'esprit des mystères, croient pouvoir se reposer sur la pureté de leurs intentions.

Quoi qu'il en soit de la conjecture que je viens de rapporter, l'initiation n'est presque plus qu'une vaine cérémonie : ceux qui l'ont reçue ne sont pas plus vertueux que les autres ; ils violent tous les jours la promesse qu'ils ont faite de s'abstenir de la volaille, du poisson, des grenades, des fèves, et de quelques autres espèces de légumes et de fruits. Plusieurs d'entre eux ont contracté cet engagement sacré par des voies peu conformes à son objet; car, presque de nos jours, on a vu le gouvernement, pour suppléer à l'épuisement des finances, permettre d'acheter le droit de participer aux mystères, et depuis long-temps des femmes de mauvaise vie ont été admises à l'initiation. Il viendra donc un temps où la corruption défigurera entièrement la plus sainte des associations.

CHAPITRE LXIX.

Histoire du théâtre des Grecs.

Vers ce temps-là je terminai mes recherches sur l'art dramatique. Son origine et ses progrès ont partagé les écrivains et élevé des prétentions parmi quelques peuples de la Grèce. En compilant, autant qu'il m'est possible, l'esprit de cette nation éclairée, je ne dois présenter que des résultats. J'ai trouvé de la vraisemblance dans les traditions des Athéniens, et je les ai préférées.

C'est dans le sein des plaisirs tumultueux et dans l'égarement de l'ivresse que se forma le plus régulier et le plus sublime des arts. Transportons-nous à trois siècles environ au delà de celui où nous sommes.

Aux fêtes de Bacchus, solennisées dans les villes avec moins d'apparat, mais avec une joie plus vive qu'elles ne le sont aujourd'hui, on chantait des hymnes enfantés dans les accès vrais ou simulés du délire poétique : je parle de ces dithyrambes d'où s'échappent quelquefois des saillies de génie, et plus souvent encore les éclairs ténébreux d'une imagination exaltée. Pendant qu'ils retentissaient aux oreilles étonnées de la multitude, des chœurs de Bacchants et de Faunes, rangés autour des images obscènes qu'on portait en triomphe, faisaient entendre des chansons lascives, et quelquefois immolaient des particuliers à la risée du public.

Une licence plus effrénée régnait dans le culte que les habitants de la campagne rendaient à la même divinité; elle y régnait surtout lorsqu'ils recueillaient les fruits de ses bienfaits. Des vendangeurs barbouillés de lie, ivres de joie et de vin, s'élançaient sur leurs chariots, s'attaquaient sur les chemins par des impromptus grossiers, se vengeaient de leurs voisins en les couvrant de ridicule, et des gens riches en dévoilant leurs injustices.

Parmi les poètes qui florissaient alors, les uns chantaient les actions et les aventures des dieux et des héros, les autres attaquaient avec malignité les vices et les ridicules des personnes. Les premiers prenaient Homère pour modèle ; les seconds s'autorisaient et abusaient de son exemple. Homère, le plus tragique des poètes, le modèle de tous ceux qui l'ont suivi, avait, dans l'Iliade et l'Odyssée, perfectionné le genre héroïque ; et dans le Margitès il avait employé la plaisanterie. Mais, comme le charme de ses ouvrages dépend en grande partie des passions et du mouvement dont il a su les animer, les poètes qui vinrent après lui essayèrent d'introduire dans les leurs une action capable d'émouvoir et d'égayer les spectateurs ; quelques-uns même tentèrent de produire ce double effet, et hasardèrent des essais informes, qu'on a depuis appelés indifféremment tragédies ou comédies, parce qu'ils réunissaient à la fois les caractères de ces deux drames. Les auteurs de ces ébauches ne se sont distingués par aucune découverte ; ils forment seulement dans l'histoire de l'art une suite de noms qu'il est inutile de rappeler à la lumière, puisqu'ils ne sauraient s'y soutenir.

On connaissait déjà le besoin et le pouvoir de l'intérêt théâtral : les hymnes en l'honneur de Bacchus, en peignant ses courses rapides et ses brillantes conquêtes, devenaient imitatifs ; et, dans les combats des jeux pythiques, on venait, par une loi expresse, d'ordonner aux joueurs de flûte qui entraient en lice de représenter successivement les circonstances qui avaient précédé, accompagné et suivi la victoire d'Apollon sur Python.

Quelques années après ce règlement, Susarion et Thespis, tous deux nés dans un petit bourg de l'Attique, nommé Icarie, parurent chacun à la tête d'une troupe d'acteurs ; l'un sur des tréteaux, l'autre sur un chariot[1]. Le premier attaqua les vices et les ridicules de son temps, le second traita des sujets plus nobles et puisés dans l'histoire.

Les comédies de Susarion étaient dans le goût de ces farces indécentes et satiriques qu'on joue encore dans quelques villes de la Grèce ; elles firent long-temps les délices des habitants de la campagne. Athènes n'adopta ce spectacle qu'après qu'il eut été perfectionné en Sicile.

Thespis avait vu plus d'une fois, dans les fêtes où l'on ne chantait encore que des hymnes, un des chanteurs, monté sur une table, former une espèce de dialogue avec le chœur. Cet exemple lui inspira l'idée d'introduire dans ses tragédies un acteur qui,

---

[1] Susarion présenta ses premières pièces vers l'an 580 avant J.-C. Quelques années après, Thespis donna des essais de tragédie ; en 536 il fit représenter son *Alceste*.

avec de simples récits ménagés par intervalles, délasserait le chœur, partagerait l'action et la rendrait plus intéressante. Cette heureuse innovation, jointe à d'autres libertés qu'il s'était données, alarma le législateur d'Athènes, plus capable que personne d'en sentir le prix et le danger. Solon proscrivit un genre où les traditions anciennes étaient altérées par des fictions. « Si nous honorons le mensonge dans nos spectacles, dit-il à Thespis, nous le retrouverons bientôt dans les engagements les plus sacrés. »

Le goût excessif qu'on prit tout à coup à la ville et à la campagne pour les pièces de Thespis et de Susarion, justifia et rendit inutile la prévoyance inquiète de Solon. Les poètes, qui jusqu'alors s'étaient exercés dans les dithyrambes et dans la satire licencieuse, frappés des formes heureuses dont ces genres commençaient à se revêtir, consacrèrent leurs talents à la tragédie et à la comédie. Bientôt on varia les sujets du premier de ces poèmes. Ceux qui ne jugent de leurs plaisirs que d'après l'habitude s'écriaient que ces sujets étaient étrangers au culte de Bacchus; les autres accoururent avec plus d'empressement aux nouvelles pièces.

Phrynicus, disciple de Thespis, préféra l'espèce de vers qui convient le mieux aux drames, fit quelques autres changements, et laissa la tragédie dans l'enfance.

Eschyle la reçut de ses mains, enveloppée d'un vêtement grossier, le visage couvert de fausses couleurs ou d'un masque sans caractère, n'ayant ni grâces ni dignité dans ses mouvements, inspirant le désir de l'intérêt qu'elle remuait à peine, éprise encore des farces et des facéties qui avaient amusé ses premières années, s'exprimant quelquefois avec élégance et dignité, souvent dans un style faible, rampant et souillé d'obscénités grossières.

Le père de la tragédie, car c'est le nom qu'on peut donner à ce grand homme, avait reçu de la nature une âme forte et ardente. Son silence et sa gravité annonçaient l'austérité de son caractère. Dans les batailles de Marathon, de Salamine et de Platée, où tant d'Athéniens se distinguèrent par leur valeur, il fit remarquer la sienne. Il s'était nourri dès sa plus tendre jeunesse de ces poètes qui, voisins des temps héroïques, concevaient d'aussi grandes idées qu'un faisait alors de grandes choses. L'histoire des siècles reculés offrait à son imagination vive des succès et des revers éclatants, des trônes ensanglantés, des passions impétueuses et dévorantes, des vertus sublimes, des crimes et des vengeances atroces, partout l'empreinte de la grandeur et souvent celle de la férocité.

Pour mieux assurer l'effet de ces tableaux, il fallait les détacher de l'ensemble où les anciens poètes les avaient enfermés, et c'est ce qu'avaient déjà fait les auteurs des dithyrambes et des premières tragédies ; mais ils avaient négligé de les rapprocher de nous. Comme on est infiniment plus frappé des malheurs dont on est témoin que de ceux dont on entend le récit, Eschyle employa toutes les ressources de la représentation théâtrale pour ramener sous nos yeux le temps et le lieu de la scène. L'illusion devint alors une réalité.

Il introduisit un second acteur dans ses premières tragédies ; et dans la suite, à l'exemple de Sophocle, qui venait d'entrer dans la carrière du théâtre, il en établit un troisième et quelquefois même un quatrième. Par cette multiplicité de personnages, un des acteurs devenait le héros de la pièce ; il attirait à lui le principal intérêt ; et comme le chœur ne remplissait plus qu'une fonction subalterne, Eschyle eut la précaution d'abréger son rôle, et peut-être ne le poussa-t-il pas assez loin.

On lui reproche d'avoir admis des personnages muets. Achille après la mort de son ami, et Niobé après celle de ses enfants, se traînent sur le théâtre, et, pendant plusieurs scènes, y restent immobiles, la tête voilée, sans proférer une parole ; mais s'il avait mis des larmes dans leurs yeux et des plaintes dans leur bouche, aurait-il produit un aussi terrible effet que par ce voile, ce silence et cet abandon à la douleur ?

Dans quelques-unes de ses pièces, l'exposition du sujet a trop d'étendue ; dans d'autres elle n'a pas assez de clarté : quoiqu'il pèche souvent contre les règles qu'on a depuis établies, il les a presque toutes entrevues.

On peut dire d'Eschyle ce qu'il dit lui-même du héros Hippomédon : « L'épouvante marche devant lui, la tête élevée jusqu'aux cieux. » Il inspire partout une terreur profonde et salutaire ; car il n'accable notre âme par des secousses violentes que pour la relever aussitôt par l'idée qu'il lui donne de sa force. Ses héros aiment mieux être écrasés par la foudre que de faire une bassesse, et leur courage est plus inflexible que la loi fatale de la nécessité. Cependant il savait mettre des bornes aux émotions qu'il était si jaloux d'exciter : il évita toujours d'ensanglanter la scène, parce que ses tableaux devaient être effrayants sans être horribles.

Ce n'est que rarement qu'il fait couler des larmes et qu'il excite la pitié, soit que la nature lui eût refusé cette douce sensibilité qui a besoin de se communiquer aux autres, soit plutôt qu'il craignit de les amollir. Jamais il n'eût exposé sur la scène des Phèdre et des Sthénobée ; jamais il n'a peint les douceurs et les fureurs de l'amour ; il ne voyait dans les différents accès de cette passion que des faiblesses ou des crimes d'un dangereux exemple pour les mœurs, et il voulait qu'on fût forcé d'estimer ceux qu'on est obligé de plaindre.

Continuons à suivre les pas immenses qu'il a faits dans la carrière. Examinons la manière dont il a traité les différentes parties de la tragédie : c'est-à-dire la fable, les mœurs, les pensées, les paroles, le spectacle et le chant.

Ses plans sont d'une extrême simplicité. Il négligeait ou ne connaissait pas assez l'art de sauver les invraisemblances, de nouer et dénouer une action, d'en lier étroitement les différentes parties, de la presser ou de la suspendre par des reconnaissances ou par d'autres accidents imprévus; il n'intéresse quelquefois que par le récit des faits et par la vivacité du dialogue, d'autres fois que par la force du style ou par la terreur du spectacle. Il paraît qu'il regardait l'unité d'action et de temps comme essentielle, celle de lieu comme moins nécessaire.

Le chœur, chez lui, ne se borne plus à chanter des cantiques; il fait partie du tout; il est l'appui du malheureux, le conseil des rois, l'effroi des tyrans, le confident de tous : quelquefois il participe à l'action pendant tout le temps qu'elle dure. C'est ce que les successeurs d'Eschyle auraient dû pratiquer plus souvent, et ce qu'il n'a pas toujours pratiqué lui-même.

Le caractère et les mœurs de ses personnages sont convenables et se démentent rarement. Il choisit pour l'ordinaire ses modèles dans les temps héroïques, et les soutient à l'élévation où Homère avait placé les siens. Il se plaît à peindre des âmes vigoureuses, franches, supérieures à la crainte, dévouées à la patrie, insatiables de gloire et de combats, plus grandes qu'elles ne sont aujourd'hui, telles qu'il en voulait former pour la défense de la Grèce; car il écrivait dans le temps de la guerre des Perses.

Comme il tend plus à la terreur qu'à la pitié, loin d'adoucir les traits de certains caractères, il ne cherche qu'à les rendre plus féroces, sans nuire néanmoins à l'intérêt théâtral. Clytemnestre, après avoir égorgé son époux, raconte son forfait avec une dérision amère, avec l'intrépidité d'un scélérat. Ce forfait serait horrible s'il n'était pas juste à ses yeux, s'il n'était pas nécessaire, si, suivant les principes reçus dans les temps héroïques, le sang injustement versé ne devait pas être lavé par le sang. Clytemnestre laisse entrevoir sa jalousie contre Cassandre, son amour pour Égisthe; mais de si faibles ressorts n'ont pas conduit sa main. La nature et les dieux l'ont forcée à se venger. « J'annonce avec courage ce que j'ai fait sans effroi, dit-elle au peuple; il m'est égal

CHAPITRE LXIX.

que vous l'approuviez ou que vous le blâmiez. Voilà mon époux sans vie ; c'est moi qui l'ai tué : son sang a rejailli sur moi ; je l'ai reçu avec la même avidité qu'une terre brûlée par le soleil reçoit la rosée du ciel. Il avait immolé ma fille, et je l'ai poignardé : ou plutôt ce n'est pas Clytemnestre, c'est le démon d'Atrée, le démon ordonnateur du sanglant festin de ce roi ; c'est lui, dis-je, qui a pris mes traits, pour venger avec plus d'éclat les enfants de Thyeste. »

Cette idée deviendra plus sensible par la réflexion suivante. Au milieu des désordres et des mystères de la nature, rien ne frappait plus Eschyle que l'étrange destinée du genre humain : dans l'homme, des crimes dont il est l'auteur, des malheurs dont il est la victime ; au-dessus de lui, la vengeance et l'aveugle fatalité, dont l'une le poursuit quand il est coupable, l'autre quand il est heureux. Telle est la doctrine qu'il avait puisée dans le commerce des sages, qu'il a semée dans presque toutes ses pièces, et qui, tenant nos âmes dans une terreur continuelle, les avertit sans cesse de ne pas s'attirer le courroux des dieux, de se soumettre aux coups du destin. De là ce mépris souverain qu'il témoigne pour les faux biens qui nous éblouissent, et cette force d'éloquence avec laquelle il insulte aux misères de la fortune : « O grandeurs humaines ! s'écrie Cassandre avec indignation ; brillantes et vaines images qu'une ombre peut obscurcir, une goutte d'eau effacer ! la prospérité de l'homme me fait plus de pitié que ses malheurs. »

De son temps, on ne connaissait pour le genre héroïque que le ton de l'épopée et celui du dithyrambe. Comme ils s'assortissaient à la hauteur de ses idées et de ses sentiments, Eschyle les transporta, sans les affaiblir, dans la tragédie. Entraîné par un enthousiasme qu'il ne peut plus gouverner, il prodigue les épithètes, les métaphores, toutes les expressions figurées des mouvements de l'âme ; tout ce qui donne du poids, de la force, de la magnificence au langage ; tout ce qui peut l'animer et le passionner. Sous son pinceau vigoureux, les récits, les pensées, les maximes se changent en images frappantes par leur beauté ou par leur singularité. Dans cette tragédie, qu'on pourrait appeler à juste titre l'enfantement de Mars : « Roi des Thébains, dit un courrier qu'Étéocle avait envoyé au-devant de l'armée des Argiens, l'ennemi approche, je l'ai vu, croyez-en mon récit.

> Sur un bouclier noir, sept chefs impitoyables
> Épouvantent les dieux de serments effroyables :
> Près d'un taureau mourant qu'ils viennent d'égorger,
> Tous, la main dans le sang, jurent de se venger ;
> Ils en jurent la Peur, le dieu Mars et Bellone.

Il dit d'un homme dont la prudence était consommée : « Il moissonne ces sages et généreuses résolutions qui germent dans les profonds sillons de son âme [1]; » et ailleurs : « L'intelligence qui m'anime est descendue du ciel sur la terre, et me crie sans cesse : N'accorde qu'une faible estime à ce qui est mortel. » Pour avertir les peuples libres de veiller de bonne heure sur les démarches d'un citoyen dangereux par ses talents et ses richesses : « Gardez-vous, leur dit-il, d'élever un jeune lion, de le ménager quand il craint encore, de lui résister quand il ne craint plus rien. »

A travers ces brillantes étincelles, il règne dans quelques-uns de ses ouvrages une obscurité qui provient non-seulement de son extrême précision et de la hardiesse de ses figures, mais encore des termes nouveaux dont il affecte d'enrichir ou de hérisser son style. Eschyle ne voulait pas que ses héros s'exprimassent comme le commun des hommes; leur élocution devait être au-dessus du langage vulgaire; elle est souvent au-dessus du langage connu. Pour fortifier sa diction, des mots volumineux et durement construits des débris de quelques autres s'élèvent du milieu de la phrase, comme ces tours superbes qui dominent sur les remparts d'une ville. Je rapporte la comparaison d'Aristophane.

L'éloquence d'Eschyle était trop forte pour l'assujettir aux recherches de l'élégance, de l'harmonie et de la correction; son essor, trop audacieux pour ne pas l'exposer à des écarts et à des chutes. C'est un style, en général, noble et sublime; en certains endroits, grand avec excès et pompeux jusqu'à l'enflure; quelquefois méconnaissable et révoltant par des comparaisons ignobles, des jeux de mots puérils, et d'autres vices qui sont communs à cet auteur avec ceux qui ont plus de génie que de goût. Malgré ces défauts, il mérite un rang très-distingué parmi les plus célèbres poètes de la Grèce.

Ce n'était pas assez que le ton imposant de ses tragédies laissât dans les âmes une forte impression de grandeur; il fallait, pour entraîner la multitude, que toutes les parties du spectacle concourussent à produire le même effet. On était alors persuadé que la nature, en donnant aux anciens héros une taille avantageuse, avait gravé sur leur front une majesté qui attirait autant le respect des peuples que l'appareil dont ils étaient entourés. Eschyle releva ses acteurs par une chaussure très-haute; il couvrit leurs traits, souvent difformes, d'un masque qui en cachait l'irrégularité, et les revêtit de robes traînantes et magnifiques, dont la forme était si

---

[1] Le scoliaste observe que Platon emploie la même expression dans un endroit de sa *République*.

décente que les prêtres de Cérès n'ont pas rougi de l'adopter. Les personnages subalternes eurent des masques et des vêtements assortis à leurs rôles.

Au lieu de ces vils tréteaux qu'on dressait autrefois à la hâte, il obtint un théâtre pourvu de machines et embelli de décorations. Il y fit retentir le son de la trompette; on y vit l'encens brûler sur les autels, les ombres sortir du tombeau, et les Furies se lancer du fond du Tartare. Dans une de ses pièces, ces divinités infernales parurent pour la première fois avec des masques où la paleur était empreinte, des torches à la main et des serpents entrelacés dans les cheveux, suivies d'un nombreux cortége de spectres horribles. On dit qu'à leur aspect et à leurs rugissements l'effroi s'empara de toute l'assemblée; que les femmes se délivrèrent de leur fruit avant terme; que des enfants moururent, et que les magistrats, pour prévenir de pareils accidents, ordonnèrent que le chœur ne serait plus composé que de quinze acteurs au lieu de cinquante.

Les spectateurs, étonnés de l'illusion que tant d'objets nouveaux faisaient sur leur esprit, ne le furent pas moins de l'intelligence qui brillait dans le jeu des acteurs. Eschyle les exerçait presque toujours lui-même : il réglait leurs pas, et leur apprenait à rendre l'action plus sensible par des gestes nouveaux et expressifs. Son exemple les instruisait encore mieux; il jouait avec eux dans ses pièces. Quelquefois il s'associait, pour les dresser, un habile maître de chœur, nommé Télestès. Celui-ci avait perfectionné l'art du geste. Dans la représentation des *Sept Chefs devant Thèbes*, il mit tant de vérité dans son jeu, que l'action aurait pu tenir lieu des paroles.

Nous avons dit qu'Eschyle avait transporté dans la tragédie le style de l'épopée et du dithyrambe; il y fit passer aussi les modulations élevées et le rhythme impétueux de certains airs, ou *nomes*, destinés à exciter le courage; mais il n'adopta point les innovations qui commençaient à défigurer l'ancienne musique. Son chant est plein de noblesse et de décence, toujours dans le genre diatonique, le plus simple et le plus naturel de tous.

Faussement accusé d'avoir révélé dans une de ses pièces les mystères d'Eleusis, il n'échappa qu'avec peine à la fureur d'un peuple fanatique. Cependant il pardonna cette injustice aux Athéniens, parce qu'il n'avait couru risque que de la vie; mais quand il les vit couronner les pièces de ses rivaux préférablement aux siennes : C'est au temps, dit-il, à remettre les miennes à leur place; et, ayant abandonné sa patrie, il se rendit en Sicile, où le roi Hiéron le combla de bienfaits et de distinctions. Il y mourut peu de temps après, âgé d'environ soixante-dix ans [1]. On grava sur son tombeau cette épitaphe, qu'il avait composée lui-même : « Ci-gît Eschyle, fils d'Euphorion, né dans l'Attique ; il mourut dans la fertile contrée de Géla ; les Perses et les bois de Marathon attesteront à jamais sa valeur. » Sans doute que dans ce moment, dégoûté de la gloire littéraire, il n'en connut pas de plus brillante que celle des armes. Les Athéniens décernèrent des honneurs à sa mémoire ; et l'on a vu plus d'une fois les auteurs qui se destinent au théâtre aller faire des libations sur son tombeau, et déclamer leurs ouvrages autour de ce monument funèbre.

Je me suis étendu sur le mérite de ce poète, parce que ses innovations ont presque toutes été des découvertes, et qu'il était plus difficile, avec les modèles qu'il avait sous les yeux, d'élever la tragédie au point de grandeur où il l'a laissée que de la conduire après lui à la perfection.

Les progrès de l'art furent extrêmement rapides. Eschyle était né quelques années après que Thespis eut donné son *Alceste* [2] ; il eut pour contemporains et pour rivaux Chœrilus, Pratinas, Phrynichus, dont il effaça la gloire, et Sophocle, qui balança la sienne.

Sophocle naquit d'une famille honnête d'Athènes, la quatrième année de la soixante-dixième olympiade, vingt-sept ans environ après la naissance d'Eschyle, environ quatorze ans avant celle d'Euripide.

Je ne dirai point qu'après la bataille de Salamine, placé à la tête d'un chœur de jeunes gens qui faisaient entendre autour d'un trophée des chants de victoire, il attira tous les regards par la beauté de sa figure, et tous les suffrages par les sons de sa lyre ; qu'en différentes occasions on lui confia des emplois importants, soit civils, soit militaires [3] ; qu'à l'âge de quatre-vingts ans, accusé par un fils ingrat de n'être plus en état de conduire les affaires de sa maison, il se contenta de lire à l'audience l'*OEdipe à Colone* qu'il venait de terminer ; que les juges, indignés, lui conservèrent ses droits, et que tous les assistants le conduisirent en triomphe chez lui ; qu'il mourut à l'âge de quatre-vingt-onze ans, après avoir joui d'une gloire dont l'éclat augmente de jour en jour : ces détails honorables ne l'honoreraient pas assez ; mais je dirai que la douceur de son caractère et les grâces de son esprit lui ac-

---

[1] L'an 456 avant J.-C. (*Marm. Oxon.* epoch. 60. Corsin. *Fast. attic.* t. III, p. 119).

[2] Thespis donna son *Alceste* l'an 536 avant J.-C. Eschyle naquit l'an 525 avant la même ère ; Sophocle, vers l'an 497.

[3] Il commanda l'armée avec Périclès. Cela ne prouve point qu'il eût des talents militaires, mais seulement qu'il fut un des six généraux qu'on tirait tous les ans au sort.

quirent un grand nombre d'amis qu'il conserva toute sa vie ; qu'il résista sans faste et sans regret à l'empressement des rois qui cherchaient à l'attirer auprès d'eux ; que si, dans l'âge des plaisirs, l'amour l'égara quelquefois, loin de calomnier la vieillesse, il se félicita de ses pertes, comme un esclave qui n'a plus à supporter les caprices d'un tyran féroce ; qu'à la mort d'Euripide son émule, arrivée peu de temps avant la sienne, il parut en habit de deuil, mêla sa douleur avec celle des Athéniens, et ne souffrit pas que, dans une pièce qu'il donnait, ses acteurs eussent des couronnes sur la tête.

Il s'appliqua d'abord à la poésie lyrique ; mais son génie l'entraîna bientôt dans une route plus glorieuse, et son premier succès l'y fixa pour toujours. Il était âgé de vingt-huit ans ; il concourait avec Eschyle, qui était en possession du théâtre. Après la représentation des pièces, le premier des archontes, qui présidait aux jeux, ne put tirer au sort les juges qui devaient décerner la couronne : les spectateurs divisés faisaient retentir le théâtre de leurs clameurs ; et, comme elles redoublaient à chaque instant, les dix généraux de la république, ayant à leur tête Cimon, parvenu, par ses victoires et ses libéralités, au comble de la gloire et du crédit, montèrent sur le théâtre, et s'approchèrent de l'autel de Bacchus pour y faire, avant de se retirer, les libations accoutumées. Leur présence et la cérémonie dont ils venaient s'acquitter suspendirent le tumulte ; et l'archonte, les ayant choisis pour nommer le vainqueur, les fit asseoir après avoir exigé leur serment. La pluralité des suffrages se réunit en faveur de Sophocle ; et son concurrent, blessé de cette préférence, se retira quelque temps après en Sicile.

Un si beau triomphe devait assurer pour jamais à Sophocle l'empire de la scène ; mais le jeune Euripide en avait été le témoin ; et ce souvenir le tourmentait, lors même qu'il prenait des leçons d'éloquence sous Prodicus, et de philosophie sous Anaxagore. Aussi le vit-on, à l'âge de dix-huit ans, entrer dans la carrière, et, pendant une longue suite d'années, la parcourir de front avec Sophocle, comme deux superbes coursiers qui, d'une ardeur égale, aspirent à la victoire.

Quoiqu'il eût beaucoup d'agréments dans l'esprit, sa sévérité, pour l'ordinaire, écartait de son maintien les grâces du sourire et les couleurs brillantes de la joie. Il avait, ainsi que Périclès, contracté cette habitude d'après l'exemple d'Anaxagore leur maître. Les facéties l'indignaient : « Je hais, dit-il dans une de ses pièces, ces hommes inutiles qui n'ont d'autre mérite que de s'égayer aux dépens des sages qui les méprisent. » Il faisait surtout allusion à la licence des auteurs de comédies, qui, de leur côté, cherchaient à décrier ses mœurs, comme ils décriaient celles des philosophes. Pour toute réponse, il eût suffi d'observer qu'Euripide était l'ami de Socrate, qui n'assistait guère aux spectacles que lorsqu'on donnait les pièces de ce poète.

Il avait exposé sur la scène des princesses souillées de crimes; et, à cette occasion, il s'était déchaîné plus d'une fois contre les femmes en général. On cherchait à les soulever contre lui ; les uns soutenaient qu'il les haïssait ; d'autres, plus éclairés, qu'il les aimait avec passion. « Il les déteste, disait un jour quelqu'un.—Oui, répondit Sophocle ; mais c'est dans ses tragédies. »

Diverses raisons l'engagèrent, sur la fin de ses jours, à se retirer auprès d'Archélaüs, roi de Macédoine. Ce prince rassemblait à sa cour tous ceux qui se distinguaient dans les lettres et dans les arts. Euripide y trouva Zeuxis et Timothée, dont le premier avait fait une révolution dans la peinture, et l'autre dans la musique; il y trouva le poète Agathon, son ami, l'un des plus honnêtes hommes et des plus aimables de son temps. C'est lui qui disait à Archélaüs : « Un roi doit se souvenir de trois choses; qu'il gouverne des hommes, qu'il doit les gouverner suivant les lois, qu'il ne les gouvernera pas toujours. » Euripide ne s'expliquait pas avec moins de liberté : il en avait le droit puisqu'il ne sollicitait aucune grâce. Un jour même que l'usage permettait d'offrir au souverain quelques faibles présents comme un hommage d'attachement et de respect, il ne parut pas avec les courtisans et les flatteurs empressés à s'acquitter de ce devoir; Archélaüs lui en ayant fait quelques légers reproches : « Quand le pauvre donne, répondit Euripide, il demande. »

Il mourut quelques années après, âgé d'environ soixante-seize ans. Les Athéniens envoyèrent des députés en Macédoine pour obtenir que son corps fût transporté à Athènes; mais Archélaüs, qui avait déjà donné des marques publiques de sa douleur, rejeta leurs prières, et regarda comme un honneur pour ses états de conserver les restes d'un grand homme : il lui fit élever un tombeau magnifique, près de la capitale, sur les bords d'un ruisseau, dont l'eau est si pure qu'elle invite le voyageur à s'arrêter et à contempler en conséquence le monument exposé à ses yeux. En même temps les Athéniens lui dressèrent un cénotaphe sur le chemin qui conduit de la ville au Pirée; ils prononcèrent son nom avec respect, quelquefois avec transport. A Salamine, lieu de sa naissance, on s'empressa de me conduire à une grotte où l'on prétend qu'il avait composé la plupart de ses pièces : c'est ainsi qu'au bourg de Colone les habitants m'ont montré plus d'une fois la maison où Sophocle avait passé une partie de sa vie.

Athènes perdit presque en même temps ces deux célèbres poëtes. A peine avaient-ils les yeux fermés qu'Aristophane, dans une pièce jouée avec succès, supposa que Bacchus, dégoûté des mauvaises tragédies qu'on représentait dans ses fêtes, était descendu aux enfers pour en ramener Euripide, et qu'en arrivant il avait trouvé la cour de Pluton remplie de dissensions. La cause en était honorable à la poésie. Auprès du trône de ce dieu s'en élèvent plusieurs autres, sur lesquels sont assis les premiers des poetes dans les genres nobles et relevés, mais qu'ils sont obligés de céder quand il paraît des hommes d'un talent supérieur. Eschyle occupait celui de la tragédie. Euripide veut s'en emparer ; on va discuter leurs titres : le dernier est soutenu par un grand nombre de gens grossiers et sans goût, qu'ont séduit les faux ornements de son éloquence. Sophocle s'est déclaré pour Eschyle, prêt à le reconnaître pour son maître s'il est vainqueur, et, s'il est vaincu, à disputer la couronne à Euripide. Cependant les concurrents en viennent aux mains. L'un et l'autre, armé des traits de la satire, relève le mérite de ses pièces, et déprime celles de son rival. Bacchus doit prononcer : il est long-temps irrésolu ; mais enfin il se déclare pour Eschyle, qui, avant de sortir des enfers, demande instamment que, pendant son absence, Sophocle occupe sa place.

Malgré les préventions et la haine d'Aristophane contre Euripide, sa décision, en assignant le premier rang à Eschyle, le second à Sophocle et le troisième à Euripide, était alors conforme à l'opinion de la plupart des Athéniens. Sans l'approuver, sans la combattre, je vais rapporter les changements que les deux derniers firent à l'ouvrage du premier.

J'ai dit plus haut que Sophocle avait introduit un troisième acteur dans ses premières pièces, et je ne dois pas insister sur les nouvelles décorations dont il enrichit la scène, non plus que sur les nouveaux attributs qu'il mit entre les mains de quelques-uns de ses personnages. Il reprochait trois défauts à Eschyle : la hauteur excessive des idées, l'appareil gigantesque des expressions, la pénible disposition des plans ; et ces défauts, il se flattait de les avoir évités.

Si les modèles qu'on nous présente au théâtre se trouvaient à une trop grande élévation, leurs malheurs n'auraient pas le droit de nous attendrir, ni leurs exemples celui de nous instruire. Les héros de Sophocle sont à la distance précise où notre admiration et notre intérêt peuvent atteindre : comme ils sont au-dessus de nous sans être loin de nous, tout ce qui les concerne ne nous est ni trop étranger ni trop familier ; et, comme ils conservent de la faiblesse dans les plus affreux revers, il en résulte un pathétique sublime qui caractérise spécialement ce poète.

Il respecte tellement les limites de la véritable grandeur, que, dans la crainte de les franchir, il lui arrive quelquefois de n'en pas approcher. Au milieu d'une course rapide, au moment qu'il va tout embraser, on le voit soudain s'arrêter et s'éteindre : on dirait alors qu'il préfère les chutes aux écarts.

Il n'était pas propre à s'appesantir sur les faiblesses du cœur humain ni sur des crimes ignobles ; il lui fallait des âmes fortes, sensibles, et par là même intéressantes ; des âmes ébranlées par l'infortune, sans en être accablées ni enorgueillies.

En réduisant l'héroïsme à sa juste mesure, Sophocle baissa le ton de la tragédie, et bannit ces expressions qu'une imagination fougueuse dictait à Eschyle, et qui jetaient l'épouvante dans l'âme des spectateurs : son style, comme celui d'Homère, est plein de force, de magnificence, de noblesse et de douceur ; jusque dans la peinture des passions les plus violentes, il s'assortit heureusement à la dignité des personnages.

Eschyle peignit les hommes plus grands qu'ils ne peuvent être ; Sophocle, comme ils devraient être ; Euripide, tels qu'ils sont. Les deux premiers avaient négligé des passions et des situations que le troisième crut susceptibles de grands effets. Il représenta tantôt des princesses brûlantes d'amour et ne respirant que l'adultère et les forfaits ; tantôt des rois dégradés par l'adversité, au point de se couvrir de haillons et de tendre la main, à l'exemple des mendiants. Ces tableaux, où l'on ne retrouvait plus l'empreinte de la main d'Eschyle ni de celle de Sophocle, soulevèrent d'abord les esprits : on disait qu'on ne devait, sous aucun prétexte, souiller le caractère ni le rang des héros de la scène ; qu'il était honteux de tracer avec art des images indécentes, et dangereux de prêter aux vices l'autorité des grands exemples.

Mais ce n'était plus le temps où les lois de la Grèce infligeaient une peine aux artistes qui ne traitaient pas leurs sujets avec une certaine décence. Les âmes s'énervaient, et les bornes de la convenance s'éloignaient de jour en jour : la plupart des Athéniens furent moins blessés des atteintes que les pièces d'Euripide portaient aux idées reçues qu'entraînés par le sentiment dont il avait su les animer ; car ce poète, habile à manier toutes les affections de l'âme, est admirable lorsqu'il peint les fureurs de l'amour, ou qu'il excite les émotions de la pitié : c'est alors que, se surpassant lui-même, il parvient quelquefois au sublime, pour lequel il semble que la nature ne l'avait pas destiné. Les Athéniens s'attendrirent sur le sort de Phèdre coupable, ils pleurèrent sur celui du malheureux Télèphe, et l'auteur fut justifié.

Pendant qu'on l'accusait d'amollir la tragédie, il se proposait d'en faire une école de sagesse : on trouve dans ses écrits le système d'Anaxagore, son maître, sur l'origine des êtres, et les préceptes de cette morale dont Socrate, son ami, discutait alors les principes. Mais comme les Athéniens avaient pris du goût pour cette éloquence artificielle dont Prodicus lui avait donné des leçons, il s'attacha principalement à flatter leurs oreilles : ainsi les dogmes de la philosophie et les ornements de la rhétorique furent admis dans la tragédie, et cette innovation servit encore à distinguer Euripide de ceux qui l'avaient précédé.

Dans les pièces d'Eschyle et de Sophocle, les passions, empressées d'arriver à leur but, ne prodiguent point des maximes qui suspendraient leur marche ; le second surtout a cela de particulier, que, tout en courant, et presque sans y penser, d'un seul trait il décide le caractère et dévoile les sentiments secrets de ceux qu'il met sur la scène. C'est ainsi que, dans son *Antigone*, un mot, échappé comme par hasard à cette princesse, laisse éclater son amour pour le fils de Cléon.

Euripide multiplia les sentences et les réflexions ; il se fit un plaisir ou un devoir d'étaler ses connaissances, et se livra souvent à des formes oratoires : de là les divers jugements qu'on porte de cet auteur, et les divers aspects sous lesquels on peut l'envisager. Comme philosophe, il eut un grand nombre de partisans ; les disciples d'Anaxagore et ceux de Socrate, à l'exemple de leurs maîtres, se félicitèrent de voir leur doctrine applaudie sur le théâtre ; et, sans pardonner à leur nouvel interprète quelques expressions trop favorables au despotisme, ils se déclarèrent ouvertement pour un écrivain qui inspirait l'amour des devoirs et de la vertu, et qui, portant ses regards plus loin, annonçait hautement qu'on ne doit pas accuser les dieux de tant de passions honteuses, mais les hommes qui les leur attribuent ; et comme il insistait avec force sur les dogmes importants de la morale, il fut mis au nombre des sages, et sera toujours regardé comme le philosophe de la scène.

Son éloquence, qui quelquefois dégénère en une vaine abondance de paroles, ne l'a pas rendu moins célèbre parmi les orateurs en général, et parmi ceux du barreau en particulier : il opéra la persuasion par la chaleur de ses sentiments, et la conviction par l'adresse avec laquelle il amène les réponses et les répliques.

Les beautés que les philosophes et les orateurs admirent dans ses écrits sont des défauts réels aux yeux de ses censeurs : ils soutiennent que tant de phrases de rhétorique, tant de maximes accumulées, de digressions savantes et de disputes oiseuses refroidissent l'intérêt ; et ils mettent à cet égard Euripide fort au-dessous de Sophocle, qui ne dit rien d'inutile.

Eschyle avait conservé dans son style les hardiesses du dithyrambe, et Sophocle la magnificence de l'épopée : Euripide fixa la langue de la tragédie, il ne retint presque aucune des expressions spécialement consacrées à la poésie ; mais il sut tellement choisir et employer celles du langage ordinaire, que, sous leur heureuse combinaison, la faiblesse de la pensée semble disparaître et le mot le plus commun s'ennoblir. Telle est la magie de ce style enchanteur qui, dans un juste tempérament entre la bassesse et l'élévation, est presque toujours élégant et clair, presque toujours harmonieux, coulant, et si flexible qu'il paraît se prêter sans efforts à tous les besoins de l'âme.

C'était néanmoins avec une extrême difficulté qu'il faisait des vers faciles. De même que Platon, Zeuxis, et tous ceux qui aspirent à la perfection, il jugeait ses ouvrages avec la sévérité d'un rival, et les soignait avec la tendresse d'un père. Il disait une fois « que trois de ses vers lui avaient coûté trois jours de travail. J'en aurais fait cent à votre place, lui dit un poète médiocre. Je le crois, répondit Euripide, mais ils n'auraient subsisté que trois jours. »

Sophocle admit dans ses chœurs l'harmonie phrygienne, dont l'objet est d'inspirer la modération, et qui convient au culte des dieux. Euripide, complice des innovations que Timothée faisait à l'ancienne musique, adopta presque tous les modes, et surtout ceux dont la douceur et la mollesse s'accordaient avec le caractère de sa poésie. On fut étonné d'entendre sur le théâtre des sons efféminés, et quelquefois multipliés sur une seule syllabe : l'auteur y fut bientôt représenté comme un artiste sans vigueur, qui, ne pouvant s'élever jusqu'à la tragédie, la faisait descendre jusqu'à lui; qui ôtait en conséquence à toutes les parties dont elle est composée le poids et la gravité qui leur conviennent, et qui, joignant de petits airs à de petites paroles, cherchait à remplacer la beauté par la parure, et la force par l'artifice. « Faisons chanter Euripide, disait Aristophane ; qu'il prenne une lyre, ou plutôt une paire de coquilles : c'est le seul accompagnement que ses vers puissent soutenir. »

On n'oserait pas risquer aujourd'hui une pareille critique ; mais, du temps d'Aristophane, beaucoup de gens, accoutumés dès leur enfance au ton imposant et majestueux de l'ancienne tragédie, craignaient de se livrer à l'impression des nouveaux sons qui frappaient leurs oreilles. Les grâces ont enfin adouci la sévérité des règles ; et il leur a fallu peu de temps pour obtenir ce triomphe.

Quant à la conduite des pièces, la supériorité de Sophocle est généralement reconnue : on pourrait même démontrer que c'est d'après lui que les lois de la tragédie ont presque toutes été rédigées ; mais comme, en fait de goût, l'analyse d'un bon ouvrage est presque toujours un mauvais ouvrage, parce que les beautés sages et régulières y perdent une partie de leur prix, il suffira de dire en général que cet auteur s'est garanti des fautes essentielles qu'on reproche à son rival.

Euripide réussit rarement dans la disposition de ses sujets : tantôt il blesse la vraisemblance, tantôt les incidents y sont amenés avec force ; d'autres fois son action cesse de faire un même tout ; presque toujours les nœuds et les dénoûments laissent quelque chose à désirer, et ses chœurs n'ont souvent qu'un rapport indirect avec l'action.

Il imagina d'exposer son sujet dans un prologue ou long avant-propos, presque entièrement détaché de la pièce : c'est là que, pour l'ordinaire, un des acteurs vient froidement rappeler tous les événements antérieurs et relatifs à l'action, qu'il rapporte sa généalogie ou celle d'un des principaux personnages ; qu'il nous instruit du motif qui l'a fait descendre du ciel, si c'est un dieu ; qui l'a fait sortir du tombeau, si c'est un mortel : c'est là que, pour s'annoncer aux spectateurs, il se borne à décliner son nom : *Je suis la déesse Vénus. Je suis Mercure, fils de Maïa. Je suis Polydore, fils d'Hécube. Je suis Jocaste. Je suis Andromaque.* Voici comment s'exprime Iphigénie, en paraissant toute seule sur le théâtre : « Pélops, fils de Tantale, étant venu à Pise, épousa la fille d'Œnomaüs, de laquelle naquit Atrée ; d'Atrée naquirent Ménélas et Agamemnon ; ce dernier épousa la fille de Tyndare ; et moi, Iphigénie, c'est de cet hymen que j'ai reçu le jour [1]. » Après cette généalogie, si heureusement parodiée dans une comédie d'Aristophane, la princesse se dit à elle-même que son père la fit venir en Aulide sous prétexte de lui donner Achille pour époux, mais en effet pour la sacrifier à Diane ; et que cette déesse, l'ayant remplacée à

---

[1] Le P. Brumoy, qui cherche à pallier les défauts des anciens, commence cette scène par ces mots, qui ne sont point dans Euripide : « Déplorable Iphigénie, dois-je rappeler mes malheurs? »

l'autel par une biche, l'avait enlevée tout à coup et transportée en Tauride, où règne Thoas, ainsi nommé à cause de son agilité, comparable à celle des oiseaux [1]. Enfin, après quelques autres détails, elle finit par raconter un songe dont elle est effrayée, et qui lui présage la mort d'Oreste, son frère.

Dans les pièces d'Eschyle et de Sophocle un heureux artifice éclaircit le sujet dès les premières scènes ; Euripide lui-même semble lui avoir dérobé leur secret dans sa *Médée* et dans son *Iphigénie en Aulide*. Cependant, quoique en général sa manière soit sans art, elle n'est point condamnée par d'habiles critiques.

Ce qu'il y a de plus étrange, c'est que, dans quelques-uns de ses prologues, comme pour affaiblir l'intérêt qu'il veut inspirer, il nous prévient sur la plupart des événements qui doivent exciter notre surprise. Ce qui doit nous étonner encore, c'est de le voir tantôt prêter aux esclaves le langage des philosophes, et aux rois celui des esclaves ; tantôt, pour flatter le peuple, se livrer à des écarts dont sa pièce des *Suppliantes* offre un exemple frappant.

Thésée avait rassemblé l'armée athénienne. Il attendait, pour marcher contre Créon, roi de Thèbes, la dernière résolution de ce prince. Dans ce moment le héraut de Créon arrive, et demande à parler au roi d'Athènes. « Vous le chercheriez vainement, dit Thésée ; cette ville est libre, et le pouvoir souverain est entre les mains de tous les citoyens. » A ces mots, le héraut déclame dix-sept vers contre la démocratie. Thésée s'impatiente, le traite de discoureur, et emploie vingt-sept vers à retracer les inconvénients de la royauté. Après cette dispute si déplacée le héraut s'acquitte de sa commission. Il semble qu'Euripide aimait mieux céder à son génie que de l'asservir, et songeait plus à l'intérêt de la philosophie qu'à celui du sujet.

Je relèverai, dans le chapitre suivant, d'autres défauts dont quelques-uns lui sont communs avec Sophocle ; mais, comme ils n'ont pas obscurci leur gloire, on doit conclure de là que les beautés qui parent leurs ouvrages sont d'un ordre supérieur. Il faut même ajouter, en faveur d'Euripide, que la plupart de ses pièces, ayant une catastrophe funeste, produisent le plus grand effet, et le font regarder comme le plus tragique des poètes dramatiques.

Le théâtre offrait d'abondantes moissons de lauriers aux talents qu'il faisait éclore. Depuis Eschyle jusqu'à nos jours, dans l'espace d'environ un siècle et demi, quantité d'auteurs se sont empressés

---

[1] Euripide dérive le nom de Thoas du mot grec θόος, qui signifie léger à la course. Quand cette étymologie serait aussi vraie qu'elle est fausse, il est bien étrange de la trouver en cet endroit.

CHAPITRE LXIX.

d'aplanir ou d'embellir les routes que le génie s'était récemment ouvertes : c'est à leurs productions de les faire connaître à la postérité. Je citerai quelques-uns de ceux dont les succès ou les vains efforts peuvent éclaircir l'histoire de l'art, et instruire ceux qui le cultivent.

Phrynichus, disciple de Thespis et rival d'Eschyle, introduisit les rôles de femmes sur la scène. Pendant que Thémistocle était chargé par sa tribu de concourir à la représentation des jeux, Phrynicus présenta une de ses pièces ; elle obtint le prix, et le nom du poëte fut associé sur le marbre avec le nom du vainqueur des Perses. Sa tragédie, intitulée la *Prise de Milet*, eut un succès étrange ; les spectateurs fondirent en larmes, et condamnèrent l'auteur à une amende de mille drachmes[1] pour avoir peint avec des couleurs trop vives des maux que les Athéniens auraient pu prévenir.

Ion fut si glorieux de voir couronner une de ses pièces, qu'il fit présent à tous les habitants d'Athènes d'un de ces beaux vases de terre cuite qu'on fabrique dans l'île de Chio, sa patrie. On peut lui reprocher, comme écrivain, de ne mériter aucun reproche ; ses ouvrages sont tellement soignés, que l'œil le plus sévère n'y distingue aucune tache. Cependant tout ce qu'il a fait ne vaut pas l'*Œdipe* de Sophocle, parce que, malgré ses efforts, il n'atteignit que la perfection de la médiocrité.

Agathon, ami de Socrate et d'Euripide, hasarda le premier des sujets feints. Ses comédies sont écrites avec élégance, ses tragédies avec la même profusion d'antithèses et d'ornements symétriques que les discours du rhéteur Gorgias.

Philoclès composa un très-grand nombre de pièces ; elles n'ont d'autre singularité qu'un style amer, qui l'a fait surnommer *la bile*. Cet écrivain si médiocre l'emporta sur Sophocle, au jugement des Athéniens, dans un combat où ce dernier avait présenté l'*Œdipe*, une de ses plus belles pièces, et le chef-d'œuvre peut-être du théâtre grec. Il viendra sans doute un temps où, par respect pour Sophocle, on n'osera pas dire qu'il était supérieur à Philoclès.

Astydamas, neveu de ce Philoclès, fut encore plus fécond que son oncle, et remporta quinze fois le prix. Son fils, de même nom, a donné de mon temps plusieurs pièces ; il a pour concurrents Asclépiade, Apharée, fils adoptif d'Isocrate, Théodecte, et d'autres encore qui seraient admirés s'ils n'avaient pas succédé à des hommes véritablement admirables.

[1] Neuf cents livres.

J'oubliais Denys-l'Ancien, roi de Syracuse. Il fut aidé dans la composition de ses tragédies par quelques gens d'esprit, et dut à leur secours la victoire qu'il remporta dans ce genre de littérature. Ivre de ses productions, il sollicitait les suffrages de tous ceux qui l'environnaient, avec la bassesse et la cruauté d'un tyran. Il pria un jour Philoxène de corriger une pièce qu'il venait de terminer ; et ce poëte, l'ayant raturée depuis le commencement jusqu'à la fin, fut condamné aux carrières. Le lendemain, Denys le fit sortir, et l'admit à sa table ; sur la fin du dîner ayant récité quelques-uns de ses vers : Eh bien, dit-il, qu'en pensez-vous, Philoxène ? Le poëte, sans lui répondre, dit aux satellites de le ramener aux carrières.

Eschyle, Sophocle et Euripide sont et seront toujours placés à la tête de ceux qui ont illustré la scène. D'où vient donc que, sur le grand nombre de pièces qu'ils présentèrent au concours[1], le premier ne fut couronné que treize fois, le second que dix-huit fois, le troisième que cinq fois ; c'est que la multitude décida de la victoire, et que le public a depuis fixé les rangs. La multitude avait des protecteurs dont elle épousait les passions, des favoris dont elle soutenait les intérêts ; de là tant d'intrigues, de violences et d'injustices qui éclatèrent dans le moment de la décision. D'un autre côté, le public, c'est-à-dire la plus saine partie de la nation, se laissa quelquefois éblouir par de légères beautés éparses dans des ouvrages médiocres ; mais il ne tarda pas à mettre les hommes de génie à leur place, lorsqu'il fut averti de leur supériorité par les vaines tentatives de leurs rivaux et de leurs successeurs.

Quoique la comédie ait la même origine que la tragédie, son histoire, moins connue, indique des révolutions dont nous ignorons les détails, et des découvertes dont elle nous cache les auteurs.

Née, vers la cinquantième olympiade[2], dans les bourgs de l'Attique, assortie aux mœurs grossières des habitants de la campagne, elle n'osait approcher de la capitale ; et si par hasard des troupes d'acteurs indépendants s'y glissaient pour jouer ses farces indécentes, ils étaient moins autorisés que tolérés par le gouvernement. Ce ne fut qu'après une longue enfance qu'elle prit tout à coup son accroissement en Sicile. Au lieu d'un recueil de scènes sans liaison

---

[1] Eschyle, suivant les uns, en composa soixante-dix ; suivant d'autres, quatre-vingt-dix. L'auteur anonyme de la *Vie de Sophocle* lui en attribue cent treize ; Suidas, cent vingt-trois ; d'autres, un plus grand nombre. Samuel Petit ne lui en donne que soixante-six. Suivant différents auteurs, Euripide en a fait soixante-quinze ou quatre-vingt-douze ; il paraît qu'on doit se déterminer pour le premier nombre. On trouve aussi des différences sur le nombre des prix qu'ils remportèrent.

[2] Vers l'an 570 avant J.-C.

et sans suite, le philosophe Épicharme établit une action, en lia toutes les parties, la traita dans une juste étendue, et la conduisit sans effort jusqu'à la fin. Ses pièces, assujetties aux mêmes lois que la tragédie, furent connues en Grèce ; elles y servirent de modèles, et la comédie partagea bientôt avec sa rivale les suffrages publics, et l'hommage que l'on doit aux talents. Les Athéniens surtout l'accueillirent avec les transports qu'aurait excités la nouvelle d'une victoire.

Plusieurs d'entre eux s'exercèrent dans ce genre, et leurs noms décorent la liste nombreuse de ceux qui, depuis Épicharme jusqu'à nos jours, se sont distingués. Tels furent, parmi les plus anciens, Magnès, Cratinus, Cratès, Phérécrate, Eupolis et Aristophane, mort environ trente ans avant mon arrivée en Grèce. Ils vécurent tous dans le siècle de Périclès.

Des facéties piquantes valurent d'abord des succès brillants à Magnès ; il fut ensuite plus sage et plus modéré, et ses pièces tombèrent.

Cratinus réussissait moins dans l'ordonnance de la fable que dans la peinture des vices : aussi amer qu'Archiloque, aussi énergique qu'Eschyle, il attaqua les particuliers sans ménagement et sans pitié.

Cratès se distingua par la gaieté de ses saillies, et Phérécrate par la finesse des siennes : tous deux réussirent dans la partie de l'invention et s'abstinrent des personnalités.

Eupolis revint à la manière de Cratinus ; mais il a plus d'élévation et d'aménité que lui. Aristophane, avec moins de fiel que Cratinus, avec moins d'agréments qu'Eupolis, tempéra souvent l'amertume de l'un par les grâces de l'autre.

Si l'on s'en rapportait aux titres des pièces qui nous restent de leur temps, il serait difficile de concevoir l'idée qu'on se faisait alors de la comédie. Voici quelques-uns de ces titres : Prométhée, Triptolème, Bacchus, les Bacchantes, le faux Hercule, les Noces d'Hébé, les Danaïdes, Niobé, Amphiaraüs, le Naufrage d'Ulysse, l'Age d'or, les Hommes sauvages, le Ciel, les Saisons, la Terre et la Mer, les Cigognes, les Oiseaux, les Abeilles, les Grenouilles, les Nuées, les Chèvres, les Lois, les Peintres, les Pythagoriciens, les Déserteurs, les Amis, les Flatteurs, les Efféminés.

La lecture de ces pièces prouve clairement que leurs auteurs n'eurent pour objet que de plaire à la multitude, que tous les moyens leur parurent indifférents, et qu'ils employèrent tour à tour la parodie, l'allégorie et la satire, soutenues des images les plus obscènes et des expressions les plus grossières.

Ils traitèrent avec des couleurs différentes les mêmes sujets que les poëtes tragiques. On pleurait à la *Niobé* d'Euripide, on pleurait à celle d'Aristophane ; les dieux et les héros furent travestis, et le ridicule naquit du contraste de leur déguisement avec leur dignité : diverses pièces portèrent le nom de *Bacchus* et d'*Hercule* ; en parodiant leur caractère, on se permettait d'exposer à la risée de la populace l'excessive poltronnerie du premier et l'énorme voracité du second. Pour assouvir la faim de ce dernier, Épicharme décrit en détail et lui fait servir toutes les espèces de poissons et de coquillages connus de son temps.

Le même tour de plaisanterie se montrait dans les sujets allégoriques, tels que celui de l'*Age d'or*, dont on relevait les avantages. Cet heureux siècle, disent les uns, n'avait besoin ni d'esclaves ni d'ouvriers ; les fleuves roulaient un jus délicieux et nourrissant ; des torrents de vin descendaient du ciel en forme de pluie ; l'homme, assis à l'ombre des arbres chargés de fruits, voyait les oiseaux rôtis et assaisonnés voler autour de lui et le prier de les recevoir dans son sein. Il reviendra, ce temps, disait un autre, où j'ordonnerai au couvert de se dresser de soi-même, à la bouteille de me verser du vin, au poisson à demi cuit de se retourner de l'autre côté et de s'arroser de quelques gouttes d'huile.

De pareilles images s'adressaient à cette classe de citoyens qui, ne pouvant jouir des agréments de la vie, aime à supposer qu'ils ne lui ont pas toujours été et qu'ils ne lui seront pas toujours interdits. C'est aussi par déférence pour elle que les auteurs les plus célèbres tantôt prêtaient à leurs acteurs des habillements, des gestes et des expressions déshonnêtes, tantôt mettaient dans leur bouche des injures atroces contre les particuliers.

Nous avons vu que quelques-uns, traitant un sujet dans sa généralité, s'abstinrent de toute injure personnelle ; mais d'autres furent assez perfides pour confondre les défauts avec les vices, et le mérite avec le ridicule : espions dans la société, délateurs sur le théâtre, ils livrèrent les réputations éclatantes à la malignité de la multitude, les fortunes bien ou mal acquises à sa jalousie. Point de citoyen assez élevé, point d'assez méprisable pour être à l'abri de leurs coups : quelquefois désigné par des allusions faciles à saisir, il le fut encore plus souvent par son nom et par les traits de son visage empreints sur le masque de l'acteur. Nous avons une pièce où Timocréon joue à la fois Thémistocle et Simonide ; il nous en reste plusieurs contre un faiseur de lampes, nommé Hyperbolus, qui, par ses intrigues, s'était élevé aux magistratures.

Les auteurs de ces satires recouraient à l'imposture pour satisfaire leur haine, à de sales injures pour satisfaire le petit peuple. Le poison à la main, ils parcouraient les différentes classes de citoyens et l'intérieur des maisons, pour exposer au jour des horreurs qu'il n'avait pas éclairées. D'autres fois ils se déchaînaient contre les philosophes, contre les poètes tragiques, contre leurs propres rivaux.

Comme les premiers n'opposaient à ces attaques que le plus profond mépris, la comédie essaya de les rendre suspects au gouvernement et ridicules aux yeux de la multitude. C'est ainsi que, dans la personne de Socrate, la vertu fut plus d'une fois immolée sur le théâtre, et qu'Aristophane, dans une de ses pièces, prit le parti de parodier le plan d'une république parfaite, telle que l'ont conçue Protagoras et Platon.

Dans le même temps, la comédie citait à son tribunal tous ceux qui dévouaient leurs talents à la tragédie. Tantôt elle relevait avec aigreur les défauts de leurs personnes et de leurs ouvrages ; tantôt elle parodiait d'une manière piquante leurs vers, leurs pensées et leurs sentiments. Euripide fut toute sa vie poursuivi par Aristophane, et les mêmes spectateurs couronnèrent les pièces du premier et la critique qu'on faisait le second.

Enfin la jalousie éclatait encore plus entre ceux qui couraient la même carrière. Aristophane avait reproché à Cratinus son amour pour le vin, l'affaiblissement de son esprit et d'autres défauts attachés à la vieillesse. Cratinus, pour se venger, releva les plagiats de son ennemi, et l'accusa de s'être paré des dépouilles d'Eupolis.

Au milieu de tant de combats honteux pour les lettres, Cratinus conçut et Aristophane exécuta le projet d'étendre le domaine de la comédie. Ce dernier, accusé par Cléon d'usurper le titre de citoyen, rappela dans sa défense deux vers qu'Homère place dans la bouche de Télémaque, et les parodia de la manière suivante :

> Je suis fils de Philippe, à ce que dit ma mère :
> Pour moi, je n'en sais rien. Qui sait quel est mon père ?

Ce trait l'ayant maintenu dans son état, il ne respira que la vengeance. Animé, comme il le dit lui-même, du courage d'Hercule, il composa contre Cléon une pièce pleine de fiel et d'outrages. Comme aucun ouvrier n'osa dessiner le masque d'un homme si redoutable, ni aucun acteur se charger de son rôle, le poète, obligé de monter lui-même sur le théâtre, le visage barbouillé de lie, eut le plaisir de voir la multitude approuver avec éclat les traits sanglants qu'il lançait contre un chef qu'elle adorait et les injures piquantes qu'il hasardait contre elle.

Ce succès l'enhardit ; il traita dans des sujets allégoriques les intérêts les plus importants de la république. Tantôt il y montrait la nécessité de terminer une guerre longue et ruineuse ; tantôt il s'élevait contre la corruption des chefs, contre les dissensions du sénat, contre l'ineptie du peuple dans ses choix et dans ses délibérations. Deux acteurs excellents, Callistrate et Philonide, secondaient ses efforts : à l'aspect du premier, on prévoyait que la pièce ne roulait que sur les vices des particuliers ; du second, qu'elle frondait ceux de l'administration.

Cependant la plus saine partie de la nation murmurait, et quelquefois avec succès, contre les entreprises de la comédie. Un premier décret en avait interdit la représentation ; dans un second, on défendait de nommer personne, et dans un troisième, d'attaquer les magistrats. Mais ces décrets étaient bientôt oubliés ou révoqués ; ils semblaient donner atteinte à la nature du gouvernement ; et d'ailleurs le peuple ne pouvait plus se passer d'un spectacle qui étalait contre les objets de sa jalousie toutes les injures et toutes les obscénités de la langue.

Vers la fin de la guerre du Péloponnèse, un petit nombre de citoyens s'étant emparés du pouvoir, leur premier soin fut de réprimer la licence des poètes, et de permettre à la personne lésée de les traduire en justice. La terreur qu'inspirèrent ces hommes puissants produisit dans la comédie une révolution soudaine. Le chœur disparut, parce que les gens riches, effrayés, ne voulurent point se charger du soin de le dresser et de fournir à son entretien ; plus de satire directe contre les particuliers, ni d'invectives contre les chefs de l'état, ni de portraits sur les masques. Aristophane lui-même se soumit à la réforme dans ses dernières pièces ; ceux qui le suivirent de près, tels qu'Eubulus, Antiphane et plusieurs autres, respectèrent les règles de la bienséance. Le malheur d'Anaxandride leur apprit à ne plus s'en écarter ; il avait parodié ces paroles d'une pièce d'Euripide : *La nature donne ses ordres et s'inquiète peu de nos lois.* Anaxandride, ayant substitué le mot *ville* à celui de *nature*, fut condamné à mourir de faim.

C'est l'état où se trouvait la comédie pendant mon séjour en Grèce. Quelques-uns continuaient à traiter et parodier les sujets de la fable et de l'histoire ; mais la plupart leur préféraient des sujets feints ; et le même esprit d'analyse et d'observation qui portait les philosophes à recueillir dans la société ces traits épars dont la réunion caractérise la grandeur d'âme ou la pusillanimité, engageait les poètes à peindre dans le général les singularités qui choquent la société ou les actions qui la déshonorent.

CHAPITRE LXIX.

La comédie était devenue un art régulier, puisque les philosophes avaient pu la définir. Ils disaient qu'elle imite, non tous les vices, mais uniquement les vices susceptibles de ridicule. Ils disaient encore qu'à l'exemple de la tragédie, elle peut exagérer les caractères pour les rendre plus frappants.

Quand le chœur reparaissait, ce qui arrivait rarement, l'on entremêlait, comme autrefois, les intermèdes avec les scènes, et le chant avec la déclamation. Quand on le supprimait, l'action était plus vraisemblable et sa marche plus rapide ; les auteurs parlaient une langue que les oreilles délicates pouvaient entendre, et des sujets bizarres n'exposaient plus à nos yeux des chœurs d'oiseaux, de guêpes et d'autres animaux revêtus de leurs formes naturelles. On faisait tous les jours de nouvelles découvertes dans les égarements de l'esprit et du cœur, et il ne manquait plus qu'un génie qui mit à profit les erreurs des anciens et les observations des modernes [1].

Après avoir suivi les progrès de la tragédie et de la comédie, il me reste à parler d'un drame qui réunit à la gravité de la première la gaieté de la seconde ; il naquit de même dans les fêtes de Bacchus. Là, des chœurs de silènes et de satyres entremêlaient de facéties les hymnes qu'ils chantaient en l'honneur de ce dieu.

Leurs succès donnèrent la première idée de la satire, poëme où les sujets les plus sérieux sont traités d'une manière à la fois touchante et comique.

Il est distingué de la tragédie par l'espèce de personnage qu'il admet, par la catastrophe qui n'est jamais funeste, par les traits les bons mots et les bouffonneries qui font son principal mérite ; il l'est de la comédie par la nature du sujet, par le ton de dignité qui règne dans quelques-unes de ses scènes et par l'attention que l'on a d'en écarter les personnalités ; il l'est de l'une et de l'autre par les rhythmes qui lui sont propres, par la simplicité de la fable, par les bornes prescrites à la durée de l'action : car la satire est une petite pièce qu'on donne après la représentation des tragédies pour délasser les spectateurs.

La scène offre aux yeux des bocages, des montagnes, des grottes et des paysages de toute espèce. Les personnages du chœur, déguisés sous la forme bizarre qu'on attribue aux satyres, tantôt exécutent des danses vives et sautillantes, tantôt dialoguent ou chantent avec les dieux ou les héros ; et de la diversité des pensées, des sentiments et des expressions, résulte un contraste frappant et singulier.

[1] Ménandre naquit dans une des dernières années du séjour d'Anacharsis en Grèce.

Eschyle est celui de tous qui a le mieux réussi dans ce genre ; Sophocle et Euripide s'y sont distingués, moins pourtant que les poètes Achéus et Hégémon. Ce dernier ajouta un nouvel agrément au drame satirique en parodiant de scène en scène des tragédies connues. Ces parodies, que la finesse de son jeu rendait très-piquantes, furent extrêmement applaudies et souvent couronnées. Un jour qu'il donnait sa *Gigantomachie*, pendant qu'un rire excessif s'était élevé dans l'assemblée, on apprit la défaite de l'armée en Sicile : Hégémon voulut se taire ; mais les Athéniens, immobiles dans leurs places, se couvrirent de leurs manteaux, et, après avoir donné quelques larmes à la perte de leurs parents, ils n'en écoutèrent pas avec moins d'attention le reste de la pièce. Ils dirent depuis qu'ils n'avaient point voulu montrer leur faiblesse et témoigner leur douleur en présence des étrangers qui assistaient au spectacle.

CHAPITRE LXX.

Représentation des pièces de théâtre à Athènes.

Le théâtre fut d'abord construit en bois ; il s'écroula pendant qu'on jouait une pièce d'un ancien auteur, nommé Pratinas : dans la suite, on construisit en pierre celui qui subsiste encore à l'angle sud-est de la citadelle. Si j'entreprenais de le décrire, je ne satisferais ni ceux qui l'ont vu, ni ceux qui ne le connaissent pas ; j'en vais seulement donner le plan, et ajouter quelques remarques à ce que j'ai dit sur la représentation des pièces dans un de mes précédents chapitres [1].

1° Pendant cette représentation, il n'est permis à personne de rester au parterre : l'expérience avait appris que, s'il n'était pas absolument vide, les voix se faisaient moins entendre.

2° L'avant-scène se divise en deux parties : l'une plus haute, où récitent les acteurs ; l'autre plus basse, où le chœur se tient communément. Cette dernière est élevée de dix à douze pieds au-dessus du parterre, d'où l'on peut y monter. Il est facile au chœur, placé en cet endroit, de se tourner vers les acteurs ou vers les assistants.

3° Comme le théâtre n'est pas couvert, il arrive quelquefois qu'une pluie soudaine force les spectateurs de se réfugier sous les portiques et dans les édifices publics qui sont au voisinage.

4° Dans la vaste enceinte du théâtre, on donne souvent des combats, soit de poésie, soit de musique ou de danse, dont les grandes solennités sont accompagnées. Il est consacré à la gloire,

[1] Voyez le chapitre XI de cet ouvrage.

et cependant on y a vu, dans un même jour, une pièce d'Euripide suivie d'un spectacle de pantins.

On ne donne des tragédies et des comédies que dans trois fêtes consacrées à Bacchus. La première se célèbre au Pirée, et c'est là qu'on a représenté, pour la première fois, quelques-unes des pièces d'Euripide. La seconde, nommée *les Chœs* ou *les Lénéennes*, tombe au douzième du mois anthestérion [1] et ne dure qu'un jour. Comme la permission d'y assister n'est accordée qu'aux habitants de l'Attique, les auteurs réservent leurs nouvelles pièces pour les grandes Dionysiaques, qui reviennent un mois après et qui attirent de toutes parts une infinité de spectateurs. Elles commencent le douze du mois élaphébolion [2] et durent plusieurs jours, pendant lesquels on représente les pièces destinées au concours.

La victoire coûtait plus d'efforts autrefois qu'aujourd'hui. Un auteur opposait à son adversaire trois tragédies, et une de ces petites pièces qu'on nomme satire. C'est avec de si grandes forces que se livrèrent ces combats fameux où Pratinas l'emporta sur Eschyle et sur Chœrilus, Sophocle sur Eschyle, Philoclès sur Sophocle, Euphorion sur Sophocle et sur Euripide, ce dernier sur Iophon et sur Ion, Xénoclès sur Euripide.

On prétend que, suivant le nombre des concurrents, les auteurs des tragédies, traités alors comme le sont encore aujourd'hui les orateurs, devaient régler la durée de leurs pièces sur la chute successive des gouttes d'eau qui s'échappaient d'un instrument nommé *clepsydre*. Quoi qu'il en soit, Sophocle se lassa de multiplier les moyens de vaincre; il essaya de ne présenter qu'une seule pièce; et cet usage, reçu de tous les temps pour la comédie, s'établit insensiblement à l'égard de la tragédie.

Dans les fêtes qui se terminent en un jour, on représente maintenant cinq ou six drames, soit tragédies, soit comédies; mais, dans les grandes Dionysiaques, qui durent plus long-temps, on en donne douze ou quinze et quelquefois davantage : leur représentation commence de très-bonne heure le matin, et dure quelquefois toute la journée.

C'est au premier des archontes que les pièces sont d'abord présentées; c'est à lui qu'il appartient de les recevoir ou de les rejeter. Les mauvais auteurs sollicitent humblement sa protection. Ils sont transportés de joie quand il leur est favorable; ils se con-

[1] Ce mois commençait quelquefois dans les derniers jours de janvier, et pour l'ordinaire dans les premiers jours de février. (Dodwell, *De cycl.*)

[2] Le commencement de ce mois tombait rarement dans les derniers jours de février, communément dans les premiers jours de mars. (Dodwell, *De cycl.*)

solent du refus par des épigrammes contre lui, et bien mieux encore par l'exemple de Sophocle, qui fut exclu d'un concours où l'on ne rougit pas d'admettre un des plus médiocres poëtes de son temps.

La couronne n'est pas décernée au gré d'une assemblée tumultueuse; le magistrat qui préside aux fêtes fait tirer au sort un petit nombre de juges [1], qui s'obligent par serment de juger sans partialité; c'est ce moment que saisissent les partisans et les ennemis d'un auteur. Quelquefois, en effet, la multitude, soulevée par leurs intrigues, annonce son choix d'avance, s'oppose avec fureur à la création du nouveau tribunal, ou contraint les juges à souscrire à ses décisions.

Outre le nom du vainqueur, on proclame ceux des deux concurrents qui l'ont approché de plus près. Pour lui, comblé des applaudissements qu'il a reçus au théâtre et que le chœur avait sollicités à la fin de la pièce, il se voit souvent accompagné jusqu'à sa maison par une partie des spectateurs, et pour l'ordinaire il donne une fête à ses amis.

Après la victoire, une pièce ne peut plus concourir; elle ne le doit, après la défaite, qu'avec des changements considérables. Au mépris de ce règlement, un ancien décret du peuple permit à tout poëte d'aspirer à la couronne avec une pièce d'Eschyle, retouchée et corrigée comme il le jugerait à propos, et ce moyen a souvent réussi. Autorisé par cet exemple, Aristophane obtint l'honneur de présenter au combat une pièce déjà couronnée. On reprit dans la suite, avec les pièces d'Eschyle, celles de Sophocle et d'Euripide; et comme leur supériorité, devenue de jour en jour plus sensible, écartait beaucoup de concurrents, l'orateur Lycurgue, lors de mon départ d'Athènes, comptait proposer au peuple d'en interdire désormais la représentation, mais d'en conserver les copies exactes dans un dépôt, de les faire réciter tous les ans en public et d'élever des statues à leurs auteurs.

On distingue deux sortes d'acteurs: ceux qui sont spécialement chargés de suivre le fil de l'action, et ceux qui composent le chœur. Pour mieux expliquer leurs fonctions réciproques, je vais donner une idée de la coupe des pièces.

Outre les parties qui constituent l'essence d'un drame et qui sont la fable, les mœurs, la diction, les pensées, la musique et le spectacle, il faut considérer encore celles qui la partagent dans son étendue; et tels sont le prologue, l'épisode, l'exorde et le chœur.

Le prologue commence avec la pièce et se termine au premier

---

[1] Il ne m'a pas été possible de fixer le nombre des juges; j'en ai compté quelquefois cinq, quelquefois sept, et d'autres fois davantage.

intermède ou entr'acte ; l'épisode, en général, va depuis le premier jusqu'au dernier des intermèdes ; l'exorde comprend tout ce qui se dit après le dernier intermède. C'est dans la première de ces parties que se fait l'exposition, et que commence quelquefois le nœud ; l'action se développe dans la seconde, elle se dénoue dans la troisième. Ces trois parties n'ont aucune proportion entre elles : dans l'*OEdipe à Colone* de Sophocle, qui contient dix-huit cent soixante-deux vers, le prologue seul en renferme sept cents.

Le théâtre n'est jamais vide : le chœur s'y présente quelquefois à la première scène ; s'il y paraît plus tard, il doit être naturellement amené ; s'il en sort, ce n'est que pour quelques instants et pour une cause légitime.

L'action n'offre qu'un tissu de scènes coupées par des intermèdes, dont le nombre est laissé au choix des poètes. Plusieurs pièces en ont quatre, d'autres cinq ou six ; je n'en trouve que trois dans l'*Hécube* d'Euripide et dans l'*Électre* de Sophocle, que deux dans l'*Oreste* du premier, qu'un seul dans le *Philoctète* du second. Les intervalles compris entre deux intermèdes sont plus ou moins étendus ; les uns n'ont qu'une scène, les autres en contiennent plusieurs. On voit par là que la coupe d'une pièce et la distribution de ses parties dépendent uniquement de la volonté du poète.

Ce qui caractérise proprement l'intermède, c'est lorsque les choristes sont censés être seuls et chantent tous ensemble. Si par hasard, dans ces occasions, ils se trouvent sur le théâtre avec quelqu'un des personnages de la scène précédente, ils ne lui adressent point la parole, ou n'en exigent aucune réponse.

Le chœur, suivant que le sujet l'exige, est composé d'hommes ou de femmes, de vieillards ou de jeunes gens, de citoyens ou d'esclaves, de prêtres, de soldats, etc., toujours au nombre de quinze dans la tragédie, de vingt-quatre dans la comédie ; toujours d'un état inférieur à celui des principaux personnages de la pièce. Comme pour l'ordinaire il représente le peuple, ou que du moins il en fait partie, il est défendu aux étrangers, même établis dans Athènes, d'y prendre un rôle, par la même raison qu'il leur est défendu d'assister à l'assemblée générale de la nation.

Les choristes arrivent sur le théâtre, précédés d'un joueur de flûte qui règle leurs pas, quelquefois l'un après l'autre, plus souvent sur trois de front et cinq de hauteur, ou sur cinq de front et trois de hauteur, quand il s'agit d'une tragédie ; sur quatre de front et six de hauteur, ou dans un ordre inverse, quand il est question d'une comédie.

Dans le courant de la pièce, tantôt le chœur exerce la fonction d'acteur, tantôt il forme l'intermède. Sous le premier aspect, il se mêle dans l'action; il chante ou déclame avec les personnages; son coryphée lui sert d'interprète [1]. En certaines occasions il se

[1] Les anciens ne nous ont laissé sur ce sujet que de faibles lumières; et les critiques modernes se sont partagés quand ils ont entrepris de l'éclaircir. On a prétendu que les scènes étaient chantées; on a dit qu'elles n'étaient que déclamées; quelques-uns ont ajouté qu'on notait la déclamation. Je vais donner en peu de mots le résultat de mes recherches.

1° *On déclamait souvent dans les scènes.* Aristote, parlant des moyens dont certains genres de poésie se servent pour imiter, dit que les dithyrambes, les nomes, la tragédie et la comédie emploient le rhythme, le chant et le vers: avec cette différence que les dithyrambes et les nomes les emploient tous trois ensemble, au lieu que la tragédie et la comédie les emploient séparément. Et plus bas il dit que, dans une même pièce, la tragédie emploie quelquefois le vers seul et quelquefois le vers accompagné du chant.

On sait que les scènes étaient communément composées de vers ïambes, parce que cette espèce de vers est la plus propre au dialogue. Or, Plutarque, parlant de l'exécution musicale des vers ïambes, dit que dans la tragédie les uns sont récités pendant le jeu des instruments, tandis que les autres se chantent. La déclamation était donc admise dans les scènes.

2° *On chantait quelquefois dans les scènes.* A la preuve tirée du précédent passage de Plutarque j'ajoute les preuves suivantes. Aristote assure que les modes ou tons hypodorien et hypophrygien étaient employés dans les scènes, quoiqu'ils ne le fussent pas dans les chœurs. Qu'Hécube et Andromaque chantent sur le théâtre, dit Lucien, on peut leur pardonner; mais qu'Hercule s'oublie au point de chanter, c'est une chose intolérable. Les personnages d'une pièce chantaient donc en certaines occasions.

3° *La déclamation n'avait jamais lieu dans les intermèdes, mais tout le chœur y chantait.* Cette proposition n'est point contestée.

4° *Le chœur chantait quelquefois dans le courant d'une scène.* Je le prouve par ce passage de Pollux : « Lorsqu'au lieu d'un quatrième acteur on fait chanter quelqu'un du chœur, etc. ; » par ce passage d'Horace : « Que le chœur ne chante rien entre les intermèdes qui ne se lie étroitement à l'action ; » par quantité d'exemples, dont il suffit de citer les suivants : voyez dans l'*Agamemnon* d'Eschyle, depuis le vers 1099 jusqu'au vers 1186; dans l'*Hippolyte* d'Euripide, depuis le vers 58 jusqu'au vers 72; dans l'*Oreste* du même, depuis le 140 jusqu'au vers 207, etc., etc.

5° *Le chœur, ou plutôt son coryphée, dialoguait quelquefois avec les acteurs, et ce dialogue n'était que déclamé.* C'est ce qui arrivait surtout lorsqu'on lui demandait des éclaircissements, ou que lui-même en demandait à l'un des personnages; en un mot, toutes les fois qu'il participait immédiatement à l'action. (Voyez dans la *Médée* d'Euripide, vers 811 ; dans *les Suppliantes* du même, vers 634 ; dans l'*Iphigénie en Aulide* du même, vers 617, etc.

Les premières scènes d'*Ajax* de Sophocle suffiront, si je ne me trompe, pour indiquer l'emploi successif qu'on y faisait de la déclamation et du chant.

Scène première, *Minerve et Ulysse*; scène deuxième, *les mêmes et Ajax*; scène troisième, *Minerve et Ulysse*. Ces trois scènes forment l'exposition du sujet. Minerve apprend à Ulysse qu'Ajax, dans un accès de fureur, vient d'égorger les troupeaux et les bergers, croyant immoler à sa vengeance les principaux chefs de l'armée. C'est un fait; il est raconté en vers ïambes, et j'en conclus que les trois scènes étaient déclamées.

Minerve et Ulysse sortent; le chœur arrive : il est composé de Salaminiens qui déplorent le malheur de leur souverain, dont on leur a raconté les fureurs; il doute, il cherche à s'éclaircir. Il ne s'exprime point en vers ïambes; son style est figuré. Il est seul, il fait entendre une strophe et une antistrophe, l'une et l'autre contenant la même espèce et le même nombre de vers. C'est donc là ce qu'Aristote appelle le premier discours de tout le chœur, et par conséquent le premier intermède, toujours chanté par les voix du chœur.

Après l'intermède, scène première, *Tecmesse et le chœur*. Cette scène, qui va depuis le vers 200 jusqu'au 347, est comme divisée en deux parties. Dans la première, qui contient soixante-deux vers, Tecmesse confirme la nouvelle des fureurs d'Ajax;

partage en deux groupes, dirigés par deux chefs qui se racontent quelques circonstances de l'action, ou se communiquent leurs craintes et leurs espérances : ces sortes de scènes, qui sont presque toujours chantées, se terminent quelquefois par la réunion des deux parties du chœur. Sous le second aspect, il se contente de gémir sur les malheurs de l'humanité, ou d'implorer l'assistance des dieux en faveur du personnage qui l'intéresse.

plaintes de sa part, ainsi que de la part du chœur. Les vers sont anapestes. On y trouve, pour le chœur, une strophe à laquelle correspond une antistrophe parfaitement semblable pour le nombre et l'espèce des vers. Je pense que tout cela é ait chanté. La seconde partie de la scène était sans doute déclamée : elle n'est composée que de vers ïambes. Le chœur interroge Tecmesse, qui entre dans de plus grands détails sur l'action d'Ajax. On entend les cris d'Ajax ; on ouvre la porte de sa tente ; il paraît.

Scène deuxième, *Ajax, Tecmesse et le chœur*. Cette scène, comme la précédente, était en partie chantée et en partie déclamée. Ajax (vers 348) chante quatre strophes avec leurs antistrophes correspondantes. Tecmesse et le chœur lui répondent par deux ou trois vers ïambes, qui doivent être chantés, comme je le dirai bientôt. Après la dernière antistrophe et la réponse du chœur, commencent, au vers 430, des ïambes qui continuent jusqu'au vers 600, ou plutôt 595 C'est là que ce prince, revenu de son délire, laisse pressentir à Tecmesse et au chœur le parti qu'il a pris de terminer ses jours : on le presse d'y renoncer ; il demande son fils, il le prend entre ses bras, et lui adresse un discours touchant. Tout cela est déclamé. Tecmesse sort avec son enfant. Ajax reste sur le théâtre ; mais il garde un profond silence pendant que le chœur exécute le second intermède.

D'après cette analyse, que je pourrais pousser plus loin, il est visible que le chœur était envisagé sous deux aspects différents, suivant les deux espèces de fonctions qu'il avait à remplir. Dans les intermèdes, qui tenaient lieu de nos entr'actes, toutes les voix se réunissaient et chantaient ensemble ; dans les scènes où il se mêlait à l'action, il était représenté par son coryphée. Voilà pourquoi Aristote et Horace ont dit que le chœur faisait l'office d'un acteur.

6° *A quels signes peut-on distinguer les parties du drame qui se chantaient d'avec celles qu'on se contentait de réciter?* Je ne puis donner ici des règles applicables à tous les cas. Il m'a paru seulement que la déclamation avait lieu toutes les fois que les interlocuteurs, en suivant le fil de l'action sans l'intervention du chœur, s'exprimaient en une longue suite d'ïambes, à la tête desquels les scoliastes ont écrit ce mot, IAMBOI. Je croirais volontiers que tous les autres vers étaient chantés ; mais je ne l'assure point : ce qu'on pe t affirmer en général, c'est que les premiers auteurs s'appliquaient plus à la mélopée que ne firent leurs successeurs ; la raison en est sensible. Les poèmes dramatiques tirant leur origine de ces troupes de farceurs qui parcouraient l'Attique, il était naturel que le chant fût regardé comme la principale partie de la tragédie naissante : de là vient sans doute qu'il domine plus dans les pièces d'Eschyle et de Phrynichus, son contemporain, que dans celles d'Euripide et de Sophocle.

Plus haut, d'après le témoignage de Plutarque, j'ai dit que les vers ïambes se chantaient quelquefois lorsque le chœur faisait l'office d'acteur. Nous trouvons, en effet, de ces vers dans des stances irrégulières et soumises au chant. Eschyle les a souvent employés dans les scènes modulées. Je cite pour exemple celle du roi d'Argos et du chœur, dans la pièce des *Suppliantes*, vers 352 : le chœur chante des strophes et des anti-strophes correspondantes ; le roi répond cinq fois, et chaque fois par cinq vers ïambes : preuve, si je ne me trompe, que toutes ces réponses étaient sur le même air. Voyez des exemples semblables dans les pièces du même auteur, dans celle des *Sept Chefs*, vers 209 et 692 ; dans celle des *Perses*, vers 256 ; dans celle d'*Agamemnon*, vers 1099 ; dans celle des *Suppliantes*, vers 747 et 833.

6° *La déclamation était-elle notée?* L'abbé Dubos l'a prétendu. Il a été réfuté dans les *Mémoires de l'Académie des Belles-Lettres*. On y prouve que l'instrument dont la voix de l'acteur était accompagnée n'était destiné qu'à la soutenir de temps en temps, et l'empêcher de monter trop haut ou de descendre trop bas.

Pendant les scènes, le chœur sort rarement de sa place; dans les intermèdes, et surtout dans le premier, il exécute différentes évolutions au son de la flûte. Les vers qu'il chante sont, comme ceux des odes, disposés en strophes, antistrophes, épodes, etc.; chaque antistrophe répond à une strophe, soit pour la mesure et le nombre des vers, soit pour la nature du chant. Les choristes, à la première strophe, vont de droite à gauche; à la première antistrophe, de gauche à droite, dans un temps égal, et répétant le même air sur d'autres paroles. Ils s'arrêtent ensuite, et, tournés vers les spectateurs, ils font entendre une nouvelle mélodie. Souvent ils recommencent les mêmes évolutions, avec des différences sensibles pour les paroles et la musique, mais toujours avec la même correspondance entre la marche et la contre-marche. Je ne cite ici que la pratique générale; car c'est précisément dans cette partie du drame que le poète étale volontiers les variétés du rhythme et de la mélodie.

Il faut, à chaque tragédie, trois acteurs pour les trois premiers rôles; le principal archonte les fait tirer au sort, et leur assigne en conséquence la pièce où ils doivent jouer. L'auteur n'a le privilége de les choisir que lorsqu'il a mérité la couronne dans une des fêtes précédentes.

Les mêmes acteurs jouent quelquefois dans la tragédie et dans la comédie; mais on en voit rarement qui excellent dans les deux genres. Il est inutile d'avertir que tel a toujours brillé dans les premiers rôles, que tel autre ne s'est jamais élevé au-dessus des troisièmes, et qu'il est des rôles qui exigent une force extraordinaire, comme celui d'Ajax furieux. Quelques acteurs, pour donner à leur corps plus de vigueur et de souplesse, vont dans les palestres s'exercer avec les jeunes athlètes; d'autres, pour rendre leur voix plus libre et plus sonore, ont l'attention de suivre un régime austère.

On donne des gages considérables aux acteurs qui ont acquis une grande célébrité. J'ai vu Polus gagner un talent en deux jours[1] : leur salaire se règle sur le nombre des pièces qu'ils jouent. Dès qu'ils se distinguent sur le théâtre d'Athènes, ils sont recherchés des principales villes de la Grèce; elles les appellent pour concourir à l'ornement de leurs fêtes, et s'ils manquent aux engagements qu'ils ont souscrits, ils sont obligés de payer une somme stipulée dans le traité; d'un autre côté, la république les condamne à une forte amende quand ils s'absentent pendant ses solennités.

[1] Cinq mille quatre cents livres.

CHAPITRE LXX.

Le premier acteur doit tellement se distinguer des deux autres, et surtout du troisième, qui est à ses gages, que ceux-ci, fussent-ils doués de la plus belle voix, sont obligés de la ménager pour ne pas éclipser la sienne. Théodore, qui de mon temps jouait toujours le premier rôle, ne permettait pas aux deux acteurs subalternes de parler avant lui, et de prévenir le public en leur faveur. Ce n'était que dans le cas où il cédait au troisième un rôle principal, tel que celui de roi, qu'il voulait bien oublier sa prééminence.

La tragédie n'emploie communément dans les scènes que le vers ïambe; espèce de vers que la nature semble indiquer, en le ramenant souvent dans la conversation; mais dans les chœurs elle admet la plupart des formes qui enrichissent la poésie lyrique. L'attention du spectateur, sans cesse réveillée par cette variété de rhythmes, ne l'est pas moins par la diversité des sons affectés aux paroles, dont les unes sont accompagnées du chant, et les autres simplement récitées.

On chante dans les intermèdes; on déclame dans les scènes toutes les fois que le chœur garde le silence; mais quand il dialogue avec les acteurs, alors, ou son coryphée récite avec eux, ou ils chantent eux-mêmes alternativement avec le chœur.

Dans le chant, la voix est dirigée par la flûte, elle l'est dans la déclamation par une lyre, qui l'empêche de tomber et qui donne successivement la quarte, la quinte et l'octave[1] : ce sont en effet les consonnances que la voix fait le plus souvent entendre dans la conversation, ou soutenue, ou familière[2]. Pendant qu'on l'assujettit à une intonation convenable, on l'affranchit de la loi sé-

---

[1] Je suppose que c'est ce qu'on appelait lyre de Mercure. (Voyez le *Mémoire sur la musique des anciens*, par M. l'abbé Roussier, p. 11.)

[2] Vitruve rapporte que sous les gradins où devaient s'asseoir les spectateurs les architectes grecs ménageaient de petites cellules entr'ouvertes, et qu'ils y plaçaient des vases d'airain, destinés à recevoir dans leur cavité les sons qui venaient de la scène, et à les rendre d'une manière forte, claire et harmonieuse. Ces vases, montés à la quarte, à la quinte, à l'octave l'un de l'autre, avaient donc les mêmes proportions entre eux qu'avaient entre elles les cordes de la lyre qui soutenait la voix; mais l'effet n'en était pas le même. La lyre indiquait et soutenait le ton; les vases ne pouvaient que le reproduire et le prolonger. Et quel avantage résulta-t-il de cette suite d'échos dont rien n'amortissait le son? Je l'ignore, et c'est ce qui m'a engagé à n'en pas parler dans le texte de mon ouvrage. J'avais une autre raison : rien ne prouve que les Athéniens aient employé ce moyen. Aristote se fait ces questions : Pourquoi une maison est-elle plus résonnante quand elle vient d'être reblanchie, quand on y enfouit des vases vides, quand il s'y trouve des puits et des cavités semblables? Ses réponses sont inutiles à rapporter; mais il aurait certainement cité les vases du théâtre, s'il les avait connus. Mummius en trouva au théâtre de Corinthe; ce fut deux cents ans après l'époque que j'ai choisie. L'usage s'en introduisit en plusieurs villes de la Grèce et de l'Italie, où l'on substituait quelquefois des vases de terre cuite aux vases d'airain. Rome ne l'adopta jamais; ses architectes s'aperçurent sans doute que, si d'un côté il rendait le théâtre plus sonore, d'un autre côté il avait des inconvénients qui balançaient cet avantage.

vère de la mesure; ainsi un acteur peut ralentir ou presser la déclamation.

Par rapport au chant, toutes les lois étaient autrefois de rigueur; aujourd'hui on viole impunément celles qui concernent les accents et la quantité. Pour assurer l'exécution des autres, le maître du chœur, au défaut du poëte, exerce long-temps les acteurs avant la représentation de la pièce; c'est lui qui bat la mesure avec les pieds, avec les mains, par d'autres moyens qui donnent le mouvement aux choristes attentifs à tous ses gestes.

Le chœur obéit plus aisément à la mesure que les voix seules; mais on ne lui fait jamais parcourir certains modes, dont le caractère d'enthousiasme n'est point assorti aux mœurs simples et tranquilles de ceux qu'il représente : ces modes sont réservés pour les principaux personnages.

On bannit de la musique du théâtre les genres qui procèdent par quart de ton ou par plusieurs demi-tons de suite, parce qu'ils ne sont pas assez mâles ou assez faciles à parcourir. Le chant est précédé d'un prélude exécuté par un ou deux joueurs de flûte.

Le maître du chœur ne se borne pas à diriger la voix de ceux qui sont sous ses ordres; il doit encore leur donner des leçons des deux espèces de danses qui conviennent au théâtre. L'une est la danse proprement dite; les choristes ne l'exécutent que dans certaines pièces, dans certaines occasions : par exemple, lorsqu'une heureuse nouvelle les force de s'abandonner aux transports de leur joie. L'autre, qui s'est introduite fort tard dans la tragédie, est celle qui, en réglant les mouvements et les diverses inflexions du corps, est parvenue à peindre avec plus de précision que la première les actions, les mœurs et les sentiments. C'est de toutes les imitations la plus énergique peut-être, parce que son éloquence rapide n'est pas affaiblie par la parole, exprime tout en laissant tout entrevoir, et n'est pas moins propre à satisfaire l'esprit qu'à remuer le cœur. Aussi les Grecs, attentifs à multiplier les moyens de séduction, n'ont-ils rien négligé pour perfectionner ce premier langage de la nature : chez eux la musique et la poésie sont toujours soutenues par le jeu des acteurs, ce jeu si vif et si persuasif anime les discours des orateurs et quelquefois les leçons des philosophes. On cite encore les noms des poètes et des musiciens qui l'ont enrichi de nouvelles figures, et leurs recherches ont produit un art qui ne s'est corrompu qu'à force de succès.

Cette sorte de danse n'étant, comme l'harmonie, qu'une suite de mouvements cadencés et de repos expressifs, il est visible qu'elle a dû se diversifier dans les différentes espèces de drames. Il faut que celle de la tragédie annonce des âmes qui supportent leurs passions, leur bonheur, leur infortune, avec la décence et la fermeté qui conviennent à la hauteur de leur caractère ; il faut qu'on reconnaisse à l'attitude des acteurs les modèles que suivent les sculpteurs pour donner de belles positions à leurs figures ; que les évolutions des chœurs s'exécutent avec l'ordre et la discipline des marches militaires ; qu'enfin tous les signes extérieurs concourent avec tant de précision à l'unité de l'intérêt, qu'il en résulte un concert aussi agréable aux yeux qu'aux oreilles.

Les anciens avaient bien senti la nécessité de ce rapport, puisqu'ils donnèrent à la danse tragique le nom d'emmélie, qui désigne un heureux mélange d'accords nobles et élégants, une belle modulation dans le jeu de tous les personnages : et c'est en effet ce que j'ai remarqué plus d'une fois, et surtout dans cette pièce d'Eschyle où le roi Priam offre une rançon pour obtenir le corps de son fils. Le chœur des Troyens, prosterné comme lui aux pieds du vainqueur d'Hector, laissant comme lui échapper dans ses mouvements pleins de dignité les expressions de la douleur, de la crainte et de l'espérance, fait passer dans l'âme d'Achille et dans celle des spectateurs les sentiments dont il est pénétré.

La danse de la comédie est libre, familière, souvent ignoble, plus souvent déshonorée par des licences si grossières qu'elles révoltent les personnes honnêtes, et qu'Aristophane lui-même se fait un mérite de les avoir bannies de quelques-unes de ses pièces.

Dans le drame qu'on appelle satire, ce jeu est vif et tumultueux, mais sans expression et sans relation avec les paroles.

Dès que les Grecs eurent connu le prix de la danse imitative, ils y prirent tant de goût que les auteurs, encouragés par les suffrages de la multitude, ne tardèrent pas à la dénaturer. L'abus est aujourd'hui parvenu à son comble . d'un côté, on veut tout imiter, ou, pour mieux dire, tout contrefaire ; d'un autre, on n'applaudit plus qu'à des gestes efféminés et lascifs, qu'à des mouvements confus et forcenés. L'acteur Callipide, qui fut surnommé le Singe, a presque de nos jours introduit ou plutôt autorisé ce mauvais goût par la dangereuse supériorité de ses talents [1]. Ses successeurs,

[1] Cet acteur, qui se vantait d'arracher des larmes à tout un auditoire, était tellement enorgueilli de ses succès, qu'ayant rencontré Agésilas, il s'avança, le salua, et, s'étant mêlé parmi ceux qui l'accompagnaient, il attendit que ce prince lui dît quelque chose de flatteur ; trompé dans son espérance : « Roi de Lacédémone, lui dit-il à la fin, est-ce que vous ne me connaîtriez pas! » Agésilas, ayant jeté un coup d'œil sur lui, se contenta de lui demander s'il n'était pas Callipide l'histrion. Le talent de l'acteur ne pouvait plaire au Spartiate. On proposait un jour à ce dernier d'entendre un homme qui imitait parfaitement le chant du rossignol : « J'ai entendu le rossignol, » répondit-il.

pour l'égaler, ont copié ses défauts ; et, pour le surpasser, ils les ont outrés. Ils s'agitent et se tourmentent comme ces musiciens ignorants qui, par des contorsions forcées et bizarres, cherchent, en jouant de la flûte, à figurer la route sinueuse que trace un disque en roulant sur le terrain.

Le peuple, qui se laisse entraîner par ces froides exagérations, ne pardonne point des défauts quelquefois plus excusables. On le voit par degrés murmurer sourdement, rire avec éclat, pousser des cris tumultueux contre l'acteur, l'accabler de sifflets, frapper des pieds pour l'obliger de quitter la scène, lui faire ôter son masque pour jouir de sa honte, ordonner au héraut d'appeler un autre acteur, qui est mis à l'amende s'il n'est pas présent, quelquefois même demander qu'on inflige au premier des peines déshonorantes. Ni l'âge, ni la célébrité, ni de longs services ne sauraient le garantir de ces rigoureux traitements. De nouveaux succès peuvent seuls l'en dédommager ; car dans l'occasion on bat des mains et l'on applaudit avec le même plaisir et la même fureur.

Cette alternative de gloire et de déshonneur lui est commune avec l'orateur qui parle dans l'assemblée de la nation, avec le professeur qui instruit ses disciples. Aussi n'est-ce que la médiocrité du talent qui avilit sa profession. Il jouit de tous les priviléges du citoyen ; et comme il ne doit avoir aucune des taches d'infamie portées par les lois, il peut parvenir aux emplois les plus honorables. De nos jours un fameux acteur nommé Aristodème fut envoyé en ambassade auprès de Philippe, roi de Macédoine. D'autres avaient beaucoup de crédit dans l'assemblée publique. J'ajoute qu'Eschyle, Sophocle, Aristophane, ne rougirent point de remplir un rôle dans leurs pièces.

J'ai vu d'excellents acteurs ; j'ai vu Théodore au commencement de sa carrière, et Polus à la fin de la sienne. L'expression du premier était si conforme à la nature, qu'on l'eût pris pour le personnage même. Le second avait atteint la perfection de l'art ; jamais un plus bel organe ne fut réuni à tant d'intelligence et de sentiment. Dans une tragédie de Sophocle, il jouait le rôle d'Électre : j'étais présent. Rien de si théâtral que la situation de cette princesse au moment qu'elle embrasse l'urne où elle croit que sont déposées les dépouilles d'Oreste, son frère. Ce n'étaient plus ici des cendres froides et indifférentes ; c'étaient celles mêmes d'un fils que Polus venait de perdre. Il avait tiré du tombeau l'urne qui les renfermait ; quand elle lui fut présentée, quand il la saisit d'une main tremblante, quand, la serrant entre ses bras, il l'approcha de son cœur, il fit entendre des accents si douloureux, si touchants et d'une si terrible vérité, que tout le théâtre retentit de cris, et répandit des torrents de larmes sur la malheureuse destinée du fils, sur l'affreuse destinée du père.

Les acteurs ont des habits et des attributs assortis à leurs rôles. Les rois ceignent leur front d'un diadème; ils s'appuient sur un sceptre surmonté d'un aigle [1], et sont revêtus de longues robes où brillent à la fois l'or, la pourpre et toutes les espèces de couleurs. Les héros paraissent souvent couverts d'une peau de lion ou de tigre, armés d'épées, de lances, de carquois, de massues : tous ceux qui sont dans l'infortune, avec un vêtement noir, brun, d'un blanc sale, et tombant quelquefois en lambeaux. L'âge et le sexe, l'état et la situation actuelle d'un personnage s'annoncent presque toujours par la forme et par la couleur de son habillement.

Mais ils s'annoncent encore mieux par une espèce de casque dont leur tête est entièrement couverte, et qui, substituant une physionomie étrangère à celle de l'acteur, opère pendant la durée de la pièce des illusions successives. Je parle de ces masques qui se diversifient de plusieurs manières, soit dans la tragédie, soit dans la comédie et la satire. Les uns sont garnis de cheveux de différentes couleurs, les autres d'une barbe plus ou moins longue, plus ou moins épaisse; d'autres réunissent, autant qu'il est possible, les attraits de la jeunesse et de la beauté. Il en est qui ouvrent une bouche énorme et revêtue intérieurement de lames d'airain ou de tout autre corps sonore, afin que la voix y prenne assez de force et d'éclat pour parcourir la vaste enceinte des gradins où sont assis les spectateurs. On en voit enfin sur lesquels s'élève un toupet ou faîte qui se termine en pointe, et qui rappelle l'ancienne coiffure des Athéniens. On sait que, lors des premiers essais de l'art dramatique, ils étaient dans l'usage de rassembler et de lier en faisceau leurs cheveux au-dessus de leurs têtes.

La tragédie employa le masque presque au moment où elle prit naissance. On ignore le nom de celui qui l'introduisit dans la comédie. Il a remplacé et les couleurs grossières dont les suivants de Thespis se barbouillaient le visage, et les feuillages épais qu'ils laissaient tomber sur leurs fronts, pour se livrer avec plus d'indiscrétion aux excès de la satire et de la licence. Thespis augmenta leur audace en les voilant d'une pièce de toile; et, d'après cet essai, Eschyle, qui par lui-même ou par ses imitateurs a trouvé tous les secrets de l'art dramatique, pensa qu'un déguisement consacré par l'usage pouvait être un nouveau moyen de frapper les sens et

[1] Le sceptre était originairement un grand bâton.

d'émouvoir les cœurs. Le masque s'arrondit entre ses mains, et devint un portrait enrichi de couleurs et copié d'après le modèle sublime que l'auteur s'était fait des dieux et des héros. Chœrilus et ses successeurs étendirent et perfectionnèrent cette idée, au point qu'il en a résulté une suite de tableaux où l'on a retracé, autant que l'art peut le permettre, les principales différences des états, des caractères et des sentiments qu'inspirent l'une et l'autre fortune. Combien de fois, en effet, n'ai-je pas discerné au premier coup d'œil la tristesse profonde de Niobé, les projets atroces de Médée, les terribles emportements d'Hercule, l'abattement déplorable où se trouvait réduit le malheureux Ajax, et les vengeances que venaient exercer les Euménides pâles et décharnées!

Il fut un temps où la comédie offrait aux spectateurs le portrait fidèle de ceux qu'elle attaquait ouvertement. Plus décente aujourd'hui, elle ne s'attache qu'à des ressemblances générales et relatives aux ridicules et aux vices qu'elle poursuit ; mais elles suffisent pour qu'on reconnaisse à l'instant le maître, le valet, le parasite, le vieillard indulgent ou sévère, le jeune homme réglé ou déréglé dans ses mœurs, la jeune fille parée de ses attraits, et la matrone distinguée par son maintien et ses cheveux blancs.

On ne voit point, à la vérité, les nuances des passions se succéder sur le visage de l'acteur ; mais le plus grand nombre des assistants est si éloigné de la scène, qu'ils ne pourraient en aucune manière entendre ce langage éloquent. Venons à des reproches mieux fondés : le masque fait perdre à la voix une partie de ces inflexions qui lui donnent tant de charme dans la conversation ; ses passages sont quelquefois brusques, ses intonations dures, et pour ainsi dire raboteuses ; le rire s'altère, et, s'il n'est ménagé avec art, sa grâce et son effet s'évanouissent à la fois : enfin comment soutenir l'aspect de cette bouche difforme, toujours immobile, toujours béante, lors même que l'acteur garde le silence [1] ?

Les Grecs sont blessés de ces inconvénients, mais ils le seraient bien plus si les acteurs jouaient à visage découvert. En effet, ils ne pourraient exprimer les rapports qui se trouvent ou doivent se trouver entre la physionomie et le caractère, entre l'état et le maintien. Chez une nation qui ne permet pas aux femmes de monter

---

[1] On découvrit, il y a quelques années, à Athènes une grande quantité de médailles d'argent, la plupart représentant d'un côté une aire en creux, toutes d'un travail grossier et sans légendes. J'en acquis plusieurs pour le cabinet royal. D'après les différents types dont elles sont chargées, je ne crains pas d'avancer qu'elles furent frappées à Athènes ou dans les contrées voisines, et, d'après leur fabrique, que les unes sont du temps d'Eschyle, les autres antérieures à ce poète. Deux de ces médailles nous présentent ce masque hideux dont j'ai parlé dans le texte de cet ouvrage. Ce masque fut donc employé dès la naissance de l'art dramatique.

sur le théâtre, et qui regarde la convenance comme une règle indispensable et aussi essentielle à la pratique des arts qu'à celle de la morale, combien ne serait-on pas choqué de voir Antigone et Phèdre se montrer avec des traits dont la dureté détruirait toute illusion, Agamemnon et Priam avec un air ignoble, Hippolyte et Achille avec des rides et des cheveux blancs! Les masques, dont il est permis de changer à chaque scène, et sur lesquels on peut imprimer les symptômes des principales affections de l'âme, peuvent seuls entretenir et justifier l'erreur des sens, et ajouter un nouveau degré de vraisemblance à l'imitation.

C'est par le même principe que, dans la tragédie, on donne souvent aux acteurs une taille de quatre coudées [1], conforme à celle d'Hercule et des premiers héros. Ils se tiennent sur des cothurnes ; c'est une chaussure haute quelquefois de quatre ou cinq pouces. Des gantelets prolongent leurs bras; la poitrine, les flancs, toutes les parties du corps s'épaississent à proportion ; et lorsque, conformément aux lois de la tragédie, qui exige une déclamation forte et quelquefois véhémente, cette figure, presque colossale, revêtue d'une robe magnifique, fait entendre une voix dont les bruyants éclats retentissent au loin, il est peu de spectateurs qui ne soient frappés de cette majesté imposante, et ne se trouvent plus disposés à recevoir les impressions qu'on cherche à leur communiquer.

Avant que les pièces commencent, on a soin de purifier le lieu de l'assemblée ; quand elles sont finies, différents corps de magistrats montent sur le théâtre, et font des libations sur un autel consacré à Bacchus. Ces cérémonies semblent imprimer un caractère de sainteté aux plaisirs qu'elles annoncent et qu'elles terminent.

Les décorations dont la scène est embellie ne frappent pas moins les yeux de la multitude. Un artiste, nommé Agatharchus, en conçut l'idée du temps d'Eschyle, et, dans un savant commentaire, il développa les principes qui avaient dirigé son travail. Ces premiers essais furent ensuite perfectionnés, soit par les efforts du successeur d'Eschyle, soit par les ouvrages qu'Anaxagore et Démocrite publièrent sur les règles de la perspective.

Suivant la nature du sujet, le théâtre représente une campagne riante, une solitude affreuse, le rivage de la mer entouré de roches escarpées et de grottes profondes, des tentes dressées auprès d'une ville assiégée, auprès d'un port couvert de vaisseaux. Pour l'ordinaire, l'action se passe dans le vestibule d'un palais ou d'un temple; en face est une place; à côté paraissent des maisons, entre

---

[1] Six pieds grecs, qui font cinq de nos pieds et huit pouces.

lesquelles s'ouvrent deux rues principales, l'une dirigée vers l'orient, l'autre vers l'occident.

Le premier coup d'œil est quelquefois très-imposant : ce sont des vieillards, des femmes, des enfants, qui, prosternés auprès d'un autel, implorent l'assistance des dieux ou celle du souverain. Dans le courant de la pièce, le spectacle se diversifie de mille manières. Ce sont de jeunes princes qui arrivent en équipage de chasse, et qui, environnés de leurs amis et de leurs chiens, chantent des hymnes en l'honneur de Diane; c'est un char sur lequel paraît Andromaque avec son fils Astyanax, un autre char qui tantôt amène pompeusement au camp des Grecs Clytemnestre entourée de ses esclaves et tenant le petit Oreste qui dort entre ses bras, et tantôt la conduit à la chaumière où sa fille Électre vient de puiser de l'eau dans une fontaine. Ici Ulysse et Diomède se glissent pendant la nuit dans le camp des Troyens, où bientôt ils répandent l'alarme; les sentinelles courent de tous côtés en criant : *Arrête, arrête! tue, tue!* Là des soldats grecs, après la prise de Troie, paraissent sur le comble des maisons; ils sont armés de torches ardentes, et commencent à réduire en cendres cette ville célèbre. Une autre fois, on apporte dans des cercueils les corps des chefs des Argiens, de ces chefs qui périrent au siège de Thèbes; on célèbre sur le théâtre même leurs funérailles. Leurs épouses expriment par des chants funèbres la douleur qui les pénètre : Évadné, l'une d'entre elles, est montée sur un rocher, au pied duquel on a dressé le bûcher de Capanée, son époux; elle s'est parée de ses plus riches habits, et, sourde aux prières de son père, aux cris de ses compagnes, elle se précipite dans les flammes du bûcher.

Le merveilleux ajoute encore à l'attrait du spectacle. C'est un dieu qui descend dans une machine; c'est l'ombre de Polydore qui perce le sein de la terre pour annoncer à Hécube les nouveaux malheurs dont elle est menacée; c'est celle d'Achille qui, s'élançant du fond du tombeau, apparaît à l'assemblée des Grecs, et leur ordonne de lui sacrifier Polyxène, fille de Priam; c'est Hélène qui monte vers la voûte céleste, où, transformée en constellation, elle deviendra un signe favorable aux matelots; c'est Médée qui traverse les airs sur un char attelé de serpents.

Je m'arrête : s'il fallait un plus grand nombre d'exemples, je les trouverais sans peine dans les tragédies grecques, et surtout dans les plus anciennes. Telle pièce d'Eschyle n'est, pour ainsi dire, qu'une suite de tableaux mobiles, les uns intéressants, les autres si bizarres et si monstrueux qu'ils n'ont pu se présenter qu'à l'imagination effrénée de l'auteur. En effet, l'exagération s'introduisit

CHAPITRE LXX.

dans le merveilleux même, lorsqu'on vit sur le théâtre Vulcain, accompagné de la Force et de la Violence, clouer Prométhée au sommet du Caucase; lorsqu'on vit tout de suite arriver auprès de cet étrange personnage l'Océan monté sur une espèce d'hippogriffe, et la nymphe Io ayant des cornes de génisse sur la tête.

Les Grecs rejettent aujourd'hui de pareilles peintures, comme peu convenables à la tragédie; et ils admirent la sagesse avec laquelle Sophocle a traité la partie du spectacle dans une de ses pièces. Œdipe, privé de la lumière, chassé de ses états, était avec ses deux filles au bourg de Colone, aux environs d'Athènes, où Thésée venait de lui accorder un asile. Il avait appris de l'oracle que sa mort serait précédée de quelques signes extraordinaires, et que ses ossements, déposés dans un lieu dont Thésée et ses successeurs auraient seuls la connaissance, attireraient à jamais la vengeance des dieux sur les Thébains, et leur faveur sur les Athéniens. Son dessein est de révéler, avant de mourir, ce secret à Thésée. Cependant les Coloniates craignent que la présence d'Œdipe, malheureux et souillé de crimes, ne leur devienne funeste. Ils s'occupent de cette réflexion, et s'écrient tout à coup : Le tonnerre gronde, ô ciel !

ŒDIPE.

Chères compagnes de mes peines,
Mes filles, hâtez-vous; et, dans ce même instant,
Faites venir le roi d'Athènes.

ANTIGONE.

Quel si pressant besoin !...

ŒDIPE.

Dieux ! quel bruit éclatant
Autour de nous se fait entendre!
Dans l'éternelle nuit Œdipe va descendre.
Adieu; la mort m'appelle, et le tombeau m'attend.

LE CHŒUR, *chantant.*

Mon âme tremblante
Frémit de terreur.
Des cieux en fureur
La foudre brûlante
Répand l'épouvante.
Présages affreux !
Le courroux des cieux
Menace nos têtes;
La voix des tempêtes
Est la voix des dieux.

ŒDIPE.

Ah ! mes enfants, il vient, l'instant horrible,
L'instant inévitable où tout finit pour moi,
Que m'a prédit un oracle infaillible.

ANTIGONE.

Quel signe vous l'annonce?

ŒDIPE.

Un signe trop sensible.
D'Athènes au plus tôt faites venir le roi.

LE CHŒUR, *chantant.*

Quels nouveaux éclats de tonnerre
Ébranlent le ciel et la terre!
Maître des dieux, exaucez-nous,
Si notre pitié secourable
Pour cet infortuné coupable
Peut alarmer votre courroux,
Ne soyez point inexorable,
O dieu vengeur, épargnez-nous [1] !

La scène continue de la même manière jusqu'à l'arrivée de Théséo, à qui Œdipe se hâte de révéler son secret.

La représentation des pièces exige un grand nombre de machines; les unes opèrent les vols, la descente des dieux, l'apparition des ombres; les autres servent à reproduire les effets naturels, tels que la fumée, la flamme et le tonnerre, dont on imite le bruit en faisant tomber de fort haut des cailloux dans un vase d'airain ; d'autres machines, en tournant sur des roulettes, présentent l'intérieur d'une maison ou d'une tente. C'est ainsi qu'on montre aux spectateurs Ajax au milieu des animaux qu'il a récemment immolés à sa fureur.

Des entrepreneurs sont chargés d'une partie de la dépense qu'occasionne la représentation des pièces. Ils reçoivent en dédommagement une légère rétribution de la part des spectateurs.

Dans l'origine, et lorsqu'on n'avait qu'un petit théâtre de bois, il était défendu d'exiger le moindre droit à la porte; mais, comme le désir de se placer faisait naître des querelles fréquentes, le gouvernement ordonna que désormais on payerait une drachme par tête : les riches alors furent en possession de toutes les places, dont le prix fut bientôt réduit à une obole par les soins de Périclès. Il voulait s'attacher les pauvres ; et, pour leur faciliter l'entrée aux spectacles, il fit passer un décret par lequel un des magistrats devait, avant chaque représentation, distribuer à chacun d'entre eux deux oboles, l'une pour payer sa place, l'autre pour l'aider à subvenir à ses besoins tant que dureraient les fêtes.

---

[1] Par ce fragment de scène, dont je dois la traduction à M. l'abbé Delille, et par tout ce que j'ai dit plus haut, on voit que la tragédie grecque n'était, comme l'opéra français, qu'un mélange de poésie, de musique, de danse et de spectacle; avec deux différences néanmoins : la première, que les paroles étaient tantôt chantées, et tantôt déclamées; la seconde, que le chœur exécutait rarement des danses proprement dites, et qu'elles étaient toujours accompagnées du chant.

La construction du théâtre qui existe aujourd'hui, et qui, étant beaucoup plus spacieux que le premier, n'entraîne pas les mêmes inconvénients, devait naturellement arrêter le cours de cette libéralité. Mais le décret a toujours subsisté, quoique les suites en soient devenues funestes à l'état. Périclès avait assigné la dépense dont il surchargea le trésor public sur la caisse des contributions exigées des alliés pour faire la guerre aux Perses. Encouragé par ce premier succès, il continua de puiser dans la même source pour augmenter l'éclat des fêtes, de manière qu'insensiblement les fonds de la caisse militaire furent tous consacrés aux plaisirs de la multitude. Un orateur ayant proposé, il n'y a pas long-temps, de les rendre à leur première destination, un décret de l'assemblée générale défendit, sous peine de mort, de toucher-à-cet article. Personne aujourd'hui n'ose s'élever formellement contre un abus si énorme. Démosthène a tenté deux fois, par des voies indirectes, d'en faire apercevoir les inconvénients; désespérant de réussir, il dit tout haut maintenant qu'il ne faut rien changer.

L'entrepreneur donne quelquefois le spectacle *gratis*; quelquefois aussi il distribue des billets qui tiennent lieu de la paye ordinaire, fixée aujourd'hui à deux oboles.

CHAPITRE LXXI.

Entretiens sur la nature et sur l'objet de la tragédie.

J'avais connu chez Apollodore un de ses neveux, nommé Zopyre, jeune homme plein d'esprit, et brûlant du désir de consacrer ses talents au théâtre. Il me vint voir un jour, et trouva Nicéphore chez moi ; c'était un poète qui, après quelques essais dans le genre de la comédie, se croyait en droit de préférer l'art d'Aristophane à celui d'Eschyle.

Zopyre me parla de sa passion avec une nouvelle chaleur. N'est-il pas étrange, disait-il, qu'on n'ait pas encore recueilli les règles de la tragédie? Nous avons de grands modèles, mais qui ont de grands défauts. Autrefois le génie prenait impunément son essor; on veut aujourd'hui l'asservir à des lois dont on ne daigne pas nous instruire. Et quel besoin en avez-vous? lui dit Nicéphore. Dans une comédie, les événements qui ont précédé l'action, les incidents dont elle est formée, le nœud, le dénoûment, tout est de mon invention; et de là vient que le public me juge avec une extrême rigueur. Il n'en est pas ainsi de la tragédie ; les sujets sont donnés et connus; qu'ils soient vraisemblables ou non, peu vous importe. Présentez-nous Adraste, les enfants mêmes vous raconteront ses infortunes; au seul nom d'Œdipe et d'Alcméon, ils vous diront que la pièce doit finir par l'assassinat d'une mère. Si le fil de l'intrigue s'échappe de vos mains, faites chanter le chœur; êtes-vous embarrassé de la catastrophe, faites descendre un dieu dans la machine; le peuple, séduit par la musique et par le spectacle, vous pardonnera toute espèce de licence, et couronnera sur-le-champ vos nobles efforts.

Mais je m'aperçois de votre surprise; je vais me justifier par des détails. Il s'assit alors, et, pendant qu'à l'exemple des sophistes il levait la main pour tracer dans les airs un geste élégant, nous vîmes entrer Théodecte, auteur de plusieurs tragédies excellentes; Polus, un des plus habiles acteurs de la Grèce, et quelques-uns de nos amis, qui joignaient un goût exquis à des connaissances profondes. Eh bien! me dit en riant Nicéphore, que voulez-vous que je fasse de mon geste? Il faut le tenir en suspens, lui répondis-je; vous aurez peut-être bientôt occasion de l'employer. Et, prenant tout de suite Zopyre par la main, je dis à Théodecte : Permettez que je vous confie ce jeune homme; il veut entrer dans le temple de la gloire, et je l'adresse à ceux qui en connaissent le chemin.

Théodecte montrait de l'intérêt, et promettait au besoin ses conseils. Nous sommes fort pressés, repris-je; c'est dès à présent qu'il nous faut un code de préceptes. Où le prendre? répondit-il. Avec des talents et des modèles, on se livre quelquefois à la pratique d'un art; mais, comme la théorie doit le considérer dans son essence et s'élever jusqu'à sa beauté idéale, il faut que la philosophie éclaire le goût et dirige l'expérience. Je sais, répliquai-je, que vous avez long-temps médité sur la nature du drame, qui vous a valu de justes applaudissements, et que vous en avez souvent discuté les principes avec Aristote, soit de vive voix, soit par écrit. Mais vous savez aussi, me dit-il, que dans cette recherche on trouve à chaque pas des problèmes à résoudre et des difficultés à vaincre; que chaque règle est contredite par un exemple; que chaque exemple peut être justifié par un succès; que les procédés les plus contraires sont autorisés par de grands noms, et qu'on s'expose quelquefois à condamner les plus beaux génies d'Athènes. Jugez si je dois courir ce risque en présence de leur mortel ennemi.

Mon cher Théodecte, répondit Nicéphore, dispensez-vous du soin de les accuser; je m'en charge volontiers. Communiquez-nous seulement vos doutes, et nous nous soumettrons au jugement de l'assemblée. Théodecte se rendit à nos instances, mais à condition

CHAPITRE LXXI.

qu'il se couvrirait toujours de l'autorité d'Aristote, que nous l'éclairerions de nos lumières, et qu'on ne discuterait que les articles les plus essentiels. Malgré cette dernière précaution, nous fûmes obligés de nous assembler plusieurs jours de suite. Je vais donner le résultat de nos séances. J'avertis auparavant que, pour éviter toute confusion, je n'admets qu'un petit nombre d'interlocuteurs.

PREMIÈRE SÉANCE.

Zopyre. Puisque vous me le permettez, illustre Théodecte, je vous demanderai d'abord quel est l'objet de la tragédie ?

Théodecte. L'intérêt qui résulte de la terreur et de la pitié ; et pour produire cet effet, je vous présente une action grave, entière, d'une certaine étendue. Laissant à la comédie les vices et les ridicules des particuliers, la tragédie ne peint que de grandes infortunes, et c'est dans la classe des rois et des héros qu'elle va les puiser.

Zopyre. Et pourquoi ne pas les choisir quelquefois dans un état inférieur ? Elles me toucheraient bien plus vivement, si je les voyais errer autour de moi.

Théodecte. J'ignore si, tracées par une main habile, elles ne nous donneraient pas de trop fortes émotions. Lorsque je prends mes exemples dans un rang infiniment supérieur au vôtre, je vous laisse la liberté de vous les appliquer, et l'espérance de vous y soustraire.

Polus. Je croyais, au contraire, que l'abaissement de la puissance nous frappait toujours plus que les révolutions obscures des autres états. Vous voyez que la foudre, en tombant sur un arbrisseau, fait moins d'impression que lorsqu'elle écrase un chêne dont la tête montait jusqu'aux cieux.

Théodecte. Il faudrait demander aux arbrisseaux voisins ce qu'ils en pensent : l'un de ces deux spectacles serait plus propre à les étonner, et l'autre à les intéresser. Mais, sans pousser plus loin cette discussion, je vais répondre plus directement à la question de Zopyre.

Nos premiers auteurs s'exerçaient, pour l'ordinaire, sur les personnages célèbres des temps héroïques. Nous avons conservé cet usage, parce que des républicains contemplent toujours avec une joie maligne les trônes qui roulent dans la poussière, et la chute d'un souverain qui entraîne celle d'un empire. J'ajoute que les malheurs des particuliers ne sauraient prêter au merveilleux qu'exige la tragédie.

L'action doit être entière et parfaite, c'est-à-dire qu'elle doit avoir un commencement, un milieu et une fin ; car c'est ainsi que s'expriment les philosophes quand ils parlent d'un tout dont les parties se développent successivement à nos yeux. Que cette règle devienne sensible par un exemple : dans l'Iliade, l'action commence par la dispute d'Agamemnon et d'Achille ; elle se perpétue par les maux sans nombre qu'entraîne la retraite du second ; elle finit lorsqu'il se laisse fléchir par les larmes de Priam. En effet, après cette scène touchante, le lecteur n'a plus rien à désirer.

Nicéphore. Que pouvait désirer le spectateur après la mort d'Ajax ? L'action n'était-elle pas achevée aux deux tiers de la pièce ? Cependant Sophocle a cru devoir l'étendre par une froide contestation entre Ménélas et Teucer, dont l'un veut qu'on refuse, et l'autre qu'on accorde les honneurs de la sépulture au malheureux Ajax.

Théodecte. La privation de ces honneurs ajoute parmi nous un nouveau degré aux horreurs du trépas ; elle peut donc ajouter une nouvelle terreur à la catastrophe d'une pièce. Nos idées à cet égard commencent à changer ; et si l'on parvenait à n'être plus touché de cet outrage, rien ne serait si déplacé que la dispute dont vous parlez ; mais ce ne serait pas la faute de Sophocle. Je reviens à l'action.

Ne pensez pas, avec quelques auteurs, que son unité ne soit autre chose que l'unité du héros, et n'allez pas, à leur exemple, embrasser, même dans un poème, tous les détails de la vie de Thésée ou d'Hercule. C'est affaiblir ou détruire l'intérêt que de le prolonger avec excès, ou de le répandre sur un trop grand nombre de points. Admirez la sagesse d'Homère ; il n'a choisi pour l'Iliade qu'un épisode de la guerre de Troie.

Zopyre. Je sais que les émotions augmentent de force en se rapprochant, et que le meilleur moyen pour ébranler une âme est de la frapper à coups redoublés ; cependant il faut que l'action ait une certaine étendue. Celle de l'*Agamemnon* d'Eschyle n'a pu se passer que dans un temps considérable ; celle des *Suppliantes* d'Euripide dure plusieurs jours, tandis que, dans l'*Ajax* et dans l'*OEdipe* de Sophocle, tout s'achève dans une légère portion de la journée. Les chefs-d'œuvre de notre théâtre m'offrent, sur ce point, des variétés qui m'arrêtent.

Théodecte. Il serait à désirer que l'action ne durât pas plus que la représentation de la pièce. Mais tâchez du moins de la renfermer dans l'espace de temps qui s'écoule entre le lever et le coucher du soleil [1].

[1] Aristote dit un tour du soleil, et c'est d'après cette expression que les modernes

J'insiste sur l'action, parce qu'elle est, pour ainsi dire, l'âme de la tragédie, et que l'intérêt théâtral dépend surtout de la fable ou de la constitution du sujet.

Polus. Les faits confirment ce principe ; j'ai vu réussir des pièces qui n'avaient pour tout mérite qu'une fable bien dressée et conduite avec habileté. J'en ai vu d'autres dont les mœurs, les pensées et le style semblaient garantir le succès, et qui tombaient parce que l'ordonnance en était vicieuse. C'est le défaut de tous ceux qui commencent.

Théodecte. Ce fut celui de plusieurs anciens auteurs. Ils négligèrent quelquefois leurs plans, et se sauvèrent par des beautés de détails, qui sont à la tragédie ce que les couleurs sont à la peinture. Quelque brillantes que soient ces couleurs, elles font moins d'effet que les contours élégants d'une figure dessinée au simple trait.

Commencez donc par crayonner votre sujet, vous l'enrichirez ensuite des ornements dont il est susceptible. En le disposant, souvenez-vous de la différence de l'historien au poëte. L'un raconte les choses comme elles sont arrivées, l'autre comme elles ont pu ou dû arriver. Si l'histoire ne vous offre qu'un fait dénué de circonstances, il vous sera permis de l'embellir par la fiction, et de joindre à l'action principale des actions particulières qui la rendront plus intéressante ; mais vous n'ajouterez rien qui ne soit fondé en raison, qui ne soit vraisemblable ou nécessaire.

A ces mots, la conversation devint plus générale. On s'étendit sur les différentes espèces de vraisemblances ; on observa qu'il en est une pour le peuple, et une autre pour les personnes éclairées, et l'on convint de s'en tenir à celle qu'exige un spectacle où domine la multitude. Voici ce qui fut décidé :

1° On appelle vraisemblable ce qui, aux yeux de presque tout le monde, a l'apparence du vrai. On entend aussi, par ce mot, ce qui arrive communément dans des circonstances données. Ainsi, dans l'histoire, tel événement a pour l'ordinaire telle suite ; dans la morale, un homme d'un tel état, d'un tel âge, d'un tel caractère, doit parler et agir de telle manière.

2° Il est vraisemblable, comme disait le poëte Agathon, qu'il survienne des choses qui ne sont pas vraisemblables. Tel est l'exemple d'un homme qui succombe sous un homme moins fort ou moins courageux que lui. C'est de cette vraisemblance extraor-

---

ont établi la règle des vingt-quatre heures ; mais les plus savants interprètes entendent, par un tour du soleil, l'apparition journalière de cet astre sur l'horizon ; et comme les tragédies se donnaient à la fin de l'hiver, la durée de l'action ne devait être que de neuf à dix heures.

dinaire que quelques auteurs ont fait usage pour dénouer leurs pièces.

3° Tout ce qu'on croit être arrivé est vraisemblable ; tout ce qu'on croit n'être jamais arrivé est invraisemblable.

4° Il vaut mieux employer ce qui est réellement impossible, et qui est vraisemblable, que le réellement possible qui serait sans vraisemblance. Par exemple, les passions, les injustices, les absurdités qu'on attribue aux dieux ne sont pas dans l'ordre des choses possibles ; les forfaits et les malheurs des anciens héros ne sont pas toujours dans l'ordre des choses probables : mais les peuples ont consacré ces traditions en les adoptant, et, au théâtre, l'opinion commune équivaut à la vérité.

5° La vraisemblance doit régner dans la constitution du sujet, dans la liaison des scènes, dans la peinture des mœurs, dans le choix des reconnaissances, dans toutes les parties du drame. Vous vous demanderez sans cesse : Est-il possible, est-il nécessaire qu'un tel personnage parle ainsi, agisse de telle manière ?

Nicéphore. Était-il possible qu'Œdipe eût vécu vingt ans avec Jocaste sans s'informer des circonstances de la mort de Laïus ?

Théodecte. Non, sans doute, mais l'opinion générale supposait le fait ; et Sophocle, pour en sauver l'absurdité, n'a commencé l'action qu'au moment où se terminent les maux qui affligeaient la ville de Thèbes. Tout ce qui s'est passé avant ce moment est hors du drame, ainsi que m'en a fait apercevoir Aristote.

Nicéphore. Votre ami, pour excuser Sophocle, lui prête une intention qu'il n'eut jamais. Car Œdipe fait ouvertement l'aveu de son ignorance : il dit lui-même qu'il n'a jamais su ce qui s'était passé à la mort de Laïus ; il demande en quel endroit ce prince fut assassiné, si c'est à Thèbes, si c'est à la campagne, ou dans un pays éloigné. Quoi ! un événement auquel il devait la main de la reine et le trône n'a jamais fixé son attention ! jamais personne ne lui en a parlé ! Convenez qu'Œdipe n'était guère curieux, et qu'on était bien discret à sa cour.

Théodecte cherchait en vain à justifier Sophocle ; nous nous rangeâmes tous de l'avis de Nicéphore. Pendant cette discussion, on cita plusieurs pièces qui ne durent leur chute qu'au défaut de vraisemblance, une, entre autres, de Carcinus, où les spectateurs virent entrer le principal personnage dans un temple, et ne l'en virent pas sortir ; quand il reparut dans une des scènes suivantes, ils en furent si blessés que la pièce tomba.

Polus. Il fallait qu'elle eût des défauts plus essentiels. J'ai joué souvent dans l'*Électre* de Sophocle ; il y fait mention des jeux pythiques, dont l'institution est postérieure de plusieurs siècles au temps où vivaient les héros de la pièce ; à chaque représentation on murmure contre cet anachronisme, cependant la pièce est restée.

Théodecte. Cette faute, qui échappe à la plus grande partie des spectateurs, est moins dangereuse que la première, dont tout le monde peut juger. En général, les invraisemblances qui ne frappent que les personnes éclairées, ou qui sont couvertes par un vif intérêt, ne sont guère à redouter pour un auteur. Combien de pièces où l'on suppose dans un récit que, pendant un court espace de temps, il s'est passé hors du théâtre une foule d'événements qui demanderaient une grande partie de la journée ! Pourquoi n'en est-on pas choqué ? c'est que le spectateur, entraîné par la rapidité de l'action, n'a ni le loisir ni la volonté de revenir sur ses pas, et de se livrer à des calculs qui affaibliraient son illusion [1].

Ici finit la première séance.

SECONDE SÉANCE.

Le lendemain, quand tout le monde fut arrivé, Zopyre dit à Théodecte : Vous nous fîtes voir hier que l'illusion théâtrale doit être fondée sur l'unité d'action et sur la vraisemblance : que faut-il de plus ?

Théodecte. Atteindre le but de la tragédie, qui est d'exciter la terreur et la pitié. On y parvient, 1° par le spectacle, lorsqu'on expose à nos yeux Œdipe avec un masque ensanglanté, Téléphe couvert de haillons, les Euménides avec des attributs effrayants ; 2° par l'action, lorsque le sujet et la manière d'en lier les incidents suffisent pour émouvoir fortement le spectateur. C'est dans le second de ces moyens que brille surtout le génie du poète.

On s'était aperçu depuis long-temps que, de toutes les passions, la terreur et la pitié pouvaient seules produire un pathétique vrai et durable : de là les efforts que firent successivement l'élégie et la tragédie pour communiquer à notre âme les mouvements qui la tirent de sa langueur sans violence, et lui font goûter des plaisirs sans remords. Je tremble et je m'attendris sur les malheurs qu'éprouvent mes semblables, sur ceux que je puis éprouver à mon tour ; mais je chéris ces craintes et ces larmes. Les premières ne resserrent mon cœur qu'afin que les secondes le soulagent à l'instant.

---

[1] Dans la *Phèdre* de Racine, on ne s'aperçoit pas que, pendant qu'on récite trente-sept vers, il faut qu'Aricie, après avoir quitté la scène, arrive à l'endroit où les chevaux se sont arrêtés, et que Théramène ait le temps de revenir auprès de Thésée.

Si l'objet qui fait couler ces pleurs était sous mes yeux, comment pourrais-je en soutenir la vue? L'imitation me le montre à travers un voile qui adoucit les traits; la copie reste toujours au-dessous de l'original, et cette imperfection est un de ses principaux mérites.

Polus. N'est-ce pas là ce que voulait dire Aristote, lorsqu'il avançait que la tragédie et la musique opèrent la *purgation* de la terreur et de la pitié?

Théodecte. Sans doute. Purger ces deux passions, c'est en épurer la nature, en réprimer les excès. Et en effet, les arts imitatifs ôtent à la réalité ce qu'elle a d'odieux, et ne retiennent que ce qu'elle a d'intéressant. Il suit de là qu'il faut épargner au spectateur les émotions trop pénibles et trop douloureuses. On se souvient encore de cet Amasis, roi d'Égypte, qui, parvenu au comble du malheur, ne put verser une larme en voyant son fils marcher au supplice, et fondit en pleurs lorsqu'il aperçut un de ses amis chargé de fers tendre la main aux passants. Le dernier de ces tableaux attendrit son cœur, le premier l'avait endurci. Éloignez de moi ces excès de terreur, ces coups foudroyants qui étouffent la pitié : évitez d'ensanglanter la scène. Que Médée ne vienne pas sur le théâtre égorger ses enfants, Œdipe s'arracher les yeux, Ajax se percer de son épée [1]. C'est une des principales règles de la tragédie....

Nicéphore. Et que vous violez sans cesse. Vous aimez à repaître vos regards d'images affreuses et dégoûtantes. Rappelez-vous cet Œdipe, ce Polymnestor, qui, privés de la lumière du jour, reparaissent sur le théâtre baignés du sang qui coule encore de leurs yeux.

---

[1] Plusieurs critiques modernes ont supposé que, dans la tragédie de Sophocle, Ajax se perçait de son épée à la vue des spectateurs. Ils s'autorisaient du scoliaste, qui observe que les héros se donnaient rarement la mort sur le théâtre. Je pense que la règle n'a pas été violée en cette occasion ; il suffit, pour s'en convaincre, de suivre le fil de l'action.

Le chœur, instruit qu'Ajax n'est plus dans sa tente, sort par les deux côtés du théâtre pour le chercher et le ramener. Le héros reparaît. Après un monologue touchant, il se précipite sur la pointe de son épée dont il avait enfoncé auparavant la garde dans la terre. Le chœur revient : pendant qu'il se plaint de l'inutilité de ses recherches, il entend les cris de Tecmesse, qui a trouvé le corps de son mari, et il s'avance pour voir ce funeste spectacle. Ce n'est donc pas sur la scène qu'Ajax s'est tué.

J'ai supposé qu'à côté de la tente d'Ajax, placée au fond du théâtre, était une issue qui conduisait à la campagne, et qui était cachée par un rideau qu'on avait tiré lors de la sortie du chœur. C'est dans cet enfoncement qu'Ajax s'était montré, et qu'il avait déclaré hautement sa dernière résolution. Voilà pourquoi il est dit que le rôle de ce héros demandait une voix très-forte. A quelques pas de là, derrière la tente, il avait placé son épée. Ainsi les spectateurs pouvaient le voir et l'entendre lorsqu'il récitait son monologue, et ne pouvaient pas être témoins de sa mort.

Théodecte. Ce spectacle est étranger à l'action, et l'on a la faiblesse de l'accorder au besoin de la multitude, qui veut des secousses violentes.

Nicéphore. C'est vous qui l'avez familiarisée avec les atrocités. Je ne parle point de ces forfaits dont le récit même est épouvantable; de ces époux, de ces mères, de ces enfants égorgés par ce qu'ils ont de plus cher au monde : vous me répondriez que ces faits sont consacrés par l'histoire ; qu'on vous en a souvent entretenus dès votre enfance ; qu'ils appartiennent à des siècles si reculés qu'ils n'excitent plus en conséquence que l'effroi nécessaire à la tragédie. Mais vous avez le funeste secret d'en augmenter l'horreur. Les cheveux se dressent sur ma tête lorsqu'aux cris de Clytemnestre qu'Oreste son fils vient de frapper derrière le théâtre, Électre sa fille s'écrie sur la scène : « Frappe, si tu le peux, une seconde fois. »

Théodecte. Sophocle a, pendant toute la pièce, répandu un si grand intérêt sur cette princesse, elle est si rassasiée de malheurs et d'opprobres, elle vient de passer par tant de convulsions de crainte, de désespoir et de joie, que, sans oser la justifier, on lui pardonne ce trait de férocité qui lui échappe dans un premier moment. Observez que Sophocle en prévit l'effet, et que, pour le corriger, il fait déclarer à Électre, dans une scène précédente, qu'elle n'en veut qu'au meurtrier de son père.

Cet exemple, qui montre avec quelle adresse une main habile prépare et dirige ses coups, prouve en même temps que les sentiments dont on cherche à nous pénétrer dépendent surtout des relations et des qualités du principal personnage.

Remarquez qu'une action qui se passe entre des personnes ennemies ou indifférentes ne fait qu'une impression passagère, mais qu'on est fortement ému quand on voit quelqu'un près de périr de la main d'un frère, d'une sœur, d'un fils, ou des auteurs de ses jours. Mettez donc, s'il est possible, votre héros aux prises avec la nature, mais ne choisissez pas un scélérat; qu'il passe du malheur au bonheur, ou du bonheur au malheur, il n'excitera ni terreur ni pitié. Ne choisissez pas non plus un homme qui, doué d'une sublime vertu, tomberait dans l'infortune sans se l'être attirée.

Polus. Ces principes ont besoin d'être développés. Que la punition du méchant ne produise ni compassion ni crainte, je le conçois sans peine. Je ne dois m'attendrir que sur des malheurs non mérités, et le scélérat n'a que trop mérité les siens; je ne dois trembler que sur les malheurs de mon semblable, et le scélérat ne l'est pas. Mais l'innocence poursuivie, opprimée, versant des larmes amères et poussant des cris inutiles, rien de si terrible et de si touchant.

Théodecte. Et rien de si odieux quand elle succombe contre toute apparence de justice. Alors, au lieu de ce plaisir pur, de cette douce satisfaction que j'allais chercher au théâtre, je n'y reçois que des secousses douloureuses qui révoltent à la fois mon cœur et ma raison. Vous trouvez peut-être que je vous parle un langage nouveau ; c'est celui des philosophes qui, dans ces derniers temps, ont réfléchi sur l'espèce de plaisir que doit procurer la tragédie.

Quel est donc le tableau qu'elle aura soin d'exposer sur la scène? celui d'un homme qui puisse en quelque façon se reprocher son infortune. N'avez-vous pas observé que les malheurs des particuliers, et les révolutions mêmes des empires, ne dépendent souvent que d'une première faute éloignée ou prochaine; faute dont les suites sont d'autant plus effrayantes, qu'elles étaient moins prévues? Appliquez cette remarque : vous trouverez dans Thyeste la vengeance poussée trop loin ; dans Œdipe et dans Agamemnon, de fausses idées sur l'honneur et sur l'ambition; dans Ajax, un orgueil qui dédaigne l'assistance du ciel; dans Hippolyte, l'injure faite à une divinité jalouse; dans Jocaste, l'oubli des devoirs les plus sacrés; dans Priam et dans Hécube, trop de faiblesse pour le ravisseur d'Hélène; dans Antigone, les sentiments de la nature préférés à des lois établies.

Le sort de Thyeste et d'Œdipe fait frissonner ; mais Thyeste, dépouillé par Atrée son frère du droit qu'il avait au trône, lui fait le plus sanglant des outrages en lui ravissant une épouse chérie: Atrée était coupable, et Thyeste n'était pas innocent. Œdipe a beau se parer de ce titre, et s'écrier qu'il a tué son père sans le connaître : récemment averti par l'oracle qu'il commettrait cet attentat, devait-il disputer les honneurs du pas à un vieillard qu'il rencontra sur son chemin, et, pour une légère insulte, lui arracher la vie, ainsi qu'aux esclaves qui l'accompagnaient?

Zopyre. Il ne fut pas maître de sa colère.

Théodecte. Il devait l'être : les philosophes n'admettent point de passion assez violente pour nous contraindre ; et si les spectateurs, moins éclairés, sont plus indulgents, ils savent du moins que l'excès momentané d'une passion suffit pour nous entraîner dans l'abîme.

Zopyre. Osez-vous condamner Antigone pour avoir, au mépris d'une injuste défense, accordé la sépulture à son frère?

Théodecte. J'admire son courage; je la plains d'être réduite à choisir entre deux devoirs opposés : mais enfin la loi était expresse ; Antigone l'a violée, et la condamnation eut un prétexte.

Si parmi les causes assignées aux malheurs du principal personnage il en est qu'il serait facile d'excuser, alors vous lui donnerez des faiblesses et des défauts qui adouciront à nos yeux l'horreur de sa destinée. D'après ces réflexions, vous réunirez l'intérêt sur un homme qui soit plutôt bon que méchant ; qui devienne malheureux, non par un crime atroce, mais par une de ces grandes fautes qu'on se pardonne aisément dans la prospérité : tels furent Œdipe et Thyeste.

Polus. Vous désapprouvez donc ces pièces où l'homme est devenu malgré lui coupable et malheureux ? Cependant elles ont toujours réussi, et toujours on versera des larmes sur le sort déplorable de Phèdre, d'Oreste et d'Électre.

Cette remarque occasionna parmi les assistants une dispute assez vive : les uns soutenaient qu'adopter le principe de Théodecte, c'était condamner l'ancien théâtre, qui, disait-on, n'a pour mobile que les décrets aveugles du destin ; d'autres répondaient que, dans la plupart des tragédies de Sophocle et d'Euripide, ces décrets, quoique rappelés par intervalles dans le discours, n'influaient ni sur les malheurs du premier personnage, ni sur la marche de l'action : on citait entre autres l'Antigone de Sophocle, la Médée et l'Andromaque d'Euripide.

On s'entretint par occasion de cette fatalité irrésistible, tant pour les dieux que pour les hommes. Ce dogme, disaient les uns, paraît plus dangereux qu'il ne l'est en effet. Voyez ses partisans : ils raisonnent comme s'ils ne pouvaient rien, ils agissent comme s'ils pouvaient tout. Les autres, après avoir montré qu'il ne sert qu'à justifier les crimes et qu'à décourager la vertu, demandèrent comment il avait pu s'établir.

Il fut un temps, répondit-on, où, les oppresseurs des faibles ne pouvant être retenus par les remords, on imagina de les arrêter par la crainte de la religion : ce fut une impiété non-seulement de négliger le culte des dieux ou de mépriser leur puissance, mais encore de dépouiller leurs temples, d'enlever les troupeaux qui leur étaient consacrés, et d'insulter leurs ministres. De pareils crimes devaient être punis, à moins que le coupable ne réparât l'insulte, et ne vînt au pied des autels se soumettre à des cérémonies destinées à le purifier. Les prêtres ne le perdaient pas de vue. La fortune l'accablait-elle de ses dons : Ne craignez rien, disaient-ils, c'est par de pareilles faveurs que les dieux l'attirent dans le piège. Éprouvait-il un des revers attachés à la condition humaine :

Le voilà, s'écriaient-ils, le courroux céleste qui devait éclater sur sa tête. Se dérobait-il au châtiment pendant sa vie : La foudre n'est que suspendue, ajoutait-on ; ses enfants, ses petits-neveux porteront le poids et la peine de son iniquité. On s'accoutuma donc à voir la vengeance des dieux poursuivant le coupable jusqu'à sa dernière génération ; vengeance regardée comme justice à l'égard de celui qui l'a méritée, comme fatalité par rapport à ceux qui ont recueilli ce funeste héritage. Avec cette solution, on crut expliquer cet enchaînement de forfaits et de désastres qui détruisirent les plus anciennes familles de la Grèce. Citons quelques exemples.

OEnée, roi des Étoliens, néglige d'offrir des sacrifices à Diane, prompte à se venger de ses mépris : de là ces fléaux multipliés qui ravagent ses états, ces haines meurtrières qui divisent la famille royale, et qui finissent par la mort de Méléagre, fils d'OEnée.

Une faute de Tantale attacha pour long-temps les Furies au sang des Pélopides. Elles l'avaient déjà infecté de tous leurs poisons, lorsqu'elles dirigèrent le trait qu'Agamemnon lança contre une biche consacrée à Diane. La déesse exige le sacrifice d'Iphigénie ; ce sacrifice sert de prétexte à Clytemnestre pour égorger son époux : Oreste venge son père en ravissant le jour à sa mère ; il est poursuivi par les Euménides jusqu'à ce qu'il ait reçu l'expiation.

Rappelons-nous, d'un autre côté, cette suite non interrompue de crimes horribles et de malheurs épouvantables qui fondirent sur la maison régnante depuis Cadmus, fondateur de la ville de Thèbes, jusqu'aux enfants du malheureux OEdipe. Quelle en fut la funeste origine? Cadmus avait tué un dragon qui veillait sur une fontaine consacrée à Mars ; il avait épousé Hermione, fille de Mars et de Vénus. Vulcain, dans un accès de jalousie, revêtit cette princesse d'une robe teinte des crimes qui se transmirent à ses descendants.

Heureuses néanmoins les nations lorsque la vengeance céleste ne s'étend que sur la postérité du coupable ! Combien de fois l'a-t-on vue s'appesantir sur un royaume entier! Combien de fois encore les ennemis d'un peuple le sont-ils devenus de ses dieux, quoiqu'ils ne les eussent jamais offensés !

A cette idée, outrageante pour la Divinité, on en substitua dans la suite une autre qui ne l'était pas moins. Quelques sages, épouvantés des vicissitudes qui bouleversent les choses humaines, supposèrent une puissance qui se joue de nos projets, et nous attend au moment du bonheur pour nous immoler à sa cruelle jalousie.

CHAPITRE LXXI.

Il résultait de ces monstrueux systèmes, conclut Théodecte, qu'un homme peut être entraîné dans le crime ou dans le malheur par la seule impulsion d'une divinité à qui sa famille, sa nation ou sa postérité est odieuse.

Cependant, comme la dureté de cette doctrine se faisait mieux sentir dans une tragédie que dans d'autres écrits, nos premiers auteurs ne l'annoncèrent souvent qu'avec des correctifs, et se rapprochèrent ainsi de la règle que j'ai établie. Tantôt le personnage frappé de la fatalité la justifia par une faute personnelle ajoutée à celle que le sang lui avait transmise; tantôt, après s'être acquitté envers sa destinée, il était retiré du précipice où elle l'avait conduit. Phèdre est embrasée d'un amour criminel; c'est Vénus qui l'allume dans son cœur pour perdre Hippolyte. Que fait Euripide? Il ne donne à cette princesse qu'un rôle subalterne; il fait plus encore, elle conçoit et exécute l'affreux projet d'accuser Hippolyte. Son amour est involontaire, son crime ne l'est pas; elle n'est plus qu'un personnage odieux, qui, après avoir excité quelque pitié, finit par produire l'indignation.

Le même Euripide a voulu rassembler tout l'intérêt sur Iphigénie. Malgré son innocence et ses vertus, elle doit laver de son sang l'outrage que Diane a reçu d'Agamemnon. Que fait encore l'auteur? il n'achève pas le malheur d'Iphigénie; la déesse la transporte en Tauride, et la ramènera bientôt après triomphante dans la Grèce.

Le dogme de la fatalité ne domine nulle part aussi fortement que dans les tragédies d'*Oreste* et d'*Électre*. Mais on a beau rapporter l'oracle qui leur ordonne de venger leur père, les remplir de terreur avant le crime, de remords après qu'il est commis, les rassurer par l'apparition d'une divinité qui les justifie et leur promet un sort plus heureux : ces sujets n'en sont pas moins contraires à l'objet de la tragédie. Ils réussissent néanmoins, parce que rien n'est si touchant que le péril d'Oreste, que les malheurs d'Électre, que la reconnaissance du frère et de la sœur ; parce que d'ailleurs tout s'embellit sous la plume d'Eschyle, de Sophocle et d'Euripide.

Aujourd'hui que la saine philosophie nous défend d'attribuer à la Divinité un seul mouvement d'envie ou d'injustice, je doute que de pareilles fables, traitées pour la première fois avec la même supériorité, réunissent tous les suffrages; je soutiens du moins qu'on verrait avec peine le principal personnage se souiller d'un crime atroce; et j'en ai pour garant la manière dont Astydamas a construit dernièrement la fable de son Alcméon. L'histoire suppose que ce jeune prince fut autorisé à plonger le poignard dans le sein d'Ériphyle, sa mère. Plusieurs auteurs ont traité ce sujet. Euripide épuisa inutilement toutes les ressources de l'art pour colorer un si horrible forfait.

Astydamas a pris un parti conforme à la délicatesse de notre goût : Ériphyle périt, à la vérité, de la main de son fils, mais sans en être connue.

Polus. Si vous n'admettez pas cette tradition de crimes et de désastres qui descendent des pères aux enfants, vous serez forcé de supprimer les plaintes dont le théâtre retentit sans cesse contre l'injustice des dieux et les rigueurs de la destinée.

Théodecte. Ne touchons point au droit du malheureux; laissons-lui les plaintes; mais qu'elles prennent une direction plus juste; car il existe pour lui un ordre de choses plus réel et non moins effrayant que la fatalité : c'est l'énorme disproportion entre ses égarements et les maux qui en sont la suite; c'est lorsqu'il devient le plus infortuné des hommes par une passion momentanée, par une imprudence légère, quelquefois par une prudence trop éclairée; c'est enfin lorsque les fautes des chefs portent la désolation dans tout un empire.

De pareilles calamités étaient assez fréquentes dans ces temps éloignés où les passions fortes, telles que l'ambition et la vengeance, déployaient toute leur énergie. Aussi la tragédie commença-t-elle par mettre en œuvre les événements des siècles héroïques, événements consignés en partie dans les écrits d'Homère, en plus grand nombre dans un recueil intitulé *Cycle épique*, où différents auteurs ont rassemblé les anciennes traditions des Grecs.

Outre cette source, dans laquelle Sophocle a puisé presque tous ses sujets, on en a quelquefois tiré de l'histoire moderne; d'autres fois on a pris la liberté d'en inventer. Eschyle mit sur la scène la défaite de Xerxès à Salamine, et Phrynicus la prise de Milet. Agathon donna une pièce où tout est feint; Euripide, une autre pièce où tout est allégorique.

Ces diverses tentatives réussirent et ne furent pas suivies : peut-être exigent-elles trop de talents, peut-être s'aperçut-on que l'histoire ne laisse pas assez de liberté au poète; que la fiction lui en accorde trop, que l'une et l'autre se concilient difficilement avec la nature de notre spectacle. Qu'exige-t-il en effet? une action vraisemblable, et souvent accompagnée de l'apparition des ombres et de l'intervention des dieux. Si vous choisissiez un fait récent, il faudrait en bannir le merveilleux; si vous l'inventiez vous-même, n'étant soutenu ni par l'autorité de l'histoire, ni par le préjugé de l'opinion publique, vous risqueriez de blesser la vraisemblance. De là vient que les sujets de nos plus belles pièces sont pris maintenant dans un petit nombre de familles anciennes, comme celles d'Alcméon, de Thyeste, d'Œdipe, de Télèphe et de quelques autres où se passèrent autrefois tant de scènes épouvantables.

Nicéphore. Je voudrais vous dire poliment que vous êtes bien ennuyeux avec vos Agamemnons, vos Orestes, vos Œdipes, et toutes ces races de proscrits. Ne rougissez-vous pas de nous offrir des sujets si communs et si usés? J'admire quelquefois la stérilité de vos génies et la patience des Athéniens.

Théudecte. Vous n'êtes pas de bonne foi, et vous savez mieux qu'un autre que nous travaillons sur un fonds inépuisable. Si nous sommes obligés de respecter les fables reçues, ce n'est que dans les points essentiels; il faut, à la vérité, que Clytemnestre périsse de la main d'Oreste; Ériphyle, de celle d'Alcméon; mais les circonstances d'un même fait variant dans les traditions anciennes, l'auteur peut choisir celles qui conviennent à son plan, ou leur en substituer de nouvelles. Il lui suffit aussi d'employer un ou deux personnages connus; les autres sont à sa disposition. Chaque sujet offre des variétés sans nombre, et cesse d'être le même dès que vous lui donnez un nouveau nœud, un autre dénoûment.

Variété dans les fables, qui sont simples ou implexes : simples, lorsque l'action continue et s'achève d'une manière uniforme, sans qu'aucun accident en détourne ou suspende le cours; implexes, lorsqu'elle s'opère soit avec une de ces reconnaissances qui changent les rapports des personnages entre eux, soit avec une de ces révolutions qui changent leur état, soit avec ces deux moyens réunis. Ici l'on examina ces deux espèces de fables, et l'on convint que les implexes étaient préférables aux simples.

Variété dans les incidents qui excitent la terreur et la pitié : si ce double effet est produit par les sentiments de la nature, tellement méconnus ou contrariés que l'un des personnages risque de perdre la vie, alors celui qui donne ou va donner la mort peut agir de l'une de ces quatre manières : 1° il peut commettre le crime de propos délibéré; les exemples en sont fréquents parmi les anciens. Je citerai celui de Médée qui, dans Euripide, conçoit le projet de tuer ses enfants et l'exécute. Mais son action est d'autant plus barbare qu'elle n'était point nécessaire. Je crois que personne ne la hasarderait aujourd'hui. 2° On peut ne reconnaître son crime qu'après l'avoir achevé, comme Œdipe dans Sophocle. Ici l'ignorance du coupable rend son action moins odieuse, et les lumières qu'il acquiert successivement nous inspirent le plus vif intérêt. Nous approuvons cette manière. 3° L'action va quelquefois jusqu'au moment de l'exécution, et s'arrête tout à coup par un éclaircissement inattendu. C'est Mérope qui reconnaît son fils, et Iphigénie son frère au moment de les frapper. Cette manière est la plus parfaite de toutes.

Polus. En effet, lorsque Mérope tient le glaive suspendu sur la tête de son fils, il s'élève un frémissement général dans l'assemblée : j'en ai été souvent témoin.

Théodecte. La quatrième, et la plus mauvaise de toutes les manières, est de s'arrêter au moment de l'exécution par un simple changement de volonté : on ne l'a presque jamais employée. Aristote me citait un jour l'exemple d'Hémon qui tire l'épée contre Créon son père, et, au lieu d'achever, s'en perce lui-même.

Nicéphore. Comment aurait-il achevé? Créon, saisi de frayeur, avait pris la fuite.

Théodecte. Son fils pouvait le poursuivre.

Polus. Peut-être ne voulait-il que s'immoler à ses yeux, comme il semblait l'en avoir menacé dans une des scènes précédentes; car, après tout, Sophocle connaissait trop les bienséances du théâtre pour supposer que le vertueux Hémon osât attenter aux jours de son père.

Zopyre. Eh! pourquoi ne l'aurait-il pas osé? Savez-vous qu'Hémon est sur le point d'épouser Antigone, qu'il l'aime, qu'il en est aimé, que son père l'a condamnée à être enterrée vivante, que son fils n'a pu le fléchir par ses larmes, qu'il la trouve morte, qu'il se roule à ses pieds expirant de rage et d'amour? et vous seriez indigné que, voyant tout à coup paraître Créon, il se fût élancé, non sur son père, mais sur le bourreau de son amante? Ah! s'il ne daigne pas poursuivre ce lâche tyran, c'est qu'il est encore plus pressé de terminer une vie odieuse.

Théodecte. Ennoblissez son action ; dites que son premier mouvement fut de fureur et de vengeance, et le second de remords et de vertu.

Zopyre. Sous quelque aspect qu'on l'envisage, je soutiens que ce trait est un des plus pathétiques et des plus sublimes de notre théâtre ; et si votre Aristote ne l'a pas senti, c'est qu'apparemment il n'a jamais aimé.

Théodecte. Aimable Zopyre, prenez garde de trahir les secrets de votre cœur. Je veux bien, par complaisance pour vous, rejeter cet exemple; mais retenons le principe qu'il ne faut pas commencer une action atroce, ou qu'il ne faut pas l'abandonner sans motif. Continuons de parcourir les moyens de différencier une fable.

Variété dans les reconnaissances, qui sont un des plus grands ressorts du pathétique, surtout quand elles produisent une révolution subite dans l'état des personnes. Il en est de plusieurs espèces ; les unes, dénuées de tout art, et devenues trop souvent la ressource des poètes médiocres, sont fondées sur des signes accidentels ou naturels : par exemple, des bracelets, des colliers, des cicatrices, des marques imprimées sur le corps[1] ; les autres montrent de l'invention. On cite avec éloge celle de Dicæogène dans son poème des *Cypriaques* : le héros, voyant un tableau où ses malheurs sont retracés, laisse échapper des larmes qui le trahissent ; celle de Polidès dans son *Iphigénie* : Oreste, sur le point d'être immolé, s'écrie : « C'est ainsi que ma sœur Iphigénie fut sacrifiée en Aulide. » Les plus belles naissent de l'action. Voyez l'Œdipe de Sophocle et l'Iphigénie en Aulide d'Euripide.

Variété dans les caractères. Celui des personnages qui reviennent souvent sur la scène est décidé parmi nous ; mais il ne l'est que dans sa généralité. Achille est impétueux et violent, Ulysse prudent et dissimulé, Médée implacable et cruelle ; mais toutes ces qualités peuvent tellement se graduer que d'un seul caractère il en résulte plusieurs qui n'ont de commun que les traits principaux : tel est celui d'Électre et celui de Philoctète dans Eschyle, Sophocle et Euripide. Il vous est permis d'exagérer les défauts d'Achille ; mais il vaut mieux les affaiblir par l'éclat de ses vertus, comme a fait Homère. C'est en suivant ce modèle que le poète Agathon produisit un Achille qui n'avait pas encore paru sur le théâtre.

Variété dans les catastrophes. Les unes se terminent au bonheur et les autres au malheur ; il en est où, par une double révolution, les bons et les méchants éprouvent un changement de fortune. La première manière ne convient guère qu'à la comédie.

Zopyre. Pourquoi l'exclure de la tragédie ? Répandez le pathétique dans le courant de la pièce ; mais que du moins je respire à la fin, et que mon âme soulagée obtienne le prix de sa sensibilité.

Théodecte. Vous voulez donc que j'éteigne ce tendre intérêt qui vous agite, et que j'arrête des larmes que vous versez avec tant de plaisir ? La plus belle récompense que je puisse accorder à votre âme sensible, c'est de perpétuer le plus qu'il est possible les émotions qu'elle a reçues. De ces scènes touchantes, où l'auteur déploie tous les secrets de l'art de l'éloquence, il ne résulte qu'un pathétique de situation ; et nous voulons un pathétique que l'action fasse naître, qu'elle augmente de scène en scène, et qui agisse

---

[1] Aristote cite une reconnaissance opérée par un moyen bien étrange, par une navette qui rendait un son (Aristot. *De poet.* cap. 15, p. 664) ; elle se trouvait dans le *Térée* de Sophocle. Cette pièce est perdue.

dans l'âme du spectateur toutes les fois que le nom de la pièce frappera son oreille.

Zopyre. Et ne le trouvez-vous pas dans ces tragédies où les bons et les méchants éprouvent un changement d'état ?

Théodecte. Je l'ai déjà insinué ; le plaisir qu'elles procurent ressemble trop à celui que nous recevons à la comédie. Il est vrai que les spectateurs commencent à goûter cette double révolution, et que des auteurs même lui assignent le premier rang ; mais je pense qu'elle ne mérite que le second, et je m'en rapporte à l'expérience de Polus. Quelles sont les pièces qui passent pour être vraiment tragiques ?

Polus. En général, celles dont la catastrophe est funeste.

Théodecte. Et vous, Anacharsis, quels effets produisirent sur vous les différentes destinées que nous attachons au personnage principal ?

Anacharsis. Dans les commencements, je versais des larmes en abondance sans remonter à leur source ; je m'aperçus ensuite que vos plus belles pièces perdaient une partie de leur intérêt à une seconde représentation, mais que cette perte était infiniment plus sensible pour celles qui se terminent au bonheur.

Nicéphore. Il me reste à vous demander comment vous parvenez à vous accorder avec vous-même. Vous voulez que la catastrophe soit funeste ; et cependant vous avez préféré cette révolution qui arrache un homme à l'infortune, et le place dans un état plus heureux.

Théodecte. J'ai préféré la reconnaissance qui arrête l'exécution du forfait ; mais je n'ai pas dit qu'elle dût servir de dénoûment. Oreste, reconnu d'Iphigénie, est sur le point de succomber sous les armes de Thoas ; reconnu d'Électre, il tombe entre les mains des Furies. Il n'a donc fait que passer d'un danger et d'un malheur dans un autre. Euripide le tire de ce second état par l'intervention d'une divinité : elle pouvait être nécessaire dans son *Iphigénie en Tauride* ; elle ne l'était pas dans son *Oreste*, dont l'action serait plus tragique s'il eût abandonné les assassins de Clytemnestre aux tourments de leurs remords. Mais Euripide aimait à faire descendre les dieux dans une machine, et il n'emploie que trop souvent cet artifice grossier pour exposer le sujet et pour dénouer la pièce.

Zopyre. Condamnez-vous les apparitions des dieux ? elles sont si favorables au spectacle !

Nicéphore. Et si commodes au poëte !

Théodecte. Je ne les permets que lorsqu'il est nécessaire de tirer du passé ou de l'avenir des lumières qu'on ne peut acquérir par d'autres voies. Sans ce motif, le prodige honore plus le machiniste que l'auteur.

Conformons-nous toujours aux lois de la raison, aux règles de la vraisemblance ; que votre fable soit tellement constituée qu'elle s'expose, se noue et se dénoue sans effort ; qu'un agent céleste ne vienne pas, dans un froid avant-propos, nous instruire de ce qui est arrivé auparavant, de ce qui doit arriver dans la suite ; que le nœud, formé des obstacles qui ont précédé l'action et de ceux que l'action fait éclore, se resserre de plus en plus depuis les premières scènes jusqu'au moment où la catastrophe commence ; que les épisodes ne soient ni trop étendus, ni en trop grand nombre ; que les incidents naissent avec rapidité les uns des autres et amènent des événements inattendus ; en un mot, que les différentes parties de l'action soient si bien liées entre elles, qu'une seule étant retranchée ou transposée, le tout soit détruit ou changé. N'imitez pas ces auteurs qui ignorent l'art de terminer heureusement une intrigue heureusement tissue, et qui, après s'être imprudemment jetés au milieu des écueils, n'imaginent d'autre ressource pour en sortir que d'implorer le secours du ciel.

Je viens de vous indiquer les diverses manières de traiter la fable ; vous pourrez y joindre les différences sans nombre que vous offriront les pensées et surtout la musique. Ne vous plaignez donc plus de cette stérilité de nos sujets, et souvenez-vous que c'est les inventer que de les présenter sous un nouveau jour.

Nicéphore. Mais vous ne les animez pas assez. On dirait quelquefois que vous craignez d'approfondir les passions : si par hasard vous les mettez aux prises les unes avec les autres, si vous les opposez à des devoirs rigoureux, à peine nous laissez-vous entrevoir les combats qu'elles se livrent sans cesse.

Théodecte. Plus d'une fois on a peint avec les plus douces couleurs les sentiments de l'amour conjugal et ceux de l'amitié ; cent fois, avec un pinceau plus vigoureux, les fureurs de l'ambition, de la haine, de la jalousie et de la vengeance. Voudriez-vous que, dans ces occasions, on nous eût donné des portraits, des analyses du cœur humain ? Parmi nous chaque art, chaque science se renferme dans ses limites. Nous devons abandonner soit à la morale, soit à la rhétorique, la théorie des passions, et nous attacher moins à leur développement qu'à leurs effets ; car ce n'est pas l'homme que nous présentons à vos yeux, ce sont les vicissitudes de sa vie, et surtout les malheurs qui l'oppriment. La tragédie est tellement le récit d'une action terrible et touchante, que plusieurs de nos pièces se terminent par ces mots que prononce le chœur : *C'est ainsi que finit cette aventure.* En la considérant sous ce point de vue, vous concevez que, s'il est essentiel d'exprimer les circonstances qui rendent la narration plus intéressante et la catastrophe plus funeste, il l'est encore plus de tout faire entendre plutôt que de tout dire. Telle est la manière d'Homère ; il ne s'amuse point à détailler les sentiments qui unissent Achille et Patrocle, mais, à la mort de ce dernier, ils s'annoncent par des torrents de larmes, ils éclatent par des coups de tonnerre.

Zopyre. Je regretterai toujours qu'on ait jusqu'à présent négligé la plus douce et la plus forte des passions. Tous les feux de l'amour brûlent dans le cœur de Phèdre, et ne répandent aucune chaleur dans la tragédie d'Euripide. Cependant les premières atteintes de cet amour, ses progrès, ses troubles, ses remords, quelle riche suite de tableaux pour le pinceau du poète ! quelles nouvelles sources d'intérêt pour le rôle de la princesse ! Nous avons parlé de l'amour d'Hémon pour Antigone ; pourquoi ce sentiment ne devient-il pas le principal mobile de l'action? Que de combats n'aurait-il pas excités dans le cœur du père et dans celui des deux amants ! que de devoirs à respecter ! que de malheurs à craindre !

Théodecte. Les peintures que vous regrettez seraient aussi dangereuses pour les mœurs qu'indignes d'un théâtre qui ne s'occupe que de grands événements et de sentiments élevés. Jamais, aux siècles héroïques, l'amour ne produisit aucune de ces révolutions que nous retrace la tragédie.

Zopyre. Et la guerre de Troie?

Théodecte. Ce ne fut pas la perte d'Hélène qui arma les Grecs contre les Troyens ; ce fut pour Ménélas le besoin de venger une injure éclatante ; pour les autres princes, le serment qu'ils avaient fait auparavant de lui garantir la possession de son épouse ; ils ne virent dans l'amour trahi que l'honneur outragé.

L'amour n'a proprement à lui que de petites intrigues, dont nous abandonnons le récit à la comédie, que des soupirs, des larmes et des faiblesses, que les poètes lyriques se sont chargés d'exprimer. S'il s'annonce quelquefois par des traits de noblesse et de grandeur, il les doit à la vengeance, à l'ambition, à la jalousie, trois puissants ressorts que nous n'avons jamais négligé d'employer.

TROISIÈME SÉANCE.

Il fut question des mœurs, des pensées, des sentiments et du style qui conviennent à la tragédie.

Dans les ouvrages d'imitation, dit Théodecte, mais surtout dans le poème, soit épique, soit dramatique, ce que l'on appelle mœurs

CHAPITRE LXXI.

est l'exacte conformité des actions, des sentiments, des pensées, et des discours du personnage avec son caractère. Il faut donc que, dès les premières scènes, on reconnaisse à ce qu'il fait, à ce qu'il dit, quelles sont ses inclinations actuelles, quels sont ses projets ultérieurs.

Les mœurs caractérisent celui qui agit; elles doivent être bonnes. Loin de charger le défaut, ayez soin de l'affaiblir. La poésie, ainsi que la peinture, embellit le portrait sans négliger la ressemblance. Ne salissez le caractère d'un personnage, même subalterne, que lorsque vous y serez contraint. Dans une pièce d'Euripide, Ménélas joue un rôle répréhensible, parce qu'il fait le mal sans nécessité.

Il faut encore que les mœurs soient convenables, ressemblantes, égales; qu'elles s'assortissent à l'âge et à la dignité du personnage; qu'elles ne contrarient point l'idée que les traditions anciennes nous donnent d'un héros, et qu'elles ne se démentent point dans le courant de la pièce.

Voulez-vous leur donner du relief et de l'éclat, faites-les contraster entre elles. Voyez combien, dans Euripide, le caractère de Polynice devient intéressant par celui d'Étéocle, son frère; et dans Sophocle le caractère d'Électre par celui de Chrysothémis, sa sœur.

Nous devons, comme les orateurs, remplir nos juges de pitié, de terreur, d'indignation; comme eux, prouver une vérité, réfuter une objection, agrandir ou rapetisser un objet. Vous trouverez les préceptes dans les traités qu'on a publiés sur la rhétorique, et les exemples dans les tragédies qui font l'ornement du théâtre. C'est là qu'éclatent la beauté des pensées et l'élévation des sentiments; c'est là que triomphent le langage de la vérité et l'éloquence des malheureux. Voyez Mérope, Hécube, Électre, Antigone, Ajax, Philoctète, environnés tantôt des horreurs de la mort, tantôt de celles de la honte ou du désespoir; écoutez ces accents de douleur, ces exclamations déchirantes, ces expressions passionnées qui, d'un bout du théâtre à l'autre, font retentir les cris de la nature dans tous les cœurs, et forcent tous les yeux à se remplir de larmes.

D'où viennent ces effets admirables? C'est que nos auteurs possèdent au souverain degré l'art de placer leurs personnages dans les situations les plus touchantes, et que, s'y plaçant eux-mêmes, ils s'abandonnent sans réserve au sentiment unique et profond qu'exige la circonstance.

Vous ne sauriez trop étudier nos grands modèles. Pénétrez-vous de leurs beautés ; mais apprenez surtout à les juger, et qu'une servile admiration ne vous engage pas à respecter leurs erreurs. Osez condamner ce raisonnement de Jocaste. Ses deux fils étaient convenus de monter alternativement sur le trône de Thèbes : Étéocle refusait d'en descendre ; et pour le porter à ce sacrifice, la reine lui représente, entre autres choses, que l'égalité établit autrefois les poids et les mesures, et a réglé de tout temps l'ordre périodique des jours et des nuits.

Des sentences claires, précises et amenées sans effort, plaisent beaucoup aux Athéniens ; mais il faut être attentif à les choisir, car ils rejettent avec indignation les maximes qui détruisent la morale.

Polus. Et souvent mal à propos. On fit un crime à Euripide d'avoir mis dans la bouche d'Hippolyte ces paroles : « Ma langue a prononcé le serment, mon cœur le désavoue. » Cependant elles convenaient à la circonstance, et ses ennemis l'accusèrent faussement d'en faire un principe général. Une autre fois, on voulut chasser l'acteur qui jouait le rôle de Bellérophon, et qui, suivant l'esprit de son rôle, avait dit que la richesse est préférable à tout. La pièce était sur le point de tomber. Euripide monta sur le théâtre : on l'avertit de retrancher ce vers. Il répondit qu'il était fait pour donner des leçons, et non pour en recevoir ; mais que, si on avait la patience d'attendre, on verrait bientôt Bellérophon subir la peine qu'il avait méritée. Lorsqu'il eut donné son *Ixion*, plusieurs assistants lui dirent après la représentation que son héros était trop scélérat. Aussi, répondit-il, j'ai fini par l'attacher à une roue.

Quoique le style de la tragédie ne soit plus aussi pompeux qu'il l'était autrefois, il faut néanmoins qu'il soit assorti à la dignité des idées. Employez les charmes de l'élocution pour sauver les invraisemblances que vous êtes forcé d'admettre ; mais, si vous avez des pensées à rendre ou des caractères à peindre, gardez-vous de les obscurcir par de vains ornements. Evitez les expressions ignobles. A chaque espèce de drame conviennent un ton particulier et des couleurs distinctes. C'est pour avoir ignoré cette règle que le langage de Cléophon et de Sthénélus se rapproche de celui de la comédie.

Nicéphore. J'en découvre une autre cause. Le genre que vous traitez est si factice, le nôtre si naturel, que vous êtes à tout moment forcés de passer du premier au second, et d'emprunter nos pensées, nos sentiments, nos formes, nos facéties et nos expressions. Je ne vous citerai que des autorités respectables, Eschyle, Sophocle, Euripide, jouant sur le mot, et faisant d'insipides allu-

CHAPITRE LXXI.

sions aux noms de leurs personnages; le second de ces poètes mettant dans la bouche d'Ajax ces paroles étonnantes : « Aï, aï, quelle fatale conformité entre le nom que je porte et les malheurs que j'éprouve[1] ! »

Théodecte. On était alors persuadé que les noms qui nous sont imposés présagent la destinée qui nous attend ; et vous savez que, dans le malheur, on a besoin de s'attacher à quelque cause.

Nicéphore. Mais comment excuser dans vos auteurs le goût des fausses étymologies et des jeux de mots, les froides métaphores, les fades plaisanteries, les images indécentes, et ces satires contre les femmes, et ces scènes entremêlées de bas comique, et ces fréquents exemples de mauvais ton ou d'une familiarité choquante! Comment souffrir qu'au lieu de nous annoncer tout uniment la mort de Déjanire, on nous dise qu'elle vient d'achever son dernier voyage sans faire un seul pas? Est-il de la dignité de la tragédie que des enfants vomissent des injures grossières et ridicules contre les auteurs de leurs jours; qu'Antigone nous assure qu'elle sacrifierait un époux, un fils à un frère, parce qu'elle pourrait avoir un autre fils et un autre époux ; mais qu'ayant perdu son père et sa mère, elle ne saurait remplacer le frère dont elle est privée?

Je ne suis point étonné de voir Aristophane lancer en passant un trait contre les moyens sur lesquels Eschyle a fondé la reconnaissance d'Oreste et d'Electre; mais Euripide devait-il parodier et tourner si plaisamment en ridicule cette même reconnaissance ? Je m'en rapporte à l'avis de Polus.

Polus. J'avoue que plus d'une fois j'ai cru jouer la comédie sous le masque de la tragédie. Aux exemples que vous venez de citer, qu'il me soit permis d'en joindre deux autres tirés de Sophocle et d'Euripide.

Le premier, ayant pris pour sujet d'une de ses tragédies la métamorphose de Térée et de Procné, se permet plusieurs plaisanteries contre ce prince, qui paraît, ainsi que Procné, sous la forme d'un oiseau.

Le second, dans une de ses pièces, introduit un berger qui croit avoir vu quelque part le nom de Thésée. On l'interroge : « Je ne sais pas lire, répond-il, mais je vais décrire la forme des lettres. La première est un rond avec un point au milieu[1] ; la seconde est composée de deux lignes perpendiculaires jointes par une ligne

---

[1] Aï est le commencement du nom d'Ajax. Les Grecs prononçaient Aïas.
[2] Euripide décrivait, dans cette pièce, la forme des six lettres grecques qui composent le nom de Thésée, ΘΗΣΕΥΣ.

transversale; » et ainsi des autres. Observez que cette description anatomique du nom de Thésée réussit tellement, qu'Agathon en donna bientôt après une seconde, qu'il crut sans doute plus élégante.

Théodecte. Je n'ose pas convenir que j'en risquerai une troisième dans une tragédie que je prépare : ces jeux d'esprit amusent la multitude; et ne pouvant la ramener à notre goût, il faut bien nous assujettir au sien. Nos meilleurs écrivains ont gémi de cette servitude, et la plupart des fautes que vous venez de relever prouvent clairement qu'ils n'ont pas pu la secouer. Il en est d'autres qu'on pourrait excuser. En se rapprochant des siècles héroïques, ils ont été forcés de peindre des mœurs différentes des nôtres : en voulant se rapprocher de la nature, ils devaient passer du simple au familier, dont les limites ne sont pas assez distinctes.

Avec moins de génie, nous avons encore plus de risques à courir. L'art est devenu plus difficile. D'un côté, le public, rassasié des beautés depuis long-temps offertes à ses yeux, exige follement qu'un auteur réunisse les talents de tous ceux qui l'ont précédé. D'un autre, les acteurs se plaignent sans cesse de n'avoir pas de rôles assez brillants. Ils nous forcent tantôt d'étendre et de violenter le sujet, tantôt d'en détruire les liaisons; souvent même leur négligence et leur maladresse suffisent pour faire tomber une pièce. Polus me pardonnera ce reproche; le hasarder en sa présence, c'est faire son éloge.

Polus. Je suis entièrement de votre avis, et je vais raconter à Zopyre le danger que courut autrefois l'*Oreste* d'Euripide. Dans cette belle scène où ce jeune prince, après des accès de fureur, reprend l'usage de ses sens, l'acteur Hégélochus, n'ayant pas ménagé sa respiration, fut obligé de séparer deux mots qui, suivant qu'ils étaient élidés ou non, formaient deux sens très-différents : de manière qu'au lieu de ces paroles, *Après l'orage je vois le calme*, il fit entendre celles-ci, *Après l'orage je vois le chat* [1]. Vous pouvez juger de l'effet que, dans ce moment d'intérêt, produisit une pareille chute : ce furent des rires excessifs de la part de l'assemblée, et des épigrammes très-piquantes de la part des ennemis du poète et de l'acteur.

---

[1] En grec γαληνά, *galéna*, désigne le calme; γαλῆν, *galen*, signifie un *chat*. Dans le passage dont il s'agit, Hégélochus devait faire entendre *galéna orô*, c'est-à-dire *le calme je vois*. Or ces deux mots se prononçaient de telle manière, qu'on entendait à la fois la dernière voyelle du premier et la première du second. L'acteur, épuisé, et manquant tout à coup de respiration, fut obligé de s'arrêter après le mot *galéna*, dont il omit la voyelle finale, et dit *galén*.... *orô*, c'est-à-dire *un chat*.... *je vois*.

CHAPITRE LXXI.

QUATRIÈME SÉANCE.

Dans la quatrième séance furent discutés quelques articles tenus jusqu'alors en réserve. On observa, 1° que, dans presque toutes les scènes, les réponses et les répliques se font de vers à vers, ce qui rend le dialogue extrêmement vif et serré, mais quelquefois peu naturel ; 2° que Pylade ne dit que trois vers dans une pièce d'Eschyle, et pas un dans l'*Électre* de Sophocle ainsi que dans celle d'Euripide ; que d'autres personnages, quoique présents, se taisent pendant plusieurs scènes, soit par excès de douleur, soit par hauteur de caractère ; 3° qu'on a quelquefois introduit des personnages allégoriques, comme la Force, la Violence, la Mort, la Fureur ; 4° que les chœurs de Sophocle font partie de l'action ; que la plupart de ceux d'Euripide y tiennent faiblement ; que ceux d'Agathon en sont tout à fait détachés, et qu'à l'exemple de ce dernier poète, on ne se fait aucun scrupule aujourd'hui d'insérer dans les intermèdes des fragments de poésie et de musique qui font perdre de vue le sujet.

Après qu'on se fut déclaré contre ces abus, je demandai si la tragédie avait atteint sa perfection : tous s'écrièrent à la fois que certaines pièces ne laisseraient rien à désirer si l'on en retranchait les taches qui les défigurent, et qui ne sont point inhérentes à leur constitution. Mais comme je leur fis observer qu'Aristote avait hésité sur cette question, on l'examina de plus près, et les doutes se multiplièrent.

Les uns soutenaient que le théâtre est trop vaste, et le nombre des spectateurs trop considérable. Il en résulte, disaient-ils, deux inconvénients : les auteurs sont obligés de se conformer au goût d'une multitude ignorante, et les acteurs de pousser des cris qui les épuisent, au risque même de n'être pas entendus d'une partie de l'assemblée. Ils proposaient de choisir une enceinte plus étroite, et d'augmenter le prix des places, qui ne seraient remplies que par les personnes les plus honnêtes. On répondait que ce projet ne pouvait se concilier ni avec la nature, ni avec les intérêts du gouvernement. Ce n'est, ajoutait-on, qu'en faveur du peuple et des étrangers que nos spectacles sont entretenus avec tant de magnificence. D'un côté, on détruirait l'égalité qui doit régner entre les citoyens ; de l'autre, on se priverait des sommes d'argent que les étrangers versent dans cette ville pendant nos fêtes.

Les premiers répliquaient : Pourquoi ne pas supprimer les chœurs et la musique, comme on commence à les supprimer dans la comédie? Les chœurs obligent les auteurs à blesser à tout moment la vraisemblance. Il faut que les personnages de la pièce, attirés de force ou de gré dans le vestibule d'un palais ou dans tout autre lieu découvert, y viennent dévoiler leurs plus intimes secrets, ou traiter des affaires de l'état en présence de plusieurs témoins, souvent amenés sans motif; que Médée y publie les affreux projets qu'elle médite; que Phèdre y déclare une passion qu'elle voudrait se cacher à elle-même;· qu'Alceste mourante s'y fasse transporter pour rendre les derniers soupirs. Quant à la musique, il est absurde de supposer que des hommes accablés de douleur agissent, parlent et meurent en chantant.

Sans le chœur, répondaient les autres, plus de mouvement sur le théâtre, plus de majesté dans le spectacle. Il augmente l'intérêt pendant les scènes, il l'entretient pendant les intermèdes. Ils ajoutaient que le peuple ne voudrait point renoncer aux agréments de la musique, et que ce serait dénaturer la tragédie que d'adopter le changement proposé.

Gardons-nous, dit Nicéphore, de la dépouiller de ses ornements; elle y perdrait trop. Mais donnez-lui du moins une plus noble destination, et qu'à l'exemple de la comédie...

Théodecte. Elle nous fasse rire?

Nicéphore. Non; mais qu'elle nous soit utile.

Théodecte. Et qui oserait soutenir qu'elle ne l'est pas? La plus saine morale n'est-elle pas semée par maximes dans nos tragédies?

Nicéphore. N'est-elle pas à tout moment contredite par l'action même? Hippolyte, instruit de l'amour de Phèdre, se croit souillé par cette horrible confidence, et n'en périt pas moins. Quelle funeste leçon pour la jeunesse! Ce fut à notre exemple que vous entreprîtes autrefois de dévoiler les vices de l'administration. Mais quelle différence en votre manière et la nôtre! Nous couvrions de ridicules les coupables orateurs de l'état; vous vous appesantissez tristement sur les abus de l'éloquence. Nous disions quelquefois aux Athéniens des vérités dures et salutaires, et vous les flattez encore avec une impudence dont vous devriez rougir.

Théodecte. En nourrissant leur haine contre le despotisme, nous les attachons à la démocratie; en leur montrant la piété, la bienfaisance et les autres vertus de leurs ancêtres, nous leur fournissons des modèles : nous entretenons leur vanité pour lui inspirer de l'honneur. Il n'est point de sujet qui ne leur apprenne à supporter les maux, à se garantir des fautes qui peuvent les leur attirer.

Nicéphore. J'en conviendrais si l'instruction sortait du fond même de l'action; si vous bannissiez du théâtre ces calamités héréditaires dans une famille; si l'homme n'était jamais coupable sans être cri minel, jamais malheureux que par l'abus des passions; si le scélérat était toujours puni, et l'homme de bien toujours récompensé.

Mais tant que vous serez asservis à vos formes, n'attendez rien de vos efforts. Il faut ou corriger le fond vicieux de vos histoires scandaleuses, ou vous exercer, comme on a fait quelquefois, sur des sujets d'imagination. J'ignore si leurs plans seraient susceptibles de combinaisons plus savantes, mais je sais bien que la morale en pourrait être plus pure et plus instructive.

Tous les assistants applaudirent à ce projet, sans en excepter Théodecte, qui néanmoins soutenait toujours que, dans l'état actuel des choses, la tragédie était aussi utile aux mœurs que la comédie. Disciple de Platon, dit alors Polus en m'adressant la parole, qu'auraient pensé votre maître et Socrate de la dispute qui s'est élevée entre Théodecte et Nicéphore? Je répondis qu'ils auraient condamné les prétentions de l'un et de l'autre, et que les philosophes ne voyaient qu'avec indignation ce tissu d'obscénités et de personnalités qui souillaient l'ancienne comédie.

Rappelons-nous les circonstances où l'on se trouvait alors, dit Nicéphore : Périclès venait d'imposer silence à l'aréopage; il ne serait plus resté de ressources aux mœurs, si nos auteurs n'avaient eu le courage d'exercer la censure publique.

Il n'y a pas de courage à être méchant, répondis-je, quand la méchanceté est impunie. Comparons les deux tribunaux dont vous venez de parler : je vois dans celui de l'aréopage des juges intègres, vertueux, discrets, gémissant de trouver un coupable, et ne le condamnant qu'après l'avoir convaincu; je vois dans l'autre des écrivains passionnés, forcenés, quelquefois subornés, cherchant partout des victimes pour les immoler à la malignité du public, supposant des crimes, exagérant les vices, et faisant le plus cruel outrage à la vertu en vomissant les mêmes injures contre le scélérat et contre l'homme de bien.

Quel étrange réformateur que cet Aristophane, celui de tous qui avait le plus d'esprit et de talents, qui connut le mieux la bonne plaisanterie, et qui se livra le plus à une gaieté féroce! On dit qu'il ne travaillait à ses ouvrages que dans le délire du vin; c'était plutôt dans celui de la haine et de la vengeance. Ses ennemis sont-ils exempts d'infamie, il les attaque sur leur naissance, sur leur pauvreté, sur les défauts de leur personne. Combien de fois reprocha-t-il à Euripide d'être le fils d'une vendeuse d'herbes! Il était fait pour plaire aux honnêtes gens, et plusieurs pièces ne semblent destinées qu'à des hommes perdus de débauche et pleins de noirceurs.

Nicéphore. J'abandonne Aristophane quand ses plaisanteries dégénèrent en satires licencieuses, mais je l'admire lorsque, pénétré des maux de sa patrie, il s'élève contre ceux qui l'égarent par leurs conseils; lorsque, dans cette vue, il attaque sans ménagement les orateurs, les généraux, le sénat et le peuple même. Sa gloire s'en accrut; elle s'étendit au loin. Le roi de Perse dit à des ambassadeurs de Lacédémone que les Athéniens seraient bientôt les maîtres de la Grèce s'ils suivaient les conseils de ce poëte.

Anacharsis. Eh! que nous fait le témoignage d'un roi de Perse? Et quelle confiance pouvait mériter un auteur qui ne savait pas ou qui feignait d'ignorer qu'on ne doit point attaquer le crime par le ridicule, et qu'un portrait cesse d'être odieux dès qu'il est chargé de traits burlesques? On ne rit point à l'aspect d'un tyran ou d'un scélérat, on ne doit pas rire de son image, sous quelque forme qu'elle paraisse. Aristophane peignait fortement l'insolence et les rapines de ce Cléon qu'il haïssait, et qui était à la tête de la république; mais des bouffonneries grossières et dégoûtantes détruisaient à l'instant l'effet de ses tableaux. Cléon, dans quelques scènes du plus bas comique, terrassé par un homme de la lie du peuple, qui lui dispute et lui ravit l'empire de l'impudence, fut trop grossièrement avili pour devenir méprisable. Qu'en arrivait-il? La multitude s'égayait à ses dépens, comme elle s'égayait, dans d'autres pièces du même auteur, aux dépens d'Hercule et de Bacchus; mais en sortant du théâtre elle courait se prosterner devant Bacchus, Hercule et Cléon.

Les reproches que faisait le poëte aux Athéniens, sans être plus utiles, étaient plus modérés. Outre qu'on pardonnait ces sortes de licences, quand elles ne blessaient pas la constitution établie, Aristophane accompagnait les siennes de correctifs amenés avec adresse. « Ce peuple, disait-il, agit sans réflexion et sans suite; il est dur, colère, insatiable de louanges : dans ses assemblées c'est un vieillard qui entend à demi-mot, et qui cependant se laisse conduire comme un enfant auquel on présente un petit gâteau; mais partout ailleurs il est plein d'esprit et de bon sens : il sait qu'il se trompe, il le souffre pendant quelque temps, reconnaît ensuite son erreur, et finit par punir ceux qui ont abusé de sa bonté. » Le vieillard, flatté de l'éloge, riait de ses défauts, et, après s'être moqué de ses dieux, de ses chefs et de lui-même, continuait d'être superstitieux et léger.

Un spectacle si plein d'indécence et de malignité révoltait les gens les plus sages et les plus éclairés de la nation.

Ils étaient tellement éloignés de le regarder comme le soutien des mœurs, que Socrate n'assistait point à la représentation des comédies, et que la loi défendait aux aréopagistes d'en composer.

Ici Théodecte s'écria : La cause est finie, et se leva aussitôt. Attendez, répondit Nicéphoro, il nous revient une décision sur vos auteurs. Qu'aurai-je à craindre? disait Théodecte. Socrate voyait avec plaisir les pièces d'Euripide ; il estimait Sophocle, et nous avons toujours vécu en bonne intelligence avec les philosophes. Comme j'étais à ses côtés je lui dis tout bas : Vous êtes bien généreux. Il sourit, et fit de nouveaux efforts pour se retirer; mais on le retint, et je me vis forcé de reprendre la parole, que j'adressai à Théodecte.

Socrate et Platon rendaient justice aux talents ainsi qu'à la probité de vos meilleurs écrivains, mais ils les accusaient d'avoir, à l'exemple des autres poètes, dégradé les dieux et les héros. Vous n'oseriez en effet les justifier sur ce premier article. Toute vertu, toute morale est détruite quand les objets du culte public, plus vicieux, plus injustes et plus barbares que les hommes mêmes, tendent des pièges à l'innocence pour la rendre malheureuse, et la poussent au crime pour l'en punir. La comédie qui expose de pareilles divinités à la risée du public est moins coupable que la tragédie qui les propose à notre vénération.

Zopyre. Il serait aisé de leur donner un plus auguste caractère. Mais que pourrait-on ajouter à celui des héros d'Eschyle et de Sophocle ?

Anacharsis. Une grandeur plus réelle et plus constante. Je vais tâcher de m'expliquer. A voir les changements qui se sont opérés en vous depuis votre civilisation, il semble qu'on peut distinguer trois sortes d'hommes, qui n'ont entre eux que des rapports généraux : l'homme de la nature, tel qu'il paraissait encore dans les siècles héroïques ; l'homme de l'art, tel qu'il est aujourd'hui; et l'homme que la philosophie a, depuis quelque temps, entrepris de former.

Le premier, sans apprêt et sans fausseté, mais excessif dans ses vertus et dans ses faiblesses, n'a point de mesure fixe. Il est trop grand ou trop petit : c'est celui de la tragédie.

Le second, ayant perdu les traits nobles et généreux qui distinguaient le premier, ne sait plus ni ce qu'il est ni ce qu'il veut être. On ne voit en lui qu'un mélange bizarre de formes qui l'attachent plus aux apparences qu'à la réalité, de dissimulations si fréquentes qu'il semble emprunter les qualités mêmes qu'il possède : toute sa ressource est de jouer la comédie, et c'est lui que la comédie joue à son tour.

Le troisième est modelé sur des proportions nouvelles. Une raison plus forte que ses passions lui a donné un caractère vigoureux et uniforme ; il se place au niveau des événements, et ne permet pas qu'ils le traînent à leur suite comme un vil esclave : il ignore si les accidents funestes de la vie sont des biens ou des maux ; il sait uniquement qu'ils sont une suite de cet ordre général auquel il se fait un devoir d'obéir. Il jouit sans remords, il fournit sa carrière en silence, et voit sans crainte la mort s'avancer à pas lents.

Zopyre. Et n'est-il pas vivement affligé quand il est privé d'un père, d'un fils, d'une épouse, d'un ami ?

Anacharsis. Il sent déchirer ses entrailles ; mais, fidèle à ses principes, il se roidit contre la douleur, et ne laisse échapper, ni en public, ni en particulier, des pleurs et des cris inutiles.

Zopyre. Ces cris et ces pleurs soulageraient son âme.

Anacharsis. Ils l'amolliraient ; elle serait dominée une fois, et se disposerait à l'être encore plus dans la suite. Observez en effet que cette âme est comme divisée en deux parties : l'une qui, toujours en mouvement et ayant toujours besoin de se passionner, préférerait les vives atteintes de la douleur au tourment insupportable du repos ; l'autre qui ne s'occupe qu'à donner un frein à l'impétuosité de la première, et qu'à nous procurer un calme que le tumulte des sens et des passions ne puisse pas troubler. Or ce n'est pas ce système de paix intérieure que les auteurs tragiques veulent établir ; ils ne choisiront point pour leur personnage principal un homme sage et toujours semblable à lui-même : un tel caractère serait trop difficile à imiter, et ne frapperait pas la multitude. Ils s'adressent à la partie la plus sensible et la plus aveugle de notre âme : ils la secouent, ils la tourmentent, et, en la pénétrant de terreur et de pitié, ils la forcent de se rassasier de ces pleurs et de ces plaintes dont elle est pour ainsi dire affamée.

Qu'espérer désormais d'un homme qui, depuis son enfance, a fait un exercice continuel de craintes et de pusillanimité ? Comment se persuaderait-il que c'est une lâcheté, une honte de succomber à ses maux, lui qui voit tous les jours Hercule et Achille se permettre dans la douleur des cris, des gémissements et des plaintes ; qui tous les jours voit un peuple entier honorer de ses larmes l'état de dégradation où le malheur a réduit ces héros auparavant invincibles ?

Non, la philosophie ne saurait se concilier avec la tragédie : l'une détruit continuellement l'ouvrage de l'autre : la première crie d'un ton sévère au malheureux : Oppose un front serein à la tempête ; reste debout et tranquille au milieu des ruines qui te frappent de tous côtés ; respecte la main qui t'écrase, et souffre sans murmurer : telle est la loi de la sagesse. La tragédie, d'une voix plus touchante et plus persuasive, lui crie à son tour : Mendiez des consolations ; déchirez vos vêtements ; roulez-vous dans la poussière ; pleurez et laissez éclater votre douleur : telle est la loi de la nature.

Nicéphore triomphait : il concluait de ces réflexions qu'en se perfectionnant la comédie se rapprocherait de la philosophie, et que la tragédie s'en écarterait de plus en plus. Un sourire malin qui lui échappa dans le moment irrita si fort le jeune Zopyre, que, sortant tout à coup des bornes de la modération, il dit que je n'avais rapporté que le sentiment de Platon, et que des idées chimériques ne prévaudraient jamais sur le jugement éclairé des Athéniens et surtout des Athéniennes, qui ont toujours préféré la tragédie à la comédie. Il se déchaîna ensuite contre un drame qui, après deux siècles d'efforts, se ressentait encore des vices de son origine.

Je connais, disait-il à Nicéphore, vos plus célèbres écrivains. Je viens de relire toutes les pièces d'Aristophane, à l'exception de celle des *Oiseaux*, dont le sujet m'a révolté dès les premières scènes ; je soutiens qu'il ne vaut pas sa réputation. Sans parler de ce sel acrimonieux et déchirant, et de tant de méchancetés noires dont il a rempli ses écrits, que de pensées obscures ! que de jeux de mots insipides ! quelle inégalité de style !

J'ajoute, dit Théodecte en l'interrompant, quelle élégance, quelle pureté dans la diction ! quelle finesse dans les plaisanteries ! quelle vérité, quelle chaleur dans le dialogue ! quelle poésie dans les chœurs ! Jeune homme, ne vous rendez pas difficile pour paraître éclairé, et souvenez-vous que s'attacher par préférence aux écarts du génie n'est bien souvent que vice du cœur ou disette d'esprit. De ce qu'un grand homme n'admire pas tout, il ne s'ensuit pas que celui qui n'admire rien soit un grand homme. Ces auteurs, dont vous calculez les forces avant que d'avoir mesuré les vôtres, fourmillent de défauts et de beautés. Ce sont les irrégularités de la nature, laquelle, malgré les imperfections que notre ignorance y découvre, ne paraît pas moins grande aux yeux attentifs.

Aristophane connut cette espèce de raillerie qui plaisait alors aux Athéniens, et celle qui doit plaire à tous les siècles. Ses écrits renferment tellement le germe de la vraie comédie et les modèles du bon comique, qu'on ne pourra le surpasser qu'en se pénétrant de ses beautés. Vous en auriez été convaincu vous-même à la lecture de cette allégorie, qui pétille de traits originaux, si vous aviez eu la patience de l'achever. On me permettra de vous donner une idée de quelques-unes des scènes qu'elle contient.

Pisthétère et un autre Athénien, pour se mettre à l'abri des procès et des dissensions qui les dégoûtent du séjour d'Athènes, se transportent à la région des oiseaux, et leur persuadent de construire une ville au milieu des airs ; les premiers travaux doivent être accompagnés du sacrifice d'un bouc ; les cérémonies en sont suspendues par des importuns qui viennent successivement chercher fortune dans cette nouvelle ville. C'est d'abord un poète qui, tout en arrivant, chante ces paroles : « Célébrez, Muses, célébrez l'heureuse Néphélococcygie [1]. » Pisthétère lui demande son nom et celui de son pays. Je suis, répondit-il, pour me servir de l'expression d'Homère, le fidèle serviteur des Muses ; mes lèvres distillent le miel de l'harmonie.

PISTHÉTÈRE.

Quel motif vous amène en ces lieux?

LE POÈTE.

Rival de Simonide, j'ai composé des cantiques sacrés de toutes les espèces, pour toutes les cérémonies, tous en l'honneur de cette nouvelle ville, que je ne cesserai de chanter. O père! ô fondateur d'Etna! faites couler sur moi la source des bienfaits que je voudrais accumuler sur votre tête.

(*C'est la parodie de quelques vers que Pindare avait adressés à Hiéron, roi de Syracuse.*)

PISTHÉTÈRE.

Cet homme me tourmentera jusqu'à ce que je lui fasse quelque présent. Écoute (*à son esclave*) ; donne-lui ta casaque, et garde ta tunique. (*Au poète.*) Prenez ce vêtement, car vous paraissez transi de froid.

LE POÈTE.

Ma muse reçoit vos dons avec reconnaissance. Écoutez maintenant ces vers de Pindare.

(*C'est une nouvelle parodie, par laquelle il demande la tunique de l'esclave. Il l'obtient enfin, et se retire en chantant.*)

PISTHÉTÈRE.

Enfin me voilà heureusement échappé à la froideur de ses vers. Qui l'eût dit qu'un tel fléau s'introduirait sitôt parmi nous ? Mais continuons notre sacrifice.

LE PRÊTRE.

Faites silence.

---

[1] C'est le nom qu'on vient de donner à la nouvelle ville ; il désigne la ville des oiseaux dans la région des nues.

UN DEVIN, *tenant un livre.*

Ne touchez point à la victime.

PISTHÉTÈRE.

Qui êtes-vous ?

LE DEVIN.

L'interprète des oracles.

PISTHÉTÈRE.

Tant pis pour vous.

LE DEVIN.

Prenez garde, et respectez les choses saintes ; je vous apporte un oracle concernant cette ville.

PISTHÉTÈRE.

Il fallait me le montrer plus tôt.

LE DEVIN.

Les dieux ne l'ont pas permis.

PISTHÉTÈRE.

Voulez-vous le réciter ?

LE DEVIN.

« Quand les loups habiteront avec les corneilles, dans la plaine qui sépare Sicyone de Corinthe [1].... »

PISTHÉTÈRE.

Qu'ai-je de commun avec les Corinthiens ?

LE DEVIN.

C'est une image mystérieuse, l'oracle désigne la région de l'air où nous sommes. En voici la suite : « Vous sacrifierez un bouc à la terre, et vous donnerez à celui qui le premier vous expliquera mes volontés un bel habit et une chaussure neuve. »

PISTHÉTÈRE.

La chaussure en est-elle ?

LE DEVIN.

Prenez et lisez : « Plus, un flacon de vin et une portion des entrailles de la victime. »

PISTHÉTÈRE.

Les entrailles en sont aussi ?

[1] Il y avait un oracle célèbre qui commençait par ces mots. (Schol. Aristoph. in *Av.* v. 969.)

LE DEVIN.

Prenez et lisez : « Si vous exécutez mes ordres, vous serez au-dessus des mortels, comme un aigle est au-dessus des oiseaux. »

PISTHÉTÈRE.

Cela y est-il encore ?

LE DEVIN.

Prenez et lisez.

PISTHÉTÈRE.

J'ai dans ces tablettes un oracle que j'ai reçu d'Apollon ; il diffère un peu du vôtre, le voici : « Quand quelqu'un, sans être invité, aura l'effronterie de se glisser parmi vous, de troubler l'ordre des sacrifices et d'exiger une portion de la victime, vous le rouerez de coups de bâton. »

LE DEVIN.

Vous badinez, je pense ?

PISTHÉTÈRE.

Prenez et lisez. « Fût-ce un aigle, fût-ce un des plus illustres imposteurs d'Athènes, frappez et ne l'épargnez pas. »

LE DEVIN.

Cela y est-il aussi ?

PISTHÉTÈRE.

Prenez et lisez. Hors d'ici, et allez-vous-en débiter vos oracles ailleurs.

A peine est-il sorti, qu'on voit paraître l'astronome Méton, qui, la règle et le compas à la main, propose d'aligner la nouvelle ville, et tient des discours absurdes. Pisthétère lui conseille de se retirer, et emploie les coups pour l'y contraindre. Aujourd'hui que le mérite de Méton est généralement reconnu, cette scène lui fait moins de tort qu'au poète.

Alors se présente un de ces inspecteurs que la république envoie chez les peuples qui lui payent des tribus, et dont ils exigent des présents. On l'entend crier en s'approchant · Où sont donc ceux qui devraient me recevoir ?

PISTHÉTÈRE.

Quel est ce Sardanapale ?

L'INSPECTEUR.

Le sort m'a donné l'inspection sur la nouvelle ville.

PISTHÉTÈRE.

De la part de qui venez-vous ?

CHAPITRE LXXI.

L'INSPECTEUR.

De la part du peuple d'Athènes.

PISTHÉTÈRE.

Tenez, il ne faudrait pas vous faire des affaires ici. Transigeons ; nous vous donnerons quelque chose, et vous retournerez chez vous.

L'INSPECTEUR.

Par les dieux ! j'y consens ; car il faut que je me trouve à la prochaine assemblée générale. C'est au sujet d'une négociation que j'ai entamée avec Pharnace, un des lieutenants du roi de Perse.

PISTHÉTÈRE, *le battant.*

Voilà ce que je vous avais promis : allez-vous-en bien vite maintenant.

L'INSPECTEUR.

Qu'est-ce donc que ceci ?

PISTHÉTÈRE.

C'est la décision de l'assemblée au sujet de Pharnace.

L'INSPECTEUR.

Quoi ! l'on ose me frapper, et je suis inspecteur ? Des témoins. (*Il sort.*)

PISTHÉTÈRE.

C'est une chose effroyable : nous commençons à peine à bâtir notre ville, et déjà des inspecteurs !

UN CRIEUR D'ÉDITS.

Si un habitant de la nouvelle ville insulte un Athénien...

PISTHÉTÈRE.

Que veut cet autre avec ses paperasses ?

LE CRIEUR.

Je crie les édits du sénat et du peuple ; j'en apporte de nouveaux. Qui veut les acheter ?

PISTHÉTÈRE.

Qu'ordonnent-ils ?

LE CRIEUR.

Que vous vous conformerez à nos poids, à nos mesures et à nos décrets.

PISTHÉTÈRE.

Attends : je vais te montrer ceux que nous employons quelquefois. (*Il le bat.*)

LE CRIEUR.

Que faites-vous ?

PISTHÉTÈRE.

Si tu ne te retires avec tes décrets...

L'INSPECTEUR, *revenant sur le théâtre.*

Je somme Pisthétère à comparaître en justice pour cause d'outrages.

PISTHÉTÈRE.

Quoi ! te voilà encore ?

LE CRIEUR, *revenant sur le théâtre.*

Si quelqu'un chasse nos magistrats, au lieu de les accueillir avec les honneurs qui leur sont dus...

PISTHÉTÈRE.

Et te voilà aussi ?

L'INSPECTEUR.

Tu seras condamné à payer mille drachmes.

(*Ils rentrent et sortent plusieurs fois. Pisthétère poursuit tantôt l'un, tantôt l'autre, et les force enfin à se retirer.*)

Si vous joignez à cet extrait le jeu des acteurs, vous concevrez sans peine que le vrai secret de faire rire le peuple et sourire les gens d'esprit est connu depuis long-temps, et qu'il ne reste plus qu'à l'appliquer aux différents genres de ridicules. Nos auteurs sont nés dans les plus heureuses circonstances. Jamais tant de pères avares et de fils prodigues ; jamais tant de fortunes renversées par l'amour du jeu, des procès et des courtisanes ; jamais enfin tant de prétention dans chaque état, et une si grande exagération dans les idées, dans les sentiments, et jusque dans les vices.

Ce n'est que chez des peuples riches et éclairés, comme les Athéniens et ceux de Syracuse, que le goût de la comédie peut naître et se perfectionner. Les premiers ont même un avantage marqué sur les seconds : leur dialecte se prête mieux à cette espèce de drame que celui des Syracusains, qui a quelque chose d'emphatique.

Nicéphore parut touché des éloges que Théodecte venait de donner à l'ancienne comédie. Je voudrais avoir assez de talents, lui disait-il, pour rendre un juste hommage aux chefs-d'œuvre de votre théâtre. J'ai osé relever quelques-uns de ses défauts ; il ne s'agissait pas alors de ses beautés. Maintenant qu'on demande si la tragédie est susceptible de nouveaux progrès, je vais m'expliquer clairement. Par rapport à la constitution de la fable, l'art plus approfondi découvrira peut-être des moyens qui manquèrent aux premiers auteurs, parce qu'on ne peut pas assigner de limites à l'art; mais on ne peindra jamais mieux qu'ils n'ont fait les sentiments de la nature, parce que la nature n'a pas deux langages.

Cet avis passa tout d'une voix, et la séance finit.

CHAPITRE LXXII.

Extrait d'un voyage sur les côtes de l'Asie et dans quelques-unes des îles voisines.

Philotas avait dans l'île de Samos des possessions qui exigeaient sa présence. Je lui proposai de partir avant le terme qu'il avait fixé, de nous rendre à Chio, de passer dans le continent, de parcourir les principales villes grecques établies en Éolide, en Ionie et en Doride; de visiter ensuite les îles de Rhodes et de Crète, afin de voir, à notre retour, celles qui sont situées vers les côtes de l'Asie, telles qu'Astypalée, Cos, Patmos, d'où nous irions à Samos. La relation de ce voyage serait d'une longueur excessive; je vais simplement extraire de mon journal les articles qui m'ont paru convenir au plan général de cet ouvrage.

Apollodore nous donna son fils Lysis, qui, après avoir achevé ses exercices, venait d'entrer dans le monde. Plusieurs de nos amis voulurent nous accompagner; Stratonicus, entre autres, célèbre joueur de cithare, très-aimable pour ceux qu'il aimait, très-redoutable pour ceux qu'il n'aimait pas; car ses fréquentes reparties réussissaient souvent. Il passait sa vie à voyager dans les différents cantons de la Grèce : il venait alors de la ville d'Ænos en Thrace. Nous lui demandâmes comment il avait trouvé ce climat; il nous dit : « L'hiver y règne pendant quatre mois de l'année, et le froid pendant les huit autres. » En je ne sais quel endroit, ayant promis de donner des leçons publiques de son art, il ne put rassembler que deux élèves; il enseignait dans une salle où se trouvaient les neuf statues des Muses avec celle d'Apollon. « Combien avez-vous d'écoliers? lui dit quelqu'un. — Douze, répondit-il, les dieux compris. »

L'île de Chio, où nous abordâmes, est une des plus grandes et des plus célèbres de la mer Egée. Plusieurs chaînes de montagnes couronnées de beaux arbres y forment des vallées délicieuses, et les collines y sont en divers endroits couvertes de vignes qui produisent un vin excellent. On estime surtout celui d'un canton nommé Arvisia.

Les habitants prétendent avoir transmis aux autres nations l'art de cultiver la vigne. Ils font très-bonne chère. Un jour que nous dînions chez un des principaux de l'île, on agita la fameuse question de la patrie d'Homère : quantité de peuples veulent s'approprier cet homme célèbre. Les prétentions des autres villes furent rejetées avec mépris, celles de Chio défendues avec chaleur : entre autres preuves, on nous dit que les descendants d'Homère subsistaient encore dans l'île sous le nom d'Homérides. A l'instant même nous en vîmes paraître deux, vêtus d'une robe magnifique, et la tête couverte d'une couronne d'or. Ils n'entamèrent point l'éloge du poète ; ils avaient un encens plus précieux à lui offrir. Après une invocation à Jupiter, ils chantèrent alternativement plusieurs morceaux de l'Iliade, et mirent tant d'intelligence dans l'exécution que nous découvrîmes de nouvelles beautés aux traits qui nous avaient le plus frappés.

Ce peuple posséda pendant quelque temps l'empire de la mer. Sa puissance et ses richesses lui devinrent funestes. On lui doit cette justice, que, dans ses guerres contre les Perses, les Lacédémoniens et les Athéniens, il montra la même prudence dans les succès que dans les revers ; mais on doit le blâmer d'avoir introduit l'usage d'acheter des esclaves. L'oracle, instruit de ce forfait, lui déclara qu'il s'était attiré la colère du ciel. C'est une des plus belles et des plus inutiles réponses que les dieux aient faites aux hommes.

De Chio, nous nous rendîmes à Cume en Éolide, et c'est de là que nous partîmes pour visiter ces villes florissantes qui bornent l'empire des Perses du côté de la mer Égée. Ce que j'en vais dire exige quelques notions préliminaires.

Dès les temps les plus anciens, les Grecs se trouvèrent divisés en trois grandes peuplades, qui sont les Doriens, les Éoliens et les Ioniens. Ces noms, à ce qu'on prétend, leur furent donnés par les enfants de Deucalion, qui régna en Thessalie. Deux de ses fils, Dorus et Éolus, et son petit-fils Ion, s'étant établis en différents cantons de la Grèce, les peuples policés, ou du moins réunis par les soins de ces étrangers, se firent un honneur de porter leurs noms, comme on voit les diverses écoles de la philosophie se distinguer par ceux de leurs fondateurs.

Les trois grandes classes que je viens d'indiquer se font encore remarquer par des traits plus ou moins sensibles. La langue grecque nous présente trois dialectes principaux, le dorien, l'éolien et l'ionien, qui reçoivent des subdivisions sans nombre. Le dorien, qu'on parle à Lacédémone, en Argolide, en Crète, en Sicile, etc., forme dans tous ces lieux, et ailleurs, des idiomes particuliers. Il en est de même de l'ionien. Quant à l'éolien, il se confond souvent avec le dorien ; et ce rapprochement se manifestant sur d'autres points essentiels, ce n'est qu'entre les Doriens et les Ioniens qu'on pourrait établir une espèce de parallèle. Je ne l'entreprendrai pas ; je cite simplement un exemple : les mœurs des premiers ont toujours été sévères ; la grandeur et la simplicité caractérisent leur musique, leur architecture, leur langue et leur poésie. Les seconds ont plutôt adouci leur caractère ; tous les ouvrages sortis de leurs mains brillent par l'élégance et le goût.

Il règne entre les uns et les autres une antipathie fondée peut-être sur ce que Lacédémone tient le premier rang parmi les nations doriennes, et Athènes parmi les ioniennes ; peut-être sur ce que les hommes ne peuvent se classer sans qu'ils se divisent.

Quoi qu'il en soit, les Doriens ont acquis une plus haute considération que les Ioniens, qui, en certains endroits, rougissent d'une pareille dénomination. Ce mépris, que les Athéniens n'ont jamais éprouvé, s'est singulièrement accru depuis que les Ioniens de l'Asie ont été soumis tantôt à des tyrans particuliers, tantôt à des nations barbares.

Environ deux siècles après la guerre de Troie, une colonie de ces Ioniens fit un établissement sur les côtes de l'Asie, dont elle avait chassé les anciens habitants. Peu de temps auparavant, des Éoliens s'étaient emparés du pays qui est au nord de l'Ionie, et celui qui est au midi tomba ensuite entre les mains des Doriens. Ces trois cantons forment sur les bords de la mer une lisière qui, en droite ligne, peut avoir de longueur mille sept cents stades[1], et environ quatre cent soixante dans sa plus grande largeur[2]. Je ne comprends pas dans ce calcul les îles de Rhodes, de Cos, de Samos, de Chio et de Lesbos, quoiqu'elles fassent partie des trois colonies.

Le pays qu'elles occupèrent dans le continent est renommé pour sa richesse et sa beauté. Partout la côte se trouve heureusement diversifiée par des caps et des golfes, autour desquels s'élèvent quantité de bourgs et de villes : plusieurs rivières, dont quelques-unes semblent se multiplier par de fréquents détours, portent l'abondance dans les campagnes. Quoique le sol de l'Ionie n'égale pas en fertilité celui de l'Éolide, on y jouit d'un ciel plus serein et d'une température plus douce.

Les Éoliens possèdent dans le continent onze villes, dont les députés s'assemblent en certaines occasions dans celle de Cume. La confédération des Ioniens s'est formée entre douze principales

[1] Soixante-quatre lieues. — [2] Environ dix-sept lieues un tiers.

villes. Leurs députés se réunissent tous les ans auprès d'un temple de Neptune, situé dans un bois sacré, au-dessous du mont Mycale, à une légère distance d'Éphèse. Après un sacrifice interdit aux Ioniens, présidé par un jeune homme de Priène, on délibère sur les affaires de la province. Les états des Doriens s'assemblent au promontoire Triopium. La ville de Cnide, l'île de Cos et trois villes de Rhodes ont seules le droit d'y envoyer des députés.

C'est à peu près de cette manière que furent réglées, dès les plus anciens temps, les diètes des Grecs asiatiques. Tranquilles dans leurs nouvelles demeures, ils cultivèrent en paix de riches campagnes, et furent invités par la position des lieux à transporter leurs denrées de côte à côte. Bientôt leur commerce s'accrut avec leur industrie. On les vit dans la suite s'établir en Égypte, affronter la mer Adriatique et celle de Tyrrhénie, se construire une ville en Corse, et naviguer à l'île de Tartessus, au delà des Colonnes d'Hercule.

Cependant leurs premiers succès avaient fixé l'attention d'une nation trop voisine pour n'être pas redoutable. Les rois de Lydie, dont Sardes était la capitale, s'emparèrent de quelques-unes de leurs villes. Crœsus les assujettit toutes, et leur imposa un tribut. Avant d'attaquer ce prince, Cyrus leur proposa de joindre leurs armes aux siennes; elles s'y refusèrent. Après sa victoire, il dédaigna leurs hommages, et fit marcher contre elles ses lieutenants, qui les unirent à la Perse par droit de conquête.

Sous Darius, fils d'Hystaspe, elles se soulevèrent. Bientôt, secondées des Athéniens, elles brûlèrent la ville de Sardes, et allumèrent entre les Perses et les Grecs cette haine fatale que des torrents de sang n'ont pas encore éteinte. Subjuguées de nouveau par les premiers, contraintes de leur fournir des vaisseaux contre les seconds, elles secouèrent leur joug après la bataille de Mycale. Pendant la guerre du Péloponnèse, alliées quelquefois des Lacédémoniens, elles le furent plus souvent des Athéniens, qui finirent par les asservir. Quelques années après, la paix d'Antalcidas les restitua pour jamais à leurs anciens maîtres.

Ainsi, pendant environ deux siècles, les Grecs de l'Asie ne furent occupés qu'à porter, user, briser et reprendre leurs chaînes. La paix n'était pour eux que ce qu'elle est pour toutes les nations policées, un sommeil qui suspend les travaux pour quelques instants. Au milieu de ces funestes révolutions, des villes entières opposèrent une résistance opiniâtre à leurs ennemis. D'autres donnèrent de plus grands exemples de courage. Les habitants de Téos et de Phocée abandonnèrent les tombeaux de leurs pères : les premiers allèrent s'établir à Abdère en Thrace ; une partie des seconds, après avoir long-temps erré sur les flots, jeta les fondements de la ville d'Élée en Italie et de celle de Marseille dans les Gaules.

Les descendants de ceux qui restèrent dans la dépendance de la Perse payent le tribut que Darius avait imposé à leurs ancêtres. Dans la division générale que ce prince fit de toutes les provinces de son empire, l'Éolide, l'Ionie et la Doride, jointes à la Pamphylie, la Lycie et autres contrées, furent taxées pour toujours à quatre cents talents[1] ; somme qui ne paraîtra pas exorbitante si l'on considère l'étendue, la fertilité, l'industrie et le commerce de ces contrées. Comme l'assiette de l'impôt occasionnait des dissensions entre les villes et les particuliers, Artapherne, frère de Darius, ayant fait mesurer et évaluer par parasanges[2] les terres des contribuables, fit approuver par leurs députés un tableau de répartition qui devait concilier tous les intérêts et prévenir tous les troubles.

On voit, par cet exemple, que la cour de Suze voulait retenir les Grecs, ses sujets, dans la soumission plutôt que dans la servitude ; elle leur avait même laissé leurs lois, leur religion, leurs fêtes et leurs assemblées provinciales. Mais, par une fausse politique, le souverain accordait le domaine, ou du moins l'administration d'une ville grecque, à l'un de ses citoyens, qui, après avoir répondu de la fidélité de ses compatriotes, les excitait à la révolte, ou exerçait sur eux une autorité absolue. Ils avaient alors à supporter les hauteurs du gouverneur général de la province et les vexations des gouverneurs particuliers qu'il protégeait ; et, comme ils étaient trop éloignés du centre de l'empire, leurs plaintes parvenaient rarement au pied du trône. Ce fut en vain que Mardonius, le même qui commanda l'armée des Perses sous Xerxès, entreprit de ramener la constitution à ses principes. Ayant obtenu le gouvernement de Sardes, il rétablit la démocratie dans les villes de l'Ionie, et en chassa tous les tyrans subalternes ; ils reparurent bientôt, parce que les successeurs de Darius, voulant récompenser leurs flatteurs, ne trouvaient rien de si facile que de leur abandonner le pillage d'une ville éloignée. Aujourd'hui que les concessions s'accordent plus rarement, les Grecs asiatiques, amollis par les plaisirs, ont laissé partout l'oligarchie s'établir sur les ruines du gouvernement populaire.

Maintenant, si l'on veut y faire attention, on se convaincra ai-

[1] Environ deux millions cinq cent mille livres.
[2] C'est-à-dire par parasanges carrées. La parasange valait deux mille deux cent soixante-huit toises.

sément qu'il ne leur fut jamais possible de conserver une entière liberté. Le royaume de Lydie, devenu dans la suite une des provinces de l'empire des Perses, avait pour limites naturelles, du côté de l'ouest, la mer Égée, dont les rivages sont peuplés par les colonies grecques. Elles occupent un espace si étroit, qu'elles devaient nécessairement tomber entre les mains des Lydiens et des Perses, ou se mettre en état de leur résister. Or, par un vice qui subsiste aussi parmi les républiques fédératives du continent de la Grèce, non-seulement l'Éolide, l'Ionie et la Doride, menacées d'une invasion, ne réunissaient pas leurs forces, mais, dans chacune des trois provinces, les décrets de la diète n'obligeaient pas étroitement les peuples qui la composaient : aussi vit-on, du temps de Cyrus, les habitants de Milet faire leur paix particulière avec ce prince, et livrer aux fureurs de l'ennemi les autres villes de l'Ionie.

Quand la Grèce consentit à prendre leur défense, elle attira dans son sein les armées innombrables des Perses; et, sans les prodiges du hasard et de la valeur, elle aurait succombé elle-même. Si, après un siècle de guerres désastreuses, elle a renoncé au funeste projet de briser les fers ioniens, c'est qu'elle a compris enfin que la nature des choses opposait un obstacle invincible à leur affranchissement. Le sage Bias de Priène l'annonça hautement lorsque Cyrus se fut rendu maître de la Lydie. « N'attendez ici qu'un esclavage honteux, dit-il aux Ioniens assemblés ; montez sur vos vaisseaux, et traversez les mers, emparez-vous de la Sardaigne ainsi que des villes voisines ; vous coulerez ensuite des jours tranquilles. »

Deux fois, depuis leur entière soumission, ces peuples ont pu se soustraire à la domination des Perses : l'une en suivant le conseil de Bias ; l'autre en déférant à celui des Lacédémoniens, qui, après la guerre médique, leur offrirent de les transporter en Grèce. Ils ont toujours refusé de quitter leurs demeures ; et, s'il est permis d'en juger d'après leur population et leurs richesses, l'indépendance n'était pas nécessaire à leur bonheur.

Je reprends la narration de mon voyage, trop long-temps suspendue. Nous parcourûmes les trois provinces grecques de l'Asie. Mais, comme je l'ai promis plus haut, je bornerai mon récit à quelques observations générales.

La ville de Cume est une des plus grandes et des plus anciennes de l'Éolide. On nous avait peint les habitants comme des hommes presque stupides : nous vîmes bientôt qu'ils ne devaient cette réputation qu'à leurs vertus. Le lendemain de notre arrivée, la pluie survint pendant que nous nous promenions dans la place, entourée de portiques appartenant à la république. Nous voulûmes nous y réfugier; on nous retint : il fallait une permission. Une voix s'écria : Entrez dans les portiques; et tout le monde y courut. Nous apprîmes qu'ils avaient été cédés pour un temps à des créanciers de l'état. Comme le public respecte leur propriété, et qu'ils rougiraient de le laisser exposé aux intempéries des saisons, on a dit que ceux de Cume ne sauraient jamais qu'il faut se mettre à couvert quand il pleut si l'on n'avait soin de les en avertir. On a dit encore que, pendant trois cents ans, ils ignorèrent qu'ils avaient un port, parce qu'ils s'étaient abstenus, pendant cet espace de temps, de percevoir des droits sur les marchandises qui leur venaient de l'étranger.

Après avoir passé quelques jours à Phocée, dont les murailles sont construites en grosses pierres parfaitement jointes ensemble, nous entrâmes dans ces vastes et riches campagnes que l'Hermus fertilise de ses eaux, et qui s'étendent depuis les rivages de la mer jusqu'au delà de Sardes. Le plaisir de les admirer était accompagné d'une réflexion douloureuse. Combien de fois ont-elles été arrosées du sang des mortels! combien le seront-elles encore de fois! A l'aspect d'une grande plaine, on me disait en Grèce : C'est ici que, dans une telle occasion, périrent tant de milliers de Grecs; en Scythie : Ces champs, séjour éternel de la paix, peuvent nourrir tant de milliers de moutons.

Notre route, presque partout ombragée de beaux andrachnés, nous conduisit à l'embouchure de l'Hermus; et de là nos regards s'étendirent sur cette superbe rade formée par une presqu'île où sont les villes d'Érythre et de Téos. Au fond de la baie se trouvent quelques petites bourgades, restes infortunés de l'ancienne ville de Smyrne, autrefois détruite par les Lydiens. Elles portent encore le même nom; et si des circonstances favorables permettent un jour d'en réunir les habitants dans une enceinte qui les protége, leur position attirera sans doute chez eux un commerce immense. Ils nous firent voir, à une légère distance de leurs demeures, une grotte d'où s'échappe un petit ruisseau qu'ils nomment Mélès. Elle est sacrée pour eux; ils prétendent qu'Homère y composa ses ouvrages.

Dans la rade, presque en face de Smyrne, est l'île de Clazomènes, qui tire un grand profit de ses huiles. Ses habitants tiennent un des premiers rangs parmi ceux de l'Ionie. Ils nous apprirent le moyen dont ils usèrent une fois pour rétablir leurs finances. Après une guerre qui avait épuisé le trésor public, ils se trouvèrent devoir aux soldats congédiés la somme de vingt talents [1]; ne pouvant l'acquitter, ils en payèrent l'intérêt, fixé à vingt-cinq pour cent. Ils frappèrent ensuite des monnaies de fer, auxquelles ils assignèrent la même valeur qu'à celles d'argent. Les riches consentirent à les prendre pour celles qu'ils avaient entre leurs mains : la dette fut éteinte ; et les revenus de l'état, administrés avec économie, servirent à retirer insensiblement les fausses monnaies introduites dans le commerce.

Les petits tyrans établis autrefois en Ionie usaient de voies plus odieuses pour s'enrichir. A Phocée, on nous avait raconté le fait suivant : Un Rhodien gouvernait cette ville ; il dit en secret, et séparément aux chefs des deux factions qu'il avait formées lui-même, que leurs ennemis lui offraient une telle somme, s'il se déclarait pour eux. Il la retira de chaque côté, et parvint ensuite à réconcilier les deux partis.

Nous dirigeâmes notre route vers le midi. Outre les villes qui sont dans l'intérieur des terres, nous vîmes sur les bords de la mer, ou aux environs, Lébédos, Colophon, Éphèse, Priène, Myus, Milet, Iasus, Myndus, Halicarnasse et Cnide.

Les habitants d'Éphèse nous montraient avec regret les débris du temple de Diane, aussi célèbre par son antiquité que par sa grandeur. Quatorze ans auparavant il avait été brûlé, non par le feu du ciel ni par les fureurs de l'ennemi, mais par les caprices d'un particulier nommé Érostrate, qui, au milieu des tourments, avoua qu'il n'avait eu d'autre dessein que d'éterniser son nom. La diète générale des peuples d'Ionie fit un décret pour condamner ce nom fatal à l'oubli ; mais la défense doit en perpétuer le souvenir, et l'historien Théopompe me dit un jour qu'en racontant le fait il nommerait le coupable.

Il ne reste de ce superbe édifice que les quatre murs, et des colonnes qui s'élèvent au milieu des décombres. La flamme a consumé le toit et les ornements qui décoraient la nef. On commence à le rétablir. Tous les citoyens ont contribué, les femmes ont sacrifié leurs bijoux. Les parties dégradées par le feu seront restaurées ; celles qu'il a détruites reparaîtront avec plus de magnificence, du moins avec plus de goût. La beauté de l'intérieur était rehaussée par l'éclat de l'or et les ouvrages de quelques célèbres artistes ; elle le sera beaucoup plus par les tributs de la peinture et de la sculpture, perfectionnées en ces derniers temps. On ne changera point la forme de la statue, forme anciennement empruntée des Égyptiens, et qu'on retrouve dans les temples de plusieurs villes

[1] Cent huit mille livres.

grecques. La tête de la déesse est surmontée d'une tour; deux triangles de fer soutiennent ses mains; le corps se termine en une gaîne enrichie de figures d'animaux et d'autres symboles [1].

[1] L'an 356 avant J.-C., le temple d'Éphèse fut brûlé par Érostrate. Quelques années après, les Éphésiens le rétablirent. Il paraît que la flamme ne détruisit que le toit et les parties qui ne pouvaient se dérober à son activité. On peut voir à cet égard un excellent mémoire de M. le marquis de Poléni, inséré parmi ceux de l'Académie de Cortone. Si l'on s'en rapporte à son opinion, il faudra dire que, soit avant, soit après Erostrate, le temple avait les mêmes dimensions, et que sa longueur, suivant Pline, était de quatre cent vingt-cinq pieds (quatre cent un de nos pieds cinq pouces huit lignes); sa largeur, de deux cent vingt pieds (deux cent sept pieds neuf pouces quatre lignes); sa hauteur, de soixante pieds (cinquante-six pieds huit pouces). Je suppose qu'il est question de pieds grecs dans le passage de Pline.

Les Éphésiens avaient commencé à restaurer le temple lorsque Alexandre leur proposa de se charger seul de la dépense, à condition qu'ils lui en feraient honneur dans une inscription. Il essuya un refus dont ils obtinrent facilement le pardon. « Il ne convient pas à un dieu, lui dit le député des Ephésiens, de décorer le temple d'une autre divinité. »

Je me suis contenté d'indiquer en général les ornements de la statue, parce qu'ils varient sur les monuments qui nous restent, et qui sont postérieurs à l'époque du voyage d'Anacharsis; il est même possible que ces monuments ne se rapportent pas tous à la Diane d'Éphèse. Quoi qu'il en soit, dans quelques-uns, la partie supérieure du corps, ou de la gaîne qui en tient lieu, est couverte de mamelles; viennent ensuite plusieurs compartiments, séparés les uns des autres par un listel qui règne tout autour, et sur lequel on avait placé de petites figures représentant des victoires, des abeilles, des bœufs, des cerfs et d'autres animaux à mi-corps; quelquefois des lions en ronde-bosse sont attachés aux bras. Je pense que sur la statue ces symboles étaient en or. Xénophon, qui avait consacré dans son petit temple de Scillonte une statue de Diane semblable à celle d'Éphèse, dit que cette dernière était d'or, et que la sienne n'était que de cyprès. Comme il paraît, par d'autres auteurs, que la statue de Diane d'Éphèse était de bois, il est à présumer que Xénophon n'a parlé que des ornements dont elle était couverte.

Je hasarde ici l'explication d'un petit monument en or qui fut découvert dans le territoire de l'ancienne Lacédémone, et que M. le comte de Caylus a fait graver dans le second volume de son *Recueil d'Antiquités*. L'or en est de bas titre, et allié d'argent; le travail grossier, et d'une haute antiquité. Il représente un bœuf, ou plutôt un cerf accroupi : les trous dont il est percé montrent clairement qu'on l'avait attaché à un corps plus considérable; et si l'on veut le rapprocher des différentes figures de la Diane d'Éphèse, on tardera d'autant moins à se convaincre qu'il appartenait à quelque statue, qu'il ne pèse qu'une once un gros soixante grains, et que sa plus grande longueur n'est que de deux pouces deux lignes, et sa plus grande élévation, jusqu'à l'extrémité des cornes, de trois pouces une ligne. Peut-être fut-il transporté autrefois à Lacédémone; peut-être y décorait-il une des statues de Diane, ou même celle de l'Apollon d'Amyclæ, à laquelle on avait employé la totalité de l'or que Crœsus avait envoyé aux Lacédémoniens.

Je crois que plus les figures de la Diane d'Éphèse sont chargées d'ornements, moins elles sont anciennes. Sa statue ne présenta d'abord qu'une tête, des bras, des pieds, et un corps ensuite en forme de gaîne. On y appliqua ensuite les symboles des autres divinités, et surtout ceux qui caractérisent Isis, Cybèle, Cérès, etc.

Le pouvoir de la déesse et la dévotion des peuples augmentant dans la même proportion que ses attributs, elle fut regardée par les uns comme l'image de la nature productrice; par les autres, comme une des plus grandes divinités de l'Olympe. Son culte, connu depuis long-temps dans quelques pays éloignés, s'étendit dans l'Asie mineure, dans la Syrie, et dans la Grèce proprement dite. Il était dans son plus grand éclat sous les premiers empereurs romains; et ce fut alors que, d'autres divinités ayant obtenu par le même moyen un accroissement de puissance, on conçut l'idée de ces figures panthées que l'on conserve encore dans les cabinets, et qui réunissent les attributs de tous les dieux.

Les Éphésiens ont sur la construction des édifices publics une loi très-sage. L'architecte dont le plan est choisi fait ses soumissions et engage tous ses biens. S'il a rempli exactement les conditions du marché, on lui décerne des honneurs : la dépense excède-t-elle d'un quart, le trésor de l'état fournit ce surplus; va-t-elle par delà le quart, tout l'excédant est prélevé sur les biens de l'artiste.

Nous voici à Milet. Nous admirons ses murs, ses temples, ses fêtes, ses manufactures, ses ports, cet assemblage confus de vaisseaux, de matelots et d'ouvriers qu'agite un mouvement rapide. C'est le séjour de l'opulence, des lumières et des plaisirs; c'est l'Athènes de l'Ionie. Doris, fille de l'Océan, eut de Nérée cinquante filles, nommées Néréides, toutes distinguées par des agréments divers; Milet a vu sortir de son sein un plus grand nombre de colonies qui perpétuent sa gloire sur les côtes de l'Hellespont, de la Propontide et du Pont-Euxin[1]. Leur métropole donna le jour aux premiers historiens, aux premiers philosophes; elle se félicite d'avoir produit Aspasie et les plus aimables courtisanes. En certaines circonstances, les intérêts de son commerce l'ont forcée de préférer la paix à la guerre; en d'autres, elle a déposé les armes sans les avoir flétries, et de là ce proverbe : Les Milésiens furent vaillants autrefois.

Les monuments des arts décorent l'intérieur de la ville; les richesses de la nature éclatent aux environs. Combien de fois nous avons porté nos pas vers les bords du Méandre, qui, après avoir reçu plusieurs rivières et baigné les murs de plusieurs villes, se répand en replis tortueux au milieu de cette plaine qui s'honore de porter son nom, et se pare avec orgueil de ses bienfaits! Combien de fois, assis sur le gazon qui borde ses rives fleuries, de toutes parts entourés de tableaux ravissants, ne pouvant nous rassasier ni de cet air ni de cette lumière dont la douceur égale la pureté, nous sentions une langueur délicieuse se glisser dans nos âmes, et les jeter, pour ainsi dire, dans l'ivresse du bonheur! Telle est l'influence du climat de l'Ionie; et comme, loin de la corriger, les causes morales n'ont servi qu'à l'augmenter, les Ioniens sont devenus le peuple le plus efféminé et l'un des plus aimables de la Grèce.

Il règne dans leurs idées, leurs sentiments et leurs mœurs une certaine mollesse qui fait le charme de la société; dans leur musique et dans leurs danses, une liberté qui commence par révolter et finit par séduire. Ils ont ajouté de nouveaux attraits à la vo-

[1] Sénèque attribue à Milet soixante-quinze colonies; Pline, plus de quatre-vingts.

lupté, et leur luxe s'est enrichi de leurs découvertes : des fêtes nombreuses les occupent chez eux ou les attirent chez leurs voisins ; les hommes s'y montrent avec des habits magnifiques, les femmes avec l'élégance de la parure, tous avec le désir de plaire. Et de là ce respect qu'ils conservent pour les traditions anciennes qui justifient leurs faiblesses. Auprès de Milet, on nous conduisait à la fontaine de Biblis, où cette princesse infortunée expira d'amour et de douleur. On nous montra le mont Latmus, où Diane accordait ses faveurs au jeune Endymion. A Samos, les amants malheureux vont adresser leurs vœux aux mânes de Léontichus et de Rhadine.

Quand on remonte le Nil depuis Memphis jusqu'à Thèbes, on aperçoit, aux côtés du fleuve, une longue suite de superbes monuments, parmi lesquels s'élèvent par intervalles des pyramides et des obélisques. Un spectacle plus intéressant frappe le voyageur attentif qui, du port d'Halicarnasse en Doride, remonte vers le nord pour se rendre à la presqu'île d'Érythre. Dans cette route, qui, en droite ligne, n'a que neuf cents stades environ [1], s'offrent à ses yeux quantité de villes dispersées sur les côtes du continent et des îles voisines. Jamais, dans un si court espace, la nature n'a produit un si grand nombre de talents distingués et de généraux sublimes. Hérodote naquit à Halicarnasse, Hippocrate à Cos, Thalès à Milet, Pythagore à Samos, Parrhasius à Éphèse [2], Xénophanès [3] à Colophon, Anacréon à Téos, Anaxagore à Clazomènes, Homère partout : j'ai déjà dit que l'honneur de lui avoir donné le jour excite de grandes rivalités dans ces contrées. Je n'ai pas fait mention de tous les écrivains célèbres de l'Ionie, par la même raison qu'en parlant des habitants de l'Olympe on ne cite communément que les plus grands dieux.

De l'Ionie proprement dite, nous passâmes dans la Doride, qui fait partie de l'ancienne Carie. Cnide, située près du promontoire Triopium, donna le jour à l'historien Ctésias, ainsi qu'à l'astronome Eudoxe, qui a vécu de notre temps. On nous montrait, en passant, la maison où ce dernier faisait ses observations. Un moment après, nous nous trouvâmes en présence de la célèbre Vénus de Praxitèle. Elle est placée au milieu d'un petit temple qui reçoit le jour de deux portes opposées, afin qu'une lumière douce l'éclaire de toutes parts. Comment peindre la surprise du premier coup d'œil, les

---

[1] Environ trente-quatre lieues.

[2] Apelle naquit aussi dans cette contrée : à Cos suivant les uns, à Ephèse suivant les autres.

[3] Chef de l'école d'Elée.

illusions qui la suivirent bientôt? Nous prêtions nos sentiments au marbre; nous l'entendions soupirer. Deux élèves de Praxitèle, venus récemment d'Athènes pour étudier ce chef-d'œuvre, nous faisaient entrevoir des beautés dont nous ressentions les effets sans en pénétrer la cause. Parmi les assistants, l'un disait : « Vénus a quitté l'Olympe, elle habite parmi nous; » un autre : « Si Junon et Minerve la voyaient maintenant, elles ne se plaindraient plus du jugement de Pâris; » un troisième : « La déesse daigna autrefois se montrer sans voile aux yeux de Pâris, d'Anchise et d'Adonis; a-t-elle apparu de même à Praxitèle? Oui, répondit un des élèves, et sous la figure de Phryné. » En effet, au premier aspect, nous avions reconnu cette fameuse courtisane. Ce sont de part et d'autre les mêmes traits, le même regard. Nos jeunes artistes y découvraient en même temps le sourire enchanteur d'une autre maîtresse de Praxitèle, nommée Cratine.

C'est ainsi que les peintres et les sculpteurs, prenant leurs maîtresses pour modèles, les ont exposées à la vénération publique sous les noms de différentes divinités; c'est ainsi qu'ils ont représenté la tête de Mercure d'après celle d'Alcibiade.

Les Cnidiens s'enorgueillissent d'un trésor qui favorise à la fois les intérêts de leur commerce et ceux de leur gloire. Chez des peuples livrés à la superstition et passionnés pour les arts, il suffit d'un oracle ou d'un monument célèbre pour attirer les étrangers. On en voit très-souvent qui passent les mers, et viennent à Cnide contempler le plus bel ouvrage qui soit sorti des mains de Praxitèle [1].

Lysis, qui ne pouvait en détourner ses regards, exagérait son admiration, s'écriait de temps en temps : Jamais la nature n'a produit rien de si parfait. Et comment savez-vous, lui dis-je, que parmi ce nombre infini de formes qu'elle donne au corps humain, il n'en est point qui surpasse en beauté celle que nous avons devant les yeux ? A-t-on consulté tous les modèles qui ont existé, qui existent et qui existeront un jour? Vous conviendrez du moins, répondit-il, que l'art multiplie ces modèles, et qu'en assortissant avec soin les beautés éparses sur différents individus, il a trouvé le secret de suppléer à la négligence impardonnable de la nature : l'espèce humaine ne se montre-t-elle pas avec plus d'éclat et de dignité dans nos ateliers que parmi toutes les familles de la Grèce? Aux yeux de la nature, repris-je, rien n'est beau, rien n'est laid,

---

[1] Des médailles frappées à Cnide du temps des empereurs romains représentent, à ce qu'il paraît, la Vénus de Praxitèle. De la main droite la déesse cache son sexe, de la gauche elle tient un linge au-dessus d'un vase à parfums.

tout est dans l'ordre. Peu lui importe que de ses immenses combinaisons il résulte une figure qui présente toutes les perfections ou toutes les défectuosités que nous assignons au corps humain : son unique objet est de conserver l'harmonie, qui, en liant par des chaînes invisibles les moindres parties de l'univers à ce grand tout, les conduit paisiblement à leur fin. Respectez donc ses opérations; elles sont d'un genre si relevé que la moindre réflexion vous découvrirait plus de beautés réelles dans un insecte que dans cette statue.

Lysis, indigné des blasphèmes que je prononçais en présence de la déesse, me dit avec chaleur : Pourquoi réfléchir quand on est forcé de céder à des impressions si vives? Les vôtres le seraient moins, répondis-je, si vous étiez seul et sans intérêt, surtout si vous ignoriez le nom de l'artiste. J'ai suivi les progrès de vos sensations; vous avez été frappé au premier instant, et vous vous êtes exprimé en homme sensé; des ressouvenirs agréables se sont ensuite réveillés dans votre cœur, et vous avez pris le langage de la passion; quand nos jeunes élèves nous ont dévoilé quelque secret de l'art, vous avez voulu enchérir sur leurs expressions, et vous m'avez refroidi par votre enthousiasme. Combien fut plus estimable la candeur de cet Athénien qui se trouva par hasard au portique où l'on conserve la célèbre Hélène de Zeuxis! Il la considéra pendant quelques instants; et, moins surpris de l'excellence du travail que des transports d'un peintre placé à ses côtés, il lui dit : Mais je ne trouve pas cette femme si belle. C'est que vous n'avez pas mes yeux, répondit l'artiste.

Au sortir du temple nous parcourûmes le bois sacré, où tous les objets sont relatifs au culte de Vénus. Là semblent revivre et jouir d'une jeunesse éternelle la mère d'Adonis sous la forme du myrte, la sensible Daphné sous celle du laurier, le beau Cyparissus sous celle du cyprès. Partout le lierre flexible se tient fortement attaché aux branches des arbres; et, en quelques endroits, la vigne trop féconde y trouve un appui favorable. Sous des berceaux que de superbes platanes protégeaient de leur ombre, nous vîmes plusieurs troupes de Cnidiens qui, à la suite d'un sacrifice, prenaient un repas champêtre : ils chantaient leurs amours, et versaient fréquemment dans leurs coupes le vin délicieux que produit cette heureuse contrée.

Le soir, de retour à l'auberge, nos jeunes élèves ouvrirent leurs portefeuilles, et nous montrèrent, dans des esquisses qu'ils s'étaient procurées, les premières pensées de quelques artistes célèbres. Nous y vîmes aussi un grand nombre d'études qu'ils avaient faites d'après plusieurs beaux monuments, et en particulier d'après cette fameuse statue de Polyclète qu'on nomme *le canon* ou *la règle*. Ils portaient toujours avec eux l'ouvrage que composa cet artiste pour justifier les proportions de sa figure, et le Traité de la symétrie et des couleurs, récemment publié par le peintre Euphranor.

Alors s'élevèrent plusieurs questions sur la beauté, soit universelle, soit individuelle : tous la regardaient comme une qualité uniquement relative à notre espèce ; tous convenaient qu'elle produit une surprise accompagnée d'admiration, et qu'elle agit sur nous avec plus ou moins de force, suivant l'organisation de nos sens et les modifications de notre âme. Mais ils ajoutaient que l'idée qu'on s'en fait n'étant pas la même en Afrique qu'en Europe, et variant partout, suivant la différence de l'âge et du sexe, il n'était pas possible d'en réunir les divers caractères dans une définition exacte.

Un de nous, à la fois médecin et philosophe, après avoir observé que les parties de notre corps sont composées des éléments primitifs, soutint que la santé résulte de l'équilibre de ces éléments, et la beauté de l'ensemble de ces parties. Non, dit un des disciples de Praxitèle, il ne parviendrait pas à la perfection, celui qui, se traînant servilement après les règles, ne s'attacherait qu'à la correspondance des parties ainsi qu'à la justesse des proportions.

On lui demanda quels modèles se propose un grand artiste quand il veut représenter le souverain des dieux ou la mère des amours. Des modèles, répondit-il, qu'il s'est formés d'après l'étude réfléchie de la nature et de l'art, et qui conservent, pour ainsi dire, en dépôt tous les attraits convenables à chaque genre de beauté. Les yeux fixés sur un de ces modèles, il tâche, par un long travail, de le reproduire dans sa copie ; il la retouche mille fois ; il y met tantôt l'empreinte de son âme élevée, tantôt celle de son imagination riante, et ne la quitte qu'après avoir répandu la majesté suprême dans le Jupiter d'Olympie, ou les grâces séduisantes dans la Vénus de Cnide.

La difficulté subsiste, lui dis-je : ces simulacres de beauté dont vous parlez, ces images abstraites où le vrai simple s'enrichit du vrai idéal, n'ont rien de circonscrit ni d'uniforme. Chaque artiste les conçoit et les présente avec des traits différents. Ce n'est donc pas sur des mesures si variables qu'on doit prendre l'idée précise du beau par excellence.

Platon, ne le trouvant nulle part exempt de taches et d'altération, s'éleva, pour le découvrir, jusqu'à ce modèle que suivit l'ordonnateur de toutes choses quand il débrouilla le chaos. Là se trouvaient tracées d'une manière ineffable et sublime [1] toutes les espèces des objets qui tombent sous nos sens, toutes les beautés que le corps humain peut recevoir dans les diverses époques de notre vie. Si la matière rebelle n'avait opposé une résistance invincible à l'action divine, le monde visible posséderait toutes les perfections du monde intellectuel. Les beautés particulières, à la vérité, ne feraient sur nous qu'une impression légère, puisqu'elles seraient communes aux individus de même sexe et de même âge ; mais combien plus fortes et plus durables seraient nos émotions à l'aspect de cette abondance de beautés toujours pures et sans mélange d'imperfections, toujours les mêmes et toujours nouvelles !

Aujourd'hui notre âme, où reluit un rayon de lumière émané de la Divinité, soupire sans cesse après le beau essentiel ; elle en recherche les faibles restes, dispersés dans les êtres qui nous entourent, et en fait elle-même jaillir de son sein des étincelles qui brillent dans les chefs-d'œuvre des arts, et qui font dire que leurs auteurs, ainsi que les poètes, sont animés d'une flamme céleste.

On admirait cette théorie, on la combattait ; Philotas prit la parole. Aristote, dit-il, qui ne se livre pas à son imagination, peut-être parce que Platon s'abandonne trop à la sienne, s'est contenté de dire que la beauté n'est autre chose que l'ordre dans la grandeur. En effet, l'ordre suppose la symétrie, la convenance, l'harmonie ; dans la grandeur sont comprises la simplicité, l'unité, la majesté. On convint que cette définition renfermait à peu près tous les caractères de la beauté, soit universelle, soit individuelle.

Nous allâmes de Cnide à Mylasa, l'une des principales villes de la Carie. Elle possède un riche territoire, et quantité de temples, quelques-uns très-anciens, tous construits d'un beau marbre tiré d'une carrière voisine. Le soir, Stratonicus nous dit qu'il voulait jouer de la cithare en présence du peuple rassemblé, et n'en fut pas détourné par notre hôte qui lui raconta un fait récemment arrivé dans une autre ville de ce canton, nommée Iasus. La multitude était accourue à l'invitation d'un joueur de cithare. Au moment qu'il déployait toutes les ressources de son art, la trompette annonça l'instant de la vente du poisson. Tout le monde courut au marché, à l'exception d'un citoyen qui était dur d'oreille. Le musicien s'étant approché de lui pour le remercier de son attention et le féliciter sur son goût : — Est-ce que la trompette a sonné ? lui

[1] Voyez le chapitre LIX de cet ouvrage.

dit cet homme. — Sans doute. — Adieu donc, je m'enfuis bien vite. Le lendemain Stratonicus, se trouvant au milieu de la place publique entourée d'édifices sacrés, et ne voyant autour de lui que très-peu d'auditeurs, se mit à crier de toutes ses forces : *Temples, écoutez-moi !* et après avoir préludé pendant quelques moments il congédia l'assemblée. Ce fut toute la vengeance qu'il tira du mépris que les Grecs de Carie ont pour les grands talents.

Il courut plus de risques à Caunus. Le pays est fertile; mais la chaleur du climat et l'abondance des fruits y occasionnent souvent des fièvres. Nous étions étonnés de cette quantité de malades pâles et languissants qui se traînaient dans les rues. Stratonicus s'avisa de leur citer un vers d'Homère où la destinée des hommes est comparée à celle des feuilles. C'était en automne, lorsque les feuilles jaunissent. Comme les habitants s'offensaient de cette plaisanterie : « Moi, répondit-il, je n'ai pas voulu dire que ce lieu fût malsain, puisque je vois les morts s'y promener paisiblement. » Il fallut partir au plus vite, mais ce ne fut pas sans gronder Stratonicus, qui, tout en riant, nous dit qu'une fois à Corinthe il lui échappa quelques indiscrétions qui furent très-mal reçues. Une vieille femme le regardait attentivement, il voulut en savoir la raison. La voici, répondit-elle : Cette ville ne peut vous souffrir un seul jour dans son sein; comment se peut-il que votre mère vous ait porté dix mois dans le sien ?

CHAPITRE LXXIII.

Les îles de Rhodes, de Crète et de Cos. Hippocrate.

Nous nous embarquâmes à Caunus. En approchant de Rhodes, Stratonicus nous chanta cette belle ode où, entre autres louanges que Pindare donne à cette île, il l'appelle la fille de Vénus et l'épouse du soleil : expressions peut-être relatives aux plaisirs que la déesse y distribue, et à l'attention qu'a le dieu de l'honorer sans cesse de sa présence ; car on prétend qu'il n'est point de jour dans l'année où il ne s'y montre pendant quelques moments. Les Rhodiens le regardent comme leur principale divinité et le représentent sur toutes leurs monnaies.

Rhodes fut d'abord nommée Ophiusa, c'est-à-dire l'île aux serpents. C'est ainsi qu'on désigna plusieurs autres îles qui étaient peuplées de ces reptiles quand les hommes en prirent possession. Remarque générale : quantité de lieux, lors de leur découverte, reçurent leurs noms des animaux, des arbres, des plantes et des fleurs qui s'y trouvaient en abondance. On disait : Je vais au pays des *cailles*, des *cyprès*, des *lauriers*, etc.

Du temps d'Homère, l'île dont je parle était partagée entre les villes d'Ialyse, Camire et Linde, qui subsistent encore dépouillées de leur ancien éclat. Presque de nos jours, la plupart de leurs habitants, ayant résolu de s'établir dans un même endroit pour réunir leurs forces, jetèrent les fondements de la ville de Rhodes [1], d'après les dessins d'un architecte athénien : ils y transportèrent les statues qui décoraient leurs premières demeures, et dont quelques-unes sont de vrais colosses [2]. La nouvelle fut construite en forme d'amphithéâtre, sur un terrain qui descend jusqu'au bord de la mer. Ses ports, ses arsenaux, ses murs, qui sont d'une très-grande élévation et garnis de tours, ses maisons bâties en pierres et non en briques, ses temples, ses rues, ses théâtres, tout y porte l'empreinte de la grandeur et de la beauté ; tout annonce le goût d'une nation qui aime les arts, et que son opulence met en état d'exécuter de grandes choses.

Le pays qu'elle habite jouit d'un air pur et serein. On y trouve des cantons fertiles, du raisin et du vin excellent, des arbres d'une grande beauté, du miel estimé, des salines, des carrières de marbre ; la mer qui l'entoure fournit du poisson en abondance. Ces avantages et d'autres encore ont fait dire aux poètes qu'une pluie d'or y descend du ciel.

L'industrie seconda la nature. Avant l'époque des olympiades, les Rhodiens s'appliquèrent à la marine. Par son heureuse position, leur île sert de relâche aux vaisseaux qui vont d'Égypte en Grèce ou de Grèce en Égypte. Ils s'établirent successivement dans la plupart des lieux où le commerce les attirait. On doit compter parmi leurs nombreuses colonies Parthénopé [3] et Salapia en Italie, Agrigente et Géla en Sicile, Rhodes [4] sur les côtes de l'Ibérie, au pied des Pyrénées, etc.

Les progrès de leurs lumières sont marqués par des époques assez distinctes. Dans les plus anciens temps, ils reçurent de quelques étrangers, connus sous le nom de Telchiniens, des procédés, sans doute informes encore, pour travailler les métaux : les

---

[1] Dans la première année de la quatre-vingt-treizième olympiade (Diod. lib. XIII, p. 196), avant J.-C. 408 ou 407.

[2] Parmi ces statues colossales, je ne compte pas ce fameux colosse qui avait, suivant Pline, soixante-dix coudées de haut, parce qu'il ne fut construit qu'environ soixante-quatre ans après l'époque où je place le voyage d'Anacharsis à Rhodes. (Meurs. *in Rhod.* lib. I, c. 15.) Mais je le cite ici pour prouver quel était, dans ce temps-là, le goût des Rhodiens pour les grands monuments.

[3] Naples. — [4] Roses en Espagne.

auteurs du bienfait furent soupçonnés d'employer les opérations de la magie. Des hommes plus éclairés leur donnèrent ensuite des notions sur le cours des astres et sur l'art de la divination : on les nomma les enfants du soleil. Enfin des hommes de génie les soumirent à des lois dont la sagesse est généralement reconnue. Celles qui concernent la marine ne cesseront de la maintenir dans un état florissant, et pourront servir de modèles à toutes les nations commerçantes. Les Rhodiens paraissent avec assurance sur toutes les mers, sur toutes les côtes. Rien n'est comparable à la légèreté de leurs vaisseaux, à la discipline qu'on y observe, à l'habileté des commandants et des pilotes. Cette partie de l'administration est confiée aux soins vigilants d'une magistrature sévère : elle punirait de mort ceux qui, sans permission, pénétreraient dans certains endroits des arsenaux.

Je vais rapporter quelques-unes de leurs lois civiles et criminelles. Pour empêcher que les enfants ne laissent flétrir la mémoire de leur père : « Qu'ils payent ses dettes, dit la loi, quand même ils renonceraient à sa succession. » A Athènes, lorsqu'un homme est condamné à perdre la vie, on commence par ôter son nom du registre des citoyens : ce n'est donc pas un Athénien qui s'est rendu coupable, c'est un étranger ; le même esprit a dicté cette loi des Rhodiens : « Que les homicides soient jugés hors de la ville. » Dans la vue d'inspirer plus d'horreur pour le crime, l'entrée de la ville est interdite à l'exécuteur des hautes-œuvres.

L'autorité avait toujours été entre les mains du peuple : elle lui fut enlevée, il y a quelques années, par une faction qui favorisait Mausole, roi de Carie ; et ce fut vainement qu'il implora le secours des Athéniens. Les riches, auparavant maltraités par le peuple, veillent sur ses intérêts avec plus de soin qu'il ne faisait lui-même. Ils ordonnent de temps en temps des distributions de blé, et des officiers particuliers sont chargés de prévenir les besoins des plus pauvres et spécialement de ceux qui sont employés sur les flottes ou dans les arsenaux.

De telles attentions perpétueront sans doute l'oligarchie [1] ; et tant que les principes de la constitution ne s'altéreront point, on recherchera l'alliance d'un peuple dont les chefs auront appris à se distinguer par une prudence consommée, et les soldats par un courage intrépide. Mais ces alliances ne seront jamais fréquentes : les Rhodiens resteront, autant qu'ils le pourront, dans une neutralité armée. Ils auront des flottes toujours prêtes pour protéger

---

[1] L'oligarchie, établie à Rhodes du temps d'Aristote, subsistait encore du temps de Strabon.

CHAPITRE LXXIII.

leur commerce, un commerce pour amasser des richesses, des richesses pour être en état d'entretenir leurs flottes.

Les lois leur inspirent un amour ardent pour la liberté ; les monuments superbes impriment dans leurs âmes des idées et des sentiments de grandeur. Ils conservent l'espérance dans les plus affreux revers, et l'ancienne simplicité de leurs pères dans le sein de l'opulence [1]. Leurs mœurs ont quelquefois reçu de fortes atteintes : mais ils sont tellement attachés à certaines formes d'ordre et de décence, que de pareilles attaques n'ont chez eux qu'une influence passagère. Ils se montrent en public avec des habits modestes et un maintien grave.

On ne les voit jamais courir dans les rues et se précipiter les uns sur les autres. Ils assistent aux spectacles en silence ; et dans ces repas où règne la confiance de l'amitié et de la gaieté, ils se respectent eux-mêmes.

Nous parcourûmes l'île dans sa partie orientale, où l'on prétend qu'habitaient autrefois des géants. On y a découvert des os d'une grandeur énorme. On nous en avait montré de semblables en d'autres lieux de la Grèce. Cette race d'hommes a-t-elle existé ? Je l'ignore.

Au bourg de Linde, le temple de Minerve est remarquable, non-seulement par sa haute antiquité et par les offrandes des rois, mais encore par deux objets qui fixèrent notre attention. Nous y vîmes tracée en lettre d'or cette ode de Pindare que Stratonicus nous avait fait entendre. Non loin de là se trouve le portrait d'Hercule ; il est de Parrhasius, qui, dans une inscription placée au bas du tableau, atteste qu'il avait représenté le dieu tel qu'il l'avait vu plus d'une fois en songe. D'autres ouvrages du même artiste excitaient l'émulation d'un jeune homme de Caunus que nous connûmes, et qui se nommait Protogène. Je le cite, parce qu'on augurait, d'après ses premiers essais, qu'il se placerait un jour à côté ou au-dessus de Parrhasius.

Parmi les gens de lettres qu'a produits l'île de Rhodes, nous citerons d'abord Cléobule, l'un des sages de la Grèce ; ensuite Timocréon et Anaxandride, l'un et l'autre célèbres par leurs comédies. Le premier était à la fois athlète et poète, très-vorace et très-satirique. Dans ses pièces de théâtre, ainsi que dans ses chan-

---

[1] Le caractère que je donne aux Rhodiens est fondé sur quantité de passages des anciens auteurs, en particulier sur les témoignages d'estime qu'ils reçurent d'Alexandre ; sur ce fameux siége qu'ils soutinrent avec tant de courage contre Démétrius Poliorcète, trente-huit ans après le voyage d'Anacharsis dans leur île ; sur les puissants secours qu'ils fournirent aux Romains, et sur les marques de reconnaissance qu'ils en reçurent.

sons, il déchira sans pitié Thémistocle et Simonide. Après sa mort, Simonide fit son épitaphe ; elle était conçue en ces termes : « J'ai passé ma vie à manger, à boire, et à dire du mal de tout le monde. »

Anaxandride, appelé à la cour du roi de Macédoine, augmenta par une de ses pièces l'éclat des fêtes qu'on y célébrait. Choisi par les Athéniens pour composer le dithyrambe qu'on devait chanter dans une cérémonie religieuse, il parut à cheval à la tête du chœur, ses cheveux tombant sur ses épaules, vêtu d'une robe de pourpre garnie de franges d'or et chantant lui-même ses vers; il crut que cet appareil, soutenu d'une belle figure, lui attirerait l'admiration de la multitude. Sa vanité lui donnait une humeur insupportable. Il avait fait soixante-cinq comédies. Il remporta dix fois le prix ; mais, beaucoup moins flatté de ses victoires qu'humilié de ses chutes, au lieu de corriger les pièces qui n'avaient pas réussi, il les envoyait, dans un accès de colère, aux épiciers, pour qu'elles servissent d'enveloppes.

Que d'après ces exemples on ne juge pas du caractère de la nation. Timocréon et Anaxandride vécurent loin de leur patrie et ne cherchèrent que leur gloire personnelle.

L'île de Rhodes est beaucoup plus petite que celle de Crète [1]. Toutes deux m'ont paru mériter de l'attention : la première s'est élevée au-dessus de ses moyens ; la seconde est restée au-dessous des siens. Notre traversée de l'une à l'autre fut très-heureuse. Nous descendîmes au port de Cnosse, éloigné de cette ville de vingt-cinq stades [2].

Du temps de Minos, Cnosse était la capitale de l'île de Crète. Les habitants voudraient lui conserver la même prérogative et fondent leur prétention non sur leur puissance actuelle, mais sur la gloire de leurs ancêtres, et sur un titre encore plus respectable à leurs yeux : c'est le tombeau de Jupiter ; c'est cette caverne fameuse où ils disent qu'il fut enseveli. Elle est creusée au pied du mont Ida, à une légère distance de la ville. Ils nous pressèrent de la voir, et le Cnossien qui avait la complaisance de nous loger voulut absolument nous accompagner.

Il fallut traverser la place publique ; elle était pleine de monde. On nous dit qu'un étranger devait prononcer un discours en l'honneur des Crétois. Nous ne fûmes pas étonnés du projet ; nous avions vu en plusieurs endroits de la Grèce des orateurs ou des sophistes composer ou réciter en public le panégyrique d'un peuple, d'un héros ou d'un personnage célèbre : mais quelle fut notre surprise quand l'étranger parut à la tribune ! C'était Stratonicus. La veille

[1] Aujourd'hui Candie. — [2] Environ une lieue.

il s'était concerté à notre insu avec les principaux magistrats, qu'il avait connus dans un voyage précédent.

Après avoir représenté les anciens habitants de l'île dans un état de barbarie et d'ignorance : C'est parmi vous, s'écria-t-il, que tous les arts furent découverts ; c'est vous qui en avez enrichi la terre. Saturne vous donna l'amour de la justice et cette simplicité de cœur qui vous distingue : Vesta vous apprit à bâtir des maisons, Neptune à construire des vaisseaux : vous devez à Cérès la culture du blé, à Bacchus celle de la vigne, à Minerve celle de l'olivier : Jupiter détruisit les géants qui voulaient vous asservir : Hercule vous délivra des serpents, des loups et des diverses espèces d'animaux malfaisants. Les auteurs de tant de bienfaits, admis par vos soins au nombre des dieux, reçurent le jour dans cette belle contrée, et ne sont maintenant occupés que de son bonheur.

L'orateur parla ensuite des guerres de Minos, de ses victoires sur les Athéniens, des étranges amours de Pasiphaé, et de cet homme plus étrange encore qui naquit avec une tête de taureau et qui fut nommé Minotaure. Stratonicus, en rassemblant les traditions les plus contradictoires et les fables les plus absurdes, les avait exposées comme des vérités importantes et incontestables. Il en résultait un ridicule qui nous faisait trembler pour lui ; mais la multitude, enivrée des louanges dont il l'accablait, ne cessa de l'interrompre par des applaudissements.

La séance finie, il vint nous joindre ; nous lui demandâmes si, en voulant s'amuser aux dépens de ce peuple, il n'avait pas craint de l'irriter par l'excès des éloges. Non, répondit-il ; la modestie des nations, ainsi que celle des particuliers, est une vertu si douce qu'on peut sans risque la traiter avec insolence.

Le chemin qui conduit à l'antre de Jupiter est très-agréable ; on voit sur ses bords des arbres superbes ; à ses côtés, des prairies charmantes, et un bois de cyprès remarquables par leur hauteur et leur beauté ; bois consacré au dieu, ainsi qu'un temple que nous trouvâmes ensuite. A l'entrée de la caverne sont suspendues quantité d'offrandes. On nous fit remarquer comme une singularité un de ces peupliers noirs qui tous les ans portent du fruit ; on nous dit qu'il en croissait d'autres aux environs, sur les bords de la fontaine Saurus. La longueur de l'antre peut être de deux cents pieds, sa largeur de vingt. Au fond nous vîmes un siége qu'on nomme le trône de Jupiter, et sur les parois cette inscription tracée en anciens caractères : C'EST ICI LE TOMBEAU DE ZAN [1].

[1] Zan est la même chose que Ζὴν, Jupiter. Il paraît, par une médaille du

Comme il était établi que le dieu se manifestait dans le souterrain sacré à ceux qui venaient le consulter, des hommes d'esprit profitèrent de cette erreur pour éclairer ou pour séduire les peuples. On prétend en effet, que Minos, Epiménide et Pythagore, voulant donner une sanction divine à leurs lois ou à leurs dogmes, descendirent dans la caverne et s'y tinrent plus ou moins de temps renfermés.

De là nous allâmes à la ville de Gortyne, l'une des principales du pays ; elle est située au commencement d'une plaine très-fertile. En arrivant, nous assistâmes au jugement d'un homme accusé d'adultère. Il en fut convaincu ; on le traita comme le vil esclave des sens. Déchu des priviléges de citoyen, il parut en public avec une couronne de laine, symbole d'un caractère efféminé, et fut obligé de payer une somme considérable.

On nous fit monter sur une colline par un chemin très-rude, jusqu'à l'ouverture d'une caverne dont l'intérieur présente à chaque pas des circuits et des sinuosités sans nombre. C'est là surtout qu'on connaît le danger d'une première faute ; c'est là que l'erreur d'un moment peut coûter la vie au voyageur indiscret. Nos guides, à qui une longue expérience avait appris à connaître tous les replis de ces retraites obscures, s'étaient armés de flambeaux. Nous suivîmes une espèce d'allée assez large pour y laisser passer deux ou trois hommes de front, haute en certains endroits de sept à huit pieds, en d'autres de deux ou trois seulement. Après avoir marché ou rampé pendant l'espace d'environ douze cents pas, nous trouvâmes deux salles presque rondes, ayant chacune vingt-quatre pieds de diamètre, sans autre issue que celle qui nous y avait conduits, toutes deux taillées dans le roc, ainsi qu'une partie de l'allée que nous venions de parcourir.

Nos conducteurs prétendaient que cette vaste caverne était précisément ce fameux labyrinthe où Thésée mit à mort le Minotaure que Minos y tenait renfermé. Ils ajoutaient que dans l'origine le labyrinthe ne fut destiné qu'à servir de prison [1].

cabinet royal, que les Crétois prononçaient TAN. (*Mém. de l'Acad.* t. XXVI, p. 546.) Cette inscription n'était pas d'une haute antiquité.

[1] Je n'ai dit qu'un mot sur le fameux labyrinthe de Crète, et ce mot, je dois le justifier.

Hérodote nous a laissé une description de ce qu'il avait vu en Egypte auprès du lac Mœris. C'étaient douze grands palais contigus, communiquant les uns aux autres, dans lesquels on comptait trois mille chambres, dont quinze cents étaient sous terre. Strabon, Diodore de Sicile, Pline, Méla, parlent de ce monument avec la même admiration qu'Hérodote. Aucun d'eux n'a dit qu'on l'eût construit pour égarer ceux qui entreprenaient de le parcourir ; mais il est visible qu'en le parcourant sans guide on courait risque de s'égarer.

C'est ce danger qui sans doute introduisit une nouvelle expression dans la langue

Dans les pays de montagnes, le défaut de cartes topographiques nous obligeait souvent à gagner une hauteur pour reconnaître la position respective des lieux. Le sommet du mont Ida nous présentait une station favorable. Nous prîmes des provisions pour

grecque. Ce mot *labyrinthe*, pris au sens littéral, désigna un espace circonscrit, et percé de quantité de routes dont les unes se croisent en tous sens, comme celles des carrières et des mines ; dont les autres font des révolutions plus ou moins grandes autour du point de leur naissance, comme ces lignes spirales que l'on voit sur certaines coquilles. Dans le sens figuré, il fut appliqué aux questions obscures et captieuses, aux réponses ambiguës et détournées, à ces discussions qui après de longs écarts nous ramènent au terme d'où nous sommes partis.

De quelle nature était le labyrinthe de Crète ? Diodore de Sicile rapporte comme une conjecture, et Pline comme un fait certain, que Dédale avait construit ce labyrinthe sur le modèle de celui d'Égypte, quoique sur de moindres proportions. Ils ajoutent que Minos en avait ordonné l'exécution, qu'il y tenait le Minotaure renfermé, et que de leur temps il ne subsistait plus, soit qu'il eût péri de vétusté, soit qu'on l'eût démoli à dessein. Ainsi Diodore de Sicile et Pline regardaient ce labyrinthe comme un grand édifice, tandis que d'autres écrivains le représentent simplement comme un antre creusé dans le roc, et plein de routes tortueuses. Les premiers et les seconds ont rapporté deux traditions différentes. Il reste à choisir la plus vraisemblable.

Si le labyrinthe de Crète avait été construit par Dédale sous Minos, pourquoi n'en serait-il fait mention ni dans Homère, qui parle plus d'une fois de ce prince, ainsi que de la Crète ; ni dans Hérodote, qui décrit celui d'Égypte, après avoir dit que les monuments des Égyptiens sont fort supérieurs à ceux des Grecs ; ni dans les plus anciens géographes, ni dans aucun des écrivains des beaux temps de la Grèce ?

On attribuait cet ouvrage à Dédale, dont le nom suffirait pour décréditer une tradition. En effet, ce nom est devenu, comme celui d'Hercule, la ressource de l'ignorance lorsqu'elle porte ses regards sur les siècles anciens. Toutes les grandes entreprises, tous les ouvrages qui demandent plus de force que d'esprit, elle les attribue à Hercule ; tous ceux qui tiennent aux arts, et qui exigent une certaine intelligence dans l'exécution, elle les rapporte à Dédale. On peut se rappeler que, dans le cours de cet ouvrage [1], j'ai déjà cité les principales découvertes dans les arts et métiers, dont les anciens ont fait honneur à un artiste de ce nom.

L'opinion de Diodore et de Pline suppose que, de leur temps, il n'existait plus en Crète aucune trace du labyrinthe, et qu'on avait même oublié l'époque de sa destruction. Cependant il est dit qu'il fut visité par les disciples d'Apollonius de Tyane, contemporain de ces deux auteurs. Les Crétois croyaient donc alors posséder encore le labyrinthe.

Je demande qu'on fasse attention à ce passage de Strabon : « A Nauplie, près de l'ancienne Argos, dit ce judicieux écrivain, on voit encore de vastes cavernes où sont construits des labyrinthes qu'on croit être l'ouvrage de Cyclopes [2]. » Ce qui signifie que la main des hommes avait ouvert dans le roc des routes qui se croisaient et se repliaient sur elles-mêmes, comme on le pratique dans les carrières. Telle est, si je ne me trompe, l'idée qu'il faut se faire du labyrinthe de Crète.

Y avait-il plusieurs labyrinthes dans cette île ! Les auteurs anciens ne parlent que d'un seul. La plupart le placent à Cnosse ; quelques-uns, en petit nombre, à Gortyne.

Belon et Tournefort nous ont donné la description d'une caverne située au pied du mont Ida, du côté du midi, à une légère distance de Gortyne. Ce n'était qu'une carrière, suivant le premier ; c'était l'ancien labyrinthe, suivant le second. J'ai suivi ce dernier, et j'ai abrégé son récit dans mon texte. Ceux qui ont ajouté des notes critiques à son ouvrage, outre ce labyrinthe, en admettent un second à Cnosse, et citent principalement en leur faveur les médailles de cette ville qui en représentent le plan, suivant la manière dont le concevaient les artistes. Car il paraît tantôt de forme carrée, tantôt de forme ronde ; sur quelques-unes il n'est qu'indiqué, sur d'autres il renferme dans son milieu la tête du Minotaure. J'en ai

---

[1]. Chapitre XXXVII, article de Sicyone et la note correspondante.
[2]. J'en ai parlé dans le chapitre LIII de cet ouvrage.

quelques jours. Une partie de la route se fait à cheval et l'autre à pied. On visite, en montant, les antres où s'étaient établis les premiers habitants de la Crète.

On traverse des bois de chênes, d'érables et de cèdres. Nous étions frappés de la grosseur des cyprès, de la hauteur des arbousiers et des andrachnés. A mesure qu'on avance le chemin devient plus escarpé, le pays plus désert. Nous marchions quelquefois sur les bords des précipices, et, pour comble d'ennui, il fallait supporter les froides réflexions de notre hôte. Il comparait les diverses régions de la montagne tantôt aux différents âges de la vie, tantôt aux dangers de l'élévation et aux vicissitudes de la fortune. Eussiez-vous pensé, disait-il, que cette masse énorme qui occupe au milieu de notre île un espace de six cents stades de circonférence [1], qui a successivement offert à nos regards des forêts superbes, des vallées et des prairies délicieuses, des animaux sauvages et paisibles, des sources abondantes qui vont au loin fertiliser nos campagnes, se terminerait par quelques rochers sans cesse battus des vents, sans cesse couverts de neiges et de glaces?

La Crète doit être comptée parmi les plus grandes îles connues. Sa longueur d'orient en occident est, à ce qu'on prétend, de deux mille cinq cents stades [2]; dans son milieu, elle en a environ quatre cents de largeur [3]; beaucoup moins partout ailleurs. Au midi, la mer de Libye baigne ses côtes; au nord, la mer Égée; à l'est, elle s'approche de l'Asie; à l'ouest, de l'Europe. Sa surface est

fait graver une, dans les *Mémoires de l'Académie des Belles-Lettres*, qui me paraît être du cinquième siècle avant J.-C., et sur laquelle on voit d'un côté la figure du Minotaure, et de l'autre le plan informe du labyrinthe. Il est donc certain que dès ce temps-là les Cnossiens se croyaient en possession de cette célèbre caverne; il paraît encore que les Gortyniens ne croyaient pas devoir la revendiquer, puisqu'ils ne l'ont jamais représentée sur leurs monnaies.

Le lieu où je place le labyrinthe de Crète n'est, suivant Tournefort, qu'à une lieue de Gortyne; et suivant Strabon, il est éloigné de Cnosse de six à sept lieues. Tout ce qu'on en doit conclure, c'est que le territoire de cette dernière ville s'étendait jusqu'auprès de la première.

A quoi servaient ces cavernes auxquelles on donnait le nom de labyrinthe? Je pense qu'elles furent d'abord ébauchées par la nature; qu'en certains endroits on en tira des pierres pour en construire des villes; que plus anciennement elles servirent de demeure ou d'asile aux habitants d'un canton exposé aux invasions fréquentes. Dans le voyage d'Anacharsis en Phocide, j'ai parlé de deux grandes cavernes du Parnasse, où se réfugièrent les peuples voisins; dans l'une, lors du déluge de Deucalion; dans l'autre, à l'arrivée de Xerxès. J'ajoute ici que, suivant Diodore de Sicile, les plus anciens Crétois habitaient les antres du mont Ida. Ceux qu'on interrogeait sur les lieux mêmes disaient que leur labyrinthe ne fut, dans l'origine, qu'une prison. On a pu quelquefois le destiner à cet usage; mais il est difficile de croire que, pour s'assurer de quelques malheureux, on eût entrepris des travaux si immenses.

[1] Vingt-deux lieues dix-sept cents toises.
[2] Quatre-vingt-quatorze lieues douze cent cinquante toises.
[3] Quinze lieues trois cents toises.

hérissée de montagnes, dont quelques-unes, moins élevées que le mont Ida, sont néanmoins d'une très-grande hauteur : on distingue dans sa partie occidentale les *Monts-Blancs*, qui forment une chaîne de trois cents stades de longueur [1].

Sur les rivages de la mer et dans l'intérieur des terres, de riches prairies sont couvertes de troupeaux nombreux : des plaines bien cultivées présentent successivement d'abondantes moissons de blé, de vin, d'huile, de miel, et de fruits de toute espèce. L'île produit quantité de plantes salutaires ; les arbres y sont très-vigoureux : les cyprès s'y plaisent beaucoup ; ils croissent, à ce qu'on dit, au milieu des neiges éternelles qui couronnent les Monts-Blancs, et qui leur ont fait donner ce nom.

La Crète était fort peuplée du temps d'Homère : on y comptait quatre vingt-dix ou cent villes. Je ne sais si le nombre en a depuis augmenté ou diminué. On prétend que les plus anciennes furent construites sur les flancs des montagnes, et que les habitants descendirent dans les plaines lorsque les hivers devinrent plus rigoureux et plus longs. J'ai déjà remarqué, dans mon voyage de Thessalie, qu'on se plaignait à Larisse de l'augmentation successive du froid [2].

Le pays étant partout montueux et inégal, la course à cheval est moins connue des habitants que la course à pied ; et, par l'exercice continuel qu'ils font de l'arc et de la fronde dès leur enfance, ils sont devenus les meilleurs archers et les plus habiles frondeurs de la Grèce.

L'île est d'un difficile accès. La plupart de ses ports sont exposés aux coups de vent ; mais, comme il est aisé d'en sortir avec un temps favorable, on pourrait y préparer des expéditions pour toutes les parties de la terre. Les vaisseaux qui partent du promontoire le plus oriental ne mettent que trois ou quatre jours pour aborder en Egypte ; il ne leur en faut que dix pour se rendre au Palus-Méotide, au-dessus du Pont-Euxin.

La position des Crétois au milieu des nations connues, leur extrême population et les richesses de leur sol font présumer que la nature les avait destinés à ranger toute la Grèce sous leur obéissance. Dès avant la guerre de Troie, ils soumirent une partie des îles de la mer Egée, et s'établirent sur quelques côtes de l'Asie et de l'Europe. Au commencement de cette guerre, quatre-vingts de leurs vaisseaux abordèrent sur les rives d'Ilium, sous les ordres d'Idoménée et de Mérion. Bientôt après, l'esprit des

---

[1] Onze lieues huit cent cinquante toises.
[2] Voyez le chapitre XXXV de cet ouvrage.

conquêtes s'éteignit parmi eux, et, dans ces derniers temps, il a été remplacé par des sentiments qu'on aurait de la peine à justifier. Lors de l'expédition de Xerxès, ils obtinrent de la pythie une réponse qui les dispensait de secourir la Grèce; et, pendant la guerre du Péloponnèse, guidés, non par un principe de justice, mais par l'appât du gain, ils mirent à la solde des Athéniens un corps de frondeurs et d'archers que ces derniers leur avaient demandé.

Tel ne fut jamais l'esprit de leurs lois, de ces lois d'autant plus célèbres qu'elles en ont produit de plus belles encore. Regrettons de ne pouvoir citer tous ceux qui, parmi eux, s'occupèrent de ce grand projet; prononçons du moins avec respect le nom de Rhadamanthe, qui, dès les plus anciens temps, jeta les fondements de la législation, et celui de Minos, qui éleva l'édifice.

Lycurgue emprunta des Crétois l'usage des repas en commun, les règles sévères de l'éducation publique, et plusieurs autres articles qui semblent établir une conformité parfaite entre ces lois et celles de Crète. Pourquoi donc les Crétois ont-ils plus tôt et plus honteusement dégénéré de leurs institutions que les Spartiates? Si je ne me trompe, en voici les principales causes.

1° Dans un pays entouré de mers ou de montagnes qui le séparent des régions voisines, il faut que chaque peuplade sacrifie une partie de sa liberté pour conserver l'autre, et que, afin de se protéger mutuellement, leurs intérêts se réunissent dans un centre commun. Sparte étant devenue, par la valeur de ses habitants ou par les institutions de Lycurgue, la capitale de la Laconie, on vit rarement s'élever des troubles dans la province. Mais en Crète, les villes de Cnosse, de Gortyne, de Phœstus, de Lyctos, et quantité d'autres, forment autant de républiques indépendantes, jalouses, ennemies, toujours en état de guerre les unes contre les autres. Quand il survient une rupture entre les peuples de Cnosse et de Gortyne, sa rivale, l'île est pleine de factions; quand ils sont unis, elle est menacée de la servitude.

2° A la tête de chacune de ces républiques, dix magistrats, nommés cosmes [1], sont chargés de l'administration et commandent les armées. Ils consultent le sénat, et présentent des décrets qu'ils dressent de concert avec cette compagnie, à l'assemblée du peuple, qui n'a que le privilége de les confirmer. Cette constitution ren-

---

[1] Ce nom, écrit en grec, tantôt κόσμιοι, tantôt κοσμοι, peut signifier ordonnateurs ou prud'hommes. (Chishull. *Antiq. asiat.* p. 123.) Les anciens auteurs les comparent quelquefois aux éphores de Lacédémone.

ferme un vice essentiel. Les cosmes ne sont choisis que dans une certaine classe de citoyens ; et comme après leur année d'exercice ils ont le droit exclusif de remplir les places vacantes dans le sénat, il arrive qu'un petit nombre de familles, revêtues de toute l'autorité, refusent d'obéir aux lois, exercent en se réunissant le pouvoir le plus despotique, et donnent lieu en se divisant aux plus cruelles séditions.

3º Les lois de Lycurgue établissent l'égalité des fortunes parmi les citoyens et la maintiennent par l'interdiction du commerce et de l'industrie ; celles de Crète permettent à chacun d'augmenter son bien. Les premières défendent toute communication avec les nations étrangères ; ce trait de génie avait échappé aux législateurs de Crète. Cette île, ouverte aux commerçants et aux voyageurs de tous les pays, reçut de leurs mains la contagion des richesses et celle des exemples. Il semble que Lycurgue fonda de plus justes espérances sur la sainteté des mœurs que sur la beauté des lois : qu'en arriva-t-il ? dans aucun pays les lois n'ont été aussi respectées qu'elles le furent par les magistrats et par les citoyens de Sparte. Les législateurs de Crète paraissent avoir plus compté sur les lois que sur les mœurs, et s'être plus donné de soins pour punir le crime que pour le prévenir : injustice dans les chefs, corruption dans les particuliers, voilà ce qui résulta de leurs règlements.

La loi du Syncrétisme, qui ordonne à tous les habitants de l'île de se réunir si une puissance étrangère y tentait une descente, ne saurait les défendre ni contre leurs divisions, ni contre les armes de l'ennemi, parce qu'elle ne ferait que suspendre les haines au lieu de les éteindre et qu'elle laisserait subsister trop d'intérêts particuliers dans une confédération générale.

On nous parla de plusieurs Crétois qui se sont distingués en cultivant la poésie ou les arts. Epiménide, qui, par certaines cérémonies religieuses, se vantait de détourner le courroux céleste, devint beaucoup plus célèbre que Myson, qui ne fut mis qu'au nombre des sages.

En plusieurs endroits de la Grèce, on conserve avec respect de prétendus monuments de la plus haute antiquité : à Chéronée le sceptre d'Agamemnon ; ailleurs la massue d'Hercule et la lance d'Achille ; mais j'étais plus jaloux de découvrir dans les maximes et dans les usages d'un peuple les débris de son ancienne sagesse. Les Crétois ne mêlent jamais les noms des dieux dans leurs serments. Pour prémunir contre les dangers de l'éloquence, on avait défendu l'entrée de l'île aux professeurs de l'art oratoire. Quoiqu'ils soient aujourd'hui plus indulgents à cet égard, ils parlent encore avec la même précision que les Spartiates, et sont plus occupés des pensées que des mots.

Je fus témoin d'une querelle survenue entre deux Cnossiens. L'un, dans un accès de fureur, dit à l'autre : « Puisses-tu vivre en mauvaise compagnie! » et le quitta aussitôt. On m'apprit que c'était la plus forte imprécation à faire contre son ennemi.

Il en est qui tiennent une espèce de registre des jours heureux et des jours malheureux ; et comme ils ne comptent la durée de leur vie que d'après le calcul des premiers, ils ordonnent d'inscrire sur leurs tombeaux cette formule singulière : « Ci-gît un tel, qui exista pendant tant d'années, et qui en vécut tant. »

Un vaisseau marchand et une galère à trois rangs de rames devaient partir incessamment du port de Cnosse pour se rendre à Samos. Le premier, à cause de sa forme ronde, faisait moins de chemin que le second. Nous le préférâmes parce qu'il devait toucher aux îles où nous voulions descendre.

Nous formions une société de voyageurs qui ne pouvaient se lasser d'être ensemble. Tantôt, rasant la côte, nous étions frappés de la ressemblance ou de la variété des aspects; tantôt, moins distraits par les aspects extérieurs, nous discutions avec chaleur des questions qui, au fond, ne nous intéressaient guère ; quelquefois des sujets de philosophie, de littérature et d'histoire remplissaient nos loisirs. On s'entretint un jour du pressant besoin que nous avons de répandre au dehors les fortes émotions qui agitent nos âmes. L'un de nous rapporta cette réflexion du philosophe Archytas : « Qu'on vous élève au haut des cieux, vous serez ravi de la grandeur et de la beauté du spectacle; mais aux transports de l'admiration succédera bientôt le regret amer de ne pouvoir les partager avec personne. » Dans cette conversation, je recueillis quelques autres remarques. En Perse il n'est pas permis de parler des choses qu'il n'est pas permis de faire. — Les vieillards vivent plus de souvenirs que d'espérances. — Combien de fois un ouvrage annoncé et prôné d'avance a trompé l'attente du public !

Un autre jour on traitait d'infâme ce citoyen d'Athènes qui donna son suffrage contre Aristide, parce qu'il était ennuyé de l'entendre sans cesse appeler le juste. Je sens, répondit Protésilas, que, dans un moment d'humeur, j'eusse fait la même chose que cet Athénien ; mais auparavant j'aurais dit à l'assemblée générale : Aristide est juste ; je le suis autant que lui ; d'autres le sont autant que moi : quel droit avez-vous de lui accorder exclusivement un titre qui est la plus noble des récompenses? Vous vous ruinez en éloges, et ces brillantes dissipations ne servent qu'à corrompre les vertus les plus éclatantes, qu'à décourager les vertus obscures. J'estime Aristide, et je le condamne ; non que je le croie coupable, mais parce qu'à force de m'humilier vous m'avez forcé d'être injuste.

Il fut ensuite question de Timon, qu'on surnomma le misanthrope, et dont l'histoire tient en quelque façon à celle des mœurs. Personne de la compagnie ne l'avait connu ; tous en avaient ouï parler diversement à leurs pères. Les uns en faisaient un portrait avantageux, les autres le peignaient de noires couleurs. Au milieu de ces contradictions on présenta une formule d'accusation semblable à celles qu'on porte aux tribunaux d'Athènes et conçue en ces termes : « Stratonicus accuse Timon d'avoir haï tous les hommes ; pour peine, la haine de tous les hommes. » On admit la cause, et Philotas fut constitué défenseur de Timon. Je vais donner l'extrait des moyens employés de part et d'autre.

Je défère à votre tribunal, dit Stratonicus, un caractère féroce et perfide. Quelques amis de Timon ayant, à ce qu'on prétend, payé ses bienfaits d'ingratitude, tout le genre humain devint l'objet de sa vengeance. Il l'exerçait sans cesse contre les opérations du gouvernement, contre les actions des particuliers. Comme si toutes les vertus devaient expirer avec lui, il ne vit plus sur la terre que des impostures et des crimes ; et dès ce moment il fut révolté de la politesse des Athéniens, et plus flatté de leur mépris que de leur estime. Aristophane, qui le connaissait, nous le représente comme entouré d'une enceinte d'épines qui ne permettait pas de l'approcher ; il ajoute qu'il fut détesté de tout le monde, et qu'on le regardait comme le rejeton des Furies.

Ce n'était pas assez encore : il a trahi sa patrie ; j'en fournis la preuve. Alcibiade venait de faire approuver par l'assemblée générale des projets nuisibles à l'état : « Courage ! mon fils, lui dit Timon ; je te félicite de tes succès ; continue, et tu perdras la république. » Quelle horreur ! et qui oserait prendre la défense d'un tel homme ?

Le sort m'a chargé de ce soin, répondit Philotas, et je vais m'en acquitter. Remarquons d'abord l'effet que produisirent les paroles de Timon sur le grand nombre d'Athéniens qui accompagnaient Alcibiade. Quelques-uns, à la vérité, l'accablèrent d'injures ; mais d'autres prirent le parti d'en rire, et les plus éclairés en furent frappés comme d'un trait de lumière. Ainsi Timon prévit le danger, en avertit, et ne fut point écouté. Pour le noircir encore plus, vous avez cité Aristophane, sans vous apercevoir que son témoignage suffit pour justifier l'accusé. « C'est ce Timon, dit le poète, c'est cet homme exécrable et issu des Furies, qui vomit sans cesse des imprécations contre les scélérats. » Vous l'entendez, Stratonicus, Timon ne fut coupable que pour s'être déchaîné contre des hommes pervers.

Il parut dans un temps où les mœurs anciennes luttaient encore contre les passions liguées pour les détruire. C'est un moment redoutable pour un état : c'est alors que, dans les caractères faibles et jaloux de leur repos, les vertus sont indulgentes et se prêtent aux circonstances ; que, dans les caractères vigoureux, elles redoublent de sévérité, et se rendent quelquefois odieuses par une inflexible roideur. Timon joignait à beaucoup d'esprit et de probité les lumières de la philosophie ; mais, aigri peut-être par le malheur, peut-être par les progrès rapides de la corruption, il mit tant d'âpreté dans ses discours et dans ses formes, qu'il aliéna tous les esprits. Il combattait pour la même cause que Socrate, qui vivait de son temps ; que Diogène, avec qui on lui trouve bien des rapports. Leur destinée a dépendu de leurs différents genres d'attaque. Diogène combat les vices avec le ridicule, et nous rions avec lui ; Socrate les poursuivait avec les armes de la raison, et il lui en coûta la vie ; Timon, avec celles de l'humeur : il cessa d'être dangereux, et fut traité de misanthrope ; expression nouvelle alors, qui acheva de le décréditer auprès de la multitude, et le perdra peut-être auprès de la postérité.

Je ne puis croire que Timon ait enveloppé tout le genre humain dans sa censure. Il aimait les femmes. Non, reprit Stratonicus aussitôt ; il ne connut pas l'amour, puisqu'il ne connut pas l'amitié. Rappelez-vous ce qu'il dit à cet Athénien qu'il semblait chérir, et qui, dans un repas, tête à tête avec lui, s'étant écrié : O Timon, l'agréable souper ! n'en reçut que cette réponse outrageante : Oui, si vous n'en étiez pas.

Ce ne fut peut-être, dit Philotas, qu'une plaisanterie amenée par la circonstance. Ne jugez pas Timon d'après de faibles rumeurs accréditées par ses ennemis, mais d'après ces effusions de cœur que lui arrachait l'indignation de sa vertu, et dont l'originalité ne peut jamais déplaire aux gens de goût : car, de la part d'un homme qu'entraîne trop loin l'amour du bien public, les saillies de l'humeur sont piquantes, parce qu'elles dévoilent le caractère en entier. Il monta un jour à la tribune ; le peuple, surpris de cette soudaine apparition, fit un grand silence : « Athéniens, dit-il, j'ai un petit terrain, je vais y bâtir. Il s'y trouve un petit figuier, je dois l'arracher. Plusieurs citoyens s'y sont pendus ; si la même envie prend à quelqu'un de vous, je l'avertis qu'il n'a pas un moment à perdre. »

Stratonicus, qui ne savait pas cette anecdote, en fut si content, qu'il se désista de son accusation. Cependant on recueillit les avis, et l'on décida que, par l'amertume de son zèle, Timon perdit l'occasion de contribuer au salut de la morale, que néanmoins une vertu intraitable est moins dangereuse qu'une lâche complaisance, et que, si la plupart des Athéniens avaient eu pour les scélérats la même horreur que Timon, la république subsisterait encore dans son ancienne splendeur.

Après ce jugement, on parut étonné de ce que les Grecs n'avaient point élevé de temples à l'Amitié : Je le suis bien plus, dit Lysis, de ce qu'ils n'en ont jamais consacré à l'Amour. Quoi ! point de fêtes ni de sacrifices pour le plus ancien et le plus beau des dieux ! Alors s'ouvrit une carrière immense que l'on parcourut plusieurs fois. On rapportait sur la nature de l'amour des traditions anciennes, les opinions des modernes. On n'en reconnaissait qu'un, on en distinguait plusieurs : on n'en admettait que deux, l'un céleste et pur, l'autre terrestre et grossier. On donnait ce nom au principe qui ordonna les parties de la matière agitées dans le chaos, à l'harmonie qui règne dans l'univers, aux sentiments qui rapprochent les hommes. Fatigué de tant de savoir et d'obscurités, je priai les combattants de réduire cette longue dispute à un point unique. Regardez-vous, leur dis-je, l'amour comme un dieu? Non, répondit Stratonicus; c'est un pauvre qui demande l'aumône. Il commençait à développer sa pensée, lorsqu'un effroi mortel s'empara de lui. Le vent soufflait avec violence; notre pilote épuisait vainement toutes les ressources de son art. Lysis, que Stratonicus n'avait cessé d'importuner de questions, saisit ce moment pour lui demander quels étaient les bâtiments où l'on court le moins de risques; si c'étaient les ronds ou les longs. Ceux qui sont à terre, répondit-il. Ses vœux furent bientôt comblés; un coup de vent nous porta dans le port de Cos. Nous sautâmes sur le rivage, et l'on mit le navire à sec.

Cette île est petite, mais très-agréable. A l'exception de quelques montagnes qui la garantissent des vents impétueux du midi, le pays est uni et d'une grande fécondité. Un tremblement de terre ayant détruit une partie de l'ancienne ville, et les habitants se trouvant ensuite déchirés par des factions, la plupart vinrent, il y a quelques années, s'établir au pied d'un promontoire, à quarante stades [1] du continent de l'Asie. Rien de si riche en tableaux que

[1] Environ une lieue et demie.

cette position ; rien de si magnifique que le port, les murailles et l'intérieur de la nouvelle ville. Le célèbre temple d'Esculape, situé dans le faubourg, est couvert d'offrandes, tribut de la reconnaissance des malades, et d'inscriptions qui indiquent et les maux dont ils étaient affligés, et les remèdes qui les en ont délivrés

Un plus noble objet fixait notre attention. C'est dans cette île que naquit Hippocrate, la première année de la quatre-vingtième olympiade [1]. Il était de la famille des Asclépiades, qui depuis plusieurs siècles conserve la doctrine d'Esculape, auquel elle rapporte son origine. Elle a formé trois écoles, établies l'une à Rhodes, la seconde à Cnide, et la troisième à Cos. Il reçut de son père Héraclide les éléments des sciences ; et convaincu bientôt que, pour connaître l'essence de chaque corps en particulier, il faudrait remonter aux principes constitutifs de l'univers, il s'appliqua tellement à la physique générale qu'il tient un rang honorable parmi ceux qui s'y sont le plus distingués.

Les intérêts de la médecine se trouvaient alors entre les mains de deux classes d'hommes qui travaillaient à l'insu l'une de l'autre à lui ménager un triomphe éclatant. D'un côté les philosophes ne pouvaient s'occuper du système général de la nature sans laisser tomber quelques regards sur le corps humain, sans assigner à certaines causes les vicissitudes qu'il éprouve souvent ; d'un autre côté, les descendants d'Esculape traitaient les maladies suivant des règles confirmées par de nombreuses guérisons, et leurs trois écoles se félicitaient à l'envi de plusieurs excellentes découvertes. Les philosophes discouraient, les Asclépiades agissaient. Hippocrate, enrichi des connaissances des uns et des autres, conçut une de ces grandes et importantes idées qui servent d'époque à l'histoire du génie ; ce fut d'éclairer l'expérience par le raisonnement, et de rectifier la théorie par la pratique.

Dans cette théorie néanmoins il n'admit que les principes relatifs aux divers phénomènes que présente le corps humain, considéré dans les rapports de maladie et de santé.

A la faveur de cette méthode, l'art élevé à la dignité de la science marcha d'un pas plus ferme dans la route qui venait de s'ouvrir, et Hippocrate acheva paisiblement une révolution qui a changé la face de la médecine. Je ne m'étendrai ni sur les heureux essais de ses nouveaux remèdes, ni sur les prodiges qu'ils opérèrent dans tous les lieux honorés de sa présence, et surtout en Thessalie, où, après un long séjour, il mourut peu de temps avant mon arrivée dans la Grèce ; mais je dirai que ni l'amour du gain, ni le désir de

[1] L'an 460 avant J.-C.

CHAPITRE LXXIII.

la célébrité, ne l'avaient conduit en des climats éloignés. D'après tout ce qu'on m'a rapporté de lui, je n'ai aperçu dans son âme qu'un sentiment, l'amour du bien ; et dans le cours de sa longue vie qu'un seul fait, le soulagement des malades.

Il a laissé plusieurs ouvrages : les uns ne sont que les journaux des maladies qu'il avait suivies, les autres contiennent les résultats de son expérience et de celle des siècles antérieurs ; d'autres enfin traitent des devoirs du médecin, et de plusieurs parties de la médecine ou de la physique : tous doivent être médités avec attention, parce que l'auteur se contente souvent d'y jeter les semences de sa doctrine, et que son style est toujours concis ; mais il dit beaucoup de choses en peu de mots, ne s'écarte jamais de son but, et, pendant qu'il y court, il laisse sur sa route des traces de lumière plus ou moins aperçues suivant que le lecteur est plus ou moins éclairé. C'était la méthode des anciens philosophes, plus jaloux d'indiquer des idées neuves que de s'appesantir sur les idées communes.

Ce grand homme s'est peint dans ses écrits. Rien de si touchant que cette candeur avec laquelle il rend compte de ses malheurs et de ses fautes. Ici vous lirez la liste des malades qu'il avait traités pendant une épidémie, et dont la plupart étaient morts entre ses bras. Là vous le verrez auprès d'un Thessalien blessé d'un coup de pierre à la tête. Il ne s'aperçut pas d'abord qu'il fallait recourir à la voie du trépan. Des signes funestes l'avertirent enfin de sa méprise. L'opération fut faite le quinzième jour, et le malade mourut le lendemain. C'est de lui-même que nous tenons ces aveux ; c'est lui qui, supérieur à toute espèce d'amour-propre, voulut que ses erreurs mêmes fussent des leçons.

Peu content d'avoir consacré ses jours au soulagement des malheureux, et déposé dans ses écrits les principes d'une science dont il fut le créateur, il laissa pour l'institution du médecin des règles dont je vais donner une légère idée.

La vie est si courte, et l'art que nous exerçons exige une si longue étude, qu'il faut dès sa plus tendre jeunesse en commencer l'apprentissage. Voulez-vous former un élève, assurez-vous lentement de sa vocation. A-t-il reçu de la nature un discernement exquis, un jugement sain, un caractère mêlé de douceur et de fermeté, le goût du travail, et du penchant pour les choses honnêtes, concevez des espérances. Souffre-t-il des souffrances des autres, son âme compatissante aime-t-elle à s'attendrir sur les maux de l'humanité, concluez-en qu'il se passionnera pour un art qui apprend à secourir l'humanité.

Accoutumez de bonne heure ses mains aux opérations de la chirurgie [1], excepté à celle de la taille, qu'on doit abandonner aux artistes de profession. Faites-lui parcourir successivement le cercle des sciences; que la physique lui prouve l'influence du climat sur le corps humain; et lorsque, pour augmenter ses connaissances, il jugera à propos de voyager en différentes villes, conseillez-lui d'observer scrupuleusement la situation des lieux, les variations de l'air, les eaux qu'on y boit, les aliments dont on s'y nourrit, en un mot, toutes les causes qui portent le trouble dans l'économie animale.

Vous lui montrerez, en attendant, à quels signes avant-coureurs on reconnaît les maladies, par quel régime on peut les éviter, par quels remèdes on doit les guérir.

Quand il sera instruit de vos dogmes, clairement exposés dans des conférences réglées, et réduits par vos soins en maximes courtes et propres à se graver dans la mémoire, il faudra l'avertir que l'expérience toute seule est moins dangereuse que la théorie dénuée d'expérience; qu'il est temps d'appliquer les principes généraux aux cas particuliers, qui, variant sans cesse, ont souvent égaré les médecins par des ressemblances trompeuses; que ce n'est ni dans la poussière de l'école ni dans les ouvrages des philosophes et des praticiens qu'on apprend l'art d'interroger la nature, et l'art plus difficile d'attendre sa réponse. Il ne la connaît pas encore, cette nature; il l'a considérée jusqu'ici dans sa vigueur, et parvenant à ses fins sans obstacle. Vous le conduirez dans ces séjours de douleur où, déjà couverte des ombres de la mort, exposée aux attaques violentes de l'ennemi, tombant, se relevant pour tomber encore, elle montre à l'œil attentif ses besoins et ses ressources. Témoin et effrayé de ce combat, le disciple vous verra épier et saisir le moment qui peut fixer la victoire et décider de la vie du malade. Si vous quittez pour quelques instants le champ de bataille, vous lui ordonnerez d'y rester, de tout observer, et de vous rendre compte ensuite et des changements arrivés pendant votre absence, et de la manière dont il a cru devoir y remédier.

C'est en l'obligeant d'assister fréquemment à ces spectacles terribles et instructifs que vous l'initierez, autant qu'il est possible, dans les secrets intimes de la nature et de l'art. Mais ce n'est pas assez encore. Quand, pour un léger salaire, vous l'adoptâtes pour disciple, il jura de conserver dans ses mœurs et dans ses fonctions une pureté inaltérable. Qu'il ne se contente pas d'en avoir fait le serment. Sans les vertus de son état, il n'en remplira jamais les

[1] Elles faisaient alors partie de la médecine.

CHAPITRE LXXIII.

devoirs. Quelles sont ces vertus? Je n'en excepte presque aucune, puisque son ministère a cela d'honorable, qu'il exige presque toutes les qualités de l'esprit et du cœur. En effet, si l'on n'était assuré de sa discrétion et de sa sagesse, quel chef de famille ne craindrait pas, en l'appelant, d'introduire un espion ou un intrigant dans sa maison, un corrupteur auprès de sa femme ou de ses filles? Comment compter sur son humanité, s'il n'aborde ses malades qu'avec une gaieté révoltante, ou qu'avec une humeur brusque et chagrine; sur sa fermeté, si, par une servile adulation, il ménage leur dégoût et cède à leurs caprices; sur sa prudence, si, toujours occupé de sa parure, toujours couvert d'essences et d'habits magnifiques, on le voit errer de ville en ville pour y prononcer en l'honneur de son art des discours étayés du témoignage des poètes; sur ses lumières, si, outre cette justice générale que l'honnête homme observe à l'égard de tout le monde, il ne possède pas celle que le sage exerce sur lui-même, et qui lui apprend qu'au milieu du plus grand savoir se trouve encore plus de disette que d'abondance; sur ses intentions, s'il est dominé par un fol orgueil et par cette basse envie qui ne fut jamais le partage de l'homme supérieur; si, sacrifiant toutes les considérations à sa fortune, il ne se dévoue qu'au service des gens riches; si, autorisé par l'usage à régler ses honoraires dès le commencement de la maladie, il s'obstine à terminer le marché, quoique le malade empire d'un moment à l'autre?

Ces vices et ces défauts caractérisent surtout ces hommes ignorants et présomptueux dont la Grèce est remplie, et qui dégradent le plus noble des arts en trafiquant de la vie et de la mort des hommes; imposteurs d'autant plus dangereux que les lois ne sauraient les atteindre et que l'ignominie ne peut les humilier.

Quel est donc le médecin qui honore sa profession? Celui qui a mérité l'estime publique par un savoir profond, une longue expérience, une exacte probité et une vie sans reproche; celui aux yeux duquel tous les malheureux sont égaux, comme tous les hommes le sont aux yeux de la Divinité; qui accourt avec empressement à leur voix, sans acception de personne, leur parle avec douceur, les écoute avec attention, supporte leurs impatiences, et leur inspire cette confiance qui suffit quelquefois pour les rendre à la vie; qui, pénétré de leurs maux, en étudie avec opiniâtreté la cause et les progrès, n'est jamais troublé par des accidents imprévus, se fait un devoir d'appeler au besoin quelques-uns de ses confrères pour s'éclairer de leurs conseils; celui enfin qui, après avoir lutté de toutes ses forces contre la maladie, est heureux et modeste dans le succès, et peut du moins se féliciter dans les revers d'avoir suspendu des douleurs et donné des consolations.

Tel est le médecin philosophe, qu'Hippocrate comparait à un dieu, sans s'apercevoir qu'il le retraçait en lui-même. Des gens qui, par l'excellence de leur mérite, étaient faits pour reconnaître la supériorité du sien, m'ont souvent assuré que les médecins le regarderont toujours comme le premier et le plus habile de leurs législateurs, et que sa doctrine, adoptée de toutes les nations, opérera encore des milliers de guérisons après des milliers d'années. Si la prédiction s'accomplit, les plus vastes empires ne pourront pas disputer à la petite île de Cos la gloire d'avoir produit l'homme le plus utile à l'humanité, et, aux yeux des sages, les noms des plus grands conquérants s'abaisseront devant celui d'Hippocrate.

Après avoir visité quelques-unes des îles qui sont aux environs de Cos, nous partîmes pour Samos.

CHAPITRE LXXIV.

Description de Samos. Polycrate.

Lorsqu'on entre dans la rade de Samos, on voit à droite le promontoire de Neptune, surmonté d'un temple consacré à ce dieu; à gauche, le temple de Junon, et plusieurs beaux édifices parsemés à travers les arbres dont les bords de l'Imbrasus sont ombragés; en face, la ville située en partie le long du rivage de la mer, en partie sur le penchant d'une montagne qui s'élève du côté du nord.

L'île a six cents stades de circonférence [1]. A l'exception du vin, les productions de la terre y sont aussi excellentes que les perdrix et les différentes espèces de gibier, qui s'y trouvent en grande quantité. Les montagnes, couvertes d'arbres et d'une éternelle verdure, font jaillir de leur pied des sources qui fertilisent les campagnes voisines.

La ville se distingue parmi toutes celles que possèdent les Grecs et les barbares sur le continent voisin. On s'empressa de nous en

---

[1] Strabon, Agathémère, Pline et Isidore varient sur la circonférence de Samos. Suivant le premier, elle est de six cents stades, qui font vingt-deux de nos lieues et mille sept cents toises, chaque lieue de deux mille cinq cents toises; suivant le second, de six cent trente stades, ou vingt-trois lieues et deux mille trente-cinq toises; suivant Pline, de quatre-vingt-sept milles romains, c'est-à-dire de vingt-six lieues et deux cent soixante-douze toises; enfin, suivant Isidore, de cent milles romains, c'est-à-dire de huit cents stades, ou trente lieues et six cents toises. On trouve souvent de pareilles différences dans les mesures des anciens.

CHAPITRE LXXIV.

montrer les singularités. L'aqueduc, le môle et le temple de Junon attirèrent notre attention.

Non loin des remparts, vers le nord, est une grotte taillée à main d'homme dans une montagne qu'on a percée de part en part. La longueur de cette grotte est de sept stades ; sa hauteur, ainsi que sa largeur, de huit pieds [1]. Dans toute son étendue est creusé un canal large de trois pieds, profond de vingt coudées [2]. Des tuyaux, placés au fond du canal, amènent à Samos les eaux d'une source abondante qui coule derrière la montagne.

Le môle est une chaussée destinée à mettre le port et les vaisseaux à l'abri du vent du midi. Sa hauteur est d'environ vingt orgyes, sa longueur de plus de deux stades [3].

A droite de la ville, dans le faubourg, est le temple de Junon, construit, à ce qu'on prétend, vers les temps de la guerre de Troie, reconstruit dans ces derniers siècles par l'architecte Rhécus : il est d'ordre dorique. Je n'en ai pas vu de plus vastes ; on en connaît de plus élégants [4]. Il est situé non loin de la mer, sur les bords de l'Imbrasus, dans le lieu même que la déesse honora de ses premiers regards. On croit en effet qu'elle vint au monde sous un de ces arbustes nommés *agnus castus*, très-fréquents le long de la rivière. Cet édifice, si célèbre et si remarquable, a toujours joui du droit d'asile.

La statue de Junon nous offrit les premiers essais de la sculpture ; elle est de la main de Smilis, un des plus anciens artistes de la Grèce. Le prêtre qui nous accompagnait nous dit qu'auparavant un simple soliveau recevait en ces lieux saints l'hommage des Samiens ; que les dieux étaient alors partout représentés par des troncs d'arbres, ou par des pierres, soit carrées, soit de forme conique ; que ces simulacres grossiers subsistent, et sont même encore vénérés dans plusieurs temples anciens et modernes, et desservis par des ministres aussi ignorants que ces Scythes barbares qui adorent un cimeterre.

---

[1] Sept stades font six cent soixante et une toises trois pieds huit lignes ; huit pieds grecs font sept de nos pieds six pouces huit lignes.

[2] Trois pieds grecs font deux de nos pieds dix pouces ; vingt coudées, vingt-huit pieds quatre pouces. Il y a apparence que la grotte fut d'abord destinée à servir de chemin public, et, lorsque ensuite il eut été résolu d'amener à Samos les eaux d'une source dont le niveau était plus bas que la grotte, on profita du travail déjà fait, et l'on se contenta de creuser le canal en question.

[3] Vingt orgyes font cent treize de nos pieds et quatre pouces ; deux stades font cent quatre-vingt-neuf toises.

[4] Il reste encore des débris d'un ancien temple à Samos ; mais il paraît qu'on ne doit pas les rapporter à celui dont parle Hérodote. (Voyez Tournef. *Voyage*, t. I, p. 422 ; Procop. *Observ.* vol. II, part. 2, p. 27 ; Choiseul-Gouffier, *Voyage pittor. de la Grèce*, t. 1, p. 100.)

Quoique piqué de cette réflexion, je lui représentai doucement que les troncs d'arbres et les pierres ne furent jamais l'objet immédiat du culte, mais seulement des signes arbitraires auprès desquels se rassemblait la nation pour adresser ses vœux à la Divinité. Cela ne suffit pas, répondit-il ; il faut qu'elle paraisse revêtue d'un corps semblable au nôtre, et avec des traits plus augustes et plus imposants. Voyez avec quel respect on se prosterne devant les statues du Jupiter d'Olympie et de la Minerve d'Athènes. C'est, repris-je, qu'elles sont couvertes d'or et d'ivoire. En faisant les dieux à notre image, au lieu d'élever l'esprit du peuple, vous n'avez cherché qu'à frapper ses sens ; et de là vient que sa piété n'augmente qu'à proportion de la beauté, de la grandeur et de la richesse des objets exposés à sa vénération. Si vous embellissiez votre Junon, quelque grossier qu'en soit le travail, vous verriez les offrandes se multiplier.

Le prêtre en convint. Nous lui demandâmes ce que signifiaient deux paons de bronze placés aux pieds de la statue. Il nous dit que ces oiseaux se plaisent à Samos, qu'on les a consacrés à Junon, qu'on les a représentés sur la monnaie courante, et que de cette île ils ont passé dans la Grèce. Nous demandâmes à quoi servait une caisse d'où s'élevait un arbuste. C'est, répondit-il, le même *agnus castus* qui servit de berceau à la déesse. Il a toute sa fraîcheur, ajouta-t-il ; et cependant il est plus vieux que l'olivier d'Athènes, le palmier de Délos, le chêne de Dodone, l'olivier sauvage d'Olympie, le platane qu'Agamemnon planta de ses propres mains à Delphes, et tous ces arbres sacrés que l'on conserve depuis tant de siècles en différents temples [1].

Nous demandâmes pourquoi la déesse était vêtue d'un habit de noces. Il répondit : C'est à Samos qu'elle épousa Jupiter. La preuve en est claire : nous avons une fête où nous célébrons l'anniversaire de leur hymen. On le célèbre aussi, dit Stratonicus, dans la ville de Cnosse en Crète, et les prêtres m'ont assuré qu'il fut conclu sur le bord du fleuve Théron. Je vous avertis encore que les prêtresses d'Argos veulent ravir à votre île l'honneur d'avoir donné le jour à la déesse, comme d'autres pays se disputent celui d'avoir été le berceau de Jupiter. Je serais embarrassé si j'avais à chanter sur ma lyre ou leur naissance ou leur mariage. Point du tout, répondit cet homme ; vous vous conformeriez à la tradition du pays : les poètes ne sont pas si scrupuleux. Mais, repris-je, les ministres des autels devraient l'être davantage. Adopter des opinions fausses

---

[1] Il paraît que tous ces arbres étaient dans des caisses : je le présume, d'après celui de Samos.

et absurdes n'est qu'un défaut de lumières ; en adopter de contradictoires et d'inconséquentes, c'est un défaut de logique ; et alors on ne doit pas reprocher aux Scythes de se prosterner devant un cimeterre.

Vous me paraissez instruit, répondit le prêtre, et je vais vous révéler notre secret : quand nous parlons de la naissance des dieux, nous entendons le temps où le culte fut reçu dans un pays, et, par leur mariage, l'époque où le culte de l'un fut associé à celui d'un autre. Et qu'entendez-vous par leur mort? lui dit Stratonicus ; car j'ai vu le tombeau de Jupiter en Crète. Nous avons recours à une autre solution, répondit le prêtre. Les dieux se manifestent quelquefois aux hommes, revêtus de nos traits ; et, après avoir passé quelque temps avec eux pour les instruire, ils disparaissent et retournent aux cieux. C'est en Crète surtout qu'ils avaient autrefois coutume de descendre, c'est de là qu'ils partaient pour parcourir la terre. Nous allions répliquer, mais il prit le sage parti de se retirer.

Nous jetâmes ensuite les yeux sur cet amas de statues dont le temple est entouré. Nous contemplâmes avec admiration trois statues colossales de la main du célèbre Myron, posées sur une même base, représentant Jupiter, Minerve et Hercule[1]. Nous vîmes l'Apollon de Théléclès et de Théodore, deux artistes qui, ayant puisé les principes de l'art en Égypte, apprirent de leurs maîtres à s'associer pour exécuter un même ouvrage. Le premier demeurait à Samos, le second à Éphèse. Après être convenus des proportions que devait avoir la figure, l'un se chargea de la partie supérieure, et l'autre de l'inférieure. Rapprochées ensuite, elles s'unirent si bien qu'on les croirait de la même main. Il faut convenir néanmoins que, la sculpture n'ayant pas fait alors de grands progrès, cet Apollon est plus recommandable par la justesse des proportions que par la beauté des détails.

Le Samien qui nous racontait cette anecdote ajouta : Vers la fin de la guerre du Péloponnèse, Alcibiade croisait sur nos côtes avec la flotte des Athéniens. Il favorisa le parti du peuple, qui lui fit élever cette statue. Quelque temps après, Lysander, qui commandait la flotte de Lacédémone, se rendit maître de Samos, et rétablit l'autorité des riches, qui envoyèrent sa statue au temple d'Olympie. Deux généraux athéniens, Conon et Timothée, revinrent ensuite avec des forces supérieures, et voilà les deux statues que le peuple leur éleva ; et voici la place que nous destinons à celle

---

[1] Marc-Antoine les fit transporter à Rome ; et, quelque temps après, Auguste en renvoya deux à Samos, et ne garda que le Jupiter. (Strab. lib. XIV, p. 637.)

de Philippe quand il s'emparera de notre île. Nous devrions rougir de cette lâcheté; mais elle nous est commune avec les habitants des îles voisines, avec la plupart des nations grecques du continent, sans en excepter même les Athéniens. La haine qui a toujours subsisté entre les riches et les pauvres a partout détruit les ressources de l'honneur et de la vertu. Il finit par ces mots : Un peuple qui a pendant deux siècles épuisé son sang et ses trésors pour se ménager quelques moments d'une liberté plus pesante que l'esclavage, est excusable de chercher le repos, surtout quand le vainqueur n'exige que de l'argent et une statue.

Les Samiens sont le peuple le plus riche et le plus puissant de tous ceux qui composent la confédération ionienne. Ils ont beaucoup d'esprit, ils sont industrieux et actifs : aussi leur histoire fournit-elle des traits intéressants pour celle des lettres, des arts et du commerce. Parmi les hommes célèbres que l'île a produits, je citerai Créophyle, qui mérita, dit-on, la reconnaissance d'Homère en l'accueillant dans sa misère, et celle de la postérité en nous conservant ses écrits; Pythagore, dont le nom suffirait pour illustrer le plus beau siècle et le plus grand empire. Après ce dernier, mais dans un rang très-inférieur, nous placerons deux de ses contemporains, Phécus et Théodore, sculpteurs habiles pour leur temps, qui, après avoir, à ce qu'on prétend, perfectionné la règle, le niveau et d'autres instruments utiles, découvrirent le secret de forger les statues de fer, et de nouveaux moyens pour jeter en fonte celles de cuivre.

La terre de Samos non-seulement a des propriétés dont la médecine fait usage, mais elle se convertit encore, sous la main de quantité d'ouvriers, en des vases qu'on recherche de toutes parts.

Les Samiens s'appliquèrent de très-bonne heure à la navigation, et firent autrefois un établissement dans la haute Égypte. Il y a trois siècles environ qu'un de leurs vaisseaux marchands, qui se rendait en Égypte, fut poussé par les vents contraires au delà des Colonnes d'Hercule, dans l'île de Tartessus, située sur les côtes de l'Ibérie, et jusqu'alors inconnue aux Grecs. L'or s'y trouvait en abondance. Les habitants, qui en ignoraient le prix, le prodiguèrent à ces étrangers ; et ceux-ci, en échange de leurs marchandises, rapportèrent chez eux des richesses estimées soixante talents [1], somme alors exorbitante, et qu'on aurait eu de la peine à rassembler dans une partie de la Grèce. On en préleva le dixième ; il fut destiné à consacrer au temple de Junon un grand cratère de bronze qui subsiste encore. Les bords en sont ornés de têtes de griffons : il est soutenu

[1] Trois cent vingt-quatre mille livres.

par trois statues colossales à genoux, et de la proportion de sept coudées de hauteur[1]. Ce groupe est aussi de bronze.

Samos ne cessa depuis d'augmenter et d'exercer sa marine. Des flottes redoutables sortirent souvent de ses ports, et maintinrent pendant quelque temps sa liberté contre les efforts des Perses et des puissances de la Grèce, jalouses de la réunir à leur domaine ; mais on vit plus d'une fois les divisions s'élever dans son sein, et se terminer, après de longues secousses, par l'établissement de la tyrannie. C'est ce qui arriva du temps de Polycrate.

Il reçut de la nature de grands talents, et de son père Éacès de grandes richesses. Ce dernier avait usurpé le pouvoir souverain, et son fils résolut de s'en revêtir à son tour. Il communiqua ses vues à ses deux frères, qui crurent entrer dans la conspiration comme ses associés, et n'en furent que les instruments. Le jour où l'on célèbre la fête de Junon, leurs partisans s'étant placés aux postes assignés, les uns fondirent sur les Samiens assemblés autour du temple de la déesse, et en massacrèrent un grand nombre ; les autres s'emparèrent de la citadelle, et s'y maintinrent à la faveur de quelques troupes envoyées par Lygdamis, tyran de Naxos. L'île fut divisée entre les trois frères, et bientôt après elle tomba sans réserve entre les mains de Polycrate, qui condamna l'un d'eux à la mort et l'autre à l'exil.

Employer, pour retenir le peuple dans la soumission, tantôt la voie des fêtes et des spectacles, tantôt celle de la violence et de la cruauté ; le distraire du sentiment de ses maux en le conduisant à des conquêtes brillantes, de celui de ses forces en l'assujettissant à des travaux pénibles[2] ; s'emparer des revenus de l'état, quelquefois des possessions des particuliers ; s'entourer de satellites et d'un corps de troupes étrangères ; se renfermer au besoin dans une forte citadelle ; savoir tromper les hommes et se jouer des serments les plus sacrés, tels furent les principes qui dirigèrent Polycrate après son élévation. On pourrait intituler l'histoire de son règne, l'art de gouverner à l'usage des tyrans.

Ses richesses le mirent en état d'armer cent galères, qui lui assurèrent l'empire de la mer, et lui soumirent plusieurs îles voisines et quelques villes du continent. Ses généraux avaient un ordre secret de lui apporter les dépouilles, non-seulement de ses ennemis, mais encore de ses amis, qui ensuite les demandaient et les re-

---

[1] Environ dix pieds.
[2] Aristote dit que, dans les gouvernements despotiques, on fait travailler le peuple à des ouvrages publics pour le tenir dans la dépendance. Entre autres exemples, il cite celui de Polycrate, et celui des rois d'Égypte qui firent construire les pyramides. (*De rep.* lib. V, cap. 11, t, II, p. 407.)

cevaient de ses mains, comme un gage de sa tendresse et de sa générosité.

Pendant la paix, les habitants de l'île, les prisonniers de guerre, ensemble ou séparément, ajoutaient de nouveaux ouvrages aux fortifications de la capitale, creusaient des fossés autour de ses murailles, élevaient dans son intérieur ces monuments qui décorent Samos, et qu'exécutèrent des artistes que Polycrate avait à grands frais attirés dans ses états.

Également attentif à favoriser les lettres, il réunit auprès de sa personne ceux qui les cultivaient, et dans sa bibliothèque les plus belles productions de l'esprit humain. On vit alors un contraste frappant entre la philosophie et la poésie. Pendant que Pythagore, incapable de soutenir l'aspect d'un despote barbare, fuyait loin de sa patrie opprimée, Anacréon amenait à Samos les grâces et les plaisirs. Il obtint sans peine l'amitié de Polycrate, et le célébra sur sa lyre avec la même ardeur que s'il eût chanté le plus vertueux des princes.

Polycrate, voulant multiplier dans ses états les plus belles espèces d'animaux domestiques, fit venir des chiens d'Épire et de Lacédémone, des cochons de Sicile, des chèvres de Scyros et de Naxos, des brebis de Milet et d'Athènes; mais, comme il ne faisait le bien que par ostentation, il introduisait en même temps parmi ses sujets le luxe et les vices des Asiatiques. Il savait qu'à Sardes, capitale de la Lydie, des femmes distinguées par leur beauté, et rassemblées dans un même lieu, étaient destinées à raffiner sur les délices de la table et sur les différents genres de volupté; Samos vit se former dans ses murs un pareil établissement, et les *fleurs* de cette ville furent aussi fameuses que celles des Lydiens; car c'est de ce nom qu'on appelait ces sociétés où la jeunesse de l'un et de l'autre sexe, donnant et recevant des leçons d'intempérance, passait les jours et les nuits dans les fêtes et dans la débauche. La corruption s'étendit parmi les autres citoyens, et devint funeste à leurs descendants. On dit aussi que les découvertes des Samiennes passèrent insensiblement chez les autres Grecs, et portèrent partout atteinte à la pureté des mœurs.

Cependant plusieurs habitants de l'île ayant murmuré contre ces dangereuses innovations, Polycrate les fit embarquer sur une flotte qui devait se joindre aux troupes que Cambyse, roi de Perse, menait en Égypte. Il s'était flatté qu'ils périraient dans le combat, ou que du moins Cambyse les retiendrait pour toujours dans son armée. Instruits de ses desseins, ils résolurent de le prévenir, et de délivrer leur patrie d'une servitude honteuse. Au lieu de se rendre en

Égypte, ils retournèrent à Samos, et furent repoussés ; quelque temps après, ils reparurent avec des troupes de Lacédémone et de Corinthe, et cette tentative ne réussit pas mieux que la première.

Polycrate semblait n'avoir plus de vœux à former ; toutes les années de son règne, presque toutes ses entreprises avaient été marquées par des succès. Ses peuples s'accoutumaient au joug ; ils se croyaient heureux de ses victoires, de son faste et des superbes édifices élevés par ses soins à leurs dépens. Tant d'images de grandeur, les attachant à leur souverain, leur faisaient oublier le meurtre de son frère, le vice de son usurpation, ses cruautés et ses parjures. Lui-même ne se souvenait plus des sages avis d'Amasis, roi d'Égypte, avec qui des liaisons d'hospitalité l'avaient uni pendant quelque temps. « Vos prospérités m'épouvantent, » mandait-il un jour à Polycrate. « Je souhaite à ceux qui m'intéressent un mélange de biens et de maux ; car une divinité jalouse ne souffre pas qu'un mortel jouisse d'une félicité inaltérable. Tâchez de vous ménager des peines et des revers pour les opposer aux faveurs opiniâtres de la fortune. » Polycrate, alarmé de ces réflexions, résolut d'affermir son bonheur par un sacrifice qui lui coûterait quelques moments de chagrin. Il portait à son doigt une émeraude montée en or, sur laquelle Théodore, dont j'ai déjà parlé, avait représenté je ne sais quel sujet [1], ouvrage d'autant plus précieux que l'art de graver les pierres était encore dans son enfance parmi les Grecs. Il s'embarqua sur une galère, s'éloigna des côtes, jeta l'anneau dans la mer, et quelques jours après le reçut de la main d'un de ses officiers qui l'avait trouvé dans le sein d'un poisson. Il se hâta d'en instruire Amasis, qui dès cet instant rompit tout commerce avec lui.

Les craintes d'Amasis furent enfin réalisées. Pendant que Polycrate méditait la conquête de l'Ionie et des îles de la mer Égée, le satrape d'une province voisine de ses états, et soumise au roi de Perse, parvint à l'attirer dans son gouvernement, et, après l'avoir fait expirer dans des tourments horribles, ordonna d'attacher son corps à une croix élevée sur le mont Mycale, en face de Samos [2].

Après sa mort, les habitants de l'île éprouvèrent successivement toutes les espèces de tyrannies, celle d'un seul, celle des riches, celle

---

[1] Suivant saint Clément d'Alexandrie, cet anneau représentait une lyre. Ce fait est peu important, mais on peut remarquer avec quelle attention les Romains conservaient les débris de l'antiquité. Du temps de Pline, on montrait à Rome, dans le temple de la Concorde, une sardoine-onyx que l'on disait être l'anneau de Polycrate, et que l'on tenait renfermée dans un cornet d'or ; c'était un présent d'Auguste. Solin donne aussi le nom de sardoine à la pierre de Polycrate ; mais il paraît, par le témoignage de quelques auteurs, et surtout d'Hérodote, que c'était une émeraude.

[2] Polycrate mourut vers l'an 522 avant J.-C.

du peuple, celle des Perses, celle des puissances de la Grèce. Les guerres de Lacédémone et d'Athènes faisaient tour à tour prévaloir chez eux l'oligarchie et la démocratie. Chaque révolution assouvissait la vengeance d'un parti, et préparait la vengeance de l'autre. Ils montrèrent la plus grande valeur dans ce fameux siége qu'ils soutinrent pendant neuf mois contre les forces d'Athènes réunies sous Périclès. Leur résistance fut opiniâtre, leurs pertes presque irréparables; ils consentirent à démolir leurs murailles, à livrer leurs vaisseaux, à donner des otages, à rembourser les frais de la guerre. Les assiégeants et les assiégés signalèrent également leur cruauté sur les prisonniers qui tombaient entre leurs mains; les Samiens leur imprimaient sur le front une chouette, les Athéniens une proue de navire.

Ils se relevèrent ensuite, et tombèrent entre les mains des Lacédémoniens, qui bannirent les partisans de la démocratie. Enfin les Athéniens, maîtres de l'île, la divisèrent, il y a quelques années, en deux mille portions distribuées par le sort à autant de colons chargés de les cultiver. Néoclès était du nombre; il y vint avec Chérestrate sa femme. Quoiqu'ils n'eussent qu'une fortune médiocre, ils nous obligèrent d'accepter un logement chez eux. Leurs attentions et celles des habitants prolongèrent notre séjour à Samos.

Tantôt nous passions le bras de mer qui sépare l'île de la côte d'Asie, et nous prenions le plaisir de la chasse sur le mont Mycale; tantôt nous goûtions celui de la pêche au pied de cette montagne, vers l'endroit où les Grecs remportèrent sur la flotte et sur l'armée de Xerxès cette fameuse victoire qui acheva d'assurer le repos de la Grèce[2]. Nous avions soin, pendant la nuit, d'allumer des torches et de multiplier les feux. A cette clarté reproduite dans les flots, les poissons s'approchaient des bateaux, se prenaient à nos piéges, ou cédaient à nos armes.

Cependant Stratonicus chantait la bataille de Mycale, et s'accompagnait de la cithare; mais il était sans cesse interrompu : nos bateliers voulaient absolument nous raconter les détails de cette action. Ils parlaient tous à la fois; et quoiqu'il fût impossible, au milieu des ténèbres, de discerner les objets, ils nous les montraient, et dirigeaient nos mains et nos regards vers différents points de l'horizon. Ici était la flotte des Grecs; là celle des Perses. Les premiers venaient de Samos : ils s'approchent; et voilà que les ga-

---

[1] Les monnaies des Athéniens représentaient ordinairement une chouette, celles des Samiens une proue de navire.
[2] L'an 479 avant J.-C.

lères des Phéniciens prennent la fuite, que celles des Perses se sauvent sous ce promontoire, vers ce temple de Cérès que vous voyez là devant nous. Les Grecs descendent sur le rivage ; ils sont bien étonnés d'y trouver l'armée innombrable des Perses et de leurs alliés. Un nommé Tigrane les commandait; il désarma un corps de Samiens qu'il avait avec lui, il en avait peur. Les Athéniens attaquèrent de ce côté-ci, les Lacédémoniens de ce côté-là : le camp fut pris. La plupart des barbares s'enfuirent. On brûla leurs vaisseaux ; quarante mille soldats furent égorgés, et Tigrane tout comme un autre. Les Samiens avaient engagé les Grecs à poursuivre la flotte des Perses : les Samiens, pendant le combat, ayant retrouvé des armes, tombèrent sur les Perses : c'est aux Samiens que les Grecs durent la plus belle victoire qu'ils aient remportée sur les Perses. En faisant ces récits, nos bateliers sautaient, jetaient leurs bonnets en l'air et poussaient des cris de joie.

La pêche se diversifie de plusieurs manières. Les uns prennent les poissons à la ligne : c'est ainsi qu'on appelle un grand roseau ou bâton, d'où pend une ficelle de crin terminée par un crochet de fer auquel on attache l'appât. D'autres les percent adroitement avec des dards à deux ou trois pointes, nommés harpons ou tridents ; d'autres enfin les enveloppent dans différentes espèces de filets, dont quelques-uns sont garnis de morceaux de plomb qui les attirent dans la mer, et de morceaux de liége qui les tiennent suspendus à sa surface.

La pêche du thon nous inspira un vif intérêt. On avait tendu le long du rivage un filet très-long et très-ample. Nous nous rendîmes sur les lieux à la pointe du jour. Il régnait un calme profond dans toute la nature. Un des pêcheurs, étendu sur un rocher voisin, tenait les yeux fixés sur les flots presque transparents. Il aperçut une tribu de thons qui suivait tranquillement les sinuosités de la côte, et s'engageait dans le filet par une ouverture ménagée à cet effet. Aussitôt ses compagnons avertis se divisèrent en deux bandes ; et pendant que les uns tiraient le filet, les autres battaient l'eau à coups de rames pour empêcher les prisonniers de s'échapper. Ils étaient en assez grand nombre, et plusieurs d'une grosseur énorme : un, entre autres, pesait environ quinze talents [1].

Au retour d'un petit voyage que nous avions fait sur la côte de l'Asie, nous trouvâmes Néoclès occupé des préparatifs d'une fête. Chérestrate, sa femme, était accouchée quelques jours auparavant ; il venait de donner un nom à son fils, c'était celui d'Épicure [2]. En

---

[1] Poids : environ sept cent soixante-douze livres.
[2] C'est le célèbre Épicure, né sous l'archonte Sosigène (Diog. Laërt. lib. X, § 14),

ces occasions, les Grecs sont dans l'usage d'inviter leurs amis à souper. L'assemblée fut nombreuse et choisie. J'étais à l'un des bouts de la table, entre un Athénien qui parlait beaucoup et un citoyen de Samos qui ne disait rien.

Parmi les autres convives, la conversation fut très-bruyante; dans notre coin, d'abord vague et sans objet, ensuite plus soutenue et plus sérieuse. On parla, je ne sais à quel propos, du monde, de la société. Après quelques lieux communs, on interrogea le Samien, qui répondit : Je me contenterai de vous rapporter le sentiment de Pythagore : il comparait la scène du monde à celle des jeux olympiques, où les uns ne vont que pour combattre, les autres pour commercer, et d'autres simplement pour voir. Ainsi les ambitieux et les conquérants sont nos lutteurs; la plupart des hommes échangent et leur temps et leurs travaux contre les biens de la fortune; les sages, tranquilles spectateurs, examinent tout, et se taisent.

A ces mots, je le considérai avec plus d'attention. Il avait l'air serein et le maintien grave. Il était vêtu d'une robe dont la blancheur égalait la propreté. Je lui offris successivement du vin, du poisson, d'un morceau de bœuf, d'un plat de fèves. Il refusa tout : il ne buvait que de l'eau et ne mangeait que des herbes. L'Athénien me dit à l'oreille : C'est un régide pythagoricien ; et tout à coup, élevant la voix : Nous avons tort, dit-il, de manger de ces poissons ; car dans l'origine nous habitions comme eux le sein des mers : oui, nos premiers pères ont été poissons ; on n'en saurait douter, le philosophe Anaximandre l'a dit. Le dogme de la métempsycose me donne des scrupules sur l'usage de la viande ; en mangeant de ce bœuf, je suis peut-être anthropophage. Quant aux fèves, c'est la substance qui participe le plus de la matière animée, dont nos âmes sont des parcelles. Prenez les fleurs de cette plante quand elles commencent à noircir; mettez-les dans un vase que vous enfouirez dans la terre; quatre-vingt-dix jours après ôtez le couvercle, et vous trouverez au fond du vase une tête d'enfant : Pythagore en fit l'expérience.

Il partit alors des éclats de rire aux dépens de mon voisin, qui continuait à garder le silence. On vous serre de près, lui dis-je. Je le vois bien, me dit-il, mais je ne répondrai point, j'aurais tort d'avoir raison dans ce moment-ci : repousser sérieusement les ridicules est un ridicule de plus. Mais je ne cours aucun risque avec vous. Instruit par Néoclès des motifs qui vous ont fait entreprendre de si longs voyages, je sais que vous aimez la vérité, et je ne re-

la troisième année de la cent neuvième olympiade, le 7 de gamelion, c'est-à-dire le 11 janvier de l'an 341 avant J.-C. Ménandre naquit dans la même année.

fuserai pas de vous la dire. J'acceptai ses offres, et nous eûmes, après le souper, l'entretien suivant.

CHAPITRE LXXV.

Entretien sur l'institut de Pythagore.

Le Samien. Vous ne croyez pas sans doute que Pythagore ait avancé les absurdités qu'on lui attribue?

Anacharsis. J'en étais surpris en effet. D'un côté, je voyais cet homme extraordinaire enrichir sa nation des lumières des autres peuples, faire en géométrie des découvertes qui n'appartiennent qu'au génie, et fonder cette école qui a produit tant de grands hommes. D'un autre côté, je voyais ses disciples, souvent joués sur le théâtre, s'asservir avec opiniâtreté à des pratiques minutieuses, et les justifier par des raisons puériles ou des allégories forcées. Je lus vos auteurs, j'interrogeai des pythagoriciens : je n'entendis qu'un langage énigmatique et mystérieux. Je consultai d'autres philosophes, et Pythagore ne me parut qu'un chef d'enthousiastes, qui prescrit des dogmes incompréhensibles et des observances impraticables.

Le Samien. Le portrait n'est pas flatté.

Anacharsis. Écoutez jusqu'au bout le récit de mes préventions. Étant à Memphis, je reconnus la source où votre fondateur avait puisé les lois rigoureuses qu'il vous a laissées; elles sont les mêmes que celles des prêtres égyptiens. Pythagore les adopta, sans s'apercevoir que le régime diététique doit varier suivant la différence des climats et des religions. Citons un exemple. Ces prêtres ont tellement les fèves en horreur, qu'on n'en sème point dans toute l'Égypte; et si par hasard il en survient quelque plante, ils en détournent les yeux comme de quelque chose d'impur. Si ce légume est nuisible en Égypte, les prêtres ont dû le proscrire; mais Pythagore ne devait pas les imiter : il le devait encore moins si la défense était fondée sur quelque vaine superstition. Cependant il vous l'a transmise, et jamais elle n'occasionna dans les lieux de son origine une scène aussi cruelle que celle qui s'est passée de nos jours.

Denys, roi de Syracuse, voulait pénétrer vos mystères. Les pythagoriciens, persécutés dans ses états, se cachaient avec soin. Il ordonna qu'on lui en amenât d'Italie. Un détachement de soldats en aperçut dix qui allaient tranquillement de Tarente à Métaponte : il leur donna la chasse comme à des bêtes fauves. Ils prirent la fuite ; mais, à l'aspect d'un champ de fèves qu'ils trouvèrent sur leur passage, ils s'arrêtèrent, se mirent en état de défense, et se laissèrent égorger plutôt que de souiller leur âme par l'attouchement de ce légume odieux. Quelques moments après, l'officier qui commandait le détachement en surprit deux qui n'avaient pas pu suivre les autres. C'étaient Millias de Crotone et son épouse Timycha, née à Lacédémone, et fort avancée dans sa grossesse. Ils furent emmenés à Syracuse. Denys voulait savoir pourquoi leurs compagnons avaient mieux aimé perdre la vie que de traverser ce champ de fèves ; mais ni ses promesses ni ses menaces ne purent les engager à s'expliquer, et Timycha se coupa la langue avec les dents, de peur de succomber aux tourments qu'on offrait à sa vue. Voilà pourtant ce qu'opèrent les préjugés du fanatisme et les lois insensées qui le favorisent.

Le Samien. Je plains le sort de ces infortunés. Leur zèle peu éclairé était sans doute aigri par les rigueurs que, depuis quelque temps, on exerçait contre eux. Ils jugèrent de l'importance de leurs opinions par celle qu'on mettait à les leur ôter.

Anacharsis. Et pensez-vous qu'ils auraient pu sans crime violer le précepte de Pythagore ?

Le Samien. Pythagore n'a rien ou presque rien écrit. Les ouvrages qu'on lui attribue sont tous ou presque tous de ses disciples. Ce sont eux qui ont chargé sa règle de plusieurs nouvelles pratiques. Vous entendez dire, et l'on dira encore plus dans la suite, que Pythagore attachait un mérite infini à l'abstinence des fèves. Il est certain néanmoins qu'il faisait un très-grand cas de ce légume dans ses repas. C'est ce que, dans ma jeunesse, j'appris de Xénophile et de plusieurs vieillards presque contemporains de Pythagore.

Anacharsis. Et pourquoi vous les a-t-on défendues depuis ?

Le Samien. Pythagore les permettait, parce qu'il les croyait salutaires ; ses disciples les condamnèrent, parce qu'elles produisent des flatuosités et d'autres effets nuisibles à la santé. Leur avis, conforme à celui des plus grands médecins, a prévalu.

Anacharsis. Cette défense n'est donc, suivant vous, qu'un règlement civil, qu'un simple conseil ? J'en ai pourtant ouï parler à d'autres pythagoriciens comme d'une loi sacrée, et qui tient soit aux mystères de la nature et de la religion, soit aux principes d'une sage politique.

Le Samien. Chez nous, ainsi que chez presque toutes les sociétés religieuses, les lois civiles sont des lois sacrées. Le caractère de sainteté qu'on leur imprime facilite leur exécution. Il faut ruser avec la négligence des hommes, ainsi qu'avec leurs passions.

Les règlements relatifs à l'abstinence sont violés tous les jours quand ils n'ont que le mérite d'entretenir la santé. Tel qui, pour la conserver, ne sacrifierait pas un plaisir, exposerait mille fois sa vie pour maintenir des rites qu'il respecte sans en connaître l'objet.

Anacharsis. Ainsi donc ces ablutions, ces privations et ces jeûnes que les prêtres égyptiens observent si scrupuleusement, et qu'on recommande si fort dans les mystères de la Grèce, n'étaient, dans l'origine, que des ordonnances de médecine et des leçons de sobriété?

Le Samien. Je le pense; et en effet personne n'ignore que les prêtres d'Égypte, en cultivant la plus salutaire des médecines, celle qui s'attache plus à prévenir les maux qu'à les guérir, sont parvenus de tout temps à se procurer une vie longue et paisible. Pythagore apprit cette médecine à leur école, la transmit à ses disciples, et fut placé à juste titre parmi les plus habiles médecins de la Grèce. Comme il voulait porter les âmes à la perfection, il fallait les détacher de cette enveloppe mortelle qui les tient enchaînées, et qui leur communique ses souillures. Il bannit en conséquence les aliments et les boissons qui, en excitant du trouble dans le corps, obscurcissent et appesantissent l'esprit.

Anacharsis. Il pensait donc que l'usage du vin, de la viande et du poisson produisait ces funestes effets? car il vous l'a sévèrement interdit.

Le Samien. C'est une erreur. Il condamnait l'excès du vin; il conseillait de s'en abstenir, et permettait à ses disciples d'en boire à souper, mais en petite quantité. On leur servait quelquefois une portion des animaux offerts en sacrifice, excepté du bœuf et du bélier. Lui-même ne refusait pas d'en goûter, quoiqu'il se contentât pour l'ordinaire d'un peu de miel et de quelques légumes. Il défendait certains poissons, pour des raisons inutiles à rapporter. D'ailleurs il préférait le régime végétal à tous les autres, et la défense absolue de la viande ne concernait que ceux de ses disciples qui aspiraient à une plus grande perfection.

Anacharsis. Mais la permission qu'il laisse aux autres, comment la concilier avec son système sur la transmigration des âmes? car enfin, comme le disait tantôt cet Athénien, vous risquez tous les jours de manger votre père ou votre mère.

Le Samien. Je pourrais vous répondre qu'on ne fait paraître sur nos tables que la chair des victimes, et que nous n'immolons que

28.

les animaux qui ne sont pas destinés à recevoir nos âmes; mais j'ai une meilleure solution à vous donner : Pythagore et ses premiers disciples ne croyaient pas à la métempsycose.

Anacharsis. Comment?

Le Samien. Timée de Locres, l'un des plus anciens et des plus célèbres d'entre eux, en a fait l'aveu. Il dit que la crainte des lois humaines ne faisant pas assez d'impression sur la multitude, il faut l'effrayer par des punitions imaginaires, et lui annoncer que les coupables, transformés après leur mort en des bêtes viles ou féroces, épuiseront tous les malheurs attachés à leur nouvelle condition.

Anacharsis. Vous renversez toutes mes idées. Pythagore ne rejetait-il pas les sacrifices sanglants? ne défendait-il pas de tuer les animaux? Pourquoi ce vif intérêt pour leur conservation, si ce n'est qu'il leur supposait une âme semblable à la nôtre?

Le Samien. Le principe de cet intérêt était la justice. Et de quel droit, en effet, osons-nous arracher la vie à des êtres qui ont reçu comme nous ce présent du ciel? Les premiers hommes, plus dociles aux cris de la nature, n'offraient aux dieux que les fruits, le miel et les gâteaux dont ils se nourrissaient. On n'osait pas verser le sang des animaux, et surtout de ceux qui sont utiles à l'homme. La tradition nous a transmis avec effroi le souvenir du plus ancien parricide : en nous conservant de même les noms de ceux qui, par inadvertance, ou dans un mouvement de colère, tuèrent les premiers des animaux de quelque espèce, elle attesta l'étonnement et l'horreur dont cette nouvelle frappa successivement les esprits. Il fallut donc un prétexte. On trouva qu'ils occupaient trop de place sur la terre, et l'on supposa un oracle qui nous autorisait à vaincre notre répugnance. Nous obéîmes; et, pour nous étourdir sur nos remords, nous voulûmes au moins arracher le consentement de nos victimes. De là vient qu'aujourd'hui encore on n'en sacrifie aucune sans l'avoir auparavant, par des ablutions ou d'autres moyens, engagée à baisser la tête en signe d'approbation. Voyez avec quelle indignité la violence se joue de la faiblesse!

Anacharsis. Cette violence était sans doute nécessaire; les animaux, en se multipliant, dévoraient les moissons.

Le Samien. Ceux qui peuplent beaucoup ne vivent qu'un petit nombre d'années; et la plupart, dénués de nos soins, ne perpétueraient pas leur espèce. A l'égard des autres, les loups et les vautours nous en auraient fait justice. Mais, pour vous montrer que ce ne furent pas leurs déprédations qui nous mirent les armes à la main, je vous demande s'ils ravageraient nos campagnes, ces poissons que nous poursuivons dans un monde si différent du nôtre? Non, rien ne pouvait nous porter à souiller les autels du sang des animaux; et puisqu'il ne m'est pas permis d'offrir au ciel des fruits enlevés au champ de mon voisin, devais-je lui présenter l'hommage d'une vie qui ne m'appartient pas? Quelle est d'ailleurs la victime la plus agréable à la Divinité? A cette question, les peuples et les prêtres se partagent. Dans un endroit, on immole les animaux sauvages et malfaisants; dans un autre, ceux que nous associons à nos travaux. L'intérêt de l'homme, présidant à ce choix, a tellement servi son injustice, qu'en Égypte c'est une impiété de sacrifier des vaches, un acte de piété d'immoler des taureaux.

Au milieu de ces incertitudes, Pythagore sentit aisément qu'on ne pouvait déraciner tout à coup des abus consacrés par une longue suite de siècles. Il s'abstint des sacrifices sanglants. La première classe de ses disciples s'en abstint aussi. Les autres, obligés de conserver encore des relations avec les hommes, eurent la liberté de sacrifier un petit nombre d'animaux, et de goûter plutôt que de manger de leur chair.

Ce fut une condescendance que le respect de l'usage et de la religion semblait justifier. A cela près, nous vivons en communauté de biens avec les animaux doux et paisibles. Il nous est défendu de leur porter le moindre préjudice. Nous avons, à l'exemple de notre fondateur, un véritable éloignement pour les professions qui sont destinées à leur donner la mort. On ne sait que trop par l'expérience que l'effusion fréquente du sang fait contracter à l'âme une sorte de férocité. La chasse nous est interdite. Nous renonçons à des plaisirs, mais nous sommes plus humains, plus doux, plus compatissants que les autres hommes; j'ajoute, beaucoup plus maltraités. On n'a rien épargné pour détruire une congrégation pieuse et savante qui, renonçant à toutes les douceurs de la vie, s'était dévouée sans réserve au bonheur des sociétés.

Anacharsis. Je connais mal votre institut; oserai-je vous prier de m'en donner une juste idée?

Le Samien. Vous savez qu'au retour de ses voyages Pythagore fixa son séjour en Italie; qu'à ses exhortations, les nations grecques établies dans cette fertile contrée mirent leurs armes à ses pieds et leurs intérêts entre ses mains; que, devenu leur arbitre, il leur apprit à vivre en paix avec elles-mêmes et avec les autres; que les hommes et les femmes se soumirent avec une égale ardeur aux plus rudes sacrifices; que, de toutes les parties de la Grèce, de l'Italie et de la Sicile, on vit accourir un nombre infini de disciples; que Pythagore parut à la cour des tyrans sans les flatter et les obligea à descendre du trône sans regret, et qu'à l'aspect de tant de changements les peuples s'écrièrent qu'un dieu avait paru sur la terre pour la délivrer des maux qui l'affligent.

Anacharsis. Mais lui ou ses disciples n'ont-ils pas employé le mensonge pour entretenir cette illusion? Rappelez-vous tous ces prodiges qu'on lui attribue : à sa voix, la mer calmée, l'orage dissipé, la peste suspendant ses fureurs; et puis cet aigle qu'il appelle du haut du ciel, et qui vient se reposer sur sa main; et cette ourse qui, docile à ses ordres, n'attaque plus les animaux timides.

Le Samien. Ces récits extraordinaires m'ont toujours paru dénués de fondement. Je ne vois nulle part que Pythagore se soit arrogé le droit de commander à la nature.

Anacharsis. Vous conviendrez du moins qu'il prétendait lire dans l'avenir et avoir reçu ses dogmes de la prêtresse de Delphes.

Le Samien. Il croyait en effet à la divination; et cette erreur, si c'en est une, lui fut commune avec les sages de son temps, avec ceux d'un temps postérieur, avec Socrate lui-même. Il disait que sa doctrine émanait d'un oracle d'Apollon. Si c'est un crime, il faut accuser d'imposture Minos, Lycurgue, presque tous les législateurs, qui, pour donner plus d'autorité à leurs lois, ont feint que les dieux mêmes les leur avaient dictées.

Anacharsis. Permettez que j'insiste : on ne renonce pas facilement à d'anciens préjugés. Pourquoi sa philosophie est-elle entourée de cette triple enceinte de ténèbres? Comment se fait-il qu'un homme qui eut assez de modestie pour préférer au titre de sage celui d'ami de la sagesse n'ait pas eu assez de franchise pour annoncer hautement la vérité?

Le Samien. Ces secrets qui vous étonnent, vous en trouverez de semblables dans les mystères d'Éleusis et de Samothrace, chez les prêtres égyptiens, parmi toutes les sociétés religieuses. Que dis-je! nos philosophes n'ont-ils pas une doctrine exclusivement réservée à ceux de leurs élèves dont ils ont éprouvé la circonspection? Les yeux de la multitude étaient autrefois trop faibles pour supporter la lumière; et aujourd'hui même, qui oserait, au milieu d'Athènes, s'expliquer librement sur la nature des dieux et sur les vices du gouvernement populaire? Il est donc des vérités que le sage doit garder comme en dépôt, et ne laisser, pour ainsi dire, tomber que goutte à goutte.

Anacharsis. Mais celles qu'on doit répandre à pleines mains, les vérités de la morale, par exemple, vous les couvrez d'enveloppes presque impénétrables. Lorsqu'au lieu de m'exhorter à fuir l'oisiveté, à ne pas irriter un homme en colère, vous me défendez de m'asseoir sur un boisseau ou d'attiser le feu avec une épée, il est évident que vous ajoutez à la peine de pratiquer vos leçons celle de les entendre.

Le Samien. Et c'est cette peine qui les grave dans l'esprit. On conserve avec plus de soin ce qui coûte beaucoup à acquérir. Les symboles piquent la curiosité, donnent un air de nouveauté à des maximes usitées; et, comme ils se présentent plus souvent à nos sens que les autres signes de nos pensées, ils ajoutent du crédit aux lois qu'ils renferment. Aussi le militaire ne peut être assis auprès de son feu, et le laboureur regarder son boisseau, sans se rappeler la défense et le précepte.

Anacharsis. Vous aimez tellement le mystère, qu'un des premiers disciples de Pythagore encourut l'indignation des autres pour avoir publié la solution d'un problème de géométrie.

Le Samien. On était alors généralement persuadé que la science, ainsi que la pudeur, doit se couvrir d'un voile qui donne plus d'attrait aux trésors qu'il recèle, plus d'autorité à celui qui les possède. Pythagore profita sans doute de ce préjugé; et j'avouerai même, si vous voulez, qu'à l'imitation de quelques législateurs, il employa de pieuses fraudes pour s'accréditer auprès de la multitude; car je me défie également des éloges outrés qu'on lui donne, et des accusations odieuses dont on le noircit. Ce qui assure sa gloire, c'est qu'il conçut un grand projet: celui d'une congrégation qui, toujours subsistante et toujours dépositaire des sciences et des mœurs, serait l'organe de la vérité et de la vertu quand les hommes seraient en état d'entendre l'une et de pratiquer l'autre.

Un grand nombre d'élèves embrassèrent le nouvel institut. Il les rassembla dans un édifice immense, où ils vivaient en commun et distribués en différentes classes. Les uns passaient leur vie dans la méditation des choses célestes; les autres cultivaient les sciences et surtout la géométrie et l'astronomie; d'autres enfin, nommés économes ou politiques, étaient chargés de l'entretien de la maison et des affaires qui la concernaient.

On n'était pas facilement admis au nombre des novices. Pythagore examinait le caractère du postulant, ses habitudes, sa démarche, ses discours, son silence, l'impression que les objets faisaient sur lui, la manière dont il s'était conduit envers ses parents et ses amis. Dès qu'il était agréé, il déposait tout son bien entre les mains des économes.

Les épreuves du noviciat duraient plusieurs années. On les

abrégeait en faveur de ceux qui parvenaient plus vite à la perfection. Pendant trois ans entiers, le novice ne jouissait dans la société d'aucun égard, d'aucune considération ; il était comme dévoué au mépris. Ensuite, condamné pendant cinq ans au silence, il apprenait à dompter sa curiosité, à se détacher du monde, à ne s'occuper que de Dieu seul. Les purifications et différents exercices de piété remplissaient tous ses moments. Il entendait par intervalles la voix de Pythagore, qu'un voile épais dérobait à ses regards, et qui jugeait de ses dispositions d'après ses réponses.

Quand on était content de ses progrès, on l'admettait à la doctrine sacrée ; s'il trompait l'espérance de ses maîtres, on le renvoyait en lui restituant son bien considérablement augmenté ; dès ce moment, il était comme effacé du nombre des vivants, on lui dressait un tombeau dans l'intérieur de la maison, et ceux de la société refusaient de le reconnaître si par hasard il s'offrait à leurs yeux. La même peine était décernée contre ceux qui communiquaient aux profanes la doctrine sacrée.

Les associés ordinaires pouvaient, avec la permission, ou plutôt avec un ordre du chef, rentrer dans le monde, y remplir les emplois, y vaquer à leurs affaires domestiques, sans renoncer à leurs premiers engagements.

Des externes, hommes et femmes, étaient agrégés aux différentes maisons. Ils y passaient quelquefois des journées entières, et assistaient à divers exercices.

Enfin des hommes vertueux, la plupart établis en des endroits éloignés, s'affiliaient à l'ordre, s'intéressaient à ses progrès, se pénétraient de son esprit et pratiquaient la règle.

Les disciples qui vivaient en commun se levaient de très-grand matin. Leur réveil était suivi de deux examens, l'un de ce qu'ils avaient dit ou fait la veille, l'autre de ce qu'ils devaient faire dans la journée : le premier pour exercer leur mémoire, le second pour régler leur conduite. Après avoir passé une robe blanche et extrêmement propre, ils prenaient leur lyre, et chantaient des cantiques sacrés jusqu'au moment où, le soleil se montrant à l'horizon, ils se prosternaient devant lui[1], et allaient chacun en particulier se promener dans des bosquets riants ou des solitudes agréables. L'aspect et le repos de ces beaux lieux mettaient leur âme dans une assiette tranquille, et la disposaient aux savantes conversations qui les attendaient à leur retour.

Elles se tenaient presque toujours dans un temple, et roulaient

---

[1] Il paraît qu'au lever du soleil Socrate, à l'exemple peut-être des pythagoriciens, se prosternait devant cet astre. (Plat. *in Conv.* t. III, p. 220.)

sur les sciences exactes ou sur la morale. Des professeurs habiles en expliquaient les éléments et conduisaient les élèves à la plus haute théorie. Souvent ils leur proposaient pour sujet de méditation un principe fécond, une maxime lumineuse. Pythagore, qui voyait tout d'un coup d'œil, comme il exprimait tout d'un seul mot, leur disait un jour : Qu'est-ce que l'univers ? l'ordre. Qu'est-ce que l'amitié ? l'égalité. Ces définitions sublimes, et neuves alors, attachaient et élevaient les esprits. La première eut un tel succès qu'elle fut substituée aux anciens noms que les Grecs avaient jusqu'alors donnés à l'univers. Aux exercices de l'esprit succédaient ceux du corps, tels que la course et la lutte ; et ces combats paisibles se livraient dans les bois ou dans les jardins.

A dîner on leur servait du pain et du miel, rarement du vin : ceux qui aspiraient à la perfection ne prenaient souvent que du pain et de l'eau. En sortant de table, ils s'occupaient des affaires que les étrangers soumettaient à leur arbitrage. Ensuite ils se réunissaient deux à deux, trois à trois, retournaient à la promenade et discutaient entre eux les leçons qu'ils avaient reçues dans la matinée. De ces entretiens étaient sévèrement bannies les médisances et les injures, les facéties et les paroles superflues.

Revenus à la maison, ils entraient dans le bain, au sortir duquel ils se distribuaient en différentes pièces où l'on avait dressé des tables, chacune de dix couverts. On leur servait du vin, du pain, des légumes cuits ou crus, quelquefois des portions d'animaux immolés, rarement du poisson. Le souper, qui devait finir avant le coucher du soleil, commençait par l'hommage de l'encens et de divers parfums qu'ils offraient aux dieux.

J'oubliais de vous dire qu'en certains jours de l'année on leur présentait un repas excellent et somptueux, qu'ils en repaissaient pendant quelque temps leurs yeux, qu'ils l'envoyaient ensuite aux esclaves, sortaient de table et se passaient même de leur nourriture ordinaire.

Le souper était suivi de nouvelles libations et d'une lecture que le plus jeune était obligé de faire, que le plus ancien avait le droit de choisir. Ce dernier, avant de les congédier, leur rappelait ces préceptes importants : « Ne cessez d'honorer les dieux, les génies et les héros ; de respecter ceux dont vous avez reçu le jour ou des bienfaits, et de voler au secours des lois violées. » Pour leur inspirer de plus en plus l'esprit de douceur et d'équité : « Gardez-vous, ajoutait-il, d'arracher l'arbre ou la plante dont l'homme retire de l'utilité, et de tuer l'animal dont il n'a point à se plaindre. »

Retirés chez eux, ils se citaient à leur propre tribunal, repassaient en détail et se reprochaient les fautes de commission et d'omission. Après cet examen, dont la constante pratique pourrait seule nous corriger de nos défauts, ils reprenaient leurs lyres et chantaient des hymnes en l'honneur des dieux. Le matin, à leur lever, ils employaient l'harmonie pour dissiper les vapeurs du sommeil; le soir, pour calmer le trouble des sens. Leur mort était paisible. On renfermait leurs corps, comme on fait encore, dans des cercueils garnis de feuilles de myrte, d'olivier et de peuplier, et leurs funérailles étaient accompagnées de cérémonies qu'il ne nous est pas permis de révéler.

Pendant toute leur vie, deux sentiments, ou plutôt un sentiment unique devait les animer, l'union intime avec les dieux, la plus parfaite union avec les hommes. Leur principale obligation était de s'occuper de la Divinité, de se tenir toujours en sa présence, de se régler en tout sur sa volonté. De là ce respect qui ne leur permettait pas de mêler son nom dans leurs serments, cette pureté de mœurs qui les rendait dignes de ses regards, ces exhortations qu'ils se faisaient continuellement de ne pas éloigner l'esprit de Dieu qui résidait dans leurs âmes, cette ardeur enfin avec laquelle ils s'appliquaient à la divination, seul moyen qui nous reste de connaître ses intentions.

De là découlaient encore les sentiments qui les unissaient entre eux et avec les autres hommes. Jamais on ne connut, on ne sentit l'amitié comme Pythagore. Ce fut lui qui dit le premier ce mot, le plus beau, le plus consolant de tous : *Mon ami est un autre moi-même*. En effet, quand je suis avec mon ami, je ne suis pas seul, et nous ne sommes pas deux.

Comme dans le physique et dans le moral il rapportait tout à l'unité, il voulut que ses disciples n'eussent qu'une même pensée, qu'une seule volonté. Dépouillés de toute propriété, mais libres dans leurs engagements, insensibles à la fausse ambition, à la vaine gloire, aux petits intérêts qui pour l'ordinaire divisent les hommes, ils n'avaient plus à craindre que la rivalité de la vertu et l'opposition du caractère. Dès le noviciat, les plus grands efforts concouraient à surmonter ces obstacles. Leur union, cimentée par le désir de plaire à la Divinité, à laquelle ils rapportaient toutes leurs actions, leur procurait des triomphes sans faste et de l'émulation sans jalousie.

Ils apprenaient à s'oublier eux-mêmes, à se sacrifier mutuellement leurs opinions, à ne pas blesser l'amitié par la défiance, par les mensonges, même légers, par des plaisanteries hors de propos, par des protestations inutiles.

CHAPITRE LXXV.

Ils apprenaient encore à s'alarmer du moindre refroidissement. Lorsque, dans ces entretiens où s'agitaient des questions de philosophie, il leur échappait quelque expression d'aigreur, ils ne laissaient pas coucher le soleil sans s'être donné la main en signe de réconciliation. Un d'eux, en pareille occasion, courut chez son ami, et lui dit : Oublions notre colère, et soyez le juge de notre différend. J'y consens volontiers, reprit le dernier; mais je dois rougir de ce qu'étant plus âgé que vous, je ne vous ai pas prévenu.

Ils apprenaient à vaincre ces inégalités d'humeur qui fatiguent et découragent l'amitié. Sentaient-ils bouillonner leur sang au fond de leur cœur, prévoyaient-ils un moment de tristesse et de dégoût, ils s'écartaient au loin, et calmaient ce trouble involontaire, ou par la réflexion, ou par des chants appropriés aux différentes affections de l'âme.

C'est à leur éducation qu'ils devaient cette docilité d'esprit, cette facilité de mœurs qui les rapprochaient les uns des autres. Pendant leur jeunesse, on s'était fait un devoir de ne point aigrir leur caractère ; des instituteurs respectables et indulgents les ramenaient par des corrections douces, faites à propos et en particulier, qui avaient plus l'air de la représentation que du reproche.

Pythagore, qui régnait sur tout le corps avec la tendresse d'un père, mais avec l'autorité d'un monarque, vivait avec eux comme avec ses amis; il les soignait dans leurs maladies, et les consolait dans leurs peines. C'était par ses attentions autant que par ses lumières qu'il dominait sur leur esprit, au point que ses moindres paroles étaient pour eux des oracles, et qu'ils ne répondaient souvent aux objections que par ces mots : *C'est lui qui l'a dit*. Ce fut encore par là qu'il sut imprimer dans le cœur de ses disciples cette amitié rare et sublime qui a passé en proverbe.

Les enfants de cette grande famille, dispersés en plusieurs climats, sans s'être jamais vus, se reconnaissaient à certains signes, et se traitaient, au premier abord, comme s'ils s'étaient toujours connus. Leurs intérêts se trouvaient tellement mêlés ensemble, que plusieurs d'entre eux ont passé les mers et risqué leur fortune pour rétablir celle de l'un de leurs frères tombé dans la détresse ou dans l'indigence.

Voulez-vous un exemple touchant de leur confiance mutuelle? Un des nôtres, voyageant à pied, s'égare dans un désert, et arrive, épuisé de fatigue, dans une auberge où il tombe malade. Sur le point d'expirer, hors d'état de reconnaître les soins qu'on prend de lui, il trace d'une main tremblante quelques marques symboliques sur une tablette qu'il ordonne d'exposer près du grand chemin. Long-temps après sa mort, le hasard amène dans ces lieux écartés un autre disciple de Pythagore. Instruit par les caractères énigmatiques offerts à ses yeux de l'infortune du premier voyageur, il s'arrête, rembourse avec usure les frais de l'aubergiste, et continue sa route.

Anacharsis. Je n'en suis pas surpris. Voici ce qu'on me racontait à Thèbes. Vous avez connu Lysis?

Le Samien. Ce fut un des ornements de l'ordre. Jeune encore, il trouva le moyen d'échapper à cette persécution qui fit périr tant d'illustres pythagoriciens; et, s'étant rendu quelques années après à Thèbes, il se chargea de l'éducation d'Épaminondas.

Anacharsis. Lysis mourut. Vos philosophes d'Italie, craignant qu'on n'eût pas observé dans ses funérailles les rits qui vous sont particuliers, envoyèrent à Thèbes Théanor, chargé de demander le corps de Lysis, et de distribuer des présents à ceux qui l'avaient secouru dans sa vieillesse. Théanor apprit qu'Épaminondas, initié dans vos mystères, l'avait fait inhumer suivant vos statuts, et ne put faire accepter l'argent qu'on lui avait confié.

Le Samien. Vous me rappelez un trait de ce Lysis. Un jour, en sortant du temple de Junon, il rencontra sous le portique un de ses confrères, Euryphémus de Syracuse, qui, l'ayant prié de l'attendre un moment, alla se prosterner devant la statue de la déesse. Après une longue méditation, dans laquelle il s'engagea sans s'en apercevoir, il sortit par une autre porte. Le lendemain, le jour était assez avancé lorsqu'il se rendit à l'assemblée des disciples. Ils étaient inquiets de l'absence de Lysis; Euryphémus se souvint alors de la promesse qu'il en avait tirée: il courut à lui, le trouva sous le vestibule, tranquillement assis sur la même pierre où il l'avait laissé la veille.

On n'est point étonné de cette constance quand on connaît l'esprit de notre congrégation: il est rigide et sans ménagement. Loin d'apporter la moindre restriction aux lois de rigueur, il fait consister la perfection à convertir les conseils en préceptes.

Anacharsis. Mais vous en avez de minutieux et de frivoles, qui rapetissent les âmes; par exemple, de n'oser croiser la jambe gauche sur la droite, ni vous faire les ongles les jours de fêtes, ni employer pour vos cercueils le bois de cyprès.

Le Samien. Eh! ne nous jugez point d'après cette foule d'observances, la plupart ajoutées à la règle par des rigoristes qui voulaient réformer la réforme, quelques-unes tenant à des vérités d'un ordre supérieur, toutes prescrites pour nous exercer à la patience et aux autres vertus. C'est dans les occasions importantes qu'il faut étudier la force de notre institution. Un disciple de Pythagore ne laisse échapper ni larmes ni plaintes dans les malheurs, ni crainte ni faiblesse dans les dangers. S'il a des discussions d'intérêt, il ne descend point aux prières, parce qu'il ne demande que la justice ; ni aux flatteries, parce qu'il n'aime que la vérité.

Anacharsis. Épargnez-vous un plus long détail. Je sais tout ce que peuvent la religion et la philosophie sur des imaginations ardentes et subjuguées ; mais je sais aussi qu'on se dédommage souvent des passions que l'on sacrifie par celles que l'on conserve. J'ai vu de près une société partagée entre l'étude et la prière renoncer sans peine aux plaisirs des sens et aux agréments de la vie ; retraites, abstinences, austérités, rien ne lui coûte, parce que c'est par là qu'elle gouverne les peuples et les rois. Je parle des prêtres égyptiens, dont l'institut me paraît parfaitement ressembler au vôtre.

Le Samien. Avec cette différence que, loin de s'appliquer à réformer la nation, ils n'ont d'autre intérêt que celui de leur société.

Anacharsis. Vous avez essuyé les mêmes reproches. Ne disait-on pas que, pleins d'une déférence aveugle pour votre chef, d'un attachement fanatique pour votre congrégation, vous ne regardiez les autres hommes que comme de vils troupeaux ?

Le Samien. Dégrader l'humanité ! nous qui regardons la bienfaisance comme un des principaux moyens pour nous rapprocher de la Divinité ! nous qui n'avons travaillé que pour établir une étroite liaison entre le ciel et la terre, entre les citoyens d'une même ville, entre les enfants d'une même famille, entre tous les êtres vivants de quelque nature qu'ils soient.

En Égypte, l'ordre sacerdotal n'aime que la considération et le crédit : aussi protége-t-il le despotisme, qui le protége à son tour. Quant à Pythagore, il aimait tendrement les hommes, puisqu'il désirait qu'ils fussent tous libres et vertueux.

Anacharsis. Mais pouvait-il se flatter qu'ils le désireraient aussi vivement que lui, et que la moindre secousse ne détruirait pas l'édifice des lois et des vertus ?

Le Samien. Il était beau, du moins, d'en jeter les fondements, et les premiers succès lui firent espérer qu'il pourrait l'élever jusqu'à une certaine hauteur. Je vous ai parlé de la révolution que son arrivée en Italie causa d'abord dans les mœurs. Elle se serait étendue par degrés, si des hommes puissants, mais souillés de crimes, n'avaient eu la folle ambition d'entrer dans la congrégation.

Ils en furent exclus, et ce refus occasionna sa ruine. La calomnie se souleva dès qu'elle se vit soutenue. Nous devînmes odieux à la multitude en défendant d'accorder les magistratures par la voie du sort; aux riches, en ne les faisant accorder qu'au mérite. Nos paroles furent transformées en maximes séditieuses, nos assemblées en conseils de conspirateurs. Pythagore, banni de Crotone, ne trouva point d'asile chez les peuples qui lui devaient leur félicité. Sa mort n'éteignit point la persécution. Plusieurs de ses disciples, réunis dans une maison, furent dévoués aux flammes, et périrent presque tous. Les autres s'étant dispersés, les habitants de Crotone, qui avaient reconnu leur innocence, les rappelèrent quelque temps après; mais une guerre étant survenue, ils se signalèrent dans un combat, et terminèrent une vie innocente par une mort glorieuse.

Quoique après ces malheureux événements le corps fût menacé d'une dissolution prochaine, on continua, pendant quelque temps, à nommer un chef pour le gouverner. Diodore, qui fut un des derniers, ennemi de la propreté, que Pythagore nous avait si fort recommandée, affecta des mœurs plus austères, un extérieur plus négligé, des vêtements plus grossiers. Il eut des partisans, et l'on distingua dans l'ordre ceux de l'ancien régime et ceux du nouveau.

Maintenant, réduits à un petit nombre, séparés les uns des autres, n'excitant ni envie ni pitié, nous pratiquons en secret les préceptes de notre fondateur. Jugez du pouvoir qu'ils eurent à la naissance de l'institut par celui qu'ils ont encore. C'est nous qui avions formé Épaminondas, et Phocion s'est formé sur nos exemples.

Je n'ai pas besoin de vous rappeler que cette congrégation a produit une foule de législateurs, de géomètres, d'astronomes, de naturalistes, d'hommes célèbres dans tous les genres; que c'est elle qui a éclairé la Grèce, et que les philosophes modernes ont puisé dans nos auteurs la plupart des découvertes qui brillent dans leurs ouvrages.

La gloire de Pythagore s'en est accrue; partout il obtient un rang distingué parmi les sages: dans quelques villes d'Italie on lui décerne des honneurs divins. Il en avait joui pendant sa vie, vous n'en serez pas surpris. Voyez comme les nations, et même les philosophes, parlent des législateurs et des précepteurs du genre humain. Ce ne sont point des hommes, mais des dieux, des âmes d'un degré supérieur, qui, descendues du ciel dans le Tartare que nous habitons, ont daigné se revêtir d'un corps humain, et partager nos maux pour établir parmi nous les lois et la philosophie.

Anacharsis. Cependant, il faut l'avouer, ces génies bienfaisants n'ont eu que des succès passagers ; et puisque leur réforme n'a pu ni s'étendre ni se perpétuer, j'en conclus que les hommes seront toujours également injustes et vicieux.

Le Samien. A moins, comme disait Socrate, que le ciel ne s'explique plus clairement, et que Dieu, touché de leur ignorance, ne leur envoie quelqu'un qui leur apporte sa parole et leur révèle ses volontés.

Le lendemain de cet entretien, nous partîmes pour Athènes, et quelques mois après nous nous rendîmes aux fêtes de Délos.

CHAPITRE LXXVI.
Voyage à Délos et aux Cyclades.

Dans l'heureux climat que j'habite, le printemps est comme l'aurore d'un beau jour : on y jouit des biens qu'il amène et de ceux qu'il promet. Les feux du soleil ne sont plus obscurcis par des vapeurs grossières, ils ne sont pas encore irrités par l'aspect ardent de la canicule; c'est une lumière pure, inaltérable, qui se repose doucement sur tous les objets ; c'est la lumière dont les dieux sont couronnés dans l'Olympe.

Quand elle se montre à l'horizon, les arbres agitent leurs feuilles naissantes, les bords de l'Ilissus retentissent du chant des oiseaux, et les échos du mont Hymette du son des chalumeaux rustiques. Quand elle est près de s'éteindre, le ciel se couvre de voiles étincelants, et les nymphes de l'Attique vont d'un pas timide essayer sur le gazon des danses légères : mais bientôt elle se hâte d'éclore, et alors on ne regrette ni la fraîcheur de la nuit qu'on vient de perdre, ni la splendeur du jour qui l'avait précédée; il semble qu'un nouveau soleil se lève sur un nouvel univers, et qu'il apporte de l'orient des couleurs inconnues aux mortels. Chaque instant ajoute un nouveau trait aux beautés de la nature; à chaque instant le grand ouvrage du développement des êtres avance vers sa perfection.

O jours brillants ! ô nuits délicieuses ! quelles émotions excitait dans mon âme cette suite de tableaux que vous offriez à tous mes sens! O dieu des plaisirs! ô Printemps ! je vous ai vu cette année dans toute votre gloire : vous parcouriez en vainqueur les campagnes de la Grèce, et vous détachiez de votre tête les fleurs qui devaient les embellir ; vous paraissiez dans les vallées, elles se changeaient en prairies riantes ; vous paraissiez sur les montagnes, le serpolet et le thym exhalaient mille parfums; vous vous éleviez dans les airs, et vous y répandiez la sérénité de vos regards. Les Amours empressés accouraient à votre voix; ils lançaient de toutes parts des traits enflammés : la terre en était embrasée. Tout renaissait pour s'embellir; tout s'embellissait pour plaire. Tel parut le monde au sortir du chaos, dans ces moments fortunés où l'homme, ébloui du séjour qu'il habitait, surpris et satisfait de son existence, semblait n'avoir un esprit que pour connaître le bonheur, un cœur que pour le désirer, une âme que pour le sentir.

Cette saison charmante ramenait des fêtes plus charmantes encore, celles qu'on célèbre de quatre en quatre ans à Délos pour honorer la naissance de Diane et d'Apollon [1]. Le culte de ces divinités subsiste dans l'île depuis une longue suite de siècles. Mais comme il commençait à s'affaiblir, les Athéniens instituèrent, pendant la guerre du Péloponnèse, des jeux qui attirent cent peuples divers. La jeunesse d'Athènes brûlait d'envie de s'y distinguer : toute la ville était en mouvement. On y préparait aussi la députation solennelle qui va tous les ans offrir au temple de Délos un tribut de reconnaissance pour la victoire que Thésée remporta sur le Minotaure. Elle est conduite sur le même vaisseau qui transporta ce héros en Crète, et déjà le prêtre d'Apollon en avait couronné la poupe de ses mains sacrées. Je descendis au Pirée avec Philotas et Lysis; la mer était couverte de bâtiments légers qui faisaient voile pour Délos. Nous n'eûmes pas la liberté du choix; nous nous sentîmes enlever par des matelots dont la joie tumultueuse et vive se confondait avec celle d'un peuple immense qui courait au rivage. Ils appareillèrent à l'instant; nous sortîmes du port, et nous abordâmes le soir à l'île de Céos.

Le lendemain, nous rasâmes Scyros; et, ayant laissé Ténos à gauche, nous entrâmes dans le canal qui sépare Délos de l'île de Rhénée. Nous vîmes aussitôt le temple d'Apollon, et nous le saluâmes par de nouveaux transports de joie. La ville de Délos se développait presque tout entière à nos regards. Nous parcourions d'un œil avide ces édifices superbes, ces portiques élégants, ces forêts de colonnes dont elle est ornée; et ce spectacle, qui variait à mesure que nous approchions, suspendait en nous le désir d'arriver.

Parvenus au rivage, nous courûmes au temple, qui n'en est éloigné que d'environ cent pas. Il y a plus de mille ans qu'Érysich-

[1] Le 6 du mois attique thargélion, on célébrait la naissance de Diane; le 7, celle d'Apollon. Dans la troisième année de la cent neuvième olympiade, le mois thargélion commença le 2 mai de l'an 341 avant J.-C.; ainsi le 6 et le 7 de thargélion concoururent avec le 8 et le 9 de mai.

thon, fils de Cécrops, en jeta les premiers fondements, et que les divers états de la Grèce ne cessent de l'embellir : il était couvert de festons et de guirlandes, qui, par l'opposition de leurs couleurs, donnaient un nouvel éclat au marbre de Paros dont il est construit. Nous vîmes dans l'intérieur la statue d'Apollon, moins célèbre par la délicatesse du travail que par son ancienneté. Le dieu tient son arc d'une main ; et, pour montrer que la musique lui doit son origine et ses agréments, il soutient de la gauche les trois Grâces, représentées, la première avec une lyre, la seconde avec des flûtes, et la troisième avec un chalumeau.

Auprès de la statue est cet autel qui passe pour une des merveilles du monde. Ce n'est point l'or, ce n'est point le marbre qu'on y admire; des cornes d'animaux pliées avec effort, entrelacées avec art et sans aucun ciment, forment un tout aussi solide que régulier. Des prêtres, occupés à l'orner de fleurs et de rameaux, nous faisaient remarquer l'ingénieux tissu de ses parties. C'est le dieu lui-même, s'écria un jeune ministre, qui, dans son enfance, a pris soin de les unir entre elles. Ces cornes menaçantes que vous voyez suspendues à ce mur, celles dont l'autel est composé, sont les dépouilles des chèvres sauvages qui paissaient sur le mont Cynthus, et que Diane fit tomber sous ses coups. Ici les regards ne s'arrêtent que sur des prodiges. Ce palmier qui déploie ses branches sur nos têtes est cet arbre sacré qui servit d'appui à Latone lorsqu'elle mit au monde les divinités que nous adorons. La forme de cet autel est devenue célèbre par un problème de géométrie, dont on ne donnera peut-être jamais une exacte solution. La peste ravageait cette île et la guerre déchirait la Grèce. L'oracle, consulté par nos pères, répondit que ces fléaux cesseraient s'ils faisaient cet autel une fois plus grand qu'il n'est en effet. Ils crurent qu'il suffisait de l'augmenter du double en tous sens ; mais ils virent avec étonnement qu'ils construisaient une masse énorme, qui contenait huit fois celle que vous avez sous les yeux. Après d'autres essais, tous infructueux, ils consultèrent Platon qui revenait d'Égypte. Il dit aux députés que le dieu, par cet oracle, se jouait de l'ignorance des Grecs, et les exhortait à cultiver les sciences exactes plutôt que de s'occuper éternellement de leurs divisions. En même temps il proposa une voie simple et mécanique de résoudre le problème ; mais la peste avait cessé quand sa réponse arriva. C'est apparemment ce que l'oracle avait prévu, me dit Philotas.

Ces mots, quoique prononcés à demi-voix, fixèrent l'attention d'un citoyen de Délos. Il s'approcha, et, nous montrant un autel moins orné que le précédent : Celui-ci, nous dit-il, n'est jamais arrosé du sang des victimes ; on n'y voit jamais briller la flamme dévorante : c'est là que Pythagore venait, à l'exemple du peuple, offrir des gâteaux, de l'orge et du froment ; et sans doute que le dieu était plus flatté de l'hommage éclairé de ce grand homme que de ces ruisseaux de sang dont nos autels sont continuellement inondés.

Il nous faisait ensuite observer tous les détails de l'intérieur du temple. Nous l'écoutions avec respect ; nous admirions la sagesse de ses discours, la douceur de ses regards et le tendre intérêt qu'il prenait à nous. Mais quelle fut notre surprise lorsque des éclaircissements mutuels nous firent connaître Philoclès ! C'était un des principaux habitants de Délos par ses richesses et ses dignités ; c'était le père d'Ismène, dont la beauté faisait l'entretien de toutes les femmes de la Grèce ; c'était lui qui, prévenu par des lettres d'Athènes, devait exercer à notre égard les devoirs de l'hospitalité. Après nous avoir embrassés à plusieurs reprises : Hâtez-vous, nous dit-il, venez saluer mes dieux domestiques ; venez voir Ismène, et vous serez témoins de son hymen ; venez voir Leucippe, son heureuse mère, et vous partagerez sa joie : elles ne vous recevront pas comme des étrangers, mais comme des amis qu'elles avaient sur la terre, et que le ciel leur destinait depuis long-temps. Oui, je vous le jure, ajouta-t-il en nous serrant la main, tous ceux qui aiment la vertu ont des droits sur l'amitié de Philoclès et de sa famille.

Nous sortîmes du temple ; son zèle impatient nous permit à peine de jeter un coup d'œil sur cette foule de statues et d'autels dont il est entouré. Au milieu de ces monuments s'élève une figure d'Apollon dont la hauteur est d'environ vingt-quatre pieds ; de longues tresses de cheveux flottent sur ses épaules, et son manteau, qui se replie sur le bras gauche, semble obéir au souffle du zéphyr. La figure et la plinthe qui la soutient sont d'un seul bloc de marbre, et ce furent les habitants de Naxos qui la consacrèrent en ce lieu. Près de ce colosse, Nicias, général des Athéniens, fit élever un palmier de bronze, dont le travail est aussi précieux que la matière. Plus loin, nous lûmes sur plusieurs statues cette inscription fastueuse : *L'île de Chio est célèbre par ses vins excellents ; elle le sera dans la suite par les ouvrages de Bupalus et d'Anthermus.* Ces deux artistes vivaient il y a deux siècles. Ils ont été suivis et effacés par les Phidias et les Praxitèle ; et c'est ainsi qu'en voulant éterniser leur gloire ils n'ont éternisé que leur vanité.

La ville de Délos n'a ni tours ni murailles, et n'est défendue que

CHAPITRE LXXVI.

par la présence d'Apollon. Les maisons sont de brique, ou d'une espèce de granit assez commun dans l'île. Celle de Philoclès s'élevait sur le bord d'un lac couvert de cygnes, et presque partout entouré de palmiers.

Leucippe, avertie du retour de son époux, vint au-devant de lui, et nous la prîmes pour Ismène; mais bientôt Ismène parut et nous la prîmes pour la déesse des amours. Philoclès nous exhorta mutuellement à bannir toute contrainte; et, dès cet instant, nous éprouvâmes à la fois toutes les surprises d'une liaison naissante et toutes les douceurs d'une ancienne amitié.

L'opulence brillait dans la maison de Philoclès; mais une sagesse éclairée en avait si bien réglé l'usage, qu'il semblait avoir tout accordé au besoin et tout refusé au caprice. Des esclaves, heureux de leur servitude, couraient au-devant de nos désirs. Les uns répandaient sur nos mains et sur nos pieds une eau plus pure que le cristal; les autres chargeaient de fruits une table placée dans le jardin au milieu d'un bosquet de myrtes. Nous commençâmes par des libations en l'honneur des dieux qui président à l'hospitalité. On nous fit plusieurs questions sur nos voyages. Philoclès s'attendrit plus d'une fois au souvenir des amis qu'il avait laissés dans le continent de la Grèce. Après quelques instants d'une conversation délicieuse, nous sortîmes avec lui pour voir les préparatifs des fêtes.

C'était le jour suivant qu'elles devaient commencer [1]; c'était le jour suivant qu'on honorait à Délos la naissance de Diane. L'île se remplissait insensiblement d'étrangers attirés par la piété, l'intérêt et le plaisir. Ils ne trouvaient déjà plus d'asile dans les maisons; on dressait des tentes dans les places publiques, on en dressait dans la campagne: on se revoyait après une longue absence, et l'on se précipitait dans les bras les uns des autres. Ces scènes touchantes dirigeaient nos pas en différents endroits de l'île; et, non moins attentifs aux objets qui s'offraient à nous qu'aux discours de Philoclès, nous nous instruisions de la nature et des propriétés d'un pays si fameux dans la Grèce.

L'île de Délos n'a que sept à huit mille pas de tour, et sa largeur n'est qu'environ le tiers de sa longueur. Le mont Cynthus, dirigé du nord au midi, termine une plaine qui s'étend vers l'occident jusqu'aux bords de la mer. C'est dans cette plaine que la ville est située. Le reste de l'île n'offre qu'un terrain inégal et stérile, à l'exception de quelques vallées agréables que forment diverses collines placées dans sa partie méridionale. La source de l'Inopus

[1] Le 8 mai de l'an 341 avant J.-C.

29.

est la seule dont la nature l'ait favorisée ; mais, en divers endroits, des citernes et des lacs conservent pendant plusieurs mois les eaux du ciel.

Délos fut d'abord gouvernée par des rois qui réunissaient le sacerdoce à l'empire. Dans la suite, elle tomba sous la puissance des Athéniens, qui la purifièrent pendant la guerre du Péloponnèse. On transporta les tombeaux de ses anciens habitants dans l'île de Rhénée. C'est là que leurs successeurs ont vu pour la première fois la lumière du jour, c'est là qu'ils doivent la voir pour la dernière fois. Mais s'ils sont privés de l'avantage de naître et de mourir dans leur patrie, ils y jouirent du moins pendant leur vie d'une tranquillité profonde : les fureurs des barbares, les haines des nations, les inimitiés particulières tombent à l'aspect de cette terre sacrée : les coursiers de Mars ne la foulent jamais de leurs pieds ensanglantés ; tout ce qui présente l'image de la guerre en est sévèrement banni : on n'y souffre pas même l'animal le plus fidèle à l'homme, parce qu'il y détruirait des animaux plus faibles et plus timides [1]. Enfin la paix a choisi Délos pour son séjour et la maison de Philoclès pour son palais.

Nous en approchions, lorsque nous vîmes venir à nous un jeune homme dont la démarche, la taille et les traits n'avaient rien de mortel. C'est Théagène, nous dit Philoclès, c'est lui que ma fille a choisi pour son époux, et Leucippe vient de fixer le jour de son hymen. O mon père ! répondit Théagène en se précipitant entre ses bras, ma reconnaissance augmente à chaque instant. Que ces généreux étrangers daignent la partager avec moi : ils sont mes amis, puisqu'ils sont les vôtres, et je sens que l'excès de la joie a besoin de soutien comme l'excès de la douleur. Vous pardonnerez ce transport, si vous avez aimé, ajouta-t-il en s'adressant à nous ; et, si vous n'avez point aimé, vous le pardonnerez en voyant Ismène. L'intérêt que nous prîmes à lui sembla calmer le désordre de ses sens et le soulager du poids de son bonheur.

Philoclès fut accueilli de Leucippe et d'Ismène comme Hector l'était d'Andromaque toutes les fois qu'il rentrait dans les murs d'Ilium. On servit le souper dans une galerie ornée de statues et de tableaux ; et nos cœurs, ouverts à la joie la plus pure, goûtèrent les charmes de la confiance et de la liberté.

Cependant Philoclès mettait une lyre entre les mains d'Ismène, et l'exhortait à chanter un de ces hymnes destinés à célébrer la naissance de Diane et d'Apollon. Exprimez par vos chants, disait-

[1] Il n'était pas permis d'avoir des chiens à Délos (Strab. lib. X, p. 486), de peur qu'ils n'y détruisissent les lièvres et les lapins.

il, ce que les filles de Délos retraceront demain dans le temple par la légèreté de leurs pas. Anacharsis et Philotas en reconnaîtront mieux l'origine de nos fêtes et la nature du spectacle que nous offrirons à leurs yeux.

Ismène prit la lyre, en tira, comme par distraction, quelques sons tendres et touchants, qui n'échappèrent pas à Théagène; et tout à coup, préludant avec rapidité sur le mode dorien, elle peignit en traits de feu la colère implacable de Junon contre une rivale odieuse. « C'est en vain que Latone veut se dérober à sa vengeance; elle a eu le malheur de plaire à Jupiter, il faut que le fruit de ses amours devienne l'instrument de son supplice et périsse avec elle. Junon paraît dans les cieux; Mars, sur le mont Hémus en Thrace; Iris, sur une montagne voisine de la mer: ils effraient par leur présence les airs, la terre et les îles. Tremblante, éperdue, pressée des douleurs de l'enfantement, Latone, après de longues courses, arrive en Thessalie, sur les bords du fleuve qui l'arrose. « O Pénée! s'écrie-t-elle, arrêtez-vous un moment, et recevez dans vos eaux plus paisibles les enfants de Jupiter que je porte dans mon sein. O nymphes de Thessalie, filles du dieu dont j'implore les secours! unissez-vous à moi pour le fléchir. Mais il ne m'écoute point, et mes prières ne servent qu'à précipiter ses pas. O Pélion! ô montagnes affreuses! vous êtes donc mon unique ressource! hélas! me refuserez-vous dans vos cavernes sombres une retraite que vous accordez à la lionne en travail? »

» A ces mots le Pénée attendri suspend le mouvement de ses flots bouillonnants. Mars le voit, frémit de fureur; et, sur le point d'ensevelir ce fleuve sous les débris fumants du mont Pangée, il pousse un cri dans les airs, et frappe de sa lance contre son bouclier. Ce bruit, semblable à celui d'une armée, agite les campagnes de Thessalie, ébranle le mont Ossa, et va au loin rouler en mugissant dans les antres profonds du Pinde. C'en était fait du Pénée, si Latone n'eût quitté les lieux où sa présence attirait le courroux du ciel. Elle vient dans nos îles mendier une assistance qu'elles lui refusent; les menaces d'Iris les remplissent d'épouvante.

» Délos seule est moins sensible à la crainte qu'à la pitié. Délos n'était alors qu'un rocher stérile, désert, que les vents et les flots poussaient de tous côtés. Ils venaient de le jeter au milieu des Cyclades, lorsqu'il entendit les accents plaintifs de Latone. Il s'arrête aussitôt, et lui offre un asile sur les bords sauvages de l'Inopus. La déesse, transportée de reconnaissance, tombe au pied d'un arbre qui lui prête son ombre, et qui, pour ce bienfait, jouira d'un printemps éternel. C'est là qu'épuisée de fatigue, et dans les accès des plus cruelles souffrances, elle ouvre des yeux presque éteints, et que ses regards, où la joie brille au milieu des expressions de la douleur, rencontrent enfin ces gages précieux de tant d'amour, ces enfants dont la naissance lui a coûté tant de larmes. Les nymphes de l'Inopus, témoins de ses transports, les annoncent à l'univers par des cantiques sacrés, et Délos n'est plus le jouet des vagues inconstantes ; elle se repose sur des colonnes qui s'élèvent du fond de la mer, et qui s'appuient elles-mêmes sur les fondements du monde. Sa gloire se répand en tous lieux ; de tous les côtés les nations accourent à ses fêtes, et viennent implorer ce dieu qui lui doit le jour, et qui la rend heureuse par sa présence. »

Ismène accompagna ces dernières paroles d'un regard qu'elle jeta sur Théagène, et nous commençâmes à respirer en liberté ; mais nos âmes étaient encore agitées par des secousses de terreur et de pitié. Jamais la lyre d'Orphée, jamais la voix des Sirènes n'ont rendu des sons si touchants. Pendant qu'Ismène chantait, je l'interrompais souvent, ainsi que Philotas, par des cris involontaires d'admiration ; Philoclès et Leucippe lui prodiguaient des marques de tendresse qui la flattaient plus que nos éloges ; Théagène écoutait, et ne disait rien.

Enfin il arriva, ce jour qu'on attendait avec tant d'impatience. L'aurore traçait faiblement à l'horizon la route du soleil, lorsque nous parvînmes au pied du Cynthus. Ce mont n'est que d'une médiocre élévation : c'est un bloc de granit où brillent différentes couleurs, et surtout des parcelles de talc noirâtres et luisantes. Du haut de la colline on découvre une quantité surprenante d'îles de toute grandeur : elles sont semées au milieu des flots avec le même beau désordre que les étoiles le sont dans le ciel. L'œil les parcourt avec avidité et les recherche après les avoir perdues. Tantôt il s'égare avec plaisir dans les détours des canaux qui les séparent entre elles, tantôt il mesure lentement les lacs et les plaines liquides qu'elles embrassent : car ce n'est point ici une de ces mers sans bornes où l'imagination n'est pas moins accablée que surprise de la grandeur du spectacle ; où l'âme inquiète, cherchant de tous côtés à se reposer, ne trouve partout qu'une vaste solitude qui l'attriste, qu'une étendue immense qui la confond. Ici le sein des ondes est devenu le séjour des mortels : c'est une ville dispersée sur la surface de la mer ; c'est le tableau de l'Égypte lorsque le Nil se répand dans les campagnes, et semble soutenir sur ses eaux les collines qui servent de retraites aux habitants.

La plupart de ces îles, nous dit Philoclès, se nomment Cyclades[1],

[1] *Cycle*, en grec, signifie *cercle*.

parce qu'elles forment une enceinte autour de Délos. Sésostris, roi d'Égypte, en soumit une partie à ses armes; Minos, roi de Crète, en gouverna quelques-unes par ses lois; les Phéniciens, les Cariens, les Perses, les Grecs, toutes les nations qui ont eu l'empire de la mer, les ont successivement conquises ou peuplées : mais les colonies de ces derniers ont fait disparaître les traces des colonies étrangères, et des intérêts puissants ont pour jamais attaché le sort des Cyclades à celui de la Grèce.

Les unes s'étaient, dans l'origine, choisi des rois, d'autres en avaient reçu des mains de leurs vainqueurs; mais l'amour de la liberté, naturel à des Grecs, plus naturel encore à des insulaires, détruisit le joug sous lequel elles gémissaient. Tous ces peuples se formèrent en petites républiques, la plupart indépendantes, jalouses les unes des autres, et cherchant mutuellement à se tenir en équilibre par des alliances et des protections mendiées dans le continent. Elles jouissaient de ce calme heureux que les nations ne peuvent attendre que de leur obscurité, lorsque l'Asie fit un effort contre l'Europe et que les Perses couvrirent la mer de leurs vaisseaux. Les îles, consternées, s'affaiblirent en se divisant. Les unes eurent la lâcheté de se joindre à l'ennemi, les autres le courage de lui résister. Après sa défaite, les Athéniens formèrent le projet de les conquérir toutes : ils leur firent un crime presque égal de les avoir secourus ou de les avoir abandonnés, et les assujettirent successivement sous des prétextes plus ou moins plausibles.

Athènes leur a donné ses lois; Athènes en exige des tributs proportionnés à leurs forces. A l'ombre de sa puissance, elles voient fleurir dans leur sein le commerce, l'agriculture, les arts, et seraient heureuses si elles pouvaient oublier qu'elles ont été libres.

Elles ne sont pas toutes également fertiles; il en est qui suffisent à peine aux besoins des habitants. Telle est Mycone, que vous entrevoyez à l'est de Délos, dont elle n'est éloignée que de vingt-quatre stades [1]. On n'y voit point les ruisseaux tomber du haut des montagnes et fertiliser les plaines. La terre, abandonnée aux feux brûlants du soleil, y soupire sans cesse après les secours du ciel, et ce n'est que par de pénibles efforts qu'on fait germer dans son sein le blé et les autres grains nécessaires à la subsistance du laboureur. Elle semble réunir toute sa vertu en faveur des vignes et des figuiers, dont les fruits sont renommés. Les perdrix, les cailles et plusieurs oiseaux de passage s'y trouvent en abondance. Mais ces avantages, communs à cette île et aux îles voisines, sont une faible ressource pour les habitants, qui, outre la stérilité du

---

[1] Deux mille cinq cent soixante-huit toises.

pays, ont encore à se plaindre de la rigueur du climat. Leurs têtes se dépouillent de bonne heure de leur ornement naturel; et ces cheveux flottants, qui donnent tant de grâce à la beauté, ne semblent accordés à la jeunesse de Mycone que pour lui en faire bientôt regretter la perte.

On reproche aux Myconiens d'être avares et parasites : on les blâmerait moins si, dans une fortune plus brillante, ils étaient prodigues et fastueux; car le plus grand malheur de l'indigence est de faire ressortir les vices et de ne pouvoir les faire pardonner.

Moins grande, mais plus fertile que Mycone, Rhénée, que vous voyez à l'ouest, et qui n'est éloignée de nous que d'environ cinq cents pas, se distingue par la richesse de ses collines et de ses campagnes. A travers le canal qui sépare les deux îles, était autrefois tendue une chaîne qui semblait les unir : c'était l'ouvrage de Polycrate, tyran de Samos; il avait cru par ce moyen communiquer à l'une la sainteté de l'autre [1]. Mais l'île de Rhénée a des droits plus légitimes sur notre respect : elle renferme les cendres de nos pères; elle renfermera un jour les nôtres. Sur cette éminence qui s'offre directement à nos regards, ont été transportés les tombeaux qui étaient auparavant à Délos. Ils se multiplient tous les jours par nos pertes, et s'élèvent du sein de la terre comme autant de trophées que la mort couvre de son ombre menaçante.

Portez vos regards vers le nord-ouest, vous y découvrirez les côtes de l'île de Ténos. Hors de l'enceinte de la capitale est un de ces bois vénérables dont la religion consacre la durée, et sur lesquels le temps multiplie vainement les hivers. Ses routes sombres servent d'avenue au superbe temple que, sur la foi des oracles d'Apollon, les habitants élevèrent autrefois à Neptune : c'est un des plus anciens asiles de la Grèce. Il est entouré de plusieurs grands édifices où se donnent les repas publics, où s'assemblent les peuples pendant les fêtes de ce dieu. Parmi les éloges qui retentissent en son honneur, on le loue d'écarter ou de dissiper les maladies qui affligent les humains, et d'avoir détruit les serpents qui rendaient autrefois cette île inhabitable.

Ceux qui la cultivèrent les premiers en firent une terre nouvelle, une terre qui répond aux vœux du laboureur ou les prévient. Elle offre à ses besoins les fruits les plus exquis et des grains de

---

[1] Vers le même temps, Crœsus assiégea la ville d'Éphèse. Les habitants, pour obtenir la protection de Diane, leur principale divinité, tendirent une corde qui, d'un côté, s'attachait à leurs murailles, et de l'autre au temple de la déesse, éloigné de sept stades, ou de six cent soixante et une toises et demie. (Hérodot. lib. I, cap. 26; Polyæn. Strateg. lib. VI, cap. 50; Ælian. Var. Hist. lib. III, cap. 26.)

toute espèce ; mille fontaines y jaillissent de tous côtés, et les plaines enrichies du tribut de leurs eaux s'embellissent encore par le contraste des montagnes arides et désertes dont elles sont entourées. Ténos est séparée d'Andros par un canal de douze stades de largeur [1].

On trouve dans cette dernière île des montagnes couvertes de verdure, comme à Rhénée ; des sources plus abondantes qu'à Ténos ; des vallées aussi délicieuses qu'en Thessalie ; des fruits qui flattent la vue et le goût ; enfin une ville renommée par les difficultés qu'eurent les Athéniens à la soumettre, et par le culte de Bacchus, qu'elle honore spécialement.

J'ai vu les transports de joie que ces fêtes inspirent ; je les ai vus dans cet âge où l'âme reçoit des impressions dont le souvenir ne se renouvelle qu'avec un sentiment de plaisir. J'étais sur un vaisseau qui revenait de l'Eubée : les yeux fixés vers l'orient, nous admirions les apprêts éclatants de la naissance du jour, lorsque mille cris perçants attirèrent nos regards sur l'île d'Andros. Les premiers rayons du soleil éclairaient une éminence couronnée par un temple élégant. Les peuples accouraient de tous côtés, ils se pressaient autour du temple, levaient les mains au ciel, se prosternaient par terre, et s'abandonnaient à l'impétuosité d'une joie effrénée. Nous abordons ; nous sommes entraînés sur le haut de la colline ; plusieurs voix confuses s'adressent à nous : Venez, voyez, goûtez. Ces flots de vin qui s'élancent à gros bouillons du temple de Bacchus n'étaient hier, cette nuit, ce matin, qu'une source d'eau pure : Bacchus est l'auteur de ce prodige ; il l'opère tous les ans, le même jour, à la même heure ; il l'opérera demain, après-demain, pendant sept jours de suite. A ces discours entrecoupés succéda bientôt une harmonie douce et intéressante : « L'Achéloüs, disait-on, est célèbre par ses roseaux ; le Pénée tire toute sa gloire de la vallée qu'il arrose, et le Pactole des fleurs dont ses rives sont couvertes ; mais la fontaine que nous chantons rend les hommes forts et éloquents, et c'est Bacchus lui-même qui la fait couler. »

Tandis que les ministres du temple, maîtres des souterrains d'où s'échappait le ruisseau, se jouaient ainsi de la crédulité du peuple, j'étais tenté de les féliciter du succès de leur artifice. Ils trompaient ce peuple, mais ils le rendaient heureux.

A une distance presque égale d'Andros et de Céos, on trouve la petite île de Gyaros, digne retraite des brigands, si l'on en purgeait la terre ; région sauvage et hérissée de rochers. La nature lui a tout refusé, comme elle semble avoir tout accordé à l'île de Céos.

[1] Près d'une demi-lieue.

Les bergers de Céos rendent les honneurs divins et consacrent leurs troupeaux au berger Aristée, qui le premier conduisit une colonie dans cette île. Ils disent qu'il revient quelquefois habiter leurs bois paisibles, et que, du fond de ces retraites, il veille sur leurs taureaux plus blancs que la neige.

Les prêtres de Céos vont tous les ans sur une haute montagne observer le lever de la Canicule, offrir des sacrifices à cet astre ainsi qu'à Jupiter, et leur demander le retour de ces vents favorables qui, pendant quarante jours, brisent les traits enflammés du soleil et rafraîchissent les airs.

Les habitants de Céos ont construit un temple en l'honneur d'Apollon; ils conservent avec respect celui que Nestor, en revenant de Troie, fit élever à Minerve, et joignent le culte de Bacchus au culte de ces divinités. Tant d'actes de religion semblent leur attirer la faveur des dieux. L'île abonde en fruits et en pâturages; les corps y sont robustes, les âmes naturellement vigoureuses, et les peuples si nombreux, qu'ils sont obligés de se distribuer en quatre villes, dont Ioulis est la principale. Elle est située sur une hauteur, et tire son nom d'une source féconde qui coule au pied de la colline. Caressus, qui en est éloignée de vingt-cinq stades [1], lui sert de port et l'enrichit de son commerce.

On verrait dans Ioulis des exemples d'une belle et longue vieillesse, si l'usage ou la loi n'y permettait le suicide à ceux qui, parvenus à l'âge de soixante ans, ne sont plus en état de jouir de la vie, ou plutôt de servir la république. Ils disent que c'est une honte de survivre à soi-même, d'usurper sur la terre une place qu'on ne peut plus remplir, et de s'approprier des jours qu'on n'avait reçus que pour la patrie. Celui qui doit les terminer est un jour de fête pour eux · ils assemblent leurs amis, ceignent leur front d'une couronne, et, prenant une coupe empoisonnée, ils se plongent insensiblement dans un sommeil éternel.

Des courages si mâles étaient capables de tout oser pour conserver leur indépendance. Un jour qu'assiégés par les Athéniens ils étaient près de se rendre faute de vivres, ils les menacèrent, s'ils ne se retiraient, d'égorger les plus âgés des citoyens renfermés dans la place. Soit horreur, soit pitié, soit crainte uniquement, les Athéniens laissèrent en paix un peuple qui bravait également la nature et la mort. Ils l'ont soumis depuis, et l'ont adouci par la servitude et les arts. La ville est ornée d'édifices superbes : d'énormes quartiers de marbre forment son enceinte, et l'accès en est devenu facile par des chemins soutenus sur les penchants des hauteurs

[1] Près d'une lieue.

voisines; mais ce qui lui donne le plus d'éclat, c'est d'avoir produit plusieurs hommes célèbres, et entre autres Simonide, Bacchylide et Prodicus.

Simonide, fils de Léoprépès, naquit vers la troisième année de la cinquante-cinquième olympiade [1]. Il mérita l'estime des rois, des sages et des grands hommes de son temps. De ce nombre furent Hipparque, qu'Athènes aurait adoré si Athènes avait pu souffrir un maître; Pausanias, roi de Lacédémone, que ses succès contre les Perses avaient élevé au comble de l'honneur et de l'orgueil; Alévas, roi de Thessalie, qui effaça la gloire de ses prédécesseurs et augmenta celle de sa nation; Hiéron, qui commença par être le tyran de Syracuse, et finit par en être le père; Thémistocle enfin, qui n'était pas roi, mais qui avait triomphé du plus puissant des rois.

Suivant un usage perpétué jusqu'à nous, les souverains appelaient à leur cour ceux qui se distinguaient par des connaissances ou des talents extraordinaires. Quelquefois ils les faisaient entrer en lice, et en exigeaient de ces traits d'esprit qui brillent plus qu'ils n'éclairent; d'autres fois ils les consultaient sur les mystères de la nature, sur les principes de la morale, sur la forme du gouvernement : on devait opposer à ces questions des réponses claires, promptes et précises, parce qu'il fallait instruire un prince, plaire à des courtisans et confondre des rivaux. La plupart de ces réponses couraient toute la Grèce, et ont passé à la postérité, qui n'est plus en état de les apprécier, parce qu'elles renferment des allusions ignorées ou des vérités à présent trop connues. Parmi celles qu'on cite de Simonide, il en est quelques-unes que des circonstances particulières ont rendues célèbres.

Un jour, dans un repas, le roi de Lacédémone le pria de confirmer par quelques traits lumineux la haute opinion qu'on avait de sa philosophie. Simonide, qui, en pénétrant les projets ambitieux de ce prince, en avait prévu le terme fatal, lui dit : « Souvenez-vous que vous êtes homme. » Pausanias ne vit dans cette réponse qu'une maxime frivole ou commune; mais, dans les disgrâces qu'il éprouva bientôt, il découvrit une vérité nouvelle, et la plus importante de celles que les rois ignorent.

Une autre fois la reine de Syracuse lui demanda si le savoir était préférable à la fortune. C'était un piége pour Simonide, qu'on ne recherchait que pour le premier de ces avantages, et qui ne recherchait que le second. Obligé de trahir ses sentiments ou de condamner sa conduite, il eut recours à l'ironie, et donna la pré-

[1] L'an 558 avant J.-C.

férence aux richesses, sur ce que les philosophes assiégeaient à toute heure les maisons des gens riches. On a depuis résolu ce problème d'une manière plus honorable à la philosophie. Aristippe, interrogé par le roi Denys pourquoi le sage, négligé par le riche, lui faisait sa cour avec tant d'assiduité : L'un, dit-il, connaît ses besoins, et l'autre ne connaît pas les siens.

Simonide était poète et philosophe. L'heureuse réunion de ces qualités rendit ses talents plus utiles, et sa sagesse plus aimable. Son style, plein de douceur, est simple, harmonieux, admirable pour le choix et l'arrangement des mots. Les louanges des dieux, les victoires des Grecs sur les Perses, les triomphes des athlètes furent l'objet de ses chants. Il décrivit en vers les règnes de Cambyse et de Darius ; il s'exerça dans presque tous les genres de poésie, et réussit principalement dans les élégies et les chants plaintifs. Personne n'a mieux connu l'art sublime et délicieux d'intéresser et d'attendrir ; personne n'a peint avec plus de vérité les situations et les infortunes qui excitent la pitié. Ce n'est pas lui qu'on entend, ce sont des cris et des sanglots ; c'est une famille désolée qui pleure la mort d'un père ou d'un fils ; c'est Danaé, c'est une mère tendre qui lutte avec son fils contre la fureur des flots, qui voit mille gouffres ouverts à ses côtés, qui ressent mille morts dans son cœur : c'est Achille enfin qui sort du fond du tombeau, et qui annonce aux Grecs, prêts à quitter les rivages d'Ilium, les maux sans nombre que le ciel et la mer leur préparent.

Ces tableaux, que Simonide a remplis de passion et de mouvement, sont autant de bienfaits pour les hommes : car c'est leur rendre un grand service que d'arracher de leurs yeux ces larmes précieuses qu'ils versent avec tant de plaisir, et de nourrir dans leur cœur ces sentiments de compassion destinés par la nature à les rapprocher les uns des autres, et les seuls en effet qui puissent unir des malheureux.

Comme les caractères des hommes influent sur leurs opinions, on doit s'attendre que la philosophie de Simonide était douce et sans hauteur. Son système, autant qu'on en peut juger d'après quelques-uns de ses écrits et plusieurs de ses maximes, se réduit aux articles suivants :

« Ne sondons point l'immense profondeur de l'Être suprême ; bornons-nous à savoir que tout s'exécute par son ordre, et qu'il possède la vertu par excellence. Les hommes n'en ont qu'une faible émanation, et la tiennent de lui ; qu'ils ne se glorifient point d'une perfection à laquelle ils ne sauraient atteindre ; la vertu a fixé son séjour parmi des rochers escarpés : si, à force de travaux, ils s'élèvent jusqu'à elle, bientôt mille circonstances fatales les entraînent au précipice. Ainsi leur vie est un mélange de bien et de mal, et il est aussi difficile d'être souvent vertueux qu'impossible de l'être toujours. Faisons-nous un plaisir de louer les belles actions ; fermons les yeux sur celles qui ne le sont pas, ou par devoir, lorsque le coupable nous est cher à d'autres titres, ou par indulgence, lorsqu'il nous est indifférent. Loin de censurer les hommes avec tant de rigueur, souvenons-nous qu'ils ne sont que faiblesse, qu'ils sont destinés à rester un moment sur la surface de la terre, et pour toujours dans son sein. Le temps vole ; mille siècles, par rapport à l'éternité, ne sont qu'un point, ou qu'une très-petite partie d'un point imperceptible. Employons des moments si fugitifs à jouir des biens qui nous sont réservés, et dont les principaux sont la santé, la beauté et les richesses acquises sans fraude ; que de leur usage résulte cette aimable volupté sans laquelle la vie, la grandeur et l'immortalité même ne sauraient flatter nos désirs. »

Ces principes, dangereux en ce qu'ils éteignent le courage dans les cœurs vertueux et les remords dans les âmes coupables, ne seraient regardés que comme une erreur de l'esprit, si, en se montrant indulgent pour les autres, Simonide n'en avait été que plus sévère pour lui-même. Mais il osa proposer une injustice à Thémistocle, et ne rougit pas de louer les meurtriers d'Hipparque, qui l'avait comblé de bienfaits. On lui reproche d'ailleurs une avarice que les libéralités d'Hiéron ne pouvaient satisfaire, et qui, suivant le caractère de cette passion, devenait de jour en jour plus insatiable. Il fut le premier qui dégrada la poésie en faisant un trafic honteux de la louange. Il disait vainement que le plaisir d'entasser des trésors était le seul dont son âge fût susceptible ; qu'il aimait mieux enrichir ses ennemis après sa mort que d'avoir besoin de ses amis pendant sa vie ; qu'après tout personne n'était exempt de défauts, et que, s'il trouvait jamais un homme irrépréhensible, il le dénoncerait à l'univers. Ces étranges raisons ne le justifièrent pas aux yeux du public, dont les décrets invariables ne pardonnent jamais les vices qui tiennent plus à la bassesse qu'à la faiblesse du cœur.

Simonide mourut âgé d'environ quatre-vingt-dix ans [1]. On lui fait un mérite d'avoir augmenté dans l'île de Céos l'éclat des fêtes religieuses, ajouté une huitième corde à la lyre, et trouvé l'art de la mémoire artificielle ; mais ce qui lui assure une gloire immortelle, c'est d'avoir fait le bonheur de la Sicile en retirant Hiéron de

[1] L'an 468 avant J.-C.

ses égarements, et le forçant de vivre en paix avec ses voisins, ses sujets et lui-même.

La famille de Simonide était comme ces familles où le sacerdoce des muses est perpétuel. Son petit-fils, de même nom que lui, écrivit sur les généalogies et sur les découvertes qui font honneur à l'esprit humain. Bacchylide, son neveu, le fit en quelque façon revivre dans la poésie lyrique. La pureté du style, la correction du dessin, des beautés régulières et soutenues, méritèrent à Bacchylide des succès dont Pindare pouvait être jaloux. Ces deux poëtes partagèrent pendant quelque temps la faveur du roi Hiéron et les suffrages de la cour de Syracuse; mais lorsque la protection ne les empêcha plus de se remettre à leur place, Pindare s'éleva dans les cieux, et Bacchylide resta sur la terre.

Tandis que ce dernier perpétuait en Sicile la gloire de sa patrie, le sophiste Prodicus la faisait briller dans les différentes villes de la Grèce; il y récitait des harangues préparées avec art, semées d'allégories ingénieuses, d'un style simple, noble et harmonieux. Son éloquence était honteusement vénale, et n'était point soutenue par les agréments de la voix; mais, comme elle présentait la vertu sous des traits séduisants, elle fut admirée des Thébains, louée des Athéniens, estimée des Spartiates. Dans la suite, il avança des maximes qui détruisaient les fondements de la religion, et dès cet instant les Athéniens le regardèrent comme le corrupteur de la jeunesse et le condamnèrent à boire la ciguë.

Non loin de Céos est l'île de Cythnos, renommée pour ses pâturages; et, plus près de nous, cette terre que vous voyez à l'ouest est l'île fertile de Scyros, où naquit un des plus anciens philosophes de la Grèce. C'est Phérécyde, qui vivait il y a deux cents ans. Il excita une forte révolution dans les idées. Accablé d'une affreuse maladie qui ne laissait aucune espérance, Pythagore, son disciple, quitta l'Italie, et vint recueillir ses derniers soupirs.

Étendez vos regards vers le midi; voyez à l'horizon ces vapeurs sombres et fixes qui en ternissent l'éclat naissant : ce sont les îles de Paros et de Naxos.

Paros peut avoir trois cents stades de circuit[1]. Des campagnes fertiles, de nombreux troupeaux, deux ports excellents, des colonies envoyées au loin vous donneront une idée générale de la puissance de ses habitants. Quelques traits vous feront juger de leur caractère, suivant les circonstances qui ont dû le développer.

La ville de Milet, en Ionie, était tourmentée par de fatales divisions. De tous les peuples distingués par leur sagesse, celui de

[1] Onze lieues huit cent cinquante toises.

CHAPITRE LXXVI.

Paros lui parut le plus propre à rétablir le calme dans ses états. Elle en obtint des arbitres qui, ne pouvant rapprocher des factions depuis long-temps aigries par la haine, sortirent de la ville et parcoururent la campagne : ils la trouvèrent inculte et déserte, à l'exception de quelques portions d'héritages qu'un petit nombre de citoyens continuait à cultiver. Frappés de leur profonde tranquillité, ils les placèrent sans hésiter à la tête du gouvernement, et l'on vit bientôt l'ordre et l'abondance renaître dans Milet.

Dans l'expédition de Darius, les Pariens s'unirent avec ce prince et partagèrent la honte de sa défaite à Marathon. Contraints de se réfugier dans leur ville, ils y furent assiégés par Miltiade. Après une longue défense, ils demandèrent à capituler ; et déjà les conditions étaient acceptées de part et d'autre, lorsqu'on aperçut du côté de Mycone une flamme qui s'élevait dans les airs. C'était une forêt où le feu venait de prendre par hasard. On crut dans le camp et dans la place que c'était le signal de la flotte des Perses qui venait au secours de l'île. Dans cette persuasion, les assiégés manquèrent effrontément à leur parole, et Miltiade se retira. Ce grand homme expia par une dure prison le mauvais succès de cette entreprise ; mais les Pariens furent punis avec plus de sévérité : leur parjure fut éternisé par un proverbe.

Lors de l'expédition de Xerxès, ils trahirent les Grecs en restant dans l'alliance des Perses ; ils trahirent les Perses en se tenant dans l'inaction. Leur flotte, oisive dans le port de Cythnos, attendait l'issue du combat pour se ranger du côté du vainqueur. Ils n'avaient pas prévu que ne pas contribuer à sa victoire c'était s'exposer à sa vengeance, et qu'une petite république, pressée entre deux grandes puissances qui veulent étendre leurs limites aux dépens l'une de l'autre, n'a autre ressource que de suivre le torrent et de courir à la gloire en pleurant sur sa liberté. Les Pariens ne tardèrent pas à l'éprouver. Ils repoussèrent d'abord à force de contributions les vainqueurs de Salamine ; mais ils tombèrent enfin sous leur joug presque sans résistance.

Les Grâces ont des autels à Paros. Un jour que Minos, roi de Crète, sacrifiait à ces divinités, on vint lui annoncer que son fils Androgée avait été tué dans l'Attique. Il acheva la cérémonie en jetant au loin une couronne de laurier qui lui ceignait le front ; et, d'une voix qu'étouffaient les sanglots, il imposa silence au joueur de flûte. Les prêtres ont conservé le souvenir d'une douleur si légitime ; et quand on leur demande pourquoi ils ont banni de leurs sacrifices l'usage des couronnes et des instruments de musique, ils répondent : C'est dans une pareille circonstance, c'est auprès de cet autel que le plus heureux des pères apprit la mort d'un fils qu'il aimait tendrement, et devint le plus malheureux des hommes.

Plusieurs villes se glorifient d'avoir donné le jour à Homère; aucune ne dispute à Paros l'honneur ou la honte d'avoir produit Archiloque.

Ce poète, qui vivait il y a environ trois cent cinquante ans, était d'une famille distinguée. La pythie prédit sa naissance et la gloire dont il devait se couvrir un jour. Préparés par cet oracle, les Grecs admirèrent dans ses écrits la force des expressions et la noblesse des idées; ils le virent montrer, jusque dans ses écarts, la mâle vigueur de son génie, étendre les limites de l'art, introduire de nouvelles cadences dans les vers et de nouvelles beautés dans la musique. Archiloque a fait pour la poésie lyrique ce qu'Homère avait fait pour la poésie épique. Tous deux ont eu cela de commun, que dans leur genre ils ont servi de modèles, que leurs ouvrages sont récités dans les assemblées générales de la Grèce, que leur naissance est célébrée en commun par des fêtes particulières. Cependant, en associant leurs noms, la reconnaissance publique n'a pas voulu confondre leurs rangs : elle n'accorde que le second au poète de Paros; mais c'est obtenir le premier que de n'avoir qu'Homère au-dessus de soi.

Du côté des mœurs et de la conduite, Archiloque devrait être rejeté dans la plus vile classe des hommes. Jamais des talents plus sublimes ne furent unis à un caractère plus atroce et plus dépravé; il souillait ses écrits d'expressions licencieuses et de peintures lascives, il y répandait avec profusion le fiel dont son âme se plaisait à se nourrir. Ses amis, ses ennemis, les objets infortunés de ses amours, tout succombait sous les traits sanglants de ses satires; et, ce qu'il y a de plus étrange, c'est de lui que nous tenons ces faits odieux : c'est lui qui, en traçant l'histoire de sa vie, eut le courage d'en contempler à loisir toutes les horreurs, et l'insolence de les exposer aux yeux de l'univers.

Les charmes naissants de Néobule, fille de Lycambe, avaient fait une vive impression sur son cœur. Des promesses mutuelles semblaient assurer son bonheur et la conclusion de son hymen, lorsque des motifs d'intérêt lui firent préférer un rival. Aussitôt le poète, plus irrité qu'affligé, agita les serpents que les Furies avaient mis entre ses mains, et couvrit de tant d'opprobre Néobule et ses parents, qu'il les obligea tous à terminer par une mort violente des jours qu'il avait cruellement empoisonnés.

Arraché par l'indigence du sein de sa patrie, il se rendit à

Thasos avec une colonie de Pariens. Sa fureur y trouva de nouveaux aliments, et la haine publique se déchaîna contre lui. L'occasion de la détourner se présenta bientôt. Ceux de Thasos étaient en guerre avec les nations voisines. Il suivit l'armée, vit l'ennemi, prit la fuite et jeta son bouclier. Ce dernier trait est le comble de l'infamie pour un Grec ; mais l'infamie ne flétrit que les âmes qui ne méritent pas de l'éprouver. Archiloque fit hautement l'aveu de sa lâcheté : « J'ai abandonné mon bouclier, s'écrie-t-il dans un de ses ouvrages ; mais j'en trouverai un autre, et j'ai sauvé ma vie. »

C'est ainsi qu'il bravait les reproches du public, parce que son cœur ne lui en faisait point ; c'est ainsi qu'après avoir insulté aux lois de l'honneur, il osa se rendre à Lacédémone. Que pouvait-il attendre d'un peuple qui ne séparait jamais son admiration de son estime ! Les Spartiates frémirent de le voir dans l'enceinte de leurs murailles, ils l'en bannirent à l'instant, et proscrivirent ses écrits dans toutes les terres de la république.

L'assemblée des jeux olympiques le consola de cet affront. Il y récita en l'honneur d'Hercule cet hymne fameux qu'on y chante encore toutes les fois qu'on célèbre la gloire des vainqueurs. Les peuples lui prodiguèrent leurs applaudissements ; et les juges, en lui décernant une couronne, durent lui faire sentir que jamais la poésie n'a plus de droits sur nos cœurs que lorsqu'elle nous éclaire sur nos devoirs.

Archiloque fut tué par Callondas de Naxos, qu'il poursuivait depuis long-temps. La pythie regarda sa mort comme une insulte faite à la poésie. « Sortez du temple, dit-elle au meurtrier, vous qui avez porté vos mains sur le favori des Muses. » Callondas remontra qu'il s'était contenu dans les bornes d'une défense légitime ; et, quoique fléchie par ses prières, la pythie le força d'apaiser par des libations les mânes irrités d'Archiloque. Telle fut la fin d'un homme qui, par ses talents, ses vices et son impudence, était devenu un objet d'admiration, de mépris et de terreur.

Moins célèbres, mais plus estimables que ce poète, Polygnote, Arcésilas et Nicanor de Paros hâtèrent les progrès de la peinture encaustique. Un autre artiste, né dans cette île, s'est fait une réputation par un mérite emprunté ; c'est Agoracrite, que Phidias prit pour son élève, et qu'il voulut en vain élever au rang de ses rivaux. Il lui cédait une partie de sa gloire ; il traçait sur ses propres ouvrages le nom de son jeune disciple, sans s'apercevoir que l'élégance du ciseau dévoilait l'imposture et trahissait l'amitié.

Mais, au défaut de modèles, Paros fournit aux artistes des secours inépuisables. Toute la terre est couverte de monuments ébauchés dans les carrières du mont Marpessé. Dans ces souterrains, éclairés de faibles lumières, un peuple d'esclaves arrache avec douleur ces blocs énormes qui brillent dans les plus superbes édifices de la Grèce, et jusque sur la façade du labyrinthe en Égypte. Plusieurs temples sont revêtus de ce marbre, parce que sa couleur, dit-on, est agréable aux immortels. Il fut un temps où les sculpteurs n'en employaient pas d'autres : aujourd'hui même ils le recherchent avec soin, quoiqu'il ne réponde pas toujours à leurs espérances ; car les grosses parties cristallines dont est formé son tissu égarent l'œil par des reflets trompeurs, et volent en éclats sous le ciseau. Mais ce défaut est racheté par des qualités excellentes, et surtout par une blancheur extrême, à laquelle les poètes font des allusions fréquentes, et quelquefois relatives au caractère de leur poésie. « J'élèverai un monument plus brillant que le marbre de Paros, » dit Pindare en parlant d'une de ses odes. « O le plus habile des peintres ! s'écriait Anacréon, emprunte, pour représenter celle que j'adore, les couleurs de la rose, du lait, et du marbre de Paros. »

Naxos n'est séparée de l'île précédente que par un canal très-étroit. Aucune des Cyclades ne peut l'égaler pour la grandeur ; elle le disputerait à la Sicile pour la fertilité. Cependant sa beauté se dérobe aux premiers regards du voyageur attiré sur ses bords : il n'y voit que des montagnes inaccessibles et désertes ; mais ces montagnes sont des barrières que la nature oppose à la fureur des vents, et qui défendent les plaines et les vallées qu'elle couvre de ses trésors. C'est là qu'elle étale toute sa magnificence, que des sources intarissables d'une onde vive et pure se reproduisent sous mille formes différentes, et que les troupeaux s'égarent dans l'épaisseur des prairies. Là, non loin des bords charmants du Biblinus, mûrissent en paix et ces figues excellentes que Bacchus fit connaître aux habitants de l'île, et ces vins célèbres qu'on préfère à presque tous les autres vins. Les grenadiers, les amandiers et les oliviers multiplient sans peine dans ces campagnes, couvertes tous les ans de moissons abondantes ; des esclaves toujours occupés ne cessent de ramasser ces trésors, et des vaisseaux sans nombre de les transporter en des pays éloignés.

Malgré cette opulence, les habitants sont braves, généreux, souverainement jaloux de leur liberté. Il y a deux siècles que leur république, parvenue au plus haut période de sa grandeur, pouvait mettre huit mille hommes sur pied. Elle eut la gloire de résister aux Perses avant que de leur être soumise, et de secouer leur joug dans l'instant même qu'ils allaient soumettre la Grèce entière.

Ses forces de terre et de mer, jointes à celles des Grecs, se distinguèrent dans les batailles de Salamine et de Platée ; mais elles avertirent en même temps les Athéniens de ne pas laisser croître une puissance déjà capable de leur rendre de si grands services. Aussi, lorsqu'au mépris des traités Athènes résolut d'asservir ses anciens alliés, elle porta ses premiers coups sur le peuple de Naxos, et ne lui laissa que la paisible possession de ses fêtes et de ses jeux.

Bacchus y préside ; Bacchus protége Naxos, et tout y présente l'image du bienfait et de la reconnaissance. Les habitants s'empressent de montrer aux étrangers l'endroit où les nymphes prirent soin de l'élever. Ils racontent les merveilles qu'il opère en leur faveur : c'est de lui que viennent les richesses dont ils jouissent ; c'est pour lui seul que leurs temples et leurs autels fument jour et nuit. Ici leurs hommages s'adressent au dieu qui leur apprit à cultiver le figuier, là c'est au dieu qui remplit leurs vignes d'un nectar dérobé aux cieux. Ils l'adorent sous plusieurs titres pour multiplier des devoirs qu'ils chérissent.

Aux environs de Paros on trouve Sériphe, Siphnos et Mélos. Pour avoir une idée de la première de ces îles, concevez plusieurs montagnes escarpées, arides, et ne laissant, pour ainsi dire, dans leurs intervalles que des gouffres profonds où des hommes infortunés voient continuellement suspendus sur leurs têtes d'affreux rochers, monuments de la vengeance de Persée ; car, suivant une tradition aussi ridicule qu'alarmante pour ceux de Sériphe, ce fut ce héros qui, armé de la tête de Méduse, changea autrefois leurs ancêtres en ces objets effrayants.

Concevez à une légère distance de là, et sous un ciel toujours serein, des campagnes émaillées de fleurs et toujours couvertes de fruits, un séjour enchanté, où l'air le plus pur prolonge la vie des hommes au delà des bornes ordinaires ; c'est une faible image des beautés que présente Siphnos. Ses habitants étaient autrefois les plus riches de nos insulaires. La terre, dont ils avaient ouvert les entrailles, leur fournissait tous les ans un immense tribut en or et en argent. Ils en consacraient la dixième partie à l'Apollon de Delphes, et leurs offrandes formaient un des plus riches trésors de ce temple. Ils ont vu depuis la mer en fureur combler ces mines dangereuses, et il ne leur reste de leur ancienne opulence que des regrets et des vices.

L'île de Mélos est une des plus fertiles de la mer Égée. Le soufre et d'autres minéraux, cachés dans le sein de la terre, y entretiennent une chaleur active, et donnent un goût exquis à toutes ses productions.

Le peuple qui l'habite était libre depuis plusieurs siècles, lorsque, dans la guerre du Péloponnèse, les Athéniens voulurent l'asservir et le faire renoncer à la neutralité qu'il observait entre eux et les Lacédémoniens, dont il tirait son origine. Irrités de ses refus, ils l'attaquèrent à plusieurs reprises, furent souvent repoussés, et tombèrent enfin sur lui avec toutes les forces de la république. L'île fut soumise; mais la honte fut pour les vainqueurs. Ils avaient commencé la guerre par une injustice, ils la finiront par un trait de barbarie. Les vaincus furent transportés dans l'Attique ; on fit mourir, de l'avis d'Alcibiade, tous ceux qui étaient en état de porter les armes ; les autres gémirent dans les fers jusqu'à ce que l'armée de Lacédémone eût forcé les Athéniens à les renvoyer à Mélos.

Un philosophe né dans cette île, témoin des maux dont elle était affligée, crut que les malheureux, n'ayant plus d'espoir du côté des hommes, n'avaient plus rien à ménager par rapport aux dieux. C'est Diagoras, à qui les Mantinéens doivent les lois et le bonheur dont ils jouissent. Son imagination ardente, après l'avoir jeté dans les écarts de la poésie dithyrambique, le pénétra d'une crainte servile à l'égard des dieux ; il chargeait son culte d'une foule de pratiques religieuses et parcourait la Grèce pour se faire initier dans les mystères. Mais sa philosophie, qui le rassurait contre les désordres de l'univers, succomba sous une injustice dont il fut la victime. Un de ses amis refusa de lui rendre un dépôt, et appuya son refus d'un serment prononcé à la face des autels. Le silence des dieux sur un tel parjure, ainsi que sur les cruautés exercées par les Athéniens dans l'île de Mélos, étonna le philosophe, et le précipita du fanatisme de la superstition dans celui de l'athéisme. Il souleva les prêtres en divulguant dans ses discours et dans ses écrits les secrets des mystères ; le peuple, en brisant les effigies des dieux [1] ; la Grèce entière, en niant ouvertement leur existence. Un cri général s'éleva contre lui ; son nom devint une injure. Les magistrats d'Athènes le citèrent à leur tribunal, et le poursuivirent de ville en ville : on promit un talent à ceux qui apporteraient sa tête, deux talents à ceux qui le livreraient en vie ; et pour perpétuer le souvenir de ce décret, on le grava sur une colonne de bronze. Diagoras, ne trouvant plus d'asile dans la Grèce, s'embarqua, et périt dans un naufrage.

L'œil, en parcourant une prairie, n'aperçoit ni la plante dange-

---

[1] Un jour, dans une auberge, ne trouvant point d'autre bois, il mit une statue d'Hercule au feu ; et faisant allusion aux douze travaux de ce héros : « Il t'en reste un treizième, s'écria-t-il ; fais cuire mon dîner. » (Schol. Arist. *in Nub.* v. 828.)

CHAPITRE LXXVI.

reuse qui mêle son venin parmi les fleurs, ni la fleur modeste qui se cache sous l'herbe. C'est ainsi qu'en décrivant les régions qui forment une couronne autour de Délos, je ne dois vous parler ni des écueils semés dans leurs intervalles, ni de plusieurs petites îles dont l'éclat ne sert qu'à parer le fond du tableau qui s'offre à vos regards.

La mer sépare ces peuples, et le plaisir les réunit : ils ont des fêtes qui leur sont communes et qui les rassemblent, tantôt dans un endroit, tantôt dans un autre ; mais elles disparaissent dès que nos solennités commencent. C'est ainsi que, suivant Homère, les dieux suspendent leurs profondes délibérations et se lèvent de leurs trônes lorsque Apollon paraît au milieu d'eux. Les temples voisins vont être déserts ; les divinités qu'on y adore permettent d'apporter à Délos l'encens qu'on leur destinait. Des députations solennelles, connues sous le nom de *théories*, sont chargées de ce glorieux emploi ; elles amènent avec elles des chœurs de jeunes garçons et de jeunes filles. Ces chœurs sont le triomphe de la beauté, et le principal ornement de nos fêtes. Il en vient des côtes de l'Asie, des îles de la mer Égée, du continent de la Grèce, des régions les plus éloignées. Ils arrivent au son des instruments, à la voix des plaisirs, avec tout l'appareil du goût et de la magnificence ; les vaisseaux qui les amènent sont couverts de fleurs, ceux qui les conduisent en couronnent leur front, et leur joie est d'autant plus expressive qu'ils se font une religion d'oublier les chagrins et les soins qui pourraient la détruire ou l'altérer.

Dans le temps que Philoclès terminait son récit, la scène changeait à chaque instant, et s'embellissait de plus en plus. Déjà étaient sorties des ports de Mycone et de Rhénée les petites flottes qui conduisaient les offrandes à Délos. D'autres flottes se faisaient apercevoir dans le lointain : un nombre infini de bâtiments de toute espèce volaient sur la surface de la mer ; ils brillaient de mille couleurs différentes : on les voyait s'échapper des canaux qui séparent les îles, se croiser, se poursuivre et se réunir ; un vent frais se jouait dans leurs voiles teintes en pourpre, et, sous leurs rames dorées, les flots se couvraient d'une écume que les rayons naissants du soleil pénétraient de leurs feux.

Plus bas, au pied de la montagne, une multitude immense inondait la plaine. Ses rangs pressés ondoyaient et se repliaient sur eux-mêmes, comme une moisson que les vents agitent ; et des transports qui l'animaient il se formait un bruit vague et confus qui surnageait pour ainsi dire sur ce vaste corps.

Notre âme, fortement émue de ce spectacle, ne pouvait s'en

rassasier, lorsque des tourbillons de fumée couvrirent le faîte du temple et s'élevèrent dans les airs. La fête commence, nous dit Philoclès, l'encens brûle sur l'autel. Aussitôt dans la ville, dans la campagne, sur le rivage, tout s'écria : La fête commence, allons au temple.

Nous y trouvâmes les filles de Délos couronnées de fleurs, vêtues de robes éclatantes, et parées de tous les attraits de la jeunesse et de la beauté. Ismène, à leur tête, exécuta le ballet des malheurs de Latone, et nous fit voir ce qu'elle nous avait fait entendre le jour d'auparavant. Ses compagnes accordaient à ses pas les sons de leurs voix et de leurs lyres : mais on était insensible à leurs accords ; elles-mêmes les suspendaient pour admirer Ismène.

Quelquefois elle se dérobait à la colère de Junon, et alors elle ne faisait qu'effleurer la terre ; d'autres fois elle restait immobile, et son repos peignait encore mieux le trouble de son âme. Théagène, déguisé sous les traits de Mars, devait, par ses menaces, écarter Latone des bords du Pénée : mais quand il vit Ismène à ses pieds lui tendre des mains suppliantes, il n'eut que la force de détourner les yeux ; et Ismène, frappée de cette apparence de rigueur, s'évanouit entre les bras de ses suivantes.

Tous les assistants furent attendris, mais l'ordre des cérémonies ne fut point interrompu : à l'instant même on entendit un chœur de jeunes garçons, qu'on eût pris pour des enfants de l'aurore ; ils en avaient la fraîcheur et l'éclat. Pendant qu'ils chantaient un hymne en l'honneur de Diane, les filles de Délos exécutèrent des danses vives et légères : les sons qui réglaient leurs pas remplissaient leur âme d'une douce ivresse ; elles tenaient des guirlandes de fleurs, et les attachaient d'une main tremblante à une ancienne statue de Vénus qu'Ariane avait apportée de Crète, et que Thésée consacra dans ce temple.

D'autres concerts vinrent frapper nos oreilles. C'étaient les théories des îles de Rhénée et de Mycone. Elles attendaient sous le portique le moment où l'on pourrait les introduire dans le lieu saint. Nous les vîmes, et nous crûmes voir les Heures et les Saisons à la porte du palais du Soleil.

Nous vîmes descendre sur le rivage les théories de Céos et d'Andros. On eût dit, à leur aspect, que les Grâces et les Amours venaient établir leur empire dans une des îles Fortunées.

De tous côtés arrivaient des députations solennelles, qui faisaient retentir les airs de cantiques sacrés. Elles réglaient sur le rivage même l'ordre de leur marche, et s'avançaient lentement vers le temple, aux acclamations du peuple qui bouillonnait autour d'elles.

CHAPITRE LXXVI.

Avec leurs hommages elles présentaient au dieu les prémices des fruits de la terre. Ces cérémonies, comme toutes celles qui se pratiquent à Délos, étaient accompagnées de danses, de chants et de symphonies. Au sortir du temple, les théories étaient conduites dans des maisons entretenues aux dépens des villes dont elles apportaient les offrandes.

Les poètes les plus distingués de notre temps avaient composé des hymnes pour la fête; mais leurs succès n'effaçaient pas la gloire des grands hommes qui l'avaient célébrée avant eux : on croyait être en présence de leurs génies ; ici on entendait les chants harmonieux de cet Olen de Lycie, un des premiers qui aient consacré la poésie au culte des dieux. Là on était frappé des sons touchants de Simonide. Plus loin c'étaient les accords séduisants de Bacchylide, ou les transports fougueux de Pindare ; et, au milieu de ces sublimes accents, la voix d'Homère éclatait et se faisait écouter avec respect.

Cependant on apercevait dans l'éloignement la théorie des Athéniens. Tels que les filles de Nérée lorsqu'elles suivent sur les flots le char de la souveraine des mers, une foule de bâtiments légers se jouaient autour de la galère sacrée. Leurs voiles, plus éclatantes que la neige, brillaient comme les cygnes qui agitent leurs ailes sur les eaux du Caystre et du Méandre. A cet aspect, des vieillards qui s'étaient traînés sur le rivage regrettaient le temps de leur plus tendre enfance, ce temps où Nicias, général des Athéniens, fut chargé du soin de la théorie. Il ne l'amena point à Délos, nous disaient-ils ; il la conduisit secrètement dans l'île de Rhénée, qui s'offre à vos regards. Toute la nuit fut employée à construire sur ce canal un pont dont les matériaux, préparés de longue main et enrichis de dorure et de couleurs, n'avaient besoin que d'être réunis. Il avait près de quatre stades de longueur [1] : on le couvrit de tapis superbes, on le para de guirlandes ; et le jour suivant, au lever de l'aurore, la théorie traversa la mer ; mais ce ne fut pas, comme l'armée de Xerxès, pour détruire les nations ; elle leur amenait les plaisirs ; et, pour leur en faire goûter les prémices, elle resta long-temps suspendue sur les flots, chantant des cantiques et frappant tous les yeux d'un spectacle que le soleil n'éclairera point une seconde fois.

La députation que nous vîmes arriver était presque toute choisie parmi les plus anciennes familles de la république. Elle était composée de plusieurs citoyens qui prenaient le titre de théores [2] ;

---

[1] Environ trois cent soixante-dix-huit toises. — [2] Théore, ambassadeur sacré et chargé d'offrir des sacrifices au nom d'une ville. (Suid. *in* Θεωρ.)

de deux chœurs de garçons et de filles, pour chanter les hymnes et danser les ballets ; de quelques magistrats chargés de recueillir les tributs, et de veiller aux besoins de la théorie, et de dix inspecteurs tirés au sort, qui devaient présider aux sacrifices : car les Athéniens en ont usurpé l'intendance, et c'est en vain que les prêtres et les magistrats de Délos réclament des droits qu'ils ne sont pas en état de soutenir par la force.

Cette théorie parut avec tout l'éclat qu'on devait attendre d'une ville où le luxe est poussé à l'excès. En se présentant devant le dieu, elle lui offrit une couronne d'or de la valeur de quinze cents drachmes [1], et bientôt on entendit les mugissements de cent bœufs qui tombaient sous les couteaux des prêtres. Ce sacrifice fut suivi d'un ballet où les Athéniens représentèrent les courses et les mouvements de l'île de Délos pendant qu'elle roulait au gré des vents sur les plaines de la mer. A peine fut-il fini, que les jeunes Déliens se mêlèrent avec eux pour figurer les sinuosités du labyrinthe de la Crète, à l'exemple de Thésée, qui, après sa victoire sur le Minotaure, avait exécuté cette danse auprès de l'autel. Ceux qui s'étaient le plus distingués reçurent pour récompense de riches trépieds, qu'ils consacrèrent au dieu; et leur nom fut proclamé par deux hérauts venus à la suite de la théorie.

Il en coûte plus de quatre talents à la république pour les prix distribués aux vainqueurs, pour les présents et les sacrifices offerts au dieu, pour le transport et l'entretien de la théorie. Le temple possède, soit dans les îles de Rhénée et de Délos, soit dans le continent de la Grèce, des bois, des maisons, des fabriques de cuivre et des bains, qui lui ont été légués par la piété des peuples; c'est la première source de ses richesses. La seconde est l'intérêt des sommes qui proviennent de ces différentes possessions, et qui, après s'être accumulées dans le trésor de l'Artémisium [2], sont placées, ou sur les particuliers, ou sur les villes voisines. Ces deux objets principaux, joints aux amendes pour crime d'impiété, toujours appliquées aux temples, forment au bout de quatre ans un fonds d'environ vingt talents [3], que les trois amphictyons ou trésoriers nommés par le sénat d'Athènes sont chargés de recueillir et sur lesquels ils prélèvent en partie la dépense de la théorie [4].

[1] Treize cent cinquante livres.
[2] Chapelle consacrée à Diane.
[3] Environ cent huit mille livres.
[4] En 1739, M. le comte de Sandwich apporta d'Athènes à Londres un marbre sur lequel est gravée une longue inscription. Elle contient l'état des sommes qui se trouvaient dues au temple de Délos, soit par des particuliers, soit par des villes entières. On y spécifie les sommes qui ont été acquittées et celles qui ne l'ont pas été. On y remarque aussi les frais de la théorie ou députation des Athéniens; sa-

Quand elle eut achevé les cérémonies qui l'attiraient au pied des autels, nous fûmes conduits à un repas que le sénat de Délos donnait aux citoyens de cette île. Ils étaient confusément assis sur les bords de l'Inopus, et sous des arbres qui formaient des berceaux. Toutes les âmes, avidement attachées au plaisir, cherchaient à s'échapper par mille expressions différentes, et nous communiquaient le sentiment qui les rendait heureuses. Une joie pure, bruyante et universelle régnait sous ces feuillages épais; et, lorsque le vin de Naxos y pétillait dans les coupes, tout célébrait à grands cris le nom de Nicias, qui, le premier, avait assemblé le peuple dans ces lieux charmants, et assigné des fonds pour éterniser un pareil bienfait.

Le reste de la journée fut destiné à des spectacles d'un autre genre. Des voix admirables se disputèrent le prix de la musique, et des bras armés du ceste celui de la lutte. Le pugilat, le saut et la course à pied fixèrent successivement notre attention et nous rappelèrent ce que nous avions vu quelques années auparavant aux jeux olympiques [1]. On avait tracé, vers l'extrémité méridionale de l'île, un stade autour duquel étaient rangés les députés d'Athènes, le sénat de Délos et toutes les théories parées de leurs vêtements superbes. Cette jeunesse brillante était la plus fidèle image des dieux réunis dans l'Olympe. Des coursiers fougueux, conduits par Théagène et ses rivaux, s'élancèrent dans la lice, la parcoururent plusieurs fois, et balancèrent long-temps la victoire; mais, semblable au dieu, qui, après avoir dégagé son char du sein des nuages, le précipite tout à coup à l'occident, Théagène sortit comme un éclair du milieu de ses rivaux, et parvint au bout de la carrière dans l'instant que le soleil finissait la sienne. Il fut couronné aux yeux d'un monde de spectateurs accourus sur les hauteurs voisines, aux yeux de presque toutes les beautés de la Grèce, aux yeux d'Ismène, dont les regards le flattaient plus que ceux des hommes et des dieux.

On célébra, le jour suivant, la naissance d'Apollon [2]. Parmi les

---

voir: pour la couronne d'or qui fut présentée au dieu, la main-d'œuvre comprise, mille cinq cents drachmes (mille trois cent cinquante livres); pour les trépieds donnés aux vainqueurs, la main-d'œuvre également comprise, mille drachmes (neuf cents livres); pour les archithéores, un talent (cinq mille quatre cents livres); pour le capitaine de la galère qui avait transporté la théorie, sept mille drachmes (six mille trois cents livres); pour l'achat de cent neuf bœufs destinés aux sacrifices, huit mille quatre cent quinze drachmes (sept mille cinq cent soixante-treize livres dix sous), etc., etc. Cette inscription, éclaircie par M. Taylor et par le père Cortini, est de l'an avant J.-C. 373 ou 372, et n'est antérieure que d'environ trente-deux ans au voyage du jeune Anacharsis à Délos.

[1] Voyez le chapitre XXXVIII de cet ouvrage.

[2] Le 7 du mois de thargélion, qui répondait au neuvième jour du mois de mai.

ballets qu'on exécuta, nous vîmes des nautoniers danser autour d'un autel et le frapper à grands coups de fouet. Après cette cérémonie bizarre, dont nous ne pûmes pénétrer le sens mystérieux, ils voulurent figurer les jeux innocents qui amusaient le dieu dans sa plus tendre enfance. Il fallait, en dansant les mains liées derrière le dos, mordre l'écorce d'un olivier que la religion a consacré. Leurs chutes fréquentes et leurs pas irréguliers excitaient parmi les spectateurs les transports éclatants d'une joie qui paraissait indécente, mais dont ils disaient que la majesté des cérémonies saintes n'était point blessée. En effet, les Grecs sont persuadés qu'on ne saurait trop bannir du culte que l'on rend aux dieux la tristesse et les pleurs; et de là vient que, dans certains endroits, il est permis aux hommes et aux femmes de s'attaquer, en présence des autels, par des traits de plaisanterie dont rien ne corrige la licence et la grossièreté.

Ces nautoniers étaient du nombre de ces marchands étrangers que la situation de l'île, les franchises dont elle jouit, l'attention vigilante des Athéniens et la célébrité des fêtes attirent en foule à Délos. Ils y venaient échanger leurs richesses particulières avec le blé, le vin et les denrées des îles voisines : ils les échangeaient avec ces tuniques de lin teintes en rouge qu'on fabrique dans l'île d'Amorgos, avec les riches étoffes de pourpre qui se font dans celle de Cos, avec l'alun si renommé de Mélos, avec le cuivre précieux que, depuis un temps immémorial, on tire des mines de Délos et que l'art industrieux convertit en vases élégants. L'île était devenue comme l'entrepôt des trésors des nations ; et tout près de l'endroit où ils étaient accumulés, les habitants de Délos, obligés, par une loi expresse, de fournir de l'eau à toute la multitude, étalaient sur de longues tables des gâteaux et des mets préparés à la hâte [1].

J'étudiais avec plaisir les diverses passions que l'opulence et le besoin produisaient dans des lieux si voisins, et je ne croyais pas que, pour un esprit attentif, il y eût de petits objets dans la nature. Les Déliens ont trouvé les premiers le secret d'engraisser la volaille; ils tirent de leur industrie un profit assez considérable. J'en vis quelques-uns qui, élevés sur des tréteaux, et montrant au peuple des œufs qu'ils tenaient dans les mains, distinguaient à leur forme les poules qui les avaient mis au jour. J'avais à peine levé les yeux sur cette scène singulière, que je me sentis fortement

---

[1] Il paraît, par Athénée, que pendant les fêtes de Délos on étalait dans le marché de l'agneau, du porc, des poissons, et des gâteaux où l'on avait mêlé du cumin, espèce de graine ressemblant à celle du fenouil.

secoué par un bras vigoureux ; c'était un sophiste d'Athènes avec qui j'avais eu quelques liaisons. Eh quoi ! me dit-il, Anacharsis, ces objets sont-ils dignes d'un philosophe ? Viens : de plus nobles soins, de plus hautes spéculations doivent remplir les moments de la vie. Il me conduisait sur une éminence où d'autres sophistes agitaient en fureur les questions subtiles de l'école de Mégare. Le fougueux Eubulide de Milet, que nous avions vu autrefois à Mégare[1], était à leur tête et venait de leur lancer cet argument : « Ce qui est à Mégare n'est point à Athènes ; or il y a des hommes à Mégare, il n'y a donc pas d'hommes à Athènes. » Tandis que ceux qui l'écoutaient se fatiguaient vainement à résoudre cette difficulté, des cris soudains nous annoncèrent l'arrivée de la théorie des Téniens, qui, outre ses offrandes particulières, apportait encore celles des Hyperboréens.

Ce dernier peuple habite vers le nord de la Grèce ; il honore spécialement Apollon, et l'on voit encore à Délos le tombeau de deux de ses prêtresses, qui s'y rendirent autrefois pour ajouter de nouveaux rites au culte de ce dieu. On y conserve aussi, dans un édifice consacré à Diane, les cendres des derniers théores que les Hyperboréens avaient envoyés dans cette île : ils y périrent malheureusement ; et, depuis cet événement, ce peuple se contente d'y faire parvenir, par des voies étrangères, les prémices de ses moissons. Une tribu voisine des Scythes les reçoit de ses mains et les transmet à d'autres nations qui les portent sur les bords de la mer Adriatique ; de là elles descendent en Épire, traversent la Grèce, arrivent dans l'Eubée et sont conduites à Ténos.

A l'aspect de ces offrandes sacrées, on s'entretenait des merveilles qu'on raconte du pays des Hyperboréens. C'est là que règnent sans cesse le printemps, la jeunesse et la santé ; c'est là que pendant six siècles entiers on coule des jours sereins dans les fêtes et les plaisirs. Mais cette heureuse région est située à une des extrémités de la terre, comme le jardin des Hespérides en occupe une autre extrémité ; et c'est ainsi que les hommes n'ont jamais su placer le séjour du bonheur que dans des lieux inaccessibles.

Pendant que l'imagination des Grecs s'enflammait au récit de ces fictions, j'observais cette foule de mâts qui s'élevaient dans le port de Délos. Les flottes des théores présentaient leurs proues aux rivages ; et ces proues, que l'art avait décorées, offrent des attributs propres à chaque nation. Des Néréides caractérisaient celles des Phthiotes ; on voyait, sur la galère d'Athènes, un char brillant que

[1] Voyez le chapitre XXXVII de cet ouvrage.

conduisait Pallas, et sur les vaisseaux des Béotiens la figure de Cadmus armé d'un serpent. Quelques-unes de ces flottes mettaient à la voile; mais les beautés qu'elles ramenaient dans leur patrie étaient bientôt remplacées par des beautés nouvelles. Tels on voit dans le cours d'une nuit longue et tranquille des astres se perdre à l'occident, tandis que d'autres astres se lèvent à l'orient pour repeupler les cieux.

Les fêtes durèrent plusieurs jours; on renouvela plusieurs fois les courses de chevaux : nous vîmes souvent du rivage les plongeurs si renommés de Délos se précipiter dans la mer, s'établir dans ses abîmes ou se reposer sur sa surface, retracer l'image des combats, et justifier, par leur adresse, la réputation qu'ils se sont acquise.

CHAPITRE LXXVII.
SUITE DU VOYAGE DE DÉLOS.
Cérémonie du mariage.

L'Amour présidait aux fêtes de Délos, et cette jeunesse nombreuse qu'il avait rassemblée autour de lui ne connaissait plus d'autres lois que les siennes. Tantôt, de concert avec l'Hymen, il couronnait la constance des amants fidèles; tantôt il faisait naître le trouble et la langueur dans une âme jusqu'alors insensible; et, par ses triomphes multipliés, il se préparait au plus glorieux de tous, à l'hymen d'Ismène et de Théagène.

Témoin des cérémonies dont cette union fut accompagnée, je vais les rapporter et décrire les pratiques que les lois, l'usage et la superstition ont introduites, afin de pourvoir à la sûreté et au bonheur du plus saint des engagements; et s'il se glisse dans ce récit des détails frivoles en apparence, ils seront ennoblis par la simplicité des temps auxquels ils doivent leur origine.

Le silence et le calme commençaient à renaître à Délos. Les peuples s'écoulaient comme un fleuve qui, après avoir couvert la campagne, se retire insensiblement dans son lit. Les habitants de l'île avaient prévenu le lever de l'aurore; ils s'étaient couronnés de fleurs et offraient sans interruption, dans le temple et devant leurs maisons, des sacrifices pour rendre les dieux favorables à l'hymen d'Ismène. L'instant d'en former les liens était arrivé: nous étions assemblés dans la maison de Philoclès; la porte de l'appartement d'Ismène s'ouvrit, et nous en vîmes sortir les deux époux suivis des auteurs de leur naissance et d'un officier public qui venait de dresser l'acte de leur engagement. Les conditions en étaient simples : on n'avait prévu aucune discussion d'intérêt entre les parents, aucune cause de divorce entre les parties contractantes; et, à l'égard de la dot, comme le sang unissait déjà Théagène à Philoclès, on s'était contenté de rappeler une loi de Solon qui, pour perpétuer les biens dans les familles, avait réglé que les filles uniques épouseraient leurs plus proches parents.

Nous étions vêtus d'habits magnifiques que nous avions reçus d'Ismène. Celui de son époux était de son ouvrage. Elle avait pour parure un collier de pierres précieuses, et une robe où l'or et la pourpre confondaient leurs couleurs. Ils avaient mis l'un et l'autre sur leurs cheveux flottants et parfumés d'essences des couronnes de pavots, de sésames et d'autres plantes consacrées à Vénus. Dans cet appareil, ils montèrent sur un char et s'avancèrent vers le temple. Ismène avait son époux à sa droite, et à sa gauche un ami de Théagène, qui devait le suivre dans cette cérémonie. Les peuples empressés répandaient des fleurs et des parfums sur leur passage; ils s'écriaient : Ce ne sont point des mortels, c'est Apollon et Coronis; c'est Diane et Endymion; c'est Apollon et Diane. Ils cherchaient à nous rappeler des augures favorables, à prévenir les augures sinistres. L'un disait : J'ai vu ce matin deux tourterelles planer long-temps ensemble dans les airs, et se reposer ensemble sur une branche de cet arbre. Un autre disait : Écartez la corneille solitaire; qu'elle aille gémir au loin sur la perte de sa fidèle compagne, rien ne serait si funeste que son aspect.

Les deux époux furent reçus à la porte du temple par un prêtre qui leur présenta à chacun une branche de lierre, symbole des liens qui devaient les unir à jamais; il les mena ensuite à l'autel, où tout était préparé pour le sacrifice d'une génisse qu'on devait offrir à Diane, à la chaste Diane qu'on tâchait d'apaiser, ainsi que Minerve et les divinités qui n'ont jamais subi le joug de l'hymen. On implorait aussi Jupiter et Junon, dont l'union et les amours seront éternelles; le Ciel et la Terre, dont le concours produit l'abondance et la fertilité; les Parques, parce qu'elles tiennent dans leurs mains la vie des mortels; les Grâces, parce qu'elles embellissent les jours des heureux époux; Vénus enfin, à qui l'Amour doit sa naissance et les hommes leur bonheur.

Les prêtres, après avoir examiné les entrailles des victimes, déclarèrent que le ciel approuvait cet hymen. Pour en achever les cérémonies, nous passâmes à l'Artémisium [1], et ce fut là que les deux époux déposèrent chacun une tresse de leurs cheveux sur le tombeau des derniers théores hyperboréens. Celle de Théagène

[1] Chapelle consacrée à Diane.

était roulée autour d'une poignée d'herbes, et celle d'Ismène autour d'un fuseau. Cet usage rappelait les époux à la première institution du mariage, à ce temps où l'un devait s'occuper par préférence des travaux de la campagne, et l'autre des soins domestiques.

Cependant Philoclès prit la main de Théagène, la mit dans celle d'Ismène, et proféra ces mots : « Je vous accorde ma fille, afin que vous donniez à la république des citoyens légitimes. » Les deux époux se jurèrent aussitôt une fidélité inviolable ; et les auteurs de leurs jours, après avoir reçu leurs serments, les ratifièrent par de nouveaux sacrifices.

Les voiles de la nuit commençaient à se déployer dans les airs, lorsque nous sortîmes du temple pour nous rendre à la maison de Théagène. La marche, éclairée par des flambeaux sans nombre, était accompagnée de chœurs de musiciens et de danseurs ; la maison était entourée de guirlandes et couverte de lumières.

Dès que les deux époux eurent touché le seuil de la porte, on plaça pour un instant une corbeille de fruits sur leurs têtes ; c'était le présage de l'abondance dont ils devaient jouir. Nous entendîmes en même temps répéter de tous côtés le nom d'Hyménéus, de ce jeune homme d'Argos qui rendit autrefois à leur patrie des filles d'Athènes, que des corsaires avaient enlevées : il obtint pour prix de son zèle une des captives qu'il aimait tendrement ; et, depuis cette époque, les Grecs ne contractent point de mariage sans rappeler sa mémoire.

Ces acclamations nous suivirent dans la salle du festin et continuèrent pendant le souper ; alors des poètes, s'étant glissés auprès de nous, récitèrent des épithalames.

Un jeune enfant, à demi couvert de branches d'aubépine et de chêne, parut avec une corbeille de pains et entonna un hymne qui commençait ainsi : « J'ai changé mon ancien état contre un état plus heureux. » Les Athéniens chantent cet hymne dans une de leurs fêtes, destinée à célébrer l'instant où leurs ancêtres, nourris jusqu'alors de fruits sauvages, jouirent en société des présents de Cérès ; ils le mêlent dans les cérémonies du mariage pour montrer qu'après avoir quitté les forêts les hommes jouirent des douceurs de l'amour. Des danseuses, vêtues de robes légères et couronnées de myrte, entrèrent ensuite, et peignirent par des mouvements variés les transports, les langueurs et l'ivresse de la plus douce des passions.

Cette danse finie, Leucippe alluma le flambeau nuptial, et conduisit sa fille à l'appartement qu'on lui avait destiné. Plusieurs symboles retracèrent aux yeux d'Ismène les devoirs qu'on attachait autrefois à son nouvel état. Elle portait un de ces vases de terre où l'on fait rôtir de l'orge ; une de ses suivantes tenait un crible, et sur la porte était suspendu un instrument propre à piler les grains. Les deux époux goûtèrent d'un fruit dont la douceur devait être l'emblème de leur union.

Cependant, livrés aux transports d'une joie immodérée, nous poussions des cris tumultueux et nous assiégions la porte, défendue par un des fidèles amis de Théagène. Une foule de jeunes gens dansaient au son de plusieurs instruments. Ce bruit fut enfin interrompu par la théorie de Corinthe, qui s'était chargée de chanter l'hyménée du soir. Après avoir félicité Théagène, elle ajoutait :

« Nous sommes dans le printemps de notre âge : nous sommes l'élite de ces filles de Corinthe, si renommées par leur beauté. O Ismène ! il n'en est aucune parmi nous dont les attraits ne cèdent aux vôtres. Plus légère qu'un coursier de Thessalie, élevée au-dessus de ses compagnes comme un lis qui fait l'honneur d'un jardin, Ismène est l'ornement de la Grèce. Tous les amours sont dans ses yeux ; tous les arts respirent sous ses doigts. O fille, ô femme charmante ! nous irons demain dans la prairie cueillir des fleurs pour en former une couronne. Nous la suspendrons au plus haut des platanes voisins. Sous son feuillage naissant nous répandrons des parfums en votre honneur, et sur son écorce nous graverons ces mots : *Offrez-moi votre encens, je suis l'arbre d'Ismène.* Nous vous saluons, heureuse épouse ; nous vous saluons, heureux époux ; puisse Latone vous donner des fils qui vous ressemblent, Vénus vous embraser toujours de ses flammes, Jupiter transmettre à vos derniers neveux la félicité qui vous entoure ! Reposez-vous dans le sein des plaisirs : ne respirez désormais que l'amour le plus tendre. Nous reviendrons au lever de l'aurore et nous chanterons de nouveau : O Hymen, Hyménée, Hymen ! »

Le lendemain, à la première heure du jour, nous revînmes au même endroit, et les filles de Corinthe firent entendre l'hyménée suivant :

« Nous vous célébrons dans nos chants, Vénus, ornement de l'Olympe ; Amour, délices de la terre, et vous, Hymen, source de vie : nous vous célébrons dans nos chants, Amour, Hymen, Vénus. O Théagène, éveillez-vous ! Jetez les yeux sur votre amante ; jeune favori de Vénus, heureux et digne époux d'Ismène, ô Théagène, éveillez-vous ! Jetez les yeux sur votre épouse ; voyez l'éclat dont elle brille ; voyez cette fraîcheur de vie dont tous ses attraits sont embellis. La rose est la reine des fleurs ; Ismène est la reine des belles. Déjà sa paupière tremblante s'entr'ouvre aux rayons du soleil. Heureux et digne époux d'Ismène, ô Théagène, éveillez-vous ! »

Ce jour, que les deux amants regardèrent comme le premier de leur vie, fut presque tout employé de leur part à jouir du tendre intérêt que les habitants de l'île prenaient à leur hymén, et tous leurs amis furent autorisés à leur offrir des présents ; ils s'en firent eux-mêmes l'un à l'autre, et reçurent en commun ceux de Philoclès, père de Théagène. On les avait apportés avec pompe. Un enfant, vêtu d'une robe blanche, ouvrit la marche, tenant une torche allumée ; venait ensuite une jeune fille ayant une corbeille sur la tête : elle était suivie de plusieurs domestiques qui portaient des vases d'albâtre, des boîtes à parfums, diverses sortes d'essences, des pâtes d'odeurs, et tout ce que le goût de l'élégance et de la propreté a pu convertir en besoins.

Sur le soir, Ismène fut ramenée chez son père ; et, moins pour se conformer à l'usage que pour exprimer ses vrais sentiments, elle lui témoigna le regret d'avoir quitté la maison paternelle. Le lendemain elle fut rendue à son époux, et, depuis ce moment, rien ne troubla plus leur félicité.

CHAPITRE LXXVIII.
SUITE DU VOYAGE DE DÉLOS.
Sur le bonheur.

Philoclès joignait au cœur le plus sensible un jugement exquis et des connaissances profondes. Dans sa jeunesse il avait fréquenté les plus célèbres philosophes de la Grèce. Riche de leurs lumières, et encore plus de ses réflexions, il s'était composé un système de conduite qui répandait la paix dans son âme et dans tout ce qui l'environnait. Nous ne cessions d'étudier cet homme singulier, pour qui chaque instant de la vie était un instant de bonheur.

Un jour que nous errions dans l'île, nous trouvâmes cette inscription sur un petit temple de Latone : *Rien n'est si beau que la justice, de meilleur que la santé, de si doux que la possession de ce qu'on aime.* Voilà, dis-je, ce qu'Aristote blâmait un jour en notre présence. Il pensait que les qualifications énoncées dans cette maxime ne doivent pas être séparées, et ne peuvent convenir qu'au bonheur. En effet, le bonheur est certainement ce qu'il y a de plus beau, de meilleur et de plus doux. Mais à quoi sert de décrire ses effets ? il serait plus

CHAPITRE LXXVIII.

important de remonter à sa source. Elle est peu connue, répondit Philoclès : tous, pour y parvenir, choisissent des sentiers différents ; tous se partagent sur la nature du souverain bien. Il consiste tantôt dans la jouissance de tous les plaisirs, tantôt dans l'exception de toutes les peines. Les uns ont tâché d'en renfermer les caractères en de courtes formules : telle est la sentence que vous venez de lire sur ce temple ; telle est encore celle qu'on chante souvent à table, et qui fait dépendre le bonheur de la santé, de la beauté, des richesses légitimement acquises, et de la jeunesse passée dans le sein de l'amitié. D'autres, outre ces dons précieux, exigent la force du corps, le courage de l'esprit, la prudence, la tempérance, la possession enfin de tous les biens et de toutes les vertus [1]. Mais, comme la plupart de ces avantages ne dépendent pas de nous, et que, même en les réunissant, notre cœur pourrait n'être pas satisfait, il est visible qu'ils ne constituent pas essentiellement l'espèce de félicité qui convient à chaque homme en particulier.

En quoi consiste-t-elle donc ? s'écria l'un de nous avec impatience, et quel est le sort des mortels si, forcés de courir après le bonheur, ils ignorent la route qu'ils doivent choisir ? Hélas ! reprit Philoclès, ils sont bien à plaindre, ces mortels. Jetez les yeux autour de vous : dans tous les lieux, dans tous les états, vous n'entendrez que des gémissements et des cris ; vous ne verrez que des hommes tourmentés par le besoin d'être heureux et par des passions qui les empêchent de l'être ; inquiets dans les plaisirs, sans force contre la douleur, presque également accablés par les privations et la jouissance, murmurant sans cesse contre leur destinée, et ne pouvant quitter une vie dont le poids leur est insupportable.

Est-ce donc pour couvrir la terre de malheureux que le genre humain a pris naissance, et les dieux se feraient-ils un jeu cruel de persécuter des âmes aussi faibles que les nôtres ? Je ne saurais me le persuader. C'est contre nous seuls que nous devons diriger nos reproches. Interrogeons-nous sur l'idée que nous avons du bonheur : concevons-nous autre chose qu'un état où les désirs, toujours renaissants, seraient toujours satisfaits ; qui se diversifieraient suivant la différence des caractères, et dont on pourrait prolonger la durée à son gré ? Mais il faudrait changer l'ordre éternel de la nature pour que cet état fût le partage d'un seul d'entre nous. Ainsi, désirer un bonheur inaltérable et sans amer-

[1] Plutarque parle d'un Scopas de Thessalie qui faisait consister le bonheur dans le superflu. (*In Cat.* t. I, p. 346, etc. E.)

tume, c'est désirer ce qui ne peut pas exister, et qui, par cette raison-là même, enflamme le plus nos désirs ; car rien n'a plus d'attraits pour nous que de triompher des obstacles qui sont ou qui paraissent insurmontables.

Des lois constantes, et dont la profondeur se dérobe à nos recherches, mêlent sans interruption le bien avec le mal dans le système général de la nature ; et les êtres qui font partie de ce grand tout, si admirable dans son ensemble, si incompréhensible, et quelquefois si effrayant dans ses détails, doivent se ressentir de ce mélange et éprouver de continuelles vicissitudes. C'est à cette condition que la vie nous est donnée ; dès l'instant que nous la recevons, nous sommes condamnés à rouler dans un cercle de biens et de maux, de plaisirs et de douleurs. Si vous demandiez les raisons d'un si funeste partage, d'autres vous répondraient peut-être que les dieux nous devaient des biens, et non pas des plaisirs ; qu'ils ne nous accordent les seconds que pour nous forcer à recevoir les premiers ; et que, pour la plupart des mortels, la somme des biens serait infiniment plus grande que celle des maux, s'ils avaient le bon esprit de mettre dans la première classe et les sensations agréables, et les moments exempts de troubles et de chagrins. Cette réflexion pourrait suspendre quelquefois nos murmures, mais la cause en subsisterait toujours ; car enfin il y a de la douleur sur la terre, elle consume les jours de la plupart des hommes ; et, quand il n'y en aurait qu'un seul qui souffrît, et quand il aurait mérité de souffrir, et quand il ne souffrirait qu'un instant de sa vie, cet instant de douleur serait le plus désespérant des mystères que la nature offre à nos yeux.

Que résulte-t-il de ces réflexions ? Faudra-t-il nous précipiter en aveugles dans ce torrent qui entraîne et détruit insensiblement tous les êtres, nous présenter sans résistance, et comme les victimes de la fatalité, aux coups dont nous sommes menacés ; renoncer enfin à cette espérance qui est le plus grand, et même le seul bien pour la plupart de nos semblables ? Non, sans doute ; je veux que nous soyons heureux, mais autant qu'il nous est permis de l'être ; non de ce bonheur chimérique dont l'espoir fait le malheur du genre humain, mais d'un bonheur assorti à notre condition, et d'autant plus solide que nous pouvons le rendre indépendant des événements et des hommes.

Le caractère en facilite quelquefois l'acquisition, et on peut dire même que certaines âmes ne sont heureuses que parce qu'elles sont nées heureuses. Les autres ne peuvent combattre à la fois et leur caractère et les contrariétés du dehors sans une étude longue

CHAPITRE LXXVIII.

et suivie ; car, disait un ancien philosophe « les dieux nous vendent le bonheur au prix de nos travaux. » Mais cette étude n'exige pas plus d'efforts que les projets et les mouvements qui nous agitent sans cesse, et qui ne sont, à tout prendre, que la recherche d'un bonheur imaginaire.

Après ces mots Philoclès garda le silence. Il n'avait, disait-il, ni assez de loisir ni assez de lumières pour réduire en système les réflexions qu'il avait faites sur un sujet si important. Daignez du moins, dit Philotas, nous communiquer, sans liaison et sans suite, celles qui vous viendront par hasard dans l'esprit ; daignez nous apprendre comment vous êtes parvenu à cet état paisible, que vous n'avez pu acquérir qu'après une longue suite d'essais et d'erreurs.

O Philoclès, s'écria le jeune Lysis, les zéphyrs semblent se jouer dans ce platane ; l'air se pénètre du parfum des fleurs qui s'empressent d'éclore ; ces vignes commencent à entrelacer leurs rameaux autour de ces myrtes qu'elles ne quitteront plus ; ces troupeaux qui bondissent dans la prairie, ces oiseaux qui chantent leurs amours, le son des instruments qui retentissent dans la vallée, tout ce que je vois, tout ce que j'entends me ravit et me transporte. Ah ! Philoclès, nous sommes faits pour le bonheur ; je le sens aux émotions douces et profondes que j'éprouve : si vous connaissez l'art de les perpétuer, c'est un crime de nous en faire un mystère.

Vous me rappelez, répondit Philoclès, les premières années de ma vie. Je le regrette encore, ce temps où je m'abandonnais comme vous aux douces impressions que je recevais : la nature, à laquelle je n'étais pas encore accoutumé, se peignait à mes yeux sous des traits enchanteurs, et mon âme, toute neuve et toute sensible, semblait respirer tour à tour la fraîcheur et la flamme.

Je ne connaissais pas les hommes ; je trouvais dans leurs paroles et dans leurs actions l'innocence et la simplicité qui régnaient dans mon cœur : je les croyais tous justes, vrais, capables d'amitié, tels qu'ils devraient être, tels que j'étais en effet ; humains surtout, car il faut de l'expérience pour se convaincre qu'ils ne le sont pas.

Au milieu de ces illusions, j'entrai dans le monde. La politesse qui distingue les sociétés d'Athènes, ces expressions qu'inspire l'envie de plaire, ces épanchements du cœur qui coûtent si peu et qui flattent si fort, tous ces dehors trompeurs n'eurent que trop d'attraits pour un homme qui n'avait pas encore subi d'épreuve. Je volai au-devant de la séduction, et, donnant à des liaisons agréables les droits et les sentiments de l'amitié, je me livrai sans réserve au plaisir d'aimer et d'être aimé. Mes choix, qui n'avaient pas été réfléchis, me devinrent funestes. La plupart de mes amis s'éloignèrent de moi, les uns par intérêt, d'autres par jalousie ou par légèreté. Ma surprise et ma douleur m'arrachèrent des larmes amères. Dans la suite, ayant éprouvé des injustices criantes et des perfidies atroces, je me vis contraint, après de longs combats, de renoncer à cette confiance si douce que j'avais en tous les hommes. C'est le sacrifice qui m'a coûté le plus dans ma vie : j'en frémis encore : il fut si violent que je tombai dans un excès opposé ; j'aigrissais mon cœur, j'y nourrissais avec plaisir les défiances et les haines ; j'étais malheureux.

Je me rappelai enfin que, parmi cette foule d'opinions sur la nature du bonheur, quelques-unes, plus accréditées que les autres, le font consister dans la volupté ou dans la pratique des vertus, ou dans l'exercice d'une raison éclairée. Je résolus de trouver le mien dans les plaisirs.

Je supprime les détails des égarements de ma jeunesse pour venir au moment qui en arrêta le cours. Étant en Sicile, j'allai voir un des principaux habitants de Syracuse. Il était cité comme l'homme le plus heureux de son siècle. Son aspect m'effraya : quoiqu'il fût encore dans la force de l'âge, il avait toutes les apparences de la décrépitude. Il s'était entouré de musiciens qui le fatiguaient à force de célébrer ses vertus, et de belles esclaves dont les danses allumaient par intervalles dans ses yeux un feu sombre et mourant. Quand nous fûmes seuls, je lui dis : Je vous salue, ô vous qui, dans tous les temps, avez su fixer les plaisirs auprès de vous. « Des plaisirs! me répondit-il avec fureur, je n'en ai plus, mais j'ai le désespoir qu'entraîne leur privation : c'est l'unique sentiment qui me reste, et qui achève de détruire ce corps accablé de douleurs et de maux. » Je voulus lui inspirer du courage ; mais je trouvai une âme abrutie, sans principes et sans ressources. J'appris ensuite qu'il n'avait jamais rougi de ses injustices, et que de folles dépenses ruinaient de jour en jour la fortune de ses enfants.

Cet exemple et les dégoûts que j'éprouvais successivement me tirèrent de l'ivresse où je vivais depuis quelques années, et m'engagèrent à fonder mon repos sur la pratique de la vertu et sur l'usage de la raison. Je les cultivai l'une et l'autre avec soin ; mais je fus sur le point d'en abuser encore ; ma vertu, trop austère, me remplissait quelquefois d'indignation contre la société ; et ma raison trop rigide, d'indifférence pour tous les objets. Le hasard dissipa cette double erreur.

CHAPITRE LXXVIII.

Je connus à Thèbes un disciple de Socrate dont j'avais ouï vanter la probité. Je fus frappé de la sublimité de ses principes, ainsi que de la régularité de sa conduite. Mais il avait mis par degrés tant de superstition et de fanatisme dans sa vertu, qu'on pouvait lui reprocher de n'avoir ni faiblesse pour lui, ni indulgence pour les autres : il devint difficile, soupçonneux, souvent injuste. On estimait les qualités de son cœur, et l'on évitait sa présence.

Peu de temps après, étant allé à Delphes pour la solennité des jeux pythiques, j'aperçus dans une allée sombre un homme qui avait la réputation d'être très-éclairé : il me parut accablé de chagrins. J'ai dissipé à force de raison, me dit-il, l'illusion des choses de la vie. J'avais apporté en naissant tous les avantages qui peuvent flatter la vanité : au lieu d'en jouir, je voulus les analyser ; et dès ce moment les richesses, la naissance et les grâces de la figure ne furent à mes yeux que de vains titres distribués au hasard parmi les hommes. Je parvins aux premières magistratures de la république, j'en fus dégoûté par la difficulté d'y faire le bien et la facilité d'y faire le mal. Je cherchai la gloire dans les combats ; je plongeai ma main dans le sang des malheureux, et mes fureurs m'épouvantèrent. Je cultivai les sciences et les arts : la philosophie me remplit de doutes, je ne trouvai dans l'éloquence que l'art perfide de tromper les hommes ; dans la poésie, la musique et la peinture, que l'art puéril de les amuser. Je voulus me reposer sur l'estime du public ; mais voyant à mes côtés des hypocrites de vertus qui ravissaient impunément ses suffrages, je me lassai du public et de son estime. Il ne me resta plus qu'une vie sans attrait, sans ressort, qui n'était en effet que la répétition fastidieuse des mêmes actes et des mêmes besoins.

Fatigué de mon existence, je la traînai en des pays lointains. Les pyramides d'Égypte m'étonnèrent au premier aspect ; bientôt je comparai l'orgueil des princes qui les ont élevées à celui d'une fourmi qui amoncellerait dans un sentier quelques grains de sable pour laisser à la postérité des traces de son passage. Le grand roi de Perse me donna dans sa cour une place qui fit tomber ses sujets à mes pieds : l'excès de leur bassesse ne m'annonça que l'excès de leur ingratitude. Je revins dans ma patrie, n'admirant, n'estimant plus rien, et, par une fatale conséquence, n'ayant plus la force de rien aimer. Quand je me suis aperçu de mon erreur, il n'était plus temps d'y remédier : mais, quoique je ne sente pas un intérêt bien vif pour mes semblables, je souhaite que mon exemple vous serve de leçon ; car, après tout, je n'ai rien à craindre de vous ; je n'ai jamais été assez malheureux pour vous rendre des services. Étant en Égypte, je connus un prêtre qui, après avoir tristement consumé ses jours à pénétrer l'origine et la fin des choses de ce monde, me dit en soupirant : « Malheur à celui qui entreprend de lever le voile de la nature! » et moi je vous dis : Malheur à celui qui lèverait le voile de la société! Malheur à celui qui refuserait de se livrer à cette illusion théâtrale que les préjugés et les besoins ont répandue sur tous les objets! Bientôt son âme flétrie et languissante se trouverait en vie dans le sein du néant : c'est le plus effroyable des supplices. A ces mots quelques larmes coulèrent de ses yeux, et il s'enfonça dans la forêt voisine.

Vous savez avec quelle précaution les vaisseaux évitent les écueils signalés par les naufrages des premiers navigateurs. Aussi dans mes voyages je mettais à profit les fautes de mes semblables. Elles m'apprirent ce que la moindre réflexion aurait pu m'apprendre, mais qu'on ne sait jamais que par sa propre expérience, que l'excès de la raison et de la vertu est presque aussi funeste que celui des plaisirs; que la nature nous a donné des goûts qu'il est aussi dangereux d'éteindre que d'épuiser; que la société avait des droits sur son estime; enfin que, pour parvenir à ce terme heureux qui sans cesse se présentait et fuyait devant moi, je devais calmer l'inquiétude que je sentais au fond de mon âme, et qui la tirait continuellement hors d'elle-même.

Je n'avais jamais étudié les symptômes de cette inquiétude. Je m'aperçus que dans les animaux elle se bornait à la conservation de la vie et à la propagation de l'espèce; mais que dans l'homme elle subsistait après la satisfaction des premiers besoins, qu'elle était plus générale parmi les nations éclairées que parmi les peuples ignorants, beaucoup plus forte et plus tyrannique chez les riches que chez les pauvres. C'est donc le luxe des pensées et des désirs qui empoisonne nos jours; c'est donc ce luxe insatiable qui se tourmente dans l'oisiveté, qui, pour se soutenir dans un état florissant, se repaît de nos passions, les irrite sans cesse, et n'en recueille que des fruits amers. Mais pourquoi ne pas lui fournir des aliments plus salutaires? pourquoi ne pas regarder cette agitation que nous éprouvons, même dans la satiété des biens et des plaisirs, comme un mouvement imprimé par la nature dans nos cœurs pour les forcer à se rapprocher les uns des autres, et à trouver leur repos dans une union mutuelle?

O humanité! penchant généreux et sublime, qui vous annoncez dans notre enfance par les transports d'une tendresse naïve, dans la jeunesse par la témérité d'une confiance aveugle, dans le courant de notre vie par la facilité avec laquelle nous contractons de nouvelles liaisons ! O cris de la nature, qui retentissez d'un bout de l'univers à l'autre, qui nous remplissez de remords quand nous opprimons nos semblables, d'une volupté pure quand nous pouvons les soulager ! O amour, ô amitié, ô bienfaisance, sources intarissables de biens et de douceurs ! les hommes ne sont malheureux que parce qu'ils refusent d'entendre votre voix. O dieux, auteurs de si grands bienfaits ! l'instinct pouvait sans doute, en rapprochant des êtres accablés de besoins et de maux, prêter un soutien passager à leur faiblesse ; mais il n'y a qu'une bonté infinie comme la vôtre qui ait pu former le projet de nous rassembler par l'attrait du sentiment, et répandre sur ces grandes associations qui couvrent la terre une chaleur capable d'en éterniser la durée.

Cependant, au lieu de nourrir ce feu sacré, nous permettons que de frivoles dissensions, de vils intérêts travaillent sans cesse à l'éteindre. Si l'on nous disait que deux inconnus, jetés par hasard dans une île déserte, sont parvenus à trouver dans leur union des charmes qui les dédommagent du reste de l'univers ; si l'on nous disait qu'il existe une famille uniquement occupée à fortifier les liens du sang par les liens de l'amitié ; si l'on nous disait qu'il existe dans un coin de la terre un peuple qui ne connaît d'autre loi que celle de s'aimer, d'autre crime que de ne s'aimer pas assez, qui de nous oserait plaindre le sort de ces deux inconnus ? qui ne désirerait appartenir à cette famille ? qui ne volerait à cet heureux climat ? O mortels ignorants et indignes de votre destinée ! il n'est pas nécessaire de traverser les mers pour découvrir le bonheur ; il peut exister dans tous les états, dans tous les temps, dans tous les lieux, dans vous, autour de vous, partout où l'on aime.

Cette loi de la nature, trop négligée par nos philosophes, fut entrevue par le législateur d'une nation puissante. Xénophon, me parlant un jour de l'institution des jeunes Perses, me disait qu'on avait établi dans les écoles publiques un tribunal où ils venaient mutuellement s'accuser de leurs fautes, et qu'on y punissait l'ingratitude avec une extrême sévérité. Il ajoutait que, sous le nom d'ingrats, les Perses comprenaient tous ceux qui se rendaient coupables envers les dieux, les parents, la patrie et les amis. Elle est admirable, cette loi, qui non-seulement ordonne la pratique de tous les devoirs, mais qui les rend encore aimables en remontant à leur origine. En effet, si l'on n'y peut manquer sans ingratitude, il s'ensuit qu'il faut les remplir par un motif de reconnaissance ; et de là résulte ce principe lumineux et fécond, qu'il ne faut agir que par sentiment.

N'annoncez point une pareille doctrine à ces âmes qui, entraînées par des passions violentes, ne reconnaissent aucun frein, ni à ces âmes froides qui, concentrées en elles-mêmes, n'éprouvent que les chagrins qui leur sont personnels. Il faut plaindre les premières ; elles sont plus faites pour le malheur des autres que pour leur bonheur particulier. On serait tenté d'envier le sort des secondes ; car si nous pouvions ajouter à la fortune et à la santé une profonde indifférence pour nos semblables, déguisée néanmoins sous les apparences de l'intérêt, nous obtiendrions un bonheur uniquement fondé sur les plaisirs modérés des sens, et qui peut-être serait moins sujet à des vicissitudes cruelles. Mais dépend-il de nous d'être indifférents ? Si nous avions été destinés à vivre abandonnés à nous-mêmes sur le mont Caucase ou dans les déserts de l'Afrique, peut-être que la nature nous aurait refusé un cœur sensible ; mais si elle nous l'avait donné, plutôt que de ne rien aimer, ce cœur aurait apprivoisé les tigres et animé les pierres.

Il faut donc nous soumettre à notre destinée ; et puisque notre cœur est obligé de se répandre, loin de songer à le renfermer en lui-même, augmentons, s'il est possible, la chaleur et l'activité de ses mouvements, en leur donnant une direction qui en prévienne les écarts.

Je ne propose point mon exemple comme une règle. Mais enfin vous voulez connaître le système de ma vie. C'est en étudiant la loi des Perses, c'est en resserrant de plus en plus les liens qui nous unissent avec les dieux, avec nos parents, avec la patrie, avec nos amis, que j'ai trouvé le secret de remplir à la fois les devoirs de mon état et les besoins de mon âme ; c'est encore là que j'ai appris que, plus on vit pour les autres, plus on vit pour soi.

Alors Philoclès s'étendit sur la nécessité d'appeler au secours de notre raison et de nos vertus une autorité qui soutienne leur faiblesse. Il montra jusqu'à quel degré de puissance peut s'élever une âme qui, regardant tous les événements de la vie comme autant de lois émanées du plus grand et du plus sage des législateurs, est obligée de lutter ou contre l'infortune ou contre la prospérité. Vous serez utile aux hommes, ajoutait-il, si votre piété n'est que le fruit de la réflexion ; mais si vous êtes assez heureux pour qu'elle devienne un sentiment, vous trouverez plus de douceur dans le bien que vous leur ferez, plus de consolations dans les injustices qu'ils vous feront éprouver.

Il continuait à développer ces vérités, lorsqu'il fut interrompu par un jeune Crétois de nos amis, nommé Démophon, qui depuis quelque temps se parait du titre de philosophe. Il survint tout à coup, et se déchaîna contre les opinions religieuses avec tant de chaleur et de mépris que Philoclès crut devoir le ramener à des idées plus saines. Je renvoie cette discussion au chapitre suivant.

L'antique sagesse des nations, reprit Philoclès, a, pour ainsi dire, confondu parmi les objets du culte public, et les dieux, auteurs de notre existence, et les parents, auteurs de nos jours. Nos devoirs à l'égard des uns et des autres sont étroitement liés dans les codes des législateurs, dans les écrits des philosophes, dans les usages des nations.

De là cette coutume sacrée des Pisidiens, qui, dans leurs repas, commencent par des libations en l'honneur de leurs parents. De là cette belle idée de Platon : Si la Divinité agrée l'encens que vous offrez aux statues qui la représentent, combien plus vénérables doivent être à ses yeux et aux vôtres ces monuments qu'elle conserve dans vos maisons, ce père, cette mère, ces aïeux, autrefois images vivantes de son autorité, maintenant objets de sa protection spéciale! N'en doutez pas, elle chérit ceux qui les honorent, elle punit ceux qui les négligent ou les outragent. Sont-ils injustes à votre égard : avant que de laisser éclater vos plaintes, souvenez-vous de l'avis que donnait le sage Pittacus à un jeune homme qui poursuivait juridiquement son père : « Si vous avez tort, vous serez condamné; si vous avez raison, vous méritez de l'être. »

Mais, loin d'insister sur le respect que nous devons à ceux de qui nous tenons le jour, j'aime mieux vous faire entrevoir l'attrait victorieux que la nature attache aux penchants qui sont nécessaires à notre bonheur.

Dans l'enfance, où tout est simple parce que tout est vrai, l'amour pour les parents s'exprime par des transports qui s'affaiblissent, à la vérité, quand le goût des plaisirs et de l'indépendance se glisse dans nos âmes ; mais le principe qui les avait produits s'éteint avec peine. Jusque dans ces familles où l'on se borne à des égards, il se manifeste par des marques d'indulgence ou d'intérêt qu'on croit s'y devoir les uns aux autres, et par des retours d'amitié que les moindres occasions peuvent faciliter : il se manifeste encore dans ces maisons que de cruelles divisions déchirent; car les haines n'y deviennent si violentes que parce qu'elles sont l'effet d'une confiance trahie ou d'un amour trompé dans ses espérances. Aussi, n'est-ce pas toujours par la peinture des passions fortes et désordonnées que la tragédie cherche à nous émouvoir; elle ne nous offre souvent que des combats de tendresse entre des parents que le malheur opprime, et ces tableaux ne manquent jamais de faire couler les larmes du peuple le plus capable d'entendre et d'interpréter la voix de la nature.

Je rends grâces aux dieux de ce que ma fille a toujours écouté cette voix si douce et si persuasive. Je leur rends grâces d'en avoir toujours emprunté les accents quand j'ai voulu l'instruire de ses devoirs ; de ce que je me suis toujours montré à ses yeux comme un ami sincère, compatissant, incorruptible à la vérité, mais plus intéressé qu'elle à ses progrès, et surtout infiniment juste. C'est cette dernière qualité qui a produit le plus grand effet sur son esprit : quand Ismène s'aperçut que je soumettais en quelque façon à sa raison naissante les décisions de la mienne, elle apprit à s'estimer et à conserver l'opinion que mon âge et mon expérience lui avaient donnée de la supériorité de mes lumières ; au lieu de forcer sa tendresse, je cherchai à la mériter, et j'évitai avec soin d'imiter ces pères et ces bienfaiteurs qui excitent l'ingratitude par la hauteur avec laquelle ils exigent la reconnaissance.

J'ai tenu la même conduite à l'égard de Leucippe, sa mère. Je ne me suis jamais assez reposé sur mes sentiments pour en négliger les apparences : quand je commençai à la connaître, je voulus lui plaire ; quand je l'ai mieux connue, j'ai voulu lui plaire encore. Ce n'est plus le même sentiment qui forma nos premiers nœuds ; c'est la plus haute estime et l'amitié la plus pure. Dès les premiers moments de notre union, elle rougissait d'exercer dans ma maison l'autorité qu'exigent d'une femme vigilante les soins du ménage ; elle la chérit maintenant, parce qu'elle l'a reçue de ma main : tant il est doux de dépendre de ce que l'on aime, de se laisser mener par sa volonté, et de lui sacrifier jusqu'à ses moindres goûts ! Ces sacrifices que nous nous faisons mutuellement répandent un charme inexprimable sur toute notre vie ; quand ils sont aperçus, ils ont reçu leur prix ; quand ils ne le sont pas, ils paraissent plus doux encore.

Une suite d'occupations utiles et diversifiées fait couler nos jours au gré de nos désirs. Nous jouissons en paix du bonheur qui règne autour de nous, et le seul regret que j'éprouve, c'est de ne pouvoir rendre à ma patrie autant de services que je lui en ai rendu dans ma jeunesse.

Aimer sa patrie [1], c'est faire tous ses efforts pour qu'elle soit redoutable au dehors et tranquille au dedans. Des victoires ou des traités avantageux lui attirent le respect des nations ; le maintien

---

[1] Les Grecs employèrent toutes les expressions de la tendresse pour désigner la société dont chacun de nous fait partie. En général on l'appelait *patrie*, mot dérivé de *pater*, qui en grec signifie *père*. Les Crétois la nommèrent *matrie*, du mot qui signifie *mère*. (Plat. *De Rep.* lib. II, p. 575, D ; Plut. *An Seni*, etc., t. II, p. 792, E.) Il paraît qu'en certains endroits on lui donna le nom de *nourrice*. (Isocr. *in Paneg.* t. I, p. 130.)

des lois et des mœurs peut seul affermir sa tranquillité intérieure : ainsi, pendant qu'on oppose aux ennemis de l'état des généraux et des négociateurs habiles, il faut opposer à la licence et aux vices, qui tendent à tout détruire, des lois et des vertus qui tendent à tout rétablir : et de là quelle foule de devoirs aussi essentiels qu'indispensables pour chaque classe de citoyens, pour chaque citoyen en particulier !

O vous qui êtes l'objet de ces réflexions, vous qui me faites regretter en ce moment de n'avoir pas une éloquence assez vive pour vous parler dignement des vérités dont je suis pénétré ; vous enfin que je voudrais embraser de tous les amours honnêtes, parce que vous n'en seriez que plus heureux, souvenez-vous sans cesse que la patrie a des droits imprescriptibles et sacrés sur vos talents, sur vos vertus, sur vos sentiments et sur toutes vos actions ; qu'en quelque état que vous vous trouviez, vous n'êtes que des soldats en faction, toujours obligés de veiller pour elle et de voler à son secours au moindre danger.

Pour remplir une si haute destinée, il ne suffit pas de vous acquitter des emplois qu'elle vous confie, de défendre ses lois, de connaître ses intérêts, de répandre même votre sang dans un champ de bataille ou dans la place publique. Il est pour elle des ennemis plus dangereux que les ligues des nations et les divisions intestines ; c'est la guerre sourde et lente, mais vive et continue, que les vices font aux mœurs : guerre d'autant plus funeste, que la patrie n'a par elle-même aucun moyen de l'éviter ou de la soutenir. Permettez qu'à l'exemple de Socrate je mette dans sa bouche le discours qu'elle est en droit d'adresser à ses enfants.

C'est ici que vous avez reçu la vie, et que de sages institutions ont perfectionné votre raison. Mes lois veillent à la sûreté du moindre des citoyens, et vous avez tous fait un serment formel ou tacite de consacrer vos jours à mon service. Voilà mes titres : quels sont les vôtres pour donner atteinte aux mœurs, qui servent mieux que les lois de fondement à mon empire ? Ignorez-vous qu'on ne peut les violer sans entretenir dans l'état un poison destructeur ; qu'un seul exemple de dissolution peut corrompre une nation, et lui devenir plus funeste que la perte d'une bataille ; que vous respecteriez la décence publique, s'il vous fallait du courage pour la braver, et que le faste avec lequel vous étalez des excès qui restent impunis est une lâcheté aussi méprisable qu'insolente ?

Cependant vous osez vous approprier ma gloire, et vous enorgueillir aux yeux des étrangers d'être nés dans cette ville qui a produit Solon et Aristide, de descendre de ces héros qui ont fait si souvent triompher mes armes. Mais quels rapports y a-t-il entre ces sages et vous? je dis plus, qu'y a-t-il de commun entre vous et vos aïeux? Savez-vous qui sont les compatriotes et les enfants de ces grands hommes? les citoyens vertueux, dans quelque état qu'ils soient nés, dans quelque intervalle de temps qu'ils puissent naître.

Heureuse leur patrie si, aux vertus dont elle s'honore, ils ne joignaient pas une indulgence qui concourt à sa perte! Écoutez ma voix à votre tour, vous qui, de siècle en siècle, perpétuez la race des hommes précieux à l'humanité. J'ai établi des lois contre les crimes; je n'en ai point décerné contre les vices, parce que ma vengeance ne peut être qu'entre vos mains, et que vous seuls pouvez les poursuivre par une haine vigoureuse. Loin de la contenir dans le silence, il faut que votre indignation tombe en éclats sur la licence qui détruit les mœurs; sur les violences, les injustices et les perfidies qui se dérobent à la vigilance des lois; sur la fausse probité, la fausse modestie, la fausse amitié, et toutes ces viles impostures qui surprennent l'estime des hommes. Et ne dites pas que les temps sont changés, et qu'il faut avoir plus de ménagement pour le crédit des coupables : une vertu sans ressort est une vertu sans principes; dès qu'elle ne frémit pas à l'aspect des vices, elle en est souillée.

Songez quelle ardeur s'emparerait de vous si tout à coup on vous annonçait que l'ennemi prend les armes, qu'il est sur vos frontières, qu'il est à vos portes. Ce n'est pas là qu'il se trouve aujourd'hui; il est au milieu de vous, dans le sénat, dans les assemblées de la nation, dans les tribunaux, dans vos maisons. Ses progrès sont si rapides, qu'à moins que les dieux ou les gens de bien n'arrêtent ses entreprises il faudra bientôt renoncer à tout espoir de réforme et de salut.

Si nous étions sensibles aux reproches que nous venons d'entendre, la société, devenue par notre excessive condescendance un champ abandonné aux tigres et aux serpents, serait le séjour de la paix et du bonheur. Ne nous flattons pas de voir un pareil changement : beaucoup de citoyens ont des vertus; rien de si rare qu'un homme vertueux, parce que, pour l'être en effet, il faut avoir le courage de l'être dans tous les temps, dans toutes les circonstances, malgré tous les obstacles, au mépris des plus grands intérêts.

Mais si les âmes honnêtes ne peuvent pas se confédérer contre les hommes faux et pervers, qu'elles se liguent du moins en faveur

CHAPITRE LXXVIII.

des gens de bien ; qu'elles se pénètrent surtout de cet esprit d'humanité qui est dans la nature, et qu'il serait temps de restituer à la société, d'où nos préjugés et nos passions l'ont banni. Il nous apprendrait à n'être pas toujours en guerre les uns avec les autres, à ne pas confondre la légèreté de l'esprit avec la méchanceté du cœur, à pardonner les défauts, à éloigner de nous ces préventions et ces défiances, sources funestes de tant de dissensions et de haines; il nous apprendrait aussi que la bienfaisance s'annonce moins par une protection distinguée et des libéralités éclatantes que par le sentiment qui nous intéresse aux malheureux.

Vous voyez tous les jours des citoyens qui gémissent dans l'infortune, d'autres qui n'ont besoin que d'un mot de consolation et d'un cœur qui se pénètre de leurs peines ; et vous demandez si vous pouvez être utile aux hommes! et vous demandez si la nature nous a donné des compensations pour les maux dont elle nous afflige! Ah! si vous saviez quelles douceurs elle répand dans les âmes qui suivent ses inspirations! Si jamais vous arrachez un homme de bien à l'indigence, au trépas, au déshonneur, j'en prends à témoin les émotions que vous éprouverez, vous verrez alors qu'il est dans la vie des moments d'attendrissement qui rachètent des années de peines. C'est alors que vous aurez pitié de ceux qui s'alarmeront de vos succès, ou qui les oublieront après en avoir recueilli le fruit.

Ne craignez pas les envieux, ils trouveront leur supplice dans la dureté de leur caractère; car l'envie est une rouille qui ronge le fer. Ne craignez pas la présence des ingrats, ils fuiront la vôtre, ou plutôt ils la rechercheront, si le bienfait qu'ils ont reçu de vous fut accompagné et suivi de l'estime et de l'intérêt; car si vous avez abusé de la supériorité qu'il vous donne, vous êtes coupable, et votre protégé n'est plus à plaindre. On a dit quelquefois ; Celui qui rend service doit l'oublier, celui qui le reçoit s'en souvenir ; et moi je vous dis que le second s'en souviendra si le premier l'oublie. Et qu'importe que je me trompe? est-ce par intérêt qu'on doit faire le bien?

Évitez à la fois de vous laisser facilement protéger et d'humilier ceux que vous avez protégés. Avec cette disposition, soyez obstinés à rendre service aux autres sans en rien exiger, quelquefois malgré eux, le plus souvent que vous pourrez à leur insu, attachant peu de valeur à ce que vous faites pour eux, un prix infini à ce qu'ils font pour vous.

Des philosophes éclairés, d'après de longues méditations, ont conclu que, le bonheur étant tout action, tout énergie, il ne peut se trouver que dans une âme dont les mouvements, dirigés par la raison et par la vertu, sont uniquement consacrés à l'utilité publique. Conformément à leur opinion, je dis que nos liens avec les dieux, nos parents et notre patrie ne sont qu'une chaîne de devoirs qu'il est de notre intérêt d'animer par le sentiment, et que la nature nous a ménagés pour exercer et soulager l'activité de notre âme. C'est à les remplir avec chaleur que consiste cette sagesse dont, suivant Platon, nous serions éperdument amoureux si sa beauté se dévoilait à nos regards. Quel amour! il ne finirait point : le goût des sciences, des arts, des plaisirs s'use insensiblement; mais comment rassasier une âme qui, en se faisant une habitude des vertus utiles à la société, s'en est fait un besoin, et trouve tous les jours un nouveau plaisir à les pratiquer?

Ne croyez pas que son bonheur se termine aux sensations délicieuses qu'elle retire de ses succès; il est pour elle d'autres sources de félicité non moins abondantes et non moins durables. Telle est l'estime publique; cette estime qu'on ne peut se disputer d'ambitionner sans avouer qu'on en est indigne; qui n'est due qu'à la vertu; qui tôt ou tard lui est accordée; qui la dédommage des sacrifices qu'elle fait, et la soutient dans les revers qu'elle éprouve. Telle est notre propre estime, le plus beau des priviléges accordés à l'humanité, le besoin le plus pur pour une âme honnête, le plus vif pour une âme sensible; sans laquelle on ne peut être ami de soi-même, avec laquelle on peut se passer de l'approbation des autres, s'ils sont assez injustes pour nous la refuser. Tel est enfin ce sentiment fait pour embellir nos jours, et dont il me reste à vous donner une légère idée.

Je continuerai à vous annoncer des vérités communes; mais si elles ne l'étaient pas, elles ne vous seraient guère utiles.

Dans une des îles de la mer Égée, au milieu de quelques peupliers antiques, on avait autrefois consacré un autel à l'Amitié. Il fumait jour et nuit d'un encens pur et agréable à la déesse. Mais bientôt, entourée d'adorateurs mercenaires, elle ne vit dans leurs cœurs que des liaisons intéressées et mal assorties. Un jour elle dit à un favori de Crœsus : Porte ailleurs tes offrandes; ce n'est pas à moi qu'elles s'adressent, c'est à la Fortune. Elle répondit à un Athénien qui faisait des vœux pour Solon, dont il se disait l'ami : En te liant avec un homme sage, tu veux partager sa gloire et faire oublier tes vices. Elle dit à deux femmes de Samos qui s'embrassaient étroitement auprès de son autel : Le goût des plaisirs vous unit en apparence; mais vos cœurs sont déchirés par la jalousie, et le seront bientôt par la haine.

Enfin deux Syracusains, Damon et Phintias, tous deux élevés dans les principes de Pythagore, vinrent se prosterner devant la déesse : Je reçois votre hommage, leur dit-elle ; je fais plus, j'abandonne un asile trop long-temps souillé par des sacrifices qui m'outragent, et je n'en veux plus d'autre que vos cœurs. Allez montrer au tyran de Syracuse, à l'univers, à la postérité, ce que peut l'amitié dans des âmes que j'ai revêtues de ma puissance.

A leur retour, Denys, sur une simple dénonciation, condamna Phintias à la mort. Celui-ci demanda qu'il lui fût permis d'aller régler des affaires importantes qui l'appelaient dans une ville voisine. Il promit de se présenter au jour marqué, et partit après que Damon eut garanti cette promesse au péril de sa propre vie.

Cependant les affaires de Phintias traînent en longueur. Le jour destiné à son trépas arrive ; le peuple s'assemble ; on blâme, on plaint Damon, qui marche tranquillement à la mort, trop certain que son ami allait revenir, trop heureux s'il ne revenait pas. Déjà le moment fatal approchait, lorsque mille cris tumultueux annoncèrent l'arrivée de Phintias ; il court, il vole au lieu du supplice ; il voit le glaive suspendu sur la tête de son ami ; et, au milieu des embrassements et des pleurs, ils se disputent le bonheur de mourir l'un pour l'autre. Les spectateurs fondent en larmes ; le roi lui-même se précipite du trône, et leur demande instamment de partager une si belle amitié.

Après ce tableau, qu'il aurait fallu peindre avec des traits de flamme, il serait inutile de s'étendre sur l'éloge de l'amitié, et sur les ressources dont elle peut être dans tous les états et dans toutes les circonstances de la vie.

Presque tous ceux qui parlent de ce sentiment le confondent avec des liaisons qui sont le fruit du hasard et l'ouvrage d'un jour. Dans la ferveur de ces unions naissantes, on voit ses amis tels qu'on voudrait qu'ils fussent ; bientôt on les voit tels qu'ils sont en effet. D'autres choix ne sont pas plus heureux, et l'on prend le parti de renoncer à l'amitié, ou, ce qui est la même chose, d'en changer à tout moment l'objet.

Comme presque tous les hommes passent la plus grande partie de leur vie à ne pas réfléchir, et la plus petite à réfléchir sur les autres plutôt que sur eux-mêmes, ils ne connaissent guère la nature des liaisons qu'ils contractent. S'ils osaient s'interroger sur cette foule d'amis dont ils se croient quelquefois environnés, ils verraient que ces amis ne tiennent à eux que par des apparences trompeuses. Cette vue les pénétrerait de douleur ; car à quoi sert la vie quand on n'a point d'amis? mais elle les engagerait à faire un choix dont ils n'eussent point à rougir dans la suite.

L'esprit, les talents, le goût des arts, les qualités brillantes, sont très-agréables dans le commerce de l'amitié; ils l'animent, ils l'embellissent quand il est formé; mais ils ne sauraient par eux-mêmes en prolonger la durée.

L'amitié ne peut être fondée que sur l'amour de la vertu, sur la facilité du caractère, sur la conformité des principes, et sur un certain attrait qui prévient la réflexion, et que la réflexion justifie ensuite.

Si j'avais des règles à vous donner, ce serait moins pour vous apprendre à faire un bon choix que pour vous empêcher d'en faire un mauvais.

Il est presque impossible que l'amitié s'établisse entre deux personnes d'états différents et trop disproportionnés. Les rois sont trop grands pour avoir des amis; ceux qui les entourent ne voient pour l'ordinaire que des rivaux à leurs côtés, que des flatteurs au-dessous d'eux. En général, on est porté à choisir ses amis dans un rang inférieur, soit qu'on puisse compter plus sur leur complaisance, soit qu'on se flatte d'en être plus aimé. Mais comme l'amitié rend tout commun et exige l'égalité, vous ne chercherez pas vos amis dans un rang trop au-dessus ni trop au-dessous du vôtre.

Multipliez vos épreuves avant que de vous unir étroitement avec des hommes qui ont avec vous les mêmes intérêts d'ambition, de gloire et de fortune. Il faudrait des efforts inouïs pour que des liaisons toujours exposées aux dangers de la jalousie pussent subsister long-temps, et nous ne devons pas avoir assez bonne opinion de nos vertus pour faire dépendre notre bonheur d'une continuité de combats et de victoires.

Défiez-vous des empressements outrés, des protestations exagérées : ils tirent leur source d'une fausseté qui déchire les âmes vraies. Comment ne vous seraient-ils pas suspects dans la prospérité, puisqu'ils peuvent l'être dans l'adversité même? car les égards qu'on affecte pour les malheureux ne sont souvent qu'un artifice pour s'introduire auprès des gens heureux.

Défiez-vous aussi de ces traits d'amitié qui s'échappent quelquefois d'un cœur indigne d'éprouver ce sentiment. La nature offre aux yeux un certain dérangement extérieur, une suite d'inconséquences apparentes dont elle tire le plus grand avantage. Vous verrez briller des lueurs d'équité dans une âme vendue à l'injustice; de sagesse, dans un esprit livré communément au délire ; d'humanité, dans un caractère dur et féroce. Ces parcelles de vertu, détachées de leurs principes et semées adroitement à travers les vices, réclament sans cesse en faveur de l'ordre qu'elles maintiennent. Il faut dans l'amitié, non une de ces ferveurs d'imagination qui vieillissent en naissant, mais une chaleur continue et de sentiment : quand de longues épreuves n'ont servi qu'à la rendre plus vive et plus active, c'est alors que le choix est fait, et que l'on commence à vivre dans un autre soi-même.

Dès ce moment les malheurs que nous essuyons s'affaiblissent, et les biens dont nous jouissons se multiplient. Voyez un homme dans l'affliction ; voyez ces consolateurs que la bienséance entraîne malgré eux à ses côtés. Quelle contrainte dans leur maintien ! quelle fausseté dans leurs discours ! Mais ce sont des larmes, c'est l'expression ou le silence de la douleur qu'il faut aux malheureux. D'un autre côté, deux vrais amis croiraient presque se faire un larcin en goûtant des plaisirs à l'insu l'un de l'autre ; et quand ils se trouvent dans cette nécessité, le premier cri de l'âme est de regretter la présence d'un objet qui, en les partageant, lui en procurerait une impression plus vive et plus profonde. Il en est ainsi des honneurs et de toutes les distinctions, qui ne doivent nous flatter qu'autant qu'ils justifient l'estime que nos amis ont pour nous.

Ils jouissent d'un plus noble privilège encore, celui de nous instruire et de nous honorer par leurs vertus. S'il est vrai qu'on apprend à devenir plus vertueux en fréquentant ceux qui le sont, quelle émulation, quelle force ne doivent pas nous inspirer des exemples si précieux à notre cœur ! quel plaisir pour eux quand ils nous verront marcher sur leurs traces ! Quelles délices, quel attendrissement pour nous lorsque par leur conduite ils forceront l'admiration publique !

Ceux qui sont amis de tout le monde ne le sont de personne ; ils ne cherchent qu'à se rendre aimables. Vous serez heureux si vous pouvez acquérir quelques amis ; peut-être même faudrait-il les réduire à un seul, si vous exigiez de cette belle liaison toute la perfection dont elle est susceptible.

Si l'on me proposait toutes ces questions qu'agitent les philosophes touchant l'amitié, si l'on me demandait des règles pour en connaître les devoirs et en perpétuer la durée, je répondrais : Faites un bon choix, et reposez-vous ensuite sur vos sentiments et sur ceux de vos amis ; car la décision du cœur est toujours plus prompte et plus claire que celle de l'esprit.

Ce ne fut sans doute que dans une nation déjà corrompue qu'on osa prononcer ces paroles : « Aimez vos amis comme si vous deviez les haïr un jour; » maxime atroce, à laquelle il faut substituer cette autre maxime plus consolante et peut-être plus ancienne. « Haïssez vos ennemis comme si vous les deviez aimer un jour. »

Qu'on ne dise pas que l'amitié portée si loin devient un supplice, et que c'est assez des maux qui nous sont personnels sans partager ceux des autres.

On ne connaît point ce sentiment quand on en redoute les suites. Les autres passions sont accompagnées de tourments; l'amitié n'a que des peines qui resserrent ses liens. Mais si la mort.... Éloignons des idées si tristes, ou plutôt profitons-en pour nous pénétrer de deux grandes vérités : l'une, qu'il faut avoir de nos amis pendant leur vie l'idée que nous en aurions si nous venions à les perdre; l'autre, qui est une suite de la première, qu'il faut se souvenir d'eux non-seulement quand ils sont absents, mais encore quand ils sont présents.

Par là nous écarterons les négligences qui font naître les soupçons et les craintes; par là s'écouleront sans trouble ces moments heureux, les plus beaux de notre vie, où les cœurs à découvert savent donner tant d'importance aux plus petites attentions; où le silence même prouve que les âmes peuvent être heureuses par la présence l'une de l'autre; car ce silence n'opère ni le dégoût ni l'ennui : on ne dit rien, mais on est ensemble.

Il est d'autres liaisons que l'on contracte tous les jours dans la société et qu'il est avantageux de cultiver. Telles sont celles qui sont fondées sur l'estime et sur le goût. Quoiqu'elles n'aient pas les mêmes droits que l'amitié, elles nous aident puissamment à supporter le poids de la vie.

Que votre vertu ne vous éloigne pas des plaisirs honnêtes assortis à votre âge et aux différentes circonstances où vous êtes. La sagesse n'est aimable et solide que par l'heureux mélange des délassements qu'elle se permet et des devoirs qu'elle s'impose.

Si aux ressources dont je viens de parler vous ajoutez cette espérance qui se glisse dans les malheurs que nous éprouvons, vous trouverez, Lysis, que la nature ne nous a pas traités avec toute la rigueur dont on l'accuse. Au reste, ne regardez les réflexions précédentes que comme le développement de celle-ci : c'est dans le cœur que tout l'homme réside; c'est là uniquement qu'il doit trouver son repos et son bonheur.

CHAPITRE LXXIX.
SUITE DU VOYAGE DE DÉLOS.
Sur les opinions religieuses.

J'ai dit que le discours de Philoclès fut interrompu par l'arrivée de Démophon. Nous avions vu de loin ce jeune homme s'entretenir avec un philosophe de l'école d'Élée. S'étant informé du sujet que nous traitions : N'attendez votre bonheur que de vous-même, nous dit-il ; j'avais encore des doutes, on vient de les éclaircir. Je soutiens qu'il n'y a point de dieux, ou qu'ils ne se mêlent pas des choses d'ici-bas. Mon fils, répondit Philoclès, j'ai vu bien des gens qui, séduits à votre âge par cette nouvelle doctrine, l'ont abjurée dès qu'ils n'ont plus eu d'intérêt à la soutenir. Démophon protesta qu'il ne s'en départirait jamais, et s'étendit sur les absurdités du culte religieux. Il insultait avec mépris à l'ignorance des peuples, avec dérision à nos préjugés. Écoutez, reprit Philoclès, comme nous n'avons aucune prétention, il ne faut pas nous humilier. Si nous sommes dans l'erreur, votre devoir est de nous éclairer ou de nous plaindre ; car la vraie philosophie est douce, compatissante, et surtout modeste. Expliquez-vous nettement. Que va-t-elle nous apprendre par votre bouche? Le voici, répondit le jeune homme : La nature et le hasard ont ordonné toutes les parties de l'univers ; la politique des législateurs a soumis les sociétés à des lois. Ces secrets sont maintenant révélés.

Philoclès. Vous semblez vous enorgueillir de cette découverte.

Démophon. Et c'est avec raison.

Philoclès. Je ne l'aurais pas cru : elle peut calmer les remords de l'homme coupable, mais tout homme de bien devrait s'en affliger.

Démophon. Et qu'aurait-il à perdre?

Philoclès. S'il existait une nation qui n'eût aucune idée de la Divinité, et qu'un étranger, paraissant tout à coup dans une de ses assemblées, lui adressât ces paroles : Vous admirez les merveilles de la nature sans remonter à leur auteur ; je vous annonce qu'elles sont l'ouvrage d'un être intelligent qui veille à leur conservation, et qui vous regarde comme ses enfants. Vous comptez pour inutiles les vertus ignorées, et pour excusables les fautes impunies ; je vous annonce qu'un juge invisible est toujours auprès de nous, et que les actions qui se dérobent à l'estime ou à la justice des hommes n'échappent point à ses regards. Vous bornez votre existence à ce petit nombre d'instants que vous passez sur la terre, et dont vous n'envisagez le terme qu'avec un secret effroi; je vous annonce qu'après la mort un séjour de délices ou de peines sera le partage de l'homme vertueux ou du scélérat. Ne pensez-vous pas, Démophon, que les gens de bien, prosternés devant le nouveau législateur, recevraient ses dogmes avec avidité, et seraient pénétrés de douleur s'ils étaient dans la suite obligés d'y renoncer?

Démophon. Ils auraient les regrets qu'on éprouve au sortir d'un rêve agréable.

Philoclès. Je le suppose. Mais enfin, si vous dissipiez ce rêve, n'auriez-vous pas à vous reprocher d'ôter au malheureux l'erreur qui suspendait ses maux? lui-même ne vous accuserait-il pas de le laisser sans défense contre les coups du sort et contre la méchanceté des hommes?

Démophon. J'élèverais son âme en fortifiant sa raison. Je lui montrerais que le vrai courage consiste à se livrer aveuglément à la nécessité.

Philoclès. Quel étrange dédommagement! s'écrierait-il. On m'attache avec des liens de fer au rocher de Prométhée; et quand un vautour me déchire les entrailles, on m'avertit froidement d'étouffer mes plaintes. Ah! si les malheurs qui m'oppriment ne viennent pas d'une main que je puisse respecter et chérir, je ne me regarde plus que comme le jouet du hasard et le rebut de la nature. Du moins l'insecte en souffrant n'a pas à rougir du triomphe de ses ennemis ni de l'insulte faite à sa faiblesse. Mais, outre les maux qui me sont communs avec lui, j'ai cette raison, qui est le plus cruel de tous, et qui les aigrit sans cesse par la prévoyance des suites qu'ils entraînent, et par la comparaison de mon état à celui de mes semblables.

Combien de pleurs m'eût épargnés cette philosophie que vous traitez de grossière, et suivant laquelle il n'arrive rien sur la terre sans la volonté ou la permission d'un être suprême! J'ignorais pourquoi il me choisissait pour me frapper; mais puisque l'auteur de mes souffrances l'était en même temps de mes jours, j'avais lieu de me flatter qu'il en adoucirait l'amertume, soit pendant ma vie, soit après ma mort. Et comment se pourrait-il en effet que, sous l'empire du meilleur des maîtres, on pût être à la fois rempli d'espoir et malheureux? Dites-moi, Démophon, seriez-vous assez barbare pour n'opposer à ces plaintes qu'un mépris outrageant ou de froides plaisanteries?

Démophon. Je leur opposerais l'exemple de quelques philosophes qui ont supporté la haine des hommes, la pauvreté, l'exil, tous les genres de persécution, plutôt que de trahir la vérité.

CHAPITRE LXXIX.

Philoclès. Ils combattaient en plein jour, sur un grand théâtre, en présence de l'univers et de la postérité. On est bien courageux avec de pareils spectateurs. C'est l'homme qui gémit dans l'obscurité, qui pleure sans témoins, qu'il faut soutenir.

Démophon. Je consens à laisser aux âmes faibles le soutien que vous leur accordez.

Philoclès. Elles en ont également besoin pour résister à la violence de leurs passions.

Démophon. À la bonne heure. Mais je dirai toujours qu'une âme forte, sans la crainte des dieux, sans l'approbation des hommes, peut se résigner aux rigueurs du destin, et même exercer les actes pénibles de la vertu la plus sévère.

Philoclès. Vous convenez donc que nos préjugés sont nécessaires à la plus grande partie du genre humain, et sur ce point vous êtes d'accord avec tous les législateurs. Examinons maintenant s'ils ne seraient pas utiles à ces âmes privilégiées qui prétendent trouver dans leurs seules vertus une force invincible. Vous êtes du nombre, sans doute; et, comme vous devez être conséquent, nous commencerons par comparer nos dogmes avec les vôtres.

Nous disons : Il existe pour l'homme des lois antérieures à toute institution humaine. Ces lois, émanées de l'intelligence qui forma l'univers, et qui le conservent, sont les rapports que nous avons avec elle et avec nos semblables. Commettre une injustice, c'est les violer, c'est se révolter et contre la société et contre le premier auteur de l'ordre qui maintient la société.

Vous dites, au contraire : Le droit du plus fort est la seule notion que la nature a gravée dans mon cœur. Ce n'est pas d'elle, mais des lois positives, que vient la distinction du juste et de l'injuste, de l'honnête et du déshonnête. Mes actions, indifférentes en elles-mêmes, ne se transforment en crimes que par l'effet des conventions arbitraires des hommes.

Supposez à présent que nous agissions l'un et l'autre suivant nos principes, et plaçons-nous dans une de ces circonstances où la vertu, entourée de séductions, a besoin de toutes ses forces : d'un côté, des honneurs, des richesses, du crédit, toutes les espèces de distinctions; de l'autre, votre vie en danger, votre famille livrée à l'indigence, et votre mémoire à l'opprobre. Choisissez, Démophon : on ne vous demande qu'une injustice. Observez auparavant qu'on armera votre main de l'anneau qui rendait Gygès invisible; je veux dire que l'auteur, le complice de votre crime sera mille fois plus intéressé que vous à l'ensevelir dans l'oubli. Mais quand même il éclaterait, qu'auriez-vous à redouter? Les lois? on leur imposera silence; l'opinion publique? elle se tournera contre vous si vous résistez; vos liens avec la société? elle va les rompre en vous abandonnant aux persécutions de l'homme puissant; vos remords? préjugés de l'enfance, qui se dissiperont quand vous aurez médité sur cette maxime de vos auteurs et de vos politiques, qu'on ne doit juger du juste et de l'injuste que sur les avantages que l'un ou l'autre peut procurer.

Démophon. Des motifs plus nobles suffiront pour me retenir: l'amour de l'ordre, la beauté de la vertu, l'estime de moi-même.

Philoclès. Si ces motifs respectables ne sont pas animés par un principe surnaturel, qu'il est à craindre que de si faibles roseaux ne se brisent sous la main qu'ils soutiennent! Eh quoi! vous vous croiriez fortement lié par des chaînes que vous auriez forgées, et dont vous tenez la clef vous-même? vous sacrifieriez à des abstractions de l'esprit, à des sentiments factices, votre vie et tout ce que vous avez de plus cher au monde! Dans l'état de dégradation où vous vous êtes réduit, ombre, poussière, insecte, sous lequel de ces titres prétendez-vous que vos vertus sont quelque chose, que vous avez besoin de votre estime, et que le maintien de l'ordre dépend du choix que vous allez faire? Non, vous n'agrandirez jamais le néant en lui donnant de l'orgueil; jamais le véritable amour de la justice ne sera remplacé par un fanatisme passager; et cette loi impérieuse, qui nécessite les animaux à préférer leur conservation à l'univers entier, ne sera jamais détruite ou modifiée que par une loi plus impérieuse encore.

Quant à nous, rien ne saurait justifier nos chutes à nos yeux, parce que nos devoirs ne sont point en opposition avec nos vrais intérêts. Que notre petitesse se cache au sein de la terre, que notre puissance nous élève jusqu'aux cieux, nous sommes environnés de la présence d'un juge dont les yeux sont ouverts sur nos actions et sur nos pensées, et qui seul donne une sanction à l'ordre, des attraits puissants à la vertu, une dignité réelle à l'homme, un fondement légitime à l'opinion qu'il a de lui-même. Je respecte les lois positives, parce qu'elles découlent de celles que Dieu a gravées au fond de mon cœur; j'ambitionne l'approbation de mes semblables, parce qu'ils portent comme moi dans leur esprit un rayon de sa lumière, et dans leur âme les germes des vertus dont il leur inspire le désir; je redoute enfin mes remords, parce qu'ils me font déchoir de cette grandeur que j'avais obtenue en me conformant à sa volonté. Ainsi les contre-poids qui vous retiennent sur les bords de l'abîme, je les ai tous, et j'ai de plus une force supérieure qui leur prête une plus vigoureuse résistance.

Démophon. J'ai connu des gens qui ne croyaient rien, et dont la conduite et la probité furent toujours irréprochables.

Philoclès. Et moi je vous en citerais un plus grand nombre qui croyaient tout et qui furent toujours des scélérats. Qu'en doit-on conclure? qu'ils agissaient également contre leurs principes, les uns en faisant le bien, les autres en opérant le mal. De pareilles inconséquences ne doivent pas servir de règle. Il s'agit de savoir si une vertu fondée sur des lois que l'on croirait descendues du ciel ne serait pas plus pure et plus solide, plus consolante et plus facile qu'une vertu uniquement établie sur les opinions mobiles des hommes.

Démophon. Je vous demande à mon tour si la saine morale pourra jamais s'accorder avec une religion qui ne tend qu'à détruire les mœurs, et si la supposition d'un amas de dieux injustes et cruels n'est pas la plus extravagante idée qui soit jamais tombée dans l'esprit humain. Nous nions leur existence ; vous les avez honteusement dégradés : vous êtes plus impies que nous.

Philoclès. Ces dieux sont l'ouvrage de nos mains, puisqu'ils ont nos vices. Nous sommes plus indignés que vous des faiblesses qu'on leur attribue. Mais si nous parvenions à purifier le culte des superstitions qui le défigurent, en seriez-vous plus disposé à rendre à la Divinité l'hommage que nous lui devons?

Démophon. Prouvez qu'elle existe et qu'elle prend soin de nous, et je me prosterne devant elle.

Philoclès. C'est à vous de prouver qu'elle n'existe point, puisque c'est vous qui attaquez un dogme dont tous les peuples sont en possession depuis une longue suite de siècles. Quant à moi, je voulais seulement repousser le ton railleur et insultant que vous aviez pris d'abord. Je commençais à comparer votre doctrine à la nôtre, comme on rapproche deux systèmes de philosophie. Il aurait résulté de ce parallèle que chaque homme, étant, selon vos auteurs, la mesure de toutes choses, doit tout rapporter à lui seul ; que, suivant nous, la mesure de toutes choses étant Dieu même, c'est d'après ce modèle que nous devons régler nos sentiments et nos actions.

Vous demandez quel monument atteste l'existence de la Divinité. Je réponds : L'univers, l'éclat éblouissant et la marche majestueuse des astres, l'organisation des corps, la correspondance de cette innombrable quantité d'êtres, enfin cet ensemble et ces détails admirables où tout porte l'empreinte d'une main divine, où tout est grandeur, sagesse, proportion et harmonie ; j'ajoute le consentement des peuples, non pour vous subjuguer par la voie de l'autorité, mais parce que leur persuasion, toujours entretenue par la cause qui l'a produite, est un témoignage incontestable de l'impression qu'ont toujours faite sur les esprits les beautés ravissantes de la nature.

La raison, d'accord avec mes sens, me montre aussi le plus excellent des ouvriers dans le plus magnifique des ouvrages. Je vois un homme marcher; j'en conclus qu'il a intérieurement un principe actif. Ses pas le conduisent où il veut aller; j'en conclus que ce principe combine ses moyens avec la fin qu'il se propose. Appliquons cet exemple. Toute la nature est en mouvement; il y a donc un premier moteur. Ce mouvement est assujetti à un ordre constant; il exige donc une intelligence suprême. Ici finit le mystère de ma raison; si je la laissais aller plus loin, je parviendrais, ainsi que plusieurs philosophes, à douter de mon existence. Ceux mêmes de ces philosophes qui soutiennent que le monde a toujours été n'en admettent pas moins une première cause qui, de toute éternité, agit sur la matière; car, suivant eux, il est impossible de concevoir une suite de mouvements réguliers et concertés sans recourir à un moteur intelligent.

Démophon. Ces preuves n'ont pas arrêté parmi nous les progrès de l'athéisme.

Philoclès. Il ne les doit qu'à la présomption et à l'ignorance.

Démophon. Il les doit aux écrits des philosophes. Vous connaissez leurs sentiments sur l'existence et sur la nature de la Divinité[1].

---

[1] Les premiers apologistes du christianisme, et plusieurs auteurs modernes, à leur exemple, ont soutenu que les anciens philosophes n'avaient reconnu qu'un seul Dieu. D'autres modernes, au contraire, prétendant que les passages favorables à cette opinion ne doivent s'entendre que de la nature, de l'âme du monde, du soleil, placent presque tous ces philosophes au nombre des spinosistes et des athées. Enfin il a paru dans ces derniers temps des critiques qui, après de longues veilles consacrées à l'étude de l'ancienne philosophie, ont pris un juste milieu entre ces deux sentiments. De ce nombre sont Brucker et Moshem, dont les lumières m'ont été très-utiles.

Plusieurs causes contribuent à obscurcir cette question importante. Je vais en indiquer quelques-unes; mais je dois avertir auparavant qu'il s'agit ici principalement des philosophes qui précédèrent Aristote et Platon, parce que ce sont les seuls dont je parle dans mon ouvrage.

1° La plupart d'entre eux voulaient expliquer la formation et la conservation de l'univers par les seules qualités de la matière. Cette méthode était si générale, qu'Anaxagore fut blâmé ou de ne l'avoir pas toujours suivie, ou de ne l'avoir pas toujours abandonnée. Comme, dans l'explication des faits particuliers, il avait recours tantôt à des causes naturelles, tantôt à cette intelligence, qui, suivant lui, avait débrouillé le chaos, Aristote lui reprochait de faire au besoin descendre un dieu dans la machine; et Platon, de ne pas nous montrer dans chaque phénomène les voies de la sagesse divine. Cela supposé, on ne peut conclure du silence des premiers physiciens qu'ils n'aient pas admis un Dieu, et, de quelques-unes de leurs expressions, qu'ils aient voulu donner à la matière toutes les perfections de la Divinité.

2° De tous les ouvrages philosophiques qui existaient du temps d'Aristote, il ne nous reste en entier qu'une partie des siens, une partie de ceux de Platon, un petit traité du pythagoricien Timée de Locres sur l'âme du monde, un traité de l'univers par Ocellus de Lucanie, autre disciple de Pythagore. Ocellus, dans ce petit

CHAPITRE LXXIX.

Philoclès. On les soupçonne, on les accuse d'athéisme, parce qu'ils ne ménagent pas assez les opinions de la multitude ; parce qu'ils hasardent des principes dont ils ne prévoient pas les conséquences ; parce qu'en expliquant la formation et le mécanisme de

traité, cherchant moins à développer la formation du monde qu'à prouver son éternité, n'a pas occasion de faire agir la Divinité. Mais dans un de ses ouvrages, dont Stobée nous a transmis un fragment, il disait que l'harmonie conserve le monde, et que Dieu est l'auteur de cette harmonie. Cependant je veux bien ne pas m'appuyer de son autorité ; mais Timée, Platon et Aristote ont établi formellement l'unité d'un Dieu ; et ce n'est pas en passant, c'est dans des ouvrages suivis, et dans l'exposition de leurs systèmes fondés sur ce dogme.

Les écrits des autres philosophes ont péri. Nous n'en avons que des fragments, dont les uns déposent hautement en faveur de cette doctrine, dont les autres, en très-petit nombre, semblent la détruire : parmi ces derniers il en est qu'on peut interpréter de diverses manières, et d'autres qui ont été recueillis et altérés par des auteurs d'une secte opposée, tels que ce Velléius que Cicéron introduit dans son ouvrage sur la nature des dieux, et qu'on accuse d'avoir défiguré plus d'une fois les opinions des anciens. Si, d'après de si faibles témoignages, on voulait juger des opinions des anciens philosophes, on risquerait de faire à leur égard ce que, d'après quelques expressions détachées et mal interprétées, le P. Hardouin a fait à l'égard de Descartes, Malebranche, Arnaud et autres, qu'il accuse d'athéisme.

3° Les premiers philosophes posaient pour principe que rien ne se fait de rien. De là ils conclurent ou que le monde avait toujours été tel qu'il est, ou que du moins la matière est éternelle. D'autre part il existait une ancienne tradition suivant laquelle toutes choses avaient été mises en ordre par l'Etre suprême. Plusieurs philosophes, ne voulant abandonner ni le principe ni la tradition, cherchèrent à les concilier. Les uns, comme Aristote, dirent que cet être avait formé le monde de toute éternité ; les autres, comme Platon, qu'il ne l'avait formé que dans le temps, et d'après une matière préexistante, informe, dénuée de perfections qui ne conviennent qu'à l'Etre suprême. L'un et l'autre étaient si éloignés de penser que leur opinion pût porter atteinte à la croyance de la Divinité, qu'Aristote n'a pas hésité à reconnaître Dieu comme première cause du mouvement, et Platon, comme l'unique ordonnateur de l'univers. Or, de ce que les plus anciens philosophes n'ont pas connu la création proprement dite, plusieurs savants critiques prétendent qu'on ne les doit pas ranger dans la classe des athées.

4° Les anciens attachaient en général une autre idée que nous aux mots *incorporel, immatériel, simple.* Quelques-uns, à la vérité, paraissent avoir conçu la Divinité comme une substance indivisible, sans étendue et sans mélange ; mais, par substance spirituelle, la plupart n'entendaient qu'une matière infiniment déliée. Cette erreur a subsisté pendant une longue suite de siècles, et même parmi des auteurs que l'Eglise révère ; et, suivant quelques savants, on pourrait l'admettre sans mériter d'être accusé d'athéisme.

5° Outre la disette de monuments dont j'ai parlé plus haut, nous avons encore à nous plaindre de l'espèce de servitude où se trouvaient réduits les anciens philosophes. Le peuple se moquait de ses dieux, mais ne voulait pas en changer. Anaxagore avait dit que le soleil n'était qu'une pierre ou qu'une lame de métal enflammée. Il fallait le condamner comme physicien, on l'accusa d'impiété. De pareils exemples avaient depuis long-temps accoutumé les philosophes à user de ménagements. De là cette doctrine secrète qu'il n'était pas permis de révéler aux profanes. Il est très-difficile, dit Platon, de se faire une juste idée de l'auteur de cet univers ; et, si l'on parvenait à la concevoir, il faudrait bien se garder de la publier. De là ces expressions équivoques qui conciliaient en quelque manière l'erreur et la vérité. Le nom de Dieu est de ce nombre. Un ancien abus en avait étendu l'usage à tout ce qui, dans l'univers, excite notre admiration, à tout ce qui, parmi les hommes, brille par l'excellence du mérite ou du pouvoir. On le trouve, dans les auteurs les plus religieux, employé tantôt au singulier, tantôt au pluriel. En se montrant tour à tour sous l'une ou l'autre de ces formes, il satisfaisait également le peuple et les gens instruits. Ainsi, quand un auteur accorde le nom de Dieu à la nature, à l'âme du monde, aux astres, on est en droit de demander en

l'univers, asservis à la méthode des physiciens, ils n'appellent pas à leur secours une cause surnaturelle. Il en est, mais en petit nombre, qui rejettent formellement cette cause, et leurs solutions sont aussi incompréhensibles qu'insuffisantes.

quel sens il prenait cette expression, et si, au-dessus de ces objets, il ne plaçait pas un Dieu unique, auteur de toutes choses.

6° Cette remarque est surtout applicable à deux opinions généralement introduites parmi les peuples de l'antiquité. L'une admettait au-dessus de nous des génies destinés à régler la marche de l'univers. Si cette idée n'a pas tiré son origine d'une tradition ancienne et respectable, elle a dû naître dans les pays où le souverain confiait le soin de son royaume à la vigilance de ses ministres. Il paraît, en effet, que les Grecs la reçurent des peuples qui vivaient sous un gouvernement monarchique; et de plus, l'auteur d'un ouvrage attribué faussement à Aristote, mais néanmoins très-ancien, observe que, puisqu'il n'est pas de la dignité du roi de Perse de s'occuper des minces détails de l'administration, ce travail convient encore moins à l'Être suprême.

La seconde opinion avait pour objet cette continuité d'actions et de réactions qu'on voit dans toute la nature. On supposa des âmes particulières dans la pierre d'aimant, et dans les corps où l'on croyait distinguer un principe de mouvement et des étincelles de vie. On supposa une âme universelle répandue dans toutes les parties de ce grand tout. Cette idée n'était pas contraire à la saine doctrine : car rien n'empêche de dire que Dieu a renfermé dans la matière un agent invisible, un principe vital qui en dirige les opérations. Mais, par une suite de l'abus dont je viens de parler, le nom de Dieu fut quelquefois décerné aux génies et à l'âme du monde. De là les accusations intentées contre plusieurs philosophes, et en particulier contre Platon et contre Pythagore.

Comme le premier, ainsi que je l'ai déjà dit, emploie le nom de Dieu tantôt au singulier, tantôt au pluriel, on lui a reproché de s'être contredit. La réponse était facile. Dans son Timée, Platon, développant avec ordre ses idées, dit que Dieu forma l'univers, et que, pour le régir, il établit des dieux subalternes ou des génies, ouvrage de ses mains, dépositaires de sa puissance, et soumis à ses ordres. Ici la distinction entre le Dieu suprême et les autres dieux est si clairement énoncée, qu'il est impossible de la méconnaître, et Platon pouvait prêter les mêmes vues, et demander les mêmes grâces au souverain et à ses ministres. Si quelquefois il donne le nom de Dieu au monde, au ciel, aux astres, à la terre, etc., il est visible qu'il entend seulement les génies et les âmes que Dieu a semés dans les différentes parties de l'univers pour en diriger les mouvements. Je n'ai rien trouvé dans ses autres ouvrages qui démentît cette doctrine.

Les imputations faites à Pythagore ne sont pas moins graves et ne paraissent pas mieux fondées. Il admettait, dit-on, une âme répandue dans toute la nature, étroitement unie avec tous les êtres, qu'elle meut, conserve et reproduit sans cesse ; principe éternel dont nos âmes sont émanées, et qu'il qualifiait du nom de Dieu. On ajoute que, n'ayant pas d'autre idée de la Divinité, il doit être rangé parmi les athées.

De savants critiques se sont élevés contre cette accusation, fondée uniquement sur un petit nombre de passages susceptibles d'une interprétation favorable. Des volumes entiers suffiraient à peine pour rédiger ce qu'on a écrit pour et contre ce philosophe ; je me borne à quelques réflexions.

On ne saurait prouver que Pythagore ait confondu l'âme du monde avec la Divinité, et tout concourt à nous persuader qu'il a distingué l'une de l'autre. Comme nous ne pouvons juger de ses sentiments que par ceux de ses disciples, voyons comment quelques-uns d'entre eux se sont exprimés dans des fragments qui nous restent de leurs écrits.

Dieu ne s'est pas contenté de former toutes choses, il conserve et gouverne tout. Un général donne ses ordres à son armée, un pilote à son équipage, Dieu au monde. Il est par rapport à l'univers ce qu'un roi est par rapport à son empire. L'univers ne pourrait subsister s'il n'était dirigé par l'harmonie et par la Providence. Dieu est bon, sage et heureux par lui-même. Il est regardé comme le père des dieux et des hommes, parce qu'il répand ses bienfaits sur tous ses sujets. Lé-

CHAPITRE LXXIX.

Démophon. Elles ne le sont pas plus que les idées qu'on a de la Divinité. Son essence n'est pas connue, et je ne saurais admettre ce que je ne conçois pas.

Philoclès. Vous admettez un faux principe. La nature ne vous

gislateur équitable, précepteur éclairé, il ne perd jamais de vue les soins de son empire. Nous devons modeler nos vertus sur les siennes, qui sont pures et exemptes de toute affection grossière.

Un roi qui remplit ses devoirs est l'image de Dieu. L'union qui règne entre lui et ses sujets est la même qui règne entre Dieu et le monde.

Il n'y a qu'un Dieu très-grand, très-haut, et gouvernant toutes choses. Il en est d'autres qui possèdent différents degrés de puissance, et qui obéissent à ses ordres. Ils sont à son égard ce qu'est le chœur par rapport au coryphée, ce que sont les soldats par rapport au général.

Ces fragments contredisent si formellement l'idée qu'on a voulu donner des opinions de Pythagore, que des critiques ont pris le parti de jeter sur leur authenticité des doutes qui n'ont pas arrêté des savants également exercés dans la critique. Et en effet, la doctrine déposée dans ces fragments est conforme à celle de Timée, qui distingue expressément l'Etre suprême d'avec l'âme du monde, qu'il suppose produite par cet être. On a prétendu qu'il avait altéré le système de son maître. Ainsi, pour condamner Pythagore, il suffira de rapporter quelques passages recueillis par des écrivains postérieurs de cinq à six cents ans à ce philosophe, et dont il est possible qu'ils n'aient pas saisi le véritable sens; et, pour le justifier, il ne suffira pas de citer une foule d'autorités qui déposent en sa faveur, et surtout celle d'un de ses disciples qui vivait presque dans le même temps que lui, et qui, dans un ouvrage conservé en entier, expose un système lié dans toutes ses parties.

Cependant on peut, à l'exemple de plusieurs critiques éclairés, concilier le témoignage de Timée avec ceux qu'on lui oppose. Pythagore reconnaissait un Dieu suprême, auteur et conservateur du monde, être infiniment bon et sage, qui étend sa providence partout; voilà ce qu'attestent Timée et les autres pythagoriciens dont j'ai cité les fragments. Pythagore supposait que Dieu vivifie le monde par une âme tellement attachée à la matière qu'elle ne peut pas en être séparée; cette âme peut être considérée comme un feu subtil, comme une flamme pure; quelques pythagoriciens lui donnaient le nom de Dieu, parce que c'est le nom qu'ils accordaient à tout ce qui sortait des mains de l'Etre suprême : voilà, si je ne me trompe, la seule manière d'expliquer les passages qui jettent des doutes sur l'orthodoxie de Pythagore.

Enfin il est possible que quelques pythagoriciens, voulant nous donner une image sensible de l'action de Dieu sur toute la nature, aient pensé qu'il est tout entier en tous lieux, et qu'il *informe* l'univers comme notre âme *informe* notre corps. C'est l'opinion que semble leur prêter le grand-prêtre de Cérès au chapitre XXX de cet ouvrage. J'en ai fait usage en cet endroit, pour me rapprocher des auteurs qui ont écrit sur ce sujet, et pour ne pas prononcer sur des questions qu'il est aussi pénible qu'inutile d'agiter. Car enfin ce n'est pas d'après quelques expressions équivoques ni par un long étalage de principes et de conséquences qu'il faut juger de la croyance de Pythagore; c'est par sa morale pratique, et surtout par cet institut qu'il avait formé, et dont un des principaux devoirs était de s'occuper de la Divinité, de se tenir toujours en sa présence et de mériter ses faveurs par les abstinences, la prière, la méditation et la pureté du cœur. Il faut avouer que ces pieux exercices ne conviendraient guère à une société de spinosistes.

7° Ecoutons maintenant l'auteur des pensées sur la comète. « Quel est l'état de la question lorsqu'on veut philosopher touchant l'unité de Dieu? C'est de savoir s'il y a une intelligence parfaitement simple, totalement distinguée de la matière et de la forme du monde, productrice de toutes choses. Si l'on affirme cela, on croit qu'il n'y a qu'un Dieu; mais si l'on ne l'affirme pas, on a beau siffler tous les dieux du paganisme, et témoigner de l'horreur pour la multitude des dieux, on admettra réellement une infinité de dieux. » Bayle ajoute qu'il serait malaisé de trouver parmi les anciens des auteurs qui aient admis l'unité de Dieu sans entendre une substance composée. « Or une telle substance n'est une qu'abusivement et

offre-t-elle pas à tous les moments des mystères impénétrables ? Vous avouez que la matière existe, sans connaître son essence ; vous savez que votre bras obéit à votre volonté, sans apercevoir la liaison de la cause à l'effet.

Démophon. On nous parle tantôt d'un seul Dieu, et tantôt de plusieurs dieux. Je ne vois pas moins d'imperfections que d'oppositions dans les attributs de la Divinité. Sa sagesse exige qu'elle maintienne l'ordre sur la terre, et le désordre y triomphe avec éclat. Elle est juste, et je souffre sans l'avoir mérité.

Philoclès. On supposa, dès la naissance des sociétés, que des génies placés dans les astres veillaient à l'administration de l'univers : comme ils paraissaient revêtus d'une grande puissance, ils obtinrent les hommages des mortels ; et le souverain fut presque partout négligé pour les ministres.

Cependant son souvenir se conserva toujours parmi tous les peuples. Vous en trouverez des traces plus ou moins sensibles dans les monuments les plus anciens ; des témoignages plus formels dans les écrits des philosophes modernes. Voyez la prééminence qu'Ho-

---

improprement, ou que sous la notion arbitraire d'un certain tout, ou d'un être collectif. »

Si, pour être placé parmi les polythéistes, il suffit de n'avoir pas de justes idées sur la nature des esprits, il faut, suivant Bayle lui-même, condamner non-seulement Pythagore, Platon, Socrate et tous les anciens, mais encore presque tous ceux qui, jusqu'à nos jours, ont écrit sur ces matières ; car voici ce qu'il dit dans son Dictionnaire : « Jusqu'à M. Descartes, tous nos docteurs, soit théologiens, soit philosophes, avaient donné une étendue aux esprits, infinie à Dieu, finie aux anges et aux âmes raisonnables. Il est vrai qu'ils soutenaient que cette étendue n'est point matérielle ni composée de parties, et que les esprits sont tout entiers dans chaque partie de l'espace qu'ils occupent. De là sont sorties les trois espèces de présence locale : la première pour les corps, la seconde pour les esprits créés, la troisième pour Dieu. Les cartésiens ont renversé tous ces dogmes ; ils disent que les esprits n'ont aucune sorte d'étendue ni de présence locale ; mais on rejette leur sentiment comme très-absurde. Disons donc qu'encore aujourd'hui tous nos philosophes et tous nos théologiens enseignent, conformément aux idées populaires, que la substance de Dieu est répandue dans des espaces infinis. Or, il est certain que c'est ruiner d'un côté ce que l'on avait bâti de l'autre ; c'est redonner en effet à Dieu la matérialité qu'on lui avait ôtée. »

L'état de la question n'est donc pas tel que Bayle l'a proposé. Mais il s'agit de savoir si Platon et d'autres philosophes antérieurs à Platon ont reconnu un premier être, éternel, infiniment intelligent, infiniment sage et bon, qui a formé l'univers de toute éternité ou dans le temps ; qui le conserve et le gouverne par lui-même ou par ses ministres ; qui a destiné, dans ce monde ou dans l'autre, des récompenses à la vertu et des punitions au crime. Ces dogmes sont clairement énoncés dans les écrits de presque tous les anciens philosophes. S'ils y sont accompagnés d'erreurs grossières sur l'essence de Dieu, nous répondrons que ces auteurs ne les avaient pas aperçues, ou du moins ne croyaient pas qu'elles détruisissent l'unité de l'Être suprême. Nous dirons encore qu'il n'est pas juste de reprocher à des écrivains qui ne sont plus des conséquences qu'ils auraient vraisemblablement rejetées s'ils en avaient connu le danger. Nous dirons aussi que notre intention n'est pas de soutenir que les philosophes dont je parle avaient des idées aussi saines sur la Divinité que les nôtres, mais seulement qu'ils étaient en général aussi éloignés de l'athéisme que du polythéisme.

mère accorde à l'un des objets du culte public : Jupiter est le père des dieux et des hommes. Parcourez la Grèce : vous trouverez l'Être unique adoré depuis long-temps en Arcadie sous le nom de Dieu bon par excellence, dans plusieurs villes sous celui du Très-Haut, ou du Très-Grand.

Écoutez ensuite Timée, Anaxagore, Platon. C'est le dieu unique qui a ordonné la matière et produit le monde.

Écoutez Antisthène, disciple de Socrate : Plusieurs divinités sont adorées parmi les nations, mais la nature n'en indique qu'une seule.

Écoutez enfin ceux de l'école de Pythagore. Tous ont considéré l'univers comme une armée qui se meut au gré du général; comme une vaste monarchie, où la plénitude du pouvoir réside dans le souverain.

Mais pourquoi donner aux génies qui lui sont subordonnés un titre qui n'appartient qu'à lui seul ? C'est que, par un abus depuis long-temps introduit dans toutes les langues, ces expressions *dieu* et *divin* ne désignent souvent qu'une supériorité de rang, qu'une excellence de mérite, et sont prodiguées tous les jours aux princes qu'il a revêtus de son pouvoir, aux esprits qu'il a remplis de ses lumières, aux ouvrages qui sont sortis de ses mains ou des nôtres. Il est si grand en effet, que, d'un côté, on n'a d'autre moyen de relever les grandeurs humaines qu'en les rapprochant des siennes, et que, d'un autre côté, on a de la peine à comprendre qu'il puisse ou daigne abaisser ses regards jusqu'à nous.

Vous qui niez son immensité, avez-vous jamais réfléchi sur la multiplicité des objets que votre esprit et vos sens peuvent embrasser ? Quoi ! votre vue se prolonge sans effort sur un grand nombre de stades, et la sienne ne pourrait pas en parcourir une infinité ! Votre attention se porte presque au même instant sur la Grèce, sur la Sicile, sur l'Égypte, et la sienne ne pourrait s'étendre sur tout l'univers !

Et vous, qui mettez des bornes à sa bonté, comme s'il pouvait être grand sans être bon, croyez-vous qu'il rougisse de son ouvrage; qu'un insecte, un brin d'herbe, soient méprisables à ses yeux; qu'il ait revêtu l'homme de qualités éminentes; qu'il lui ait donné le désir, le besoin et l'espérance de le connaître, pour l'éloigner à jamais de sa vue ? Non, je ne saurais penser qu'un père oublie ses enfants, et que, par une négligence incompatible avec ses perfections, il ne daigne pas veiller sur l'ordre qu'il a établi dans son empire.

Démophon. Si cet ordre émane de lui, pourquoi tant de crimes et de malheurs sur la terre? Où est sa puissance, s'il ne peut les empêcher? sa justice, s'il ne veut pas?

Philoclès. Je m'attendais à cette attaque. On l'a faite, on la fera dans tous les temps; et c'est la seule qu'on puisse nous opposer. Si tous les hommes étaient heureux, ils ne se révolteraient pas contre l'auteur de leurs jours; mais ils souffrent sous ses yeux, et il semble les abandonner. Ici ma raison confondue interroge les traditions anciennes; toutes déposent en faveur d'une Providence. Elle interroge les sages; presque tous d'accord sur le fond du dogme, ils hésitent et se partagent dans la manière de l'expliquer. Plusieurs d'entre eux, convaincus que limiter la justice ou la bonté de Dieu c'était l'anéantir, ont mieux aimé donner des bornes à son pouvoir. Les uns répondent : Dieu n'opère que le bien; mais la matière, par un vice inhérent à sa nature, occasionne le mal en résistant à la volonté de l'Être suprême; d'autres : L'influence divine s'étend avec plénitude jusqu'à la sphère de la lune, et n'agit que faiblement dans les régions inférieures; d'autres : Dieu se mêle de grandes choses et néglige les petites. Il en est enfin qui laissent tomber sur mes ténèbres un trait de lumière qui les éclaircit. Faibles mortels! s'écrient-ils, cessez de regarder comme des maux réels la pauvreté, les maladies et les malheurs qui vous viennent du dehors; ces accidents, que votre résignation peut convertir en bienfaits, ne sont que la suite des lois nécessaires à la conservation de l'univers. Vous entrez dans le système général des choses, mais vous n'en êtes qu'une portion. Vous fûtes ordonnés pour le tout, et le tout ne fut pas ordonné pour vous.

Ainsi tout est bien dans la nature, excepté dans la classe des êtres où tout devrait être mieux. Les corps inanimés suivent sans résistance les mouvements qu'on leur imprime. Les animaux, privés de raison, se livrent sans remords à l'instinct qui les entraîne. Les hommes seuls se distinguent autant par leurs vices que par leur intelligence. Obéissent-ils à la nécessité, comme le reste de la nature? pourquoi peuvent-ils résister à leurs penchants? pourquoi reçurent-ils ces lumières qui les égarent, ce désir de connaître leur auteur, ces notions du bien, ces larmes précieuses que leur arrache une belle action, ce don le plus funeste, s'il n'est pas le plus beau de tous, le don de s'attendrir sur les malheurs de leurs semblables? A l'aspect de tant de priviléges qui les caractérisent essentiellement, ne doit-on pas conclure que Dieu, par des vues qu'il n'est pas permis de sonder, a voulu mettre à de fortes épreuves le pouvoir qu'ils ont de délibérer et de choisir? Oui, s'il y a une vertu sur la terre, il y a une justice dans le ciel.

CHAPITRE LXXIX.

Celui qui ne paye pas un tribut à la règle doit une satisfaction à la règle. Il commence sa vie dans le monde, il la continue dans un séjour où l'innocence reçoit le prix de ses souffrances, où l'homme coupable expie ses crimes jusqu'à ce qu'il en soit purifié.

Voilà, Démophon, comment nos sages justifient la Providence. Ils ne connaissent pour nous d'autre mal que le vice, et d'autre dénoûment au scandale qu'il produit qu'un avenir où toutes choses seront mises à leur place. Demander à présent pourquoi Dieu ne l'a pas empêché dès l'origine, c'est demander pourquoi il a fait l'univers selon ses vues et non suivant les nôtres.

Démophon. La religion n'est qu'un tissu de petites idées, de pratiques minutieuses. Comme s'il n'y avait pas assez de tyrans sur la terre, vous en peuplez les cieux; vous m'entourez de surveillants jaloux les uns des autres, avides de mes présents, à qui je ne puis offrir que l'hommage d'une crainte servile; le culte qu'ils exigent n'est qu'un trafic honteux; ils vous donnent des richesses, vous leur rendez des victimes. L'homme abruti par la superstition est le plus vil des esclaves. Vos philosophes mêmes n'ont pas insisté sur la nécessité d'acquérir des vertus avant que de se présenter à la Divinité, ou de lui en demander dans leurs prières.

Philoclès. Je vous ai déjà dit que le culte public est grossièrement défiguré, et que mon dessein est tout simplement de vous exposer les opinions des philosophes qui ont réfléchi sur les rapports que nous avons avec la Divinité. Doutez de ces rapports, si vous êtes assez aveugles pour les méconnaître; mais ne dites pas que c'est dégrader nos âmes que de les séparer de la masse des êtres, que de leur donner la plus brillante des origines et des destinées, que d'établir entre elles et l'Être suprême un commerce de bienfaits et de reconnaissance.

Voulez-vous une morale pure et céleste, qui élève votre esprit et vos sentiments? étudiez la doctrine et la conduite de Socrate, qui ne vit dans sa condamnation, sa prison et sa mort que les décrets d'une sagesse infinie, et ne daigna pas s'abaisser jusqu'à se plaindre de l'injustice de ses ennemis.

Contemplez en même temps avec Pythagore les lois de l'harmonie universelle, et mettez ce tableau devant vos yeux. Régularité dans la distribution des mondes, régularité dans la distribution des corps célestes; concours de toutes les volontés dans une sage république, concours de tous les êtres travaillant de concert au maintien de l'ordre, et l'ordre conservant l'univers et ses moindres parties; un Dieu auteur de ce plan sublime, et des hommes destinés à être par leurs vertus ses ministres et ses coopérateurs. Jamais système n'étincela de plus de génie; jamais rien n'a pu donner une plus haute idée de la grandeur et de la dignité de l'homme.

Permettez que j'insiste; puisque vous attaquez nos philosophes, il est de mon devoir de les justifier. Le jeune Lysis est instruit de leurs dogmes; j'en juge par les instituteurs qui élèvent son enfance. Je vais l'interroger sur différents articles relatifs à cet entretien; écoutez ses réponses. Vous verrez d'un coup d'œil l'ensemble de notre doctrine; et vous jugerez si la raison abandonnée à elle-même pouvait concevoir une théorie plus digne de la Divinité et plus utile aux hommes [1].

PHILOCLÈS.

Dites-moi, Lysis, qui a formé le monde?

LYSIS.

Dieu.

PHILOCLÈS.

Par quel motif l'a-t-il formé?

LYSIS.

Par un effet de sa bonté.

PHILOCLÈS.

Qu'est-ce que Dieu?

[1] Les premiers écrivains de l'Eglise eurent soin de recueillir les témoignages des poètes et des philosophes grecs favorables au dogme de l'unité d'un Dieu, à celui de la Providence et à d'autres également essentiels.

Ils crurent aussi devoir rapprocher de la morale du christianisme celle que les anciens philosophes avaient établie parmi les nations, et reconnurent que la seconde, malgré son imperfection, avait préparé les esprits à recevoir la première, beaucoup plus pure.

Il a paru dans ces derniers temps différents ouvrages sur la doctrine religieuse des païens; et de très savants critiques, après l'avoir approfondie, ont reconnu que, sur certains points, elle mérite les plus grands éloges. Voici comment s'explique M. Fréret par rapport au plus essentiel des dogmes : « Les Egyptiens et les Grecs ont donc connu et adoré le Dieu suprême, le vrai Dieu, quoique d'une manière indigne de lui. Quant à la morale, écoutons le célèbre Huet, évêque d'Avranches : *Ac mihi quidem sæpenumero contigit, ut cum ea legerem quæ ad vitam recte probeque instituendam, vel a Platone, vel ab Aristotele, vel a Cicerone, vel ab Epicteto tradita sunt, mihi viderer ex aliquibus christianorum scriptis capere normam pietatis.*

Autorisé par de si grands exemples, et forcé, par le plan de mon ouvrage, à donner un précis de la théologie morale des Grecs, je suis bien éloigné de penser qu'on puisse la confondre avec la nôtre, qui est d'un ordre infiniment supérieur. Sans relever ici les avantages qui distinguent l'ouvrage de la sagesse divine, je me borne à un seul article. Les législateurs de la Grèce s'étaient contentés de dire : *Honorez les dieux;* l'Evangile dit : *Vous aimerez votre Dieu de tout votre cœur, et le prochain comme vous-même.* Cette loi, qui les renferme et qui les anime toutes, saint Augustin prétend que Platon l'avait connue en partie; mais ce que Platon avait enseigné à cet égard n'était qu'une suite de sa théorie sur le souverain bien, et influa si peu sur la morale des Grecs qu'Aristote assure qu'il serait absurde de dire qu'on aime Jupiter.

CHAPITRE LXXIX.

LYSIS.

Ce qui n'a ni commencement ni fin. L'être éternel, nécessaire, immuable, intelligent.

PHILOCLÈS.

Pouvons-nous connaître son essence ?

LYSIS.

Elle est incompréhensible et ineffable ; mais il a parlé clairement par ses œuvres, et ce langage a le caractère des grandes vérités, qui est d'être à la portée de tout le monde. De plus vives lumières nous seraient inutiles, et ne convenaient sans doute ni à son plan ni à notre faiblesse. Qui sait même si l'impatience de nous élever jusqu'à lui ne présage pas la destinée qui nous attend ? En effet, s'il est vrai, comme on le dit, qu'il est heureux par la seule vue de ses perfections, désirer de le connaître, c'est désirer de partager son bonheur.

PHILOCLÈS.

Sa providence s'étend-elle sur toute la nature ?

LYSIS.

Jusque sur les plus petits objets.

PHILOCLÈS.

Pouvons-nous lui dérober la vue de nos actions ?

LYSIS.

Pas même celle de nos pensées.

PHILOCLÈS.

Dieu est-il l'auteur du mal ?

LYSIS.

L'être bon ne peut faire que ce qui est bon.

PHILOCLÈS.

Quels sont vos rapports avec lui ?

LYSIS.

Je suis son ouvrage, je lui appartiens, il a soin de moi.

PHILOCLÈS.

Quel est le culte qui lui convient ?

LYSIS.

Celui que les lois de la patrie ont établi ; la sagesse humaine ne pouvant savoir rien de positif à cet égard.

PHILOCLÈS.

Suffit-il de l'honorer par des sacrifices et par des cérémonies pompeuses ?

LYSIS.

Non.

PHILOCLÈS.

Que faut-il encore?

LYSIS.

La pureté du cœur. Il se laisse plutôt fléchir par la vertu que par les offrandes; et comme il ne peut y avoir aucun commerce entre lui et l'injustice, quelques-uns pensent qu'il faudrait arracher des autels les méchants qui y trouvent un asile.

PHILOCLÈS.

Cette doctrine enseignée par les philosophes, est-elle reconnue par les prêtres?

LYSIS.

Ils l'ont fait graver sur la porte du temple d'Épidaure : L'ENTRÉE DE CES LIEUX, dit l'inscription, N'EST PERMISE QU'AUX AMES PURES. Ils l'annoncent avec éclat dans nos cérémonies saintes, où, après que le ministre des autels a dit : *Qui est-ce qui est ici?* les assistants répondent de concert : *Ce sont tous gens de bien.*

PHILOCLÈS.

Vos prières ont-elles pour objet les biens de la terre?

LYSIS.

Non. J'ignore s'ils ne me seraient pas nuisibles, et je craindrais qu'irrité de l'indiscrétion de mes vœux, Dieu ne les exauçât.

PHILOCLÈS.

Que lui demandez-vous donc?

LYSIS.

De me protéger contre mes passions; de m'accorder la vraie beauté, celle de l'âme; les lumières et les vertus dont j'ai besoin; la force de ne commettre aucune injustice, et surtout le courage de supporter, quand il le faut, l'injustice des autres.

PHILOCLÈS.

Que doit-on faire pour se rendre agréable à la Divinité?

LYSIS.

Se tenir toujours en sa présence; ne rien entreprendre sans implorer son secours; s'assimiler en quelque façon à elle par la justice et par la sainteté; lui rapporter toutes ses actions; remplir exactement les devoirs de son état, et regarder comme le premier de tous celui d'être utile aux hommes; car, plus on opère le bien, plus on mérite d'être mis au nombre de ses enfants et de ses amis.

PHILOCLÈS.
Peut-on être heureux en observant ces préceptes ?
LYSIS.
Sans doute, puisque le bonheur consiste dans la sagesse, et la sagesse dans la connaissance de Dieu.
PHILOCLÈS.
Mais cette connaissance est bien imparfaite.
LYSIS.
Aussi notre bonheur ne sera-t-il entier que dans une autre vie.
PHILOCLÈS.
Est-il vrai qu'après notre mort nos âmes comparaissent dans le champ de la vérité, et rendent compte de leur conduite à des juges inexorables; qu'ensuite les unes, transportées dans des campagnes riantes, y coulent des jours paisibles au milieu des fêtes et des concerts; que les autres sont précipitées par les Furies dans le Tartare, pour subir à la fois la rigueur des flammes et la cruauté des bêtes féroces ?
LYSIS.
Je l'ignore.
PHILOCLÈS.
Dirons-nous que les unes et les autres, après avoir été, pendant mille ans au moins, rassasiées de douleurs ou de plaisirs, reprendront un corps mortel, soit dans la classe des hommes, soit dans celle des animaux, et commenceront une nouvelle vie; mais qu'il est pour certains crimes des peines éternelles ?
LYSIS.
Je l'ignore encore. La Divinité ne s'est point expliquée sur la nature des peines et des récompenses qui nous attendent après la mort. Tout ce que j'affirme, d'après les notions que nous avons de l'ordre et de la justice, d'après le suffrage de tous les peuples et de tous les temps, c'est que chacun sera traité suivant ses mérites, et que l'homme juste, passant tout à coup du jour ténébreux de cette vie à la lumière pure et brillante d'une seconde vie, jouira de ce bonheur inaltérable dont ce monde n'offre qu'une faible image.
PHILOCLÈS.
Quels sont nos devoirs envers nous-mêmes ?
LYSIS.
Décerner à notre âme les plus grands honneurs après ceux que nous rendons à la Divinité; ne la jamais remplir de vices et de remords; ne la jamais vendre au poids de l'or, ni la sacrifier à

l'attrait des plaisirs ; ne jamais préférer, dans aucune occasion, un être aussi terrestre, aussi fragile que le corps à une substance dont l'origine est céleste, et la durée éternelle.

PHILOCLÈS.

Quels sont nos devoirs envers les hommes?

LYSIS.

Ils sont tous renfermés dans cette formule : Ne faites pas aux autres ce que vous ne voudriez pas qu'ils vous fissent.

PHILOCLÈS.

Mais n'êtes-vous pas à plaindre, si tous ces dogmes ne sont qu'une illusion, et si votre âme ne survit pas à votre corps?

LYSIS.

La religion n'est pas plus exigeante que la philosophie. Loin de prescrire à l'honnête homme aucun sacrifice qu'il puisse regretter, elle répand un charme secret sur ses devoirs, et lui procure deux avantages inestimables, une paix profonde pendant la vie, une douce espérance au moment de la mort.

CHAPITRE LXXX.
Suite de la bibliothèque. La poésie.

J'avais mené chez Euclide le jeune Lysis, fils d'Apollodore. Nous entrâmes dans une des pièces de la bibliothèque ; elle ne contenait que des ouvrages de poésie et de morale, les uns en très-grande quantité, les autres en très-petit nombre. Lysis parut étonné de cette disproportion ; Euclide lui dit : Il faut peu de livres pour instruire les hommes ; il en faut beaucoup pour les amuser. Nos devoirs sont bornés, les plaisirs de l'esprit et du cœur ne sauraient l'être : l'imagination, qui sert à les alimenter, est aussi libérale que féconde ; tandis que la raison, pauvre et stérile, ne nous communique que les faibles lumières dont nous avons besoin ; et, comme nous agissons plus d'après nos sensations que d'après nos réflexions, les talents de l'imagination auront toujours plus d'attraits pour nous que les conseils de la raison, sa rivale.

Cette faculté brillante s'occupe moins du réel que du possible, plus étendu que le réel ; souvent même elle préfère au possible des fictions auxquelles on ne peut assigner des limites. Sa voix peuple les déserts, anime les êtres les plus insensibles, transporte d'un objet à l'autre les qualités et les couleurs qui servaient à les distinguer ; et, par une suite de métamorphoses, nous entraîne dans le séjour des enchantements, dans ce monde idéal où les poètes, oubliant la terre, s'oubliant eux-mêmes, n'ont plus de commerce qu'avec des intelligences d'un ordre supérieur.

C'est là qu'ils cueillent leurs vers dans les jardins des Muses, que les ruisseaux paisibles roulent en leur faveur des flots de lait et de miel, qu'Apollon descend des cieux pour leur remettre sa lyre, qu'un souffle divin, éteignant tout à coup leur raison, les jette dans les convulsions du délire, et les force de parler le langage des dieux, dont ils ne sont plus que les organes.

Vous voyez, ajouta Euclide, que j'emprunte les paroles de Platon. Il se moquait souvent de ces poètes qui se plaignent avec tant de froideur du feu qui les consume intérieurement. Mais il en est parmi eux qui sont en effet entraînés par cet enthousiasme qu'on appelle inspiration divine, fureur poétique. Eschyle, Pindare et tous nos grands poètes le ressentaient, puisqu'il domine encore dans leurs écrits. Que dis-je? Démosthène à la tribune, des particuliers dans la société nous le font éprouver tous les jours. Ayez vous-même à peindre les transports ou les malheurs d'une de ces passions qui, parvenues à leur comble, ne laissent plus à l'âme aucun sentiment de libre, il ne s'échappera de votre bouche et de vos yeux que des traits enflammés, et vos fréquents écarts passeront pour des accès de fureur ou de folie. Cependant vous n'aurez cédé qu'à la voix de la nature.

Cette chaleur, qui doit animer toutes les productions de l'esprit, se développe dans la poésie avec plus ou moins d'intensité, suivant que le sujet exige plus ou moins de mouvement, suivant que l'auteur possède plus ou moins ce talent sublime qui se prête aisément aux caractères des passions, ou ce sentiment profond qui tout à coup s'allume dans son cœur et se communique rapidement aux nôtres. Ces deux qualités ne sont pas toujours réunies. J'ai connu un poète de Syracuse qui ne faisait jamais de si beaux vers que lorsqu'un violent enthousiasme le mettait hors de lui-même.

Lysis fit alors quelques questions dont on jugera par les réponses d'Euclide. La poésie, nous dit ce dernier, a sa marche et sa langue particulières. Dans l'épopée et la tragédie, elle imite une grande action, dont elle lie toutes les parties à son gré, altérant les faits connus, y en ajoutant d'autres qui augmentent l'intérêt, les relevant tantôt au moyen des incidents merveilleux, tantôt par les charmes variés de la diction ou par la beauté des pensées et des sentiments. Souvent la fable, c'est-à-dire la manière de disposer l'action, coûte plus et fait plus d'honneur au poète que la composition même des vers. Les autres genres de poésie n'exigent pas de lui une construction si pénible. Mais toujours doit-il montrer une sorte d'invention, donner par des fictions neuves un esprit de vie à tout ce qu'il touche, nous pénétrer de sa flamme, et ne jamais oublier que, suivant Simonide, la poésie est une peinture parlante, comme la peinture est une poésie muette.

Il suit de là que le vers seul ne constitue pas le poète. L'histoire d'Hérodote mise en vers ne serait qu'une histoire, puisqu'on n'y trouverait ni fables ni fictions. Il suit encore qu'on ne doit pas compter parmi les productions de la poésie les sentences de Théognis, de Phocylide, etc., ni même les systèmes de Parménide et d'Empédocle sur la nature, quoique ces deux derniers auteurs aient quelquefois inséré dans leurs ouvrages des descriptions brillantes ou des allégories ingénieuses.

J'ai dit que la poésie avait une langue particulière. Dans les partages qui se sont faits entre elle et la prose, elle est convenue de ne se montrer qu'avec une parure très-riche, ou du moins très-élégante; et l'on a remis entre ses mains toutes les couleurs de la nature, avec l'obligation d'en user sans cesse, et l'espérance du pardon si elle en abuse quelquefois.

Elle a réuni à son domaine quantité de mots interdits à la prose, d'autres qu'elle allonge ou raccourcit, soit par l'addition, soit par le retranchement d'une lettre ou d'une syllabe. Elle a le pouvoir d'en produire de nouveaux, et le privilége presque exclusif d'employer ceux qui ne sont plus en usage, ou qui ne le sont que dans un pays étranger, d'en identifier plusieurs dans un seul, de les disposer dans un ordre inconnu jusqu'alors, et de prendre toutes les licences qui distinguent l'élocution poétique du langage ordinaire.

Les facilités accordées au génie s'étendent sur tous les instruments qui secondent ces opérations. De là ses formes nombreuses que les vers ont reçues de ses mains, et qui toutes ont un caractère indiqué par la nature. Le vers héroïque marche avec une majesté imposante, on l'a destiné à l'épopée; l'ïambe revient souvent dans la conversation, la poésie dramatique l'emploie avec succès. D'autres formes s'assortissent mieux aux chants accompagnés de danses[1]; elles sont appliquées sans effort aux odes et aux hymnes. C'est ainsi que les poètes ont multiplié les moyens de plaire.

Euclide, en finissant, nous montra les ouvrages qui ont paru en différents temps sous les noms d'Orphée, de Musée, de Tha-

---

[1] Voyez, sur les diverses formes de vers grecs, le chapitre XXVII de cet ouvrage.

CHAPITRE LXXX.

myris, de Linus, d'Anthès, de Pamphus, d'Olen, d'Abaris, d'Épiménide, etc. Les uns ne contiennent que des hymnes sacrés ou des chants plaintifs; les autres traitent des sacrifices, des oracles, des expiations et des enchantements. Dans quelques-uns, et surtout dans le Cycle épique, qui est un recueil de traditions fabuleuses où les auteurs tragiques ont souvent puisé les sujets de leurs pièces, on a décrit les généalogies des dieux, le combat des Titans, l'expédition des Argonautes, les guerres de Thèbes et de Troie. Tels furent les principaux objets qui occupèrent les gens de lettres pendant plusieurs siècles. Comme la plupart de ces ouvrages n'appartiennent pas à ceux dont ils portent les noms[1], Euclide avait négligé de les disposer dans un certain ordre.

Venaient ensuite ceux d'Hésiode et d'Homère. Ce dernier était escorté d'un corps redoutable d'interprètes et de commentateurs. J'avais lu avec ennui les explications de Stésimbrote et de Glaucon, et j'avais ri de la peine que s'était donnée Métrodore de Lampsaque pour découvrir une allégorie continuelle dans l'Iliade et dans l'Odyssée.

A l'exemple d'Homère, plusieurs poètes entreprirent de chanter la guerre de Troie. Tels furent, entre autres, Arctinus, Stésichore, Sacadas, Leschès, qui commença son ouvrage par ces mots emphatiques : *Je chante la fortune de Priam et la guerre fameuse...* Le même Leschès, dans sa petite Iliade, et Dicæogène, dans ses Cypriaques, décrivirent tous les événements de cette guerre. Les poèmes de l'Héracléide et de la Théséide n'omettent aucun des exploits d'Hercule et de Thésée. Ces auteurs ne connurent jamais la nature de l'épopée; ils étaient placés à la suite d'Homère, et se perdaient dans ses rayons, comme les étoiles se perdent dans ceux du soleil.

Euclide avait tâché de réunir toutes les tragédies, comédies et satires que depuis près de deux cents ans on a représentées sur les théâtres de la Grèce et de la Sicile. Il en possédait environ trois mille[2], et sa collection n'était pas complète. Quelle haute idée ne

---

[1] A l'époque que j'ai choisie, il courait dans la Grèce des hymnes et d'autres poésies qu'on attribuait à de très-anciens poètes : les personnes instruites en connaissaient si bien la supposition, qu'Aristote doutait même de l'existence d'Orphée. Dans la suite on plaça les noms les plus célèbres à la tête de quantité d'écrits dont les vrais auteurs étaient ignorés. Tels sont quelques traités qui se trouvent aujourd'hui dans les éditions de Platon et d'Aristote; je les ai cités quelquefois sous les noms de ces grands hommes, pour abréger, et parce qu'ils sont insérés parmi leurs ouvrages.

[2] C'est d'après Suidas, Athénée et d'autres auteurs dont les témoignages ont été recueillis par Fabricius, que j'ai porté à environ trois mille le nombre de ces pièces. Les calculs de ces écrivains ne méritent pas la même confiance pour chaque article en particulier. Mais il faut observer qu'ils ont cité quantité d'auteurs dra-

donnait-elle pas de la littérature des Grecs et de la fécondité de leur génie! Je comptai souvent plus de cent pièces qui venaient de la même main. Parmi les singularités qu'Euclide nous faisait remarquer, il nous montra l'*Hippocentaure*, tragédie où Chérémon avait, il n'y a pas long-temps, introduit, contre l'usage reçu, toutes les espèces de vers. Cette nouveauté ne fut pas goûtée.

Les mimes ne furent, dans l'origine, que des farces obscènes ou satiriques qu'on représentait sur le théâtre. Leur nom s'est transmis ensuite à de petits poèmes qui mettent sous les yeux du lecteur des aventures particulières. Ils se rapprochent de la comédie par leur objet; ils en diffèrent par le défaut d'intrigue, quelques-uns par une extrême licence. Il en est où il règne une plaisanterie exquise et décente. Parmi les mimes qu'avait rassemblés Euclide, je trouvai ceux de Xénarque et ceux de Sophron de Syracuse : ces derniers faisaient les délices de Platon, qui, les ayant reçus de Sicile, les fit connaître aux Athéniens. Le jour de sa mort, on les trouva sous le chevet de son lit [1].

Avant la découverte de l'art dramatique, nous dit encore Euclide, les poètes à qui la nature avait accordé une âme sensible

matiques qui vécurent avant le jeune Anacharsis, ou de son temps, sans spécifier le nombre des pièces qu'ils avaient composées. S'il y a exagération d'un côté, il y a omission de l'autre, et le résultat ne pouvait guère différer de celui que j'ai donné. Il monterait peut-être au triple et au quadruple, si, au lieu de m'arrêter à une époque précise, j'avais suivi toute l'histoire du théâtre grec; car, dans le peu de monuments qui servent à l'éclaircir, il est fait mention d'environ trois cent cinquante poètes qui avaient composé des tragédies et des comédies.

Il ne nous reste en entier que sept pièces d'Eschyle, sept de Sophocle, dix-neuf d'Euripide, onze d'Aristophane, en tout quarante-quatre. On peut y joindre les dix-neuf pièces de Plaute et les six de Térence, qui sont des imitations des comédies grecques

Le temps n'a épargné aucune des branches de la littérature des Grecs; livres d'histoire, ouvrages relatifs aux sciences exactes, systèmes de philosophie, traités de politique, de morale, de médecine, etc., presque tout a péri ; les livres des Romains ont eu le même sort; ceux des Egyptiens, des Phéniciens et de plusieurs autres nations éclairées ont été engloutis dans un naufrage universel.

Les copies des ouvrages se multipliaient autrefois si difficilement, il fallait être si riche pour se former une petite bibliothèque, que les lumières d'un pays avaient beaucoup de peine à pénétrer dans un autre, et encore plus à se perpétuer dans le même endroit. Cette considération devrait nous rendre très-circonspects à l'égard des connaissances que nous accordons ou que nous refusons aux anciens.

Le défaut des moyens, qui les égarait souvent au milieu de leurs recherches, n'arrête plus les modernes. L'imprimerie, cet heureux fruit du hasard, cette découverte, peut-être la plus importante de toutes, met et fixe dans le commerce les idées de tous les temps et de tous les peuples. Jamais elle ne permettra que les lumières s'éteignent, et peut-être les portera-t-elle à un point qu'elles seront autant au-dessus des nôtres que les nôtres nous paraissent être au-dessus de celles des anciens. Ce serait un beau sujet à traiter que l'influence qu'a eue jusqu'à présent l'imprimerie sur les esprits, et celle qu'elle aura dans la suite.

[1] On peut présumer que quelques-uns des poèmes qu'on appelait *mimes* étaient dans le goût des contes de La Fontaine.

et refusé le talent de l'épopée tantôt retraçaient dans leurs tableaux les désastres d'une nation ou les infortunes d'un personnage de l'antiquité, tantôt déploraient la mort d'un parent ou d'un ami, et soulageaient leur douleur en s'y livrant. Leurs chants plaintifs, presque toujours accompagnés de la flûte, furent connus sous le nom d'élégies ou de lamentations.

Ce genre de poésie procède par une marche régulièrement irrégulière ; je veux dire que le vers de six pieds et celui de cinq s'y succèdent alternativement. Le style en doit être simple, parce qu'un cœur véritablement affligé n'a plus de prétention ; il faut que les expressions en soient quelquefois brûlantes comme la cendre qui couvre un feu dévorant, mais que dans le récit elles n'éclatent point en imprécations et en désespoir. Rien de si intéressant que l'extrême douceur jointe à l'extrême souffrance. Voulez-vous le modèle d'une élégie aussi courte que touchante, vous la trouverez dans Euripide. Andromaque, transportée en Grèce, se jette aux pieds de la statue de Thétis, de la mère d'Achille : elle ne se plaint pas de ce héros ; mais, au souvenir du jour fatal où elle vit Hector traîné autour des murailles de Troie, ses yeux se remplissent de larmes, elle accuse Hélène de tous ses malheurs, elle rappelle les cruautés qu'Hermione lui a fait éprouver : et, après avoir prononcé une seconde fois le nom de son époux, elle laisse couler ses pleurs avec plus d'abondance.

L'élégie peut soulager nos maux quand nous sommes dans l'infortune ; elle doit nous inspirer du courage quand nous sommes près d'y tomber. Elle prend alors un ton plus vigoureux ; et, employant les images les plus fortes, elle nous fait rougir de notre lâcheté, et envier les larmes répandues aux funérailles d'un héros mort pour le service de sa patrie.

C'est ainsi que Tyrtée ranima l'ardeur éteinte des Spartiates, et Callinus celle des habitants d'Éphèse. Voilà leurs élégies, et voici la pièce qu'on nomme *la Salamine*, et que Solon composa pour engager les Athéniens à reprendre l'île de ce nom.

Lasse enfin de gémir sur les calamités trop réelles de l'humanité, l'élégie se chargea d'exprimer les tourments de l'amour. Plusieurs poètes lui durent un éclat qui rejaillit sur leurs maîtresses. Les charmes de Nanno furent célébrés par Mimnerme de Colophon, qui tient un des premiers rangs parmi nos poètes ; ceux de Battis le sont tous les jours par Philétas de Cos, qui, jeune encore, s'est fait une juste réputation. On dit que son corps est si grêle et si faible, que, pour se soutenir contre la violence du vent, il est obligé d'attacher à sa chaussure des semelles de plomb ou des boules de ce métal. Les habitants de Cos, fiers de ses succès, lui ont consacré, sous un platane, une statue de bronze.

Je portai ma main sur un volume intitulé *la Lydienne*. Elle est, me dit Euclide, d'Antimaque de Colophon, qui vivait dans le siècle dernier ; c'est le même qui nous a donné le poème si connu de *la Thébaïde*. Il était éperdûment amoureux de la belle Chryséis ; il la suivit en Lydie, où elle avait reçu le jour ; elle y mourut entre ses bras. De retour dans sa patrie, il ne trouva d'autre remède à son affliction que de la répandre dans ses écrits, et de donner à cette élégie le nom qu'elle porte.

Je connais sa *Thébaïde*, répondis-je ; quoique la disposition n'en soit pas heureuse, et qu'on y trouve de temps en temps des vers d'Homère transcrits presque syllabe par syllabe, je conviens qu'à bien des égards l'auteur mérite des éloges. Cependant l'enflure, la force, et j'ose dire la sécheresse du style, me font supposer qu'il n'avait ni assez d'agrément dans l'esprit, ni assez de sensibilité dans l'âme pour nous intéresser à la mort de Chryséis. Mais je vais m'en éclaircir. Je lus en effet *la Lydienne* pendant qu'Euclide montrait à Lysis les élégies d'Archiloque, de Simonide, de Clonas, d'Ion, etc. Ma lecture achevée : Je ne me suis pas trompé, repris-je ; Antimaque a mis de la pompe dans sa douleur. Sans s'apercevoir qu'on est consolé quand on cherche à se consoler par des exemples, il compare ses maux à ceux des anciens héros de la Grèce, et décrit longuement les travaux pénibles qu'éprouvèrent les Argonautes dans leur expédition.

Archiloque, dit Lysis, crut trouver dans le vin un dénoûment plus heureux à ses peines. Son beau-frère venait de périr sur mer ; dans une pièce de vers que le poète fit alors, après avoir donné quelques regrets à sa perte, il se hâte de calmer sa douleur : car enfin, dit-il, nos larmes ne le rendront pas à la vie, nos jeux et nos plaisirs n'ajouteront rien aux rigueurs de son sort.

Euclide nous fit observer que le mélange des vers de six pieds avec ceux de cinq n'était autrefois affecté qu'à l'élégie proprement dite, et que dans la suite il fut appliqué à différentes espèces de poésie. Pendant qu'il nous en citait des exemples, il reçut un livre qu'il attendait depuis long-temps. C'était l'Iliade en vers élégiaques, c'est-à-dire qu'après chaque vers d'Homère, l'auteur n'avait pas rougi d'ajouter un plus petit vers de sa façon. Cet auteur s'appelle Pigrès : il était frère de la fameuse reine de Carie, Artémise, femme de Mausole ; ce qui ne l'a pas empêché de produire l'ouvrage le plus extravagant et le plus mauvais qui existe peut-être.

CHAPITRE LXXX.

Plusieurs tablettes étaient chargées d'hymnes en l'honneur des dieux, d'odes pour les vainqueurs aux jeux de la Grèce, d'églogues, de chansons et de quantité de pièces fugitives.

L'églogue, nous dit Euclide, doit peindre les douceurs de la vie pastorale : des bergers assis sur un gazon, aux bords d'un ruisseau, sur le penchant d'une colline, à l'ombre d'un arbre antique, tantôt accordent leurs chalumeaux au murmure des eaux et du zéphyr, tantôt chantent leurs amours, leurs démêlés innocents, leurs troupeaux et les objets ravissants qui les environnent.

Ce genre de poésie n'a fait aucun progrès parmi nous. C'est en Sicile qu'on doit en chercher l'origine. C'est là du moins, à ce qu'on dit, qu'entre des montagnes couronnées de chênes superbes se prolonge un vallon où la nature a prodigué ses trésors. Le berger Daphnis y naquit au milieu d'un bosquet de lauriers, et les dieux s'empressèrent à le combler de leurs faveurs. Les nymphes de ces lieux prirent soin de son enfance ; il reçut de Vénus les grâces et la beauté ; de Mercure, le talent de la persuasion ; Pan dirigea ses doigts sur la flûte à sept tuyaux, et les Muses réglèrent les accents de sa voix touchante. Bientôt, rassemblant autour de lui les bergers de la contrée, il leur apprit à s'estimer heureux de leur sort. Les roseaux furent convertis en instruments sonores. Il établit des concours, où deux jeunes émules se disputaient le prix du chant et de la musique instrumentale. Les échos, animés à leur voix, ne firent plus entendre que les expressions d'un bonheur tranquille et durable. Daphnis ne jouit pas long-temps du spectacle de ses bienfaits. Victime de l'amour, il mourut à la fleur de son âge ; mais jusqu'à nos jours ses élèves n'ont cessé de célébrer son nom et de déplorer les tourments qui terminèrent sa vie. Le poème pastoral, dont on prétend qu'il conçut la première idée, fut perfectionné dans la suite par deux poètes de Sicile, Stésichore d'Himère, et Diomus de Syracuse.

Je conçois, dit Lysis, que cet art a dû produire de jolis paysages, mais étrangement enlaidis par les figures ignobles qu'on y représente. Quel intérêt peuvent inspirer des pâtres grossiers et occupés de fonctions viles ? Il fut un temps, répondit Euclide, où le soin des troupeaux n'était pas confié à des esclaves. Les propriétaires s'en chargeaient eux-mêmes, parce qu'on ne connaissait pas alors d'autres richesses. Ce fait est attesté par la tradition, qui nous apprend que l'homme fut pasteur avant d'être agricole ; il l'est par le récit des poètes, qui, malgré leurs écarts, nous ont souvent conservé le souvenir des mœurs antiques. Le berger Endymion fut aimé de Diane ;

33.

Pâris conduisait sur le mont Ida les troupeaux du roi Priam, son père ; Apollon gardait ceux du roi Admète.

Un poëte peut donc, sans blesser les règles de la convenance, remonter à ces siècles reculés, et nous conduire dans ces retraites écartées où couloient sans remords les jours des particuliers, qui, ayant reçu de leurs pères une fortune proportionnée à leurs besoins, se livraient à des jeux paisibles, et perpétuaient, pour ainsi dire, leur enfance jusqu'à la fin de leur vie.

Il peut donner à ses personnages une émulation qui tiendra les âmes en activité : ils penseront moins qu'ils ne sentiront ; leur langage sera toujours simple, naïf, figuré, plus ou moins relevé, suivant la différence des états, qui, sous le régime pastoral, se réglait sur la nature des possessions. On mettait alors au premier rang des biens les vaches, ensuite les brebis, les chèvres et les porcs. Mais, comme le poëte ne doit prêter à ses bergers que des passions douces et des vices légers, il n'aura qu'un petit nombre de scènes à nous offrir ; et les spectateurs se dégoûteront d'une uniformité aussi fatigante que celle d'une mer toujours tranquille et d'un ciel toujours serein.

Faute de mouvement et de variété, l'églogue ne flattera jamais autant notre goût que cette poésie où le cœur se déploie dans l'instant du plaisir, dans celui de la peine. Je parle des chansons, dont vous connaissez les différentes espèces. Je les ai divisées en deux classes. L'une contient les chansons de table, l'autre celles qui sont particulières à certaines professions, telles que les chansons des moissonneurs, des vendangeurs, des éplucheuses, des meuniers, des ouvriers en laine, des tisserands, des nourrices, etc.

L'ivresse du vin, de l'amour, de l'amitié, de la joie, du patriotisme caractérise les premières. Elles exigent un talent particulier : il ne faut point de préceptes à ceux qui l'ont reçu de la nature, ils seraient inutiles aux autres. Pindare a fait des chansons à boire ; mais on chantera toujours celles d'Anacréon et d'Alcée. Dans la seconde espèce de chansons, le récit des travaux est adouci par le souvenir de certaines circonstances, ou par celui des avantages qu'ils procurent. J'entendis une fois un soldat à demi ivre chanter une chanson militaire, dont je rendrai plutôt le sens que les paroles : « Une lance, une épée, un bouclier, voilà tous mes trésors ; avec la lance, l'épée et le bouclier, j'ai des champs, des moissons et du vin. J'ai vu des gens prosternés à mes pieds ; ils m'appelaient leur souverain, leur maître ; ils n'avaient point la lance, l'épée et le bouclier. »

Combien la poésie doit se plaire dans un pays où la nature et les institutions forcent sans cesse des imaginations vives et brillantes à se répandre avec profusion! car ce n'est pas seulement aux succès de l'épopée et de l'art dramatique que les Grecs accordent des statues et l'hommage plus précieux encore d'une estime réfléchie. Des couronnes éclatantes sont réservées pour toutes les espèces de poésie lyrique. Point de ville qui, dans le courant de l'année, ne solennise quantité de fêtes en l'honneur de ses dieux; point de fête qui ne soit embellie par des cantiques nouveaux; point de cantique qui ne soit chanté en présence de tous les habitants, et par des chœurs de jeunes gens tirés des principales familles. Quel motif d'émulation pour le poète! Quelle distinction encore, lorsqu'en célébrant les victoires des athlètes, il mérite lui-même la reconnaissance de leur patrie! Transportons-le sur un plus beau théâtre. Qu'il soit destiné à terminer par ses chants les fêtes d'Olympie ou des autres grandes solennités de la Grèce; quel moment que celui où vingt, trente milliers de spectateurs, ravis de ses accords, poussent jusqu'au ciel des cris d'admiration et de joie! Non, le plus grand potentat de la terre ne saurait accorder au génie une récompense de si haute valeur.

De là vient cette considération dont jouissent parmi nous les poètes qui concourent à l'embellissement de nos fêtes, surtout lorsqu'ils conservent dans leurs compositions le caractère spécial de la divinité qui reçoit leurs hommages : car, relativement à son objet, chaque espèce de cantique devrait se distinguer par un genre particulier de style et de musique. Vos chants s'adressent-ils au maître des dieux, prenez un ton grave et imposant; s'adressent-ils aux Muses, faites entendre des sons plus doux et plus harmonieux. Les anciens observaient exactement cette juste proportion; mais la plupart des modernes, qui se croient plus sages, parce qu'ils sont plus instruits, l'ont dédaignée sans pudeur.

Cette convenance, dis-je alors, je l'ai trouvée dans vos moindres usages dès qu'ils remontent à une certaine antiquité; et j'ai admiré vos premiers législateurs, qui s'aperçurent de bonne heure qu'il valait mieux enchaîner votre liberté par des formes que par la contrainte. J'ai vu de même, en étudiant l'origine des nations, que l'empire des rites avait précédé partout celui des lois. Les rites sont comme des guides qui nous conduisent par la main dans des routes qu'ils ont souvent parcourues; les lois, comme des plans de géographie où l'on a tracé les chemins par un simple trait, et sans égard à leurs sinuosités.

Je ne vous lirai point, reprit Euclide, la liste fastidieuse de tous les auteurs qui ont réussi dans la poésie lyrique; mais je vous en citerai les principaux. Ce sont, parmi les hommes, Stésichore, Ibycus, Alcée, Alcman, Simonide, Bacchylide, Anacréon et Pindare; parmi les femmes, car plusieurs d'entre elles se sont exercées avec succès dans un genre si susceptible d'agréments, Sapho, Érinne, Télésille, Praxille, Myrtis et Corinne.

Avant que d'aller plus loin, je dois faire mention d'un poëme où souvent éclate cet enthousiasme dont nous avons parlé. Ce sont des hymnes en l'honneur de Bacchus, connus sous le nom de dithyrambes. Il faut être dans une sorte de délire quand on les compose; il faut y être quand on les chante, car ils sont destinés à diriger des danses vives et turbulentes, le plus souvent exécutées en rond.

Ce poëme se reconnaît aisément aux propriétés qui le distinguent des autres. Pour peindre à la fois les qualités et les rapports d'un objet, on s'y permet souvent de réunir plusieurs mots en un seul, et il en résulte quelquefois des expressions si volumineuses, qu'elles fatiguent l'oreille; si bruyantes, qu'elles ébranlent l'imagination. Des métaphores, qui semblent n'avoir aucun rapport entre elles, s'y succèdent sans se suivre; l'auteur, qui ne marche que par des saillies impétueuses, entrevoit la liaison des pensées, et néglige de la marquer. Tantôt il s'affranchit des règles de l'art, tantôt il emploie les différentes mesures de vers et les diverses espèces de modulation.

Tandis qu'à la faveur de ces licences, l'homme de génie déploie à nos yeux les grandes richesses de la poésie, ses faibles imitateurs s'efforcent d'en étaler le faste. Sans chaleur et sans intérêt, obscurs pour paraître profonds, ils répandent sur des idées communes des couleurs plus communes encore. La plupart, dès le commencement de leurs pièces, cherchent à nous éblouir par la magnificence des images tirées des météores et des phénomènes célestes. De là cette plaisanterie d'Aristophane : il suppose dans une de ses comédies un homme descendu du ciel; on lui demande ce qu'il a vu. « Deux ou trois poètes dithyrambiques, répondit-il, ils couraient à travers les nuages et les vents pour y ramasser les vapeurs et les tourbillons dont ils devaient construire leurs prologues. » Ailleurs il compare les expressions de ces poètes à des bulles d'air qui s'évaporent en perçant leur enveloppe avec éclat.

C'est ici que se montre encore aujourd'hui le pouvoir des conventions. Le même poète qui, pour célébrer Apollon, avait mis son esprit dans une assiette tranquille, s'agite avec violence lorsqu'il entame l'éloge de Bacchus; et si son imagination tarde à s'exalter, il la secoue par l'usage immodéré du vin. « Frappé de cette liqueur[1] comme d'un coup de tonnerre, disait Archiloque, je vais entrer dans la carrière. »

Euclide avait rassemblé les dithyrambes de ce dernier poëte, ceux d'Arion, de Lasus, de Pindare, de Mélanippide, de Philoxène, de Timothée, de Télestès, de Polyidès, d'Ion et de beaucoup d'autres dont la plupart ont vécu de nos jours. Car ce genre, qui tend au sublime, a un singulier attrait pour les poëtes médiocres ; et comme tout le monde cherche maintenant à se mettre au-dessus de son état, chaque auteur veut de même s'élever au-dessus de son talent.

Je vis ensuite un recueil d'impromptus, d'énigmes, d'acrostiches et de toutes sortes de griphes[2]. On avait dessiné, dans les dernières pages, un œuf, un autel, une hache à deux tranchants, les ailes de l'Amour. En examinant de près ces dessins, je m'aperçus que c'étaient des pièces de poésie, composées de vers dont les diffé-

[1] Le texte dit : « Foudroyé par le vin. »

[2] Espèces de logogriphes. — Le mot *griphe* signifie un filet ; c'est ainsi que furent désignés certains problèmes qu'on se faisait un jeu de proposer pendant le souper, et dont la solution embarrassait quelquefois les convives. Ceux qui ne pouvaient pas les résoudre se soumettaient à une peine.

On distinguait différentes espèces de griphes. Les uns n'étaient, à proprement parler, que des énigmes. Tel est celui-ci : « Je suis très-grande à ma naissance, très-grande dans ma vieillesse, très-petite dans la vigueur de l'âge. » *L'ombre*. Tel est cet autre : « Il est deux sœurs qui ne cessent de s'engendrer l'une et l'autre. » *Le jour et la nuit*. Le mot qui désigne le jour est féminin en grec.

D'autres griphes roulaient sur la ressemblance des noms. Par exemple : « Qu'est-ce qui se trouve à la fois sur la terre, dans la mer et dans les cieux ! » *Le chien, le serpent et l'ours*. On a donné le nom de ces animaux à des constellations.

D'autres jouaient sur les lettres, sur les syllabes, sur les mots. On demandait un vers déjà connu qui commençât par telle lettre, ou qui manquât de telle autre ; un vers qui commençât ou se terminât par des syllabes indiquées ; des vers dont les pieds fussent composés d'un même nombre de lettres, ou pussent changer mutuellement de place sans nuire à la clarté ou à l'harmonie.

Ces derniers griphes, et d'autres que je pourrais citer, ayant quelques rapports avec nos logogriphes, qui sont plus connus, j'ai cru pouvoir leur donner ce nom dans le chapitre XXV de cet ouvrage.

Les poëtes, et surtout les auteurs de comédies, faisaient souvent usage de ces griphes. Il paraît qu'on en avait composé des recueils, et c'est un de ces recueils que je suppose dans la bibliothèque d'Euclide.

Je dis dans le même endroit que la bibliothèque d'Euclide contenait des impromptus. Un passage d'Athénée rapporte six vers de Simonide faits sur-le-champ. On peut demander en conséquence si l'usage d'improviser n'était pas connu de ces Grecs, doués d'une imagination au moins aussi vive que les Italiens, et dont la langue se prêtait encore plus à la poésie que la langue italienne. Voici deux faits, dont l'un est antérieur de deux siècles, et l'autre postérieur de trois siècles au voyage d'Anacharsis : 1° Les premiers essais de la tragédie ne furent que des impromptus, et Aristote fait entendre qu'ils étaient en vers ; 2° Strabon cite un poëte qui vivait de son temps, et qui était de Tarse en Cilicie : quelque sujet qu'on lui proposât, il le traitait en vers avec tant de supériorité, qu'il semblait inspiré par Apollon, il réussissait surtout dans les sujets de tragédie. Strabon observe que ce talent était assez commun parmi les habitants de Tarse. Et de là était venue sans doute l'épithète de *tarsique* qu'on donnait à certains poëtes qui produisaient sans préparation des scènes de tragédie au gré de ceux qui les demandaient.

rentes mesures indiquaient l'objet qu'on s'était fait un jeu de représenter. Dans l'œuf, par exemple, les deux premiers vers étaient de trois syllabes chacun ; les suivants croissaient toujours jusqu'à un point donné, d'où, décroissant dans la même proportion qu'ils avaient augmenté, ils se terminaient en deux vers de trois syllabes, comme ceux du commencement. Simmias de Rhodes venait d'enrichir la littérature de ces productions aussi puériles que laborieuses.

Lysis, passionné pour la poésie, craignait toujours qu'on ne la mît au rang des amusements frivoles ; et, s'étant aperçu qu'Euclide avait déclaré plus d'une fois qu'un poète ne doit pas se flatter du succès lorsqu'il n'a pas le talent de plaire, il s'écria dans un moment d'impatience : C'est la poésie qui a civilisé les hommes, qui instruisit mon enfance, qui tempère la rigueur des préceptes, qui rend la vertu plus aimable en lui prêtant ses grâces, qui élève mon âme dans l'épopée, l'attendrit au théâtre, la remplit d'un saint respect dans nos cérémonies, l'invite à la joie pendant nos repas, lui inspire une noble ardeur en présence de l'ennemi ; et, quand même ses fictions se borneraient à calmer l'activité inquiète de notre imagination, ne serait-ce pas un bien réel de nous ménager quelques plaisirs innocents au milieu de tant de maux dont j'entends parler sans cesse ?

Euclide sourit de ce transport, et, pour l'exciter encore, il répliqua : Je sais que Platon s'est occupé de votre éducation : auriez-vous oublié qu'il regardait ces fictions poétiques comme des tableaux infidèles et dangereux, qui, en dégradant les dieux et les héros, n'offrent à notre imagination que des fantômes de vertu ?

Si j'étais capable de l'oublier, reprit Lysis, ses écrits me le rappelleraient bientôt ; mais je dois l'avouer, quelquefois je me crois entraîné par la force de ses raisons, et je ne le suis que par la poésie de son style ; d'autres fois, le voyant tourner contre l'imagination les armes puissantes qu'elle avait mises entre ses mains, je suis tenté de l'accuser d'ingratitude et de perfidie. Ne pensez-vous pas, me dit-il ensuite, que le premier et le principal objet des poètes est de nous instruire de nos devoirs par l'attrait du plaisir ? Je lui répondis : Depuis que, vivant parmi les hommes éclairés, j'ai étudié la conduite de ceux qui aspirent à la célébrité, je n'examine plus que le second motif de leurs actions ; le premier est presque toujours l'intérêt ou la vanité. Mais, sans entrer dans ces discussions, je vous dirai simplement ce que je pense : Les poètes veulent plaire, la poésie peut être utile.

CHAPITRE LXXXI.
Suite de la bibliothèque. La morale.

La morale, nous dit Euclide, n'était autrefois qu'un tissu de maximes. Pythagore et ses premiers disciples, toujours attentifs à remonter aux causes, la lièrent à des principes trop élevés au-dessus des esprits vulgaires : elle devint alors une science ; et l'homme fut connu, du moins autant qu'il peut l'être. Il ne le fut plus lorsque les sophistes étendirent leurs doutes sur les vérités les plus utiles. Socrate, persuadé que nous sommes faits plutôt pour agir que pour penser, s'attacha moins à la théorie qu'à la pratique. Il rejeta les notions abstraites, et, sous ce point de vue, on peut dire qu'il fit descendre la philosophie sur la terre ; ses disciples développèrent sa doctrine, et quelques-uns l'altérèrent par des idées si sublimes qu'ils firent remonter la morale dans le ciel. L'école de Pythagore crut devoir renoncer quelquefois à son langage mystérieux, pour nous éclairer sur nos passions et sur nos devoirs. C'est ce que Théagès, Métopus et Archytas exécutèrent avec succès.

Différents traités sortis de leurs mains se trouvaient placés dans la bibliothèque d'Euclide avant les livres qu'Aristote a composés sur les mœurs. En parlant de l'éducation des Athéniens, j'ai tâché d'exposer la doctrine de ce dernier, qui est parfaitement conforme à celle des premiers. Je vais maintenant rapporter quelques observations qu'Euclide avait tirées de plusieurs ouvrages rassemblés par ses soins.

Le mot *vertu*, dans son origine, ne signifiait que la force et la vigueur du corps ; c'est dans ce sens qu'Homère a dit la *vertu* d'un cheval, et qu'on dit encore la *vertu* d'un terrain. Dans la suite ce mot désigna ce qu'il y a de plus estimable dans un objet. On s'en sert aujourd'hui pour exprimer les qualités de l'esprit et plus souvent celles du cœur.

L'homme solitaire n'aurait que deux sentiments, le désir et la crainte ; tous ses mouvements seraient de poursuite ou de fuite. Dans la société, ces deux sentiments, pouvant s'exercer sur un grand nombre d'objets, se divisent en plusieurs espèces : de là l'ambition, la haine et les autres mouvements dont son âme est agitée. Or, comme il n'avait reçu le désir et la crainte que pour sa propre conservation, il faut maintenant que toutes ses affections concourent tant à sa conservaation qu'à celle des autres. Lorsque, réglées par la droite raison, elles produisent cet heureux effet, elles deviennent des vertus.

On en distingue quatre principales : la force, la justice, la prudence et la tempérance. Cette distinction, que tout le monde connaît, suppose dans ceux qui l'établirent des lumières profondes. Les deux premières, plus estimées parce qu'elles sont d'une utilité plus générale, tendent au maintien de la société : la force ou le courage pendant la guerre, la justice pendant la paix. Les deux autres tendent à notre utilité particulière. Dans un climat où l'imagination est si vive, où les passions sont si ardentes, la prudence devrait être la première qualité de l'esprit ; la tempérance, la première du cœur.

Lysis demanda si les philosophes se partageaient sur certains points de morale. Quelquefois, répondit Euclide : en voici des exemples.

On établit pour principe qu'une action, pour être vertueuse ou vicieuse, doit être volontaire ; il est question ensuite d'examiner si nous agissons sans contrainte. Des auteurs excusent les crimes de l'amour et de la colère, parce que, suivant eux, ces passions sont plus fortes que nous ; ils pourraient citer en faveur de leur opinion cet étrange jugement prononcé dans un de nos tribunaux. Un fils qui avait frappé son père fut traduit en justice, et dit pour sa défense que son père avait frappé le sien ; les juges, persuadés que la violence du caractère était héréditaire dans cette famille, n'osèrent condamner le coupable. Mais d'autres philosophes, plus éclairés, s'élèvent contre de pareilles décisions. Aucune passion, disent-ils, ne saurait nous entraîner malgré nous-mêmes ; toute force qui nous contraint est extérieure et nous est étrangère.

Est-il permis de se venger de son ennemi ? Sans doute, répondent quelques-uns ; car il est conforme à la justice de repousser l'outrage par l'outrage. Cependant une vertu pure trouve plus de grandeur à l'oublier. C'est elle qui a dicté ces maximes que vous trouverez dans plusieurs auteurs : Ne dites pas du mal de vos ennemis ; loin de chercher à leur nuire, tâchez de convertir leur haine en amitié. Quelqu'un disait à Diogène : Je veux me venger ; apprenez-moi par quels moyens. En devenant plus vertueux, répondit-il.

Ce conseil, Socrate en fit un précepte rigoureux. C'est de la hauteur où la sagesse humaine peut atteindre qu'il criait aux hommes : Il ne vous est jamais permis de rendre le mal pour le mal.

Certains peuples permettent le suicide ; mais Pythagore et Socrate, dont l'autorité est supérieure à celle de ces peuples, soutiennent que personne n'est en droit de quitter le poste que les dieux lui ont assigné dans la vie.

Les citoyens des villes commerçantes font valoir leur argent sur la place ; mais, dans le plan d'une république fondée sur la vertu, Platon ordonne de prêter sans exiger aucun intérêt.

De tout temps on a donné des éloges à la probité, à la pureté des mœurs, à la bienfaisance ; de tout temps on s'est élevé contre l'homicide, l'adultère, le parjure et toutes les espèces de vices. Les écrivains les plus corrompus sont forcés d'annoncer une saine doctrine, et les plus hardis de rejeter les conséquences qu'on tire de leurs principes. Aucun d'eux n'oserait soutenir qu'il vaut mieux commettre une injustice que de la souffrir.

Que nos devoirs soient tracés dans nos lois et dans nos auteurs, vous n'en serez pas surpris ; mais vous le serez en étudiant l'esprit de nos institutions. Les fêtes, les spectacles et les arts eurent parmi nous, dans l'origine, un objet moral dont il serait facile de suivre les traces.

Des usages qui paraissent indifférents présentent quelquefois une leçon touchante. On a soin d'élever les temples des Grâces dans des endroits exposés à tous les yeux, parce que la reconnaissance ne peut être trop éclatante. Jusque dans le mécanisme de notre langue, les lumières de l'instinct ou de la raison ont introduit des vérités précieuses. Parmi ces anciennes formules de politesse que nous employons en différentes rencontres, il en est une qui mérite de l'attention. Au lieu de dire *Je vous salue*, je vous dis simplement *Faites le bien*; c'est vous souhaiter le plus grand bonheur. Le même mot [1] désigne celui qui se distingue par sa valeur ou par sa vertu, parce que le courage est aussi nécessaire à l'une qu'à l'autre. Veut-on donner l'idée d'un homme parfaitement vertueux, on lui attribue la beauté et la bonté [2], c'est-à-dire les deux qualités qui attirent le plus l'admiration et la confiance.

Avant que de terminer cet article, je dois vous parler d'un genre qui depuis quelque temps exerce nos écrivains ; c'est celui des caractères. Voyez, par exemple, avec quelles couleurs Aristote a peint la grandeur d'âme.

Nous appelons magnanime celui dont l'âme, naturellement élevée, n'est jamais éblouie par la prospérité ni abattue par les revers.

Parmi tous les biens extérieurs, il ne fait cas que de cette considération qui est acquise et accordée par l'honneur. Les distinctions les plus importantes ne méritent pas ses transports, parce qu'elles lui sont dues ; il y renoncerait plutôt que de les obtenir pour des causes légères, ou par des gens qu'il méprise.

[1] Ἄριστος, qu'on peut traduire par *excellent*.
[2] Καλὸς κἀγαθός, bel ou bon.

Comme il ne connaît pas la crainte, sa haine, son amitié, tout ce qu'il fait, tout ce qu'il dit, est à découvert; mais ses haines ne sont pas durables : persuadé que l'offense ne saurait l'atteindre, souvent il la néglige et finit par l'oublier.

Il aime à faire des choses qui passent à la postérité; mais il ne parle jamais de lui, parce qu'il n'aime pas la louange. Il est plus jaloux de rendre des services que d'en recevoir. Jusque dans ses moindres actions on aperçoit l'empreinte de la grandeur; s'il fait des acquisitions, s'il veut satisfaire des goûts particuliers, la beauté le frappe plus que l'utilité.

J'interrompis Euclide : Ajoutez, lui dis-je, que, chargé des intérêts d'un grand état, il développe dans ses entreprises et dans ses traités toute la noblesse de son âme; que pour maintenir l'honneur de la nation, loin de recourir à de petits moyens, il n'emploie que la fermeté, la franchise et la supériorité du talent; et vous aurez ébauché le portrait de cet Arsame avec qui j'ai passé en Perse des jours si fortunés, et qui, de tous les vrais citoyens de cet empire, fut le seul à ne pas s'affliger de sa disgrâce.

Je parlai à Euclide d'un autre portrait qu'on m'avait montré en Perse, et dont je n'avais retenu que les traits suivants.

Je consacre à l'épouse d'Arsame l'hommage que la vérité doit à la vertu. Pour parler de son esprit, il faudrait en avoir autant qu'elle; mais, pour parler de son cœur, son esprit ne suffirait pas, il faudrait avoir son âme.

Phédime discerne d'un coup d'œil les différents rapports d'un objet, d'un seul mot elle sait les exprimer. Elle semble quelquefois se rappeler ce qu'elle n'a jamais appris. D'après quelques notions, il lui serait aisé de suivre l'histoire des égarements de l'esprit : d'après plusieurs exemples, elle ne suivrait pas celle des égarements du cœur; le sien est trop pur et trop simple pour les concevoir.....

Elle pourrait, sans en rougir, contempler la suite des pensées et des sentiments qui l'ont occupée pendant toute sa vie. Sa conduite a prouvé que les vertus, en se réunissant, n'en font qu'une; elle a prouvé aussi qu'une telle vertu est le plus sûr moyen d'acquérir l'estime générale sans exciter l'envie.....

Au courage intrépide que donne l'énergie du caractère, elle joint une bonté aussi active qu'inépuisable; son âme, toujours en vie, semble ne respirer que pour le bonheur des autres....

Elle n'a qu'une ambition, celle de plaire à son époux : si, dans sa jeunesse, vous aviez relevé les agréments de sa figure et ses qualités, dont je n'ai donné qu'une faible idée, vous l'auriez moins flattée que si vous lui aviez parlé d'Arsame.....

CHAPITRE LXXXII.

Nouvelle entreprise de Philippe ; bataille de Chéronée ; portrait d'Alexandre.

La Grèce s'était élevée au plus haut point de la gloire ; il fallait qu'elle descendît au terme d'humiliation fixé par cette destinée qui agite sans cesse la balance des empires. Le déclin, annoncé depuis long-temps, fut très-marqué pendant mon séjour en Perse, et très-rapide quelques années après. Je cours au dénoûment de cette grande révolution ; j'abrégerai le récit des faits, et me contenterai quelquefois d'extraire le journal de mon voyage.

SOUS L'ARCHONTE NICOMAQUE.
La quatrième année de la cent neuvième olympiade.
Depuis le 30 juin de l'an 341 jusqu'au 19 juillet de l'an 340 avant J.-C.

Philippe avait formé de nouveau le dessein de s'emparer de l'île d'Eubée par ses intrigues, et de la ville de Mégare par les armes des Béotiens, ses alliés. Maître de ces deux postes, il l'eût été bientôt d'Athènes. Phocion a fait une seconde expédition en Eubée, et en a chassé les tyrans établis par Philippe ; il a marché ensuite au secours des Mégariens, a fait échouer les projets des Béotiens, et mis la place hors d'insulte.

Si Philippe pouvait assujettir les villes grecques qui bornent ses états du côté de l'Hellespont et de la Propontide, il disposerait du commerce des blés que les Athéniens tirent du Pont-Euxin, et qui sont absolument nécessaires à leur subsistance. Dans cette vue il avait attaqué la forte place de Périnthe. Les assiégés ont fait une résistance digne des plus grands éloges. Ils attendaient du secours de la part du roi de Perse ; ils en ont reçu des Byzantins. Philippe, irrité contre ces derniers, a levé le siége de Périnthe, et s'est placé sous les murs de Byzance, qui tout de suite a fait partir des députés pour Athènes. Ils ont obtenu des vaisseaux et des soldats commandés par Charès.

SOUS L'ARCHONTE THÉOPHRASTE.
La première année de la cent dixième olympiade.
Depuis le 19 juillet de l'an 340 jusqu'au 8 juillet de l'an 339 avant J.-C.

La Grèce a produit, de mon temps, plusieurs grands hommes dont elle peut s'honorer, trois surtout dont elle doit s'enorgueillir :

Épaminondas, Timoléon et Phocion. Je ne fis qu'entrevoir les deux premiers ; j'ai mieux connu le dernier. Je le voyais souvent dans la petite maison qu'il occupait au quartier de Mélite. Je le trouvais toujours différent des autres hommes, mais toujours semblable à lui-même. Lorsque je me sentais découragé à l'aspect de tant d'injustices et d'horreurs qui dégradent l'humanité, j'allais respirer un moment auprès de lui, et je revenais plus tranquille et plus vertueux.

Le 13 d'anthestérion[1]. J'assistais hier à la représentation d'une nouvelle tragédie, qui fut tout à coup interrompue. Celui qui jouait le rôle de reine refusait de paraître, parce qu'il n'avait pas un cortège assez nombreux. Comme les spectateurs s'impatientaient, l'entrepreneur Mélanthius poussa l'acteur jusqu'au milieu de la scène, en s'écriant : « Tu me demandes plusieurs suivantes, et la femme de Phocion n'en a qu'une quand elle se montre dans les rues d'Athènes ! » Ces mots, que tout le monde entendit, furent suivis de si grands applaudissements que, sans attendre la fin de la pièce, je courus au plus vite chez Phocion. Je le trouvai tirant de l'eau de son puits, et sa femme pétrissant le pain du ménage. Je tressaillis à cette vue, et racontai avec plus de chaleur ce qui venait de se passer au théâtre. Ils m'écoutèrent avec indifférence. J'aurais dû m'y attendre. Phocion était peu flatté des éloges des Athéniens, et sa femme l'était plus des actions de son époux que de la justice qu'on leur rendait.

Il était alors dégoûté de l'inconstance du peuple, et encore plus indigné de la bassesse des orateurs publics. Pendant qu'il me parlait de l'avidité des uns, de la vanité des autres, Démosthène entra. Ils s'entretinrent de l'état actuel de la Grèce. Démosthène voulait déclarer la guerre à Philippe; Phocion, maintenir la paix.

Ce dernier était persuadé que la perte d'une bataille entraînerait celle d'Athènes; qu'une victoire prolongerait une guerre que les Athéniens, trop corrompus, n'étaient plus en état de soutenir; que, loin d'irriter Philippe et de lui fournir un prétexte d'entrer dans l'Attique, il fallait attendre qu'il s'épuisât en expéditions lointaines, et qu'il continuât d'exposer des jours dont le terme serait le salut de la république.

Démosthène ne pouvait renoncer au rôle brillant dont il s'est emparé. Depuis la dernière paix, deux hommes de génies différents, mais d'une obstination égale, se livrent un combat qui fixe les regards de la Grèce. On voit, d'un côté, un souverain jaloux de dominer sur toutes les nations, soumettant les unes par la force

[1] 23 février 339.

de ses armes, agitant les autres par ses émissaires; lui-même, couvert de cicatrices, courant sans cesse à de nouveaux dangers, et livrant à la fortune telle partie de son corps qu'elle voudra choisir, pourvu qu'avec le reste il puisse vivre comblé d'honneur et de gloire. D'un autre côté, c'est un simple particulier qui lutte avec effort contre l'indolence des Athéniens, contre l'aveuglement de leurs alliés, contre la jalousie de leurs orateurs, opposant la vigilance à la ruse, l'éloquence aux armées; faisant retentir la Grèce de ses cris, et l'avertissant de veiller sur les démarches du prince; envoyant de tous côtés des ambassadeurs, des troupes, des flottes pour s'opposer à ses entreprises, et parvenu au point de se faire redouter du plus redoutable des vainqueurs.

Mais l'ambition de Démosthène, qui n'échappait pas à Phocion, se cachait adroitement sous les motifs qui devaient engager les Athéniens à prendre les armes; motifs que j'ai développés plus d'une fois. Ces deux orateurs les discutèrent de nouveau dans la conférence où je fus admis. Ils parlèrent l'un et l'autre avec véhémence; Démosthène toujours avec respect, Phocion quelquefois avec amertume. Comme ils ne purent s'accorder, le premier dit en s'en allant : « Les Athéniens vous feront mourir dans un moment de délire. — Et vous, répliqua le second, dans un retour de bon sens. »

Le 16 d'anthestérion[1]. On a nommé aujourd'hui quatre députés pour l'assemblée des amphictyons, qui doit se tenir, au printemps prochain, à Delphes.

Le.....[2]. Il s'est tenu ici une assemblée générale. Les Athéniens, alarmés du siége de Byzance, venaient de recevoir une lettre de Philippe qui les accusait d'avoir enfreint plusieurs articles du traité de paix et d'alliance qu'ils signèrent il y a sept ans. Démosthène a pris la parole; et, d'après son conseil, vainement combattu par Phocion, le peuple a ordonné de briser la colonne où se trouve inscrit ce traité, d'équiper des vaisseaux, et de se préparer à la guerre.

On avait appris quelques jours auparavant que ceux de Byzance aimaient mieux se passer du secours des Athéniens que de recevoir dans leurs murs des troupes commandées par un général aussi détesté que Charès. Le peuple a nommé Phocion pour le remplacer.

Le 30 d'élaphébolion[3]. Dans la dernière assemblée des amphictyons, un citoyen d'Amphissa, capitale des Locriens Ozoles, située à soixante stades de Delphes, vomissait des injures atroces

[1] 26 février 339. — [2] Vers le même temps. — [3] 10 avril 339.

contre les Athéniens, et proposait de les condamner à une amende de cinquante talents [1], pour avoir autrefois suspendu au temple des boucliers dorés, monuments de leurs victoires sur les Mèdes et les Thébains. Eschine, voulant détourner cette accusation, fit voir que les habitants d'Amphissa, s'étant emparés du port de Cirrha et de la contrée voisine, pays originairement consacré au temple, avaient encouru la peine portée contre les sacrilèges. Le lendemain les députés de la ligue amphictyonique, suivis d'un grand nombre de Delphiens, descendirent dans la plaine, brûlèrent les maisons, et comblèrent en partie le port. Ceux d'Amphissa, étant accourus en armes, poursuivirent les agresseurs jusqu'aux portes de Delphes.

Les amphictyons, indignés, méditent une vengeance éclatante. Elle sera prononcée dans la diète des Thermopyles, qui s'assemble pour l'ordinaire en automne; mais on la tiendra plus tôt cette année.

On ne s'attendait pas à cette guerre. On soupçonne Philippe de l'avoir suscitée; quelques-uns accusent Eschine d'avoir agi de concert avec ce prince.

Lo..... [2]. Phocion campait sous les murs de Byzance. Sur la réputation de sa vertu, les magistrats de la ville introduisirent ses troupes dans la place. Leur discipline et leur valeur rassurèrent les habitants, et contraignirent Philippe à lever le siége. Pour couvrir la honte de sa retraite, il dit que sa gloire le forçait à venger une offense qu'il venait de recevoir d'une tribu de Scythes. Mais avant de partir il eut soin de renouveler la paix avec les Athéniens, qui tout de suite oublièrent les décrets et les préparatifs qu'ils avaient faits contre lui.

Le..... [3]. On a lu dans l'assemblée générale deux décrets, l'un des Byzantins, l'autre de quelques villes de l'Hellespont. Celui des premiers porte qu'en reconnaissance des secours que ceux de Byzance et de Périnthe ont reçus des Athéniens, ils leur accordent le droit de cité dans leurs villes, la permission d'y contracter des alliances et d'y acquérir des terres ou des maisons, avec la préséance aux spectacles, et plusieurs autres priviléges. On doit ériger au Bosphore trois statues de seize coudées [4] chacune, représentant le peuple d'Athènes couronné par ceux de Byzance et de Périnthe. Il est dit dans le second décret que quatre villes de la Chersonèse

---

[1] Deux cent soixante-dix mille livres.
[2] Vers le mois de mai ou de juin 339.
[3] Vers le mois de mai ou de juin 339.
[4] Vingt-deux de nos pieds et huit pouces.

de Thrace, protégées contre Philippe par la générosité des Athéniens, ont résolu de leur offrir une couronne du prix de soixante talents [1], et d'élever deux autels, l'un à la Reconnaissance, et l'autre au peuple d'Athènes.

SOUS L'ARCHONTE LYSIMAQUE.

La deuxième année de la cent dixième olympiade.

Depuis le 8 juillet de l'an 339 jusqu'au 28 juin de l'an 338 avant J.-C

Le..... [2]. Dans la diète tenue aux Thermopyles, les amphictyons ont ordonné de marcher contre ceux d'Amphissa, et ont nommé Cottyphe général de la ligue. Les Athéniens et les Thébains, qui désapprouvent cette guerre, n'avaient point envoyé de députés à l'assemblée. Philippe est encore en Scythie, et n'en reviendra pas sitôt; mais on présume que, du fond de ces régions éloignées, il a dirigé les opérations de la diète.

Le..... [3]. Les malheureux habitants d'Amphissa, vaincus dans un premier combat, s'étaient soumis à des conditions humiliantes; loin de les remplir, ils avaient, dans une seconde bataille, repoussé l'armée de la ligue, et blessé même le général. C'était peu de temps avant la dernière assemblée des amphictyons; elle s'est tenue à Delphes. Des Thessaliens, vendus à Philippe, ont fait si bien par leurs manœuvres qu'elle lui a confié le soin de venger les outrages faits au temple de Delphes. Il dut à la première guerre sacrée d'être admis au rang des amphictyons; celle-ci le placera pour jamais à la tête d'une confédération à laquelle on ne pourra résister sans se rendre coupable d'impiété. Les Thébains ne peuvent plus lui disputer l'entrée des Thermopyles. Ils commencent néanmoins à pénétrer ses vues; et, comme il se défie de leurs intentions, il a ordonné aux peuples du Péloponnèse, qui font partie du corps amphictyonique, de se réunir, au mois de boédromion [4], avec leurs armes et des provisions pour quarante jours.

Le mécontentement est général dans la Grèce. Sparte garde un profond silence; Athènes est incertaine et tremblante; elle voudrait et n'ose pas se joindre aux prétendus sacriléges. Dans une de ses assemblées, on proposait de consulter la pythie. *Elle philippise*, s'est écrié Démosthène, et la proposition n'a pas passé.

Dans une autre, on a rapporté que la prêtresse, interrogée, avait

[1] Trois cent vingt-quatre mille livres. Cette somme est si forte que je soupçonne le texte altéré en cet endroit.
[2] Vers le mois d'août 339.
[3] Au printemps de 338.
[4] Ce mois commença le 26 août de l'an 338.

répondu que tous les Athéniens étaient du même avis, à l'exception d'un seul. Les partisans de Philippe avaient suggéré cet oracle pour rendre Démosthène odieux au peuple ; celui-ci le retournait contre Eschine. Pour terminer ces débats puérils, Phocion a dit : « Cet homme que vous cherchez, c'est moi, qui n'approuve rien de ce que vous faites. »

Le 23 d'élaphébolion [1]. Le danger devient tous les jours plus pressant ; les alarmes croissent à proportion. Ces Athéniens qui, l'année dernière, résolurent de rompre le traité de paix qu'ils avaient avec Philippe, lui envoient des ambassadeurs pour l'engager à maintenir ce traité jusqu'au mois de thargélion [2].

Le 1er de munychion [3]. On avait envoyé de nouveaux ambassadeurs au roi pour le même objet. Ils ont rapporté sa réponse. Il n'ignore point, dit-il dans sa lettre, que les Athéniens s'efforcent de détacher de lui les Thessaliens, les Béotiens et les Thébains. Il veut bien cependant souscrire à leur demande, et signer une trêve, mais à condition qu'ils n'écouteront pas les funestes conseils de leurs orateurs.

Le 15 de scirophorion [4]. Philippe avait passé les Thermopyles et pénétré dans la Phocide. Les peuples voisins étaient saisis de frayeur ; cependant, comme il protestait qu'il n'en voulait qu'aux Locriens, on commençait à se rassurer. Tout à coup il est tombé sur Élatée ; c'est une de ces villes qu'il eut soin d'épargner en terminant la guerre des Phocéens. Il compte s'y établir, s'y fortifier ; peut-être même a-t-il continué sa route : si les Thébains, ses alliés, ne l'arrêtent pas, nous le verrons dans deux jours sous les murs d'Athènes.

La nouvelle de la prise d'Élatée est arrivée aujourd'hui. Les prytanes [5] étaient à souper ; ils se lèvent aussitôt : il s'agit de convoquer l'assemblée pour demain. Les uns mandent les généraux et le trompette, les autres courent à la place publique, en délogent les marchands et brûlent les boutiques. La ville est pleine de tumulte ; un mortel effroi glace tous les esprits.

Le 16 de scirophorion [6]. Pendant la nuit les généraux ont couru de tous côtés, et la trompette a retenti dans toutes les rues. Au point du jour les sénateurs se sont assemblés sans rien conclure ; le peuple les attendait avec impatience dans la place. Les prytanes ont annoncé la nouvelle, le courrier l'a confirmée ; les géné-

---

[1] 27 mars 339. — [2] Ce mois commença le 30 avril. — [3] 31 mars. — [4] 12 juin 338.
[5] C'étaient cinquante sénateurs qui logeaient au Prytanée pour veiller sur les affaires importantes de l'état, et convoquer au besoin l'assemblée générale.
[6] 13 juin 338.

raux, les orateurs étaient présents. Le héraut s'est avancé et a demandé si quelqu'un voulait monter à la tribune : il s'est fait un silence effrayant. Le héraut a répété plusieurs fois les mêmes paroles. Le silence continuait, et les regards se tournaient avec inquiétude sur Démosthène ; il s'est levé : « Si Philippe, a-t-il dit, était d'intelligence avec les Thébains, il serait déjà sur les frontières de l'Attique ; il ne s'est emparé d'une place si voisine de leurs états que pour réunir en sa faveur les deux factions qui les divisent, en inspirant de la confiance à ses partisans et de la crainte à ses ennemis. Pour prévenir cette réunion, Athènes doit oublier aujourd'hui tous les sujets de haine qu'elle a depuis longtemps contre Thèbes, sa rivale ; lui montrer le péril qui la menace ; lui montrer une armée prête à marcher à son secours ; s'unir, s'il est possible, avec elle par une alliance et des serments qui garantissent le salut des deux républiques et celui de la Grèce entière. »

Ensuite il a proposé un décret, dont voici les principaux articles : « Après avoir imploré l'assistance des dieux protecteurs de l'Attique, on équipera deux cents vaisseaux ; les généraux conduiront les troupes à Éleusis ; des députés iront dans toutes les villes de la Grèce ; ils se rendront à l'instant même chez les Thébains pour les exhorter à défendre leur liberté, leur offrir des armes, des troupes, de l'argent, et leur représenter que, si Athènes a cru jusqu'ici qu'il était de sa gloire de leur disputer la prééminence, elle pense maintenant qu'il serait honteux pour elle, pour les Thébains, pour tous les Grecs, de subir le joug d'une puissance étrangère. »

Ce décret a passé sans la moindre opposition ; on a nommé cinq députés, parmi lesquels sont Démosthène et l'orateur Hypéride ; ils vont partir incessamment.

Le.... Nos députés trouvèrent à Thèbes les députés des alliés de cette ville. Ces derniers, après avoir comblé Philippe d'éloges et les Athéniens de reproches, représentèrent aux Thébains qu'en reconnaissance des obligations qu'ils avaient à ce prince, ils devaient lui ouvrir un passage dans leurs états et même tomber avec lui sur l'Attique. On leur faisait envisager cette alternative, ou que les dépouilles des Athéniens seraient transportées à Thèbes, ou que celles des Thébains deviendraient le partage des Macédoniens. Ces raisons, ces menaces furent exposées avec beaucoup de force par un des plus célèbres orateurs de ce siècle, Python de Byzance, qui parlait au nom de Philippe ; mais Démosthène répondit avec tant de supériorité que les Thébains n'hésitèrent pas à recevoir dans leurs murs l'armée des Athéniens, commandée par

Charès et par Stratoclès [1]. Le projet d'unir les Athéniens avec les Thébains est regardé comme un trait de génie, le succès comme le triomphe de l'éloquence.

Le..... En attendant des circonstances plus favorables, Philippe prit le parti d'exécuter le décret des amphictyons et d'attaquer la ville d'Amphissa ; mais, pour en approcher, il fallait forcer un défilé que défendaient Charès et Proxène, le premier avec un détachement de Thébains et d'Athéniens, le second avec un corps d'auxiliaires que les Athéniens venaient de prendre à leur solde. Après quelques vaines tentatives, Philippe fit tomber entre leurs mains une lettre dans laquelle il marquait à Parménion que les troubles tout à coup élevés dans la Thrace exigeaient sa présence, et l'obligeaient à renvoyer à un autre temps le siége d'Amphissa. Ce stratagème réussit. Charès et Proxène abandonnèrent le défilé ; le roi s'en saisit aussitôt, battit les Amphissiens et s'empara de leur ville.

SOUS L'ARCHONTE CHARONDAS.

La troisième année de la cent dixième olympiade.

Depuis le 28 juin de l'an 338 jusqu'au 17 juillet de l'an 337 avant J.-C.

Le..... [2]. Il paraît que Philippe veut terminer la guerre ; il doit nous envoyer des ambassadeurs. Les chefs des Thébains ont entamé des négociations avec lui et sont même près de conclure. Ils nous ont communiqué ses propositions, et nous exhortent à les accepter. Beaucoup de gens ici opinent à suivre leur conseil ; mais Démosthène, qui croit avoir humilié Philippe, voudrait l'abattre et l'écraser.

Dans l'assemblée d'aujourd'hui, il s'est ouvertement déclaré pour la continuation de la guerre ; Phocion, pour l'avis contraire. « Quand conseillerez-vous donc la guerre ? » lui a demandé l'orateur Hypéride. Il a répondu : « Quand je verrai les jeunes gens observer la discipline, les riches contribuer, les orateurs ne pas épuiser le trésor. » Un avocat, du nombre de ceux qui passent leur vie à porter des accusations aux tribunaux de justice, s'est écrié : « Eh quoi ! Phocion, maintenant que les Athéniens ont les armes à la main, vous osez leur proposer de les quitter ! Oui, je l'ose, a-t-il repris, sachant très-bien que j'aurai de l'autorité sur vous pendant la guerre, et vous sur moi pendant la paix. » L'orateur

---

[1] Diodore l'appelle Lysiclès ; mais Eschine (*De fals. leg.* p. 451) et Polyænus (*Strateg.* lib. IV, cap. 2, § 2) le nomment Stratoclès. Le témoignage d'Eschine doit faire préférer cette dernière leçon.

[2] Dans les premiers jours de juillet de l'an 338.

Polyeucte a pris ensuite la parole : comme il est extrêmement gros et que la chaleur était excessive, il suait à grosses gouttes et ne pouvait continuer son discours sans demander à tout moment un verre d'eau. « Athéniens, a dit Phocion, vous avez raison d'écouter de pareils orateurs ; car cet homme, qui ne peut dire quatre mots en votre présence sans étouffer, fera sans doute des merveilles lorsque, chargé de la cuirasse et du bouclier, il sera près de l'ennemi. » Comme Démosthène insistait sur l'avantage de transporter le théâtre de la guerre dans la Béotie, loin de l'Attique : « N'examinons pas, a répondu Phocion, où nous donnerons la bataille, mais où nous la gagnerons. » L'avis de Démosthène a prévalu : au sortir de l'assemblée il est parti pour la Béotie.

Le..... [1] Démosthène a forcé les Thébains et les Béotiens à rompre toute négociation avec Philippe. Plus d'espérance de paix.

Le..... Philippe s'est avancé à la tête de trente mille hommes de pied et de deux mille chevaux au moins jusqu'à Chéronée en Béotie : il n'est plus qu'à sept cents stades d'Athènes [2].

Démosthène est partout, il fait tout ; il imprime un mouvement rapide aux diètes des Béotiens, aux conseils des généraux. Jamais l'éloquence n'opéra de si grandes choses ; elle a excité dans toutes les âmes l'ardeur de l'enthousiasme et la soif des combats. A sa voix impérieuse on voit s'avancer vers la Béotie les bataillons nombreux des Achéens, des Corinthiens, des Leucadiens et de plusieurs autres peuples. La Grèce étonnée s'est levée, pour ainsi dire, en pied, les yeux fixés sur la Béotie, dans l'attente cruelle de l'événement qui va décider de son sort.

Athènes passe à chaque instant par toutes les convulsions de l'espérance et de la terreur. Phocion est tranquille. Hélas ! je ne saurais l'être ; Philotas est à l'armée. On dit qu'elle est plus forte que celle de Philippe.

La bataille est perdue. Philotas est mort ; je n'ai plus d'amis ; il n'y a plus de Grèce. Je retourne en Scythie.

Mon journal finit ici, je n'eus pas la force de le continuer : mon dessein était de partir à l'instant ; mais je ne pus résister aux prières de la sœur de Philotas et d'Apollodore, son époux : je passai encore un an avec eux, et nous pleurâmes ensemble.

Je vais maintenant me rappeler quelques circonstances de la bataille. Elle se donna le sept du mois de métagéitnion [3].

Jamais les Athéniens et les Thébains ne montrèrent plus de cou-

---

[1] Dans les premiers jours de juillet de l'an 338.
[2] Sept cents stades font vingt-six de nos lieues de onze cent cinquante toises.
[3] Le 3 août de l'an 338 avant J.-C.

rage. Les premiers avaient même enfoncé la phalange macédonienne ; mais leurs généraux ne surent pas profiter de cet avantage. Philippe, qui s'en aperçut, dit froidement que les Athéniens ne savaient pas vaincre, et il rétablit l'ordre dans son armée. Il commandait l'aile droite ; Alexandre, son fils, l'aile gauche. L'un et l'autre montrèrent la plus grande valeur. Démosthène fut des premiers à prendre la fuite. Du côté des Athéniens, plus de mille hommes périrent d'une mort glorieuse ; plus de deux mille furent prisonniers. La perte des Thébains fut à peu près égale.

Le roi laissa d'abord éclater une joie indécente. Après un repas où ses amis, à son exemple, se livrèrent aux plus grands excès, il alla sur le champ de bataille, n'eut pas de honte d'insulter ces braves guerriers qu'il voyait étendus à ses pieds, et se mit à déclamer, en battant la mesure, le décret que Démosthène avait dressé pour susciter contre lui les peuples de la Grèce. L'orateur Démade, quoique chargé de fers, lui dit : « Philippe, vous jouez le rôle de Thersite, et vous pourriez jouer celui d'Agamemnon. » Ces mots le firent rentrer en lui-même. Il jeta la couronne de fleurs qui ceignait sa tête, remit Démade en liberté, et rendit justice à la valeur des vaincus.

La ville de Thèbes, qui avait oublié ses bienfaits, fut traitée avec plus de rigueur. Il laissa une garnison dans la citadelle ; quelques-uns des principaux habitants furent bannis, d'autres mis à mort. Cet exemple de sévérité, qu'il crut nécessaire, éteignit sa vengeance, et le vainqueur n'exerça plus que des actes de modération. On lui conseillait de s'assurer des plus fortes places de la Grèce ; il dit qu'il aimait mieux une longue réputation de clémence que l'éclat passager de la domination. On voulait qu'il sévît du moins contre ces Athéniens qui lui avaient causé de si vives alarmes ; il répondit : « Aux dieux ne plaise que je détruise le théâtre de la gloire, moi qui ne travaille que pour elle ! » Il leur permit de retirer leurs morts et leurs prisonniers. Ces derniers, enhardis par ses bontés, se conduisirent avec l'indiscrétion et la légèreté qu'on reproche à leur nation ; ils demandèrent hautement leurs bagages et se plaignirent des officiers macédoniens. Philippe eut la complaisance de se prêter à leurs vœux, et ne put s'empêcher de dire en riant : « Ne semble-t-il pas que nous les ayons vaincus au jeu des osselets ! »

Quelque temps après et pendant que les Athéniens se préparaient à soutenir un siége, Alexandre vint, accompagné d'Antipater, leur offrir un traité de paix et d'alliance. Je vis alors cet Alexandre, qui depuis a rempli la terre d'admiration et de deuil. Il avait dix-

CHAPITRE LXXXII.

huit ans, et s'était déjà signalé dans plusieurs combats. A la bataille de Chéronée, il avait enfoncé et mis en fuite l'aile droite de l'armée ennemie. Cette victoire ajoutait un nouvel éclat aux charmes de sa figure. Il a les traits réguliers, le teint beau et vermeil, le nez aquilin, les yeux grands, pleins de feu, les cheveux blonds et bouclés, la tête haute, mais un peu penchée vers l'épaule gauche, la taille moyenne, fine et dégagée, le corps bien proportionné et fortifié par un exercice continuel. On dit qu'il est très-léger à la course et très-recherché dans sa parure. Il entra dans Athènes sur un cheval superbe qu'on nommait Bucéphale, que personne n'avait pu dompter jusqu'à lui, et qui avait coûté treize talents [1].

Bientôt on ne s'entretint que d'Alexandre. La douleur où j'étais plongé ne me permit pas de l'étudier de près. J'interrogeai un Athénien qui avait long-temps séjourné en Macédoine; il me dit :

Ce prince joint à beaucoup d'esprit et de talents un désir insatiable de s'instruire, et du goût pour les arts, qu'il protége sans s'y connaître. Il a de l'agrément dans la conversation, de la douceur et de la fidélité dans le commerce de l'amitié, une grande élévation dans les sentiments et dans les idées. La nature lui donna le germe de toutes les vertus, et Aristote lui en développa les principes. Mais au milieu de tant d'avantages règne une passion funeste pour lui, et peut-être pour le genre humain : c'est une envie excessive de dominer, qui le tourmente jour et nuit. Elle s'annonce tellement dans ses regards, dans son maintien, dans ses paroles et ses moindres actions, qu'en l'approchant on est comme saisi de respect et de crainte. Il voudrait être l'unique souverain de l'univers et le seul dépositaire des connaissances humaines. L'ambition et toutes ces qualités brillantes qu'on admire dans Philippe se retrouvent dans son fils, avec cette différence que chez l'un elles sont mêlées avec des qualités qui les tempèrent, et que chez l'autre la fermeté dégénère en obstination, l'amour de la gloire en frénésie, le courage en fureur ; car toutes ses volontés ont l'inflexibilité du destin, et se soulèvent contre les obstacles, de même qu'un torrent s'élance en mugissant au-dessus du rocher qui s'oppose à son cours.

Philippe emploie différents moyens pour aller à ses fins; Alexandre ne connaît que son épée. Philippe ne rougit pas de disputer aux jeux olympiques la victoire à de simples particuliers ; Alexandre ne voudrait y trouver pour adversaires que des rois. Il semble qu'un sentiment secret avertit sans cesse le premier qu'il n'est

[1] Soixante-dix mille deux cents livres.

parvenu à cette haute élévation qu'à force de travaux, et le second qu'il est né dans le sein de la grandeur [1].

Jaloux de son père, il voudra le surpasser ; émule d'Achille, il tâchera de l'égaler. Achille est à ses yeux le plus grand des héros, et Homère le plus grand des poètes, parce qu'il a immortalisé Achille. Plusieurs traits de ressemblance rapprochent Alexandre du modèle qu'il a choisi. C'est la même violence dans le caractère, la même impétuosité dans les combats, la même sensibilité dans l'âme. Il disait un jour qu'Achille fut le plus heureux des mortels, puisqu'il eut un ami tel que Patrocle, et un panégyriste tel qu'Homère.

La négociation d'Alexandre ne traîna pas en longueur. Les Athéniens acceptèrent la paix. Les conditions en furent très-douces. Philippe leur rendit même l'île de Samos, qu'il avait prise quelque temps auparavant. Il exigea seulement que leurs députés se rendissent à la diète qu'il allait convoquer à Corinthe pour l'intérêt général de la Grèce.

SOUS L'ARCHONTE PHRYNICUS.
La quatrième année de la cent dixième olympiade.
Depuis le 17 juillet de l'an 337 jusqu'au 7 juillet de l'an 336 avant J.-C.

Les Lacédémoniens refusèrent de paraître à la diète de Corinthe. Philippe s'en plaignit avec hauteur, et reçut pour toute réponse ces mots : « Si tu te crois plus grand après ta victoire, mesure ton ombre ; elle n'a pas augmenté d'une ligne. » Philippe irrité répliqua : « Si j'entre dans la Laconie, je vous en chasserai tous. » Ils répondirent : « Si. »

Un objet plus important l'empêcha d'effectuer ses menaces. Les députés de presque toute la Grèce étant assemblés, ce prince leur proposa d'abord d'éteindre toutes les dissensions qui jusqu'alors avaient divisé les Grecs, et d'établir un conseil permanent chargé de veiller au maintien de la paix universelle. Ensuite il leur représenta qu'il était temps de venger la Grèce des outrages qu'elle avait éprouvés autrefois de la part des Perses, et de porter la guerre dans les états du grand roi. Ces deux propositions furent reçues avec applaudissement, et Philippe fut élu tout d'une voix généralissime de l'armée des Grecs, avec les pouvoirs les plus amples. En même temps on régla le contingent des troupes que chaque ville pouvait fournir ; elles se montaient à deux cent mille

---

[1] Voyez la comparaison de Philippe et d'Alexandre dans l'excellente histoire que M. Olivier de Marseille publia du premier de ces princes en 1740 (t. II, p. 425).

hommes de pied et quinze mille de cavalerie, sans y comprendre les soldats de la Macédoine et ceux des nations barbares soumises à ses lois. Après ces résolutions, il retourna dans ses états pour se préparer à cette glorieuse expédition.

Ce fut alors qu'expira la liberté de la Grèce. Ce pays, si fécond en grands hommes, sera pour long-temps asservi aux rois de Macédoine. Ce fut alors aussi que je m'arrachai d'Athènes, malgré les nouveaux efforts qu'on fit pour me retenir. Je revins en Scythie, dépouillé des préjugés qui m'en avaient rendu le séjour odieux. Accueilli d'une nation établie sur les bords du Borysthène, je cultive un petit bien qui avait appartenu au sage Anacharsis, un de mes aïeux. J'y goûte le calme de la solitude; j'ajouterais, toutes les douceurs de l'amitié, si le cœur pouvait réparer ses pertes. Dans ma jeunesse je cherchai le bonheur chez les nations éclairées, dans un âge plus avancé, j'ai trouvé le repos chez un peuple qui ne connaît que les biens de la nature.

FIN DU VOYAGE D'ANACHARSIS.

TABLES.

Ire. Principales époques de l'histoire grecque, depuis la fondation du royaume d'Argos jusqu'à la fin du règne d'Alexandre.
IIe. Mois attiques avec les noms des fêtes.
IIIe. Noms de ceux qui se sont distingués dans les lettres et dans les arts depuis l'arrivée de la colonie phénicienne en Grèce jusqu'à l'établissement de l'école d'Alexandrie.
IVe. Rapport des mesures romaines avec les nôtres.
V^e. Rapport du pied romain avec le pied-de-roi.
VIe. Rapport des pas romains avec nos toises.
VIIe. Rapport des milles romains avec nos toises.
VIIIe. Rapport du pied grec avec le pied-de-roi.
IXe. Rapport des stades avec nos toises ainsi qu'avec les milles romains.
X^e. Rapport des stades avec nos lieues de deux mille cinq cents toises.
XIe. Evaluation des monnaies d'Athènes.
XIIe. Rapport des poids grecs avec les nôtres.

AVERTISSEMENT

SUR LES TABLES SUIVANTES.

J'ai pensé que ces tables pourraient être utiles à ceux qui liront le *Voyage du jeune Anacharsis*, et à ceux qui ne le liront pas.

La première contient les principales époques de l'histoire grecque jusqu'à la fin du règne d'Alexandre. Je les ai toutes discutées avec soin ; et quoique j'eusse choisi des guides très-éclairés, je n'ai presque jamais déféré à leurs opinions qu'après les avoir comparées à celles des autres chronologistes.

J'ai donné des tables d'approximation pour les distances des lieux et pour la valeur des monnaies d'Athènes, parce qu'il est souvent question dans mon ouvrage et de ces monnaies et de ces distances. Les tables des mesures itinéraires des Romains étaient nécessaires pour parvenir à la connaissance des mesures des Grecs.

Je n'ai évalué ici ni les mesures cubiques des anciens ni les monnaies des différents peuples de la Grèce, parce que j'ai eu rarement occasion d'en parler, et que je n'ai trouvé que des résultats incertains.

Sur ces sortes de matières on n'obtient souvent, à force de recherches, que le droit d'avouer son ignorance, et je crois l'avoir acquis.

TABLE PREMIÈRE,

CONTENANT LES PRINCIPALES ÉPOQUES DE L'HISTOIRE GRECQUE,
DEPUIS LA FONDATION DU ROYAUME D'ARGOS JUSQU'A
LA FIN DU RÈGNE D'ALEXANDRE.

Je dois avertir que, pour les temps antérieurs à la première des olympiades, j'ai presque toujours suivi les calculs de feu M. Fréret, tels qu'ils sont exposés soit dans sa *Défense de la chronologie*, soit dans plusieurs de ses mémoires insérés parmi ceux de l'Académie des Belles-Lettres. Quant aux temps postérieurs à la première olympiade, je me suis communément réglé sur les *Fastes attiques* du P. Corsini.

N. B. Dans cette nouvelle édition, plusieurs dates ont été rectifiées, et quelques-unes ajoutées, d'après les monuments anciens et les ouvrages des plus habiles chronologistes, entre autres celui du savant Larcher sur la *Chronologie* d'Hérodote.

	ANNÉES av. J.-C.
Colonie conduite par Inachus à Argos	1970
Phoronée, son fils	1945
Déluge d'Ogygès dans la Béotie	1796
Colonie de Cécrops à Athènes	1657
Colonie de Cadmus à Athènes	1594
Colonie de Danaüs à Argos	1586
Déluge de Deucalion aux environs du Parnasse, ou dans la partie méridionale de la Thessalie	1580
Commencement des arts dans la Grèce	1547
Règne de Persée à Argos	1468
Fondation de Troie	1425
Naissance d'Hercule	1384
Arrivée de Pélops dans la Grèce	1362
Expédition des Argonautes. On peut placer cette époque vers l'an	1360
Naissance de Thésée	1346
Première guerre de Thèbes entre Etéocle et Polynice, fils d'Œdipe	1317
Guerre de Thésée contre Créon, roi de Thèbes	1314
Règne d'Atrée, fils de Pélops, à Argos	1310
Seconde guerre de Thèbes, ou guerre des Épigones	1307
Prise de Troie, dix-sept jours avant le solstice d'été	1227
Conquête du Péloponnèse par les Héraclides	1190
Mort de Codrus, dernier roi d'Athènes, et établissement des archontes perpétuels en cette ville	1132
Passage des Ioniens dans l'Asie-Mineure. Ils y fondent les villes d'Éphèse, de Milet, de Colophon, etc.	1130
Homère, vers l'an	900
Rétablissement des jeux olympiques par Iphitus	884
Législation de Lycurgue	845
Sa mort	841
Nicandre, fils de Charilaüs, roi de Lacédémone	824

ÉPOQUES.

HUITIÈME SIÈCLE avant JÉSUS-CHRIST.

Depuis l'an 800 jusqu'à l'an 700.

olympiades	AN.		Années av. J.-C.
j	1	Olympiade où Chorœbus remporta le prix du stade, et qui a depuis servi de principale époque à la chronologie... (Chaque olympiade est composée de quatre années. Chacune de ces années, commençant à la nouvelle lune qui suit le solstice d'été, répond à deux années juliennes, et comprend les six derniers mois de l'une et les six premiers de la suivante.)	776
ij	3	Théopompe, petit-fils de Charilaüs, neveu de Lycurgue, monte sur le trône de Lacédémone...........	770
v	3	Ceux de Chalcis dans l'Eubée envoient une colonie à Naxos en Sicile.............................	758
		Fondation de Crotone.	
	4	Syracuse fondée par les Corinthiens...........	757
		Fondation de Sybaris.	
vj	3	Charops, premier archonte décennal à Athènes......	754
vij	1	Ceux de Naxos en Sicile établissent une colonie à Catane.	752
ix	2	Commencement de la première guerre de Messénie.....	743
xiv	1	Fin de la première guerre de Messénie............	724
		La double course du stade admise aux jeux olympiques.	
xviij	1	Rétablissement de la lutte et du pentathle aux jeux olympiques...........................	708
xix	2	Phalante, Lacédémonien, conduit une colonie à Tarente..	703

SEPTIÈME SIÈCLE avant JÉSUS-CHRIST.

Depuis l'an 700 jusqu'à l'an 600.

xxiv	1	Créon, premier archonte annuel à Athènes.........	684
		Commencement de la seconde guerre de Messénie.....	682
		Vers le même temps, le poète Alcée fleurit.	
xxv	3	Course de chars à quatre chevaux instituée à Olympie vers l'an.............................	680
xxvj	1	Etablissement des jeux carnéens à Sparte.........	676
xxvij	1	Fin de la seconde guerre de Messénie par la prise d'Ira..	668
		Une colonie de Messéniens, de Pyliens et de Mothonéens s'établit à Zancle en Sicile. Cette ville prit dans la suite le nom de Messane.......................	667
xxix	2	Cypsélus s'empare du trône de Corinthe, et règne trente ans...............................	663
		Fondation de Byzance par ceux de Mégare.	
xxxiij	1	Le combat du pancrace admis aux jeux olympiques....	648
xxxiv	1	Terpandre, poète et musicien de Lesbos, fleurit......	644
xxxv	1	Naissance de Thalès, chef de l'école d'Ionie........	640
	3	Naissance de Solon.....................	638
xxxvij	1	Les combats de la course et de la lutte pour les enfants introduits aux jeux olympiques...............	632
xxxviij	1	Mort de Cypsélus, tyran de Corinthe. Son fils Périandre lui succède.............................	628
xxxix	1	Archontat et législation de Dracon à Athènes.......	624
xlj	1	Pugilat des enfants établi aux jeux olympiques.....	616
xlij	1	Meurtre des partisans de Cylon à Athènes.........	612
	2	Alcée et Sapho, poètes, fleurissent.............	611
	3	Naissance du philosophe Anaximandre...........	610
xliij	1	Naissance de Pythagore..................	608
		Il mourut âgé de 98 ans.	

SIXIÈME SIECLE AVANT JÉSUS-CHRIST.

Depuis l'an 600 jusqu'à l'an 500.

xlv	2	Fondation de Marseille....................	599
	3	Eclipse de soleil prédite par Thalès, et survenue pendant la bataille que se livraient Cyaxare, roi des Mèdes, et Alyattès, roi de Lydie, le 21 juillet, 6 heures et quart du matin............................	597
		Epiménide de Crète purifie la ville d'Athènes souillée par le meurtre des partisans de Cylon.	
xlvj	1	Solon, dans l'assemblée des amphictyons, fait prendre la résolution de marcher contre ceux de Cyrrha, accusés d'impiété envers le temple de Delphes........	596
	3	Archontat et législation de Solon............	594
xlvij	1	Arrivée du sage Anacharsis à Athènes........	592
	3	Pittacus commence à régner à Mitylène.......	590
		Il conserva le pouvoir pendant dix ans.	
		Prise et destruction de Cyrrha ou Crissa.	
xlviij	3	Concours de musiciens établis aux jeux pythiques.....	586
		Ces jeux se célébraient à Delphes au printemps.	
xlix	4	Première pythiade, servant d'époque au calcul des années où l'on célébrait les jeux publics à Delphes......	581
l	1	Premiers essais de la comédie par Susarion........	580
		Pittacus abdique la tyrannie de Mitylène.	
		Quelques années après, Thespis donne les premiers essais de la tragédie.	
lj	2	Anaximandre, philosophe de l'école ionique, devient célèbre.	575
	3	Esope florissait......................	574
lj	4	Solon va en Egypte, à Sardes..............	573
liv	2	Mort de Périandre, après un règne de soixante-dix ans. Les Corinthiens recouvrent leur liberté............	563
	1	Cyrus monte sur le trône. Commencement de l'empire des Perses...........................	560
		Pisistrate usurpe le pouvoir souverain à Athènes.	
	2	Il est chassé de cette ville.................	559
		Solon meurt âgé de quatre-vingts ans.	
	3	Naissance du poète Simonide de Céos..........	558
	4	Rétablissement de Pisistrate................	557
lvij	3	Le poète Théognis florissait................	550
lviij	1	Incendie du temple de Delphes, rétabli ensuite par les Alcméonides........................	548
lix	1	Bataille de Tymbrée. Crœsus, roi de Lydie, est défait. Cyrus s'empare de la ville de Sardes............	544
		Mort du philosophe Thalès.	
lxj	1	Thespis donne son *Alceste*. Prix établi pour la tragédie...	536
lxij	1	Anacréon florissait.....................	532
	4	Mort de Cyrus. Son fils Cambyse lui succède........	529
lxiij	2	Mort de Pisistrate, tyran d'Athènes. Ses fils Hippias et Hipparque lui succèdent................	527
	4	Naissance du poète Eschyle................	526
lxiv	1	Chœrilus, auteur tragique, florissait...........	524
	3	Mort de Polycrate, tyran de Samos, après onze ans de règne.	522
	4	Darius, fils d'Hystaspe, commence à régner en Perse....	521
lxv	2	Naissance de Pindare....................	519
lxvj	4	Mort d'Hipparque, tyran d'Athènes, tué par Harmodius et Aristogiton.......................	513
lxvij	1	Darius s'empare de Babylone, et la remet sous l'obéissance des Perses........................	512
		Hippias chassé d'Athènes.	

		ÉPOQUES.	613
lxvij	4	Clisthène, archonte à Athènes, y établit dix tribus, au lieu de quatre qu'il y en avait auparavant.	509
		Émeute de Crotone contre les pythagoriciens, qui sont chassés de la Grande-Grèce.	
lxviij	1	Expédition de Darius contre les Scythes.	508
lxix	1	L'Ionie se soulève contre Darius. Incendie de Sardes.	504

CINQUIÈME SIÈCLE AVANT JÉSUS-CHRIST.

Depuis l'an 500 jusqu'à l'an 400.

lxx	1	Course de char traîné par deux mules introduite aux jeux olympiques l'an,	500
		Naissance du philosophe Anaxagore.	
		Eschyle, âgé de vingt-cinq ans, concourt pour le prix de la tragédie avec Pratinas et Chœrilus.	
	3	Naissance de Sophocle.	498
	4	Les Samiens s'emparent, en Sicile, de Zancle.	497
lxxj	1	Prise et destruction de Milet par les Perses. Phrynichus, disciple de Thespis, en fit le sujet d'une tragédie. Il introduisit les rôles de femmes sur la scène.	496
		Naissance de Démocrite.	
		Il vécut quatre-vingt-dix ans.	
	2	Naissance de l'historien Hellanicus.	495
lxxij	2	Gélon s'empare de Géla.	491
	3	Bataille de Marathon gagnée par Miltiade le 6 boédromion (13 septembre).	490
	4	Miltiade, n'ayant pas réussi au siège de Paros, est poursuivi en justice et meurt en prison.	489
lxxiij	1	Clionidès donne à Athènes une comédie.	488
	2	Mort de Darius, roi de Perse. Xerxès son fils lui succède.	487
	4	Naissance d'Euripide.	485
		Gélon se rend maître de Syracuse.	
		Naissance d'Hérodote.	
lxxiv	4	Xerxès passe l'hiver à Sardes.	481
		Il traverse l'Hellespont au printemps, et séjourne un mois.	
lxxv	1	Combat des Thermopyles, le 6 hécatombéon (7 août). Xerxès arrive à Athènes vers la fin du mois.	480
		Combat de Salamine, le 20 boédromion (19 octobre). Le même jour les Carthaginois sont défaits à Himère par Gélon.	
		Naissance de l'orateur Antiphon.	
	2	Batailles de Platée et de Mycale, le 4 boédromion (22 septembre).	479
		Prise de Sestos.	
		Fin de l'histoire d'Hérodote.	
lxxvj	3	Mort de Gélon ; Hiéron, son frère, lui succède ; et rétablissement des murs d'Athènes.	474
lxxvij	1	Éruption du Vésuve.	472
		Thémistocle banni par l'ostracisme.	471
	3	Victoire de Cimon contre les Perses, auprès de l'Eurimédon.	470
		Naissance de Thucydide.	
	4	Eschyle et Sophocle se disputent le prix de la tragédie, qui est décerné au second.	469
		Naissance de Socrate, le 6 de thargélion (5 juin).	
		Cimon transporte les ossements de Thésée à Athènes.	
lxxviij	1	Mort de Simonide, âgé de cent ans.	468
	2	Mort d'Aristide.	467
		Mort de Xerxès. Artaxerxès Longuemain lui succède, et règne quarante ans.	465

ÉPOQUES.

lxxix	1	Tremblement de terre à Lacédémone.............	464
		Troisième guerre de Messénie ; elle dura dix ans.	
		Héraclide d'Éphèse florissait.	
	4	Cimon conduit les Athéniens au secours des Lacédémoniens, qui, le soupçonnant de perfidie, le renvoient ; source de la mésintelligence entre les deux nations. Exil de Cimon.	461
lxxx	1	Naissance d'Hippocrate.............	460
		Éphialtès diminue l'autorité de l'aréopage.	
	2	Naissance de l'orateur Lysias.............	459
lxxxj	1	Mort d'Eschyle.............	456
		Les Athéniens, sous la conduite de Tolmidès, et ensuite de Périclès, ravagent les côtes de la Laconie.	455
	2	Cratinus et Platon, poètes de l'ancienne comédie.	
lxxxij	1	Ion donne ses tragédies.............	452
		Mort de Pindare.	
	3	Trêve de cinq ans entre ceux du Péloponnèse et les Athéniens, par les soins de Cimon, qui avait été rappelé de son exil, et qui, bientôt après, conduisit une armée en Chypre.............	450
		Mort de Thémistocle, âgé de soixante-cinq ans.	
	4	Cimon contraint le roi de Perse à signer avec les Grecs un traité ignominieux pour ce prince.............	449
		Mort de Cimon.	
lxxxiij	3	Les Eubéens et les Mégariens se séparent des Athéniens, qui les soumettent, sous la conduite de Périclès....	446
		Expiration de la trêve de cinq ans entre les Lacédémoniens et les Athéniens. Nouvelle trêve de trente ans.	
lxxxiv	1	Mélissus, Protagoras et Empédocle, philosophes, florissaient.............	444
		Hérodote lit son histoire aux jeux olympiques.	
		Périclès reste sans concurrent. Il se mêlait de l'administration depuis vingt-cinq ans. Il jouit d'un pouvoir presque absolu pendant quinze ans encore.	
	3	Euripide, âgé de quarante-trois ans, remporte, pour la première fois, le prix de la tragédie.............	442
lxxxv	3	Les Athéniens envoient une colonie à Amphipolis....	438
		Construction des Propylées à la citadelle d'Athènes.	
		Inauguration de la statue de Minerve, faite par Phidias. Mort de cet artiste.	
		L'orateur Antiphon florissait.	
		Rétablissement de la comédie, interdite trois ans auparavant.	
lxxxvj	1	La guerre commence entre ceux de Corinthe et ceux de Corcyre.............	436
		Naissance d'Isocrate.	
		Alors florissaient les philosophes Démocrite, Empédocle, Hippocrate, Gorgias, Hippias, Prodicus, Zénon d'Élée, Parménide et Socrate.	
lxxxvij	1	Le 27 juin, Méton observa le solstice et produisit un nouveau cycle, qu'il fit commencer à la nouvelle lune qui suivit le solstice, le 1er du mois hécatombéon, qui répondait alors au 16 juillet.............	432
		L'année civile concourait auparavant avec la nouvelle lune qui suit le solstice d'hiver. Elle commença depuis avec celle qui vient après le solstice d'été. Ce fut aussi à cette dernière époque que les nouveaux archontes entrèrent en charge.	
	2	Commencement de la guerre du Péloponnèse au printemps de l'année.............	431
	3	Peste d'Athènes.............	430
		Eupolis commence à donner des comédies.	
	4	Naissance de Platon, le 7 thargélion (6 juin).........	429
		Mort de Périclès vers le mois de boédromion (octobre).	

ÉPOQUES.

lxxxviij	1	Mort d'Anaxagore.	428
	2	Les Athéniens s'emparent de Mitylène et se divisent les terres de Lesbos.	427
		L'orateur Gorgias persuade aux Athéniens de secourir les Léontins en Sicile.	
	3	Éruption de l'Etna.	426
	4	Les Athéniens purifient l'île de Délos. Ils s'emparent de Pylos dans le Péloponnèse.	425
		Mort d'Artaxerxès Longuemain. Xerxès II lui succède.	
lxxxix	1	Bataille de Délium entre les Athéniens et les Béotiens, qui remportent la victoire. Socrate y sauve les jours au jeune Xénophon.	424
		Mort de Xerxès II, roi de Perse. Sogdien lui succède, et règne sept mois.	
	2	Première représentation des *Nuées* d'Aristophane.	423
		Incendie du temple de Junon à Argos dans la cinquante-sixième année du sacerdoce de Chrysis.	
		Darius II, dit Nothus, succède à Sogdien.	
	3	Bataille d'Amphipolis, où périssent Brasidas, général des Lacédémoniens, et Cléon, général des Athéniens.	422
		Trêve de cinquante ans entre les Athéniens et les Lacédémoniens.	
	4	Les Athéniens, sous différents prétextes, songent à rompre la trêve, et se lient avec les Argiens, les Éléens et les Mantinéens.	421
xc	1	Rétablissement des habitants de Délos par les Athéniens.	420
	3	Prise d'Himère par les Carthaginois.	418
xcj	1	Alcibiade remporte le prix aux jeux olympiques.	416
		Les Athéniens s'emparent de Mélos.	
	2	Leur expédition en Sicile.	415
	3	La trêve de cinquante ans, conclue entre les Lacédémoniens et les Athéniens, finit par une rupture ouverte, après avoir duré six ans et dix mois.	414
	4	Les Lacédémoniens s'emparent de Décélie, et la fortifient.	413
		L'armée des Athéniens est totalement défaite en Sicile. Nicias et Démosthène mis à mort au mois de métagéitnion, qui commençait le 15 août.	
		Exil d'Hyperbolus, cessation de l'ostracisme.	
xcij	1	Alcibiade quitte le parti des Lacédémoniens.	412
	2	Dioclès donne des lois aux Syracusains.	
		Quatre cents citoyens mis à la tête du gouvernement, vers le commencement d'élaphébolion, dont le 1er répondait au 27 février.	411
	3	Les Quatre Cents sont déposés quatre mois après.	410
		Fin de l'histoire de Thucydide, qui se termine à la 21e année de la guerre du Péloponnèse.	
xciij	2	Mort d'Euripide.	407
	3	Denys-l'Ancien monte sur le trône de Syracuse.	406
		Mort de Sophocle, dans sa 92e année.	
		Combat des Arginuses, où la flotte des Athéniens bat celle des Lacédémoniens.	
	4	Lysander remporte une victoire signalée sur les Athéniens près d'Ægos-Potamos.	405
		Mort de Darius Nothus. Artaxerxès-Mnémon lui succède.	
		Prise d'Athènes, le 6 munychion (24 avril).	
xciv	1	Lysander établit à Athènes trente magistrats connus sous le nom de *Tyrans*.	404
		Leur tyrannie est abolie huit mois après.	
	2	La démocratie rétablie à Athènes. Archontat d'Euclide; amnistie qui réunit tous les citoyens d'Athènes.	403
		Adoption de l'alphabet ionique.	
		Expédition du jeune Cyrus.	

QUATRIÈME SIÈCLE avant JÉSUS-CHRIST.

Depuis l'an 400 jusqu'à la mort d'Alexandre.

xcv	1	Mort de Socrate, vers la fin de thargélion (mai).	400
	2	Fin de l'histoire de Ctésias.	399
xcvj	1	Défaite des Carthaginois par Denys de Syracuse.	396
	3	Victoire de Conon sur les Lacédémoniens auprès de Cnide.	394
	4	Agésilas, roi de Lacédémone, défait les Thébains à Coronée.	393
		Conon rétablit les murs du Pirée.	
xcvij	1	Les Athéniens, sous la conduite de Thrasybule, se rendent maîtres d'une partie de Lesbos.	392
	2	Thucydide, rappelé de son exil, meurt.	391
xcviij	2	Paix d'Antalcidas entre les Perses et les Grecs.	387
		Commencement de l'histoire de Callisthène.	
	3	Naissance de Démosthène.	386
xcix	1	Naissance d'Aristote.	384
c	1	Mort de Philoxène, poëte dithyrambique.	380
	3	Pélopidas et les autres réfugiés thébains partent d'Athènes et se rendent maîtres de la citadelle de Thèbes, dont les Lacédémoniens s'étaient emparés peu de temps auparavant.	378
	4	Bataille navale près de Naxos, où Chabrias, général des Athéniens, défait les Lacédémoniens.	377
cj	1	Eubulus, d'Athènes, auteur de plusieurs comédies.	376
	2	Timothée, général athénien, s'empare de Corcyre, et défait les Lacédémoniens à Leucade.	375
	3	Artaxerxès Mnémon, roi de Perse, pacifie la Grèce. Les Lacédémoniens conservent l'empire de la terre; les Athéniens obtiennent celui de la mer.	374
		Mort d'Evagoras, roi de Chypre.	
	4	Platée détruite par les Thébains.	373
		Tremblement de terre dans le Péloponnèse. Les villes d'Hélice et de Bura détruites.	
cij	1	Apparition d'une comète dans l'hiver de 373 à 372. Bataille de Leuctres, le 5 hécatombéon (8 juillet). Les Thébains, commandés par Epaminondas, défont les Lacédémoniens, commandés par le roi Cléombrote, qui est tué.	372
		Fondation de la ville de Mégalopolis en Arcadie.	
	3	Expédition d'Epaminondas en Laconie. Fondation de la ville de Messène.	371
		Mort de Jason, tyran de Phères.	370
	4	Les Athéniens, commandés par Iphicrate, viennent au secours des Lacédémoniens.	369
		Apharée, fils adoptif d'Isocrate, commence à donner des tragédies.	
ciij	1	Eudoxe de Cnide florissait.	268
		Mort de Denys-l'Ancien, roi de Syracuse. Son fils, de même nom, lui succède au printemps de l'année.	
	2	Aristote vient s'établir à Athènes, âgé de dix-huit ans.	367
civ	1	Pélopidas attaque et défait Alexandre, tyran de Phères, et périt lui-même dans le combat.	364
	2	Bataille de Mantinée. Mort d'Epaminondas, le 12 scirrophorion (4 juillet).	363
		Mort d'Agésilas, roi de Lacédémone.	
	3	Mort d'Artaxerxès Mnémon. Ochus lui succède.	362
		Fin de l'histoire de Xénophon.	
		Troisième voyage de Platon en Sicile. Il y passe quinze à seize mois.	261
cv	1	Philippe monte sur le trône de Macédoine.	360
		Commencement de l'histoire de Théopompe.	

ÉPOQUES.

cv	3	Guerre sociale. Les îles de Chio, de Rhodes, de Cos, et la ville de Byzance se séparent des Athéniens..........	358
	4	Expédition de Dion en Sicile. Il s'embarque à Zacynthe au mois de métagéitnion, qui commençait le 26 juillet...	357
		Éclipse de lune le 19 septembre, à 11 h. 1/2 du matin.	
cvj	1	Naissance d'Alexandre, le 6 hécatombéon (22 juillet), jour de l'incendie du temple de Diane à Éphèse.	356
		Philippe son père couronné vainqueur aux jeux olympiques, vers le même temps.	
		Fin de l'histoire d'Éphore; son fils Démophile la continue.	
	2	Commencement de la troisième guerre sacrée. Prise de Delphes, et pillage de son temple par les Phocéens......	355
	3	Iphicrate et Timothée accusés et privés du commandement	354
	4	Mort de Mausole, roi de Carie. Artémise, son épouse et sa sœur, lui succède et règne deux ans.............	353
cvij	1	Démosthène prononce sa première harangue contre Philippe, roi de Macédoine	352
	4	Les Olynthiens, assiégés par Philippe, implorent les secours des Athéniens........................	349
cviij	1	Mort de Platon...................	348
		Fin de la troisième guerre sacrée.	
		Traité de paix et d'alliance entre Philippe et les Athéniens.	347
		Les députés de Philippe prennent séance dans l'assemblée des amphictyons.	
	3	Ce prince s'empare des villes de la Phocide, les détruit et force leurs habitants à s'établir dans les villages......	346
cix	1	Timoléon chasse de Syracuse le jeune Denys, et l'envoie à Corinthe.................	343
	3	Naissance d'Épicure, le 7 gamélion (12 janvier)........	342
		Naissance de Ménandre, vers le même temps.	
	4	Apparition d'une comète vers le cercle équinoxial.....	341
cx	3	Bataille de Chéronée, le 7 métagéitnion (2 août)........	338
		Mort d'Isocrate, âgé de cent deux ans.	
	4	Timoléon meurt à Syracuse.	337
cxj	1	Mort de Philippe, roi de Macédoine..............	336
	3	Sac de Thèbes................	335
		Passage d'Alexandre en Asie.	
		Combat du Granique.	
	4	Bataille d'Issus....................	333
cxij	1	Prise de Tyr....................	332
		Fondation d'Alexandrie.	
	2	Éclipse totale de lune, le 29 septembre, à sept heures et demie du soir.	331
		Bataille de Gaugamèle ou d'Arbèles, le 26 boédromion (3 octobre).	
	3	Mort de Darius-Codoman, dernier roi de Perse.......	330
		Commencement de la période de Callippe le 25 posidéon (20 décembre).	
cxiij	1	Philémon commence à donner ses comédies.........	328
	4	Défaite de Porus par Alexandre................	327
cxiv	1	Mort d'Alexandre à Babylone, âgé de 33 ans 8 mois, le 29 thargélion (1er juin)	324
		Le même jour, Diogène le cynique meurt à Corinthe, âgé de 90 ans.	
	2	Guerre lamiaque; Antipater est défait.............	323
		Aristote, après avoir enseigné treize ans au Lycée, s'enfuit à Chalcis et y meurt.	
	3	Fin de la guerre lamiaque. Les Athéniens reçoivent la loi du vainqueur.....................	322
		Démosthène, réfugié dans l'île de Calaurie, est forcé de se donner la mort le 16 pyanepsion, répondant au 12 novembre, selon le *Cycle* de Callippe, et d'après l'ordre des mois attiques indiqué dans la table suivante.	

TABLE DEUXIÈME.

MOIS ATTIQUES.

Depuis Théodore Gaza, savant grec de Thessalonique, mort à Rome en 1478, jusqu'à Édouard Corsini, le plus habile chronologiste de notre siècle, on n'a cessé de bouleverser l'ordre des anciens mois de l'année attique. L'abbé Barthélemy seul, écartant toute idée systématique, a rétabli cet ordre par rapport aux quatrième et cinquième mois, et a mis les autres dans leur véritable place. Il en donne des preuves convaincantes dans ses notes sur le marbre de Choiseul [1]. Ce qui nous a paru remarquable, et bien propre à confirmer son opinion, c'est l'accord parfait qui se trouve là-dessus entre lui et un écrivain grec anonyme. A la vérité, celui-ci ne vivait qu'au temps de la prise de Constantinople par Mahomet II; mais il cite des auteurs plus anciens, d'après lesquels il rapporte la suite des mois attiques dans le même ordre qu'adopte l'abbé Barthélemy. L'écrit de cet anonyme est resté manuscrit, et se trouve dans la Bibliothèque du roi, *Man. cod. gr. in-8°*, coté n° 1630.

Rien ensuite n'était plus difficile que de fixer le jour de chaque fête. Apollonius et plusieurs anciens grammairiens avaient fait des ouvrages sur ce sujet; malheureusement ils ont tous péri, et on est réduit à un petit nombre de passages d'auteurs de l'antiquité, qui la plupart ne sont ni clairs ni bien décisifs. Quoique Corsini s'en soit servi avec succès, il n'a pourtant pas réussi à déterminer le jour d'un grand nombre de fêtes dont le nom nous est parvenu. Nous avons été plus loin, en faisant usage d'un fragment de calendrier rustique conservé parmi les marbres d'Oxford, que ce savant avait négligé, et d'après quelques nouvelles observations.

Le rapport de l'année des Athéniens avec notre année solaire ne devait pas entrer dans notre travail. On observera seulement que ce peuple, pour faire correspondre ces deux années, a employé plusieurs cycles. Au temps de Solon, il y en avait un de quatre ans. Cléostrate et Harpalus en imaginèrent d'autres : ce dernier fit adopter son *heccædécaétéride*, ou période de seize ans, qui précéda l'*ennéadécaétéride*, ou période de dix-neuf ans, de Méton. Celui-ci fut réformé par Callippe, vers la mort d'Alexandre. L'année était d'abord purement lunaire, c'est-à-dire de trois cent cinquante-quatre jours; ensuite civile et lunaire, de trois cent soixante. Elle commençait, avant Méton, au solstice d'hiver, et, après lui, au solstice d'été. Afin de rendre plus sensible ce qui résulte d'un pareil changement dans la correspondance des mois attiques avec les nôtres, on a ajouté deux tableaux qui y sont relatifs. Sans doute que cette manière aurait encore besoin de grands éclaircissements; mais ils nous entraîneraient trop loin, et nous renvoyons aux ouvrages des différents chronologistes, entre autres à celui de Dodwel, *De veteribus Græcorum Romanorumque cyclis*.

N. B. Dans cette deuxième Table on a ajouté les jours de séance de l'Aréopage, d'après Julius Pollux; et on a rejeté à la fin de chaque mois les fêtes dont le jour ne peut être fixé.

[1] Dissertation sur une ancienne inscription grecque. Paris, 1792, p. 88.

MOIS ATTIQUES.

HÉCATOMBÉON.

JOURS DU MOIS.		FÊTES.
Μηνὸς ἱσταμένου. Mois commençant.	1	Néoménies, et sacrifices à Hécate Eisistéries, sacrifice et repas en commun des magistrats et des généraux.
	2	
	3	
	4	
	5	Bataille de Leuctres.
	6	
	7	Jour consacré à Apollon, Cronidées, en l'honneur du tuteur de Thésée.
	8	Fêtes de Neptune et de Thésée.
	9	
	10	
Μηνὸς μεσοῦντος. Milieu du mois.	11	Première Ecclésie, ou assemblée générale.
	12	Cronies, en l'honneur de Saturne.
	13	
	14	Les petites Panathénées annuelles, consacrées à Minerve.
	15	
	16	Métœcies, ou Synœcies, en mémoire de la réunion des bourgs de l'Attique.
	17	
	18	
	19	
	20	Théoxénies, en l'honneur des dieux étrangers.
	21	
	22	
Μηνὸς φθίνοντος. Mois finissant.	23	Séances de l'aréopage.
	24	
	25	
	26	
	27	
	28	Les grandes Panathénées quinquennales, en l'honneur de Minerve.
	29	Androgéonies, fête expiatoire en mémoire de la mort d'Androgée, fils de Minos.
	30	

Hécatombées, en l'honneur de Junon.
Haloades, en celui de Cérès.

MÉTAGÉITNION.

JOURS DU MOIS.		FÊTES.
Μηνὸς ἱσταμένου. Mois commençant.	1	Néoménie, et sacrifice à Hécate.
	2	Sacrifice aux Euménides.
	3	
	4	
	5	
	6	Jour consacré à Apollon.
	7	Fête de Neptune et de Thésée.
	8	
	9	
	10	
Μηνὸς μεσοῦντος. Milieu du mois.	11	
	12	
	13	
	14	
	15	
	16	
	17	
	18	
	19	
	20	
	21	
	22	
Μηνὸς φθίνοντος. Mois finissant.	23	Séances de l'aréopage.
	24	
	25	
	26	
	27	
	28	
	29	
	30	

Métagéitnies, en l'honneur d'Apollon.

BOÉDROMION.

JOURS DU MOIS.		FÊTES.
Μηνὸς ἱσταμένου. Mois commençant.	1	Néoménie, et sacrifices à Hécate.
	2	
	3	
	4	Victoire de Platée, et Eleuthéries quinquennales.
	5	
	6	Victoire de Marathon.
	7	Fête d'Apollon et fête de Pan.
	8	Fête de Neptune et de Thésée.
	9	
	10	
Μηνὸς μεσοῦντος. Milieu du mois.	11	
	12	Charistéries, ou actions de grâces pour le rétablissement de la liberté par Thrasybule.
	13	
	14	Combat de coqs, institué par Thémistocle, en mémoire du combat de Salamine.
	15	Agyrmos, ou rassemblement des initiés.
	16	Leur p. occasion à la mer. Victoire de Chabrias à Naxos.
	17	Jour de jeûne.
	18	Sacrifice général.
	19	Lampadophories, ou procession des flambeaux.
	20	Pompe d'Iacchus. Victoire de Salamine.
Μηνὸς φθίνοντος. Mois finissant.	21	Retour solennel des initiés.
	22	Epidauries, ou commémoration de l'initiation d'Esculape.
	23	Plémochoé, effusion mystérieuse d'eau.
	24	Jeux gymniques à Eleusis.
	25	Victoire de Gaugamèle, vulgairement d'Arbèles.
	26	
	27	
	28	
	29	
	30	

} Eleusinies ou grands mystères.

Boëdromies, consacrées à Apollon, en mémoire de la victoire de Thésée sur les Amazones.

PYANEPSION.

JOURS DU MOIS.		FÊTES.
Μηνὸς ἱσταμένου. Mois commençant.	1	Néoménie, et sacrifice à Hécate.
	2	
	3	
	4	
	5	
	6	
	7	Pyanepsies, en l'honneur d'Apollon et de Diane. Oschéphories, en celui de Bacchus et d'Ariane.
	8	Fête de Neptune et de Thésée.
	9	
	10	
Μηνὸς μεσοῦντος. Milieu du mois.	11	Sténies, préparation aux Thesmophories.
	12	
	13	
	14	Ouverture des Thesmophories.
	15	Second jour de cette fête, consacré spécialement à Cérès.
	16	Jour de jeûne, observé par les femmes qui la célébraient.
	17	Zémie, sacrifice expiatoire usité par elles.
	18	Diogme, ou poursuites ; dernier jour de cette fête.
	19	
	20	Féries.
Μηνὸς φθίνοντος. Mois finissant.	21	
	22	Dorpéie, ou festin.
	23	Anarrysis, ou sacrifices.
	24	Couréris, ou tonsion.
	25	
	26	
	27	
	28	
	29	
	30	Chalcies, ou Pandémies, fête en l'honneur de Vulcain, célébrée par tous les forgerons de l'Attique.

} Apaturies en l'honneur de Bacchus.

MÆMACTÉRION.

JOURS DU MOIS.		FÊTES.
Μηνὸς ἱσταμένου. Mois commençant.	1 2 3 4 5 6 7 8 9 10	Néoménie, et sacrifice à Hécate. Jour consacré à Apollon. Fête de Neptune et de Thésée.
Μηνὸς μεσοῦντος. Milieu du mois.	11 12 13 14 15 16 17 18 19 20	 Prœrosies, fêtes des semailles, en l'honneur de Cérès. Fête funèbre, en mémoire des Grecs tués à la bataille de Platée. Mæmactéries, en l'honneur de Jupiter.
Μηνὸς φθίνοντος. Mois finissant.	21 22 23 24 25 26 27 28 29 30	 Séances de l'aréopage.

POSIDÉON.

JOURS DU MOIS.		FÊTES.
Μηνὸς ἱσταμένου. Mois commençant.	1 2 3 4 5 6 7 8 9 10	Néoménie, et sacrifice à Hécate. Jour consacré à Apollon. Fête de Thésée. Les grandes Posidéies, fête de Neptune. Fête consacrée aux Vents.
Μηνὸς μεσοῦντος. Milieu du mois.	11 12 13 14 15 16 17 18 19 20	
Μηνὸς φθίνοντος. Mois finissant.	21 22 23 24 25 26 27 28 29 30	 Séances de l'aréopage. Thoinia, Ascolie, } Dionysiaques des Champs ou du Pirée. Iobacchée,

GAMÉLION.

JOURS DU MOIS.		FÊTES.
Μηνὸς ἰσταμένου. Mois commençant.	1	Néoménie, et sacrifice à Hécate.
	2	
	3	
	4	
	5	
	6	
	7	Jour consacré à Apollon.
	8	Fête de Neptune et de Thésée.
	9	
	10	
Μηνὸς μεσοῦντος. Milieu du mois.	11	
	12	
	13	
	14	
	15	
	16	
	17	
	18	
	19	
	20	Clitophories, en l'honneur de Bacchus.
Μηνὸς φθίνοντος. Mois finissant.	21	
	22	
	23	Séances de l'aréopage.
	24	
	25	
	26	
	27	
	28	
	29	
	30	Gamélies, en l'honneur de Junon.

ANTHESTÉRION.

JOURS DU MOIS.		FÊTES.
Μηνὸς ἰσταμένου. Mois commençant.	1	Néoménie et Hydrophories, fête lugubre en mémoire du déluge.
	2	
	3	
	4	
	5	
	6	
	7	Jour consacré à Apollon.
	8	Fête de Neptune et de Thésée.
	9	
	10	
Μηνὸς μεσοῦντος. Milieu du mois.	11	Pithoégie,
	12	Choés, } Dionysiaques lénéennes.
	13	Chytres,
	14	
	15	
	16	
	17	
	18	
	19	
	20	
Μηνὸς φθίνοντος. Mois finissant.	21	Diasies, fête hors de la ville, consacrée à Jupiter Meilichius.
	22	
	23	Séances de l'aréopage.
	24	
	25	Petits mystères.
	26	
	27	
	28	
	29	
	30	

ÉLAPHÉBOLION.

JOURS DU MOIS. — FÊTES.

Μηνὸς ἱσταμένου.
Mois commençant.
1
2 Néoménie, et sacrifice à Hécate.
3
4
5
6
7 Jour consacré à Apollon.
8 Fête de Neptune et de Thésée. Asclépies, ou fête d'Esculape.
9
10

Μηνὸς μεσοῦντος.
Milieu du mois.
11
12 Pholios, { Dionysiaques de la ville.
13
14 Pandies, fête de Jupiter.
15 Cronies, en l'honneur de Saturne.
16
17
18
19
20

Μηνὸς φθίνοντος.
Mois finissant.
21
22
23 } Séances de l'aréopage.
24
25
26
27
28
29
30

Elaphébolies, en l'honneur de Diane.
Anacélies, fête de Castor et de Pollux.

MUNYCHION.

JOURS DU MOIS. — FÊTES.

Μηνὸς ἱσταμένου.
Mois commençant.
1
2 Néoménie, et sacrifice à Hécate.
3
4
5
6 Delphinies, fête propitiatoire et commémorative du départ de Thésée pour la Crète, en l'honneur d'Apollon.
7 Jour de la naissance de ce dieu.
8 Fête de Neptune et de Thésée.
9
10

Μηνὸς μεσοῦντος.
Milieu du mois.
11
12
13
14
15
16 Munychies, fête de Diane, en mémoire de la victoire de Salamine en Cypre.
17
18
19 Diasies équestres, ou cavalcades en l'honneur de Jupiter.
20

Μηνὸς φθίνοντος.
Mois finissant.
21
22
23 } Séances de l'aréopage.
24
25
26
27
28
29 Héraclées, fête rurale en l'honneur d'Hercule.
30

THARGÉLION.

JOURS DU MOIS.		FÊTES.
Μηνὸς ἰσταμένου. Mois commençant.	1	Néoménie, et sacrifice à Hécate.
	2	
	3	
	4	
	5	
	6	Naissance d'Apollon, } Thargélies.
	7	Naissance de Diane,
	8	Fête de Neptune et de Thésée.
	9	
	10	Délies annuelles, en l'honneur d'Apollon. Lustration d'Athènes.
Μηνὸς μεσοῦντος. Milieu du mois.	11	
	12	
	13	
	14	
	15	
	16	
	17	
	18	
	19	Callyntéries, fête lugubre, en mémoire de la mort d'Agraule, fille de Cécrops.
	20	Bendidies, en l'honneur de Diane.
Μηνὸς φθίνοντος. Mois finissant.	21	
	22	
	23	Séances de l'aréopage.
	24	
	25	Plyntéries, fête triste, en l'honneur de Minerve.
	26	
	27	
	28	

Délies quinquennales.

SCIRROPHORION.

JOURS DU MOIS.		FÊTES.
Μηνὸς ἰσταμένου. Mois commençant.	1	Néoménie, et sacrifice à Hécate.
	2	
	3	
	4	
	5	
	6	
	7	Jour consacré à Apollon.
	8	Fête de Neptune et de Thésée.
	9	
	10	
	11	
	12	Scirrophories, en l'honneur de Minerve, de Cérès et de Proserpine. Bataille
Μηνὸς μεσοῦντος. Milieu du mois.	13	4 de Mantinée.
	14	Dipolies, ou Bouphonies, sacrifice de bœufs à Jupiter *Policus*, ou protecteur de la ville.
	15	
	16	
	17	
	18	
	19	
	20	Adonies, fête lugubre en mémoire de la mort d'Adonis.
	21	
Μηνὸς φθίνοντος. Mois finissant.	22	
	23	Séances de l'aréopage.
	24	
	25	Horaies, sacrifice au Soleil et aux Heures.
	26	
	27	Héraclées annuelles, en l'honneur d'Hercule.
	28	
	29	
	30	Sacrifice à Jupiter Sauveur.

Arréphories, ou Herséphories, en l'honneur de Minerve.

RAPPORT DES MOIS ATTIQUES

AVEC CEUX DU CALENDRIER EUROPÉEN.

Dans la première année de la quatre-vingt-unième olympiade,
448° année avant J.-C.

Mois d'hiver....	1 Gamélion......	6 Février.
	1 Anthestérion....	8 Mars.
	1 Élaphébolion....	6 Avril.
Mois de printemps.	1 Munychion......	6 Mai.
	1 Targélion......	4 Juin.
	1 Scirrophorion....	4 Juillet.
Mois d'été.....	1 Hécatombéon....	2 Août.
	1 Métagéitnion....	1 Septembre.
	1 Boédromion.....	30 Septembre.
Mois d'automne..	1 Pyanepsion.....	30 Octobre.
	1 Mœmactérion....	28 Novembre.
	1 Posidéon.......	28 Décembre.

N. B. Ce tableau présente l'ordre des mois d'après le cycle d'Harpalus, et le suivant d'après celui de Méton. Dans ces deux périodes on intercalait un treizième mois, *Posidéon II*, pour accorder, au temps déterminé, les années lunaires, ou civiles et lunaires, avec le cours du soleil.

RAPPORT DES MOIS ATTIQUES

AVEC CEUX DU CALENDRIER EUROPÉEN.

Dans la première année de la quatre-vingt-douzième olympiade,
$\frac{412}{411}$e année avant J.-C.

Mois d'été.....	1 Hécatombéon....	6 Juillet.
	1 Métagéitnion....	4 Août.
	1 Boédromion.....	5 Septembre.
Mois d'automne..	1 Pyanepsion.....	2 Octobre.
	1 Mœmactérion....	1 Novembre.
	1 Posidéon.......	30 Novembre.
Mois d'hiver....	1 Gamélion......	30 Décembre
	1 Anthestérion....	28 Janvier.
	1 Élaphébolion....	27 Février
Mois de printemps.	1 Munychion......	28 Mars.
	1 Thargélion.....	27 Avril
	1 Scirrophorion....	27 Mai.

TABLE TROISIÈME,

CONTENANT LES NOMS DE CEUX QUI SE SONT DISTINGUÉS DANS LES LETTRES ET DANS LES ARTS, DEPUIS L'ARRIVÉE DE LA COLONIE PHÉNICIENNE JUSQU'A L'ARRIVÉE DE L'ÉCOLE D'ALEXANDRIE.

N. B. L'étoile que l'on a placée avant un petit nombre de noms désigne les XI, XII, XIII, XIV et XV° siècles avant J.-C.

A

Siècles av. J.-C.

- *. Acaste de Thessalie, inventeur.
- v. Achæus d'Éréthrio, poète.
- *. Acmon, minéralogiste.
- v. Acragas, graveur.
- v. Acron d'Agrigente, médecin.
- vi. Acusilaüs d'Argos, historien.
- iv. Ænæas, tacticien.
- iv. Æschine, orateur.
- iv. Æschine, philosophe.
- v. Æschyle, poète.
- vi. Ésope, fabuliste.
- *. Agamède, architecte.
- v. Agatharque, architecte scénique.
- v. Agathon, poète.
- v. Agéladas, statuaire.
- iv. Agénor de Mitylène, musicien.
- v. Aglaophon, peintre.
- iii. Agnon ou Agnonide, orateur.
- v. Agoracrite, statuaire.
- v. Alcamène, statuaire.
- vii. Alcée, poète.
- iv. Alcibiade d'Athènes, orateur.
- v. Alcidamas, rhéteur.
- iv. Alcimaque, peintre.
- iv. Alcisthène, femme peintre.
- v. Alcmæon, philosophe et médecin.
- vii. Alcman, poète-musicien.
- iv. Alexandre, dit *le Grand*, éditeur d'Homère.
- iv. Alexias, médecin.
- iv. Alexinus, philosophe.
- v. Alexis de Sicyone, statuaire.
- iv. Alexis de Thurium, poète comique.
- v. Améristo, mathématicien.
- iv. Aminocle, constructeur de navires.
- *. Amphion de Thèbes, poète-musicien.
- iv. Amphis, poète.
- iv. Amyclas, mathématicien.
- iv. Amycléo, philosophe.
- vi. Anacréon, poète.
- v. Anaxagore de Clazomène, philosophe.
- v. Anaxagore d'Égine, statuaire.
- iv. Anaxandride, poète.
- iv. Anaxarque, philosophe cynique.
- iv. Anaxilas d'Athènes, poète.
- iv Anaximandre de Milet, historien.
- vi. Anaximandre de Milet, philosophe.
- iv. Anaximène de Milet, philosophe.
- iv. Anaximène de Lampsaque, rhéteur.
- iv. Anaxis, historien.
- v. Andocide, orateur.
- vi. Androcide, peintre.
- iv. Androclès, orateur.
- vi. Androdames de Rhégium, législateur.
- iv. Androsthène, voyageur géographe.
- iv. Androtion, orateur.
- vi. Angélion, statuaire.
- iv. Annicéris, philosophe.
- iii. Antandre, historien.
- iv. Antidote, peintre.
- iv. Antigénide, musicien.
- iii. Antigone, naturaliste et biographe.
- vi. Antimachide, architecte.
- v. Antimaque de Colophon, poète épique.
- vii. Antimaque de Téos, poète lyrique.
- vi. Antiochus de Syracuse, historien.
- iv. Antipater de Syrène, philosophe.
- v. Antiphane d'Argos, statuaire.

iv. Antiphane de Délos, physicien.
iv. Antiphane de Rhodes, poète comique.
iv. Antiphile, peintre.
v. Antiphon, rhéteur.
vi. Antistate, architecte.
iv. Antisthène, philosophe.
iii. Anyte, poétesse.
iv. Apelle, peintre.
iv. Apharée, orateur et poète.
iv. Apollodore d'Athènes, peintre.
iv. Apollodore de Lemnos, agrographe.
iii. Apollodore de Géla, poète comique.
iii. Apollonide, graveur.
v. Apollonius de Cos, médecin.
iv. Apollonius de Mynde, astronome.
v. Ararus d'Athènes, poète.
iii. Aratus de Soles, poète et astronome.
v. Arcésilaüs de Paros, peintre.
iii. Arcésilaüs de Pitanée, philosophe.
iv. Archébule, poète.
v. Archélaüs, philosophe.
vi. Archémus, statuaire.
iv. Archestrate de Syracuse, poète.
vi. Archétime, philosophe et historien.
v. Archias, architecte.
viii. Archiloque, poète.
v. Archinus, orateur et grammairien.
v. Archippe d'Athènes, poète comique.
iv. Archippe de Tarente, philosophe.
iv. Architas, philosophe.
ix. Arctinus, poète.
x. Ardale, poète.
iv. Arétée, femme philosophe.
iv. Arignote, femme philosophe.
vi. Arimneste, fils de Pythagore, philosophe.
vii. Arion, poète-musicien.
v. Ariphron, poète.
iv. Aristarète, femme peintre.
v. Aristarque de Tégée, poète.
iii. Aristarque de Samos, astronome.
x. Aristéas, poète.
vi. Aristée, philosophe.

v. Aristide, statuaire.
iv. Aristide de Thèbes, peintre.
iv. Aristippe de Cyrène, philosophe.
iv. Aristippe, dit *Matrodidactos*, philosophe.
iii. Aristobule, historien.
viii. Aristocle de Cydone, peintre.
iv. Aristocle de Sicyone, statuaire.
v. Aristodème de Thèbes, statuaire.
iv. Aristogiton, statuaire.
iv. Aristolaüs, peintre.
v. Aristomène, poète.
iii. Ariston, philosophe.
v. Aristophane, poète comique.
iv. Aristophon d'Azénie, orateur.
iv. Aristophon, peintre.
iv. Aristote, philosophe.
iv. Aristoxène, philosophe et musicien.
iii. Aristylle, astronome.
v. Artémon, mécanicien.
iv. Asclépias, poète tragique.
iv. Asclépiodore, peintre.
v. Asopodore, statuaire.
v. Aspasie, poétesse et sophiste.
iv. Astydamas d'Athènes, poète tragique.
iv. Athanis, historien.
iv. Athénée de Cyzique, mathématicien.
iii. Athénée, philosophe épicurien.
vi. Athénis, statuaire.
v. Athénodore de Clitore, statuaire.
iv. Athénodore, acteur.
iii. Athénodore de Soles, philosophe.
iv. Augias, poète.
v. Autoclès d'Athènes, orateur.
iv. Autolicus, astronome.
*. Automène, poète.
iv. Axiothée, femme philosophe.

B

iv. Bacchius, médecin et interprète d'Hippocrate.
vi. Bacchylide, poète.
v. Battalus, poète-musicien.
vi. Bias de Priène, un des sept sages, poète et législateur.
v. Bion d'Abdère, mathématicien.
v. Bion de Borysthénaïs, philosophe.
vi. Bion de Proconnèse, historien.

- iv. Bœton, arpenteur-géographe.
- vi. Bothrys, poète.
- v. Briétès, peintre.
- iv. Brison, sophiste.
- v. Brontinus, philosophe.
- vi. Bryaxis, statuaire.
- viii. Bularque, peintre.
- vi. Bupalus de Chio, statuaire.

C

- *. Cadmus de Phénicie, inventeur.
- vi. Cadmus de Milet, historien.
- iv. Caladès, peintre.
- vi. Callescnros, architecte.
- iii. Callias d'Arade, architecte-mécanicien.
- v. Callias d'Athènes, poète comique.
- iv. Callias d'Athènes, métallurgiste.
- iii. Callias de Syracuse, historien.
- iv. Calliclès, peintre.
- v. Callicrate, architecte.
- v. Callicratide, philosophe.
- iii. Callimaque, grammairien et poète.
- viii. Callinus, poète.
- iv. Callipe d'Athènes, philosophe.
- iv. Callipe de Corinthe, philosophe.
- iv. Callipe, dit le Singe, acteur comique.
- iv. Callippe de Cyzique, astronome.
- iv. Callippe de Syracuse, rhéteur.
- iv. Callisthène, philosophe et historien.
- v. Callistrate de Samos, grammairien.
- iv. Callistrate d'Athènes, orateur.
- v. Callitèle, statuaire.
- iii. Callixène, mécanicien.
- vi. Callon d'Égine, statuaire.
- v. Callon d'Élis, statuaire.
- iv. Calypso, femme peintre.
- iv. Canachus de Sicyone, statuaire.
- v. Cantare, statuaire.
- v. Carcinus d'Athènes, poète tragique.
- v. Carpion, architecte.
- iv. Cébès, philosophe.
- *. Celmis, minéralogiste.
- v. Céphalus d'Athènes, orateur.
- iv. Céphalus de Corinthe, rédacteur des lois de Syracuse.
- iv. Céphisodore, peintre.
- iv. Céphisodore, rhéteur.
- iii. Céphisodore, statuaire.
- iv. Céphisodote d'Athènes, statuaire.
- vii. Cépion, musicien.
- iii. Cercidas, législateur et poète.
- iv. Chœréas, mécanicien.
- vi. Charos de Paros, agrographe.
- iii. Charès de Linde, fondeur.
- ix. Charmadas, peintre.
- v. Charon, historien.
- viii. Charondas, législateur.
- vi. Chersias, poète.
- iv. Chersiphron de Cnosse, architecte.
- vi. Chilon de Sparte, un des sept sages.
- iv. Chion, philosophe.
- v. Chionidès, poète.
- *. Chiron, astronome.
- vi. Chœrile d'Athènes, poète tragique.
- iv. Chœrile de Samos, poète et historien.
- v. Chœriphon, poète tragique.
- vi. Chrysippe, médecin.
- viii. Chrysothémis, poète musicien.
- viii. Cimon, peintre.
- viii. Cinæthon, poète.
- vi. Cinæthus de Chio, éditeur d'Homère.
- iii. Cinéas, philosophe épicurien.
- iii. Cléanthe, philosophe et poète.
- vi. Cléarque de Rhégium, statuaire.
- iii. Cléarque de Soles, philosophe.
- vi. Cléobule de Linde, un des sept sages, législateur.
- vi. Cléobule de Linde, poétesse.
- v. Cléon de Sicyone, statuaire.
- vi. Cléon de Syracuse, géographe.
- vii. Cléonas, poète musicien.
- ix. Cléophante, peintre.
- v. Cléophon d'Athènes, orateur.
- vi. Cléostrate de Ténédos, astronome.
- iv. Clinias, philosophe.
- iv. Clinomaque, rhéteur.
- vi. Clisthène d'Athènes, législateur.
- vi. Clitarque, historien.
- v. Clitodème, historien.
- iv. Cocus, rhéteur.
- vii. Colænus de Samos, navigateur.
- iii. Colotès de Lampsaque, philosophe épicurien.

- v. Corax, rhéteur.
- v. Corinne, poétesse.
- *. Corinnus, poète musicien.
- iv. Corisque, philosophe.
- v. Corœbus, architecte.
- iii. Crantor, philosophe.
- v. Cratès d'Athènes, poète comique.
- iv. Cratès de Thèbes, philosophe cynique.
- v. Cratinus, poète comique.
- v. Cratippe, historien.
- v. Cratyle, philosophe.
- x. Créophile, poète.
- viii. Cresphonte, législateur.
- v. Critias d'Athènes, poète et orateur.
- v. Critias, dit *Nésiote*, statuaire.
- iv. Critobule, médecin-chirurgien.
- iv. Critodème, médecin.
- iv. Criton d'Ægæ, philosophe.
- iv. Criton d'Athènes, philosophe.
- iii. Cronius, graveur.
- iv. Ctésias, médecin et historien.
- iii. Ctésibius, mécanicien.
- iv. Ctésiphon, orateur.
- v. Cydias d'Athènes, orateur.
- iv. Cydias de Cythnos, peintre.
- iv. Cylon de Crotone, philosophe.

D

- iii. Daïmaque, voyageur et tacticien.
- x. Damaste d'Érythrée, constructeur.
- vi. Damaste de Sigée, historien.
- vi. Daméas de Crotone, statuaire.
- v. Damias de Clitore, statuaire.
- *. Damnaneus, minéralogiste.
- vi. Damo, fille de Pythagore, femme philosophe.
- vi. Damocède, médecin.
- v. Damoclès, historien.
- *. Damodoque, poète.
- v. Damon, musicien.
- vii. Damophile, poétesse.
- vi. Damophon, statuaire.
- iii. Damoxène, poète et philosophe épicurien.
- *. Daphné, devineresse.
- *. Daphnis, poète.
- *. Darès de Phrygie, poète.
- *. Dédale d'Athènes, inventeur.
- vi. Dédale de Sicyone, statuaire.
- v. Délochus, historien.
- iv. Démade, orateur.
- iii. Démétrius de Phalère, orateur.
- iv. Démocharès, orateur et historien.
- iii. Démoclès, historien.
- v. Démocrite d'Abdère, philosophe.
- iv. Démophile de Cumes, historien.
- v. Démophile d'Himère, peintre.
- iv. Démosthène, orateur.
- v. Denys de Colophon, peintre.
- v. Denys de Milet, historien.
- v. Denys de Rhégium, statuaire.
- iv. Denys de Thèbes, poète musicien.
- iii. Denys d'Héraclée, philosophe.
- v. Dexippe, médecin.
- iv. Diade, mécanicien.
- v. Diagoras de Mélos, philosophe.
- vii. Dibutade, sculpteur.
- iii. Dicæarque, philosophe, historien et géographe.
- ix. Dicæogène, poète.
- *. Dictis de Crète, poète.
- iv. Dinarque, orateur.
- ix. Dinias, peintre.
- iv. Dinocrate, architecte.
- iv. Dinomène, statuaire.
- iv. Dinon, historien.
- v. Dinon, statuaire.
- iv. Dinostrate, mathématicien.
- v. Dioclès de Syracuse, législateur.
- v. Dioclès, poète.
- iv. Dioclès de Phlionte, philosophe.
- iii. Dioclès de Carystie, médecin.
- iv. Diodore d'Iasus, philosophe.
- v. Diogène d'Apollonie, philosophe.
- iv. Diogène d'Athènes, poète tragique.
- iv. Diogène de Sicyone, historien.
- iv. Diogène de Sinope, philosophe cynique.
- iii. Diognète de Rhodes, architecte mécanicien.
- iv. Diognète, arpenteur-géographe.
- v. Diomus de Syracuse, poète.
- iv. Dion de Syracuse, philosophe.
- iv. Dionysiodore, historien.
- iii. Diotime, poète épigrammatiste.
- iii. Diphile, poète comique.
- vi. Dipœnus, statuaire.

III. Dlyllus, historien.
VI. Dolon, farceur.
VI. Dontas, statuaire.
IV. Dorion, musicien.
VI. Doryclidas, statuaire.
III. Dusiade, poète énigmatiste.
VII. Dracon, législateur.
VI. Dropide, frère de Platon, poète.

E

IV. Échécrate de Locres, philosophe.
IV. Échécrate de Phlionte, philosophe.
IV. Échion, peintre et statuaire.
IV. Ecphante de Syracuse, philosophe.
V. Éladas, statuaire.
V. Empédocle, philosophe et poète.
V. Éphialte, orateur.
IV. Éphippe, poète.
IV. Éphore, historien.
V. Épicharme de Cos, poète et philosophe.
IV. Épicrate, poète.
III. Épicure, philosophe.
IV. Épigène de Rhodes, astronome.
VI. Épigone, musicien.
III. Épimaque, architecte mécanicien.
VII. Épiménide, philosophe.
III. Érasistrate de Cos, médecin dogmatique.
IV. Éraste, philosophe.
IV. Érastoclès, musicien.
*. Érichtonius, inventeur.
VII. Érinna, poétesse.
III. Érotion, courtisane et philos. épicurienne.
*. Esculape, médecin.
III. Évandre, philosophe.
V. Evenor d'Éphèse, peintre.
V. Evenus de Paros, poète élégiaque.
IV. Évhemère, philosophe.
IV. Euagon, philosophe.
IV. Eubule d'Anaphlistie, orateur.
IV. Eubule d'Athènes, poète.
IV. Eubule, peintre.
IV. Eubulide de Milet, philosophe et historien.
VII. Euchyr de Corinthe, statuaire.

IV. Euclide de Mégare, philosophe.
III. Euclide, géomètre, opticien et astronome.
V. Euctémon, astronome.
V. Eudème de Paros, historien.
IV. Eudème de Rhodes, astronome.
*. Eudoeus, sculpteur.
IV. Eudoxe, philosophe et mathématicien.
VI. Eugamon, poète.
V. Eugéon, historien.
IX. Eumare, peintre.
IX. Eumèle, poète.
*. Eumicléc, poète.
*. Eumolpe, poète.
VIII. Eupalinus, architecte.
IV. Euphante, philosophe et historien.
V. Euphorion, fils d'Æschyle, poète.
IV. Euphranor, peintre et statuaire.
IV. Euphronide, statuaire.
V. Eupolis, poète.
IV. Eupompe de Sicyone, peintre.
IV. Euriphane, philosophe.
V. Euriphron, médecin.
V. Euripide, poète.
III. Euryloque, philosophe.
IV. Euryphème de Syracuse, philosophe pythagoricien.
IV. Euryte, philosophe.
III. Euthychide, statuaire.
III. Euthycrate, statuaire.
IV. Eusénidas de Sicyone, peintre.

G

IX. Gitiadas, architecte.
V. Glaucias, statuaire.
IV. Glaucon, frère de Platon, philosophe.
VII. Glaucus de Chio, ouvrier en fer.
V. Glaucus de Messane, statuaire.
*. Gorgasus, fils de Machaon, médecin.
V. Gorgasus de Sicile, peintre.
V. Gorgias de Léonte, rhéteur.
V. Gorgias, statuaire.
VII. Gorgus de Corinthe, législateur.

H

V. Harpalus, astronome.
V. Hécatée de Milet, historien.
III. Hécatée d'Abdère, philosophe.

HOMMES ILLUSTRES.

- III. Hédile, poëte épigrammatiste.
- V. Hégémon, poëte.
- V. Hégésias d'Athènes, statuaire.
- IV. Hégésias, dit *Pisisthanatos*, philosophe.
- VII. Hellanax, législateur.
- IV. Hélicon de Cyzique, astronome.
- VI. Hellanicus de Lesbos, historien.
- IV. Héraclide d'Énium, philosophe.
- VI. Héraclite d'Éphèse, philosophe.
- III. Héraclite de Pont, philosophe et historien.
- *. Hercule, inventeur.
- III. Hérille, philosophe.
- III. Hermaque, philosophe.
- III. Hermésianax, poëte élégiaque.
- IV. Hermias de Méthymne, historien.
- V. Hermippe, poëte comique.
- V. Hermocrate, orateur.
- IV. Hermodore, éditeur de Platon.
- V. Hermogène, philosophe.
- V. Hermon, navigateur.
- V. Hermotime de Clazomène, philosophe.
- IV. Hermotime de Colophon, mathématicien.
- V. Hérodicus, médecin.
- IV. Hérodote, zoologiste.
- V. Hérodote d'Halicarnasse, historien.
- IV. Hérophile de Chalcédoine, médecin-anatomiste.
- *. Hérophile de Phrygie, dite la *Sibylle*, poëtesse.
- IX. Hésiode, poëte.
- IV. Hestié, philosophe.
- V. Hicétas de Syracuse, astronome et philosophe.
- V. Hiéron de Syracuse, agrographe.
- IV. Hiéron de Soles, navigateur.
- III. Hiéronyme, historien.
- IV. Hipparchie, femme philosophe.
- IV. Hipparque d'Athènes, éditeur d'Homère.
- IV. Hipparque, philosophe pythagoricien.
- V. Hippase, philosophe.
- V. Hippias d'Élée, philosophe et poëte.
- V. Hippocrate de Chio, mathématicien.
- V. Hippocrate de Cos, médecin.
- V. Hippodame de Milet, architecte.
- IV. Hippodame de Thurium, philosophe.
- VI. Hippodique, poëte-musicien.
- IV. Hippon de Rhégium, philosophe.
- VI. Hipponax, poëte.
- III. Hipponique, astronome.
- IV. Hippotale, philosophe.
- IV. Histiée de Colophon, musicien.
- IX. Homère, poëte.
- *. Hyagnis, musicien.
- IX. Hyglémon, peintre.
- IV. Hypatodore, statuaire.
- IV. Hypéride, orateur.

I

- III. Iade, statuaire.
- *. Jason de Thessalie, navigateur.
- VII. Ibycus, poëte lyrique.
- V. Ictinus, architecte.
- III. Idoménée, philosophe épicurien.
- V. Ion de Chio, poëte.
- IV. Ion d'Éphèse, rhapsode.
- IV. Ion, statuaire.
- V. Iophon, poëte.
- IV. Iphicrate d'Athènes, orateur.
- IV. Iphippus, historien.
- VIII. Iphitus de l'Élide, législateur.
- IV. Irène, femme peintre.
- IV. Isée, orateur.
- IV. Isocrate, rhéteur.

L

- IV. Lacrite, orateur.
- III. Lacyde, philosophe.
- III. Lahyppe, statuaire.
- V. Lamprus, poëte.
- VI. Laphaès, statuaire.
- IV. Lasthénie, femme philosophe.
- VI. Lasus, poëte-musicien.
- IV. Léocharès, statuaire.
- IV. Léodamas d'Acarnanie, orateur.
- IV. Léodamas de Thasos, mathématicien.
- III. Léon de Byzance, historien.
- IV. Léon, mathématicien.
- III. Léonidas de Tarente, poëte.
- III. Léontéus, philosophe épicurien.
- III. Léontion, courtisane et philosophe épicurienne.
- IV. Leptinès, orateur.
- V. Lesbonax, orateur.
- VII. Leschès, poëte.

v. Leucippe, philosophe.
v. Licymnius de Chio, poète.
*. Linus, poète.
*. Lycaon, inventeur.
v. Lyclus, statuaire.
vi. Lycomède de Mantinée, législateur.
iv. Lycon de la Troade, philosophe.
iii. Lycon de Scarphée, acteur comique.
iv. Lycophron, poète et grammairien.
ix. Lycurgue de Sparte, législateur.
iv. Lycurgue d'Athènes, orateur.
iii. Lyncée, historien et critique.
iv. Lysias, orateur.
vi. Lysinus, poète.
v. Lysippe d'Egine, peintre.
iv. Lysippe de Sicyone, statuaire.
iv. Lysis, philosophe et poète.
iv. Lysistrate, statuaire.

M

*. Machaon, médecin.
v. Magnès, poète.
vi. Malas de Chio, statuaire.
v. Mandroclès, architecte.
iii. Mandthon, historien.
iii. Marmérion, femme philosophe.
*. Marsyas de Phrygie, musicien.
iv. Marsyas de Pella, historien.
iv. Matricétas, astronome.
iv. Méchopane, peintre.
iv. Médon, statuaire.
iii. Mégasthène, voyageur - géographe.
iii. Mélampe, médecin empirique.
*. Mélampus d'Argos, poète.
iv. Mélanippide, poète.
iv. Mélanthius, peintre.
vi. Mélas, statuaire.
vi. Mélésagore, historien.
x. Mélisandre, poète.
vi. Mélissus, philosophe.
iv. Mélithus d'Athènes, poète.
vi. Memmon, architecte.
vi. Ménæchme de Naupacte, statuaire.
iv. Ménæchme, mathématicien.
iii. Ménandre, poète.
iv. Ménécrate d'Elaïa, navigateur-géographe.
iv. Ménécrate de Syracuse, médecin empirique.

iv. Ménédème d'Érétrie, philosophe.
iv. Ménédème de Colote, philosophe empirique.
v. Ménésiclès, architecte.
iv. Ménippe, philosophe.
iv. Méniscus, acteur.
iv. Métagène de Cnosse, architecte.
v. Métagène de Xypète, architecte.
iv. Métroclès, philosophe cynique.
v. Métrodore de Chio, philosophe.
iii. Métrodore de Lampsaque, philosophe.
vi. Micciade, statuaire.
v. Micon d'Athènes, peintre.
iv. Millias de Crotone, philosophe.
vi. Mimnerme de Colophon, poète.
*. Minos, législateur.
v. Mithœcus de Syracuse, sophiste et poète.
iii. Musæas de Patare, géographe.
iv. Musithéo, rhapsode.
vi. Mnésarque, fils de Pythagore, philosophe.
v. Mnésigiton de Salamine, inventeur.
ix. Mnésion de Phocée, législateur.
iv. Mnésiphile, orateur.
iv. Mnésiphile, philosophe.
iv. Mnésistrate, philosophe.
iv. Mœroclès de Salamine, orateur.
iv. Monime, philosophe cynique.
*. Musée I de Thrace, poète.
x. Musée II, poète hymnographe.
v. Myrmécide, sculpteur en ivoire.
v. Myron d'Éleuthère, statuaire.
v. Myrtile, poète comique.
v. Myrtis, poétesse.
vi. Myson de Laconie, un des sept sages.
v. Myus, graveur.

N

iv. Naucrate, rhéteur.
iv. Naucide, statuaire.
iii. Nausiphane, philosophe.
iv. Néarque, navigateur-géographe.
iv. Néoclite, mathématicien.
iv. Néophron, poète.
iv. Néoptolème, acteur.
v. Néséas, peintre.
v. Nicanor de Paros, peintre
v. Nicérate, poète.
iv. Nicias d'Athènes, peintre.

III. Nicias de Milet, poète.
III. Nicidion, femme philosophe.
IV. Nicobule, arpenteur-géographe.
V. Nicocharès, poète comique.
IV. Nicocharis, poète parodiste.
V. Nicodore de Mantinée, législateur.
*. Nicomaque, fils de Machaon, médecin.
IV. Nicomaque, peintre.
IV. Nicophane, peintre.
V. Nicophron, poète comique.
IV. Nicostrate, acteur et poète comique.
III. Nossis, poétesse.
VII. Nymphée, poète-musicien.

O

V. Ocellus de Lucanie, philosophe.
V. OEnipode, philosophe et mathématicien.
*. Olen, poète.
*. Olympe, poète-musicien.
V. Onatas d'Egine, statuaire.
IV. Onatas de Crotone, philosophe.
IV. Onésicrite, philosophe et historien.
V. Onomacrite d'Athènes, poète.
X. Onomacrite de Crète, législateur.
*. Orœbantius, poète.
*. Orphée, poète-musicien.
IV. Orthagore, musicien.
*. Oxylus, législateur.

P

IV. Palœphate, mythologiste.
*. Palamède, poète-musicien.
III. Pamphile d'Amphipolis, grammairien.
IV. Pamphile de Macédoine, peintre.
*. Pamphus, poète.
V. Panænus, peintre.
V. Panyasis, poète.
VI. Parménide, philosophe.
IV. Parménon, acteur.
IV. Parrhasius d'Ephèse, peintre.
IV. Patrocle de Crotone, statuaire.
III. Patrocle, navigateur-géographe.
V. Pausanius de Géla, médecin.
IV. Pausias, peintre.
V. Pauson, peintre.
V. Pérélius, statuaire.

VI. Périandre de Corinthe, un des sept sages, législateur.
V. Périclès d'Athènes, orateur.
VIII. Périélite, musicien.
IV. Périlaüs de Thurium, philosophe.
VI. Périle d'Agrigente, fondeur.
IV. Persée, philosophe et grammairien.
IV. Phædon d'Élis, philosophe.
V. Phænus, astronome.
V. Phaléas de Chalcédoine, politique.
V. Phanias, historien et naturaliste.
V. Phanton, philosophe.
V. Phéax, architecte.
*. Phémius, musicien.
*. Phémonoée, devineresse.
V. Phérécide de Léros, historien.
VI. Phérécide de Scyros, philosophe et astronome.
V. Phérécrate, poète.
V. Phidias, statuaire.
IX. Phidon d'Argos, législateur.
V. Philetère, poète.
*. Philammon, poète.
III. Philémon de Soles, poète comique.
IV. Philémon, acteur.
III. Philétas, grammairien et poète.
IV. Philinus d'Athènes, orateur.
IV. Philinus, médecin empirique.
IV. Philippe d'Acarnanie, médecin.
IV. Philippe de Medmée, astronome.
IV. Philippe d'Oponte, astronome.
IV. Philippide d'Athènes, poète comique.
IV. Philiscus, rhéteur.
IV. Philiste, orateur et historien.
IV. Philistion, médecin.
V. Philoclès d'Athènes, poète tragique.
V. Philoclès de Clazomène, dit la Bile, poète comique.
VIII. Philolaüs de Corinthe, législateur.
IV. Philolaüs de Crotone, philosophe.
IV. Philon, apologiste des philosophes.
III. Philon, architecte.
V. Philonide d'Athènes, poète comique.

III. Philonide de Thèbes, philosophe.
IV. Philoxène de Cythère, poète.
IV. Phocion, philosophe et orateur.
VI. Phocus, astronome.
VII. Phocylide, poète.
V. Phradmon, statuaire.
V. Phryllus, peintre.
V. Phrynicus d'Athènes, poète comique.
VI. Phrynichus d'Athènes, poète tragique.
V. Phrynis, musicien.
V. Phrynon, statuaire.
IV. Phytéus, architecte.
VI. Pigrès, poète.
V. Pindare, poète.
VIII. Pisandre, poète.
VII. Pisistrate, éditeur d'Homère.
IV. Pithon d'Ænium, philosophe.
VI. Pittacus de Mitylène, un des sept sages, législateur.
IV. Platon, philosophe.
V. Platon d'Athènes, poète comique.
V. Plésirrhoüs, poète et éditeur d'Hérodote.
IV. Plistane, philosophe.
*. Podalire, médecin.
IV. Polémarque, astronome.
III. Polémon, philosophe.
IV. Polus, acteur.
V. Polus d'Agrigente, rhéteur.
V. Polybe, médecin.
IV. Polycide, zoographe et musicien.
IV. Polyclès d'Athènes, statuaire.
V. Polyclète d'Argos, statuaire.
V. Polyclète de Larisse, historien.
V. Polycrate, rhéteur.
III. Polyen, philosophe.
IV. Polyeucte de Sphettie, orateur.
V. Polygnote de Thasos, peintre.
IV. Polyide, mécanicien.
IX. Polymneste de Colophon, poète-musicien.
IV. Polymneste de Phlionte, philosophe.
III. Polystrate, philosophe épicurien.
VI. Polyzèle, historien.
VI. Porinus, architecte.
III. Posidippe, poète comique.
III. Posidonius, philosophe.
V. Pratinas, poète tragique.
V. Praxille, poétesse.
IV. Praxitèle, statuaire.
V. Prodicus de Céos, rhéteur.
IX. Prodicus de Phocée, poète.
X. Pronapide, poète et grammairien.
V. Protagore, philosophe.
IV. Protogène, peintre.
IV. Proxène, rhéteur.
III. Psaon, historien.
III. Ptolémée, fils de Lagus, historien.
IV. Pyrgotèle, graveur.
III. Pyromaque, statuaire.
III. Pyrrhon d'Elis, philosophe sceptique.
V. Pythagore de Rhégium, statuaire.
VI. Pythagore de Samos, philosophe et législateur.
IV. Pythagore de Zacynthe, musicien.
IV. Pythéas d'Athènes, orateur.
III. Pythéas de Massilie, astronome-navigateur.
X. Pythéas de Trézène, poète.
VI. Pythodore, statuaire.

R

*. Rhadamante, législateur.
VI. Rhianus de Crète, poète.
VII. Rhœcus, fondeur et architecte.
III. Rhinthon, poète tragique.

S

VI. Sacadas, poète et musicien.
V. Saanarion, poète comique.
III. Saudès, philosophe épicurien.
IV. Sannion, musicien.
VII. Sapho, poétesse.
IV. Satyrus, architecte.
IV. Scopas, statuaire.
V. Scylax, navigateur-géographe.
V. Scyllias, plongeur.
VI. Scyllis, statuaire.
IV. Silanion, statuaire.
IV. Simmias de Thèbes, philosophe.
III. Simmias de Rhodes, poète et grammairien.
IV. Simon d'Athènes, écuyer.
IV. Simon d'Athènes, philosophe.
V. Simon d'Egine, statuaire.

- vi. Simonide de Céos, poète et grammairien.
- v. Simonide de Mélos, poète.
- *. Sisyphe, poète.
- vi. Smilis, statuaire.
- v. Socrate d'Alopécée, philosophe.
- v. Socrate de Thèbes, statuaire.
- vi. Soïdas, statuaire.
- vi. Solon d'Athènes, un des sept sages, législateur.
- v. Somis, statuaire.
- iii. Sopater, poète comique.
- v. Sophocle, poète tragique.
- v. Sophron, poète.
- v. Sophronisque, père de Socrate, statuaire.
- iv. Sosiclès, poète tragique.
- iv. Sostrate de Chio, statuaire.
- iii. Sostrate de Cnide, architecte.
- iv. Sotade, poète.
- iv. Speusippe, philosophe.
- iii. Sphœrus, philosophe.
- iv. Spinthare, architecte.
- ix. Stasinus, poète.
- vii. Stésichore l'ancien, poète-musicien.
- v. Stésichore le jeune, poète élégiaque.
- v. Stésimprote, historien.
- iv. Sthénis, statuaire.
- iv. Stilpon, philosophe.
- v. Stomius, statuaire.
- v. Stratis, poète comique.
- iii. Straton de Lampsaque, philosophe.
- vi. Susarion, farceur.
- x. Syagrus, poète.
- vi. Syennésis, médecin physiologiste.

T

- vi. Tectée, statuaire.
- vi. Télaugès, fils de Pythagore, philosophe.
- v. Téléclide, poète comique.
- iii. Téléclus, philosophe.
- iv. Téléphane de Mégare, musicien.
- iv. Téléphane de Phocée, statuaire.
- v. Télésille, poétesse.
- v. Téleste de Sélinunte, poète dithyrambique.
- v. Téleste, acteur pantomime.
- vii. Terpandre, poète-musicien.
- x. Thalès de Gortine, législateur.
- vi. Thalès de Milet, philosophe.
- *. Thamyris, poète musicien.
- v. Théætète, astronome.
- v. Théagène, historien.
- vi. Théano, femme de Pythagore, poétesse et philosophe.
- i. Thémista, femme philosophe.
- iv. Thémistagène, historien.
- vi. Théoclès, statuaire.
- iii. Théocrite de Syracuse, poète pastoral.
- v. Théadamas d'Athènes, orateur.
- iv. Théodecte, rhéteur et poète.
- iv. Théodore, acteur.
- v. Théodore de Byzance, rhéteur.
- v. Théodore de Cyrène, mathématicien.
- iv. Théodore de Cyrène, dit l'*Athée*, philosophe.
- vii. Théodore de Samos, fondeur et architecte.
- iv. Théognis d'Athènes, poète tragique.
- vi. Théognis de Mégare, poète gnomologiste.
- iv. Théomneste, peintre.
- v. Théophile d'Épidaure, médecin et poète.
- v. Théophile, poète comique.
- iii. Théophraste d'Érèse, philosophe et naturaliste.
- v. Théophraste de Piérie, musicien.
- v. Théopompe d'Athènes, poète comique.
- iv. Théopompe de Chio, historien.
- v. Théramène de Céos, orateur.
- iv. Théramique, peintre et statuaire.
- *. Thésée d'Athènes, législateur.
- vi. Thespis, poète.
- v. Thessalus de Cos, médecin.
- iv. Thessalus, acteur.
- iv. Theudius, mathématicien.
- iv. Tharsias, médecin.
- v. Thrasimaque de Chalcédoine, rhéteur.
- iv. Thrasimaque de Corinthe, philosophe.
- v. Thucydide, historien.
- iv. Thymoète, poète.
- v. Thymagoras, peintre.
- *. Timanthe, peintre.

v. Timarète, femme peintre.
iii. Timarque, statuaire.
iv. Timée de Locres, philosophe.
iii. Timée de Tauroménium, historien.
iii. Timocharis, astronome.
iii. Timocrate, philosophe épicurien.
v. Timocréon, poète.
iv. Timolaüs, philosophe.
iv. Timoléon de Corinthe, législateur de Syracuse.
v. Timon d'Athènes, dit le Misanthrope, philosophe.
iii. Timon de Phliase, philosophe et poète.
*. Timonide de Leucade, historien.
iv. Timothée de Milet, poète et musicien.
iv. Timothée de Thèbes, musicien.
iv. Timothée, statuaire.
iv. Timycha, femme philosophe.
iv. Tinichus, poète.
*. Tiphys de Béotie, navigateur.
*. Tirésias, poète.
v. Tisias, rhéteur.
iii. Tisicrate, statuaire.
*. Triptolème d'Éleusis, législateur.
*. Trophonius, architecte.
vii. Tyrtée, poète musicien.

X

vi. Xanthus de Lydie, historien.
v. Xanthus, poète lyrique.
iv. Xénagore, constructeur de navires.
v. Xénarque, poète.
vi. Xéniade, philosophe.
v. Xénoclès, architecte.
vi. Xénocrate, philosophe.
viii. Xénocrite, poète-musicien.
x. Xénodame de Cythère, poète-musicien.
v. Xénodème, danseur pantomime.
vi. Xénomède, historien.
vi. Xénophane de Colophon, philosophe et législateur.
iv. Xénophile, philosophe.
iv. Xénophon, philosophe et historien.

Z

viii. Zaleucus de Locres, législateur.
iii. Zénodote, poète, grammairien et éditeur d'Homère.
v. Zénon d'Élée, philosophe.
iv. Zénon de Citium, philosophe stoïcien.
iii. Zénon de Cydon, philosophe.
iv. Zeuxis d'Héraclée, peintre.
iii. Zeuxis de Sicyone, statuaire.
iv. Zoïle, rhéteur et critique.

TABLE QUATRIÈME.

RAPPORT DES MESURES ROMAINES AVEC LES NÔTRES.

Il faut connaître la valeur du pied et du mille romains pour connaître la valeur des mesures itinéraires des Grecs.

Notre pied-de-roi est divisé en douze pouces et en cent quarante-quatre lignes. On subdivise le total de ces lignes en quatorze cent quarante parties pour en avoir les dixièmes.

10es de ligne.	Pouces.	Lignes.	10es de ligne.	Pouces.	Lignes.
1440	12	"	1320	11	"
1430	11	11	1315	10	11 5/10
1420	11	10	1314	10	11 4/10
1410	11	9	1313	10	11 3/10
1400	11	8	1312	10	11 2/10
1390	11	7	1311	10	11 1/10
1380	11	6	1310	10	11
1370	11	5	1309	10	10 9/10
1360	11	4	1308	10	10 8/10
1350	11	3	1307	10	10 7/10
1340	11	2	1306	10	10 6/10
1330	11	1	1305	10	10 5/10

On s'est partagé sur le nombre des dixièmes de ligne qu'il faut donner au pied romain. J'ai cru devoir lui en attribuer, avec M. d'Anville et d'autres savants, 1306, c'est-à-dire 10 pouces 10 lignes 6/10 de ligne.

Suivant cette évaluation, le pas romain, composé de 5 pieds, sera de 4 pieds-de-roi 6 pouces 5 lignes.

Le mille romain, composé de mille pas, sera de 755 toises 4 pieds 8 pouces 8 lignes. Pour éviter les fractions, je porterai, avec M. d'Anville, le mille romain à 756 toises.

Comme on compte communément 8 stades au mille romain, nous prendrons la huitième partie de 756 toises, valeur de ce mille, et nous aurons pour le stade 94 toises 1/2. (D'Anville, *Mes. itinér.* p. 70.)

Les Grecs avaient diverses espèces de stades. Il ne s'agit ici que du stade ordinaire, connu sous le nom d'*olympique*.

TABLE CINQUIÈME.

RAPPORT DU PIED ROMAIN AVEC LE PIED-DE-ROI.

Pieds rom.	Pieds de roi.	Pouces.	Lignes.	Pieds rom.	Pieds de roi.	Pouces.	Lignes.
1	"	10	10 6/10	10	9	"	10
2	1	9	9 2/10	20	18	1	8
3	2	8	7 8/10	30	27	2	6
4	3	7	6 4/10	40	36	3	4
5	4	6	5	50	45	4	2
6	5	5	3 6/10	60	54	5	"
7	6	4	2 2/10	70	63	5	10
8	7	3	" 3/10	80	72	6	8
9	8	1	11 4/10	90	81	7	6

II.

TABLE SIXIÈME.

RAPPORT DES PAS ROMAINS AVEC NOS TOISES.

J'ai dit plus haut que le pas romain, composé de 5 pieds, pouvait être de 4 de nos pieds 6 pouces 5 lignes.

Pas rom.	Toises.	Pieds.	Pouces.	Lignes.	Pas rom.	Toises.	Pieds.	Pouces.	Lignes.
1	"	4	6	5	10	7	3	4	2
2	1	3	"	10	20	15	"	8	4
3	2	1	7	3	30	22	4	"	6
4	3	"	1	8	40	30	1	4	8
5	3	4	8	1	50	37	4	8	10
6	4	3	2	6	60	45	2	1	"
7	5	1	8	11	70	52	5	5	2
8	6	"	3	4	80	60	2	9	4
9	6	4	9	9	90	68	"	1	6

TABLE SEPTIÈME.

RAPPORT DES MILLES ROMAINS AVEC NOS TOISES.

On a vu, par la table précédente, qu'en donnant au pas romain 4 pieds 6 pouces 5 lignes, le mille romain contiendrait 755 toises 4 pieds 8 pouces 8 lignes. Pour éviter les fractions, nous le portons, avec M. d'Anville, à 756 toises.

Il résulte de cette addition d'un pied 3 pouces 4 lignes, faite au mille romain, une légère différence entre cette table et la précédente. Ceux qui exigent une précision rigoureuse pourront consulter la table neuvième ; les autres pourront se contenter de celle-ci, qui dans l'usage ordinaire est plus commode.

Milles romains.	Toises.	Milles romains.	Toises.
1	756	20	15120
2	1512	30	22680
3	2268	40	30240
4	3024	50	37804
5	3780	100	75600
6	4536	200	151200
7	5292	300	226800
8	6048	400	302400
9	6804	500	378000
10	7560	1000	756000

TABLE HUITIÈME.

RAPPORT DU PIED GREC AVEC NOTRE PIED-DE-ROI.

Nous avons dit que notre pied est divisé en 1440 dixièmes de ligne, et que le pied romain en avait 1306. (Voyez la table IVe.)

Le rapport du pied romain au pied grec étant comme 24 à 25, nous aurons pour

STADES.   639

ce dernier 1360 dixièmes de ligne, et une très-légère fraction que nous négligerons : 1360 dixièmes de ligne donnent onze pouces 4 lignes.

Pieds grecs.	Pieds-de-roi.	Pouces.	Lignes.	Pieds grecs.	Pieds-de-roi.	Pouces.	Lignes.
1	»	11	4	20	18	10	8
2	1	10	8	30	28	4	»
3	2	10	»	40	37	9	4
4	3	9	4	50	47	2	8
5	4	8	8	100	94	5	4
6	5	8	»	200	188	10	8
7	6	7	4	300	283	4	»
8	7	6	8	400	377	9	4
9	8	6	»	500	472	2	8
10	9	5	4	600	566	8	»

Suivant cette table, 600 pieds grecs ne donneraient que 94 toises 2 pieds 8 pouces, au lieu de 94 toises 3 pieds que nous assignons au stade. Cette légère différence vient de ce que, à l'exemple de M. d'Anville, nous avons, pour abréger les calculs, donné quelque chose de plus au mille romain, et quelque chose de moins au stade.

TABLE NEUVIÈME.

RAPPORT DES STADES AVEC NOS TOISES, AINSI QU'AVEC LES MILLES ROMAINS; LE STADE FIXÉ A 94 TOISES 1/2.

Stades.	Toises.	Milles.	Stades.	Toises.	Milles.
1	94 1/2	1/8	20	1890	2 1/2
2	189	1/4	30	2835	3 6/8
3	283 1/2	3/8	40	3780	5
4	378	1/2	50	4725	6 1/4
5	472 1/2	5/8	60	5670	7 1/2
6	567	6/8	70	6615	8 1/4
7	661 1/2	7/8	80	7560	10
8	756	1	90	8505	11 1/4
9	850 1/2	1 1/8	100	9450	12 1/2
10	945	1 1/4	500	47250	62 1/2

TABLE DIXIÈME.

RAPPORT DES STADES AVEC NOS LIEUES DE 2500 TOISES.

Stades.	Lieues.	Toises.	Stades.	Lieues.	Toises.
1	»	94 1/2	20	»	1890
2	»	189	30	1	335
3	»	283 1/2	40	1	1280
4	»	378	50	1	2225
5	»	472 1/2	60	2	670
6	»	567	70	2	1615
7	»	661 1/2	80	3	60
8	»	756	90	3	1005
9	»	850 1/2	100	3	1950
10	»	945	500	18	2250

TABLE ONZIÈME.

ÉVALUATION DES MONNAIES D'ATHÈNES.

Il ne s'agit pas ici des monnaies d'or et de cuivre, mais simplement de celles d'argent. Si on avait la valeur des dernières, on aurait bientôt celle des autres.

Le talent valait . . . . 6000 drachmes.
La mine . . . . 100 drachmes.
Le tétradrachme. . . . . 4 drachmes.
La drachme se divisait en 6 oboles.

On ne peut fixer d'une manière précise la valeur de la drachme. Tout ce qu'on peut faire, c'est d'en approcher. Pour y parvenir, on doit en connaître le poids et le titre.

J'ai opéré sur les tétradrachmes, parce qu'ils sont plus communs que les drachmes, leurs multiples et leurs subdivisions.

Des gens de lettres dont l'exactitude m'était connue ont bien voulu se joindre à moi pour peser une très-grande quantité de ces médailles. Je me suis ensuite adressé à M. Tillet de l'Académie des sciences, commissaire du roi pour les essais et affinages des monnaies. Je ne parlerai ni de ses lumières ni de son amour pour le bien public, et de son zèle pour le progrès des lettres. Mais je dois le remercier de la bonté qu'il a eue d'essayer quelques tétradrachmes que j'avais reçus d'Athènes, d'en constater le titre, et d'en comparer la valeur avec celle de nos monnaies actuelles.

On doit distinguer deux sortes de tétradrachmes ; les plus anciens qui ont été frappés jusqu'au temps de Périclès, et peut-être jusque vers la fin de la guerre du Péloponnèse, et ceux qui sont postérieurs à cette époque. Les uns et les autres représentent d'un côté la tête de Minerve, et au revers une chouette. Sur les seconds, la chouette est posée sur un vase ; et l'on y voit des monogrammes ou des noms, et quelquefois, quoique rarement, les uns mêlés avec les autres.

1° *Tétradrachmes plus anciens.* Ils sont d'un travail plus grossier, d'un moindre diamètre, et d'une plus grande épaisseur que les autres. Les revers présentent des traces plus ou moins sensibles de la forme carrée qu'on donnait au coin dans les temps les plus anciens. (Voyez les *Mémoires de l'Académie des Belles-Lettres*, t. XXVIII, p. 30.)

Eisenschmid (*De ponder. et mens.* sect. I, cap. 5) en publia un qui pesait, à ce qu'il dit, 333 grains ; ce qui donnerait pour la drachme 83 grains un quart. Nous en avons pesé quatorze semblables, tirés la plupart du cabinet du roi ; et les mieux conservés ne nous ont donné que 324 grains un quart. On en trouve un pareil nombre dans le *Recueil des médailles de villes* de feu M. le docteur Hunter (p. 48 et 49). Le plus fort est de 265 grains et demi, poids anglais, qui répondent à 323 et demi de nos grains.

Ainsi nous avons d'un côté un médaillon qui pesait, suivant Eisenschmid, 333 grains, et de l'autre vingt-huit médaillons dont les mieux conservés n'en donnent que 324. Si cet auteur ne s'est point trompé, si l'on découvre d'autres médaillons du même temps et du même poids, nous conviendrons que, dans quelques occasions, on les a portés à 332 ou 336 grains ; mais nous ajouterons qu'en général ils n'en pesaient qu'environ 324 ; et comme dans l'espace de 2200 ans ils ont dû perdre quelque chose de leur poids, nous pourrons leur attribuer 328 grains ; ce qui donne pour la drachme 83 grains.

Il fallait en connaître le titre. M. Tillet a eu la complaisance d'en passer à la coupelle un qui pesait 324 grains : il a trouvé qu'il était à 11 deniers 20 grains de fin, et que la matière presque pure dont il était composé valait intrinsèquement, au prix du tarif, 52 liv. 14 sous 3 den. le marc.

« Ce tétradrachme, dit M. Tillet, valait donc intrinsèquement 3 liv. 14 sous, tandis que 324 grains de la valeur de nos écus n'ont de valeur intrinsèque que 3 liv. 8 sous,

» Mais la valeur de l'une et de l'autre matière d'argent, considérée comme monnaie, et chargée des frais de fabrication et du droit de seigneuriage, reçoit quelque augmentation au delà de la matière brute ; et de là vient qu'un marc d'argent, composé de 8 écus de 6 liv. et de trois pièces de 12 sous, vaut, par l'autorité du prince, dans la circulation du commerce, 49 liv. 16 sous, c'est-à-dire 1 liv. 7 sous au delà du prix d'un autre marc non monnayé de la matière des écus. » Il faut avoir égard à cette augmentation si l'on veut savoir combien un pareil tétradrachme vaudrait de notre monnaie actuelle.

Il résulte des opérations de M. Tillet qu'un marc de tétradrachmes, dont chacun aurait 324 grains de poids, et 11 den. 20 grains de fin, vaudrait maintenant dans le commerce 24 liv. 3 sous 9 den.; chaque tétradrachme, 3 liv. 16 sous ; chaque drachme, 19 sous, et le talent 5700 liv.

Si le tétradrachme pèse 328 grains et la drachme 82, elle aura valu 19 sous et environ 3 den., et le talent à peu près 5775 liv.

A 332 grains de poids pour le tétradrachme, la drachme pesant 83 grains vaudrait 19 sous et environ 6 den., et le talent à peu près 5850 liv.

A 336 grains pour le tétradrachme, à 84 pour la drachme, elle vaudrait 19 sous 9 den., et le talent environ 5925 liv.

Enfin donnons au tétradrachme 340 grains de poids, à la drachme 85 : la valeur de la drachme sera d'environ 1 liv., et celle du talent d'environ 6000 liv.

Il est inutile de remarquer que, si l'on attribuait un moindre poids au tétradrachme, la valeur de la drachme et du talent diminuerait dans la même proportion.

2° *Tétradrachmes moins anciens*. Ils ont eu cours pendant quatre ou cinq siècles ; ils sont en beaucoup plus grand nombre que ceux de l'article précédent, et en diffèrent par la forme, le travail, les monogrammes, les noms de magistrats et d'autres singularités que présentent les revers, mais surtout par les riches ornements dont la tête de Minerve est parée. Il y a même lieu de penser que les graveurs en pierres et en monnaies dessinèrent cette tête d'après la célèbre statue de Phidias. Pausanias (lib. I, cap. 24, p. 57) rapporte que cet artiste avait placé un sphinx sur le sommet du casque de la déesse, et un griffon sur chacune des faces. Ces deux symboles se trouvent réunis sur une pierre gravée que le baron de Stosch a publiée (*Pierres antiq.*, pl. XIII). Les griffons paraissent sur tous les tétradrachmes postérieurs au temps de Phidias, et jamais sur les plus anciens.

Nous avons pesé au delà de 160 des tétradrachmes dont je parle maintenant. Le Cabinet du roi en possède plus de 120. Les plus forts, mais en petit nombre, vont à 320 grains ; les plus communs, à 315, 314, 313, 312, 310, 306, etc., quelque chose de plus ou moins, suivant les différents degrés de leur conservation. Il s'en trouve d'un poids fort inférieur, parce qu'on en avait altéré la matière.

Sur plus de 90 tétradrachmes décrits avec leur poids, dans la collection des médailles de villes de feu M. le docteur Hunter, publiée avec beaucoup de soin en Angleterre, sept à huit pèsent au-delà de 320 de nos grains; un, entre autres, qui présente les noms de Mentor et de Moschion, pèse 271 3/4 grains anglais, environ 331 de nos grains; singularité d'autant plus remarquable, que, de cinq autres médaillons du même cabinet, avec les mêmes noms, le plus fort ne pèse qu'environ 318 de nos grains, et le plus faible que 312, de même qu'un médaillon semblable du Cabinet du roi. J'en avais témoigné ma surprise à M. Combe, qui a publié cet excellent recueil. Il a eu la bonté de vérifier le poids du tétradrachme dont il s'agit, et il l'a trouvé exact. Ce monument prouverait tout au plus qu'il y eut dans le poids de la monnaie une augmentation qui n'eût pas de suite.

36.

Quoique la plupart des tétradrachmes aient été altérés par le fret et par d'autres accidents, on ne peut se dispenser de reconnaître, à l'inspection générale, que le poids des monnaies d'argent avait éprouvé de la diminution. Fut-elle successive? à quel point s'arrêta-t-elle? c'est ce qui est d'autant plus difficile à décider, que sur les médaillons de même temps on voit tantôt une uniformité de poids très-frappante, et tantôt une différence qui ne l'est pas moins. De trois tétradrachmes qui offrent les noms de Phanoclès et d'Apollonius (*Recueil* de Hunter, p. 54), l'un donne 253 grains, l'autre 253 1/4, et le troisième 253 3/4 poids anglais ; environ 308 grains 1/3, 308 grains 2/3, 309 grains, poids français ; tandis que neuf autres, avec les noms de Nestor et de Mnaséas, s'affaiblissent insensiblement depuis environ 320 de nos grains jusqu'à 310 (*Ibid.*, p. 53).

Outre les accidents qui ont partout altéré le poids des médailles anciennes, il paraît que les monétaires grecs, obligés de travailler tant de drachmes à la mine ou au talent, comme les nôtres tant de pièces de douze sous au marc, étaient moins attentifs qu'on ne l'est aujourd'hui à égaliser le poids de chaque pièce.

Dans les recherches qui m'occupent ici on est arrêté par une autre difficulté. Les tétradrachmes d'Athènes n'ont point d'époque, et je n'en connais qu'un dont on puisse rapporter la fabrication à un temps déterminé. Il fut frappé par ordre du tyran Aristion, qui en 88 avant J.-C., s'étant emparé d'Athènes au nom de Mithridate, en soutint le siége contre Scylla. Il représente d'un côté la tête de Minerve, de l'autre une étoile dans un croissant comme sur les médailles de Mythridate. Autour de ce type sont le nom de ce prince, celui d'Athènes et celui d'Aristion. Il est dans la collection de M. Hunter. M. Combe, à qui je m'étais adressé pour en avoir le poids, a bien voulu prendre la peine de s'en assurer, et de me marquer que le médaillon pèse 254 grains anglais, qui équivalent à 309 et 18/32 de nos grains. Deux tétradrachmes du même cabinet, où le nom du même Aristion se trouve joint à deux autres noms, pèsent 313 à 314 de nos grains.

Parmi tant de variations, que je ne puis pas discuter ici, j'ai cru devoir choisir un terme moyen. Nous avons vu qu'avant et du temps de Périclès la drachme était de 81, 82, et même 83 grains. Je suppose qu'au siècle suivant, temps où je place le voyage d'Anacharsis, elle était tombée à 79 grains ; ce qui donne pour le tétradrachme 316 grains ; je me suis arrêté à ce terme, parce que la plupart des tétradrachmes bien conservés en approchent.

Il paraît qu'en diminuant le poids des tétradrachmes, on en avait affaibli le titre. A cet égard, il n'est pas facile de multiplier les essais. M. Tillet a eu la bonté d'examiner le titre des deux tétradrachmes. L'un pesait 311 grains et environ deux tiers ; l'autre 310 grains et 1/16 de grain. Le premier s'est trouvé de 11 deniers 12 grains de fin, et n'avait en conséquence qu'une 24ᵉ partie d'alliage ; l'autre était de 11 deniers 9 grains de fin.

En donnant au tétradrachme 316 grains de poids, 11 deniers 12 grains de fin, M. Tillet s'est convaincu que la drachme équivalait à 18 sous et un quart de denier de notre monnaie. Nous négligerons cette fraction de denier, et nous dirons qu'en supposant, ce qui est très-vraisemblable, ce poids et ce titre, le talent valait 5400 livres de notre monnaie actuelle. C'est d'après cette évaluation que j'ai dressé la table suivante. Si, en conservant le même titre, on n'attribuait au tétradrachme que 312 grains de poids, la drachme de 78 grains ne serait que de 17 sous 9 deniers, et le talent de 5325 livres. Ainsi la diminution ou l'augmentation d'un grain de poids par drachme diminue ou augmente de trois deniers la valeur de cette drachme, et de 75 livres celle du talent. On suppose toujours le même titre.

Pour avoir un rapport plus exact de ces monnaies avec les nôtres, il faudrait comparer la valeur respective des denrées. Mais j'ai trouvé tant de variation dans celles d'Athènes, et si peu de secours dans les auteurs anciens, que j'ai abandonné ce travail. Au reste, il ne s'agissait, pour la table que je donne ici, que d'une approximation générale.

POIDS GRECS. 043

Elle suppose, comme je l'ai dit, une drachme de 70 grains de poids, de 11 deniers 12 grains de fin, et n'est relative qu'à la seconde espèce de tétradrachmes.

Drachmes.	Livres.	Sous.	Drachmes.	Livres.
1 drachme.	»	18	10	9
1 obole, 6 part. de la dr.	»	3	20	18
2 drachmes.	1	16	30	27
3	2	14	40	36
4 ou 1 tétradrac.	3	12	50	45
5	4	10	60	54
6	5	8	70	63
7	6	6	80	72
8	7	4	90	81
9	8	2	100 drachmes ou 1 mine	90

6000 drachmes ou 60 mines composent le talent.

Talents.	Livres.	Talents.	Livres.
1	5400	20	108000
2	10800	30	162000
3	16200	40	216000
4	21600	50	270000
5	27000	60	324000
6	32400	70	378000
7	37800	80	432000
8	43200	90	486000
9	48600	100	540000
10	54000	500	2700000

TABLE DOUZIÈME.

RAPPORT DES POIDS GRECS AVEC LES NÔTRES.

Le talent attique pesait 60 mines ou 6000 drachmes, la mine, 100 drachmes : nous supposons toujours que la drachme pesait 79 de nos grains. Parmi nous, le gros pèse 72 grains ; l'once, composée de 8 gros, pèse 576 grains ; le marc, composé de 8 onces, pèse 4608 grains ; la livre, composée de 2 marcs, pèse 9216 grains.

Drac.	Livres.	Marcs.	Onces.	Gros.	Grains.	Drac.	Livres.	Marcs.	Onces.	Gros.	Grains.
1	»	»	»	1	7	10	»	»	1	2	70
2	»	»	»	2	14	20	»	»	2	5	68
3	»	»	»	3	21	30	»	»	4	»	66
4	»	»	»	4	28	40	»	»	5	3	74
5	»	»	»	5	35	50	»	»	6	6	62
6	»	»	»	6	42	60	»	1	»	1	60
7	»	»	»	7	49	70	»	1	1	4	58
8	»	»	1	»	56	80	»	1	2	7	56
9	»	»	1	1	63	90	»	1	4	2	54

TABLE ANALYTIQUE.

A

Abaris de Scythie, I, 318.
Abas, I, 326.
Abdère, I, 434; — II, 295, 453.
Abeilles du mont Hymette, I, 8, 218, 266; — II, 169.
Abia, I, 609.
Abradate et Panthée, I, 582 et suiv.
Abydos, I, 183.
Académie, I, 209, 213, 254 (voyez l'Atlas, n° 11).
Académus, I, 209.
Acanthe, I, 327.
Acarnanie, I, 527 et suiv.
Accents, I, 379.
Accusateur, I, 292, 293.
Accusations et Procédures, I, 294.
Achaie, I, 547, 549.
Acharnes, II, 166, 168.
Achéens, I, 507, 547-550.
Achéloüs, I, 527.
Achéron, I, 521.
Achéus, II, 396.
Achille, I, 10, 19, 21, 327; — II, 75.
Acron, I, 139.
Acrostiche, II, 589 (voyez Griphes).
Acrisius, I, 502 (voyez Argolide); — II, 90.
Acteurs, II, 402 et suiv. (voyez Théâtre.
Action dramatique, II, 415 et suiv.
Acusilaüs d'Argos, II, 324, 333.
Adimante, I, 98.
Adimanthe, II, 227.
Admète, II, 94.
Administration, I, 394.
Adranum, II, 291.
Adraste, I, 16.
Adultère, I, 299; — II, 48, 470.
Ætes, I, 9.
Ægalée, I, 587.
Ægos-Potamos, I, 183.

Ænos, II, 449.
Agamède, I, 486.
Agamemnon, I, 18-23.
Aganippe, I, 484.
Agatharcus, II, 409.
Agathocle, II, 212.
Agathon, II, 389, 437, 382.
Agésilas, I, 169, 170, 176, 267, 343 et suiv.; — II, 71, 72.
Agénor, I, 415.
Agéladas d'Argos, I, 327, 582; — II, 91.
Agésipolis, I, 619.
Agis, I, 149.
Aglaocréon, II, 234.
Aglaonice, I, 504.
Aglaus, II, 93.
Agora (voyez Place publique).
Agoraclite, II, 177, 527.
Agriculture (voyez Attique).
Agrigente, I, 261; — II, 465 et suiv., 188, 295.
Ajax de Salamine, I, 19, 21.
Ajax, roi des Locriens, I, 22.
Aides de camp, I, 236.
Aidonée, I, 14.
Alcamène, I, 156, 158, 490.
Alcée, I, 189, 369; — II, 586.
Alcibiade, I, 142 et suiv., 154, 278, 304, 380.
Alcidamas, II, 140 et suiv., 151.
Alcman, II, 42.
Alcméon, I, 432.
Alcméon, fils d'Amphiaraüs, II, 83.
Alcméonides (les), I, 61.
Alésiéum, I, 555.
Alétas, I, 537.
Alévas, II, 521.
Alexamène, I, 432.
Alexandre Ier, I, 86, 104, 110, 327.
Alexandre-le-Grand, II, 605 et suiv.
Alexandre, tyran de Phères, I, 513-514
Aliphère, II, 82.
Alpénus, I, 90; — II, 233.

Alphée, I, 552, 553.
Alphée et Aréthuse, I, 567.
Altis, I, 555.
Alyate, I, 391.
Amasis, II, 491.
Amazones (les), I, 14.
Ambracie, I, 521.
Ambrysaus, I, 343.
Ame, I, 32; — II, 183.
Aminias (voyez Eumène).
Amipsias, II, 348.
Amitié, I, 238, 464; II, 228, 479, 504, 557.
Ammon, I, 314.
Amoros, II, 550.
Amour, I, 29; — II, 257, 479.
Amphiaraüs, I, 17, 326, 481.
Amphictyon, I, 502.
Amphictyons, I, 333, 502, 503; — II, 250, 597 et suiv.(voyez Anthéla).
Amphion, I, 410.
Amphipolis, I, 346; —II, 238.
Amphissa, II, 597 et suiv.
Amphissiens, II, 602.
Amyclæ, I, 611, 612.
Amyclas, I, 611.
Amyntas, II, 322.
Anacharsis (l'Ancien), I, 46, 180.
Anacréon, I, 71, 369; — II, 459, 490.
Anaxagore, I, 125, 128, 322, 431, 440, 450, 458; — II, 571.
Anaxandre, I, 595.
Anaxandride, roi de Sparte, II, 15.
Anaxandride, auteur comique, II, 394, 468.
Anaxarque, I, 435; — II, 295.
Anaxilas, tyran de Rhégium, I, 602.
Anaxilas, poète comique, I, 414.
Anaximandre, I, 431, 449.
Anaximène, philosophe, I, 431.
Anaximène, historien, II, 328.
Anaxis, II, 328.
Andocide, I, 156; — II, 140.
Andréus (voyez Andros).
Androgée, II, 525.
Andros, I, 327; — II, 519.
Animaux, II, 315 et suiv.
Année solaire et lunaire, I, 456.
Antalcidas, I, 152, 169, 171, 622; — II, 44.
Anthédon, I, 196, 499.
Anthéla, I, 502.
Anthémoute, II, 221.
Anthermus (voyez Bupalus).

Anthès, II, 381.
Anticratès, II, 88.
Anticyre, I, 343.
Antigénide, I, 415.
Antimaque, II, 584.
Antiochus, II, 87.
Antipater, II, 212, 238.
Antiope, I, 14.
Antiphane, II, 394, 40.
Antiphon, I, 156; — II, 140, 327.
Antipodes, I, 460.
Antissa, I, 187.
Antisthène, I, 214, 467; — II, 571.
Antres, I, 3 (voyez Labyrinthe). De Cnosse (voyez Crète); de Corycius, 341; de Delphes (voyez Delphes); de Ténare (voyez Ténare).
Anytus, II, 349 et suiv.
Aorne ou Averne, I, 522, 608 (voyez Cumes, Héraclée, Hermione et Ténare).
Apaturies (fête des), I, 375.
Apelle, I, 158, 546.
Aphacée, II, 389.
Aphidné, II, 246.
Apollocrate, II, 191, 193.
Apollodore d'Athènes, I, 157.
Apollodore, disciple de Socrate, II, 357, 361.
Apollon (voyez Amyclæ, Délos.
Apollonide, II, 225.
Apollonie, II, 351.
Apollophane (voyez Satyrus).
Araxe, I, 547.
Arbres sacrés, II, 486.
Arcadie (Voyages d'), II, 75, 79.
Arcadiens (les), II, 76, 80.
Arcadien, II, 250.
Arcésilas (voyez peinture encaustique).
Archédémus, II, 227.
Archélaüs, roi de Macédoine, I, 345; — II, 382, 344.
Archélaüs, philosophe, I, 431.
Archestrate, I, 365.
Archidamus, I, 131, 135; — II, 59, 45.
Archiloque, II, 526 et suiv.
Architecture (premiers ouvrages d'), I, 264; — II, 96 (voyez édifices publics).
Archontes, I, 34, 49, 284, 317.
Archytas, I, 432, 434; — II, 170, 476, 591.

Arctinus, II, 581.
Aréopage, I, 6, 49, 62, 66, 289, 290, 291.
Arétée, II, 195.
Aréthon, I, 521.
Aréthuse, I, 196 (*voyez* Alphée).
Argent, II, 123.
Argiens, II, 91.
Argiléonis, II, 49.
Argolide (voyage d'), II, 89 et suiv.
Argonautes, I, 9 et suiv., 166, 442.
Argos, I, 5; — II, 90, 93 et suiv., 309.
Ariabignès, I, 101.
Ariadne, I, 12.
Arion, I, 187, 484; — II, 589.
Aristandre, II, 78.
Aristhée, II, 520.
Aristide, I, 65, 76, 80, 100, 107, 115, 116, 122, 123, 283; — II, 476.
Aristippe, I, 383, 462 et suiv.
Aristocrate, I, 596, 600.
Aristocratie (*voyez* gouvernement).
Aristodème, descendant d'Hercule, I, 23; — II, 9.
Aristodème, chef des Messéniens, I, 592.
Aristodème, Spartiate, I, 112.
Aristodème, acteur tragique, I, 245; — II, 234, 406.
Aristogiton, (*voyez* Harmodius).
Aristomaque, descendant d'Hercule, II, 9.
Aristomaque, femme de Sicyone, I, 327.
Aristomène, I, 594 et suiv.
Aristonicus, II, 91.
Aristophane, I, 155, — II, 348, 383, 391, 393, 394, 443.
Aristophon, I, 281; — II, 199.
Aristote, I, 212, 382, 385; — II, 228, 259, 261, 296, 298, 299 et suiv.
Aristoxène, II. 288.
Aristrate, I, 543.
Arithmétique, I, 381.
Armes, I, 237.
Armées des Athéniens, I, 233, 238; des Lacédémoniens, II, 54 et suiv.
Arné, I, 493, 509.
Arrachion, II, 81.
Arsame, I, 164; — II, 218 et suiv., 594.
Artabaze, I, 109, 112.
Artapherne, I, 74; — II, 453.
Artaxerxès, I, 120.

Artémise, reine d'Halicarnasse, I, 99, 101, 103, 527.
Artémise, femme de Mausole, II, 209 et suiv.
Artémisium, chapelle consacrée à Diane, II, 534 et suiv.
Artémisium, promontoire de l'île d'Eubée, I, 87.
Arts, I, 161, 544 (*voyez* Dessin, Peinture, Sculpture).
Arvisin, II, 447.
Asclépiade, poète tragique, II, 389.
Asclépiades (les), famille de l'île de Cos, II, 480.
Ascra, I, 484.
Asie, II, 448 et suiv.
Asile, I, 317.
Asinarus, I, 148.
Asopus, ville de la Laconie, I, 610.
Asopus, fleuve de la Béotie, I, 90, 110, 482.
Aspasie, I, 128, 153, 162.
Assemblées du peuple à Athènes, I, 271 et suiv.
Assemblées du peuple à Lacédémone, II, 23 et suiv.
Astacus, I, 180.
Astéropus, II, 20.
Astres, I, 453.
Astronomie, I, 449, 455.
Astydamas, auteur dramatique, II, 389; — son fils, 389, 427.
Astydamas, de Milet, I, 225.
Astypalée, II, 449.
Atarnée, II, 228, 259.
Athamanie, I, 521.
Athéisme, II, 166 et suiv.
Athènes, I, 5, 7, 97, 151, 161, 203 et suiv.; 232, 247 et suiv.; 270, 376 (*voyez* l'Atlas, n° 13).
Athéniennes, I, 303, 358 et suiv.
Athéniens, I, 270 et suiv. (*voyez* Athènes et Grèce).
Athlètes, I, 161, 559 et suiv. 575 et suiv.; II, 255.
Athos, I, 83 et suiv.
Atlantique (île), (*voyez* Solon).
Atlantique (mer), I, 461; — II, 308.
Atlossa, I, 72.
Attalus, II, 255.
Atterrissements, II, 306 et suiv.
Attique, I, 4 et suiv., 204 et suiv.; — II, 164 et suiv. (*voyez* l'Atlas, n° 9).
Aulide ou Aulis, I, 19, 196.

Autoclès, I, 173.
Antolycus, I, 292.
Averne (voyez Aorne).
Axiothée, I, 212.

B

Babylone, I, 68.
Bacchus, I, 10, 232; — II, 519, 529 (voyez Brauron).
Bacchylide, II, 524, 533.
Badauds (voyez Bayeurs).
Bains, I, 301.
Baladins, farceurs, (voyez Joueurs de gobelets).
Banquiers à Athènes (voyez Athéniens).
Bataillon sacré, I, 174, 498 et suiv.
Bathyclès, I, 611.
Bayeurs ou Badauds, I, 301.
Beauté, I, 553; — II, 229, 462 et suiv.
Bellérophon (voyez Pirène).
Belmina, II, 75.
Béotarques, I, 175 et suiv., 491.
Béotie (voyage de), I, 480, 492, 498, 499.
Béotiens, I, 174, 492 et suiv., 498 (voyez Bataillon sacré).
Bias de Priène, I, 46; — II, 454.
Bias, Lacédémonien, II, 58 et suiv.
Biblinus, II, 528.
Bibliothèque, I, 60, 428 et suiv., 448; — II, 129, 139, 295, 323, 578, 591.
Biblis, II, 459.
Bion, II, 324 (voyez Cadmus de Milet).
Bizanthe, I, 180.
Blé, I, 165, 492, 508; — II, 170, 119 et suiv.
Bonheur, II, 542 et suiv.
Borysthène ou Dniéper, I, 167.
Bosphore Cimmérien, I, 166.
Bosphore de Thrace, I, 167, 178 (voyez l'Atlas, n° 7).
Bouches de l'enfer (voyez Aorne, Cumes, Héraclée, Hermione et Ténare).
Boucliers, I, 234, 237, 244; II, 34, 57.
Brasidas, I, 141; — II, 43, 326.
Brauron, II, 177.
Briaxis, II, 210.
Britanniques (îles) (voyez Cassitérides (îles).
Brouet, II, 40.
Brysées, I, 610.

Bulis I (voyez Sperthias).
Bulis, petite ville de Phocide, I, 343.
Bupalus et Anthermus, II, 519.
Bura, I, 549.
Buthroton, I, 526.
Butin, I, 240, 265.
Byblos, I, 368.
Byzance, I, 179 et suiv.
Byzantins, II, 595, 598.

C

Cadir ou Gadir, I, 461; — II, 332.
Cadmus, I, 4, 7, 15; — II, 538.
Cadmus de Milet, II, 140, 324.
Cadrans, I, 457.
Caïstre, II, 533.
Calendrier, I, 454 et suiv.
Callias, II, 212.
Callicrate, I, 262 (voyez Ictinus).
Callicratidas, I, 618.
Callimaque Polémarque, I, 77, 79.
Callimaque, sculpteur, I, 259.
Callinus, II, 583.
Callipide, II, 405.
Callippe de Syracuse, II, 140.
Callippe, Athénien, II, 197 et suiv.
Callirhoé (voyez Eschine).
Callistrate, orateur athénien, I, 173; — II, 140.
Callistrate, acteur, II, 394.
Callondas, II, 527.
Camarine, II, 188.
Cambyse, I, 67; — II, 217, 522.
Camixe, II, 465.
Candie (voyez Crète).
Capanée, I, 17.
Caphyes, II, 86.
Cappadociens, I, 364.
Caractères ou portraits des mœurs, II, 593.
Carcinius, II, 418.
Caressus, II, 520.
Carion, II, 256.
Carthage, II, 267 et suiv.
Carthaginois, II, 251, 292.
Caryste, I, 193.
Caspienne (mer), I, 461.
Cassitérides (îles), I, 461.
Castalie, I, 325, 332, 341.
Castor et Pollux, I, 9, 15.
Cataue, I, 147; — II, 251.
Caunus, II, 464, 467.
Causes premières, I, 436.
Cavalerie persane, I, 70.

Cavalerie d'Athènes, I, 236 et suiv., 243.
Cavalerie de Thessalie, I, 508.
Cavaliers d'Athènes, I, 236.
Cébès, I, 432.
Cécrops, I, 4, et suiv.
Célibataires, II, 38 et suiv.
Cenchrée, I, 533.
Céphalus et Denys, II, 293.
Cens, II, 279.
Centaures, I, 14.
Céos, II, 519, 520.
Céphallénie, I, 181.
Céphise, I, 204, 266, 342; — II, 364.
Céphisodote, II, 78.
Céramique, I, 209, 254, 269.
Cérémonies, I, 269, 290, 311, 492, 577; — II, 53.
Cérès (*voyez* Eleusis).
Cerf, II, 80.
Cersoblepte, II, 239, 241.
Chabrias, I, 216, 347.
Chalcédoine, I, 179.
Chalcidique, II, 220.
Chalcis, I, 193 et suiv.
Chaldéens, I, 433.
Chambre des comptes, I, 285.
Champs-Elysées, I, 32.
Chansons, II, 586 (*voyez* Chant et Harmodius).
Chants, I, 369 et suiv.
Chaonie, I, 522.
Charès, I, 347; — II, 199, 221, 602.
Charidème, II, 222.
Charilaüs, II, 44.
Charondas, II, 285 et suiv.
Chars, II, 251 (*voyez* Course).
Chasses, I, 578 et suiv., 613.
Chefs et soldats étrangers, I, 238.
Chemin de l'Echelle, II, 86.
Chêne, I, 4.
Chérémon, II, 582.
Chéronée, I, 490; — II, 603.
Chersonèse-Taurique, I, 165.
Chersonèse de Thrace, II, 238.
Chevaux, I, 565, 577.
Chiens, I, 579, 612, 613; — II, 514.
Chilon, I, 46, 576.
Chio, II, 450.
Chiron, I, 515; — II, 99.
Chirurgie, II, 99, 482.
Chrocilus, II, 380, 397, 408.
Chœur (*voyez* Théâtre).

Chorège, I, 348.
Chronologie, II, 333 (*voyez* Olympiades.
Chrysis, II, 94.
Chrysopolis, I, 170.
Chryssorhoas, II, 99.
Cigognes, I, 510.
Cimon, fils de Miltiade, I, 117, 120, 126.
Cimon, député auprès de Philippe, roi de Macédoine, II, 234.
Cinésias, I, 415.
Cinq-Collines (les), II, 41.
Cirphis, I, 324.
Cirrha, I, 337.
Citadelle d'Athènes, I, 258.
Citoyen, I, 207, 396; — II, 276 et suiv.
Clazomènes, II, 455 et suiv.
Clazoméniens II, 455 et suiv.
Cléobis et Biton (*voyez* Cydippe).
Cléobule de Lindus, I, 46; — II, 467.
Cléombrote, I, 174; — II, 1.
Cléomède, I, 559.
Cléomène, II, 1, 15.
Cléon, Athénien, I, 140 et suiv., 278; — II, 393 et suiv., 440.
Cléon de Thèbes, I, 490.
Cléophante, I, 545.
Cléostrate, I, 454.
Clepsydre, II, 397.
Clisthène, roi de Sicyone, I, 542, 565.
Clisthène d'Athènes, I, 62, 65.
Clitor, II, 83.
Cnide, II, 450 et suiv.
Cnosse, I, 45; — II, 474.
Cocyte, I, 521.
Codrus, I, 7, 23, 33, 326.
Colchide (la), I, 166.
Colone, I, 266; — II, 383.
Colonides, I, 588.
Colonies grecques, I, 34, 119, 181 et suiv., 541; — II, 450 et suiv.
Colonnes, I, 296, 561; — II, 101, 164.
Colonnes d'Hercule. I, 461 (*voyez* Géographie).
Colophon, II, 456 et suiv.
Colotès, I, 557.
Combats singuliers, I, 21.
Combats gymniques, I, 348, 563.
Comédie, II, 390 et suiv., 439 et suiv.
Comètes, I, 458 et suiv.

Comètho (*voyez* Mélanippe).
Commerce (*voyez* Athéniens, Corinthe, Rhodiens).
Concours pour les beaux-arts, I, 159.
Confédérations des peuples (*voyez* Diète).
Connaissances apportées en Grèce par Thalès, Pythagore et autres Grecs, de leur voyage en Egypte et en Asie, I, 159.
Conon, II, 487.
Contributions, II, 125.
Convenance, une des principales qualités de l'élocution, II, 150.
Copaïs, I, 499.
Coqs (*voyez* Tanagra).
Coquilles, II, 307.
Corax, II, 140 et suiv.
Corcyre, I, 128, 181.
Corébus, I, 553 (*voyez* Olympiades).
Corinne, I, 481, 494, 497.
Corinthe, I, 128, 535 et suiv.
Corinthiens, I, 128, 535, 541.
Coronée, ville du Péloponnèse, I, 588.
Coronée, ville de Béotie, I, 169; — II, 249.
Corse, II, 452.
Corycius (*voyez* antres).
Cos, II, 459, 479 et suiv.
Cosmes, II, 474 et suiv.
Cothurne, II, 409.
Cotylius, II, 81.
Cotys, I, 519 et suiv.
Courage, I, 390.
Coureurs, I, 483.
Cours de justice (*voyez* Tribunaux).
Course des chevaux et des chars, I, 565 et suiv.
Courtisanes à Athènes, I, 305; courtisanes de Corinthe (*voyez* Corinthe).
Cranaüs, I, 7, 8.
Cratès, II, 391.
Cratine, II, 460.
Cratinus, II, 391.
Créon, I, 17.
Créophile, II, 488.
Cresphonte, I, 23, 605 et suiv.
Crète, II, 468 et suiv. (*voyez* Labyrinthe et Gouvernement de Crète).
Crétois, II, 61, 473 et suiv.
Crissa, I, 533.
Critias, célèbre rhéteur, II, 146.
Critias, Athénien, II, 343 et suiv.
Critobule, II, 204.

II.

Criton, I, 192; — II, 358.
Crœsus, I, 329, 491.
Cromyon, I, 532.
Crotone, I, 431; — II, 508.
Cryptie, II, 36.
Ctésius, II, 328.
Ctésiphon, II, 234 et suiv.
Cuisine, I, 364, 365.
Cuivre, I, 193.
Culte, I, 387.
Culture des terres, II, 218.
Cume, II, 451, 454 et suiv.
Cumes auprès de Naples, I, 608.
Curie, I, 375.
Cyclades, II, 509 et suiv., 516 et suiv.
Cycle épique, II, 426, 581.
Cycle de Méton (*voyez* Méton).
Cydippe, II, 94 et suiv.
Cydonie, II, 474.
Cyllène, II, 84.
Cyllène, port de la ville d'Elis, I, 555.
Cylon, I, 43.
Cynéthéens, II, 76, 84.
Cynisca, II, 50.
Cynosarge (*voyez* Gymnase).
Cynthus, II, 511, 516.
Cyparissia, I, 587.
Cypsélus, I, 537, 558.
Cyrène, I, 181, 462; — II, 118.
Cyrsilus, I, 96.
Cyrus, I, 67, 582 et suiv.
Cythère, I, 606.
Cythéron, I, 482, 493.
Cythnos, II, 524.
Cyzique, I, 180.

D

Daïphantus et Jollidas, I, 200, 268.
Dames, I, 300 (*voyez* Échecs et Trictrac).
Damindas, II, 51.
Damon et Phintias, II, 557.
Danaé, II, 90 (*voyez* Acrisius).
Danaüs, I, 4, 23, 326.
Danse, I, 371, 509; — II, 405 et suiv.
Danse de la tragédie, II, 405 (*voyez* Emmélie); *Danse* de la comédie (*ibid.*).
Daphné, II, 82.
Daphnis, II, 585.
Darius, I, 68, 71 et suiv.
Datis, I, 75, 78.
Dauphin, I, 188.

37

Décélie, I, 149, 366; — II, 176.
Décure, I, 393.
Déclamation (voyez Théâtre).
Décorations théâtrales, II, 409.
Décrets, I, 274.
Dédale, I, 545.
Dégradations à Athènes (voyez Peines afflictives).
Deiochus, II, 324.
Délits, I, 296; — II, 25.
Délium, I, 491; — II, 345.
Délos et les Cyclades, II, 509 et suiv., 531 et suiv. (voyez l'Atlas, n° 37).
Delphes, I, 324 et suiv. (voyez l'Atlas, n° 21).
Déluge de Deucalion, II, 329; Déluge d'Ogygès, I, 500.
Démade, II, 229, 604.
Démarate, I, 82.
Démariste, I, 231.
Démarque, I, 396.
Démiurges, II, 87.
Démocède, I, 72.
Démoclès de Pygèle, II, 324.
Démocratie (voyez Gouvernement).
Démocrite, I, 425, 433 et suiv.; — II, 298.
Démosthène, I, 213.
Démosthène, orateur, I, 213, 429; — II, 203 et suiv., 230 et suiv., 596 et suiv.
Denrées, I, 306.
Denys de Colophon, I, 418.
Denys (voyez Céphalus).
Denys l'Ancien, I, 211, 470, 569, 576; — II, 253, 264, 390.
Denys le Jeune, I, 471 et suiv.; — II, 187, 252, 289 et suiv.
Dercyllidas, II, 39.
Dercyllus, II, 234, 246.
Dés (jeu des), I, 299.
Désertion, I, 238.
Dessin (l'art du), I, 382, 545.
Deucalion, II, 450 (voyez Déluge et Dorus).
Devins et interprètes, I, 318, 236.
Diagoras de Mélos, I, 321 et suiv.; — II, 530 et suiv.
Diagoras de Rhodes, I, 576.
Dialectes, II, 450 et suiv.
Diane (voyez Délos, Brauron, Éphèse), II, 85.
Dicéogène, II, 429, 581.
Diète, I, 84 (voyez Amphictyons), 129,
491 et suiv., 502, 507, 527, 549, 552; — II, 452 et suiv., 606.
Dieu, Divin, II, 570 et suiv.
Dieux, I, 5, 30; — II, 486 et suiv.
Dioclès, II, 292.
Diodore, II, 508.
Diodore, fils de Xénophon, I, 578 (voyez Gryllus).
Diogène, I, 214 et suiv., 217, 306, 424 et suiv.; — II, 223, 263.
Diomède, I, 18, 19, 326.
Diomus, I, 585.
Dion, I, 468 et suiv.; — II, 187 et suiv.
Diouysiaques, I, 244, 252.
Dionysiodore, I, 493; II, 328.
Diphylus, II, 257 et suiv.
Disque, I, 574.
Dithyrambes, II, 372, 588.
Divorce, I, 55, 304.
Doctrine, I, 387.
Dodone, I, 51, 523 et suiv.
Domiciliés, I, 206.
Dorcis, I, 115.
Doriens (voyez Dorus et Ioniens).
Dorion, I, 415.
Doriscus, I, 81.
Dorus et Eolus, II, 450.
Doscythéus, I, 454.
Dracon, I, 42 et suiv., 47.
Drame (voyez Comédie, Tragédie, Théâtre).
Dymé, I, 551.
Dyspontium, I, 555.

E

Eacès, II, 489.
Eau de mer, I, 368.
Eau lustrale, I, 314.
Ecbatane, II, 217 (voyez Suze et Persépolis).
Echecs, I, 300.
Eclipses, I, 458.
Ecole d'Elée, I, 433.
Ecole d'Ionie, I, 431.
Ecole d'Italie, I, 432 et suiv.
Ecole de Mégare, I, 530.
Ecoles de peinture, I, 546.
Ecphantus, I, 432.
Ecriteaux, I, 305.
Ecriture, I, 7, 429.
Ecuyer, I, 199, 236.
Edifices, II, 458.
Education, I, 2 et suiv., 161, 371 et

suiv.; — II, 28 et suiv., 285 (voyez Lois de Solon).
Egalité des fortunes (voyez Phaléas de Chalcédoine et Philolaüs de Corinthe).
Egée, I, 10.
Egeste, I, 144 et suiv.
Egine, I, 86, 102.
Egire, I, 548.
Egium, I, 549.
Eglogue, II, 585.
Egypte, I, 119, 535.
Egyptiens, I, 3 et suiv., 450, 544, 554.
Elaïus, II, 81.
Elatée, I, 342; — II, 600.
Elaties, I, 516.
Elée, II, 453.
Elégie, II, 583.
Eléments, I, 441; — II, 311 et suiv.
Eleusis, I, 353, 373; — II, 362 et suiv.
Elide, I, 552 et suiv.
Elis, I, 552 et suiv.
Emigrations, I, 541.
Emmélie, II, 405.
Empédocle, I, 318, 432, 441; — II, 3J3 et suiv.
Empéramus, I, 599.
Enchantements, I, 507.
Enfants, I, 381.
Enfer, I, 522, 608; — II, 98.
Enianes, I, 338.
Enigmes, II, 589.
Eoliens (voyez Ioniens).
Epaminondas, I, 167, 172, 175, 176, 177, 197, 268, 603; — II, 60, 88 (voyez Anticratès, Gryllus et Machérion).
Ephèbes, I, 396.
Ephèse, I, 34, 73; — II, 456 et suiv.
Ephésiens, II, 458.
Ephorat (voyez Ephores).
Ephore, I, 224; — II, 328 et suiv.
Ephores, II, 13, 20 et suiv., 51.
Epicaste ou Jocaste, I, 15 et suiv.
Epicharme, I, 432; — II, 170, 391.
Epicure, II, 493.
Epidamne, II, 255.
Epidaure, II, 99 et suiv., 576.
Epidauriens, II, 100 et suiv.
Epigonus, I, 403, 415.
Epiménide, I, 318, 44 et suiv.
Epire, I, 522.

Epitadès, II, 27.
Eponyme, I, 285.
Epopée, II, 579 et suiv.
Erastoclès, I, 402.
Erechthée, I, 8, 310.
Erétrie, I, 75, 194 et suiv.
Erichthonius, I, 8.
Erinne, II, 588.
Erymanthe, II, 83.
Erysichthon, II, 511.
Erythres, II, 455, et suiv.
Eschine, philosophe, I, 432, 464; — II, 342.
Eschine, orateur, I, 213, 292; — II, 231 et suiv., 255.
Eschyle, I, 321; — II, 374 et suiv.
Esclaves, II, 450; — I, 204 et suiv., 294, 419 (voyez Hilotes), 509, 520.
Esculape, II, 99 et suiv. (voyez Epidaure).
Esope, I, 377, 432.
Esprit, I, 158.
Esymnète, I, 550.
Etéobutades, I, 208.
Etéocle et Polynice, I, 16 et suiv.
Ethra, I, 10.
Etienne, II, 246.
Etolie, I, 527.
Etrangers, I, 622; — II, 6 (voyez Domiciliés).
Etres, II, 317 et suiv.
Eubée (île d'), I, 193.
Eubée (mont), II, 94.
Eubélide, I, 432, 531 et suiv.; — II, 537.
Eubulus, II, 230, 394.
Euchidas, I, 482.
Euclide, I, 432, 530.
Euctémon, I, 454.
Eudémus de Chypre, I, 514 (voyez Songe prophétique).
Eudémus de Paros, II, 324.
Eudoxe, I, 432, 455 et suiv.; — II, 459.
Eugion, II, 224.
Eumène et Aminias, I, 182.
Eumolpides, I, 208, 321.
Euphaès, I, 592, 593.
Euphorion, II, 397.
Euphranor, I, 254; — II, 462.
Euphron, I, 543.
Eupolémius, II, 94.
Eupolis, II, 348, 391.
Eupompe, I, 546.

Euripe, I, 195.
Euripide, I, 149, 155, 253, 345; — II, 153, 381 et suiv., 434, 435.
Eurotas, fleuve de Laconie, I, 614.
Eurotas, roi de Laconie, I, 613.
Euryblade, I, 87 (voyez Thémistocle).
Euryloque, II, 238.
Eurysthène et Proclès, II, 9.
Euthycrate et Lasthène, II, 224 et suiv.
Evagoras, I, 208, 254.
Evénus, II, 140.
Evesperides, I, 590.
Evocation des ombres (voyez Magiciennes).
Exénète, I, 577.
Exercices pratiqués dans les gymnases et dans les palestres, I, 221 et suiv.
Exil (voyez Peines afflictives).
Expiation, I, 26, 313 (voyez Lustrations).

F

Fable, I, 432; — II, 425, 579.
Faisanderies, I, 362.
Familles distinguées d'Athènes : celles des Eumolpides, des Etéobutades, des Pallantides (voyez ces mots).
Fatalité, II, 423 et suiv.
Femmes, I, 561 ; Athéniennes, 303 et suiv.; — II, 157, 443 (voyez Athéniennes) ; Lacédémoniennes, II, 47; Thébaines, I, 498.
Fer, I, 330.
Ferme, II, 166 et suiv.
Fêtes, II, 593 ; Fêtes d'Amiclée (voyez Hyacinthe); Fêtes des Argiens (voyez Junon); Fêtes des Athéniens, I, 347 et suiv., 244 et suiv., 352, 375; Fêtes de Délos (voyez Délos) ; Fêtes d'Eleusis (voyez Eleusis) ; Fêtes d'Epidaure, II, 100; Fêtes des Hermioniens, 98; Fêtes de Naxos, 529; Fêtes des Platéens, I, 113, 482 ; Fêtes de Sicyone, 541; Fêtes des Spartiates, II, 51 et suiv.; Fêtes de Tanagra, I, 481; Fêtes des Thébains, 492; Fêtes des Thessaliens, 520.
Fèves, II, 493.
Fictions, II, 580.
Figues, I, 364, 613 ; — II, 517, 529.
Flambeau, I, 352.
Fleurs, II, 167.

Fleuves et Fontaines, II, 309, 310.
Fontaine brûlante (voyez Dodone) ; intermittente (voyez Olympias).
Froment, II, 170.
Fronde, I, 550.
Frontières, II, 176.
Fruits, II, 175.
Funérailles, I, 6, 26, 228, 269 (voyez Morts).

G

Gargaphie (fontaine de), I, 108, 110.
Géla, II, 465, 188.
Gélon, I, 85, 559.
Généalogies, I, 208.
Génies, II, 184, 318 et suiv., 323, 346.
Géographie, I, 460, 461.
Géométrie, I, 381.
Gérénia, I, 606.
Gérontes, II, 13, 18.
Glaucon d'Athènes, I, 432.
Glaucon, interprète d'Homère, II, 581.
Glaucus, célèbre lutteur, I, 560.
Glaucus de Chio, I, 330.
Globe, II, 306.
Gnomon, I, 457 (voyez Cadrans).
Gomphi, I, 521.
Gonnus, I, 516.
Gorgias, I, 155, 330; — II, 140 et suiv., 152 et suiv.
Gortyne, II, 470, 474.
Gortynius, II, 82.
Gortys, II, 82.
Gouvernement, I, 47 et suiv.; — II, 103 et suiv., 117 et suiv., 261 et suiv., 270 et suiv.
Grammaire, I, 380.
Grèce, I, 60, 169 et suiv.(voyez l'Introduction).
Griphes, II, 589.
Gryllus I, 230, 254, 581; — II, 88.
Guerre de Thèbes, I, 17 et suiv. — Guerre des Grecs contre les Perses, 71et suiv.—Guerre du Péloponnèse, 129 et suiv. — Guerre sociale, 346; — II, 200. — Guerre sacrée, 201. — Guerres de Messénie (voyez Messénie).
Gyaros, II, 519.
Gygès, I, 328.
Gylippe, I, 148, 149, 618.
Gymnases, I, 219 et suiv., 348, 382.
Gymnasiarque, I, 220.
Gymnastique, I, 220; — II, 107.

TABLE ANALYTIQUE.

Gyrton, I, 516.
Gythium, I, 610; — II, 40.

H

Habillement, I, 302, 498; — II, 39, 47, 407.
Hale, II, 239.
Haliarte, I, 449.
Halicarnasse, II, 209, 436 et suiv.
Harmodius et Aristogiton, I, 61, 62, 350, 371.
Hèbre, I, 81.
Hécatée, I, 159; — II, 325.
Hector, I, 20, 21.
Hégélochus, II, 436.
Hégémon, II, 396.
Hélène, I, 14, 19, 329.
Héliastes, I, 280, 287.
Hélice, I, 549.
Hélicon, I, 485.
Hélisson, II, 78 (*voyez* Mégalopolis).
Hellanicus, II, 324.
Hellespont, I, 183 (*voyez* l'Atlas, n°8).
Hélos, I, 618 (*voyez* Hilotes).
Hémus, II, 515.
Héraclée, I, 608.
Héraclide, père d'Hippocrate, II, 480.
Héraclide et Pithon, I, 520.
Héraclide, Syracusain, II, 190 et suiv.
Héraclides (les), I, 23 ; — II, 9.
Héraclite, I, 425, 435, 450.
Hérauts, I, 235; — II, 365 et suiv.
Hercule, I, 10, 310 (*voyez* Héraclides).
Hercyne, I, 486.
Hérée, II, 204.
Hermès, I, 255.
Hermias, II, 228, 259.
Hermione, I, 608; — II, 98.
Hermogène, II, 352.
Hermon, I, 326.
Hermus, II, 455.
Héro et Léandre, I, 183 (*voyez* Tour).
Hérodote, II, 325 et suiv.
Héroïques (réflexions sur les siècles), I, 24 et suiv.
Héroïsme, I, 9, 21.
Hérophile, I, 327.
Héros, I, 310.
Hérostrate, II, 456.
Hésiode, I, 36, 334, 493.
Hetœmaridas, I, 115.
Heures, I, 457 (*voyez* Jour).
Hicétas, I, 451.

Hiéron, I, 330, 559; — II, 379, 521 et suiv.
Hiérophante, II, 365 et suiv.
Hilotes, I, 618, 619 (*voyez* Hélos), 620, 621.
Hipparète, I, 304.
Hipparinus, II, 190, 195, 251.
Hipparque, I, 61, 38.
Hipparques, I, 236.
Hippasus, I, 432.
Hippias, I, 61, 62, 74, 76, 78.
Hippocrate, I, 367, 139; — II, 101, 480 et suiv.
Hippocrène, I, 485.
Hippodamus, I, 252; II, 117.
Hippodrome, I, 338, 562, 617.
Hippolyte, I, 14; II, 98.
Hippomédon, I, 17.
Hippon, II, 251.
Hipponicus, II, 92.
Histiée, I, 73, 74.
Histoire naturelle, II, 313 et suiv.
Historiens, II, 323 et suiv.
Homère, I, 35 et suiv., 188, 331, 379; — II, 104, 139, 153, 373, 488.
Homérides, II, 450.
Hommes Illustres, I, 155 et suiv.
Homolis, I, 516.
Honneurs, I, 113, 338 (*voyez* Funérailles et Morts).
Horloges (*voyez* Cadrans).
Hospitalité, I, 26.
Hyacinthe, II, 53.
Hydarnès, I, 92, 93.
Hylica, I, 499.
Hyménéus, II, 540.
Hymette, I, 266 (*voyez* Abeilles).
Hymnes, II, 587 et suiv.
Hypate, I, 504.
Hyperbius, I, 536 (*voyez* Thalos).
Hyperbolus, II, 392.
Hyperboréens, II, 537.
Hypéride, I, 213, 292; — II, 140, 254.
Hypermnestre, I, 326; — II, 94.
Hypothèque, Hypothéqué (*voyez* Colonnes).
Hysies, II, 97.

I

Ialyse, II, 465.
Iasus, II, 456, 463.
Iatrocle, II, 234.
Ibérie, I, 461; — II, 332.
Ibycus, II, 588.

Icarie, I, 368; — II, 373.
Icétas, II, 231, 291.
Ictencratès, I, 611.
Ictinus, I, 262; — II, 81.
Ida, montagne de Crète, II, 471; — montagne de la Troade, I, 20, 183.
Idoménée, I, 19, 22; — II, 473.
Idriéus, II, 210.
Ilissus, I, 266, 218.
Illyrie, II, 254.
Imagination, I, 28 et suiv.
Imbrasus, II, 484 et suiv.
Imbros, I, 184.
Immortels (les), I, 70, 92.
Impiété, I, 322 (*voyez* Eumolpides).
Impromptus, II, 589.
Inachus et Phoronée, I, 3 et suiv.
Inachus (fleuve), II, 90.
Inde, I, 461.
Indus, I, 73, 461.
Infanterie, I, 234.
Ingratitude, II, 549.
Initiations, initiés (*voyez* Éleusis).
Inopus, II, 514.
Inscriptions, I, 253, 257, 269, 326; — II, 101.
Institut de Pythagore (*voyez* Pythagore).
Intérêt de l'argent (*voyez* Athéniens).
Intermèdes, II, 399.
Iollidas (*voyez* Daïphantus).
Ion, II, 389, 397, 584, 589.
Ioniens, Éoliens, Doriens, I, 34, 72, 415, 450.
Iophon, II, 397.
Ioulis, II, 529 et suiv.
Iphicrate, I, 217, 242 et suiv.; — II, 199.
Iphitus, I, 553.
Ira, I, 597, 599.
Irène, II, 31 (*voyez* Éducation des Spartiates).
Isadas, I, 267; — II, 34.
Isée, I, 213, — II, 140.
Isménias, I, 170.
Isocrate, I, 218, 221 et suiv. 384; — II, 140, 149, 258.
Isthme de Corinthe, I, 532 et suiv.
Ister ou Danube, I, 73, 167.
Italie, I, 550, 604; — II, 499, 509.
Ithaque, I, 527.
Ithome (mont), I, 589, 593, 602.

J

Jason, Argonaute, I, 9.
Jason, roi de Phères, I, 510 et suiv.
Jeux de combinaison, I, 381; — Dames, etc., I, 299, 305; — Isthmiques, I, 13, 533, 553; — Néméens, I, 17, 553; — Olympiques, I, 13, 553; — Pythiques, I, 323, 333, 553 (*voyez* Fêtes).
Jocaste (*voyez* Épicaste).
Joueurs de gobelets, I, 370.
Joueuses de flûte, I, 370.
Jour, I, 457.
Jugements, I, 321, 322, 323.
Junon, I, 558; — II, 94, 484 et suiv.
Jupiter, I, 555 et suiv.; — II, 96.
Justice, I, 56 (*voyez* Tribunaux de justice).

L

Labdacus, I, 15.
Labyrinthe, I, 12; — II, 470.
Lacédémone (*voyez* Sparte).
Lacédémoniens, I, 618 et suiv. (*voyez* Spartiates).
Lachès, II, 345.
Lâcheté, II, 59.
Laconie, I, 606, 612 et suiv.
Ladon, II, 83 et suiv.
Laïs, I, 537.
Laïus, I, 15, 16.
Lamachus, I, 144, 147.
Lamia, I, 507.
Lamprus, I, 414.
Lampsaque, I, 183.
Langue grecque, I, 33; — II, 450.
Laodamée, I, 611.
Larisse, I, 516, 520.
Larissus, I, 552.
Lasthénie, I, 212.
Lasus, II, 91, 589.
Latmus, II, 459.
Laurium, I, 307; — II, 178.
Lébadée, I, 486.
Lébédos, II, 456.
Léchée, I, 533.
Légat, II, 53.
Législateurs, II, 24 et suiv.
Lélautus, I, 196.
Lemnos, I, 184.
Léocharès, II, 210.
Léocorion (*voyez* Athènes).
Léon, I, 278.

TABLE ANALYTIQUE.

Léonidas, I, 87 et suiv., 617; — II, 15.
Léonte ou Léontium, II, 144, 192.
Léontiadès, I, 169.
Léosthène, II, 235.
Lerne ou Lerna, II, 89, 90.
Léros, II, 325.
Lesbos, I, 184 et suiv.
Lesché, I, 539; — II, 46.
Leschès, II, 581.
Léthé, I, 487.
Letrines, I, 555.
Leucade, I, 525 et suiv.
Leucippe, philosophe, I, 434, 447 et suiv.; — II, 298.
Leucippe, amant de Daphné (voyez Daphné).
Leucon, I, 165.
Leuctres, I, 174, 484.
Leutychidas, I, 114.
Libations, I, 370.
Liberté (Fêtes de la) (voyez Fêtes des Platéens).
Libon, I, 555.
Libye, I, 523, 535.
Lilée, I, 342.
Linde, II, 465 et suiv.
Linus, I, 484; — II, 581.
Lions, I, 528.
Livres, I, 428, 429.
Locriens, Epizéphyriens, II, 252 et suiv.
Logique, I, 530; — II, 129 et suiv.
Logogriphes (voyez Griphes).
Lois, I, 28, 42, 47 et suiv., 273 et suiv.; — II, 283 et suiv. (voyez Solon, Gouvernement, Tribunaux).
Lustrations, I, 314 et suiv.
Lutte, I, 571.
Lutteurs (voyez Athlètes, Lycée, Palestre, Exercices).
Lycabette, I, 454.
Lycaon de Samos, I, 402.
Lycaon, roi d'Arcadie, I, 6.
Lycée (voyez Gymnases).
Lycée, montagne, II, 80.
Lycidas, I, 106.
Lycie, II, 453.
Lycimnius, II, 140, 145.
Lycomède, I, 15.
Lycon, II, 349, 354.
Lycophron, fils de Périandre, I, 539.
Lycophron, tyran de Phères, I, 514; — II, 205 (voyez Tisiphonus).

Lycorée (mont), I, 342.
Lycosure, II, 80.
Lyctos, II, 474.
Lycurgue, législateur, I, 37, 63 et suiv.; — II, 9 et suiv., 24.
Lycurgue, orateur, I, 213; — II, 140, 398.
Lydie (Rois de), II, 452 et suiv. (voyez Sardes).
Lygdamis, II, 489.
Lyncée, I, 326.
Lysander, I, 150, 151, 328, 618; — II, 70 et suiv.
Lysias, I, 156; — II, 140, 352.
Lysippe, I, 266.
Lysis, I, 168, 172; — II, 506.

M

Macédoine, I, 343.
Macédoniens, I, 345.
Machaon et Podalire, II, 100.
Machérion, II, 88.
Magadis, I, 403.
Magiciennes, I, 504, 610.
Magie, I, 504.
Magistrats d'Athènes, I, 48, 66, 283.
Magnès, II, 391.
Magnésie, I, 501; — II, 222.
Maguètes, I, 507 et suiv.
Maisons des Athéniens, I, 354 et suiv. (voyez l'Atlas, n° 38).
Malée, I, 535.
Maliens, I, 507.
Malte, I, 358.
Mamercus, II, 251.
Mânes, I, 506, 607.
Mantinée, I, 269; — II, 86 et suiv.
Marathon, I, 75, 78, 157, 326, 331, 483; — II, 177 (voyez l'Atlas, n° 2).
Marchandises diverses, I, 306.
Marché général d'Athènes, I, 256.
Mardonius, I, 75, 80, 105 et suiv., 259.
Mariage, I, 5; — II, 38, 538 et suiv.
Marine d'Athènes, II, 126.
Marpessa, II, 89.
Marpesse, II, 528.
Marseillais, I, 325.
Marseille, I, 181; — II, 453.
Masistius, I, 108, 260.
Masques des acteurs (voyez Théâtre).
Matricétas, I, 454.
Mausole, II, 209 et suiv.
Méandre, II, 458.
Médecin, II, 106, 480 et suiv.

TABLE ANALYTIQUE.

Médée, I, 9, 27, 533.
Médon, I, 33.
Mégaclès Athénien, I, 542, 543.
Mégaclès, frère de Dion, II, 189.
Mégalopolis, II, 77 et suiv., 118.
Mégare, I, 13, 528, 529, 530, 532.
Mégaride, I, 528, 529.
Mégariens, I, 529.
Mégistias, I, 501.
Mélanchrus, I, 189 (voyez Pittacus).
Mélanippe et Cométho, I, 551.
Mélanippide, I, 415; — II, 589.
Mélanthe, I, 546.
Mélanthius, II, 596.
Mélès, II, 455.
Mélissus, I, 433, 434.
Mélitus, II, 349.
Mélos, II, 529 et suiv.
Memphis, II, 308, 459.
Ménale, II, 88.
Mendé, I, 368.
Méniclidès, I, 201.
Ménécrate, I, 570, 571.
Ménandre, II, 494.
Ménélaïon, II, 62.
Mère, I, 611.
Merles blancs (voyez Cyllène).
Mérope, I, 606.
Messane (voyez Messine).
Messène, I, 177, 589, 604.
Messénie, I, 587.
Messéniens, I, 590 et suiv., 603, 609 et suiv.
Messine ou Messane, II, 251 (voyez Zanclé).
Mesures, II,
Métal de Corinthe, I, 536.
Métaponte, II, 495.
Métempsycose ou Transmigration, II, 304, 497.
Méthone, II, 204.
Méthymne, I, 185, 187.
Métiochus, I, 74.
Méton, I, 156, 454 et suiv.
Métopus, II, 591.
Métrodore, II, 581.
Métroon (voyez Athènes).
Midée, II, 97.
Midias, II, 231.
Miel (voyez Abeilles).
Milet, I, 34, 73; — II, 458 et suiv.
Milice, I, 396.
Milichus, I, 550.
Milon, I, 225, 560.

Miltiade, I, 77 et suiv., 79, 131, 336; II, 177.
Mimes, II, 582.
Mimnerme, II, 383.
Mindare, II, 45.
Minerve, I, 259 et suiv. (voyez Panathénées).
Mines, II, 120 et suiv., 178 et suiv., 529 (voyez Pangée).
Ministres, I, 322.
Minoa, II, 188.
Minos, I, 11; — II, 9, 470 et suiv., 517.
Minotaure, I, 12; II, 470.
Mithœcus, I, 365.
Mnémosyne, I, 487.
Mnésiclès, I, 258.
Mnesthée, I, 15, 22.
Mœurs, I, 56; — II, 283.
Mœurs et Vie civile des Athéniens, I, 299, 421; — des Spartiates, I, 153 et suiv. ; — II, 39.
Moisson, II, 164.
Molossee, I, 522, 523.
Monarchie (voyez Gouvernement).
Mondes, I, 448.
Monnaies d'Athènes (voyez Athéniens), II, 120 et suiv.
Monts Blancs, II, 473.
Monuments, I, 159, 160, 327, 557 et suiv.
Mopsium, I, 516.
Morale, I, 384, 391 (voyez le ch. LXXXI); — II, 591 et suiv.
Morts, I, 21, 226 et suiv. (voyez Funérailles).
Mot d'ordre, I, 242.
Mothone, I, 588.
Moutons, II, 169 et suiv.
Munychie, I, 203, 248.
Musée, I, 36; — II, 581.
Muses, I, 484.
Musiciens, I, 414 et suiv. ; — II, 21.
Musique, I, 397 et suiv.; — II, 106.
Mycale en Ionie, I, 116; — II, 452, 491.
Mycale (mont) près du promontoire de ce nom, II, 452, 491 et suiv.
Mycènes, II, 95 et suiv.
Mycone, II, 517 et suiv.
Mylasa, II, 463.
Myllias, II, 496 (voyez Timacha).
Myndus, I, 424; — II, 456.
Myron, sculpteur célèbre, I, 258; — II, 487 et suiv.

Myron de Priène, I, 591.
Myronidès, I, 120.
Myrtis, I, 494; — II, 388.
Mysie, II, 229.
Myson, I, 46.
Mystes ou Initiés aux mystères d'Eleusis (*voyez* Eleusis).
Mythologie, I, 30.
Mytilène, I, 185 et suiv.
Mytiléniens, I, 371.
Myus, II, 456.

N

Naissance, I, 207, 372.
Naples (*voyez* Parthénope).
Nature (la), II, 301, 313 et suiv.
Naucratis, I, 181.
Naupacte, I, 528.
Nauplie, II, 96.
Nausiclès, II, 207, 234.
Nausithoüs, I, 202.
Naxos (île de), I, 118; — II, 527 et suiv.
Naxos, ville grecque, I, 147.
Nécos, I, 461.
Nectanèbe, I, 344.
Néda (la), I, 587.
Nègres, I, 361.
Némée, II, 103.
Néobule (*voyez* Archiloque).
Néodames, II, 60.
Néoptolème, I, 338.
Neptune (promontoire de), II, 484.
Nestor, I, 19 (*voyez* Pylos).
Nicanor de Paros (*voyez* Peinture encaustique).
Nicanor, Macédonien, II, 216.
Nicée, II, 233, 246 et suiv.
Nicias, I, 141, 145, 148, 149.
Nicoclès, I, 221.
Nicomaque, I, 212.
Nicostrate, II, 211.
Nil (le), II, 308, 330.
Nisée, I, 43, 528.
Niséus, II, 251 et suiv.
Nom, I, 373, 375.
Nombres (science des) (*voyez* Pythagore).
Noms propres, II, 334 et suiv.
Nonacris, II, 83.
Notables, I, 208.
Numénius, I, 365.
Nypsius, de Naples, II, 192 et suiv.

O

Ocellus de Lucanie, I, 432; — II, 299.
Ocha, I, 193.
Odéum, I, 265, 350.
Œdipe, roi de Thèbes, I, 16 (*voyez* Sphinge).
Œta, I, 501.
Œtéens, I, 507.
Offrandes, I, 328.
Ogygès (*voyez* Déluge).
Oiseaux, II, 316; — I, 362.
Oisiveté, I, 53.
Olbius, II, 85.
Olen, II, 533, 581.
Oligarchie (*voyez* Gouvernement).
Olives, I, 364.
Olivier, I, 4, 45; — II, 169.
Olympe, I, 85, 516; — II, 80.
Olympiades (origine des), I, 553.
Olympias, fontaine intermittente en Arcadie, II, 82.
Olympias, femme de Philippe, II, 103.
Olympie ou Pise, I, 553, 554, 567 (*voyez* l'Atlas, n° 28).
Olynthe, II, 221 et suiv.
Onatas, I, 483.
Onga, I, 611.
Onomarque, II, 203 et suiv.
Ophinsa, II, 464.
Opisthodome, I, 260.
Oplite, I, 234, 236, 620.
Oponte, I, 500.
Or, II, 123 (*voyez* Mines).
Oracles de Delphes, de Dodone, de Trophonius (*voyez* ces mots).
Orateur, II, 163.
Orateurs de l'Etat à Athènes, I, 48, 66, 273 et suiv.
Orchomène, ville d'Arcadie, II, 86.
Orchomène, ville de Béotie, II, 249.
Orée, I, 193.
Oreste et Pylade, I, 25.
Orge, II, 170, 366.
Orgye, I, 192.
Orope, I, 480, 499.
Orphée, I, 9, 187.
Orphelins, I, 244.
Orthagoras, I, 542.
Orthographe, II, 157.
Ossa, I, 516.
Ostracisme, II, 281.
Ostryadas, II, 93 (*voyez* Périlaüs).

P

Pachynum, II, 188.
Pactole (le), II, 519.
Pædotribe, I, 220.
Pagæ, I, 324.
Pagase, I, 515.
Pain, I, 364.
Palestres, I, 225 (voyez l'Atlas, n° 12).
Pallantides (les), I, 11, 14.
Pallène, I, 519.
Palus-Méotides, I, 165.
Pamisus, I, 588.
Pamphile, peintre, I, 158, 546.
Pamphilie, II, 453.
Pamphus, II, 581.
Pan, II, 80.
Panathénées, I, 350 et suiv.
Pancrace, I, 571.
Pandion, I, 8.
Panénus, I, 157, 557.
Pangée, II, 123.
Panopée, I, 341.
Panorme, II, 178.
Pantarcès, I, 557.
Panthée (voyez Abradate).
Panticapée, I, 164; — II, 120.
Paradis, II, 218.
Paralos, II, 178.
Parapotamies, I, 342.
Parasange, II, 458.
Parasites, I, 316. — Autre acception de ce mot, 360, 422.
Pariens, II, 525 et suiv.
Parménide d'Élée, I, 155. — Disciple de Xénophane, 433, 445, 460.
Parménion, I, 233; — II, 238.
Paris, I, 19.
Parnasse, I, 325, 342 (voyez l'Atlas, n° 20).
Paros, II, 524 et suiv.
Parrhasius, I, 156, 157, 161, 266.
Parthénon, I, 260, 262 (voyez l'Atlas, n° 17, 18 et 19).
Parthénopé ou Naples, II, 465.
Parthénopée, un des chefs de la guerre de Thèbes, I, 17.
Parvenu, II, 229.
Pasiphaé, I, 12.
Pathmos, II, 449.
Patræ, I, 550.
Patrie, II, 532 et suiv.
Pausanias, I, 111, 114, 608, 616; — II, 68.

Pausias, I, 546; — II, 100.
Pauson, I, 418.
Pays connus des Grecs, I, 460.
Pêche, II, 493.
Pégase (voyez Pirène).
Peines, I, 296 et suiv.
Peinture, I, 544 et suiv.; — II, 527.
Pélée, I, 9.
Pélion, I, 515.
Pella, II, 102, 242.
Pellana, II, 75.
Pellène, I, 547.
Pélopidas, I, 171 et suiv.
Péloponnèse, I, 129, 134.
Pélops, I, 19.
Peltastes, I, 234 (voyez Oplites).
Pénée, I, 516, 552.
Pénélope, II, 86.
Pénestes, I, 509.
Pentathle (combat du), I, 574.
Pentélique, I, 262; — II, 177.
Perdicas, I, 207.
Pères, I, 51, 372.
Périander, II, 45.
Périandre, I, 188, 538, 539, 540.
Périclès, I, 120, 124 et suiv., 153 et suiv., 209; — II, 146 et suiv.
Périctione, I, 433.
Périlaüs, II, 93.
Périnthe, I, 180; — II, 598.
Permesse, I, 484.
Perrhèbes, I, 508, 509.
Perse, I, 69 et suiv.; — II, 259, 217 et suiv.
Persépolis (voyez Perse).
Perspective, II, 409.
Pesanteur, II, 312.
Peste, I, 138.
Pétron, I, 448.
Peuple d'Athènes, I, 266, 277; — II, 439 et suiv. (voyez Athéniens).
Phædon, I, 432; II, 145.
Phalanna, I, 516.
Phaléas, II, 26, 278.
Phalécus, II, 247.
Phalère, I, 97, 203, 248.
Pharæ, I, 550.
Pharsale, I, 327, 507.
Phase (le), I, 362.
Phébidas, I, 169, 170.
Phédime, II, 594 (voyez Arsame).
Phèdre, I, 14; — II, 98.
Phénarète, II, 337.
Phénéos, II, 83 et suiv.

Phéniciens, I, 607.
Phères, I, 606.
Phérécrate, II, 391.
Phérécyde de Scyros, II, 140, 524.
Phérécyde de Léros, II, 325.
Phères, I, 510 (voyez Alexandre, Lycophron et Jason).
Phestus, II, 474.
Phidias, I, 128, 156, 262, 483, 553, 556.
Phidon, I, 540.
Phigalée, II, 81 et suiv.
Philétas, II, 583.
Philippe, I, 201, 202, 345, 346; — II, 203 et suiv., 234 et suiv., 593 et suiv.
Philistus, I, 472, 473; — II, 191, 328.
Philities, II, 41.
Philoclès, II, 389, 397.
Philocrate, II, 230, 245, 254 et suiv.
Philolaüs de Corinthe, II, 26.
Philolaüs de Crotone, I, 429, 432.
Philomèle, II, 201 et suiv.
Philon, II, 216.
Philonide, II, 394.
Philosophes, I, 429 et suiv., 425 et suiv., 161.
Philosophie, I, 29 et suiv.
Philotas, I, 559.
Philoxène, I, 420; — II, 390, 589.
Phinée, I, 16 (voyez Sphinge).
Phintias (voyez Damon).
Phlionte, I, 546 et suiv.
Phocée, II, 432 et suiv.
Phocéens, I, 329, 343; — II, 200 et suiv., 248 et suiv.
Phocide, I, 342.
Phocion, I, 216, 217, 266; II, 223, 595 et suiv.
Phocylide (voyez Théognis).
Phoronée, I. 4 (voyez Inachus).
Phryné, II, 256 et suiv.
Phrynichus, II, 374, 389.
Phrynis, I, 415.
Phrynon, II, 234.
Phthiotes, I, 507.
Phylarques, I, 236.
Phylé, II, 176.
Physique, II, 299 et suiv., 310.
Pigrès, II, 584.
Pindare, I, 254, 332, 494, 495 et suiv.
Pindus, I, 485, 501.
Piraterie, I, 534.
Pirée, I, 114, 247 et suiv.

Pirène, I, 534.
Pirithoüs, I, 13 et suiv.
Pisa (voyez Olympie).
Pisistrate, I, 38, 58 et suiv.
Pittacus, I, 46, 186; — II, 44, 551.
Pitthée, I, 10; — II, 98.
Place publique (voyez Athènes).
Planètes, I, 451, 455.
Plantes, II, 173.
Plataniste, I, 617; — II, 32.
Platée, I, 97, 111, 483 (voyez l'Atlas, n° 5).
Platéens, I, 77, 482.
Platon, I, 209 et suiv., 391, 426, 568; — II, 103, 145, 181 et suiv., 226 et suiv.
Plistus, I, 324.
Plongeurs, II, 538.
Plutarque d'Érétrie, II, 223.
Pnyx, I, 254, 265, 454.
Podalire (voyez Machaon).
Pœcile, I, 255.
Poésie, II, 580 et suiv.
Poissons, II, 316 (voyez Pêche); — I, 363.
Polémarque, I, 233, 285.
Politès, II, 323 (voyez Génies).
Polus, sophiste, II, 140, 145.
Polus, acteur tragique, II, 402, 406.
Polyclète, I, 158; — II, 92 et suiv., 100.
Polycrate, II, 489 et suiv.
Polycrite, I, 102.
Polydamas, I, 570.
Polydecte, II, 9.
Polydore, II, 13 (voyez Théopompe).
Polydore, I, 512.
Polyeucte, II, 603.
Polygnote, I, 157, 340, 418, 483.
Polyidès, I, 415; — II, 589.
Polymneste, I, 414.
Polymnis, I, 167, 201.
Polyphron, I, 512.
Pompéion, I, 253.
Pont-Euxin, I, 166 et suiv. (voyez l'Atlas).
Pont de bateaux, I, 73, 81, 179.
Population, I, 52, 372, 540; — II, 109, 282.
Porus de Cyrène, I, 564, 575.
Potidée, I, 128, 138; — II, 221.
Pourpre (Teinture de), I, 613.
Prasies, II, 177.
Pratinas, I, 414; — II, 380, 396 et suiv.

Praxille, II, 588.
Praxitèle, I, 158, 257, 259.
Prêtres, I, 317, 312, 335 et suiv.; — II, 101, 365.
Prêtresse de Junon au temple d'Argos, I, 94 et suiv. (voyez Cydippe); — autres prêtresses, 315, 611; — II, 365.
Priam, I, 19, 22.
Priène, II, 456.
Prières, I, 310 et suiv.; — II, 576.
Procédures chez les Athéniens (voyez le chapitre XVIII).
Processions ou théories, I, 333 (voyez Délos).
Procuste, Sciron, Sinnis, I, 17.
Prodicus de Céos, I, 325; — II, 140, 524.
Proèdres, I, 271, 273.
Promenade, I, 213.
Prophètes, I, 332 (voyez Saints).
Propontide, I, 180.
Propylées, I, 258 (voyez le plan et l'élévation des propylées, dans l'Atlas, n° 16).
Proserpine, I, 14.
Protagoras, I, 155, 322, 434; — II, 140.
Protogène, II, 467.
Proxène, II, 233, 239.
Proxènes, I, 480.
Prudence, I, 389.
Prytane, I, 537, 271.
Prytanée, I, 256.
Psophis, II, 83.
Psyttalie, I, 97, 100.
Ptoüs (mont), I, 500.
Pugilat (combat du), I, 571 et suiv.
Pureté du cœur, II, 576.
Purifications (voyez Lustrations).
Pydna, II, 225.
Pygmées, II, 316.
Pylos, I, 587.
Pyramides (voyez Tombeaux).
Pythagore de Samos, I, 430, 440, 451; — II, 488, 495 et suiv.
Pythagore de Zacynthe, I, 415.
Pythie (la) de Delphes, I, 336 et suiv.
Pythiens, II, 16 et suiv.
Pythis, II, 210.
Pytholaüs (voyez Tisiphonus).
Python de Byzance, II, 235, 601.
Python (voyez Héraclide).

Q

Question appliquée aux esclaves, I, 294.

R

Raison, II, 547 et suiv.
Reine, I, 316.
Religion, I, 309, 320 (voyez le chapitre XLIX).
Repas, I, 299, 361; — II, 40 et suiv. (voyez Philities), 281.
Revenus de l'État, I, 316; — II, 124 et suiv.
Rhadamanthe, II, 474.
Rhamnonte, II, 176.
Rhapsodes, I, 37, 351, 569; — II, 177.
Rhécus et Théodore, II, 485, 487 et suiv.
Rhégium, I, 601.
Rhénée, II, 518.
Rhétorique, II, 139 et suiv.
Rhianus, I, 601.
Rhodes, II, 464 et suiv.
Rhodes ou Roses, en Espagne, II, 465.
Rhodiens, II, 465 et suiv.
Rhodope, I, 327.
Riches, I, 543; II, 488.
Rivières, Fontaines, II, 310.
Roi du festin, I, 360.
Rois, I, 24, 71 (voyez Gouvernement, Royauté, Monarchie); — II, 15 et suiv., 21 et suiv.
Rome, I, 329; — II, 332.
Roseaux, I, 614.
Roses (voyez Rhodes).
Rouge (mer), II, 308.

S

Sacadas, II, 91, 581.
Sacerdoces, I, 316.
Sacrifices, I, 6, 312 et suiv., 551; — II, 76.
Sages de la Grèce, I, 46, 331.
Sagesse, II, 340.
Saints (les), I, 332.
Saïs, I, 4.
Salamine, I, 97 et suiv., 204; — II, 170 (voyez l'Atlas, n° 4).
Salapia, II, 465.
Salmacis, II, 210.
Samiens (les), II, 488 et suiv.
Samos (île de), II, 484 et suiv.

TABLE ANALYTIQUE. 661

Samothrace (île de), I, 184.
Sapho, I, 188 et suiv., 527.
Sardaigne, II, 118, 454.
Sardes, I, 73; — II, 452.
Saturne (mont de), I, 555.
Satyre, II, 395 et suiv.
Satyrus, II, 225.
Saurus (Fontaine), II, 469.
Saut (exercice du), I, 574; — de Leucade, 526.
Scamandre, I, 183; — II, 255 et suiv.
Scandée, I, 606.
Sceptre, II, 407.
Scillome, I, 220, 577.
Scirites, II, 56 et suiv.
Sciritide, II, 56.
Sciron, I, 532 (voyez Procuste).
Scopas, I, 158, 400; — II, 89, 210.
Sculpture, I, 544; — II, 81.
Scyros, I, 15, 118.
Scythes, I, 73, 306, 362, 374.
Sel attique, I, 308.
Sélinus, I, 578.
Selymbrie, I, 180.
Sénat d'Athènes, I, 48, 270 et suiv.; — de Lacédémone, II, 13 et suiv.
Sériphe, II, 529.
Serment, I. 107, 287 et suiv., 316.
Serpents, II, 102.
Service militaire à Athènes, I, 232 et suiv., 238; — chez les Spartiates (voyez le chap. L).
Sésostris, II, 517.
Sestos, I, 183 (voyez Abydos).
Sicile, I, 432, 144 et suiv.; — II, 351 et suiv.
Sicyone, I, 541 et suiv.
Silanion, I, 191.
Simmias, I, 432.
Simon, I, 432.
Simonide, II, 521 et suiv.
Sinnis (voyez Procuste).
Sinope, I, 214, 424.
Siphnos, I, 327; — II, 529.
Smilis, II, 485.
Smindyride, I, 542.
Smyrne, I, 73; — II, 455.
Sociétés, I, 153, 162, 308; — II, 229.
Socrate, I, 151 et suiv., 432, 582; — II, 295, 337 et suiv.
Solde des troupes, I, 239, 240.
Soleil (le), I, 534.
Solon, I, 45 et suiv., 56 et suiv., 255, 429 et suiv.; — II, 583 (voyez Gouvernement, Lois, Tribunaux, Sénat, Lycurgue).
Songe, I, 513.
Sophistes, I, 383; — II, 143 et suiv.
Sophocle, I, 155, 245 et suiv.; — II, 380 et suiv.
Sophron, II, 582.
Sophronisque, II, 337.
Sophronistes, I, 220.
Soron (bois de), II, 83.
Sostrate, I, 574.
Sparte ou Lacédémone, I, 118, 176, 614 et suiv.; — II, 39 et suiv. (voyez l'Atlas, n° 31).
Spartiates et Lacédémoniens, I, 69 et suiv., 129, 373, 502, 589, 609; — II, 29 et suiv., 51, 618 et suiv.
Sperchius, I, 91.
Sperthias et Bulis, I, 83.
Speusippe, I, 212, 469, 475; — II, 227.
Sphactérie (île), I, 587.
Sphinge, I, 16.
Spintharus, I, 331.
Stade d'Olympie, I, 562; — de Delphes, 338; — d'Athènes, 252.
Stade, mesure (voyez tables XII et XIII).
Stagire, I, 212.
Statues, I, 262, 483, 486, 544, 553; — II, 257, 365 et suiv., 456 et suiv., 486 et suiv.
Sthénélaïdas, I, 133.
Stésichore l'Ancien, II, 581, 588.
Stésichore le Jeune, II, 585.
Stésilée, I, 78.
Stésimbrote, II, 581.
Sthénélus, I, 18.
Stratéges, I, 232.
Stratoclès, II, 602.
Stratonicus, II, 449, 463 et suiv.
Style, II, 45, 148 et suiv.
Stymphale, II, 84 et suiv.
Styx, II, 88 et suiv.
Successions, I, 54.
Suicide, I, 51 (voyez Joulis).
Sunium, II, 180 (voyez l'Atlas, n° 34).
Supplices, I, 296 et suiv.
Susarion, II, 373.
Suze, II, 217 (voyez Ecbatane et Persépolis).
Syagrus, I, 84 et suiv.
Sycurium, I, 516.
Syncrétisme (loi du), II, 475.

Syracuse, I, 147 et suiv.; — II, 187, 251, 290 et suiv. (*voyez* Dion, Timoléon).
Syros, II, 524.

T

Tables astronomiques, I, 453 et suiv.
Tachos, I, 344 et suiv.
Talécrus, II, 50 et suiv.
Talet (le), I, 610.
Tamynes (plaine de), II, 223.
Tanagra, I, 120, 481, 482.
Tanaïs ou Don, I, 166; — II, 307.
Tantale, I, 19.
Taras, I, 188.
Tarente, I, 188, 329.
Tartares, I, 32.
Taupes, I, 510.
Taureaux (combats de) (*voyez* Larisse).
Tauroménium, II, 291 (*voyez* Adranum).
Taxiarque, I, 332 et suiv.
Taygète, I, 590, 612.
Tégée, II, 88 et suiv.
Telchiniens, II, 465.
Téléclès et Théodore, II, 487.
Téléclus, I, 609.
Télésias, I, 420.
Télésilla, II, 92, 588.
Télestès, acteur, II, 379.
Télestès, poète, II, 589.
Témène, I 23; — II, 9.
Témèse, II, 323.
Témoins, I, 294.
Tempé, I, 516 et suiv.
Temples, I, 259 et suiv., 316. Temple d'Apollon à Amiclæ, 611; — d'Apollon à Délos, II, 510; — d'Apollon à Delphes, I, 331; — de Cérès à Éleusis, II, 364; — de Diane à Éphèse, II, 456; — d'Esculape à Épidaure, 101; — de Junon à Argos, 94; — de Junon à Olympie, I, 558; — de Junon à Samos, II, 485; — de Jupiter à Agrigente, I, 261; — de Jupiter à Olympie, 555, — de Minerve à Athènes, 260; — de Minerve au cap Sunium, II, 180; — de Minerve à Tégée, 89; — de Neptune à Ténos, 518; — de Thésée à Athènes. I, 260 (*voyez* l'Atlas, nº 14 et 15); — de Vénus à Gnide, II, 459.

Ténare, I, 607.
Ténédos, I, 184.
Ténos, II, 518 et suiv.
Téos, II, 455 et suiv.
Téribaze, I, 169.
Terpandre, I, 187, 188.
Terre (la), I, 459 et suiv.; — II, 313.
Thalès, I, 46, 156, 430 et suiv.; — II, 10.
Thalos, I, 536.
Thamyris, II, 581.
Thasos, I, 118, 184; — II, 123.
Thaumaci, I, 507.
Théagène, I, 225, 560.
Théagès, II, 591.
Théano, I, 323.
Théaridès, I, 569.
Théarion, I, 364.
Théâtre, I, 244 et suiv.; — II, 306 et suiv. (*voyez* le plan du théâtre, atlas nº 35).
Thébaïde, I, 545; — II, 308.
Thébains, I, 498 et suiv., 493.
Thébé, I, 513 et suiv.
Thèbes en Béotie, I, 5, 15, 168 et suiv., 490 et suiv.
Thèbes en Phthiotie, I, 508.
Thèbes en Égypte, I, 461.
Thémistocle, I, 77 et suiv., 103 et suiv., 116 et suiv., 248 et suiv., 568.
Théoclus, I, 600.
Théodecte, II, 414.
Théodore, artiste (*voyez* Rhécus et Téléclès).
Théodore, de Byzance, II, 140.
Théodore, acteur, I, 245; — II, 403 et suiv.
Théodosie, I, 165; — II, 119.
Théognis, II, 580.
Théopompe, roi de Lacédémone, II, 13.
Théopompe, disciple d'Isocrate, I, 223; — II, 329 et suiv.
Théopropre, I, 326.
Théories, I, 333, 518, 567; — II, 532 et suiv.
Théramène, II, 146, 351.
Thermaïque (golfe), I, 519.
Thermodon, I, 14, 481.
Thermopyles, I, 90 et suiv., 500 et suiv. (*voyez* l'Atlas, nº 3).
Thermus, I, 527.
Théron, fleuve, II, 486.

Théron, roi d'Agrigente, I, 565.
Thersandre, I, 107.
Thésée, I, 10 et suiv., 418 et suiv.
Thesmophories, I, 353.
Thesmothètes, I, 284.
Thespies, I, 97, 484.
Thespis, II, 373.
Thessalie, I, 501 et suiv., 507.
Thessaliens (les), I, 507 et suiv., 514 et suiv.
Thimbron, I, 365.
Thiuns, II, 75.
Thoricos, II, 178.
Thrace, I, 73, 117, 485.
Thrasidée, II, 212.
Thrasybule, roi de Milet, I, 538.
Thrasybule, citoyen d'Athènes, I, 152.
Thrasymaque, II, 140 et suiv.
Thrasymède, II, 100.
Thronium, II, 233.
Thucydide, beau-frère de Cimon, I, 126.
Thucydide, historien, I, 138, 156, 379; — II, 69, 328 et suiv.
Thurium, II, 270.
Thyiades, I, 342.
Thymélé, II, 396.
Thyrée, II, 93.
Tigrane, II, 493.
Timanthe, peintre, I, 158, 340.
Timanthe, athlète, I, 559.
Timée, I, 432; — II, 228, 498.
Timocréon, II, 392, 467 et suiv.
Timoléon, I, 230; — II, 291 et suiv. (voyez Timophanès).
Timon, I, 143; — II, 477 et suiv.
Timonide, II, 251.
Timophanès, I, 230.
Timothée, général athénien, I, 217; — II, 198 et suiv.
Timothée, sculpteur, II, 210.
Tirynthe, II, 96 et suiv.
Tisias, II, 140 et suiv.
Tisiphonus, Pytholaüs et Lycophron, I, 514 et suiv.
Tissapherne, I, 149.
Titane, I, 546.
Titarésius, I, 516.
Tithorée, I, 343.
Toilette des Athéniennes, I, 359.
Tolmidès, I, 120.
Tomarus, I, 523.
Tombeaux, I, 613 (voyez Sicyone).
Ton de la bonne compagnie, I, 162, 308.

Tour de Héro, I, 183.
Trachinie, I, 91.
Trachis, I, 91.
Tragédie, II, 373 et suiv.
Trapézonte, II, 82.
Trembleurs, II, 62.
Tremblements de terre, I, 58 et suiv., 118, 516; — II, 85, 313.
Trépieds, I, 256, 484, 491.
Trésor public à Athènes, I, 260; — à Delphes, 327.
Trésors des rois de Perse, I, 70.
Trézène, II, 98 et suiv.
Tribunaux de justice à Athènes, I, 49 et suiv., 284 et suiv.
Trictrac, I, 300.
Triérarques, II, 126.
Triopas, I, 327.
Triopium, II, 452.
Triphylie, I, 552, 587.
Troie (royaume et guerre de), I, 18 et suiv., 183, 339 et suiv.
Trophonius (antre et oracle de), I, 486 et suiv.
Troupes (levée des), I, 232 et suiv.
Tuileries (voyez Céramique).
Tydée, I, 17.
Tyndare, I, 9.
Tyran, Tyrannie (voyez Gouvernement).
Tyrtée, I, 594 et suiv.; — II, 583.

U

Ulysse, I, 19 et suiv., 340, 483.
Usure, II, 122 et suiv.

V

Vendanges, II, 165 (voyez Attique).
Vers, II, 151.
Vertu, I, 388; — II, 340 et suiv., 591 et suiv.
Victimes, I, 312 et suiv.; — II, 497.
Victoires, I, 65, 66, 114.
Vieillards, I, 28, 568; — II, 42 et suiv.
Vignes, II, 171 et suiv. (voyez Attique).
Vins, I, 368 et suiv.; — II, 41, 165.
Volaille, II, 536.

X

Xantippe l'Athénien, I, 114.
Xantippe, femme de Socrate, II, 344, 359.

Xantippe, fils de Périclès, II, 144.
Xanthus, II, 325.
Xénarque, II, 582.
Xénoclès, II, 397.
Xénocrate, I, 212, 288.
Xénophanès, I, 433, 445.
Xénophon d'Athènes, I, 138, 167, 229, 577; — II, 337.
Xénophon, sculpteur, II, 78.
Xerxès, I, 80 et suiv., 96 et suiv., 183.
Xyste (*voyez* Palestres).

Z

Zacinthe, I, 181.
Zaleucus (*voyez* Lois).
Zan, II, 469.
Zanclé, I, 601.
Zarétra (fort de), II, 223.
Zénon, I, 125, 156, 434, 445.
Zeuxis, I, 156 et suiv., 266; — II, 461.
Zones, I, 460.
Zopyre, I, 68.

TABLE DES MATIÈRES.

Chapitre XLIII.	Idées générales sur la législation de Lycurgue.	1
XLIV.	Vie de Lycurgue	9
XLV.	Du gouvernement de Lacédémone.	13
XLVI.	Des lois de Lacédémone.	24
XLVII.	De l'éducation et du mariage des Spartiates	29
XLVIII.	Des mœurs et des usages des Spartiates	39
XLIX.	De la religion et des fêtes des Spartiates.	51
L.	Du service militaire chez les Spartiates	54
LI.	Défense des lois de Lycurgue. Cause de leur décadence.	60
LII.	Voyage d'Arcadie.	75
LIII.	Voyage d'Argolide	89
LIV.	La république de Platon.	103
LV.	Du commerce des Athéniens.	118
LVI.	Des impositions et des finances chez les Athéniens	124
LVII.	Suite de la bibliothèque d'un Athénien. La logique.	129
LVIII.	Suite de la bibliothèque d'un Athénien. La rhétorique.	139
LIX.	Voyage de l'Attique. Agriculture. Mines de Sunium. Discours de Platon sur la formation du monde.	164
LX.	Événements remarquables arrivés en Grèce et en Sicile depuis l'année 357 jusqu'à l'an 354 avant J.-C. Expédition de Dion. Jugement des généraux Timothée et Iphicrate. Fin de la guerre sociale. Commencement de la guerre sacrée.	187
LXI.	Lettres sur les affaires générales de la Grèce, adressées à Anacharsis et à Philotas, pendant leur voyage en Égypte et en Perse.	201
LXII.	De la nature des gouvernements suivant Aristote et d'autres philosophes	259
LXIII.	Denys, roi de Syracuse, à Corinthe. Exploits de Timoléon.	287
LXIV.	Suite de la bibliothèque. Physique. Histoire naturelle. Génies.	295
LXV.	Suite de la bibliothèque. L'Histoire.	323
LXVI.	Sur les noms propres usités parmi les Grecs.	334
LXVII.	Socrate.	337
LXVIII.	Fêtes et mystères d'Éleusis	362
LXIX.	Histoire du théâtre des Grecs	372
LXX.	Représentation des pièces de théâtre à Athènes.	396
LXXI.	Entretiens sur la nature et sur l'objet de la tragédie.	
LXXII.	Extrait d'un voyage sur les côtes de l'Asie, et dans quelques-unes des îles voisines	449
LXXIII.	Les îles de Rhodes, de Crète et de Cos. Hippocrate.	464
LXXIV.	Description de Samos. Polycrate.	484
LXXV.	Entretien sur l'institut de Pythagore	495
LXXVI.	Voyage à Délos et aux Cyclades.	509
LXXVII.	Cérémonie du mariage	538
LXXVIII.	Sur le bonheur.	542
LXXIX.	Sur les opinions religieuses.	561
LXXX.	Suite de la bibliothèque. La poésie	573
LXXXI.	Suite de la bibliothèque. La morale.	591
LXXXII.	Nouvelle entreprise de Philippe. Bataille de Chéronée. Portrait d'Alexandre.	595
Tables		609

www.ingramcontent.com/pod-product-compliance
Lightning Source LLC
Chambersburg PA
CBHW050318240426
43673CB00042B/1456